山东省高等学校教学改革项目（2009324）
曲阜师范大学教学改革项目（JG－ZZ09046）

21·世·纪·经·济·学·系·列·教·材

新编政治经济学教程

刘冠军 主编
刘 刚 任洲鸿 冯玲玲 符云玲 副主编

中国人民大学出版社
·北京·

本书系2009年山东省高等学校教学改革研究项目“国际化视角下的政治经济学课程内容改革研究”（编号：2009324）和曲阜师范大学2009年教学改革研究项目“基于与时俱进原则和国际化视角的政治经济学课程内容改革”（编号：JG-ZZ09046）的资助成果，可作为高等院校马克思主义理论课及财经类专业课教材。

前 言

毋庸讳言，在当前我国高校理论经济学的课程设计和教学过程中，“西方经济学的影响上升、马克思主义经济学的指导地位削弱和边缘化的状况令人担忧”①；孟捷教授曾直言，“以今天的时代氛围，向学生们教授《资本论》，其困难程度和学生们的抵触情绪，只有亲历者才知道。随着冷战的结束，马克思主义经济学的社会影响急剧衰落。相形之下，新自由主义经济学借助于美元的翅膀和全球化浪潮风靡了整个世界”②。而造成这一状况的原因是多方面的，但其中的一个重要原因是“教材问题”③，即当前我国的马克思主义经济学或政治经济学在教材建设方面存在着严重不足。刘国光先生在《对经济学教学和研究中一些问题的看法》一文中讲到这样一种现象，他说：“我在……某高校听老师讲，学生听到马克思主义经济学都觉得好笑。在中国这样一个共产党领导的社会主义国家，学生嘲笑马克思主义的现象很不正常。……对这个现象我感到忧虑。”④ 我们认为，刘国光先生这一“忧虑”有其深层次的含义，他所“忧虑”的这种现象与国内学生对马克思主义政治经济学存在的严重误解有着密切的关系，说明这些学生不了解马克思主义政治经济学，不了解马克思主义政治经济学科学体系的形成发展，不了解中国的马克思主义政治经济学与世界马克思主义政治经济学的基本关系，如果说了解那也更多的是“误解”和“曲解”，

---

① 刘国光：《经济学教学和研究中的一些问题》，载《经济研究》，2005（10）。在该文中，刘国光先生认为，“造成当前西方经济学影响上升、马克思主义经济学的指导地位下降的原因”有二：一是外部原因；二是内部原因。其内部原因比较多，概括地讲主要有以下四点：第一，高等院校经济学的教育方针不明确，目标不明确；第二，教材问题；第三，教师队伍、干部队伍的问题；第四，领导权问题。

② 孟捷：《论马克思主义经济学的创造性转化》，载《教学与研究》，2002（13）。

③ 刘国光：《经济学教学和研究中的一些问题》，载《经济研究》，2005（10）。

④ 刘国光：《对经济学教学和研究中一些问题的看法》，载《高校理论战线》，2005（9）。

甚至是“严重的误解”和“严重的曲解”。而国内学生对马克思主义政治经济学及其相关问题的了解途径，大多是通过国内的教材及对国内教材的课堂讲解。因此，解决当前我国政治经济学的“教材问题”，加强马克思主义经济学的教材建设“这个事情太重要了”。在此情况下，刘国光先生呼吁：“要鼓励多种马克思主义政治经济学教材的写作和创新，鼓励对马克思主义经济学做专题研究，包括政治经济学的体系、方法和具体的理论问题，都要进行专题研究，在专题研究的基础上才能形成教材。马克思主义经济学教科书要有多种，不应该只有一种。马克思主义可以是多学派的，但是必须是马克思主义的学派。”①

同时，多年的一线教学经验让我们遗憾地发现，由于我国传统政治经济学教材的体系结构、内容设计等问题，致使国内学生对马克思主义政治经济学存在严重的误解或曲解。其中最为典型的误解或曲解莫过于：现代经济学是新古典经济学，马克思主义政治经济学是一个早就过时的，只有中国才研究、才发展的经济学，中国人对这一理论的研究和发展也是政策解读式的、带有随意性的。因此，遵循历史和逻辑相统一的方法论原则，恢复马克思主义政治经济学原本的国际化、时代化视角，使学生明确马克思主义经济学在国际学术背景下的发展和影响，尤其是了解中国人研究和发展的马克思主义经济学，是在国际范围内马克思主义政治经济学发展潮流的一个科学分支，还马克思主义政治经济学以基本的学术性、专业性和国际性认知，是本教材设定的质量底线。

为此，作为本教材的前言，我们认为，有必要通过对马克思主义政治经济学理论体系的形成、新时期的马克思主义政治经济学理论探索与传统教材理论体系的局限、本书的框架结构和主要内容等问题的介绍，使学生了解中国马克思主义政治经济学与世界马克思主义政治经济学的基本关系。最后就本教材使用过程中的课程安排和授课内容提出几点建议。

一、马克思主义政治经济学理论体系的形成

1867 年 9 月 14 日，德国汉堡迈斯纳出版社出版了《资本论》第一卷，马克思主义经济学正式登上经济学历史舞台。正如顾海良教授、张雷声教授所言，“没有哪一种经济学说，能像马克思主义经济学这样，如此密切贴近人类经济、政治和社会发展的实际，如此深刻地影响着百年来人类社会经济关系的发展”②。《资本论》第一卷出版之时正是欧洲革命运动的高潮时期，《资本论》第一卷也被作为“工人阶级的圣经”而广为流传。到 1885 年和 1894 年恩格斯整理出版《资本论》第二、第三卷时，已经是革命低潮时期。恩格斯去世后，考茨基出版完成《资本论》第四卷③已经是 1910 年了。实际上，由于不认可考茨基对第四卷所做的删改和变动，苏联最后于 1954 年至 1961 年间重新根据马克思的手稿整

① 刘国光：《经济学教学和研究中的一些问题》，载《经济研究》，2005（10）。

② 顾海良、张雷声：《20 世纪国外马克思主义经济思想史》，1 页，北京，经济科学出版社，2006。

③ 马克思曾在《资本论》第一卷序言中说：“这部著作的第二卷将探讨资本的流通过程（第二册）和总过程的各种形式（第三册），第三卷即最后一卷（第四册）将探讨理论史。”（《马克思恩格斯全集》，中文 1 版，第 23 卷，12 页，北京，人民出版社，1975）。显然这个三卷四册的出版计划并未完全执行，恩格斯将第二卷的两册分别以《资本论》第二卷、第三卷出版。据说是为了能够让德国社会民主党创立的狄茨出版社出版《资本论》的第四卷，即马克思原计划中的第三卷（第四册），回避迈斯纳出版社要求出版《资本论》第四卷的权利，第四卷以“剩余价值理论”为名，按三册分别于 1905—1910 年间出版。

理出版了《资本论》第四卷，此时距资本论第一卷出版已经过去了近一个世纪，人类社会出现了两次科技革命和两次世界大战，进入了新的时代。

在《资本论》出版过程所横跨的这近一个世纪，复杂的时代变化，推动了马克思主义经济学与时俱进的发展过程。在全球范围内，马克思主义经济学的发展可谓曲折盘桓、波澜壮阔。1886 年，恩格斯去世后的第二年，原来曾获得过“正统马克思主义者”称号的伯恩施坦就开始在《新时代》杂志上发表系列论文提出修正主义观点。1899 年，他的《社会主义的前提和社会化民主党的任务》一书，更是全面否定了马克思主义经济学理论，某些思想几乎是复制了资产阶级学者庞巴维克对马克思体系的攻击。[①] 考茨基、卢森堡等马克思主义者与修正主义进行了针锋相对的激烈斗争，捍卫马克思主义经济学的科学体系。在此后成立的“第二国际”中，形成了以列宁、卢森堡为代表的左派，以伯恩施坦修正主义为代表的右派和以考茨基为代表的中派。帝国主义理论成为这一时期争论的主要内容。最终第二国际的中派与右派合流，形成了后来的社会主义工人国际（其前身是伯尔尼国际，又称伦敦国际和维也纳国际），执行改良主义路线。以列宁为代表的执行革命路线的左派，获得了俄国十月革命的成功，各国社会民主政党中坚持革命路线的左派也纷纷与已经过渡到改良主义的社会民主党决裂，建立共产主义政党，1919 年列宁领导创建了由各国共产党参与的共产国际，即第三国际。1922 年 7 月，中国共产党二大决定参加共产国际，中国的马克思主义经济学开始融入世界马克思主义经济学的发展总进程。十月革命之后的苏联开始推进向社会主义的过渡，列宁、布哈林和托洛斯基等人的“新经济政策”和“过渡时期经济学”丰富了马克思主义经济理论。以斯大林为代表的社会主义“苏联模式”在第二次世界大战之前获得成功，成为西方应对 1929—1933 年经济大危机的重要借鉴。这一时期，凯恩斯主义逐步兴起，西方经济学理论进入到新古典经济学与凯恩斯主义相结合的“微观＋宏观”结构，马克思主义经济学也开始形成马克思资本论与苏联社会主义理论相结合的“资本主义＋社会主义”结构。

在第二次世界大战的炮火中，马克思主义经济学开始全面传入我国，同时，斯威齐等人也将马克思主义经济学引入美国。至第二次世界大战结束，东欧、中国和亚非拉众多国家建立了社会主义政权，同时，欧美成为西方马克思主义研究的中心，日本马克思主义研究也令人瞩目。马克思主义经济学开始进入社会主义国家的主流马克思主义经济学与资本主义国家的西方马克思主义经济学并存发展交互影响的局面。作为新建立的社会主义政权，我国在引入苏联经济模式的同时，也几乎照搬了苏版政治经济学教科书作为我国马克思主义经济学的基本架构。应该说这一版教科书对于马克思主义经济学在中国的确立和传播起到了重要作用，但是，这一版教科书也存在一些明显的局限。由于特殊的历史因素，马克思主义经济学往往成为影响社会主义国家意识形态的关键理论[②]，苏版教科书成为社会主义“斯大林模式”的重要代表。其内容不仅没有囊括西方马克思主义经济学的成果，

---

① 可以明确地说，伯恩施坦的“修正主义”已经是一个全盘否定马克思主义的非马克思主义，甚至是反马克思主义的理论。

② 实际上，在这一时期众多理论问题上的争论，往往具有非常明显的意识形态意义，影响着各国经济政策甚至是政治路线。这一方面提高了马克思主义经济学与经济社会发展实践的关联性和结合度，另一方面也使得意识形态因素影响甚至局限了马克思主义经济学的研究和发展。

甚至连列宁、布哈林等人关于过渡时期经济学和新经济政策等重要的马克思主义经济理论成果也未能囊括其中，即使是对《资本论》相关内容的介绍和分析，也存在较大争议，而这部教科书的“社会主义部分”更是局限于苏联社会主义的“斯大林模式”。

二、新时期的理论探索与传统教材理论体系的局限

如果说《资本论》出版所横跨的这段时期是个波澜壮阔的革命时代，那么，从这一时期到现在的半个多世纪则是一个巨大变革的新时代，马克思主义政治经济学也在全球范围内经历了复杂的发展历程，苏版政治经济学教科书已经不能反映马克思主义政治经济学的时代性和科学性。

1. 新时期社会主义理论的新发展

在这个新时代的早期，也就是上世纪五六十年代，高度集中的计划经济模式在创造了战后经济恢复和发展奇迹之后陷入体制僵化、发展缓慢的困境。而西方资本主义国家不仅在“国家垄断资本主义”阶段“垂而不死”，反而在凯恩斯主义经济学和政府干预的推动下经历了稳定发展的“黄金时代”。苏共二十大之后，苏联和东欧各国社会主义国家开始反思斯大林模式的局限，南斯拉夫[①]、匈牙利和捷克等国进行了打破高度集权模式和引入市场机制的改革。锡克等东欧马克思主义学者开始强调市场与计划相结合的思想。我国理论界一方面辩证认识斯大林的历史地位，另一方面也反思斯大林集权模式的不足，典型的成果是毛泽东同志的《论十大关系》和陈云同志“三个主体、三个补充”思想，这一时期孙冶方同志在理论上提出将价值规律应用于社会主义和计划经济的思想影响深远。同时，苏联东欧等社会主义主流马克思主义经济学家与西方马克思主义者也开始全面探讨西方垄断资本主义的新特点，分析在西方国家出现的政府干预与市场经济的结合，探讨垄断资本主义对世界格局的影响。这对于社会主义国家在理论和实践上将市场手段和计划手段的结合，也提供了一定的借鉴。

在上世纪七八十年代，随着东欧社会主义国家经济体制改革的推进，布鲁斯、科尔内等东欧学者也提出了“分权模式”和在社会主义体制下引入“商品经济”改革的思想，短缺经济理论也受到越来越多的重视。曼德尔、斯威齐等西方马克思主义学者也开始探讨社会主义国家中存在的商品经济，分析商品经济因素的结合并不违背社会主义的基本制度。博卡拉、斯威齐、法因和奥康纳等人对“国家垄断资本主义”和“有组织的资本主义”的研究，以及曼德尔的“晚近资本主义”理论，也从不同侧面分析了国家计划与市场经济结合的可能性，以及资本主义制度在这方面的局限性。同时，斯威齐也认为无产阶级及其代表掌握政权才是社会主义的先决条件。[②] 社会主义商品经济等思想也开始影响我国马克思主义政治经济学研究和经济体制改革，社会主义计划经济与商品经济的结合是这一时期理论研究和政策改革的焦点。

由于未能处理好政治稳定和经济改革的关系，苏联、东欧各国发端于五六十年代的旨

---

① 南斯拉夫著名经济学家马克西莫维奇院士曾在接待中国考察访问团时坦言，他们的很多改革受中国学者孙冶方经济思想的启发（参见柳红：《东欧来风：布鲁斯》，载《经济观察报》，2009-02-16）。

② 参见顾海良、张雷声：《20世纪国外马克思主义经济思想史》，589页，北京，经济科学出版社，2006。

在改善社会主义经济制度的经济体制改革，也在这一时期逐步偏离改善社会主义经济体制的道路，而转向对社会主义基本制度的改革，最终导致了 80 年代末 90 年代初的“苏东剧变”。这在马克思主义主流经济学和西方马克思主义经济学领域都形成了重大影响。西方马克思主义者如诺夫、杨克、罗默、米勒和韦斯科普夫等人开始进一步发展了“兰格模式”等市场社会主义理论，提出了形形色色的“市场社会主义”主张，全面探讨社会主义基本制度与市场手段的结合。由于我国审时度势，坚守四项基本原则，妥善处理“改革、发展、稳定”的关系，我国经济体制改革不仅没有像苏联、东欧等社会主义国家那样偏向、中断，反而在发展中稳步推进，并于 90 年代形成了著名的中国特色的社会主义市场经济理论，并获得了改革开放的巨大成就，创造了举世瞩目的“中国奇迹”。可以说，无论是理论还是实践上，市场经济手段与社会主义基本制度的结合在中国取得成功，是马克思主义经济理论在当今世界的胜利。当然，继续这个胜利，无论是政治经济学研究方面，还是在经济社会发展方面都仍然有很长的路要走。

2. 新时期落后国家经济发展的新经验

马克思主义政治经济学在全球的传播和发展，其意义并不仅仅在于“社会主义建设”和共产主义运动方面。马克思主义政治经济学不仅对资本主义制度下剥削无产阶级的行为进行揭露，同时也揭露了西方资本主义国家对其他欠发达国家和地区的剥削和掠夺。马克思主义政治经济学在全球传播和发展的 140 年，既是共产主义运动在全球发展的 140 年，同时也是全球欠发达国家和地区争取国家独立、民族解放和经济发展的 140 年。

早在上世纪五十年代，美国著名马克思主义经济学家巴兰和联邦德国著名经济学家弗兰克就分别以其“增长的政治经济学”、“不发达的发展”和依附理论，发展马克思主义政治经济学，从垄断资本和世界体系等角度分析欠发达国家和地区经济贫困的原因，论证社会主义和计划经济对于发展中国家实现经济发展的意义。

在上世纪七八十年代，法国学者伊曼纽尔的“不平等交换”理论、埃及学者阿明的“边缘资本主义”理论，以及美国学者沃勒斯坦的“世界体系理论”分别从不同角度分析了在发达国家垄断控制下的世界体系中，面对不平等交换市场条件，处于外围和依附地位的欠发达国家和地区贫困的原因和实现经济发展的发展战略问题。同时，著名的法国调节学派和美国社会积累学派等西方马克思主义政治经济学新流派，进一步发展马克思主义经济学积累理论，对西方发达国家经济发展的模式进行深入研究，分析了经济发展、分配结构以及社会制度变迁之间的协调性问题。

90 年代以来，兴起于七八十年代的生态马克思主义进一步兴起，他们批评西方发达资本主义国家经济发展所导致的生态危机，并将自然生态条件和社会生态条件同时视为经济发展的生态条件，讨论“人与自然”之间的“和解”问题。这些理论对于发展中国家的经济发展具有重要借鉴意义。

进入新世纪，经济发展问题受到国内外马克思主义政治经济学的普遍重视，我国在进一步发展马克思主义经济学的基础上适时提出了“科学发展观”理论。应该说，我国将马克思主义政治经济学与中国国情相结合取得的理论成果和实践经验不仅对于全球社会主义运动具有重要意义，同时也是全球民族解放运动的重要成就，是各发展中国家争相借鉴的理论成果和实践经验。近年来，“中国模式”和“中国奇迹”已经成为国际学术界研究的热点。

3. *传统政治经济学教科书对新成果的忽视*

综上所述，我国马克思主义政治经济学，是马克思主义政治经济学在全球范围传播和发展的过程中，马克思主义与中国国情相结合的理论成果。我国马克思主义政治经济学的发展和理论创新，也并非是孤立的、偶然的，更不是随意的，具有其深远的国际背景和时代意义，“中国模式”的成功也生动地说明了中国马克思主义政治经济学发展的科学性和必然性。

遗憾的是，我国现有的马克思主义政治经济学教科书未能有效体现我国马克思主义政治经济学理论的国际背景和时代意义，影响了学生对这一理论体系科学性的认识。当前国内使用的各版政治经济学教材，基本沿用了原苏版政治经济学教科书“资本主义部分＋社会主义部分”的结构模式，对于我国改革开放后政治经济学的创新，往往采用“修补”式增添，甚至直接将某些“政策解读”引入政治经济学教科书。

同时，对经典理念的讲解往往沿用原苏版教科书的观点，尤其是对国际马克思主义政治经济学理论成果的介绍非常少，这种教科书结构使得我国马克思主义政治经济学缺乏理论比较和学术对话，使学生不能有效地理解我国政治经济学理论发展的国际背景和时代意义，甚至容易使学生对我国政治经济学理论形成“孤立”、“随意”的误解，不利于学生正确认识我国政治经济学理论的科学性。

三、本书的框架结构和主要内容设计

基于上述认识，本书尝试突破苏版政治经济学教科书“资本主义部分＋社会主义部分”的结构模式，以国际性和时代性为视角重新安排政治经济学课程的知识点，当然，这一新视角也需要引入某些新的知识。因此，除绪论和结论外，本书由五部分构成：经典理论、现代主流理论、现代西方理论、新时代理论探讨和新时代实践探索。

1. *基本脉络关系*

本着历史和逻辑相统一的方法论原则，本书的五部分内容可以划分为以下三个阶段，其基本脉络如下：

第一阶段，以《资本论》四卷为代表的马克思恩格斯对政治经济学基本原理和资本主义经济的深入研究构成第一篇——“经典理论”。

第二阶段，以恩格斯逝世和“第二国际”的大争论为界线，以列宁为代表的社会主义国家学者，围绕垄断资本主义向社会主义过渡以及如何建设社会主义的理论，包括帝国主义国家向社会主义过渡的理论、在落后国家率先建成社会主义、社会主义建设的苏联模式以及突破苏联模式建立社会主义市场经济的基本理论，构成第二篇——“现代主流理论”。中国关于社会主义市场经济的相关理论，是众多社会主义国家打破传统苏联模式、改革社会主义经济体制的尝试之一，自然也归属于这一部分。除社会主义国家，在西方资本主义国家的马克思主义学者也就垄断资本主义、经济危机和世界经济体系等问题进行了研究，形成了众多理论成果，与社会主义国家的马克思主义经济学理论成果形成呼应和争论，为了体现马克思主义经济学在世界范围内的发展，遵循国际性和时代性视角，本书将这一部分传统教科书中很少提及的理论也纳入内容体系，构成本书第三篇——“现代西方理论”。

第三阶段，以20世纪90年代初苏东剧变、中国确立社会主义市场经济制度的改革方向为界线，马克思主义政治经济学的理论研究和实践探索进入了以中国为主要代表的社会主义国家主流道路和西方马克思主义新学派为代表的西方路线共同推进的新时代。在新时代，主流理论和西方理论均处于尚未完全成熟的探索阶段，同时，新时代的主流理论与西方理论之间的争论减少，观点的交融、借鉴越来越多。鉴于此，对于新时期的理论与实践，本书没有进一步区分以中国为代表的主流道路和西方马克思主义新学派为代表的西方路线，而是将新时期的理论研究和政策实践，分为“新时代理论探讨”和“新时代实践探索”两部分，即第四篇和第五篇。这两篇综合主流和西方两条路线，以理论探讨和实践探索的方式介绍新时代理论成果和政策实践。同时加以强调的是，这两篇内容所介绍的理论成果和政策实践，尚处于未成熟的探讨和探索阶段。

2. 各部分的主要内容

本书的绪论介绍马克思主义政治经济学的基本概念、研究对象、基本原理和研究方法。本书的结束语部分则是介绍社会主义社会到共产主义社会的最终发展趋势。本书五篇内容的具体构成如下：

第一篇，经典理论。包括四章内容：第一章“商品经济与价值规律”，明确商品、货币等基本经济学范畴，介绍劳动价值论的基本内容。第二章“资本与剩余价值”，介绍资本主义社会剩余价值的来源、生产过程、具体形式和资本积累过程。第一章和第二章对应《资本论》第一卷的主要内容。第三章“资本循环和周转及社会资本再生产”，介绍资本循环和资本周转的基本范畴，社会资本再生产的两大部类再生产图式以及再生产被破坏所形成的经济危机。第三章对应《资本论》第二卷的主要内容。第四章“资本和剩余价值的具体形式”，介绍剩余价值向利润、价值向生产成本的转型，分析各产业部门对剩余价值的占有和瓜分，介绍占有和瓜分剩余价值的具体形式：商业利润、利息和地租。第四章对应《资本论》第三卷的主要内容。在此加以指出的是，第一篇“经典理论”是马克思主义政治经济学形成和确立的标志。

第二篇，现代主流理论。包括四章内容：第五章“帝国主义及其向社会主义过渡”，介绍垄断资本主义的基本特征，列宁和布哈林的帝国主义理论，分析帝国主义必然向社会主义过渡的历史趋势。第六章“社会主义革命与经济建设”，介绍落后国家率先进行社会主义革命的理论成果，苏联建设社会主义形成的“苏联模式”。第七章“社会主义国家的经济改革理论”，介绍东欧国家对“苏联模式”的反思和突破，各社会主义国家的经济体制改革理论，比较了以中国为代表的渐进式改革和以苏联为代表的激进式改革之路。第八章“社会主义市场经济制度”，介绍从经典作家到中国学者对社会主义建设商品经济和市场经济的基本理论判断，分析中国社会主义市场经济制度改革目标的形成过程，具体介绍中国社会主义市场经济制度的主要内容。在此加以指出的是，第二篇“现代主流理论”是马克思主义政治经济学从理论走向现实、社会主义由设想到现实的标志，也是社会主义经济制度由形成到改革的过程。

第三篇，现代西方理论。包括三章内容：第九章“欧美垄断资本与帝国主义理论”，介绍第二国际时期卢森堡、希法亭等人对垄断资本和帝国主义理论的研究，第二次世界大战后斯威齐和巴兰等美国垄断资本学派的主要成果。第十章“欧美经济危机与经济周期”，按不同学派介绍西方马克思主义经济学家围绕马克思主义经济危机理论进行的讨论，明确西方马克思主义经济学家关于经济危机的一般认识和基本共识。第十一章“国际价值与世界体系”，介绍马克思世界历史理论与国际价值理论，以及以此为基础的西方马克思主义学者形成的世界体系、不平等交换和依附论等理论成果。在此加以指出的是，第三篇所介绍的西方马克思主义政治经济学理论，与社会主义国家的马克思主义理论研究和政策实践形成呼应，也出现过诸多争论，是马克思主义政治经济学在国际范围持续发展的标志。

第四篇，新时代理论探讨。包括三章内容：第十二章“新时代的基本经济特征”，从理论上分析介绍了知识经济、科技经济等新时代的经济形态，为新时代理论研究和政策实践提供基本的背景知识。第十三章“新时代的劳动价值论探讨”，从科技商品、科技劳动和科技商品生产的角度介绍了新时代劳动价值论面对的挑战，以及发展劳动价值论的基本探讨。第十四章“新时代的剩余价值论探讨”，从当代企业入手，分析了科学价值库、科学价值孵化机制对新时代剩余价值理论的丰富和发展。在此加以指出的是，第四篇所介绍的理论探讨，是对新时期、新问题的理论探讨，是马克思主义政治经济学与时俱进不断发展的标志，同时，这些理论探讨并未完结，处于尚未成熟，需要深入探讨的状态。

第五篇，新时代实践探索。包括三章内容：第十五章“企业制度”，从微观角度介绍新时代企业制度的发展变化，中国国有企业改革的历史进程，并以这些企业理论为基础，总结概括了马克思企业理论在新时期的发展。第十六章“宏观调控”，从宏观角度介绍市场和计划手段的结合，分析公有制和私有制共同发展的混合经济新特征，研究社会主义市场经济制度下宏观调控的基本问题。第十七章“基于科学发展观的经济政策”，是以中国为代表的主流理论、政策与西方马克思主义新学派相互借鉴、融合的体现，将西方马克思主义关注不平衡发展、生态环境和世界体系的新学派、新理论与中国重视区域、城乡、人与自然、经济与社会以及国内和国际统筹发展的科学发展观相对应、相比较，分析中国基于科学发展观的经济政策。在此加以指出的是，第五篇所介绍的实践探索，是对新时期中国经济政策的深入解读，也体现了西方马克思主义经济学新学派、新成果与以中国为代表的主流马克思主义政治经济学理论的交流借鉴，对于理解我国政策实践的国际背景和时代背景有借鉴意义。

四、课程安排和授课建议

本着国际性和时代性视角的要求，本教材增加了许多传统政治经济学教科书中未曾出现过的内容，对于如何安排政治经济学的课程，我们认为有必要提供以下授课建议。

对于只安排一学期政治经济学课程的学校而言，首先要保障的还是传统政治经济学基本知识点的学习，我们建议将第三篇、第四篇的内容作简单介绍，可以不安排课堂讲授。同时，第五章的第一节和第三节、第六章的第一节和第二节、第七章、第八章、第九章的第一节，也可以只作简要介绍，不必对具体知识点进行要求。同样，第五篇，第十五章的第三节、第十六章的第二节、第十七章，也可以做同样处理。

对于安排两个学期政治经济学课程的学校而言，如果课时不足，我们也建议参照上述建议安排具体课程。如第三篇和第四篇，可以视学生的接受能力，酌情取舍。其他各章节，可以按上述建议，视授课需要，做适当的减省处理。

当然，我们相信，这些安排并不妨碍学生按本书提供的内容和脉络，具体了解马克思主义政治经济学的全貌，我们也希望这些安排能够有助于消除学生对马克思主义政治经济学理论体系学术性、科学性的误解。

编者

目　录

第一篇　经典理论

第二篇　现代主流理论

第三篇　现代西方理论

第四篇 新时代理论探讨

第五篇 新时代实践探索

绪 论

根据列宁的概括，马克思主义理论具有三大组成部分：哲学、政治经济学和科学社会主义。[①] 在这三部分之中，马克思和恩格斯对马克思主义政治经济学论述最充分，论著作品也最多。政治经济学的重要程度可见一斑。在众多论述政治经济学的论著之中，《资本论》最为著名。对此，列宁指出，“使马克思的理论得到最深刻、最全面、最详尽的证明和运用的是他的经济学说”[②]。

马克思主义政治经济学就是依据马克思《资本论》确定的核心原理和主体框架，不断丰富和发展的。这一理论运用马克思主义哲学的辩证唯物主义原理全面系统研究了经济社会的发展演变规律，成为指导经济实践的重要理论依据。学习这一理论，有助于学生掌握经济规律，以马克思主义理论的世界观和方法论剖析现实经济生活，提高学生的经济学专业素质。

第一节 什么是政治经济学

提到“政治经济学”，在不同场合下会容易形成不同的理解。在介绍马克思主义政治经济学之前，有必要简要梳理一下人们对政治经济学这一概念的不同理解，以便于明确本书所使用的“政治经济学”的基本内涵。一般而言，政治经济学的概念可以概括为以下三种理解。

---

① 参见列宁：《马克思主义的三个来源和三个组成部分》，见《列宁全集》，2版，第23卷，41页，北京，人民出版社，1988。

② 《列宁全集》，2版，第26卷，62页，北京，人民出版社，1988。

一、政治经济学即经济学

一般认为最早的经济学概念源自古希腊，“经济”一词在希腊文中是指“家庭管理”，古希腊学者色诺芬（约公元前430年—前355年）的《经济论》强调家庭管理应该成为一门学问，被认为是最早的经济学著作。[①] 在奴隶社会时期，奴隶主的家庭既是生活单位也是生产单位，生产经营活动与奴隶主的家庭管理问题没有绝对界限。其后，随着社会经济生活的变迁，仅仅局限于家庭管理内部的研究，很难系统分析生产、商业等经济活动。经济学的研究逐步突破家庭管理的研究范围，讨论社会、国家层面的经济问题。1615年法国学者安徒安·孟克列钦[②]发表了《献给国王和王太后的政治经济学》一书。首次使用了“政治经济学”概念，“明确提出了商业地位十分重要的观点，说明商业是国家活动的基础”[③]，强调了超出家庭管理范围的经济学研究。在此之后，“政治经济学”逐步成为一门独立的学科。1775年，卢梭为法国《百科全书》撰写了“政治经济学”条目，把政治经济学和家庭经济区分开来。

卢梭的这一条目被作为《论政治经济学》一文独立成册，在我国出版。卢梭开篇明义：“经济学（economy）这个词起源于希腊文 οίκόζ（家）νόμαζ（法）两个词，本来的意思是贤明合法地管理家政，为全家谋幸福。后来这个词义扩大到大家庭——国家——的治理上。为了区分这一词的两种意义，就把前者叫做特殊经济学或家庭经济学，把后者称为一般经济学或政治经济学”[④]。

此后，家庭经济学逐步从经济学研究中淡出。如果采用卢梭的划分，将政治经济学视为区别于“家庭经济学”的经济学学科，那么，我们现在所见到的经济学基本上都是“政治经济学”。因此，长期以来，政治经济学也一直被当作经济学的同义语。

《新帕尔格雷夫经济学大辞典》的“政治经济学”条目认为：“在即将进入21世纪的今天，‘政治经济学’和‘经济学’这两个名词都还存在。自它们产生以来，含义都有所变化，然而，两者基本上可看作同义语”[⑤]。经济学界的著名期刊JPE（*Journal of Political Economy*），就是《政治经济学期刊》，其范围几乎涵盖经济学所有领域。

二、马克思主义政治经济学

政治经济学成为独立学科的时期，被称为“古典经济学”时期。这一时期的经济学研究以“劳动价值论”为基础，人们熟知的亚当·斯密、大卫·李嘉图以及马克思等学者都属于这一时期。在此之后，随着“家庭经济学”的逐步淡出，“政治经济学”区别于“家庭经济学”的独特性也逐步淡化。西方的经济学研究出现了著名的“边际革命”，形成了以马歇尔为代表的“新古典经济学”。新古典经济学强调“资源配置”问题，直接称自己的理论体系为“经济学”。因此，在文献资料中，古典经济学时期的经济学理论以“政治

① 参见陈孟熙、郭建青：《经济学说史教程》，12～13页，北京，中国人民大学出版社，1999。

② 又译为“孟克莱田”、“蒙特莱田”。

③ 陈孟熙、郭建青：《经济学说史教程》，37页，北京，中国人民大学出版社，1999。

④ 卢梭：《论政治经济学》，1页，北京，商务印书馆，1962。

⑤ 《新帕尔格雷夫经济学大辞典》，第3卷，970页，北京，经济科学出版社，1992。

经济学”为名，而新古典经济学则更倾向于以“经济学”为名。“政治经济学”与“经济学”在很多场合下被视为古典经济学与新古典经济学的区别。在我国，那些以新古典经济学为主体的经济学理论被称为“西方经济学”。而源于古典经济学和马克思主义经济学的理论体系，以马克思主义基本原理为指导，随着社会主义建设的发展不断演进所形成主流的官方的经济学理论，通常被称为“马克思主义政治经济学”或“政治经济学”。所以，在国内，政治经济学与西方经济学相对应，主要是指区别于新古典经济学体系的马克思主义政治经济学，或马克思主义经济学。

三、公共选择学派和新政治经济学

当前，还有一个经济学流派将自己的理论称为“新政治经济学”或“政治经济学”。这就是“公共选择学派”。公共选择学派是20世纪中期兴起的经济学新流派，这一流派的学者布坎南、塔罗克等人认为经济学方法也可以用于研究经济决策以外的集体决策问题。社会组织和公共事务，作为政治问题和政治决策往往被视为政治学的研究范围。但是，公共选择学派使用经济学理论对这些公共选择问题进行了深入研究，提出了较为全面的体系，成为以经济学解析政治问题的重要理论成果。这一理论对于经济学和政治学的发展产生了一定影响，布坎南于1986年获得诺贝尔经济学奖。

所以，在某些场合下“政治经济学”指以经济学方法研究政治问题或通过分析政治决策过程解析经济政策的“公共选择学派”。

在本书中“政治经济学”取第二种说法，即与“西方经济学”相对应的“马克思主义政治经济学”。

第二节　政治经济学的研究对象

任何一个学科都有其特有的研究对象和研究方法。要了解马克思主义政治经济学，首先需要明确马克思主义政治经济学的研究对象，即搞清楚马克思主义政治经济学是研究哪些问题的。

一、经济社会及其发展规律

经济社会的发展有其规律性。马克思主义者对于经济社会发展的规律性有自己的判断。对此，恩格斯做过这样的概括：“正像达尔文发现有机界的发展规律一样，马克思发现了人类历史的发展规律，即历来为繁芜丛杂的意识形态所掩盖着的一个简单事实：人们首先必须吃、喝、住、穿，然后才能从事政治、科学、艺术、宗教等等；所以，直接的物质的生活资料的生产，从而一个民族或一个时代的一定的经济发展阶段，便构成基础，人们的国家设施、法的观点、艺术以至宗教观念，就是从这个基础上发展起来的，因而，也必须由这个基础来解释，而不是像过去那样做得相反。”① 也就是说，物质资料生产是人

---

① 《马克思恩格斯选集》，2版，第3卷，776页，北京，人民出版社，1995。

类社会存在和发展的基础。所谓物质资料生产就是人们通过自己的劳动改造各种物质材料，以满足自己生活需要的过程。马克思主义者认为，人们能够生产多少物质资料，以怎样的方式生产这些物质资料，决定了人们的经济活动，从而也决定了人们在这些经济活动基础上形成的政治、法律、艺术和道德等上层建筑。

物质资料生产的重要性和决定意义，是马克思主义理论的科学判断，同时也是一个朴素、现实的基本概念。当物质资料的生产水平非常低下时，人们必须把绝大多数的时间和精力用于生产各种生活必需品，其经济生活相对贫乏，更不可能有时间从事政治和艺术等活动。探险家卡贝夏·德·瓦卡在美洲发现一些印第安部落已经掌握了用麦秆编席的技术，但是他们几乎从来都不为自己的住所编织这样的席子，原因就在于“他们要用全部时间来搜集食物。因为，要是把时间用于别处，他们就要受到饥饿的折磨”①。

要进一步了解经济社会发展的规律性需要首先了解一下生产力、生产关系、经济基础和上层建筑等基本概念。

1. 生产方式的两个方面

所谓生产方式是指人们如何进行物质资料的生产，怎样通过生产活动满足自己的生活需要。因此，要分析生产方式需要回答两个方面的问题，一方面，人们在生产的过程中，如何从自然界获取自己所需的各种物质资料，并改造它们使之符合自己的需要。这一方面，讲的就是人与自然的关系。另一方面，人们在生产的过程中，如何协调、怎样配合，是哪些人在支配另外一些人，以及怎样分配最终的生产成果。这一方面，讲的是人与人之间的关系。这两个方面因素，也就是生产力与生产关系因素。因此，可以说生产方式包括生产力和生产关系两个方面，或者说生产方式是生产力与生产关系的有机结合。

生产力就是人们从自然界获取相关资料、改造这些资料以满足自己需要的能力，简言之，即人们改造自然的能力。生产关系是人们在生产过程中形成的人与人之间的社会关系，简言之，即生产过程中人与人的关系。

生产力与生产关系之间存在决定和反作用的关系。生产力决定生产关系，生产关系反作用于生产力。

首先，生产力决定生产关系。人们改造自然的能力高低，具备哪些技术，能够获得多少物质资料，决定了在生产过程中人们呈现怎样的配合、支配关系，进而决定了最终的生产成果如何进行分配。例如生产力水平非常低下的情况下，人们的技术水平较低，必须通过密切合作才能完成采食、狩猎等工作，任何一个单独的人，都不能保证自己每天都可以找到足以充饥的食物，也难以完成复杂的狩猎工作。因此，在这种条件下，人们之间存在着明显的生存依赖状态。如果不能随时随地分享到其他人的生产成果，任何人都将难以长期生存。每个人都不可能完全依赖自己的生产成果，将其他人排斥在外。因此，生产力水平低下的原始部落往往都实行原始的公有制。所有生产成果都由原始部落公有，由部落成员所共享。只有当生产力水平达到一定程度，如在农业文明时期，单个家庭基本具备了独

① 海尔科维茨：《原始民族的经济生活》，47～48页，转引自曼德尔：《论马克思主义经济学》，上卷，14页，北京，商务印书馆，1964。

立求生的生产力水平时，最早的私有制才有可能出现。同样的道理，在生产力水平极为低下的条件下，每个人的劳动除了养活自己之外，不能形成稳定的剩余。在这种状态下，控制、支配其他人，让他们为自己劳动，剥削他们是不可能的。因此，生产力水平极度低下的原始部落对待战俘的办法往往不是将他们变成奴隶，而是把他们杀死或者吃掉。原始食人部落，往往也是生产力水平非常低下的部落。只有当生产力水平提高到一定程度，可以保证每个人的劳动在养活他自己的同时，能够生产出稳定的剩余的条件下，才会出现将战俘变成奴隶的生产关系。奴隶社会才有可能出现。

因此，在马克思主义者看来，生产力是社会生产中最活跃最革命的因素，是社会发展的最终决定力量。

其次，生产关系反作用于生产力。适应生产力发展的新的生产关系能够推进生产力的发展；不适应生产力的生产关系则形成对生产力的制约和阻碍。在奴隶社会，奴隶没有人身自由，只是“会说话的工具”，在奴隶主和监工的驱使下进行生产。这种生产关系适应奴隶社会时期较低的生产力水平。在生产力水平低，技术粗糙的条件下，生产过程中基本不需要“精耕细作”，奴隶们是否用心、努力工作，不会对生产效果形成较大的影响。在这种条件下，通过野蛮的奴役方式驱赶奴隶们进行工作，是适应当时的生产力水平的。但是，随着生产力水平的不断提高，尤其进入农业文明之后，更高水平的农业生产技术对“精耕细作”的要求越来越高，仅仅依赖监工的驱使无法保证奴隶们的具体操作符合“技术要求”。在“精工细作”的条件下，管理奴隶们的监工无法了解奴隶们在生产一线的操作细节，但是，奴隶是否在这些操作细节上努力、用心，却对农业收成有重要影响。在农业文明较为发达的地区，野蛮的奴隶制度往往不能再适应生产力发展的需要。那些愿意给予奴隶部分自由、部分奖励的奴隶主，可以吸引他们更加努力、用心地工作，提高农业收成。因此，以农奴制取代奴隶制，部分地解放奴隶，给予农奴一定的生产自主权，使他们的利益同他们的生产活动相关联，更能适应当时的生产力水平。由于农奴制能够适应新的生产力水平，实施农奴制的庄园主往往可以获得更高的回报。相反，那些依然采取奴隶制生产方式的庄园主和国家，由于生产关系不适应当时的生产力水平，往往难以跟上时代的发展，在竞争中处于劣势。

因此，虽然生产关系对生产力的影响不是决定性的，但是，生产关系对生产力的反作用客观存在。在任何时期，都必须根据当时的生产力发展程度，推进生产关系的改革，以新的生产关系推进生产力的发展，否则，因循守旧或不顾当时生产力水平过快推进生产关系的“跃进”，都会因生产关系不适应生产力的发展而阻碍生产力水平的提高，甚至导致生产力水平的下降。

2. 经济基础和上层建筑

不同时期人与人之间的生产关系形成一个社会的经济结构，构成这些经济结构的占统治地位的生产关系的总和，就是一个社会的经济基础。一般而言，经济基础也可以理解为一个社会经济制度的总和。马克思主义者认为，一个社会的经济制度体现人与人之间的经济秩序和利益关系，人类社会政治、法律和意识形态等内容在这些利益关系的基础上形成，并由这些经济基础决定。以此为基础形成的道德、艺术等意识形态和政治、法律等因素，就是上层建筑。

3. *以生产关系及其发展规律作为政治经济学研究对象*

马克思就是以生产力、生产关系、经济基础和上层建筑为基本概念，阐述了他对经济社会发展规律的基本认识。马克思对这一原理的经典阐述已经成为马克思主义政治经济学的重要原理。

马克思讲道："我所得到的、并且一经得到就用于指导我的研究工作的总的结果，可以简要地表述如下：人们在自己生活的社会生产中发生一定的、必然的、不以他们的意志为转移的关系，即同他们的物质生产力的一定发展阶段相适合的生产关系。这些生产关系的总和构成社会的经济结构，即有法律和政治的上层建筑竖立其上并有一定的社会意识形式与之相适应的现实基础。物质生活的生产方式制约着整个社会生活、政治生活和精神生活的过程。不是人们的意识决定人们的存在，相反，是人们的社会存在决定人们的意识。社会的物质生产力发展到一定阶段，便同它们一直在其中运动的现存生产关系或财产关系（这只是生产关系的法律用语）发生矛盾。于是这些关系便由生产力的发展形式变成生产力的桎梏。那时社会革命的时代就到来了。随着经济基础的变更，全部庞大的上层建筑也或慢或快地发生变革。"①

马克思将人类社会发展的规律性概括为"生产力—生产关系（经济基础）—上层建筑"构成的社会结构不断发展演进的过程。在这个过程中，生产力是最基本也是最活跃最革命的因素，是决定力量。而生产力的决定作用通过生产关系传递至上层建筑。同时，上层建筑对生产关系的反作用，又通过生产关系对生产力的反作用影响生产力的发展。因此，在马克思主义者看来，要研究社会发展的规律性，处于中间环节的生产关系，即经济基础是关键。因此，马克思主义者往往将对经济问题的研究重点锁定于生产关系。一般认为政治经济学的研究对象就是生产关系及其发展规律。列宁也指出："马克思认为经济制度是政治上层建筑借以树立起来的基础，所以他特别注意研究这个经济制度。马克思的主要著作《资本论》就是专门研究现代社会即资本主义社会的经济制度的。"② 当然，政治经济学以生产关系及其发展规律为研究对象，并不是独立地研究生产关系，而是在生产力与生产关系、经济基础与上层建筑矛盾运动的过程中研究生产关系及其发展规律。其目的还是要揭示人类经济社会发展的规律性。

二、广义生产关系和狭义生产关系

生产可以分为广义生产和狭义生产。所谓狭义生产是指获取自然资源以及进行加工制造的直接过程。所谓广义生产是指从获取自然资源到最终消费这些资源的总过程。人类社会存在复杂的分工系统，人们最终消费的产品往往并不是自己生产的，而是通过自己生产的产品交换获得。因此，广义的生产过程从加工制造的直接生产到最终的消费，可以进一步分解为生产、分配、交换和消费四个阶段。因此，本节前面所分析的生产关系，准确而言是指广义的生产关系，可以细分为生产关系、分配关系、交换关系和消费关系。

人们在直接的生产过程中形成的分工、支配、合作等关系就是狭义的生产关系。人们

① 《马克思恩格斯选集》，2版，第2卷，32～33页，北京，人民出版社，1995。

② 《列宁全集》，2版，第23卷，45页，北京，人民出版社，1988。

生产出的产品按照相应的分配规则将产品分配给参与生产的不同成员，由此形成人与人之间的分配关系。在社会分工条件下，人们需要通过产品交换，获得自己最终需要的产品，在这个过程中形成人与人之间的交换关系。人们在消费产品的过程中形成的相互关系就是消费关系。这里需要解释的是，通常我们将分配置于交换之前。在没有货币存在的条件下，人们往往先通过分配获得相关产品，然后再通过交换获得自己需要消费的产品。但是在存在货币的条件下，企业往往将产品先销售出去，然后将产品的货币收入分配给每个成员，看似交换发生在分配之前。实际上，这种企业销售产品的行为并非交换的全部过程，最终获得相应货币收入的社会成员，还需要进一步利用货币收入购买他们需要消费的产品，只有最终的购买过程完成，交换过程和交换关系才最终结束。商品与货币之间的交换，只是交换过程的一部分，货币在这个过程中充当的是一种商品与另一种商品相交换的媒介。所以，交换关系的终点发生在分配关系结束之后。

三、生产、分配、交换和消费的关系

生产关系不仅可以分解为生产关系、分配关系、交换关系和消费关系，生产、分配、交换和消费之间也会形成相互影响的关系。马克思主义者认为，生产、分配、交换和消费之间存在着密切联系，这些关系也是生产关系的重要内容，是政治经济学研究的重要内容。

1. 消费资料和生产资料

物质资料的生产要消耗相应的土地和劳动力，生产各种消费资料和生产资料。土地和劳动力就是通常所说的生产要素。土地是指一切自然资源，包括耕地、矿产、海洋等。劳动力指人们在生产中消耗的体力和脑力的总和。人们生产的各种物质资料可以划分为生产资料和消费资料两大类。消费资料是被人们用于生活消费的各种产品。在生产消费资料的过程中，可能需要消耗各种机器设备和原材料，这种被用于生产其他产品的物质资料，统称为生产资料。某些生产资料还要用于生产其他的生产资料，例如生产机器设备的钢铁和炼钢所消耗的煤炭等。

生产可以分为消费资料的生产和生产资料的生产，两者相互关联。依据类似的逻辑，分配、交换和消费也可以分为消费资料的分配、交换和消费，和生产资料的分配、交换和消费。但是，通常人们所讨论的是消费资料的分配、交换和消费。

2. 生产和消费的关系

消费也可以分为对消费资料的消费和对生产资料的消费。人们消费生产资料的过程，实际上就是生产过程。此外，生产和消费之间还存在着相互决定的关系。

生产决定消费。第一，生产为消费提供产品。消费资料均来自于生产过程。第二，生产决定消费的方式，使消费得以完成。生产过程决定产品的质量、性质和使用方法，由此决定了消费的方式。“饥饿总是饥饿，但是用刀叉吃熟肉来解除的饥饿不同于用手、指甲和牙齿啃生肉来解除的饥饿。”① 第三，生产创造消费的需求。人们总是生产出了相应的产品，然后再进一步吸引人们去消费，逐步形成消费群体。对某些产品的消费已经成为了

---

① 《马克思恩格斯选集》，2版，第2卷，10页，北京，人民出版社，1995。

人们生活中不可缺少的部分，但是，创造这种消费的并不是消费者自己的创意，而是生产者的创意形成对相关消费品的制造，并吸引消费者形成对这种产品的“需要”，如香皂、牙膏等产品。

消费决定生产。第一，消费使产品成为“名副其实”的产品。“例如，一件衣服由于穿的行为才现实地成为衣服；一间房屋无人居住，事实上就不成其为现实的房屋；因此，产品不同于单纯的自然对象，它在消费中才证实自己是产品，才成为产品。”① 第二，消费创造生产的需要。只有人们把已有的产品消费掉了，才会形成对生产新产品的需要。“没有需要，就没有生产。而消费则把需要再生产出来。”②

3. 生产和分配的关系

分配可以分为产品的分配和土地、劳动力等生产要素的分配。产品的分配又可以进一步分解为生产资料的分配和消费资料的分配。人们首先要分配土地、劳动力等生产要素，以此为基础生产各类生产资料，再进一步将这些生产资料分配到各领域用于生产消费资料，最后再分配相关消费资料。因此，对生产要素和生产资料的分配，在某种程度上先于生产，对生产有决定作用。而对消费资料的分配则受生产的决定。

马克思指出：“照最浅薄的理解，分配表现为产品的分配，因此它离开生产很远，似乎对生产是独立的。但是，在分配是产品的分配之前，它是（1）生产工具的分配，（2）社会成员在各类生产之间的分配（个人从属于一定的生产关系）——这是同一关系的进一步规定。这种分配包含在生产过程本身中并且决定生产的结构，产品的分配显然只是这种分配的结果。”③

4. 生产和交换的关系

交换分为产品交换和要素交换。要素交换准确而言分为要素所有权的出售与要素使用权的出让。例如土地作为生产要素可以整体出售土地的所有权，其出售价格为地价，也可以出租给使用者，其价格就是地租。奴隶制废除之后，劳动力不可能出售其所有权，只能出让一定时期内劳动力的使用权，其价格是工资。要素出让其使用权之后，交换过程较为复杂。以劳动力的出让为例，只有劳动者直接参与生产，才能在生产中付出其劳动力，生产过程结束后劳动力交换过程才最终完结，劳动者获得相应的工资收入。因此，要素的交换过程，往往与生产过程交织在一起。产品的交换则取决于生产。正是人们在生产过程中形成了产品分工，人们不再自给自足，才会形成相应的产品交换。生产的分工程度和专业化程度决定了哪些产品之间形成交换关系，也决定了交换的市场体系。同时，产品的交换对生产有反作用。只有产品顺利地交换出去，生产的产品才能真正得以实现。市场上交换过程的堵滞，也会导致生产领域的囤积和危机。

因此，一般认为要素和生产资料的分配、交换和消费包含在生产过程中；消费资料的分配、交换和消费由生产决定。生产、分配、交换和消费形成一个有机构成的统一体，

---

①② 《马克思恩格斯选集》，2版，第2卷，9页，北京，人民出版社，1995。

③ 同上书，14页。

“构成一个总体的各个环节，一个统一体内部的差别”①。

第三节　政治经济学的基本原理

马克思主义政治经济学以历史唯物主义为基本原理。上一节中我们引述的马克思关于生产力、生产关系、经济基础和上层建筑的经典论述，就是马克思关于历史唯物主义研究方法的总的概括。本节，我们借鉴林岗和张宇教授的概括②，将马克思主义历史唯物主义的研究方法分解为遵循“生产力—生产关系”原理和“经济基础—上层建筑”原理。

一、“生产力—生产关系”原理

马克思主义政治经济学以“生产力—生产关系”原理为首要原理，以这一原理为基础展开马克思主义政治经济学的其他基本原理。生产力与生产关系的矛盾运动关系，上节已经介绍。这一关系是马克思主义政治经济学对人类生产活动的基本判断。

1. 生产力与生产关系的二重性

生产活动的主体是人。从人的角度出发，生产活动就是人的劳动。在劳动过程中，劳动者同时形成人与自然的关系以及人与人的关系，生产活动同时具备生产力和生产关系的二重性。从生产力的角度来看，人们的生产活动，即劳动，体现为人与物的关系，人们需要处理具体的生产工艺、操作流程等技术问题。因此，从生产力的角度看，劳动体现为人们制造不同产品时所形成的千差万别的具体劳动。从生产关系的角度看，人们的生产活动，即劳动，体现为人与人的关系，人们需要处理组织协调、利益分配等社会关系问题。任何人获取相应的产品都需要付出相应的体力和脑力，这些体力和脑力无论耗费在何种商品上，从“费事”、“辛苦”的角度而言都具有其共性。任何一种产品，无论它耗费劳动的具体形式如何，只要它需要付出的劳动力较多，就会显得比较珍贵。因此，从生产关系的角度看，劳动体现为抽象掉了具体差别的一般性的无差别的人类劳动，即抽象劳动。生产力与生产关系的二重性，决定了人类经济活动的二重性，而劳动的二重性就是这种二重性的体现，是理解马克思主义政治经济学的枢纽。

任何人都处于复杂的社会分工体系之中。人们往往从事某种具体劳动，但是必须同时获得多种具体劳动的成果。只有劳动者的私人劳动获得社会认可，成为社会劳动的一部分，其劳动的抽象劳动属性才能得以实现，成为劳动者换取其他劳动的依据。

2. 生产力和生产关系的构成

生产力由劳动者、劳动资料和劳动对象构成。所谓劳动者，就是有能力进行生产劳动的人，它是生产的主体。劳动对象是生产过程中被劳动者加工和改造的自然资源、原材料和半成品等。劳动者一般不会徒手加工劳动对象，而是要使用各种劳动资料。所谓劳动资

---

① 《马克思恩格斯选集》，2版，第2卷，17页，北京，人民出版社，1995。

② 参见林岗、张宇：《马克思主义经济学的五个方法论命题》，见张宇、孟捷、卢荻：《高级政治经济学》，27～49页，北京，经济科学出版社，2002。本教材对这些问题进行了简化，只介绍其初级原理。

料就是劳动者用于加工劳动对象的各种生产工具、工作场地、基础设施等。劳动资料和劳动对象统称为生产资料。生产资料归谁所有，即生产资料所有制是生产关系的重要构成内容。生产关系是各种社会经济制度形成的有机整体，除生产资料所有制，生产关系还包括分配制度、交换制度和消费制度等内容。

二、“经济基础—上层建筑”原理

经济基础，即一个社会的经济制度的总和，通常也被认定为一定时期内占统治地位的生产关系的总和。经济基础与政治、法律和意识形态等上层建筑之间存在交互影响的矛盾运动关系。经济基础决定上层建筑，上层建筑对经济基础有反作用。

在经济基础中，生产资料所有制具有决定性意义。生产资料所有制是关于生产资料归谁所有的基本经济制度，是生产关系的核心内容。劳动者和生产资料是生产力的构成要素，在两者相分离的条件下不可能形成生产力，也不可能形成社会生产，以社会生产为基础的经济、政治、法律和意识形态等问题也就无从谈起。劳动者和生产资料的结合至关重要。但是，二者如何结合则取决于生产资料归谁所有。劳动者自己拥有生产资料，生产活动就完全由劳动者自己支配，不需要依赖其他群体，生产的劳动成果也必然由劳动者自己支配。劳动者自己不拥有生产资料，劳动者与生产资料的结合就取决于生产资料的拥有者，劳动者只有依赖生产资料所有者才能参与生产活动，才能使用自己的劳动力资源，从而，劳动者就不可能支配生产活动，反而需要被生产资料的所有者支配。相应的生产的劳动成果，也必然由生产资料的所有者支配。如果不同的劳动者分别拥有其生产资料，劳动者在生产中共同使用他们所拥有的生产资料，形成劳动者之间在劳动过程上的合作，在生产资料上的分享，那么，生产活动必然由劳动者集体支配，生产的劳动成果也必然由劳动者集体分配。因此，生产资料依据怎样的规则被不同人所有，谁拥有生产资料，决定了生产资料以怎样的形式与劳动者相结合，相应地，也决定了生产过程中人与人之间的支配关系，以及生产的劳动成果的分配关系。因此，生产资料所有制对于经济基础或生产关系具有决定性意义。

马克思认为：“不论生产的社会形式如何，劳动者和生产资料始终是生产的因素。但是，二者在彼此分离的情况下只在可能性上是生产因素。凡要进行生产，就必须使它们结合起来。实行这种结合的特殊方式和方法，使社会结构区分为各个不同的经济时期。”①

经济基础和上层建筑之间的关系说明，政治法律制度以及财产权利关系等上层建筑内容的形成和发展，取决于经济基础所决定的人们追求物质利益的条件和能力。例如部落间最初“分工—交换”关系的形成源自物质利益的驱动。“原始人群取给于外来产品②的方式有两种：简单交换和掠夺战争……经验也告诉强大的人群：由于想得到其他产品而消灭力量较弱的人群，结果会弄得什么都得不到”，“新几内亚猎首级族蒙都古毛尔往往游荡得很远。这不仅是寻找敌人，攻击无备，而且也为了寻找商业联系……他们向东部沼泽地带

---

① 《马克思恩格斯全集》，中文1版，第24卷，44页，北京，人民出版社，1972。

② 这里的“取给于外来产品”系指从其他部落获得“外来产品”以及以本部落产品作为“外来产品”提供给其他部落两个方面。——引者注

饿得骨瘦如柴的部族买火罐子，买菜篮子，买蚊帐……他们说必须留神不予赶尽杀绝，否则就连一个活的制罐人都没有了”。当然，仅存在利益驱动是不够的。食物等生存必需品的剩余是分工的物质基础。经常的剩余是技术进步的结果，“随着许多部落和邻近族类经常生产出少量的剩余，地区专业制就扩大为经常的交易网，并形成真正的地区分工。……这些部落在特产的基础上逐步进行常规的交换”①。反过来，稳定的“分工—交换”关系也促使这些部落形成相应的政治和法律制度，并不断变迁。

第四节　政治经济学的研究方法

马克思主义政治经济学有其科学的研究方法，这些研究方法是基于马克思主义历史唯物主义基本原理的基础上，在处理经济社会问题的过程中形成的。这些研究方法一方面是马克思主义政治经济学研究的特色所在；另一方面也是理解和掌握马克思主义政治经济学理论的关键。

一、历史和逻辑相统一的研究方法

所谓历史分析是指对经济社会现象和范畴，从历史演进的角度入手，具体解析这些现象和范畴的历史起点和形成过程，通过对事物发展历程的分析探讨事物的本质和发展趋势。历史分析强调搞清楚事物发展的“来龙去脉”，是人们分析现实问题的基本思路。逻辑分析是指运用概念、判断和推理的方法，以严密的因果式思维对事物本身的规律性、不同事物之间的关联性进行推理和判断的分析方法。

从另一个角度来看，任何可以被用于论证依据的现实事例和客观材料，都必然是已经成为历史资料的既定事实，历史分析是注重事实和案例的经验分析、实证分析。逻辑分析则是注重因果关系、推理严密性的理论解析。

马克思主义政治经济学研究强调历史和逻辑相统一的分析方法。在马克思主义者看来，任何事物的形成都有其历史起点，也必然有其结束和消失的终点，事物从出现到消失的过程，必然要遵守客观的发展规律。因此，要解释相关现象和范畴，必须从事物发展形成的历史进程入手，把完备的逻辑体系与历史现象的形成发展过程相结合，通过分析事物从无到有的过程，确定相关范畴的历史起点和逻辑立足点，同时以逻辑分析方法揭示出事物发展的客观规律性，明确相应的因果关系，将逻辑概念的分化、演绎与事物发展的历史过程相统一，才能实现对事物本质的深入剖析，才能准确把握事物发展的规律性。

例如马克思主义政治经济学对货币现象的解析，就是通过“价值形式”范畴的演绎完成的。在讨论价值形式的过程中，偶然的价值形式、扩大的价值形式、一般价值形式和货币形式，是历史上递次出现、递次取代的客观事实，马克思运用完备的逻辑体系，将价值形式的这些演变过程，对应相应的逻辑概念、逻辑判断的演绎推理，从而形成了价值形式的不同概念，揭示了价值形式演变的规律性，从而对“货币”范畴的来龙去脉进行了历史

---

① 曼德尔：《论马克思主义经济学》，上卷，38页，北京，商务印书馆，1964。

和逻辑统一的科学解析。

二、抽象和具体相结合的研究方法

马克思主义政治经济学的研究和理论体系的构建遵循“从具体到抽象”再“从抽象到具体”的研究思路，这种抽象和具体相结合的分析方法，是马克思主义政治经济学研究的重要理论特性。

抽象分析又称抽象法，是指在研究相关事物时，透过事物具体的、表面的差别，运用逻辑思维概括出事物的共性和一般属性，明确其一般意义规定性，即抽象掉事物具体的、表面的差别，得出其一般性。只有运用这种抽象法，才可以得出抽象掉表面差异的简单的规定性，从而为进一步的判断推理提供逻辑条件。

马克思指出：“分析经济形式，既不能用显微镜，也不能用化学试剂。二者都必须用抽象力来代替。”①

当然，抽象分析并不是研究的全部内容，由具体差别抽象出一般的规定性之后，通过进一步的研究分析，相关概念、命题会构成一个有效的逻辑体系，将这些逻辑体系进一步综合、交叉，可以形成更为多样性、具体化的相关概念，将这些概念再与抽象前的事物的具体的差别和规定性相对应，从而在“具体到抽象”的基础上，进一步完成“由抽象到具体”的变化。一般来说，认识事物，提到其一般性、规律性，形成相应的理论体系，需要运用“从具体到抽象”的分析方法，但是，形成相关理论后，表述这些理论，使这些理论与现实相对接，形成对现实的分析、解答、预测和指导，则需要运用“从抽象到具体”的分析方法。

三、整体性分析的研究方法

马克思主义者认为，人是一种社会动物。个人总要处于相应的社会群体之中。社会由众多的个人组成，但是社会不是个体成员的简单相加，而是一个有规则、有结构的有机整体。这个整体的规则和结构等特征是个体成员本身所不具备的整体性特征。社会的基本属性和发展方向，由社会的整体性的特征决定。社会成员的个体行为和个体原则，受社会整体属性和发展方向的制约。经济社会的最终状态取决于社会整体，各因素对经济社会发展的影响机制，必须置于社会整体性的框架下进行衡量和分析。个人的行为和选择在整体性结果的基础上得以确定。由整体结论解释个体行为，而不是相反。这是马克思主义整体性原理与西方个人主义原理的根本区别。

同时，马克思主义的整体性分析不同于机械的整体论，机械的整体论把社会当作一种先于个人、外于个人、高于个人的社会实体，从而把个人与社会截然对立起来。马克思主义的整体性原理认为，是个人之间的交互运动使人与人之间形成并维系相应的社会关系，在既定社会规则的前提下众多交互影响的个人行为汇集成为社会行为，对社会规则的演变形成影响。马克思主义者认为，个人与社会之间是相互统一的。

马克思基于个人与社会的关系，以个性发展为线索将社会划分为三种形态。“人的依

---

① 《马克思恩格斯全集》，中文1版，第23卷，8页，北京，人民出版社，1972。

赖关系（起初完全是自然发生的），是最初的社会形态，在这种形态下，人的生产能力只是在狭窄的范围内和孤立的地点上发展着。以物的依赖性为基础的人的独立性，是第二大形态，在这种形态下，才形成普遍的社会物质变换，全面的关系，多方面的需求以及全面的能力的体系。建立在个人全面发展和他们共同的社会生产能力成为他们的社会财富这一基础上的自由个性，是第三个阶段。"① 马克思所讲的第一种社会形态形成于生产力极度低下的背景下，个人不具备独立生存和独立生产的能力，个人对社会群体的密切依赖是应对恶劣自然条件的唯一出路。马克思所说的第二种社会形态是在社会生产能力相对提高的背景下形成的，由于生产力水平已经有所提高，人们可以通过生产的产品、劳务参与社会分工，从而分享到社会财富，个人对社会的依赖，表现为个人通过提供产品和劳务参与社会分工，产品和劳务成为个人参与社会分工、分享社会财富的媒体和中介，个人的相对独立性以个人对"中介物"的依赖性为前提。这种依赖性表明，个人参与社会分工受个人专业性差别、能力差别和社会分工结构的影响，个人往往需要付出其多数的劳动时间参与这种社会分工，受制于这种分工。因此，马克思更为崇尚第三种形态，在第三种形态下，生产力水平的进一步发展，使得个人只要付出较少的劳动时间，就可以获得足以满足自己需求的社会财富，人们可以获得更多的闲暇和自由时间。同时，社会分工的进一步发展，将为人们提供更为便捷的知识背景和工作条件，使得人们进入不同行业的难度大幅度降低，人们可以更为自由地选择自己喜爱的工作。实际上，在马克思看来"个人全面发展"和"人类自由解放"也是共产主义社会的基本特征。

关键术语

物质资料生产	生产方式	生产力
生产关系	经济基础	上层建筑
历史分析	逻辑分析	抽象分析

习题

1. 一般而言，政治经济学有哪几层含义？
2. 如何理解物质资料生产是人类社会存在和发展的基础？
3. 试述生产力与生产关系之间的相互关系。
4. 试述经济社会发展的规律性以及政治经济学的研究对象。
5. 试述生产与分配、交换和消费之间的相互关系。
6. 经济基础和上层建筑之间的关系是怎样的？
7. 如何理解马克思主义政治经济学的历史和逻辑相统一的研究方法？
8. 如何理解马克思主义政治经济学由具体到抽象再由抽象到具体的研究思路？

---

① 《马克思恩格斯全集》，中文1版，第46卷上，104页，北京，人民出版社，1979。

第一篇

经典理论

本篇介绍以马克思《资本论》三卷为主体的政治经济学经典理论，即传统教材的政治经济学“资本主义部分”，其核心是劳动价值理论、剩余价值理论和地租理论等马克思主义政治经济学基础理论。同时，本篇也是马克思主义政治经济学的基础理论，本书其他各篇可视为这些内容在不同时代的发展和演绎。当然，本篇的学术语言也具有非常明显的古典经济学风格，应克服这种风格上的差异，注意对内容和本质的概括和领悟。

第一章

商品经济与价值规律

商品经济是生产力发展到一定阶段而产生的。现代市场经济就是由商品经济发展而来。无论资本主义社会还是社会主义社会，社会经济的联系形式都是商品经济。离开商品经济形式，社会经济就无法运行。马克思主义政治经济学研究资本主义经济关系，正是从分析商品和商品经济开始的。

第一节　商品与价值

马克思对资本主义生产方式的研究是从商品开始的，他在《资本论》中曾这样表述："资本主义生产方式占统治地位的社会的财富，表现为'庞大的商品堆积'，单个的商品表现为这种财富的元素形式。因此，我们的研究就从分析商品开始。"①

一、什么是商品

商品是用来交换的劳动产品。任何劳动产品只有现实地成为交换对象时才是商品。"任何生产者，不管是从事工业、还是从事农业，孤立地看，都不生产价值或商品。他的产品只有在一定的社会联系中才成为价值和商品。"② 这种"一定的社会联系"，指的就是全社会不同生产者之间的劳动产品的交换关系。例如，农民为自己消费而生产的粮食，农民向地主缴租的粮食，虽然都是劳动产品，但没有通过交换，因而不是商品。

---

① 《马克思恩格斯全集》，中文1版，第23卷，47页，北京，人民出版社，1972。

② 《马克思恩格斯全集》，中文1版，第25卷下，719～720页，北京，人民出版社，1974。

商品并不是从来就有的，它是人类生产力发展到一定水平才逐渐产生的。原始社会末期以前，社会生产力水平很低，没有社会分工，没有剩余产品，这时也就没有把产品拿来交换的可能，到了原始社会末期，生产力的发展引起了第一次社会大分工，畜牧业从原始农业中分离出来，社会劳动生产率也因此得以提高。此时，人们生产出来的产品，除了维持自身生存所必需的部分以外还略有剩余，这些剩余产品的出现，为部落之间的交换提供了条件。由于农业部落和游牧部落都需要获得本部落不能生产的产品，于是商品及商品交换的萌芽形式开始出现了。马克思指出："实际上，商品交换过程最初不是在原始公社内部出现的，而是在它的尽头，在它的边界上，在它和其他公社接触的少数地点出现的。"①

随着社会生产力的发展，第二次社会大分工，即手工业与农业的分离出现了，同时，由于私有制的出现，以交换为目的的商品生产发展起来，在此过程中，产品逐渐取得了商品的意义，产品的生产也逐渐变成了商品的生产。商品经济应运而生了。此后，由于商品交换日益频繁，交换的产品日益增多，交换的地区日益扩大，社会中就出现了不从事生产只从事商品交换的商人，从而出现了第三次社会大分工。商人的出现，缩短了商品的买卖时间，节省了流通费用，开拓了远方市场。商品生产与交换在更广的范围内日益发展起来。

当今社会，随着社会分工的深入与细化，社会生产的部门日益增加，与此相适应，商品从有形的物质产品、精神产品扩大到无形的服务产品。如食品、服装、家用电器、机器等属于物质形态的商品；书籍、音像产品、技术专利等属于精神形态的商品；餐饮、旅游、广告、邮电、金融等生活服务和生产服务属于服务形态的商品。

二、商品的二因素

无论是哪种类型的商品，都具有两个因素：使用价值和价值。

1. 使用价值

商品既然是用来交换的产品，它就必须是一种有用的物品，能够满足人们的某种需要。使用价值就是指物品用来满足人们需要的某种属性。例如，粮食、衣服可以满足人们的物质生活需要，书籍可以满足人们的精神文化生活的需要，工具、原材料可以满足人们生产劳动的需要。

物品的使用价值是由其自然属性决定的。不同的物品，由于其物理、化学等自然属性的不同，具有了不同的使用价值，可以分别满足人们不同的需要。正如马克思所说："物的有用性使物成为使用价值。"② 随着科学技术的进步以及人们对自然界认识的深化，物品的新的使用价值会不断地被发现出来。

使用价值不是商品所特有的，但是，凡是商品就必须具有使用价值。作为商品的使用价值与作为一般物品的使用价值相比而言是具有其特殊性的。作为商品的使用价值必须是劳动产品的使用价值，而不是指自然物的使用价值。如，自然界中的阳光、空气的使用价值虽然对人是不可或缺的，但由于它们不是劳动产品，其使用价值只能是一般物品的使用

---

① 《马克思恩格斯全集》，中文1版，第13卷，39页，北京，人民出版社，1962。

② 《马克思恩格斯全集》，中文1版，第23卷，48页，北京，人民出版社，1972。

价值；商品的使用价值是针对生产者以外的人而被生产出来的，而不是为了生产者自己的消费需求。如，自产自用的产品，其使用价值满足了生产者自己的需要，因而也不属于商品的使用价值。

商品的使用价值可以从质和量两个方面来考察。从质的方面看，不同的使用价值源自商品不同的自然属性，可以满足人们不同的需要，因而是互不相同的。从量的方面看，不同的使用价值有不同的社会衡量尺度，如几块面包、几吨水泥、几尺布等，因而，不同的使用价值无法通过各自的社会衡量尺度作量的比较。

人类为了生存和发展，就要不断地生产各种各样的使用价值，以满足人类不断增加的消费需要。使用价值是构成社会财富的物质内容，是人类社会永恒的范畴。但是使用价值范畴并不体现社会经济关系。正如马克思指出："不论财富的社会形式如何，使用价值总是构成财富的内容，而这个内容最初同这种形式无关。我们从小麦的滋味中尝不出种植小麦的人是俄国的农奴，法国的小农，还是英国的资本家。使用价值虽然是社会需要的对象，因而处在社会关系之中，但是并不反映任何社会生产关系。"① 马克思主义政治经济学考察使用价值的目的在于考察以使用价值为物质承担者的商品交换关系。

2. 交换价值

商品的使用价值要经过交换，才能被别人使用，商品才真正成为商品。人类社会最初的商品交换采取了物物交换的形式。如 1 只绵羊换 2 把斧头，1 件上衣换 3 公斤粮食。在最初的物物交换中，不同的使用价值按照一定的量的比例相交换了。为了说明这种现象，马克思引入了"交换价值"的概念。"交换价值首先表现为一种使用价值同另一种使用价值相交换的量的关系或比例。"② 在前文的例子中，2 把斧头成为 1 只绵羊的交换价值，3 公斤粮食成为 1 件上衣的交换价值。

一件商品可以与其他许多商品相交换，可以有许多种交换价值。因而，交换价值是相对的，可以因时因地而发生变化。这种交换价值的量的比例好像是由纯粹偶然的因素决定的，其实，这种不断变化的比例关系背后存在着一切商品所固有的共同性，这是不同的使用价值可以相交换的基础。也就是说，在交换价值的偶然性的背后，是存在必然性因素的。这种必然性的因素，只能是每个商品中都具有的在质上完全相同，因而在量上可以相互比较的内在的东西。不同商品相交换时所采取的量的比例正是由这种商品内在的同质异量的东西进行比较而确定的。这正是探究交换价值背后的必然性的关键。

使用价值不可能成为这种使所有商品可比较的同质的因素。因为商品世界中使用价值千差万别，不具有可比性，所以，研究这个问题，必须暂时撇开使用价值。这时，所有商品唯一可比较的同质的因素只能是，都是劳动产品，都消耗了人类的脑力和体力，凝结了一定的人类劳动。这种人类劳动是同质的，在量上是可以相互比较的。具有不同使用价值的商品之所以能按照一定量的比例相互交换，正是因为它们都凝结了一样多的人类劳动。如，1 只绵羊换 2 把斧头，因为它们凝结或消耗了一样多的人类劳动。这种人类劳动在商品中凝结下来，就成为交换价值的内容，交换价值就是其表现形式。

---

① 《马克思恩格斯全集》，中文 1 版，第 13 卷，16 页，北京，人民出版社，1962。

② 《马克思恩格斯全集》，中文 1 版，第 23 卷，49 页，北京，人民出版社，1972。

3. 价值

价值就是一般意义上的、无差别的人类劳动在商品中的凝结。如前所述，如果把商品的使用价值抽象掉，商品体就只剩下人类劳动产品这一种属性了。这里所说的“抽象掉商品的使用价值”，就是抽象掉形成商品使用价值的各种物质成分。此时，商品不再表现为粮食、汽车、电脑等各种有用物，也不再表现为农业劳动、工业劳动或其他劳动的产品，它们一切可以直接感知的自然属性都消失了。因此，劳动产品在抽象掉使用价值以后，所剩下来的是无差别的人类劳动力耗费的单纯凝结，这种凝结就是商品价值。

人们在生产各种不同的使用价值时耗费的形式上有差别的劳动，通过交换关系，才被抽象为无差别的一般人类劳动。没有交换关系，就没有必要比较劳动的大小，也就没有必要将劳动抽象为一般人类劳动，也就不存在价值概念。

1 只绵羊之所以可以和 2 把斧头相交换，是因为两者各自包含的价值量相等。因此，价值是交换价值的内容和基础，交换价值是价值的表现形式。价值和交换价值都不是商品的自然属性，而是社会赋予的属性，体现着商品生产者之间相互交换劳动的关系。

4. 使用价值与价值的关系

任何商品都具有使用价值和价值这两个因素。有用物都具有使用价值，但只有把这一有用物作为商品来进行交换时，才具有价值。使用价值是商品的自然属性，它体现着物品对人的有用关系，只要有人类存在，就有使用价值存在。价值是商品的社会属性，体现着商品生产者之间相互交换劳动的关系，是存在于商品经济中的历史的范畴。

使用价值和价值是商品的两个属性，是存在于商品内部的一对矛盾。商品的使用价值与价值是统一的，两者相互依存，缺一不可。这表现在：作为商品，必须同时具有使用价值和价值。价值以使用价值的存在为前提，使用价值是价值的物质承担者。没有使用价值的东西，如生产过程中出现的废品，虽然耗费了劳动，但却不能用于交换，劳动在其中并没有凝结价值，因而不能成为商品。反之，仅有使用价值而无价值的东西也不能成为商品。商品的使用价值与价值又是相互对立与排斥的。这表现在：作为商品交换的一方，不能同时既获得商品的价值又获得商品的使用价值，要实现商品的价值，必须让渡商品的使用价值，要获得商品的使用价值，就必须支付商品的价值。在交换过程中，使用价值和价值进行着相反的运动。显然，只有通过交换，买者获得商品的使用价值，卖者获得商品的价值，使用价值与价值的矛盾才能得到解决。

三、劳动的二重性

商品的二因素是由生产商品的劳动的二重性所决定的。生产商品的劳动的二重性是指具体劳动与抽象劳动。

1. 具体劳动

每一种商品，使用价值不同，生产商品的劳动的具体形式也不同。如生产面包，需要面包师的劳动，他们利用烤箱等工具，对面粉等原材料进行加工，生产出面包；生产布匹，需要纺织工人的劳动，他们利用织布机等工具，对棉纱等原材料进行加工，生产出布匹。人们为了生产满足各种不同需要的商品，就要进行各种具体形式的劳动。他们的劳动目的、劳动手段、劳动对象、操作方法和劳动结果都互不相同。这种在具体形式下进行的劳动就叫做具体劳动。

具体劳动创造商品的使用价值，它反映人和自然之间的关系，是劳动的自然属性。人类要生存，就要消费物质资料，这些物质资料就是通过具体劳动创造出来的。所以，具体劳动不仅是商品生产条件下所必要的，而且是人类社会生存和发展的永久性条件。

具体劳动创造使用价值虽然不以社会形态为转移，但是具体劳动的种类不是固定不变的，随着社会生产的发展，科学技术的进步，社会分工与生产专业化的发展，具体劳动的种类会不断地发生变化。日益广泛发展的各种具体劳动创造出丰富多彩的使用价值，满足生产和生活各方面的需要。

2. 抽象劳动

具体劳动在性质上各不相同，因而在数量上无法比较。生产商品的劳动除了有各不相同的具体形式这一面外，还具有同质的可比较的一面。这就是说，不管劳动的具体形式如何，都是人类脑力和体力的支出。这种撇开了具体形式的无差别的劳动就是抽象劳动。当我们把劳动的具体形式抽象掉，那么生产商品的劳动就只剩下一点：它们都是人类劳动力在生理学意义上的耗费。随着劳动过程的推进，这种抽象劳动在商品中逐渐凝结下来，形成了商品的价值。各种具有不同使用价值的商品之所以能够彼此比较和交换，就是因为它们都凝结了抽象劳动，都具有价值。抽象劳动是价值的唯一源泉。

抽象劳动是商品经济的特有范畴，反映生产商品的劳动的社会属性。因为只有在商品经济条件下，人们才需要进行产品的交换。而商品具有不同的使用价值，是由各种具体劳动创造出来的，无法进行量的比较。所以客观上需要把各种不同的具体劳动还原为质上相同、量上可比较的抽象劳动，从而使交换得以实现。可见，抽象劳动是商品交换者之间经济联系的体现，它反映人与人之间一定的社会关系。在非商品经济条件下，人们的消费需要不必通过交换来实现，因而也无所谓抽象劳动的概念了。

3. 具体劳动与抽象劳动的关系

具体劳动和抽象劳动不是两个不同的劳动过程，而是生产商品的同一劳动过程不可分割的两个方面。马克思指出：在商品经济条件下，“一切劳动，从一方面看，是人类劳动力在生理学意义上的耗费；作为相同的或抽象的人类劳动，它形成商品价值。一切劳动，从另一方面看，是人类劳动力在特殊的有一定目的的形式上的耗费；作为具体的有用劳动，它生产使用价值。”① 具体劳动与抽象劳动构成了生产商品的劳动的二重性，二者是对立与统一的关系。商品的二因素取决于生产商品的劳动二重性。

其统一性表现在：无论是在时间上，还是在空间上，具体劳动和抽象劳动都是不可分割的，商品生产者在进行具体劳动的同时，也付出了抽象劳动。抽象劳动寓于具体劳动之中，抽象劳动又是各种具体劳动彼此联系的体现，也是商品生产者借以实现联系的桥梁。其对立性表现在：首先，劳动有特殊性与共同性的差别。具体劳动是由劳动的具体形式和特殊性质决定的，它表明了是怎样进行的劳动，生产出了某种特定的使用价值。因而具体劳动反映出了生产商品的劳动的特殊性。抽象劳动是由生产商品的劳动的一般性决定的，它表明了无差别的人类脑力和体力的消耗量有多少，在商品中凝结下来形成了价值。因

---

① 《马克思恩格斯全集》，中文1版，第23卷，60页，北京，人民出版社，1972。

此，抽象劳动反映了生产商品的劳动的一般性。其次，二者的对立性还表现为，当具体劳动生产的使用价值不符合社会需要时，商品就卖不出去，具体劳动就不能转化为抽象劳动，或者说，生产该商品所耗费的一定量的抽象劳动，就无法取得商品经济社会的认可，从而商品的价值和使用价值都无法实现。具体劳动和抽象劳动的这些矛盾只有通过商品交换才能得到解决。

4. 劳动二重性理论的意义

生产商品的劳动的二重性理论是理解马克思政治经济学的枢纽，具有重大意义。首先，劳动二重性学说是科学劳动价值论的核心。马克思首创的这一理论科学地论证了具体劳动创造商品的使用价值，抽象劳动形成商品的价值，从而，说明了生产各种商品的劳动具体形式各不相同，为什么可以进行量的比较并相互交换，说明了价值实体究竟是什么，从而弥补了英国古典政治经济学劳动价值论理论的重大缺陷，使劳动价值论建立在科学的基础之上。其次，劳动二重性理论为剩余价值理论奠定了科学基础。在劳动二重性理论的基础上，马克思论证了在资本主义生产过程中，在工人的具体劳动生产出使用价值的同时，生产资料的价值发生了转移，并且工人抽象劳动的支出在商品中凝结下来，形成了新的价值。这个价值大于资本家支付给工人的工资，成为剩余价值的来源。再次，劳动二重性理论为马克思政治经济学中的其他重要理论提供了科学依据。如资本有机构成理论、资本积累理论、社会资本再生产理论等，都与劳动二重性理论有密切的关系。正如一位德国经济学者指出，“驳倒价值理论是反对马克思的人的唯一任务，因为如果同意这个定理，那就必然要承认马克思以铁的逻辑所做出的差不多全部结论。”①

四、商品的价值量

商品的价值具有质和量两个方面。以上从质的方面说明了价值实体的问题，下面从量的角度研究商品价值量的决定及其变化的规律性。

商品的价值量是由什么决定的呢？既然商品的价值是生产商品的一般人类劳动的凝结，那么，商品的价值量就是由生产商品时所耗费的抽象劳动量决定的。抽象劳动量的多少是用劳动持续的时间来计算的，而劳动时间又使用一定的时间单位，如年、月、日、小时等来计算。所以商品的价值量取决于生产商品所耗费的劳动时间，用劳动的时间单位来计算。但是每个商品生产者生产该商品的主客观条件都不同，因而各自所耗费的劳动时间互不相同。那么，商品的价值量是由谁的劳动时间决定的呢？决定商品价值量的大小的不是个别劳动时间，而是社会必要劳动时间，否则，拖延劳动时间就有了最好的借口，这显然不符合现实经济生活。个别劳动时间是指某个商品生产者生产某种商品所耗费的劳动时间。个别劳动时间所形成的价值就是商品的个别价值。如生产一件上衣，甲用了 3 个小时，乙用了 4 个小时，丙用了 5 个小时，甲、乙、丙三个上衣生产者生产一件上衣的个别劳动时间就分别是 3 个小时、4 个小时、5 个小时，甲的上衣包含的个别价值最少，乙的上衣包含的个别价值居中，丙的上衣包含的个别价值最多。

但是，单位的同种商品的社会价值量是相同的，这是由生产该商品的社会必要劳动时

① 《马克思恩格斯全集》，中文 1 版，第 16 卷，353 页，北京，人民出版社，1964。

间决定的。马克思指出："社会必要劳动时间是在现有的社会正常的生产条件下，在社会平均的劳动熟练程度和劳动强度下制造某种使用价值所需要的劳动时间。"①

社会必要劳动时间由两方面的条件决定。一方面，由生产的客观条件"现有的社会正常的生产条件"决定。这是指现时某一生产部门中绝大多数的商品的生产中使用的生产条件，以及所达到的技术装备水平。另一方面，是由生产的主观条件"社会平均的劳动熟练程度和劳动强度"决定。其中，经验较多，技术熟练的劳动，是熟练劳动；经验不多，技术生疏的劳动，是非熟练劳动。劳动强度是由单位时间内的劳动消耗决定的。操作紧张，单位时间内体力和脑力消耗多，意味着劳动强度大；操作松弛，单位时间内体力和脑力消耗少，意味着劳动强度小。由社会必要劳动时间决定的商品价值就是该商品的社会价值。

在考察社会必要劳动时间时，还要注意，生产商品的劳动有简单劳动和复杂劳动的区别。简单劳动是指不需要经过系统的学习和专业训练，每一个健全的人都能从事的劳动。复杂劳动是指需要经过系统的学习和专业训练才能胜任的劳动。两者之间的区别主要是由社会分工和科技发展水平及其在生产中的应用程度决定的。随着科技的进步和时代的发展，过去的复杂劳动会逐渐变成简单劳动。因此，简单劳动与复杂劳动之间的区别总是相对的，会因时因地而发生变化。但是，在一定国家一定历史时期内，简单劳动和复杂劳动的区别是明确和确定的。

在单位时间内，简单劳动和复杂劳动所创造的价值量是不相同的。比较复杂的劳动只是自乘的或是多倍的简单劳动。计量社会必要劳动时间是以简单劳动为尺度的，复杂程度不同的劳动则可以还原成若干倍数的简单劳动。因此，单位时间内，复杂劳动要比简单劳动创造出更多的价值。简单劳动与复杂劳动之间的换算关系，是在商品交换的实践中，经过多次调整，逐渐不断地被改写的，这一自发形成过程总是处于反复的调整状态中。

决定商品价值量的社会必要劳动时间不是固定不变的，它会随着社会劳动生产率的变化而变化。劳动生产率是指生产某种使用价值的效率。通常有两种表达方式，一是单位时间内生产的产品数量，二是生产单位产品所耗费的劳动时间。影响劳动生产率的因素很多，如科学技术发展的水平及其在生产中的应用、生产管理水平、原材料质量的优劣等。

劳动生产率与商品的价值量之间有密切的关系。提高劳动生产率只是意味着同一劳动时间内创造了更多的使用价值，或者说是创造了更多的商品的件数，而在同一劳动时间中仍然凝结着同样的价值总量。价值量是由抽象劳动量凝结而成的，这种一般意义上的人类劳动量只能用劳动时间来衡量。不管劳动生产率发生了什么变化，同一劳动在同样的时间内提供的价值总量是相同的。因此，具有较高劳动生产率的等量抽象劳动相对于劳动生产率较低的等量抽象劳动而言，可以生产出较多的商品件数，这表现为使用价值数量的增加，但却不能创造更多的价值。因此，在较高劳动生产率条件下，单位商品中包含的价值量较少。

五、私人劳动和社会劳动

在私有制条件下，商品生产者的劳动直接表现为私人劳动，间接表现为社会劳动。由

① 《马克思恩格斯全集》，中文1版，第23卷，52页，北京，人民出版社，1972。

于生产资料归私人所有，商品生产者都是独立地进行生产，生产什么，生产多少，如何生产，完全是商品生产者私人的事情，劳动产品也归生产者自己占有和支配。因此，这些生产商品的劳动具有私人的性质，直接表现为私人劳动。

在私有制为基础的商品经济中，由于社会分工，商品生产者之间彼此相互联系和依赖，生产商品的劳动又具有社会的性质，社会劳动就是指在社会分工体系中用来满足一定社会需要的劳动。

私人劳动能否或在多大程度上转化为社会劳动，或者说私人劳动的产品是否符合社会的需要，只有通过市场交换而决定。如果商品生产者的商品不符合社会需要，卖不出去或卖不到相应的价格，私人劳动就不能转化或不能完全转化为社会劳动，这就是私人劳动与社会劳动的矛盾。

私人劳动与社会劳动的矛盾决定着商品经济的其他一系列矛盾，决定着商品经济发展的历史进程，也决定着商品生产者的命运。私人劳动和社会劳动的矛盾贯穿于简单商品经济的始终，在资本主义商品经济中，它发展成为生产社会化和资本主义私人占有的矛盾，其他矛盾也就以更加激化的形式表现出来。

第二节 价值形式与货币

在简单商品经济的发展过程中，随着价值形式的发展，货币产生了。货币出现后，商品交换就以货币为媒介来进行。本节分析价值形式的发展、货币的本质和职能等。

一、价值形式

商品有使用价值和价值二因素，因此，它就相应地具有使用价值的表现形式与价值的表现形式。使用价值的表现形式是指商品的种类、外观、性能等，这是人的感官可以直接感知到，是显而易见的。而商品价值的表现形式，也就是交换价值，作为抽象劳动的总结和社会对一定交换关系的认可，是看不见摸不着的；孤立的一件商品，是不可能通过商品自身将其表现出来的，只有通过与其他商品相交换才能把它展现出来。这就是商品的价值形式，或叫做交换价值。在现实的经济生活中，货币也成为一切商品价值的表现形式，这是价值形式发展的结果。价值形式随着商品交换的发展而发展，经历了四个阶段。

1. 简单的或偶然的价值形式

简单的或偶然的价值形式是指一种商品的价值简单地、偶然地表现在与它相交换的另一种商品上。这种价值形式是与最初的商品交换形式，即物物交换相联系的。原始社会后期，在原始部落之间出现了极其偶然的物物交换，例如：

1 只绵羊＝2 把斧头

这一公式说明，一个部落用 1 只绵羊换取了另一部落的 2 把斧头。由于当时社会生产力极其落后，人们很少有剩余产品，这种交换活动极其偶然，还不可能成为经常的现象，因而成为简单的或偶然的价值表现形式。

在这种价值形式中，1 只绵羊的价值通过 2 把斧头表现出来了，2 把斧头是 1 只绵羊的交换价值。等式两端的商品处于不同的地位，起着不同的作用。等式左端的商品绵羊主动要求将自己的价值表现为 2 把斧头，因而处于相对价值形式的地位之上，等式左端的相对价值形式就是要通过与其他商品相交换，相对表现自己价值的商品形式。而等式右端的商品 2 把斧头则处于被动的表现对方商品绵羊价值的地位，即等价形式的地位，等式右端的等价形式就是充当对方商品等价物的商品形式。

上述公式所描述的交换活动是这样的：从质的方面看，1 只绵羊之所以能够换取 2 把斧头，是因为它们都是人类劳动的产品，都凝结了抽象劳动，包含有价值。从量的方面看，处于相对价值形式的商品的价值量是相对地通过处于等价形式上的商品斧头的使用价值量 2 把表现出来的。商品 1 只绵羊的相对价值量究竟是 2 把，还是 3 把或者其他的斧头数量呢？这取决于生产两种商品的社会必要劳动时间之间的比例关系。例如：在“1 只绵羊＝2 把斧头”的交换中，假设生产 1 只绵羊耗费的社会必要劳动时间为 2 个月，生产 1 把斧头耗费的社会必要劳动时间为 1 个月。如果生产 1 只绵羊所需要的社会必要劳动时间不变，而生产 1 把斧头所需要的社会必要劳动时间减少为半个月，那么 1 只绵羊新的相对价值量就要产生，即“1 只绵羊＝4 把斧头”。因此，处于相对价值形式上的商品的价值量是相对地而不是绝对地表现在处于等价形式上的商品的使用价值量之上。

等价形式就是某商品充当了价值的代表可以与另一商品直接相交换的形式。这样的商品叫做等价物，它就像一面镜子，映照出处于相对价值形式上的商品的价值。因此，等价形式具有三个特点：

(1) 使用价值成为价值的表现形式。斧头以自身看得见、摸得着的使用价值将绵羊中凝结的人们无法直接感知的价值反映出来。处于等价形式的商品通过自身的使用价值表现出了相对价值形式的商品的价值。

(2) 具体劳动成为抽象劳动的表现形式。斧头的使用价值成为绵羊价值的表现形式。然而，斧头的使用价值是由斧头生产者的具体劳动生产出来的，绵羊的价值是由绵羊生产者的抽象劳动凝结而成的。斧头以其生产过程中具体形式下的劳动证明了绵羊的生产过程中确实耗费了一定量的抽象劳动，故而绵羊与斧头成功交换了。

(3) 私人劳动成为社会劳动的表现形式。在商品经济社会中，生产各种商品的劳动都是私人劳动，同时它们都是社会分工体系中的一部分，因此又必须是社会劳动。但是，生产商品的劳动的社会性，只有当这种商品能够用于交换时，才会得到社会的承认。处于等价形式上的商品，作为能够直接与其他商品相交换的等价物，它所包含的私人劳动也就成为社会劳动的表现形式。

由此可见，在简单的或偶然的价值形式的两端，一种商品作为使用价值而存在，另一种商品只是作为价值而存在，因而，在最初的物物交换中潜藏在商品内的价值与使用价值的矛盾就已外化为分别处于相对价值形式、等价形式上的两种商品的外部对立。正如马克思指出：“一切价值形式的秘密都隐藏在这个简单的价值形式中。”① 但是，这种发生在原始社会末期的偶然的物物交换中的价值形式还不能充分地展现价值作为无差别的、一般人

① 《马克思恩格斯全集》，中文 1 版，第 23 卷，62 页，北京，人民出版社，1972。

类劳动的凝结的本质，交换双方的实际劳动消耗的表现也带有较大的随意性和偶然性。随着商品交换的发展，简单的价值形式必然逐渐向完善的价值形式过渡。

2. 总和的或扩大的价值形式

总和的或扩大的价值形式是指一种商品价值表现在与它相交换的一系列商品上。随着社会生产力的发展和进步，出现了第一次社会大分工，即农业和畜牧业相分离，人们的生产能力增强了，剩余产品的种类与数量越来越多，商品交换的范围也扩大了。这时，一种商品可以拥有与多种商品相交换的机会。因此，一种商品的价值经常地表现在一系列商品上。例如：

$$1\text{只绵羊}=\begin{cases}50\text{斤谷物}\\2\text{把斧头}\\40\text{尺麻布}\\1\text{克黄金}\\\cdots\cdots\end{cases}$$

与简单价值形式相比，在扩大的价值形式中，处于等价形式地位的商品的数量出现了明显增多，于是，扩大的价值形式就具备了一个优点：其中处于相对价值形式上的商品的价值是通过一系列其他商品来表现的，这就使商品价值第一次真正地表现为无差别的一般人类劳动的凝结。

但是，在扩大的价值形式中，每一种商品的价值表现都是不完全的，只要出现一种新商品，就会多一种表现价值的材料，特殊等价物的系列就会无限延长，并且，每一种商品价值的表现系列都是互不相同的。所以，这时的商品价值尚没有一个统一的共同的表现，这使商品交换经常遇到实际困难。如：绵羊使用者想换斧头，可斧头所有者不想要绵羊却想要麻布，而麻布所有者又不想要斧头，却想要谷物……显然，这使商品交换受到极大限制。扩大的价值形式还不能完全适应商品交换的发展，需要向更加完善的价值形式发展，于是出现了一般价值形式。

3. 一般价值形式

一般价值形式是指一切商品的价值都统一地表现在从商品世界分离出来充当一般商品等价物的某一种商品上。在长期的交换活动中，人们逐渐取得了这样一种经验：有一种商品大家都乐于接受，只要先用自己的商品换回这种商品，就可以用它换回自己需要的任何一种商品。这就是说，随着社会分工与交换的发展，逐渐地从无数商品中分离出一种商品，其他一切商品都可以和它直接相交换，都可以通过它表现自身价值，它成为公认的等价物。例如：

$$\left.\begin{array}{l}50\text{斤谷物}\\2\text{把斧头}\\40\text{尺麻布}\\1\text{克黄金}\\\cdots\cdots\end{array}\right\}=1\text{只绵羊}$$

与扩大的价值形式相比较，从形式上看，一般价值形式只是扩大价值形式的颠倒，但实际上，从扩大的价值形式发展到一般价值形式，是价值形式发展过程中的质的飞跃。因为，从扩大价值形式下，所有商品价值形式的表现是不统一的；而在一般价值形式下，所有商品的价值都统一地表现在公认的一般等价物之上。这就解决了扩大价值形式下商品交换遇到的实际困难，于是，商品交换就从最初的直接的物物交换变为由一般等价物充当媒介的商品流通。

在不同的历史时期及不同的国家和地区，充当一般等价物的商品是多种多样的。在历史上充当过一般等价物的商品有贝壳、谷物、布帛、牛、羊、盐等。据考证，在汉字中有许多以“贝”为偏旁的字，如“财”、“赚”、“赔”等，与我国沿海曾一度用贝壳作为一般等价物有关。而在牧区，则多以牛、羊等牲畜作为一般等价物。一般等价物的不固定、不统一，使得商品交换很难跨越地域的界限，这给商品的交换带来了新的困难。随着商品交换的发展，一种新的价值形式——货币形式应运而生了。

4. 货币形式

货币形式是指金银等贵重金属固定地充当一般等价物的价值表现形式。第二次社会大分工即手工业从农业中分离出来后，出现了专门的商品生产，商品交换的范围更加扩大了。这在客观上要求由一种商品固定地充当一般等价物。例如：

50 斤谷物
2 把斧头
40 尺麻布 } ＝1 克黄金
1 只绵羊
……

在货币形式中，所有商品都处于相对价值形式上，以货币作为自身价值的表现形式。与一般价值形式相比较，货币价值形式并没有出现本质变化，区别只是一般等价物已经由贵金属金银固定地担当了。贵金属排除了其他一切商品取得了单独表现价值、抽象劳动、社会劳动的独占权。

一般等价物最终固定在金银等贵金属之上，是因为贵金属本身也是商品，也具有使用价值与价值。并且，其自然属性也最适合充当货币的选材，如体积小、价值大、易于携带，不易变质和磨损等。正如马克思指出：“金银天然不是货币，但货币天然是金银。”①

二、货币的本质和职能

商品价值形式的发展过程揭示了货币的起源。货币是商品经济发展到一定阶段的产物，是商品经济内在矛盾发展的必然结果。

1. 货币的本质

从货币产生的过程可知，货币的本质是从商品中分离出来，固定地充当一般等价物的商品。首先，货币与其他商品一样具有使用价值与价值二因素。货币也是人类劳动的产品，也具有价值，因而它可以用自身价值去衡量其他一切商品的价值，并且，普通商品的

① 《马克思恩格斯全集》，中文1版，第13卷，145页，北京，人民出版社，1962。

价值要通过和货币相交换才能表现出来，而货币则作为价值的直接代表而存在。其次，货币作为贵金属，除了以它的自然属性满足人们的需要外，还具有表现一切商品价值的社会职能。

货币出现以后，商品价值的实现，具体劳动能否转化为抽象劳动，私人劳动能否转化为社会劳动，都以商品能否向货币转化为标志。

2. 货币的职能

货币的职能是指货币在商品经济社会中的作用，这是货币本质的具体表现。货币的职能是随着商品经济的发展逐渐发展起来的。在发达商品经济条件下，货币具有五种职能：

（1）价值尺度。

货币的价值尺度职能，是指货币充当衡量一切商品价值的尺度，表现其他一切商品价值量的大小。各种商品的价值在质上相同，在量上可以比较，而货币价值尺度的职能，就为商品世界提供了表现价值的材料。商品内在的价值尺度是劳动时间，而货币是价值的外在尺度。

商品价值的货币表现就是商品的价格，为了具体表现和衡量各种商品的价值量，货币本身需要确定一个计量单位。如，我国以“元”为单位，等分为“角”、“分”；英国以“镑”为单位，等分为“先令”、“便士”。货币的计量单位叫做价格标准。货币作为价值尺度与货币本身的价格标准是两个不同的范畴，其区别主要是：货币作为价值尺度代表一定量的社会劳动，用来衡量其他所有商品的价值，这是在商品经济中自发形成的，并且，作为价值尺度的货币本身的价值随着生产货币的劳动生产率的变化而变化。货币本身的价格标准代表一定的金属重量，用来衡量货币本身的量，它是由国家以法律形式规定的，并且，货币的价格标准与货币的劳动生产率的变化无关。在价格与价值一致的条件下，商品的价格主要决定于商品的价值和金属货币价值两个因素。商品价格变化与商品的价值的变化成正比，与货币价值的变化成反比。

货币执行价值尺度的职能，只是把商品的价值大小表现出来，由于并没有现实的购买行为，所以不是实现商品价值，不需要现实的货币，只需要想象中的或者观念上的货币就可以了。

（2）流通手段。

货币作为流通手段是指货币在流通中充当商品交换媒介的职能。货币执行流通手段的职能必须是现实的货币。在货币出现以前，商品交换采取物物交换形式，买与卖在时间与空间上都是一致的。货币出现以后，商品交换就通过货币媒介来进行了。买与卖出现了分离。这样，有一些人卖而不买，就必然会使另一些人的商品卖不出去，这就出现了商品相对过剩危机的可能性。

执行流通手段的货币必须是现实的，但不一定是足值的。货币最初是采取金银条块的形式，每次商品交易都需要鉴定其成色和分量。随着商品交换的发展，逐渐产生了具有一定形状、重量、成色和标明面额价值的金属铸币。铸币是由国家铸造的，具有一定的形状、重量、成色和面额的金属货币。如，我国曾有过铲形的、刀形的铸币。俄国曾有过船形的铸币。为了流通的便利，世界各国的铸币都逐渐变成了圆形。铸币在流通中不断使用，逐渐磨损，铸币的名义含金量与实际含金量逐渐分离，足值的货币变成了不足值的货币。但是，人们并不关心铸币本身是否足值，而是关心它能否购买到足量的商品。这样，铸币逐渐向价值符号演变，纸币作为一种纯粹的价值符号应运而生了。我国是最早使用纸币的国家，唐代的“飞钱”就具有了某些纸币的特征，北宋的“交子”和“钱引”、南宋的“会子”已是真正的纸币了。在现代商品经济社会中，纸币已基本取代铸币广泛流行于世界各国。随着商业的发展和互联网的应用，又出现了信用货币和电子货币。

（3）贮藏手段。

货币的贮藏手段职能是指货币作为社会财富的一般代表，退出流通领域，被贮藏起来。执行贮藏手段的货币必须是现实和足值的货币。

金属货币的贮藏手段职能发挥了货币蓄水池的作用，可以自发调节货币流通量。马克思指出：“货币贮藏的蓄水池，对于流通中的货币来说，既是排水渠，又是引水渠；因此，货币永远不会溢出它的流通的渠道。”① 也就是说，当流通中需要的货币量减少时，多余的金属货币就退出流通领域成为贮藏货币；当流通中需要的货币量增加时，一部分贮藏的金属货币又会重新投入到流通领域。

（4）支付手段。

货币支付手段的职能是指货币用来支付债务、工资、租金等，并没有商品与之同时、同地发生时执行的职能。

在商品流通初期，买卖商品都使用现金支付。在一个买卖过程中，一极是商品，一极是货币，同一价值量双重地存在着。所以，商品所有者仅仅是作为现货交易的代表人相互接触的。但是，随着商品流通的发展和信用制度的建立，商品买卖的交货和付款在时间和空间上分开的事情越来越多了。如，商品交换中的赊购方式就是卖者先交货，到期之后，买者才支付货币；再如，房屋出租是租房者先使用一定期限再付房租。

在这些交易活动中，一个商品所有者出售他现有的商品，而另一个商品所有者只是作为未来的货币支付者来购买这种商品。于是，卖者成为债权人，买者成为债务人。在这些交易方式中，货币在执行着支付手段的职能。

货币作为支付手段，一方面，暂时缓解了因缺乏现金而不能购买商品的困难，并使一些赊销债务可以相互抵消，克服了钱货两清的交易方式对交易规模和生产规模的限制，节省了流通中所需要的货币量，促进了商品经济的发展。另一方面，商品生产者之间相互赊欠，形成了一系列债务关系链，其中任何一个环节如果不能按期偿还，就会引起支付链条中断，使信用关系遭到破坏，商品生产和经营无法顺利进行，这就引发了经济危机的可能性，加深了商品经济的矛盾。

（5）世界货币。

世界货币是指一国货币越出本国市场的流通领域，在世界市场上执行一般等价物的职能。充当世界货币的一般只能限于贵金属。但在国际经济生活中，由于某些国家经济实力雄厚，或一些特殊的历史原因，其货币的币值在国际金融市场相对比较稳定，也起到了世界货币的作用。

作为世界货币，主要执行三方面的职能：其一，作为支付手段，平衡国际贸易差额；

---

① 《马克思恩格斯全集》，中文1版，第23卷，154页，北京，人民出版社，1972。

其二，在国际购买活动中，媒介商品流通；其三，作为社会财富的代表，从一个国家转移到另一个国家，如战争赔款、国际援助等。

三、货币流通量规律

货币流通量规律就是关于一定时期内商品流通过程中所需货币数量的规律。在商品流通过程中，商品在进行了由商品到货币的形式变换后，就退出流通领域，然后又有新的商品进入流通领域。而货币却作为商品流通的媒介在流通领域里流动。于是就产生了一个问题，即货币作为流通手段，究竟需要多少才能满足媒介商品流通的需要。这正是货币流通量规律所要说明的问题。

1. 贵金属货币流通量规律

货币执行流通手段职能时，流通中所需要的货币量取决于三个因素：一是流通中待售商品的数量；二是商品的价格水平；三是货币流通速度。一定时期内流通中所需的货币量，与待售商品价格总额（待售商品数量×价格水平）成正比，与同一单位货币流通速度成反比。用公式表述为：

$$\text{一定时期内流通中需要的金属货币量}=\frac{\text{商品价格总额}}{\text{同一单位货币的平均流通速度(次数)}}$$

其中，同一单位货币流通速度是指在这一定时期内，同一单位货币平均媒介了几次商品流通。例如，市场上共有粮食、布匹、牲畜、锄头四种商品出售，每种商品价格是2元，每种商品的数量都是1单位，因此，待售商品价格总额是8元。如果四种商品同时出售，那么，单位货币（2元）只媒介了一次商品流通，实际的货币需要量就是8元；如果四种商品依次流通，那么，单位货币（2元）就可以媒介四次商品流通，实际的货币需要量就是2元。同一单位货币的这种流通速度反映了各种商品的形态变化的错综交织的关系。同一单位货币的流通速度越快，在待售商品的价格总额一定的情况下，实际需要的货币量就越少。

货币的支付手段职能产生以后，表达货币流通量规律的公式发生了变化，应表述为：

$$\text{一定时期内流通中需要的货币量}=\frac{\begin{matrix}\text{待售商品}\\\text{的价格总额}\end{matrix}-\begin{matrix}\text{赊售商品}\\\text{的价格总额}\end{matrix}+\begin{matrix}\text{到期支付}\\\text{的总额}\end{matrix}-\begin{matrix}\text{相互抵消}\\\text{的支付总额}\end{matrix}}{\text{同一单位货币的平均流通速度(次数)}}$$

其中，赊售商品的价格总额必须从待售商品的价格总额中扣除，因为这部分商品的赊售行为发生在当期，有现实的商品流通，其价格总额是当期待售商品价格总额中的一部分，但没有相应的货币流通，这部分赊售商品的货款要等到买卖双方约定的时期才交付。

到期支付的总额必须与待售商品的价格总额相加，是因为到期支付的情况通常为清偿债务和支付税金、租金、工资等。这种由于约定时期已到，而必须支付货币的情况，显然都是在当期有货币流通，没有相应的商品流通，与这部分货币流通相对应的商品流通已经在之前的某个时期发生过了。

相互抵消的支付总额必须从待售商品的价格总额中扣除，是因为应支付的货款彼此抵消就意味着在交易活动中，确实存在商品流通，但相应的货币流通却由于货款可以相互抵消而节省掉了。如甲企业从乙企业购进价值 200 元的货物，同时乙企业也从甲企业购进 300 元的货物，因此就可以抵消一部分货款的支付，只需乙企业支付给甲企业 100 元就可以了。在上述交易活动中，可以彼此抵消的支付总额是 200 元。

2. 纸币流通规律

纸币作为价值符号，只是代表金属货币执行流通手段的职能。所以纸币流通规律是以贵金属货币的流通为基础的。当纸币的流通量与市场中实际需要的贵金属货币量相符时，纸币才与贵金属货币具有同等购买力。如果流通中的纸币量大大超过市场实际需要的金属货币量，就会引起纸币贬值，物价普遍上涨的经济现象，即通货膨胀。并且，纸币超过流通中所需金属货币量的发行量与单位纸币所代表的社会价值成反比，与物价上涨幅度成正比。某些政府为了调节经济，会采用通货紧缩政策。通货紧缩是指在市场流通中收缩货币供应量以减少纸币发行量，使之少于市场上媒介商品流通所需要的货币量，以减轻纸币贬值的程度或使纸币升值，使得市场上商品价格下降，从而提高货币购买力。

第三节　价值规律

商品经济的运行受其内在客观规律的支配，价值规律是其中最基本的经济规律。本节分析价值规律的内容和作用形式及其在私有制商品经济中的作用。

一、价值规律的内容和作用形式

价值规律的内容和要求是，商品的价值是由生产商品的社会必要劳动时间所决定，商品的交换以商品的价值量为基础。价值规律的内容包括两个相互联系的方面：一是价值决定的规律，即商品的价值量由生产商品的社会必要劳动时间所决定；二是价值实现的规律，即不同的商品是按照其价值量的大小进行等价交换。价值规律是价值决定规律和价值实现规律的统一。概括地说，价值规律就是商品按照社会必要劳动时间决定的价值进行等价交换的规律。这一规律体现着商品经济发展运动过程的必然趋势，在商品经济条件下，影响商品经济运动的规律不止一个，如除了价值规律，还有竞争规律、供求规律、货币流通量规律等。而在这些规律中价值规律起支配作用，它支配商品生产和商品交换的全过程，只要有商品生产和商品交换，就必然有价值规律在起作用，因而价值规律是商品经济的基本规律。

按照价值规律的要求，在商品交换中商品的价格应该与价值一致。但是在现实的商品交换中，商品的价格与价值是经常不一致的，而价格与价值在交换中相一致只是一种偶然的现象。这是因为商品的价格固然要以价值为基础，但是，它还受多种因素的影响，其中主要受供求关系的影响。在商品市场上，供求平衡时，价格可以与价值相一致；供求不平衡时，价格与价值就发生背离。在实际生活中，供求是经常不一致的，当某种商品供过于求时，商品生产者竞相出售商品，价格就会降到价值以下；反之，某种商品供不应求时，购买者竞相购买商品，价格就会涨到价值以上。这就是说，随着商品供求关系的变化，价格有时高于价值，有时低于价值，价格总是围绕价值上下波动，正是现实社会中价值规律作用的实现形式。

商品的价格与商品价值背离或不一致，并不违背价值规律，更不表明价值规律失去了作用。这是因为：首先，商品价格波动的中心是价值，价格无论怎样变动，总是以价值为基础而变动的，价格不会偏离价值太远。比如在一定时期的同一市场上，自行车再供不应求，它的价格也不会涨到一台小轿车的价格。因为生产一台轿车的社会必要劳动时间，大大多于生产一辆自行车的社会必要劳动时间，前者的价值大大高于后者的价值。其次，从个别的一次商品交换过程看，虽然商品的价格与价值经常不一致，但是，从一个较长的时期和社会的整体看，同一种商品的价格上涨的部分和下落的部分，可以相互抵消，因而一定时期之内，在总体上价格与价值是相等的，商品的平均价格与价值是相一致的。

二、价值规律在私有制商品经济中的作用

商品的价值量是由生产商品的社会必要劳动时间决定的，商品的交换依据价值量来进行，这种必然性的实现过程，就是价值规律发挥作用的过程。在私有制商品经济中，价值规律的作用主要表现在以下方面：

第一，自发地调节生产资料和劳动力在社会各部门的分配比例。在每一个社会中，社会再生产的正常进行，都要求生产资料和劳动力按一定的比例分配于各个生产部门。在社会化的大生产中更为重要。在社会各部门合理分配生产资料和劳动力的方式，即配置社会资源的方式，不是唯一的，但任何社会，在商品生产中，价值规律在社会资源的配置中都起着重要作用。

价值规律自发地调节生产资料和劳动力在社会各生产部门的分配比例，是通过竞争和价格的波动以及与此相联系的供求关系的变动而实现的，也就是说，是通过价格围绕价值上下波动这一价值规律作用的形式发挥作用而实现的。

当某个部门的某种商品价格普遍高于价值时，表明这种商品供不应求，商品供不应求的根本原因是社会投放于这种商品生产的生产资料和劳动力少了。同时商品的价格高于价值，会给这种商品的生产者带来较大的利益，这样其他部门的商品生产者，在利益的驱动下，就会把生产资料和劳动力投入到这种产品的生产。相反当某种商品的价格低于价值时，表明这种产品供过于求，社会投放于这种产品生产的生产资料与劳动力多了。此时，商品的生产者获利减少甚至无利可图和破产，因而，他们会把生产资料和劳动力转入其他部门的产品的生产。价值规律正是基于供求关系的变化，通过价格围绕价值的上下波动，直接影响商品生产者的利益，从而自发地调节生产资料和劳动力在各部门的分配比例。

但是价值规律在调节社会资源的配置方面也存在局限性：首先，商品生产者根据商品价格的变动来调节资源的配置，是由单个商品生产者自发进行的，难以恰好达到供求平衡，往往盲目扩大或缩小生产，造成资源配置浪费；其次，价值规律对社会资源的调节是一种事后调节，因为价格涨落时，供求关系已经失衡，社会资源配置的不合理已经形成，因而不可避免地产生社会资源浪费；再次，价值规律的自发调节，往往使商品生产者从追求私利出发，不愿投资公用事业、基础设施、基础工业等项目，因而，不利于社会资源中长期的合理配置和产业结构的优化。

第二，价值规律自发地促进社会生产力的发展。商品的价值量由社会必要劳动时间决

定，每个商品生产者的个别劳动时间是不同的。如果商品生产者的个别劳动时间低于社会必要劳动时间，它的个别劳动就能够获得较大的社会价值，获得较多的货币收入；如果商品生产者的个别劳动时间高于社会必要劳动时间，他的较大的个别劳动只能转化为较小的社会价值，获得较少的货币收入；如果个别劳动时间与社会必要劳动时间相等，它的个别价值与社会价值一致。因此，对于商品生产者来说，都要千方百计地改进技术，改善管理，不断创新，以使个别劳动时间低于社会必要劳动时间，实现更多的利润。

在竞争中，个别劳动时间低于社会必要劳动时间的商品生产者处于有利的地位，他们可以将价格压低到社会价值以下，只要价格高于个别价值，就能使个别劳动得到补偿，还可以有盈余。这样，个别劳动时间低的商品生产者，通过降价的方式，扩大销售，扩大市场份额。而个别劳动时间高的商品生产者在竞争中处于劣势，维持高价，则商品销售困难；同样降价，则不能补偿成本。因此，如果不改进技术，提高劳动生产率，落后的商品生产者在竞争中只有被淘汰。

在私有制商品经济中，价值规律的这一作用也是有局限性的。因为价值规律刺激生产力发展的作用的实现，是以一部分社会生产力遭到损失为代价的；还有那些劳动生产率高的商品生产者为了保持自己的优势，会想方设法地保守新技术的秘密，这也会影响社会生产力的发展。

第三，价值规律会引起商品生产者的两极分化。这是由价值规律的要求所决定的。价值规律要求由社会必要劳动时间决定商品的价值量，商品交换要按照等价交换的原则进行。但是不同的生产者的生产条件是不同的，生产商品的劳动生产率也就不同。生产条件好的商品生产者，生产的个别劳动时间低于社会必要劳动时间，但是按社会必要劳动时间决定的社会价值出售商品，因而可以获得较大利益。这样的商品生产者就有更多的条件采用先进技术，扩大生产规模，其个别劳动生产率会更高，从而获得更大的利润。相反，生产条件差的商品生产者，他的个别劳动时间高于社会必要劳动时间，在竞争中处于不利地位，他就难以获得采用先进技术、扩大生产规模的条件，甚至会亏本和破产。这就使商品生产者产生了两极分化。

在封建社会末期，就是在价值规律的这一作用下，少数条件好的小商品生产者，获利越来越多，生产规模越来越大，变成了资本家；大多数生产条件差的商品生产者，亏本、破产甚至沦为雇佣工人，从而在小商品生产者两极分化的基础上，产生了资本主义生产关系。

三、第二种含义的社会必要劳动时间

我国学术界占主流地位的经典看法认为，社会必要劳动时间有两种含义。马克思在《资本论》第一卷提出的现有社会正常生产条件下生产某种商品的社会必要劳动时间决定该商品价值量的论述，是第一种含义的社会必要劳动时间，这也是前文中讲述的社会必要劳动时间的含义。第一种含义的社会必要劳动时间是就生产某一种单个商品的使用价值而言的。此时，马克思分析的仅仅是资本主义的生产过程。然而，马克思在《资本论》第三卷中，引入了市场竞争，把生产过程与流通过程结合起来，即对资本运动的总过程进行了考察，此时，马克思分析了符合社会需要的商品总量，从而对决定商品价值量的社会必要

劳动时间作出了进一步的规定，即价值不是由某个人生产一定量商品或某个商品所必要的劳动时间决定的，而是由社会必要的劳动时间，由当时社会平均生产条件下生产市场上这种商品的社会必需总量所必要的劳动时间决定的。这就是马克思分析的社会总劳动时间根据市场需求在各种商品上进行分配，从而在不同种商品之间形成的社会必要劳动时间，这就是第二种含义的社会必要劳动时间。也就是说，第二种含义的社会必要劳动时间是满足社会需要总量所必须花费的总劳动时间。对此，马克思认为，价值规律不仅影响个别商品，而且更重要的是影响各种因分工而互相独立的社会生产领域的总产品。在这里，显然是从总量商品的生产和社会总需求的角度考察了社会必要劳动时间，这不仅从质的方面进一步说明了构成价值实体的社会劳动的性质，而且从量的方面进一步说明了决定价值量的社会必要劳动时间不是生产任意数量商品所耗费的劳动时间决定的，而是生产社会需要的商品所耗费的劳动时间决定的。

从本质上说，社会必要劳动时间的两种含义具有相关性，即不同商品的供求状况会直接影响决定社会必要劳动时间的生产条件与劳动熟练程度和劳动强度。如果供给超过需求较大，就意味着生产这种商品所实际耗费的总社会必要劳动量已经超出社会需求所决定的应当分配在该种商品生产中的劳动量。此时，优等生产条件会成为社会平均的生产条件，较高的劳动熟练程度和劳动强度开始决定生产这种商品的社会必要劳动时间，从而引起单位商品价值量下降。如果供给低于需求较大，就意味着生产这种商品所实际耗费的总社会必要劳动量远远没有达到社会需求所决定的应当分配在该种商品生产中的劳动量。此时，劣等生产条件会成为社会平均的生产条件，较低的劳动熟练程度和劳动强度开始决定生产这种商品的社会必要劳动时间，从而引起单位商品价值量上升。

从 20 世纪 90 年代开始，对“两种社会必要劳动时间”问题的研究又出现了新的争论。比如，有研究认为，所谓第一种含义的社会必要劳动时间是以供求一致为前提的，这与所谓的第二种含义的社会必要劳动时间实际上是一致的，并非两种含义的社会必要劳动时间。只不过马克思在考察前者时，是按单位商品，在考察后者时是按商品生产总量；两者有一个共同的前提，即供求一致。但也有不同观点认为两种含义的社会必要劳动时间不能混为一谈。

第四节　商品拜物教

商品拜物教是指把体现在商品中的任何人的关系仅仅看做商品和货币的关系，并且把商品和货币看做能够支配人类、支配一切的神秘的东西。本节分析商品拜物教的性质与根源及多种表现形式。

一、商品拜物教的性质与根源

商品的神秘性既不来自于其使用价值，也不来自于其价值，而是从商品形式本身产生出来的。在现实经济生活中，生产商品所耗费的一般人类劳动具有等同性，这本没有什么神秘的地方，只是由于这种一般人类劳动取得了物的形式，表现为和另一种商品相等的价值对象性；一般人类劳动的消耗本是用劳动时间计算，但却采用物的形式，用价值量计算；劳动者之间相互交换劳动没有直接进行，而是通过物与物的交换关系来进行，这就使人与人的关系被物与物的关系所掩盖。可见，商品形式的奥秘不过在于：商品形式把劳动的社会性质反映为劳动产品的天然社会属性，从而把人与人的生产关系反映为物与物的社会关系。这就使商品成为可感觉又超感觉的东西，这使人们虚幻地认为人与人之间的生产关系是由商品支配的，人们由此产生了偶像崇拜，就像宗教徒对上帝那样崇拜，马克思称之为商品拜物教。商品拜物教实质上是人们对物化的生产关系及其运动规律的支配作用的迷信崇拜。

这种商品拜物教是以商品生产为基础的。马克思认为，劳动产品一旦作为商品来生产，就带上拜物教性质，因此拜物教是与商品生产分不开的，"来源于生产商品的劳动所特有的社会性质。"[①] 物品之所以成为商品，是因为它们是彼此独立的私人劳动的产品。这种私人劳动本来是社会总劳动的一部分，但由于生产者是私有者，他们之间的劳动互换必须在交换中才能表现出来。因此，私人生产者之间的社会关系，现在却采取物与物的关系形式表现出来了。

二、商品拜物教的其他表现形式

1. 货币拜物教

货币出现以后，货币成为固定地表现其他商品价值的材料。此时，从简单价值形式到扩大价值形式、一般价值形式、货币形式，从商品交换到货币形成，这一系列的中介运动过程都消失了，好像它从地下被挖出来时就是人类抽象劳动的化身，货币拜物教由此产生。资产阶级的"金银天然是货币"的理论就是根据这种假象提出来的。货币拜物教是商品拜物教的进一步发展。

2. 科技商品拜物教[②]

科技商品拜物教是指科技商品的神秘性，这是现代商品经济社会中一种颇为广泛的现象。其实质如同马克思所揭示的商品拜物教的实质一样，是人们对掩盖着人与人关系的科技商品的迷信和崇拜。具体地讲，科技商品拜物教是指，在现代科技商品生产条件下，人与科技商品（物）关系的颠倒，科技商品作为人创造的产物已经异化为支配人、统治人的"神"，人们对科技商品抱有一种类似于宗教的敬畏心理和崇拜观念。这是商品拜物教在现代商品经济社会中取得的新的表现形式。

关键术语

商品	使用价值	价值
具体劳动	抽象劳动	价值量
社会必要劳动时间	货币	货币流通量规律

---

① 《马克思恩格斯全集》，中文1版，第23卷，89页，北京，人民出版社，1972。

② 参见刘冠军：《走进新时代的马克思劳动价值论》，248～263页，北京，中央文献出版社，2008。

价值规律

习题

1. 商品的二因素与生产商品的劳动的二重性之间的关系是什么?
2. 货币的本质和职能是什么?
3. 货币流通量规律的表达公式是什么?
4. 社会必要劳动时间的两种含义是什么?
5. 价值规律在私有制商品经济中的作用是什么?
6. 商品拜物教的本质和表现是什么?

第二章

资本与剩余价值

资本与剩余价值理论是马克思政治经济学的基石。在资本的不断运动过程中生产剩余价值，是资本主义生产的本质和根本目的。本章分析和评述资本主义经济制度的形成，从直接生产过程的角度分析资本的本质及剩余价值的生产。

第一节　资本主义经济制度的形成

人类社会的任何经济形式都是建立在一定的经济制度的基础上的。经济制度是指人类社会发展一定阶段的生产关系的总和。本节分析和评述资本主义经济制度的形成过程。

一、资本主义经济制度的萌芽

资本主义经济制度产生以前，人类社会先后经历了原始公社制度、奴隶占有制度、封建制度。在封建社会末期以前的人类社会发展阶段，自然经济占据统治地位。自然经济是以自给自足为特征的经济形式，在自然经济条件下，每个生产者家庭利用自身的经济条件，几乎生产出自己所需要的一切产品。但是到了封建社会末期，随着社会生产力的提高，社会分工的扩大，商品经济进一步发展起来。封建经济体内部出现了一些新现象，这主要表现在：

第一，城市中封建行会的各种清规戒律越来越与社会经济发展的要求不相适应。特别是在13世纪以后，手工业发展迅速，一些生产条件好，掌握新技术的手工业者突破封建行会限制竞争、阻碍技术进步的清规戒律，扩大生产规模，使用更多帮工，日益富裕起来，成为最初的资本家。与此同时，手工业作坊中的经济关系开始发生变化。富裕的手工业主逐渐脱离了手工劳动，成为使用雇佣劳动的管理者，而帮工与学徒者则逐渐成为雇佣工人。在竞争中一些生产条件较差、经营不善的手工业者日趋破产，也变成了雇佣工人。于是，城市中的封建行会制度趋于瓦解，资本主义生产关系随之逐渐扩大。

这说明，在封建社会末期，随着社会生产力水平的提高和社会分工的扩大，商品经济迅速发展，封建生产关系以其固有的保守性和封闭性，越来越成为生产力与商品经济发展的障碍。这在客观上要求冲破封建主义生产关系和自然经济的藩篱，建立有利于私有制商品经济发展的新的生产关系。在这样的历史背景下，资本主义生产关系在封建社会生产力与生产关系的矛盾运动中逐渐产生了。

第二，在资本主义经济形成的过程中，商业资本发挥了显著作用。在封建社会末期，商业资本开始活跃，促进了自然经济统治地位的瓦解，使市场扩大，小生产者两极分化加速。商人先是利用自身的垄断地位压低价格，收购分散的手工业者的产品，后又用手工业者生产所需的原材料偿付货款。商人就这样逐渐控制了小手工业者的生产和流通，隔绝了他们与市场的关系，使之依附于自己。随着商业资本的壮大，商人又向手工业者提供一些重要的生产资料，要求手工业者按照规定的日期、规格等提供产品，领取报酬。这样一来，小手工业者逐渐失去了经济上的独立而沦为雇佣工人。这时的商人则变成了工业资本家。

以上两点说明，早期工业中的资本家和资本主义生产关系，主要通过两个途径产生：一是由于价值规律的作用必然导致优胜劣汰，因而，小商品生产者两极分化，一些富裕的手工业主逐渐变为早期工业资本家。二是一些具有垄断地位的商人控制了小手工业者的生产流通，成为早期工业资本家。

第三，农村中商品经济的发展动摇了自然经济的统治地位，封建生产关系趋于瓦解。这是从实物地租逐渐变成货币地租开始的。农民与地主的人身依附关系逐渐变成了单纯的契约关系。同时，少数富裕农民不断地扩大生产规模，成为富农。而贫困农民则失去土地，只能以出卖劳动力为生。

显然，农民也被卷入了商品经济中，农村也产生了两极分化。结果就是农村中少数人发财致富，成为农村的资本家，多数人贫困破产，成为农村的无产者和半无产者。农村中，封建地主与农民之间出现契约关系，少数富农租进大量土地，建立农场，都表明农业中也出现了资本主义生产关系的萌芽。

二、资本主义经济制度的确立

上述资本主义经济还保留着封建制度下的形式，在整个社会经济中的比重也很少，只能算是萌芽形式。封建社会末期的小生产者不断分化的过程显然是在不断地制造着两个条件：一是大量有人身自由但失去生产资料的劳动者；二是在少数人手中积累起了进行资本主义生产所需要的大量货币财富。这是资本主义经济制度确立所必需的两个基本经济条件。但是，这两个基本条件的创造如果仅仅依靠这种小生产者自然分化的机制，显然将是一个十分漫长的过程。“这种方法的蜗牛爬行的进度，无论如何也不能适应十五世纪末各种大发现所造成的新的世界市场的贸易需求。”①

① 《马克思恩格斯全集》，中文1版，第23卷，818页，北京，人民出版社，1972。

15世纪地理大发现以后，世界市场急剧扩大，这对资本主义经济的发展产生了强大的制约作用，西方国家的新型资产阶级在强烈致富欲望的推动下，就用暴力手段剥夺小生产者，并聚拢起大量社会财富，于是资本主义经济制度确立所必需的两个基本经济条件加速形成了，这就是资本的原始积累过程。以历史上英国的"圈地运动"最为典型。资本主义的发展历史，绝不是"牧歌式"的，而是"用血和火的文字载入人类编年史的"①。"资本来到世间，从头到脚，每个毛孔都滴着血和肮脏的东西。"②

资本原始积累的实质，就是采用暴力手段使生产者与生产资料相分离，生产者的资本与货币财富迅速集中在后来成为资本家的少数人手中的历史过程。这是发生在资本主义生产方式确立之前的初始资本形成过程，不是在资本主义生产方式内部进行的资本积累，所以叫做资本的原始积累。

资本主义经济就这样在封建社会内部产生并迅速成长起来，新生的经济关系必然要求彻底摧毁旧的封建制度，社会革命必然到来，资本主义作为新生资本主义生产方式的代表，成为这场反封建革命的领导者，并最终取得了政治上的统治地位，资产阶级登上政治舞台，就利用手中的国家政治的力量消灭一切阻碍资本主义经济发展的旧制度的残余，建立了资本主义经济制度，资本主义生产方式最终得以法律制度的方式确立下来。

第二节　货币转化为资本

资本经济制度是以生产资料的私有制为基础的，通过雇佣劳动制度剥削工人所制造的剩余价值的经济制度。为了深入揭示资本主义经济制度的本质，必须阐明资本是怎样形成的。伴随着无产阶级与资产阶级的形成，资本也就活跃在了人类经济社会的舞台上。这是资产阶级掌握初始资本的历史形成过程。本节考察的是货币经过运动后转化为资本，取得了资本的身份，这是每一个新生资本的逻辑形成过程。

一、资本总公式

任何一个资本家首先必须掌握一定数量的货币，用以购买生产资料和劳动力，才能进行生产经营，也就是说，每一个资本最初都要表现为一定数量的货币。但是货币本身并不就是资本，因而当作货币的货币与当作资本的货币是有区别的。

当作货币的货币是指充当商品流通媒介的货币，商品流通的公式描述了其运动的轨迹，即商品—货币—商品（W—G—W），这个公式的含义是：商品生产者先卖掉自己的商品，换回一定量的货币，再用这些货币去购买自己需要的其他商品。作为资本的货币是指资本家以营利为目的而经营的货币。它的运动过程用公式表达是，货币—商品—货币（G—W—G），这是资本流通的公式。其含义是资本家先用货币购买生产资料，雇用工人，生产出另一种新商品，然后再把这些新商品销售出去，换回新的一部分货币。

---

① 《马克思恩格斯全集》，中文1版，第23卷，783页，北京，人民出版社，1972。

② 同上书，829页。

这两个流通存在明显的形式上的区别：首先买和卖的顺序是相反的，两者的起点、终点、媒介各有不同。从本质内容上看，两者存在严格的区别，首先，在商品流通中，商品生产者卖出自己的商品换回货币，是为了买回自己需要的另一种商品，它的实质内容是不同的使用价值相交换，流通的目的在于取得一种适合自己需要的使用价值。在资本的流通中，货币持有者投入货币，目的不在于取得商品的使用价值，而在于最终取得更多的货币。在资本流通公式两端的货币是两个不同的量。资本家最后取得的货币与投入的货币相比已经包含了一个增殖额，也就是剩余价值。可见，作为资本的货币与作为货币的货币，其本质区别就在于作为资本的货币在运动中发生了价值量的变化，即实现了价值增殖，正是这种增殖，使货币转化为资本，资本就是带来剩余价值的价值。

资本流通公式的完整表达应是 $G—W—G'$，其中 $G'=G+\Delta G$，ΔG 代表增殖额。这一公式概括了产业资本、商业资本和借贷资本的运动，所以是资本的总公式。

二、资本总公式的矛盾

资本总公式的矛盾是指，价值规律要求商品交换依据等价交换的原则，在交换中价值只发生了形式的变换，并不发生量的改变，不会出现价值的增殖，但是，资本总公式呈现出来的现象却是资本在流通中确实发生了价值增殖。在流通过程中所出现的这种商品等价交换与价值发生增殖之间的矛盾，就是资本总公式的矛盾。所以只有说明了剩余价值是从哪里来的，才能解决资本总公式的矛盾。

剩余价值不能从流通中产生。因为在流通中无论是等价交换还是不等价交换都不能产生剩余价值。如果是等价交换，那么，交换中价值只发生形式的转换，即由商品到货币，或由货币到商品，不会带来增殖；如果是不等价交换，即贱买贵卖，也不会产生剩余价值，因为个别商品生产者通过贱买贵卖或既贱买又贵卖固然可以多得到剩余价值，但是对于整个资本集团来说，并没有多得到剩余价值。一个商品生产者通过贱买贵卖方式多得到的正是其他商品生产者失去的。

剩余价值的产生又不能离开流通领域。因为商品生产者之间的任何关系的发生都必须在流通领域中。离开流通，商品生产者只能与自己的商品发生关系，商品包含的所有价值都将不会实现。

所以剩余价值的产生，既不能在流通中，又离不开流通。这是解决资本总公式的矛盾的条件。

三、劳动力的买和卖

按照这个条件，对总公式的两个流通过程、一个生产过程作进一步分析。首先，在 G—W 阶段中，始点上的货币是一个既定量，它的职能是充当流通手段或支付手段，按照等价交换的原则，去购买生产资料和雇佣工人，这一部分货币不会自行发生增殖。

其次，在 W—G 阶段中，终点上的货币代表资本家卖出新商品所得到的全部销售收入，这部分货币同样在执行流通手段或支付手段，同样要遵守等价交换的原则，商品与货币在价值量上相等。这说明所产生的商品是已经包含剩余价值在内的。

最后，在两次流通过程中间，是商品的生产过程。在生产过程中，工人使用生产资料生产出一种具有使用价值的商品，并且这种商品与资本家投入的货币相比，已经发生了价值增殖，这说明，资本家投入的货币一定买到了一种特殊的商品，使用这种特殊的商品，就可以生产出包含剩余价值的新商品，把这种新商品销售出去，自然就换回了剩余价值。资本家在不违背等价交换原则的情况下，顺利地使他投入的货币发生了增殖。资本家所买到的这种特殊商品就是劳动力。劳动力成为商品是货币转化为资本的前提。具备了这一前提，资本总公式的矛盾也就迎刃而解了。

劳动力，又叫劳动能力，是存在于劳动者体内的脑力和体力的总和。在任何社会发展阶段，劳动力都是生产必不可少的基本要素。但只有在一定历史条件下，劳动力才成为商品。劳动力成为商品必须具备两个基本条件：一是劳动者必须具有人身自由，有权出卖自己的劳动力；二是劳动者除了自己的劳动力以外，不占有生产资料，只有靠出卖劳动力为生。这两个条件是在封建社会末期，在小生产者两极分化和资本原始积累过程中形成的。

劳动力商品和其他商品一样，具有使用价值和价值。劳动力的价值是由生产和再生产劳动力商品所需要的社会必要劳动时间决定的。劳动者要维持和延续自己的劳动力就必须消费一定的生活资料。因此，生产劳动力商品所需要的社会必要劳动时间就可以还原为生产这些生活资料所需要的社会必要劳动时间。也就是说，劳动力价值就是由这些生活资料的价值组成的。

具体而言，它包括三个组成部分。一是维持劳动力自身生存所必需的生活资料的价值；二是维持劳动者家属生存所必需的生活资料的价值；三是劳动者受教育和培训的费用。

劳动力商品的价值决定同其他商品的价值决定相比，其特点就在于它还包含着历史和道德的因素。由于各个国家的经济文化发展水平、生活习惯、历史传统等具体条件互不相同，因而在不同时期和不同国家，劳动者生活平均所需要的生活资料的种类和数量也有差别。“但是，在一定的国家，在一定的时期，必要生活资料的平均范围是一定的。”①

劳动力的使用价值和其他商品不同，具有特殊性，这正是劳动力商品的独特之处。其他商品的使用价值在满足人们需要的过程中，逐渐消失或不可被再利用，其价值消失或转移到其他商品中去了。劳动力商品的独特之处就在于，在消费劳动力商品的过程中，也就是在劳动的过程中，劳动力的使用价值不仅能够创造出相当于自身价值的价值，而且还可以继续创造出剩余价值。货币所有者必须购买到这种特殊的商品，才能获得剩余价值。所以，劳动力商品的这种特殊使用价值对于货币转化为资本具有决定性的意义。

四、资本的本质

在现实经济生活中，资本总要表现为一定的物，如机器、厂房、原材料等，或者是货币。但是这些物或者货币并不天然就是资本，它们只是在一定的生产关系之下，才取得了资本的意义。生产资料等物之所以成为资本，并不是由于它们的自然属性使它们可以用于生产一定的使用价值，而是由于它们是吮吸工人剩余劳动的手段。货币只有以实现增殖为目的而运动，才能转化为资本。因此，资本的本质是能够带来剩余价值的价值，它是体现

---

① 《马克思恩格斯全集》，中文1版，第23卷，194页，北京，人民出版社，1972。

在物上的一定的生产关系。在资本主义制度下，资本的本质是体现在物上的资本主义生产关系，即资本家剥削工人的关系。

马克思的经济学研究的核心是资本主义社会的生产和流通。他在当时的历史背景下，只能使用资本、剩余价值等概念，当今的社会化大生产证明，资本等概念并不是资本主义社会的专有名词。马克思指出："资本不是物，而是一定的、社会的、属于一定历史社会形态的生产关系，它体现在一个物上，并赋予这个物以特有的社会性质。"① 当前，我国社会主义公有制经济领域中也使用"资本"概念。这里的资本当然就不再体现资本主义生产关系，而是体现社会主义生产关系。

第三节　剩余价值的生产

资本主义生产的实质就是获取剩余价值。本节分析剩余价值的生产过程及生产方法。

一、资本主义生产是劳动过程和价值增殖过程的统一

货币所有者购买到生产资料和劳动力，为剩余价值的生产做好了准备。只有在生产过程中，剩余价值才被生产出来。

1. 劳动过程

资本主义生产首先是劳动过程。所谓劳动过程是人们通过有目的的活动，运用劳动资料对劳动对象进行加工，创造具有特定使用价值的产品的过程。无论任何社会都离不开这一过程。资本主义生产正是通过这种具体形式下的劳动，创造出了使用价值。或者说，资本主义的劳动过程与其他社会形态下的劳动过程一样，也是生产使用价值的过程。但是，由于生产资料所有制不同，不同社会形态的劳动过程又具有特殊性。在资本主义社会，生产资料归资本家占有，这就决定了雇佣劳动者处于从属于资本的地位，劳动者创造的剩余价值按照有利于资本家的原则进行分配。

2. 价值增殖过程

资本主义生产过程是劳动过程与价值增殖过程的统一。价值增殖过程是生产价值和剩余价值的过程。资本主义生产过程的这种二重性是以生产商品的劳动二重性为基础的。

首先，对资本主义生产过程作为价值形成过程进行分析。

例如：纺织厂中，纺纱工人一天劳动 8 个小时，消耗生产资料棉花 10 公斤，价值 10 元；机器设备等生产资料由于使用被磨损，磨损部分的价值为 2 元；可生产棉纱 10 公斤（不计损耗）；工人一天的劳动力价值 3 元，按照等价交换的原则，资本家需支付工人一天的工资 3 元。并且，工人一天 8 小时的活劳动就可以创造新价值 3 元，从而弥补了资本家发给他的工资。

第一，分析生产资料的价值转移过程，在生产过程中，工人通过纺纱劳动，消耗了生产资料，包括 10 公斤棉花与机器设备等的磨损。在这种具体劳动过程中，被消耗掉的各

① 《马克思恩格斯全集》，中文 1 版，第 25 卷下，920 页，北京，人民出版社，1974。

种生产资料，虽然其使用价值的具体形态不存在了，但其价值转移到了新产品中，构成了新产品价值的一部分。并且，这部分转移的生产资料的价值在不计损耗的情况下，并没有改变自身的价值量，只是其物质载体由一种使用价值（生产资料）转变为另一种使用价值（新产品）。显然，生产资料的价值是通过工人的具体劳动而发生转移的。

第二，分析劳动创造新价值的过程。工人的纺纱劳动虽然首先表现为具体劳动，但同时工人在这一生产过程中消耗了一定的体力和脑力，即支出了一定量的抽象劳动。这一定量的抽象劳动凝结到新产品中形成了新价值。这种新价值是相对于转移的生产资料的价值而言的，是由工人活劳动新创造出来的，是新产品价值构成的另一部分，见图 2—1。

工人 8 个小时劳动生产的新商品 10 公斤棉纱的价值 15 元
- 消耗的生产资料的价值
  - 10 公斤棉花，价值 10 元
  - 机器设备的磨损，价值 2 元
- 创造的新价值：3 元

图 2—1

按照等价交换的原则，新产品的出售给资本家带来 15 元，这与他为了生产新产品棉纱而预先支付的货币量相等，他没有赚到钱，这对资本家是毫无意义的，到目前为止，生产还只表现为价值形成过程，所以资本主义生产过程不会到此结束。价值形成过程继续延续，就会产生剩余价值。

其次，对资本主义生产过程作为价值增殖过程进行分析。

假如，资本家要求工人一天的劳动时间增加一倍，达到 16 个小时，那么 16 个小时的纺纱劳动将消耗生产资料棉花 20 公斤，价值 20 元；机器设备等生产资料的磨损也增加一倍，价值 4 元；生产棉纱 20 公斤（不计损耗），见图 2—2。

工人 16 个小时劳动生产的新商品 20 公斤棉纱的价值 30 元
- 消耗的生产资料的价值
  - 20 公斤棉花，价值 20 元
  - 机器设备的磨损，价值 4 元
- 创造的新价值：6 元

图 2—2

这与资本家预先支付的 27 元（生产资料 24 元，工资 3 元）相比，资本家多得到了 3 元，这 3 元就是由雇佣工人劳动创造的，被资本家无偿占有的剩余价值。剩余价值是指由雇佣工人劳动创造的，被资本家无偿占有的，超过劳动力价值以外的那部分价值。

马克思指出："价值增殖过程不外是超过一定点而延长了的价值形成过程。"[①] 这个"一定点"就是工人补偿劳动力价值所需要的必要劳动时间的终点。可以看出，工人一天的劳动时间实际上分为两个部分：一部分是必要劳动时间，用以再生产出劳动力价值；另一部分是剩余劳动时间，用以无偿地为资本家生产剩余价值。生产过程作为劳动过程和价值形成过程的统一，就是商品生产过程；生产过程作为劳动过程和价值增殖过程的统一，就是资本主义的生产过程，是商品生产的资本主义形式。这是马克思对资本主义生产过程的分析，也是对剩余价值的生产过程的分析。资本家得到剩余价值并没有违背价值规律，而是价值规律的作用扩大到劳动力商品上的结果。

---

① 《马克思恩格斯全集》，中文 1 版，第 23 卷，221 页，北京，人民出版社，1972。

二、不变资本和可变资本

资本家所预付的资本，一部分用于购买生产资料，另一部分用于购买劳动力。资本的这两部分在剩余价值的生产过程中起着不同的作用。据此，马克思把资本区分为了不变资本和可变资本。

不变资本是以厂房、机器、原材料等生产资料为存在形式的资本，在工人劳动的作用下，其实物形态被消耗掉或转换了存在形态，形成了新的使用价值；其价值一次性地或逐渐地转移到新产品中，在不计损耗的情况下，不会发生价值量的改变。所以，以生产资料形式存在的资本，在生产过程中，不改变自身价值量，因而叫做不变资本，通常用 c 表示。

可变资本是以劳动力为存在形式的那部分资本，是资本家发给工人的工资，这部分工资在生产过程以外，工人用它购买各种生活资料用于生活消费。只不过在资本家消费这种劳动力商品的过程中，工人的活劳动在必要劳动时间内创造出的新价值相当于劳动力商品自身的价值，正好弥补资本家发给工人的工资；工人的活劳动在剩余劳动时间内创造的新价值就是剩余价值。因此，以劳动力形式存在的那部分资本在生产过程中发生了量的变化，实现了价值的增殖，所以叫做可变资本，通常用 v 表示。

不变资本和可变资本的划分是马克思劳动价值论的进一步发展，具有两点重要的意义：一是揭露了剩余价值的真正源泉是劳动者活劳动的支付，在生产过程中真正发生价值增殖的是转变为了劳动力的可变资本部分。转变为生产资料的不变资本部分是剩余价值生产过程中的客观物质条件，而不是剩余价值的源泉。二是为考察资本家对工人的剥削程度提供了科学依据。表明这种剥削程度的是剩余价值率。

三、剩余价值率

资本家投入预付资本，一部分转变为了不变资本，另一部分转变为了可变资本，并在生产过程中，可变资本实现了价值增殖。其中，如果用 C 代表预付资本，m 代表剩余价值，那么，C＝c＋v，商品价值由三部分组成，即 c＋v＋m。

剩余价值率是剩余价值与可变资本的比率，它表明资本家对工人的剥削程度，一般用 m′表示。剩余价值率有两种表达公式：

$m' = m/v$

剩余价值率＝剩余劳动时间/必要劳动时间

其中，前者的含义是工人创造的新价值中资本家和工人各占有多少份，这是以物化劳动表达出来的剥削程度；后者的含义是在工人的一个劳动日内，有多少份额用于补偿劳动者的工资，有多少份额用于为资本家生产剩余价值，这是以活劳动表达出的剥削程度。

可见，资本家获得的剩余价值量与剩余价值率存在密切关系。剩余价值量的大小取决于两个因素：一是剩余价值率的高低；二是可变资本总量。如果用 M 表示剩余价值总量，用 m 表示一个工人一天提供的剩余价值，用 v 表示购买一个劳动力每天支付的可变资本，用 V 表示可变资本总数，那么，剩余价值总量的计算公式是：

$M=(m/v)\times V=m'\times V$

因此，资本家要增加剩余价值总量有两个途径：一是增加可变资本总量，雇用更多的工人；二是提高剩余价值率，从每个工人身上榨取更多的剩余价值。

四、剩余价值生产方法

资本家剥削工人的具体方法很多，概括起来有两种基本方法：绝对剩余价值生产和相对剩余价值生产。

1. 绝对剩余价值生产

所谓绝对剩余价值是指在必要劳动时间不变的条件下，由于劳动日绝对延长，从而剩余劳动时间绝对增加，所生产的剩余价值。用此种方法获取剩余价值，就叫做绝对剩余价值的生产。假如：工人的劳动日为 12 个小时，其中必要劳动时间 6 个小时，剩余劳动时间 6 个小时，那么，剩余价值率为 100%，即 $m'=6/6=100\%$。如果必要劳动时间不变，一天的工作日延长到 16 个小时，那么，剩余劳动时间绝对增加了 4 个小时，此时，剩余价值率为 167%，即 $m'=10/6=167\%$。见图 2—3。

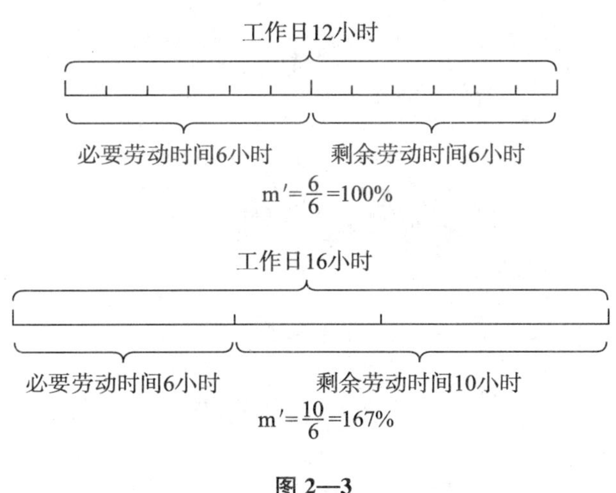

图 2—3

此外，资本家还用提高工人劳动强度的方法榨取更多的剩余价值，这从表面上看没有延长工作日，但是工人在同样一个工作日中支出了更多的劳动量，这实际上与延长工作日是一样的，因此，个别企业由于提高劳动强度而生产的剩余价值也属于绝对剩余价值的范畴。

资本家之所以能够采取绝对剩余价值的生产方法，是因为工作日可以在一定界限内伸缩。首先，工作日的最低界限必须在必要劳动时间以上。否则，资本家就得不到剩余价值，资本主义生产也就不存在了。工作日的最高界限在 24 小时内取决于两个因素：生理因素与社会道德因素。生理因素是指工人用于吃饭、睡眠等以满足生理需要的时间；社会道德因素是工人用于家庭生活、文化生活和社会交往的时间。这两个因素决定了无论劳动日多长都要低于 24 小时。但是，由于这两个因素存在相当大的伸缩性，所以劳动日长度也有很大的伸缩性，使资本家有可能通过延长工作日来加重对工人的剥削。

当然，工作日的过度延长也遭到了工人的强烈反抗，因为这种延长使得大批工人劳累过度，寿命缩短，工伤事故频繁发生，特别是女工健康得不到起码保障，青少年工人身心发育受到严重摧残，所有这些都危害了工人阶级的生存。因此，由商品交换的同一原则产生了两种相互对抗的权利：资本家购买了工人一天的劳动力，就享有劳动力一天的使用权，工人一天的劳动日越长，资本家剥削的剩余价值就越多；工人则反对工作日的延长，要求工作日的长度起码不能损害人的健康。资本家与工人两个阶级间的力量对比将决定工作日的长度。

2. 相对剩余价值生产

既然采取延长工作日的方法获取更多的剩余价值，总要受到工人的反抗，所以，资本家逐渐采取另外一种提高剥削程度的方法，这就是相对剩余价值的生产方法。所谓相对剩余价值是指在工作日长度不变的情况下，由于缩短必要劳动时间，相应延长剩余劳动时间而生产的剩余价值。用此种方法获取剩余价值，就叫做相对剩余价值的生产。

假如：工人的劳动日为 12 个小时，其中必要劳动时间 6 个小时，剩余劳动时间 6 个小时，剩余价值率为 100%。现在工作日不变，必要劳动时间缩短为 4 个小时，则剩余劳动时间相应延长为 8 个小时，此时，剩余价值率为 200%，即 $m'=8/4=200\%$。见图 2—4。

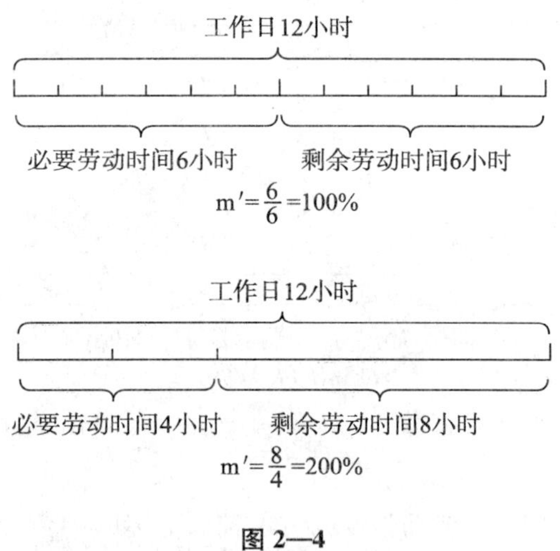

图 2—4

相对剩余价值是这样生产出来的。进行相对剩余价值生产的关键是缩短必要劳动时间。必要劳动时间是再生产劳动力价值的劳动时间。劳动力价值实际上是再生产劳动力所需要的生活资料的价值。因此，缩短必要劳动时间，就要降低生活资料的价值。为了降低生活资料的价值，就必须采取措施提高生活资料生产部门的劳动生产率。并且，由于与生活资料生产有关的生产资料的价值也影响着生活资料的价值，因此，提高这些生产资料生产部门的劳动生产率，也能降低生活资料的价值。随着生活资料生产部门和生产资料生产部门的劳动生产率，即社会劳动生产率的提高，生活资料的价值便会下降，从而劳动力价值也会随之降低。随着劳动力价值降低，再生产劳动力价值的必要劳动时间便会缩短，在工作日不变的情况下，剩余劳动时间则相应延长，从而生产出了相对剩余价值。

由此可见，相对剩余价值的生产是以全社会劳动生产率的提高为条件的。全社会劳动生产率的提高是从个别企业劳动生产率的提高开始的。个别企业的资本家提高劳动生产率，是为了追求超额剩余价值。也就是说，个别企业如果率先采用先进的生产技术和生产设备，提高了企业的劳动生产率，使生产商品的个别劳动时间低于社会必要劳动时间，从而使本企业生产的商品的个别价值低于社会价值，那么，这个资本家就会由于按社会价值出售商品，而比其他资本家获得更多的剩余价值，即超额剩余价值。所谓超额剩余价值，是指个别企业由于提高了劳动生产率而使本企业生产的商品的个别价值低于社会价值的差额。超额剩余价值的源泉也是雇佣工人的剩余劳动。

个别资本家获得超额剩余价值只是一种暂时现象。为了追求超额剩余价值，资本家之间展开激烈的竞争。先进的生产条件不可能永久地被个别企业垄断，它总会逐渐地普及到整个生产部门。此时，该部门的平均劳动生产率提高了，生产该商品的社会必要劳动时间降低了，单位商品的价值量降低了。所以，随着原来先进的生产条件转化为一般的生产条件，社会价值与个别价值的差额也不存在了，超额剩余价值消失了。或者说，原来那部分超额剩余价值已转变为被整个部门的资本家都得到的相对剩余价值了。

追求超额剩余价值成为资本家的内在动力，不断地促使各个企业努力提高劳动生产率，在追逐超额剩余价值的过程中，全社会的劳动生产率提高了，社会劳动生产率的提高，使同单位商品的价值量降低，劳动力价值随之降低，再生产劳动力价值所必需的必要劳动时间缩短，在工作日不变的情况下，剩余劳动时间延长了。因此，虽然原来的超额剩余价值在个别资本家那里消失，但是，整个资本家集团由此都得到了新的相对剩余价值。由此可见，相对剩余价值生产率的提高是在多个资本家追逐超额剩余价值的过程中实现的。

第四节　再生产与资本积累

资本积累理论是马克思劳动价值论和剩余价值论的进一步发展，资本积累和扩大再生产是资本发展的必然趋势。资本积累发展的结果，一方面，推动经济发展水平提高和社会物质财富增加，在客观上提高了生产社会化程度和劳动者的消费水平；另一方面，造成个别资本膨胀，在扩大的规模上再生产出资本主义生产关系。

一、社会再生产

不管生产过程的社会形式怎样，它必须是连续不断的，或者说，必须周而复始地经过同样一些阶段，一个社会不能停止消费，也不能停止生产。因此，“每一个社会生产过程，从经常的联系和它不断更新来看，同时也就是再生产过程。”① 可见，所谓的再生产就是指经常更新和不断重复的生产过程。

社会再生产的内容包括三个方面，一是物质资料的再生产。任何一次生产过程，都要

① 《马克思恩格斯全集》，中文1版，第23卷，621页，北京，人民出版社，1972。

消耗一定的物质资料，这些物质资料既包括生产资料，也包括生活资料。与此同时，任何一次生产过程又会生产出一定的物质资料。上一生产过程中生产出来的物质资料，成为后一生产过程得以进行的条件。二是劳动力的再生产。作为生产过程的基本要素，劳动者在生产过程中生产出物质资料，这显然消耗了劳动力，要使下一生产过程顺利进行，就必然使劳动力得以补偿，或者说使劳动力得以再生产。劳动力的再生产是在劳动者的日常生活中实现的。三是生产关系的再生产。人们在社会生产中结成一定的生产关系，随着一次生产过程的不断重复和更新，这种生产关系也会不断地得到维持和发展。

社会再生产按其规模来划分可分为简单再生产和扩大再生产。如果生产过程在原有规模上重复，就是简单再生产，如果生产在扩大了的规模上进行，就是扩大再生产。在简单再生产条件下，社会逐年生产的产品正好补偿已经消耗掉的生产资料和消费资料，在扩大再生产的条件下，社会生产的产品除了补偿已经消耗掉的生产资料和消费资料之外，还有剩余可追加到新的生产过程中去，可见，简单再生产是扩大再生产的基础和出发点，是扩大再生产的重要组成部分。没有简单再生产就不可能进行扩大再生产。只有在原有生产规模得到保证的基础上，才有可能使生产规模进一步扩大，扩大再生产是简单再生产的发展。

社会再生产从其实现方式来划分，可分为外延扩大再生产和内涵扩大再生产。外延扩大再生产是指依靠扩大生产场所，增加生产要素数量来扩大生产规模。内涵扩大再生产是指依靠生产要素使用效率的提高、技术进步以及劳动生产率的提高来扩大生产规模，在生产技术水平较低的条件下，扩大再生产一般是以外延扩大再生产为主，而在科学技术迅速发展和使用效率不断提高的条件下，内涵扩大再生产所占的比重会不断提高，并逐步过渡到以内涵扩大再生产为主，在社会生活中，内涵扩大再生产与外延扩大再生产往往同时发生。

二、资本主义简单再生产

资本主义简单再生产是指资本家把工人创造的剩余价值全部用于个人消费，再生产只是在原有规模上重复进行。例如：某资本家预付资本 10 000 元，其中不变资本 8 000 元，可变资本 2 000 元，剩余价值率是 100%，则这次生产过程产品价值是：

$$8\,000c+2\,000v+2\,000m=12\,000$$

该资本家把 2 000m 全部用于个人消费，下次生产过程仍然投入 10 000 元，包括 8 000 元不变资本和 2 000 元可变资本，如果剩余价值率仍是 100%，生产在原来的规模上继续进行。第二次生产过程的产品的价值是：

$$8\,000c+2\,000v+2\,000m=12\,000$$

每次生产过程中带来的 2 000 元的剩余价值都全部用于资本家的个人消费，生产在原有规模上不断重复下去，这就是资本主义简单再生产。

通过对资本主义简单再生产的重复性、连续性分析，可以发现资本主义再生产的一些重要特征，这是把资本主义生产作为一个孤立的过程时所看不到的。这些重要特征进一步揭露了资本主义剥削的实质。

第一，资本家用于购买劳动力的可变资本，即工资，是由工人自己创造的。如果孤立地从一次生产过程来看，好像是资本家自己掏钱发给工人工资，资产阶级就是利用这一表面现象，散布资产阶级养活工人的谬论。事实上，从重复连续进行的再生产过程看，资本家付给工人的工资不过是前一生产过程中工人创造的新价值的一部分，它以工资的形式流回到了工人手中。而新价值的其他部分，即剩余价值却被资本家无偿占有了。可见，不是资本家养活了工人，而是工人在养活自己的同时也养活了资本家。

第二，资本家的全部资本都是工人创造的。资本家的资本最初无论是靠他自己“辛勤劳动”积攒起来的，还是靠贩卖黑奴得来的，只要从再生产的角度看，经过若干个生产周期后，资本家的个人消费都会把他原有的资本耗尽。资本家的资本之所以还存在，是因为工人不断地创造着剩余价值，在上例中，资本家原有资本 10 000 元，每年花掉 2 000 元用于个人消费，如果说资本家自己养活自己，那么经过 5 年，他的全部资本 10 000 元就花完了，而他现在还有 10 000 元资本，这全部都是工人在这 5 年中创造的剩余价值转化而来的。正因为如此，在工人阶级掌握政权以后，对资本家的全部资本加以剥夺，是名正言顺的事情。

第三，工人的个人消费是资本主义再生产的一个必要条件。从每一次孤立的生产过程看，工人的个人消费是在生产过程以外进行的，好像与生产无关。但是，从再生产的角度看，工人用工资购买各种消费资料以满足自身生活需要，才恢复了被消耗的劳动力，为资本主义生产提供了可剥削的劳动力，这是资本主义再生产的必要条件。

由此可见，资本主义的简单再生产在不断生产出物质资料的同时，也生产出资本主义生产关系。

三、资本主义扩大再生产

资本主义扩大再生产是指资本家把工人所创造的剩余价值的一部分追加到原有资本中去，生产过程在扩大的规模上进行。例如：某资本家预付资本 10 000 元，其中，不变资本 8 000 元，可变资本 2 000 元，剩余价值率为 100%，则生产结果是：

$$8\,000c+2\,000v+2\,000m=12\,000$$

在扩大再生产的条件下，资本家把剩余价值 2 000 元分为两部分，其中 1 000 元用于个人消费，其余 1 000 元用来购买追加的生产资料和雇用更多的劳动力。假定不变资本与可变资本的比率不变，剩余价值率不变，那么，第二次生产过程的结果是：

$$(8\,000+800)c+(2\,000+200)v+2\,200m=132\,000$$

这就是说，由于资本家把一部分剩余价值转化为了资本，因而他的资本总量增大了，在其他条件不变的情况下，他获得的剩余价值量就增加了。这样的生产过程连续进行下去，每次都有一部分剩余价值转化为资本，生产的规模在不断地扩大，剩余价值在不断地增加，这就是资本主义扩大再生产。

通过以上分析，可以进一步认识资本主义生产的本质特征：

第一，在资本主义简单再生产条件下，资本家支付的全部资本要经过一段时间后，才能转变为资本化的剩余价值，而在扩大再生产的条件下，资本家用来剥削雇佣工人的追加资本一开始就是剩余价值。剩余价值是资本积累的源泉，资本积累是扩大再生产的源泉。

第二，在资本主义扩大再生产条件下，用于追加的资本不仅是剥削工人的结果，而且是进一步剥削工人的手段，资本家因此可以得到更多的剩余价值，可以购买更多的生产资料，雇用更多的工人。所以，资本主义扩大再生产不仅是物质资料的扩大再生产，而且是资本主义生产关系的扩大再生产。

四、资本积累

资本积累，就是通过剩余价值的资本化，使资本规模不断扩大，其实质就是，资本家不断利用无偿占有的剩余价值，扩大资本的规模，扩大对工人的剥削，以继续榨取更多的剩余价值。

在商品所有权规律中，商品生产者有权占有自己的劳动产品，有权按照等价交换的原则与他人交换劳动产品。商品所有权是与劳动紧密相连的。但是，对资本主义扩大再生产及资本积累的分析表明，由于劳动力成为商品，在资本积累过程中，等价交换成为劳动力买卖的形式，其真实内容是：资本家用无偿占有的剩余价值去占有工人更大量的活劳动所创造的剩余价值。占有与劳动不再有联系。马克思指出：“所有权对于资本家来说，表现为占有别人无酬劳动或产品的权利，而对于工人来说，则表现为不能占有自己的产品。所有权和劳动的分离，成了似乎是一个以它们的同一性为出发点的规律的必然结果。”① 这就是说，商品所有权规律已经转化为资本主义占有规律。这种转化的最关键的前提条件就是劳动力成为商品。

资产阶级的某些经济学者，极力歪曲资本积累的实质，认为资本积累是资本家实行“节欲”的结果，利润是对资本家“节欲”美德的报酬。事实上，资本积累具有客观必然性，这是由两方面的原因决定的。一方面，追求更多的剩余价值是资本积累的内部动因；另一方面，竞争规律是资本积累的外部动因。可以说，资本积累是资本主义发展的必然趋势。

资本积累的源泉是剩余价值。在剩余价值分为积累基金和消费基金的比例不变的条件下，资本积累的数量取决于剩余价值的绝对量，从而一切能够决定剩余价值量的因素，都会影响资本积累的数量。这些因素是：

（1）对工人的剥削程度。对工人的剥削程度越高，同量的可变资本获得的剩余价值就越多，从而积累的数量就越多。

（2）社会劳动生产率水平。当社会劳动生产率提高时，单位商品价值就会下降，这会从以下几个方面影响资本积累的规模：第一，这会使劳动力商品价值降低，从而提高剩余价值率，增加剩余价值量，扩大积累规模；第二，这会使同量资本可以购买更多的生产资料和劳动力，便于生产更多的剩余价值，从而有利于扩大资本积累的规模；第三，这会使同量剩余价值表现为更多的商品，资本家就可以在不减少甚至增加他个人消费的情况下，增加资本积累的数量；第四，这会使资本家有条件用效率更高和价格更便宜的生产资料代替旧有的生产资料，从而生产更多的剩余价值。

---

① 《马克思恩格斯全集》，中文1版，第23卷，640页，北京，人民出版社，1972。

（3）所用资本和所费资本之间的差额。所用资本就是指在生产中发挥作用的全部劳动资料的价值。所费资本就是指每次生产过程中耗费并转移到新产品中去的劳动资料的价值。两者差额越大，对资本积累越有利。

（4）预付资本大小。在不变资本与可变资本的比例和剩余价值率一定的情况下，预付资本量越多，资本积累的规模越大。

五、资本有机构成

由于科技的进步与广泛应用，资本主义再生产在进行外延扩大再生产的同时，也进行内涵扩大再生产，所以，资本积累不仅使资本在数量上增大，而且使资本在构成上也会发生变化。这种变化是影响无产阶级状况的十分重要的因素。对此，马克思研究了资本有机构成的问题。

马克思从两个方面考察了资本的构成。从物质形态看，资本总是由一定数量的生产资料和一定数量的劳动力构成，它们之间的比例关系是由生产的技术水平决定的。一般地，生产技术水平越高，每个劳动力所使用的生产资料的数量就越多，反之，就越少。这种由生产技术水平决定的生产资料和劳动力之间的比例，就叫做资本的技术构成。从价值形态看，由于生产资料的价值表现为不变资本，劳动力价值表现为可变资本，因而这种不变资本和可变资本的比例就叫资本的价值构成。

资本的技术构成和价值构成之间存在密切联系，一般地，资本技术构成决定价值构成，技术构成的变化会引起价值构成的变化。马克思把这种“由资本技术构成决定并且反映技术构成变化的资本价值构成，叫做资本的有机构成。”① 一般用 c∶v 表示。

在资本积累过程中，资本有机构成的总趋势是不断提高的。资本家为了追求更多的剩余价值和在竞争中取胜，必然不断地改进技术装备，提高生产技术水平，从而不断地提高劳动生产率。这在全部资本中就表现为，不变资本所占的比重不断增加，可变资本所占的比重相对缩小，从而导致资本有机构成提高。可见，资本有机构成随资本积累的增长而不断提高，是资本主义经济发展的必然趋势。

企业技术装备水平的提高，以至于资本有机构成的提高，一般是以个别资本的增大为前提的。个别资本规模越大，越有可能采用先进的生产技术和机器设备，资本有机构成提高的速度越快。而个别资本的增大是通过资本积聚和资本集中两个途径来实现的，这是资本积累的两种形式。

资本积聚是指个别资本通过自身剩余价值的资本化，增大其资本总额。通过这种方式可以实现资本积累，使个别资本总量增大。但是其对资本规模的扩大却受到两方面的限制。一是社会生产资料在单个资本家手中积聚要受到社会财富增长程度的限制；二是各个资本家进行资本积聚的活动是分散的，因而依靠这种方式，实现资本积累的进程是十分缓慢的。

资本集中是指若干分散独立的小资本通过相互合并形成一个较大的资本。与资本积聚不同，资本集中“以已经存在的并且执行职能的资本在分配上的变化为前提，因而，它的

---

① 《马克思恩格斯全集》，中文1版，第23卷，672页，北京，人民出版社，1972。

作用范围不受社会财富的绝对增长或积累的绝对界限的限制。”[①] 竞争和信用是资本集中的两个强有力的杠杆。一方面，资本在竞争中迅速击败和吞并小资本，从而扩大自己；另一方面，大资本可以通过信用制度，吸收大量社会资金，加速了大资本吞并小资本的进程。

个别资本通过资本积聚和集中而迅速增大，为采用先进的技术装备，提高劳动生产率提供了有力的条件，从而使资本有机构成不断提高。

六、相对人口过剩

在资本积累过程中，资本有机构成的变化对无产阶级的命运有着重要的影响，那就是造成相对过剩人口。

在资本积累扩大与资本有机构成提高过程中，会出现两种方向相反的变动趋势。一方面，随着资本总量的增加，不变资本和可变资本的绝对数量都会增加，但可变资本的增长速度远远赶不上不变资本的增长速度，这导致可变资本在总资本中的比重日益下降。在总资本中，只有可变资本决定对劳动力的需求，因而对社会新增加劳动力的需求会相对下降。见表2—1。

表2—1 相对人口过剩

资本总额（元）	资本有机构成（c∶v）	不变资本（元）	可变资本（元）	需要工人数（每人工资50元）
10 000	1∶1	5 000	5 000	100
50 000	4∶1	40 000	10 000	200

表中情况表明，资本总额增长了4倍，但由于资本有机构成提高，不变资本增长了7倍，可变资本只增长了1倍，可变资本远远赶不上不变资本的增长速度。虽然就业机会绝对地增长了1倍，但如果按照原有的资本有机构成1∶1，应当有500个就业机会，因而，资本有机构成提高为4∶1，导致就业机会相对减少了300。

不仅如此，在有些部门和企业，由于大幅度采用提高劳动生产率的机器设备，资本有机构成提高非常迅速，这意味着，扩大再生产所吸收的劳动力数量少于由于资本有机构成提高所解雇的劳动力数量。从而，资本对劳动力的需求会绝对减少。

另一方面，劳动力的供给却在绝对增加。这是因为，第一，科技的进步与应用，使劳动操作变得简单，这相当于增加了劳动力的供给量；第二，在竞争中，大批城乡小生产者和中小资本家破产，不断加入雇佣劳动者的队伍；第三，人口的自然增长。

总之，随着资本有机构成的提高，一方面，资本对劳动力的需求相对减少；另一方面，劳动力的供给却在迅速增加。这两种完全对立的趋势不可避免地造成大批工人失业，形成资本主义的相对过剩人口。

所谓相对过剩人口，就是指在资本积累和资本有机构成不断提高的过程中，由于劳动力的供应超过了资本对它的需求而产生的失业人口。这种过剩人口是相对的，即对资本增殖的需要来说，他们成了多余的。

---

① 《马克思恩格斯全集》，中文1版，第23卷，686页，北京，人民出版社，1972。

资本主义社会的相对过剩人口有三种基本形态：一是流动过剩人口，是指在城市时而被解雇、时而被雇用的过剩人口；二是潜在过剩人口，是指在农业中难以维持生活，时刻等待补充工人队伍的人口；三是停滞的过剩人口，是指那些职业极不稳定，从事家内劳动和打短工的人口。第二次世界大战以后，资本主义国家还出现了一些新型的过剩人口。

相对过剩人口是资本积累的产物，反过来又成为调节资本积累的杠杆。这是因为：资本主义生产是周期性的，在生产的高涨时期，相对过剩人口形成的庞大的失业大军为生产提供了充足的劳动力，在经济危机时期，大量的工人被抛进失业大军。这种相对过剩人口形成的产业后备军对劳动力市场是一种威胁，资本家经常借此压低工人工资，加重对工人的剥削。

七、资本主义积累的一般规律与历史趋势

资本主义积累的一般规律包括三个层次：资本积累规律、资本主义人口规律、无产阶级贫困规律。具体地说，资本规模不断扩大，资本有机构成不断提高，从而形成了相对过剩人口，社会财富在资产阶级一方积累起来，无产阶级陷入贫困。这是与资本主义生产方式并存的不以人的意志为转移的绝对的规律，它在不同资本主义国家的不同历史时期有不同的具体表现。

在资本主义生产方式建立的起点，小生产者严重地两极分化，这是资本主义私有制对个人的、以自己劳动为基础的小私有制的否定。在资本主义生产方式下，社会化大生产程度越来越高，这使资本主义的基本矛盾日益尖锐化。这表明，资本主义私有制日益成为社会生产力进一步发展的障碍。这就要求，在资本主义时代成就的基础上，以社会主义公有制代替资本主义私有制。这是资本主义积累的历史趋势，这一历史趋势的展现集中体现了马克思“否定之否定”的历史辩证法。

第五节　资本主义工资

在资本主义社会的现实经济生活中，资本的本质和剩余价值的来源被工资的现象形态掩盖了。因此，只有揭示资本主义工资的本质，才能揭示它是怎样掩盖资本对劳动的剥削的。本节分析资本主义工资及其基本形式。

一、资本主义工资的本质

在资本主义社会，工人为资本家劳动，资本家付给工人工资。从表面上看，工人劳动多长时间，就得多长时间的工资。这就使得工资表现为“劳动的报酬”或“劳动的价格”，而不是劳动力的价值或价格，似乎工人的全部劳动都得到了报酬。事实上，在资本家同工人的买卖关系中，工人出卖的是劳动力而不是劳动。劳动不是商品，不能买卖，从而是没有价值或价格的。这是因为：

第一，任何商品在买卖之前就必须存在。但是当工人与资本家以买卖关系出现在市场上时，劳动还没有出现。劳动是劳动力的使用，当劳动出现时，工人已经在资本家的工厂

里了。这时劳动发生在买卖活动之后，已经为资本家所有了。

第二，劳动是形成价值的实体，但它本身没有价值。商品价值是人类劳动的凝结，价值量由生产商品所耗费的社会必要劳动时间决定。如果说劳动是商品，就应具有价值，其价值量就应由其耗费的社会必要劳动量决定。这显然是同义语反复。

第三，如果劳动是商品，就会否定价值规律或者否定剩余价值规律。这是因为：如果工人与资本家之间买卖的是劳动，那么，在等价交换条件下，资本家应把工人劳动创造的全部价值作为报酬支付给工人，资本家将得不到剩余价值，资本主义生产将不复存在；在不等价条件下，资本家虽然实现了价值增殖，但这却违背了价值规律的等价交换的原则。所以，劳动不可能成为商品。

实际上，工人出卖的是劳动力，而不是劳动。劳动力是潜藏在工人体内的劳动能力。资本家支付给工人的是劳动力的价值或价格。马克思指出："工资不是它表面上呈现的那种东西，不是劳动的价值或价格，而只是劳动力的价值或价格的隐蔽形式。"①

劳动力的价值或价格采取了工资的表现形式，掩盖了必要劳动时间和剩余劳动时间的界限、有酬劳动和无酬劳动的区分、劳动力的价值与劳动力所创造的价值的量的不同，从而掩盖了资本主义剥削。

二、资本主义工资的基本形式

在资本主义社会中存在名目繁多的工资形式，但其基本形式可以概括为两种，即计时工资和计件工资。

1. 计时工资

计时工资是指按工人劳动时间的长短支付的工资。如月工资、周工资、小时工资等。计时工资是指按劳动时间长短支付的劳动力价值或价格。其计算公式是：

计时工资价格＝劳动力日价值/工作日时数

在实行计时工资的情况下，资本家可以通过不降低工资额，但延长工作日，增加劳动强度来降低每小时工资，加强对工人的剥削。资本家还可以利用小时工资制来加强对工人的剥削。他们只规定每小时劳动的平均工资，而不规定工作日长度和日工资总量。这样，资本家就可以根据自己需要，随时延长和缩短工作日。

2. 计件工资

计件工资是指按工人生产的产品数或完成的工作量支付的工资。

计件工资具有更大的虚假性，它表现为工人全部物化劳动的报酬。实际上，它也只是劳动力的价值或价格的转化形式。计件工资单价是以计时工资为基础而确定的。计件工资是计时工资的转化形式。计件工资的计算公式是：

计件工资单价＝日计时工资额/日生产产品数

这是通过把工人一天的计时工资与工人一天生产出来的产品或完成的工作量进行比较而确定的。

---

① 《马克思恩格斯全集》，中文1版，第19卷，27页，北京，人民出版社，1963。

随着科学技术的进步，资本家不断加强对工人的剥削。19 世纪末 20 世纪初，在西方资本主义国家，出现了“血汗工资制”，这是资本主义企业通过提高劳动强度至极点，残酷剥削雇佣工人的制度。具有代表性的还有“泰罗制”和“福特制”。这些工资制度遭到了工人的强烈反抗。第二次世界大战以后，计时加奖励的工资制度普遍发展起来。这是由于生产自动化的发展，使资本家可以在工资不变甚至提高的情况下，利用自动化生产装备的加速运转提高工人的劳动强度，加重剥削。

此外，工资还有一些派生形式，如奖金、津贴等，其实质都是劳动力价值的货币表现。

三、工资量及其变动趋势

以上从质的方面研究了资本主义工资，下面从量的方面对它加以考察。

考察资本主义工资数量的变化，必须区分名义工资和实际工资。名义工资是资本家以货币支付的工资，也叫货币工资。实际工资是工人用所得到的名义工资额能够买到的生活资料和服务的数量。名义工资和实际工资是同一工资的两个不同方面。首先，二者有密切联系。在其他条件不变的情况下，名义工资越高，实际工资越高，二者同方向变化。其次，由于实际工资除了取决于名义工资外，还要受到物价水平、税收负担等多种因素的影响，所以，二者的变化往往是不一致的。因此，我们在考察资本主义工资水平变化时，不能只关注货币工资的变动，更要研究实际工资的变动。

名义工资一般呈增加趋势。因为货币工资是劳动力价值的货币表现，而资本主义国家的货币由于通货膨胀而不断地贬值，致使物价不断地上涨，从而名义工资不能不有所增加。实际工资则表现为时高时低，这主要与经济周期有关，从长期看则是提高的，因为随着劳动生产率的提高，工人在相同时间内创造的财富增多，这必然使工人的实际工资有所提高。

关键术语

资本总公式的矛盾	价值增殖过程	不变资本
可变资本	剩余价值率	绝对剩余价值生产
相对剩余价值生产	社会再生产	资本主义简单再生产
资本主义扩大再生产	资本积累	资本有机构成
相对人口过剩	资本主义工资	

习题

1. 资本总公式的矛盾如何解决？
2. 怎样理解资本的本质及分类？
3. 剩余价值的两种生产方法是什么？
4. 怎样理解资本主义简单再生产与扩大再生产？
5. 影响资本积累数量的因素有哪些？
6. 资本主义工资的基本形式是什么？

第三章

资本循环和周转及社会资本再生产

资本是带来剩余价值的价值，资本的这种本质只能在资本的不断运动中才能实现。资本的运动包括单个资本的运动和社会资本的运动。单个资本的运动表现为资本的循环与周转，社会资本的运动表现为社会资本再生产。本章从流通过程的角度分析资本的运动对剩余价值生产的影响，以及社会资本再生产过程中基本比例关系遭到破坏时爆发的经济危机。

第一节　资本循环和周转

从微观分析资本的运动过程，就是分析单个产业资本的循环与周转。

一、资本循环

资本增殖的实现有赖于资本不断地运动。研究资本如何在运动中实现价值增殖，是以产业资本为研究对象的，因为只有产业资本才能发生价值增殖。产业资本包括工业、农业、建筑业等各个物质生产部门的资本，是能够实现价值增殖的资本。所谓产业资本的循环是指，产业资本依次经过购买、生产、销售三个阶段，相应采取货币资本、生产资本、商品资本三种形态，实现价值增殖，最后又回到原来出发点的运动过程。

1. 购买阶段

资本循环的第一阶段是购买阶段。在这一阶段上，资本家用货币在生产要素市场上购买劳动力和生产资料。资本采取了货币资本的职能形式。所谓货币资本就是以货币形式表现的资本。其职能是购买生产要素，为剩余价值的生产做准备。如果用 G 表示货币，用

W 表示商品，用 A 表示劳动力，用 Pm 表示生产资料。那么，购买阶段可以用公式表示如下：

$$G—W\begin{cases}A\\Pm\end{cases}$$

从形式上看，购买阶段与一般商品流通的买卖过程一样，都是商品与货币交换，货币发挥了流通手段与支付手段的职能。但是，由于这里所购买的商品不是一般的商品，而是具有一定比例的生产资料和劳动力，这就为新价值的创造准备了条件。正是因为资本家购买的商品具有这样特定的内容，因此，购买阶段成了资本循环的第一个阶段。在此阶段中，资本的形态发生了变化，资本家放弃了货币形态的资本而掌握了生产形态的资本，即货币资本转化为了生产资本。

2. 生产阶段

资本循环的第二阶段是生产阶段。在这一阶段上，按照资本家的要求，工人使用生产资料进行劳动，生产出新产品。资本采取了生产资本的职能。所谓生产资本，就是以各种生产要素的形式存在的资本。其职能是通过生产资料与劳动力的结合，进行直接的生产过程，实现价值增殖，生产出包含剩余价值的商品。生产阶段用公式表示就是：

$$W\begin{cases}A\\ \quad\cdots P\cdots W'\\Pm\end{cases}$$

在这里，P 表示生产过程；虚线表示生产过程的延续、流通过程的中断；W′表示新生产出来的已经包含了剩余价值的商品。

任何社会制度下的直接生产过程，都是劳动力与生产资料结合起来生产出新产品的过程。但是，在不同的社会经济形态中，生产资料与劳动力相结合的基础是不同的。在资本主义社会中，生产资料与劳动力在资本主义私有制基础上相结合决定了资本主义生产过程要从属于资本家的生产目的，即要生产出包含剩余价值的商品。生产阶段既然是生产剩余价值的阶段，所以它在资本循环中具有决定性意义。经过生产阶段，资本的形式由生产要素转化为了商品，资本的数量实现了价值增殖。这就是说，生产资本转化为了商品资本。

3. 售卖阶段

资本循环的第三阶段是售卖阶段。在这一阶段上，资本家卖出新商品，收回已经发生了增殖的货币，资本采取了商品资本的职能。所谓商品资本，就是以新商品的形式存在的资本。其职能是通过销售，实现价值与剩余价值。这一阶段用公式表示是：

$$W'—G'$$

在这里，G′表示已经发生增殖的货币。

从形式上看，资本家销售商品与一般的商品买卖一样，都是由商品转变为货币，但是，这一阶段卖出的商品已经包含了剩余价值，这一新商品是作为增殖的资本而存在的。因而，此处的商品不仅是一般的商品，而且也是商品资本；这一售卖过程不仅是一般的商品流通过程，而且也是商品资本中价值与剩余价值的实现过程。随着资本家卖出商品，收回货币，商品资本转化为了货币资本。马克思指出，商品资本转化为货币资本，是一个“惊险的跳跃”，这对资本的生产经营具有极其重要的作用。

货币资本、生产资本、商品资本不是三种不同的、独立的资本，而是同一产业资本在运动过程中采取的三种不同的职能形式，并分别执行着三种不同的职能。产业资本循环的第一个阶段和第三个阶段是资本的流通过程，第二个阶段是资本的生产过程。所以，产业资本的循环是流通与生产的统一。其中，生产过程中生产出剩余价值，这对产业资本的循环具有决定性作用；在流通过程中，准备了剩余价值的生产条件，并使剩余价值得以实现，因而，流通过程也十分重要。

整个资本循环的过程用公式表示就是：

$$G—W\begin{cases}A\\ \\Pm\end{cases}\cdots P\cdots W'—G'$$

二、产业资本循环的三种形式

资本必须不断地循环，才能为资本家不断地创造剩余价值。从连续不断的资本的循环过程看，产业资本循环表现为货币资本循环、生产资本循环、商品资本循环三种循环形式的统一。用公式表示分别是：

货币资本循环：G—W…P…W′—G′

生产资本循环：P…W′—G′ · G—W…P

商品资本循环：W′—G′ · G—W…P…W′

货币资本循环的起点和终点都是货币，并且终点是增殖了的货币。这把资本主义生产剩余价值的目的和动机充分展现了出来。但是，这也容易造成一种假象，即似乎货币资本能够产生出更多的货币。

生产资本循环的起点和终点都是生产过程，并且任何一个生产过程都是生产剩余价值的过程。这纠正了货币资本可以生产更多货币的假象。但是，这又造成了新的假象，即似乎资本主义生产只是为了生产而生产，资本主义生产追求剩余价值的目的被模糊了。

商品资本循环的起点和终点都是包含剩余价值的新商品。商品资本作为生产的结果，分别联系着前后两个生产过程。这进一步表明，资本的运动是不断的再生产过程，并且，以商品全部出售，符合社会需要为条件。但是，商品满足社会需要的特性，却掩盖了资本家追求剩余价值的动机。资本家之所以要生产符合社会需求的商品是因为商品的使用价值是价值和剩余价值的物质载体。商品使用价值是否符合社会需要，决定了商品的价值与剩余价值能否实现。

以上分析表明，资本循环的三种形式各有自己的特点，都能从一个侧面反映出产业资本循环的特征，同时又各有自己的片面性。因此，从孤立的过程考察资本运动是片面的，只有将三种循环形式统一起来，才能全面认识资本循环的本质和规律。

三、产业资本连续循环的条件

为了连续不断地获取剩余价值，资本的循环就要连续不断地进行。资本实现连续循环需要同时具备两个条件。

一是必须保持产业资本的三种职能形式在空间上同时并存。产业资本必须按一定比例分成三个部分，分别采取三种职能形式，同时分别处在循环过程的三个阶段上。这三种职能形式的资本在价值上各占多大比例，是由生产技术特点、固定资本与流动资本的比例等条件决定的。如果产业资本不能以适当比例同时存在于三种职能形式上，就会影响资本循环的正常运转，从而影响资本的增殖。

二是必须保持产业资本的三种职能形式在时间上相互转化。产业资本的每一部分必须连续不断地相继通过循环的三个阶段，依次从一种职能形式转向另一种职能形式。资本任何一种形式的循环在任何一个阶段上发生停顿都会使资本总循环发生停顿。

产业资本实现连续循环的上述两个条件，即三种职能形式的资本在空间上的并存性与在时间上的继起性，是相互联系和互为条件的。没有并存性，各种职能形式就无法相继转换；没有继起性，各种形式的并存性也将被破坏。可见，产业资本的正常循环，不仅要使资本同时处于三种职能形式上，而且要同时进行三种形式的循环运动。正如马克思指出："产业资本的连续进行的现实循环，不仅是流通过程和生产过程的统一，而且是它的所有三个循环的统一。"①

四、资本周转

考察资本周转的目的是为了分析资本周转的速度对所生产的剩余价值数量的影响。

1. 资本周转时间与周转次数

资本要不断增殖，就必须周而复始、循环往复地运动。资本的循环被看做周期性的过程时，叫做资本的周转。可见，资本周转就是考察一个连续不断的周期性运动的资本循环。

资本周转的核心问题是周转速度。资本周转速度是指资本周转一次所花费的时间，或者说，在一定时间内，资本的周转次数是多少。因而，资本周转速度的快慢可以用周转时间与周转次数来衡量。

资本周转时间，是指资本的生产时间和流通时间的总和。资本周转一次要经过两个不同的领域：一是购买阶段与售卖阶段所处的流通领域；一是生产阶段所处的生产领域。资本停留在流通领域的时间，是资本的流通时间；资本停留在生产领域的时间，就是资本的生产时间。由于各生产部门，企业中生产的产品性质、生产技术水平、管理水平以及供求状况等诸多因素的影响，导致各个资本周转的时间长短不一。

资本的周转次数，是指资本价值在一年中周转的次数。长期以来，人们习惯用"年"作单位来计算资本的周转速度。如果用 n 表示周转次数；用 U 表示一年，u 表示资本周转一次所需要的时间，那么资本周转速度的公式为：

$$n=\frac{U}{u}$$

可见，资本周转速度与周转时间成反比，与资本的周转次数成正比。资本周转的速度越快，在一定时期内的周转次数就越多，就越能节约资本，这意味着资本家可以用较少的

---

① 《马克思恩格斯全集》，中文 1 版，第 24 卷，119 页，北京，人民出版社，1972。

资本带来更多的剩余价值。

2. 固定资本和流动资本

生产资本的构成是影响资本周转速度的另一因素。生产资本的各个部分，按照它们的价值转移方式的不同，也可分为固定资本和流动资本。

固定资本，是以机器、厂房、工具等劳动资料的形式存在的资本。这部分资本在物质形式上全部参加生产过程，在多次生产过程中发挥作用。资本的价值在多次生产过程中一部分一部分地转移到产品中去，随着商品的销售，又逐次周转回资本家手中。

流动资本，是以原料、辅助材料、燃料等生产资料形式和劳动力形式存在的生产资本。以原料、辅助材料、燃料等形式存在的资本，在生产过程中，使用价值被全部消耗掉，其价值全部转移到新商品中去，随着商品的销售，又一次性地周转回来。以劳动力形式存在的资本不存在价值转移的问题，因为资本家以工资的形式把劳动力商品的价值支付给工人以后，工人把它作为自己的收入在日常生活中消耗掉了，随着资本家对劳动力的消费，也就是劳动力使用价值参与生产过程，这部分价值又被重新创造出来了，凝结在新商品中，随着商品的售卖，一次性地周转回来了，以价值周转方式看，流动资本一次性地投入生产过程，其价值从流通中一次全部收回。

马克思对生产资本作了固定资本与流动资本的划分、不变资本与可变资本的划分，这两种划分是有区别的。见表 3—1。

表 3—1　　两种划分方法的区别

对生产资本的划分	划分依据	划分目的	划分内容
固定资本与流动资本的划分	资本价值的周转方式	考察资本不同部分对资本周转速度及剩余价值生产数量的影响	固定资本包括劳动资料，流动资本包括劳动对象与劳动力
不变资本与可变资本的划分	在剩余价值生产中的作用	揭示剩余价值的真正来源	不变资本包括劳动资料与劳动对象，可变资本包括劳动力

生产资本是处于生产领域的资本，商品资本与货币资本处于流通领域，所以又叫流通资本。产业资本包含的各项资本之间的关系如图 3—1 所示。

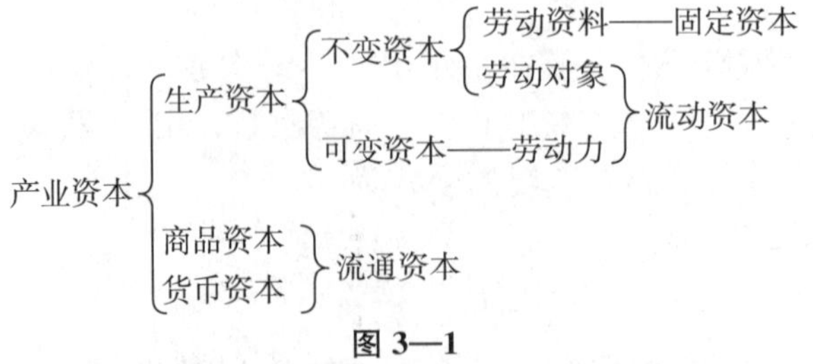

产业资本
- 生产资本
  - 不变资本
    - 劳动资料——固定资本
    - 劳动对象 } 流动资本
  - 可变资本——劳动力 } 流动资本
- 商品资本 } 流通资本
- 货币资本 } 流通资本

图 3—1

固定资本的周转速度与其磨损程度是直接相关的。也就是说，按照磨损程度，固定资本的价值分次转移到新产品上，固定资本磨损可分为有形磨损和无形磨损。

有形磨损是指由于生产性使用或自然力的作用而造成的固定资本在物质上的损耗，也称为物质损耗。无形磨损，是指劳动生产率的提高而造成的固定资本价值上的损失，也称精神损耗。无形磨损又分为两种情况：一是由于生产同样的劳动资料的劳动生产率提高，造成原有固定资产价值下降；二是由于出现低廉的替代品，引起原有固定资本贬值。无形损耗的固定资本价值无法完全转移到产品中去，使资本家的预付资本受到损失。因此，资本家为了弥补这种损失，便想尽一切办法提高机器设备的利用率，加速固定资本的折旧。

固定资本的折旧是指固定资本的价值按其磨损程度逐渐转移到新产品中去，随着产品的销售，不断以货币的形式提取并积累起来，以备将来在实物形式上替换已经损耗了的固定资本。根据固定资本的损耗程度，逐年提取的资本价值，叫折旧费，或折旧基金。

折旧费＝固定资本原始价值/固定资本使用年限

折旧率＝固定资本折旧费/固定资本原始价值

3. 预付资本总周转

通过以上分析，可见，生产资本的构成对预付生产资本总周转速度有重要影响。由于固定资本和流动资本的价值周转方式不同，它们的周转速度也不相同。一般而言，同一企业的固定资本周转慢于流动资本周转。固定资本中各要素的周转速度也不相同。如投在厂房上的资本与投在机器上的资本，其周转速度不可能完全一样。因此，在生产资本中固定资本与流动资本的比例既定的条件下，预付资本的周转速度同固定资本与流动资本的速度成正比变化。在固定资本与流动资本周转速度一定的情况下，生产资本中固定资本所占的比重越大，预付资本的总周转速度越慢。

由于固定资本与流动资本周转一次所需的时间不同，因此，预付资本的周转就只能由资本的各组成部分的平均周转来确定，预付资本总周转速度的公式是：

$$\text{预付资本的总周转速度}=\frac{\text{固定资本周转的价值总额}+\text{流动资本周转的价值总额}}{\text{预付总资本}}$$

资本周转速度的快慢，一方面会影响所需要的预付货币资本量的大小。周转速度快，则预付资本量小；周转速度慢，则预付资本量大。另一方面，会影响一定数量的资本在一年中生产剩余价值量的多少。资本周转速度对剩余价值生产的影响，主要体现为可变资本的周转对年剩余价值量和年剩余价值率的影响。

如果用 M 表示年剩余价值量，M'表示年剩余价值率，m'表示剩余价值率，v 表示预付可变资本，n 表示可变资本周转次数，那么，年剩余价值量的计算公式可表示为：

$$M = m' \cdot v \cdot n$$

年剩余价值率的公式可表示为：

$$M' = M/v = m' \cdot v \cdot n/v = m' \cdot n$$

可见，在其他条件不变的情况下，年剩余价值量和年剩余价值率与可变资本的周转速度成正比。

年剩余价值率和剩余价值率是从不同的方面表现资本家对工人的剥削关系，年剩余价值率表示预付可变资本的增殖强度，而剩余价值率表示资本家对工人的剥削程度。即使剩余价值率不发生变化，提高可变资本的周转速度，也可得到较高的年剩余价值率。在资本主义制度下，资本家加速资本周转的目的是为了榨取更多的剩余价值，因而，加速资本周转的各种方法，都会导致加重对劳动工人的剥削。

第二节　社会资本再生产

资本主义社会有成千上万个企业，资本都在独立地进行着循环和周转，实现着价值增殖。这种独立发挥职能的资本，就是个别资本，亦称单个资本，它们相互分离和独立。前面考察的企业资本的循环与周转，就是从单个资本的角度研究了资本运动。实际上，社会化大生产使各个部门、各个企业之间存在分工协作的关系，任何单个资本都不可能脱离其他资本而孤立运转。相互联系、相互依存的所有单个资本的总和构成社会资本。单个资本的交互运动形成社会资本的运动。社会资本的运动同样追求剩余价值的实现，采取货币资本、生产资本、商品资本三种职能形式，经过购买、生产、销售三个阶段，也是生产与流通的统一。

一、社会资本再生产的核心问题

前文在考察单个资本的运动时，暗含一个假设，即生产要素的购买与新商品的销售都可以顺利进行。但考察社会资本再生产就不同了，社会资本是个别资本的有机结合，社会资本再生产所需要的生产资料和消费资料，只能由社会总产品提供，社会总产品就是社会各物质生产部门在一定时期内（通常为一年）所生产出来的全部物质资料的总和，其价值是社会总产值。社会资本生产出的新的社会总产品也只能卖给全社会的各个企业和消费者，消耗掉的生产资料和消费资料也只能在社会总产品中购买，才能得到补偿。这就是社会总产品的实物补偿与价值补偿问题，社会总产品的价值补偿，指社会总产品各组成部分的价值如何通过商品的出售以货币形式回流，以补偿在生产中预付的不变资本和可变资本，并获得剩余价值。社会总产品的实物补偿，指社会总产品各组成部分的价值转化为货币以后，如何再进一步转化为所需要的物质产品，重新取得所需要的生产资料及工人和资本家需要的消费资料。如果社会再生产不是简单再生产，而是扩大再生产，则不仅需要有价值补偿和物质补偿，还要有价值和物质的追加。在考察社会资本再生产时，这些问题不但不能在事先的假定下顺利解决，而且，成为社会资本再生产的核心问题。

这是因为：第一，社会总产品的价值补偿和实物补偿是社会资本再生产正常进行的前提和关键步骤。社会资本再生产要正常进行下去，既要使社会总产品全部销售出去，才能补偿再生产所需要的 c 和 v，并获得 m，还要使各个企业、每个工人、资本家都能重新买到生产资料和消费资料。所以，研究社会资本的再生产，就是要说明社会总产品如何卖出去以及消耗的生产资料和消费资料能否从社会总产品中再买回来的问题。

第二，考察个别资本的运动目的是揭示剩余价值生产的秘密。生产的产品卖到哪里，生产资料从哪里购买，资本家和工人从哪里买到消费品，这些问题都假定可以通过流通从外界顺利解决。所以，考察单个资本并不涉及各个单个资本的联系。而社会资本已经包含了所有的单个资本，价值补偿与物质补偿的问题只能从社会总产品中通过流通得到解决，不可能再从外部得以假设解决。

所以，社会总产品能否实现和如何补偿当年消耗的各种物质资料，就成为社会资本再生产正常进行的重要条件。

马克思从实物形式和价值形式两个角度，分析了资本主义社会的总产品构成。社会总产品在价值形式上，由 c、v、m 三个部分组成，社会总产值＝c＋v＋m。社会总产品的实物形式千差万别，但是从这些产品的最终用途上看，不外乎充当生产资料和消费资料，与此相应，整个社会的物质资料生产部门可分为两大类：第一类是生产生产资料的部门，用Ⅰ表示；第二类是生产消费资料的部门，用Ⅱ表示。

社会总产品在价值上由 c＋v＋m 三部分组成，和社会物质生产部门分为两大部类的原理，是研究社会资本运动的两个基本理论前提。

二、社会资本简单再生产

马克思通过分析社会资本简单再生产的实现过程得出了社会资本简单再生产的实现条件。社会资本再生产和流通是一个十分复杂的过程，进行理论分析需要排除次要因素对其的影响，以便从本质上揭示社会再生产规律。为此，马克思在分析社会再生产运动的规律时提出了几个必要假设：(1) 考察的是纯资本主义经济，整个社会只存在资本家和工人两大阶级；(2) 在一年的生产过程中，不变资本的价值全部转移到新商品中去；(3) 商品的价值与价格完全一致；(4) 没有对外经济关系；(5) 全社会剩余价值率为 100%，资本有机构成不变。

由于简单再生产是扩大再生产的基础，只要从理论上解决了简单再生产的实现问题，扩大再生产的实现问题也就容易解决了，所以，马克思考察资本再生产是从简单再生产开始的。

为了分析社会资本简单再生产的过程和实现条件，马克思设计的简单再生产的模型如下：

Ⅰ 4 000c＋1 000v＋1 000m＝6 000

Ⅱ 2 000c＋500v＋500m＝3 000

该模型的含义是：假设两大部类全年生产的社会总产品价值 9 000，第一部类产品价值6 000，其中包含不变资本 4 000，可变资本 1 000，剩余价值 1 000；第二部类产品价值 3 000，其中包含不变资本 2 000，可变资本 500，剩余价值 500。

要进行简单再生产，就意味着价值 9 000 的社会总产品必须顺利卖出去，并且第一部类必须顺利买到价值 4 000 的生产资料，价值 2 000 的消费资料；第二部类必须顺利买到价值 2 000 的生产资料，价值 1 000 的消费资料。只有如此，下一年的简单再生产才能顺利进行，这就解决了社会资本再生产的核心问题。这种价值补偿和实物补偿是通过以下三个方面交换实现的。

(1) 第一部类内部的交换。第一部类中的 4 000c 代表已经消耗掉的生产资本，为了维持简单再生产，第一部类必须买到价值 4 000 的生产资料，而市场上生产资料的供给就来自第一部类中 6 000 的生产资料产品，因此通过第一部类内部各部门、各企业之间产品的交换，就可以使第一部类中 4 000 的产品卖给本部类的企业，这也就意味着这些企业准备好了下一年再生产所需要的 4 000 的生产资料。

（2）第二部类内部的交换。第二部类中（500v＋500m）代表第二部类工人和资本家已经消耗的消费资料。为了维持简单再生产，必须从市场上购买到价值 1 000 的消费资料。而消费资料的供给就来自第二部类中 3 000 的消费资料产品。因此，第二部类内部的工人和资本家就可以重新得到消费资料了。也就是说，在价值 3 000 的消费资料产品中，有 1 000 是卖给了本部类的工人和资本家，这也意味着，第二部类下一年再生产所需要的 1 000 的消费资料准备好了。

（3）两大部类之间的交换。为了维持简单再生产，第一部类还有价值 2 000 的生产资料没有卖出去，或者说，第一部类的工人、资本家需要的价值 2 000 的生活资料没有买来；第二部类还有 2 000 的消费资料没有卖出去，或者说，第二部类还需要卖出价值 2 000 的生活资料。两大部类各自所需要的产品正是对方部类能够提供的产品，二者从价值量上相等。因此，通过两大部类之间的交换，各自销售了产品，也买回了所需的产品。

这三方面的交换过程见图 3—2。

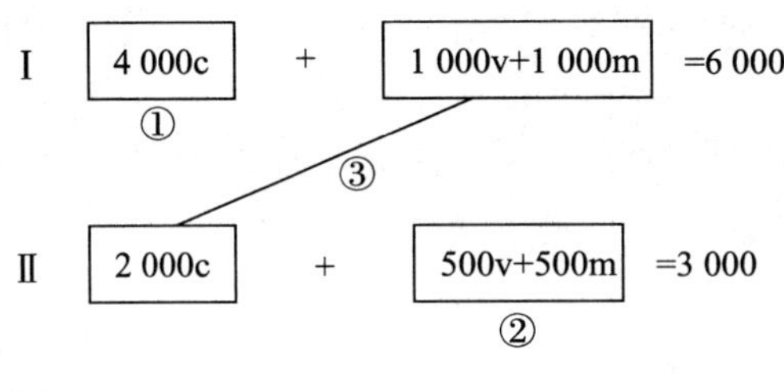

图 3—2

通过以上三种交换，价值 9 000 的社会总产品卖出去了，实现了价值补偿；同时，第二年两大部类所需要的生活资料和消费资料也都买到了，实现了实物补偿，这就为下一年的简单再生产准备了条件。

通过以上分析，可见，社会资本简单再生产的实现，需要两大部类的生产保持一定的比例关系，即第一部类可变资本和剩余价值之和，必须等于第二部类的不变资本，这是社会资本实现简单再生产的基本条件，用公式表示为：

$$\text{Ⅰ}(v+m)=\text{Ⅱ}c$$

这个公式说明，第一部类在一年中提供给第二部类的生产资料的价值，应当等于第二部类在一年中所需要的生产资料的价值，第二部类在一年中提供给第一部类的消费资料的价值，应当等于第一部类在一年中所需要的消费资料的价值。从这一基本公式，可以引出以下两个公式：

$$\text{Ⅰ}(c+v+m)=\text{Ⅰ}c+\text{Ⅱ}c$$

这一公式说明，第一部类在一年中所生产的全部生产资料的价值应该等于两大部类一年中所需要的全部生产资料的价值。

$$\text{Ⅱ}(c+v+m)=\text{Ⅰ}(v+m)+\text{Ⅱ}(v+m)$$

这一公式说明，第二部类在一年中所生产的全部生活资料的价值，应当等于两大部类的工人和资本家一年中所需要的全部生活资料的价值。

三、社会资本的扩大再生产

社会资本的扩大再生产要以资本积累为前提。

1. 社会资本扩大再生产的前提条件

进行社会资本的扩大再生产，必须有资本积累作为追加，而且追加的资本要分为两部分：一部分作为追加的不变资本，用于购买追加的生产资料；一部分作为追加的可变资本，用于购买追加的劳动力。在资本主义制度下，扩大再生产所需要追加的劳动力，可以从庞大的产业后备军中得到补充，所以，社会资本扩大再生产的前提条件是：在社会总产品中，必须为扩大再生产的实现提供可追加的生产资料，并提供追加劳动力所需要的消费资料。

首先，扩大再生产所需要追加的生产资料由第一部类供给。因此，第一部类一年中生产的全部生产资料，在补偿当年的两大部类的生产资料消耗以后，还必须有一定的余额，才能满足扩大再生产对追加生产资料的需要。用公式表示为：

$$\text{I}(c+v+m)>\text{I}c+\text{II}c$$
$$\text{I}(v+m)>\text{II}c$$

其次，扩大再生产所要追加的消费资料由第二部类供给，因此，第二部类一年中所生产的全部消费资料，在补偿当年两大部类工人与资本家对消费资料的消耗以后，还必须有一个余额，才能保证扩大再生产对追加消费资料的需要。在扩大再生产条件下，剩余价值没有全部被资本家消费，那么，$m-m/x$就代表资本积累的部分。用公式表示为：

$$\text{II}(c+v+m)>\text{I}(v+m/x)+\text{II}(v+m/x)$$
$$\text{II}(c+m-m/x)>\text{I}(v+m/x)$$

具备了上述前提条件，社会资本的扩大再生产便有了可能性。只有当社会总产品都能按扩大再生产的前提条件，保持相应的比例关系，两大部类的产品都能实现时，扩大再生产才能实际进行。

2. 社会资本扩大再生产的实现过程

马克思在《资本论》中通过如下模型来说明社会资本扩大再生产的实现过程：

$$\text{I}\ 4\,000c+1\,000v+1\,000m=6\,000$$
$$\text{II}\ 1\,500c+750v+750m=3\,000$$

其含义是：假设社会总产品价值 9 000，第一部类产品价值 6 000，包括不变资本 4 000，可变资本 1 000，剩余价值 1 000，第二部类产品价值 3 000，包括不变资本 1 500，可变资本 750，剩余价值 750。

假设第一部类的资本家从 1 000 的剩余价值中拿出 500 作为个人消费，剩下 500 作为追加资本，如果用 Δc、Δv 分别表示追加的不变资本与可变资本，那么，按照原有的资本有机构成 4∶1，有

ⅠΔc=400　　ⅠΔv=100　　Ⅰm/x=500

为了进行扩大再生产，第一部类产品的价值作出了重新组合：

Ⅰ 4 400c+1 100v+500m/x=6 000

其中，4 400可以通过第一部类内部交换得以实现，剩下的（1 100v+500m/x）需要与第二部类相交换。这意味着，第二部类可以购买到1 600的生产资料，比维持简单再生产所需的1 500的生产资料还多100，显然这100的生产资料可以用于第二部类扩大再生产。所以，第二部类要追加100的不变资本去购买这部分用于追加的生产资料，按照第二部类原有的资本有机构成2∶1，可知：

ⅡΔc=100　　ⅡΔv=50　　Ⅱm/x=600

其中，第二部类由于追加不变资本和可变资本，资本家消费的剩余价值减少为600。于是第二部类根据扩大再生产的需要，其价值重新组合如下：

Ⅱ1 600c+800v+600m/x=3 000

第二部类中工人和资本家消耗的生活资料，可以通过第二部类内部交换实现。剩下所需的Ⅱ1 600c就可以与Ⅰ（1 100v+500m/x）相交换得以实现了。

可见，社会资本扩大再生产的实现过程，也是通过三方面的交换，使社会总产品在价值和实物上全部得到实现，见图3—3。

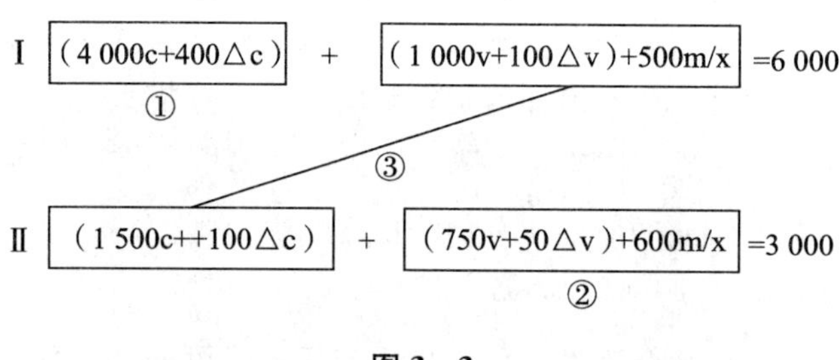

图3—3

在此资本积累的基础上，经过下一年的生产过程，社会总产品比上一年增多了，表示如下：

Ⅰ4 400c+1 100v+1 100m=6 600

Ⅱ1 600c+800v+800m=3 200

3. 社会资本扩大再生产的实现条件

通过以上社会资本扩大再生产的实现过程可以看出，社会资本扩大再生产的实现条件是：两大部类之间相交换的部分必须相等。用公式表示：

$$Ⅰ(v+\Delta v+m/x)=Ⅱ(c+\Delta c)$$

从中可以引出另外两个公式：

$$Ⅰ(c+v+m)=Ⅰ(c+\Delta c)+Ⅱ(c+\Delta c)$$

$$Ⅱ(c+v+m)=Ⅰ(v+\Delta v+m/x)+Ⅱ(v+\Delta v+m/x)$$

其含义分别是：第一部类生产的全部产品，必须刚好满足两大部类补偿消耗掉的生产资料和追加生产资料的需要；第二部类生产的全部产品，必须刚好满足两大部类原有工人、追加工人及资本家对生活资料的需要。上述公式从不同方面反映了扩大再生产过程中生产和消费之间的内在联系，表明了扩大再生产条件下社会生产两大部类所必须遵循的基本比例关系。

四、生产资料生产优先增长

马克思把外延式扩大再生产作为研究对象，并假定在考察期间资本有机构成没有发生变化，但是在社会资本的再生产过程中，资本有机构成是不断提高的。列宁把这一因素引入马克思的社会资本再生产理论，从而提出生产资料优先增长的原理，包括以下两方面的基本内容：

（1）生产资料的生产要比消费资料的生产增长快些。随着科技的进步与应用，在资本积累过程中，资本有机构成呈现提高趋势，资本扩大再生产除了表现为外延的扩大再生产以外，越来越多地表现为内涵的扩大再生产。在内涵的扩大再生产条件下，由于并没有追加新的劳动力，也就不需要追加消费资料，因而在工人实际生活水平没有提高的情况下，由于不变资本在资本总额中的比重越来越大，可变资本在资本总额中的比重越来越小，所以在社会资本扩大再生产的过程中，对生产资料的需求量比对消费资料的需求量增加得快些，以至于生产资料生产比生活资料生产必然要增长得快些。

（2）制造生产资料的生产资料生产比制造消费资料的生产资料生产增长快些。既然生产资料的生产比消费资料的生产增长快些，那么在社会资本扩大再生产对生产资料的需求量的增长中，第一部类对生产资料的需求量要比第二部类对生产资料的需求量增长要快些。

第三节　经济危机

一、经济危机的实质与根源

资本主义经济危机（以下简称经济危机），不是指任何时代因战争、灾荒等原因发生的物质匮乏的“经济危机”，而是特指资本主义社会中有着不同于其他社会特点和根源的经济危机。

一般来说，只要存在私有制和商品经济，就有发生经济危机的可能性，因为货币出现以后，买和卖在时间和空间上成为两个独立的经济行为，经济危机的可能性就出现了，并随着商品经济的发展，这种可能性不断加强。但是，在简单商品经济生产时期，危机的可能性并没有转化为现实。

从 19 世纪开始，在主要的资本主义国家，每隔几年，就要爆发一次经济危机。经济危机爆发时销售停滞，大量的商品积压，生产急剧下降，企业倒闭或严重开工不足，工资下降，大量工人失业，信用关系遭到破坏，现金奇缺，利率上升，有价证券暴跌，整个社会经济生活陷入混乱和瘫痪状态，其中生产过剩是最本质的现象，其他现象都是由生产过剩引起的。但是这种生产过剩不是绝对生产过剩，不是生产的商品超过了人们的物质文化生活需要，而是相对过剩，是相对于劳动者有支付能力的需求显得过剩了，资本主义经济危机的实质就是生产相对过剩，资本主义以前的社会往往由于战争、灾荒等原因，也曾发生过经济危机，但危机的表现是生产严重不足，而不是生产相对过剩。

为什么资本主义经济会爆发经济危机，资产阶级经济学家曾提出各种理论和观点，典型的有消费不足理论、投资过剩理论、比例失调理论、货币危机理论等。这些理论都在寻找危机的根源，并力图提供解决方案，但他们只看到了资本主义社会的表面现象，未能够触及资本主义生产方式所固有的基本矛盾，无法找到危机的根本出路。

马克思深入分析了社会资本运动的矛盾，指出：资本经济危机爆发的根本原因，在于资本主义生产方式的基本矛盾，即生产的社会化和生产资料的资本主义私人占有制之间的矛盾。这主要表现在两个方面：一方面，个别企业内部生产的有组织性和整个社会生产的无政府状态之间的矛盾。社会化生产要求整个社会生产有组织有计划地进行，资本私有制下的生产只是在个别企业内部有组织，这使得整个社会的生产处于无政府状态，这就不可避免地使社会生产所要求的各生产部门的比例关系遭到这样或那样的破坏。结果就是社会总产品的实现遇到困难。另一方面，资本生产无限扩大的趋势和劳动者有支付能力的需求相对狭小之间的矛盾。资本主义企业为了追求更多的剩余价值，在竞争中取胜，就必然利用越来越先进的科技条件扩大生产规模。但是在资本主义私有制条件下，劳动者有支付能力的需求又被限制在相对狭小的范围内，与资本主义生产扩大的能力相比是远远落后的。

资本主义经济危机对资本主义经济的发展具有双重作用。首先，经济危机是资本主义基本矛盾的集中表现，也是这些矛盾强制解决的方式，危机是资本主义经济恢复平衡发展的一种调节机制，可以暂时缓解生产与消费之间的矛盾；其次，危机对生产的调节具有强制性和破坏性，不可能根除资本主义经济固有的基本矛盾，一旦危机过后就会有新的危机出现。

二、资本主义危机的周期性爆发

自从 1825 年爆发第一次世界经济危机以来，资本主义经济危机每隔几年就爆发一次，表现出周期性。马克思在考察资本社会再生产过程时，发现危机的周期性使资本再生产过程也具有周期性。从上一次危机爆发到下一次危机开始的时间，为一个再生产周期。它一般包括危机、萧条、复苏和高涨四个阶段。

危机阶段是上一个经济周期的终点，又是下一个经济周期的起点，它往往突然爆发于资本主义经济最繁荣的时期。其特点是生产下降，物价下跌，工人大批失业，信用制度严重破坏。萧条阶段的特点是生产下降停止，失业人数不再增加，但信贷关系呆滞，商品销售仍然困难。复苏阶段的特点是生产开始回升，销售扩大，就业率增加，信贷关系逐渐活跃，当生产赶上和超过危机前的最高点时，复苏阶段过渡到高涨阶段。高涨阶段的特点是生产继续扩大，物价趋于稳定，就业人数增加，企业利润上升，信贷关系兴旺，社会经济一片繁荣。但是繁荣背后又孕育着新的危机。

三、固定资本的更新是经济周期的物质基础

固定资本的更新，是指对以厂房、机器设备等物质形式存在的固定资本进行实物替换。马克思指出，"这种由若干互相联系的周转组成的包括若干年的周期（资本被它的固定组成部分束缚在这种周期之内），为周期性的危机造成了物质基础。……虽然资本投下的时期是极不相同和极不一致的，但危机总是大规模新投资的起点。因此，就整个社会考察，危机又或多或少地是下一个周转周期的新的物质基础。"① 这就是说，固定资本的更新为周期性的经济危机提供了物质基础。经济周期长短的变化，在相当程度上是由固定资本更新的时间变化所决定的。固定资本更新的平均时间，特别是大工业中具有决定意义部分的固定资本更新的周期，决定了经济周期的长短。

一方面，固定资本的大规模更新，为资本主义摆脱经济危机准备了物质条件。固定资本的更新必然会引起对机器设备等生产资料的大量需求，从而促进生产资料生产的发展，这同时会增加就业，提高劳动力的购买力，扩大消费资料市场，从而促进消费资料生产的恢复和发展。因此，固定资本的更新为资本主义走出经济危机提供了物质条件。另一方面，固定资本的更新又会引起新一轮的生产过剩，为下一次危机提供物质基础。在自由竞争的资本主义阶段，大工业中最有决定意义的部门的固定资本，平均约十年就需更新，固定资本的这一平均生命周期，是决定资本主义经济周期的一个重要因素，这就为下一次危机的爆发创造了物质基础。

关键术语

资本的循环　　资本的周转　　固定资本　　流动资本

习题

1. 产业资本的循环要经历哪三个阶段?
2. 产业资本实现连续循环的条件是什么?
3. 社会资本再生产的核心问题是什么?
4. 社会资本简单再生产的实现条件是什么?
5. 社会资本扩大再生产的前提条件和实现条件是什么?
6. 资本主义经济危机的本质是什么?

---

① 《马克思恩格斯全集》，中文1版，第24卷，207页，北京，人民出版社，1972。

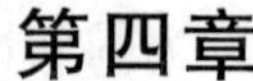

第四章

资本和剩余价值的具体形式

在资本主义经济运动中，资本和剩余价值以各种具体形式存在。本章在考察产业资本及其利润与平均利润的基础上，分析资本和剩余价值的各种具体形式，并揭示资本主义社会各个剥削集团之间对剩余价值的瓜分和分配。

第一节　价值转型

要了解资本主义社会各个剥削集团之间对剩余价值的瓜分和分配，就要了解平均利润，这就需要分析剩余价值如何转化为利润。

一、剩余价值转化为利润

商品价值包括三部分，即 c、v、m，用公式表示为 w＝c＋v＋m，这是生产商品实际耗费的劳动量，也是商品的实际生产费用。但是对于资本家而言，生产商品耗费的仅仅是 c＋v，剩余价值是资本家无偿占有的，资本家只关心一定量的 c＋v 能得到多少剩余价值，所以生产商品所耗费的资本家的资本数量即 c＋v，便构成商品的生产成本，又叫成本价格、生产费用，通常用 k 表示，这时，商品的价值转化为 w＝k＋m。

对于资本家来说，生产商品耗费的只是生产成本，并不存在可变资本和不变资本的区分，他所投资的每一元资本的作用都是相同的，即得到剩余价值，所以，生产资本的范畴使得 c＋v 成为一个独立的整体，剩余价值则完全表现为成本价格的附加额，这抹杀了可变资本与不变资本的差别，掩盖了它们在资本增殖过程中的不同作用，从而掩盖了资本家和工人的剥削关系。

生产成本的范畴对于资本家的经济活动具有重大意义，首先，生产成本是资本家投资盈亏的基本界限。资本家只有以高于生产成本的价格卖出商品，才能收回投资，并有所盈利；其次，成本价格是资本家竞争成败的关键，成本价格是商品价值的一部分，成本价格越低，企业盈利空间越大，竞争力越强，所以，降低生产成本成为提高竞争能力的主要方法之一。

对于资本家来说，预付资本中未被消耗的那部分不变资本虽然不构成生产资本，但同样参加了商品的生产过程，也是生产不可缺少的物质要素，也被看做剩余价值的源泉。所以，当剩余价值不仅是生产成本的一个增加额，而且被看做全部预付资本的一个增加额时，剩余价值就转化为利润，通常用 p 表示，这时，商品价值转化为 w=k+p。

马克思指出："剩余价值，作为全部预付资本的这样一种观念上的产物，取得了利润这个转化形式。"① 利润本质上是剩余价值，是由雇佣工人的剩余劳动创造的，二者是同一个事物。剩余价值是由可变资本带来的增殖额，利润表现为全部预付资本的产物，利润是剩余价值的转化形式，掩盖了资本主义剥削关系的实质。

人们只看到利润而看不到剩余价值，并非认识上的错误，这是由客观的经济条件决定的。首先因为不变资本与可变资本是以生产成本的共同身份出现的，剩余价值自然被当作全部预付资本的产物，一本万利是每个资本家的愿望，可变资本作为剩余价值唯一源泉的特殊作用被掩盖了。其次，劳动力价值采取了工资的形式，好像工人的全部劳动都获得了报酬，有些资产阶级经济学家甚至认为利润来源于贱买贵卖，与生产劳动无关。马克思劳动价值论指出利润的本质是剩余价值，是由工人剩余劳动创造的。利润范畴根源于资本主义的剥削关系，并反过来掩盖这种关系。

二、剩余价值率转化为利润率

随着利润观念在人们头脑中的固化，剩余价值率也转化为利润率，用 p′表示。利润率是剩余价值与全部预付资本的比率。如果用 C 表示全部预付资本，利润率可用公式表示为：

$$p'=m/C$$

利润率是剩余价值率的转化形式，同一剩余价值与可变资本相比是剩余价值率，与预付总资本相比是利润率，剩余价值率表示资本家对工人的剥削程度，利润率表示预付总资本的增殖程度。由于预付总资本在数量上总是大于可变资本，因此，利润率总是小于剩余价值率。剩余价值率转化为利润率又使资本主义生产关系神秘化了。

资本家总是力图以少量资本换回大量利润，较高的利润率成为资本追逐的目标。马克思曾引用托·约·登宁的这样一段话："资本害怕没有利润或利润太少，就象自然界害怕真空一样。一旦有适当的利润，资本就胆大起来。如果有 10%的利润，它就保证到处被使用；有 20%的利润，它就活跃起来；有 50%的利润，它就铤而走险；为了 100%的利润，它就敢践踏一切人间法律；有 300%的利润，它就敢犯任何罪行，甚至冒绞首的危险。"②

---

① 《马克思恩格斯全集》，中文 1 版，第 25 卷上，44 页，北京，人民出版社，1974。

② 《马克思恩格斯全集》，中文 1 版，第 23 卷，829 页，北京，人民出版社，1972。

利润率是经常变动的。影响利润率变动的因素，主要有以下几种：

第一，剩余价值率。在预付资本和资本有机构成一定的情况下，利润率与剩余价值率呈同方向变化，因此，凡是能够提高剩余价值率的方法，都会相应地提高利润率。

第二，资本有机构成。在其他条件不变的情况下，资本有机构成越高，同量资本所使用的劳动力就越少，生产出来的剩余价值也少，利润率就越低；资本有机构成越低，同量资本所使用的劳动力就越多，生产出来的剩余价值也多，利润率就越高。

第三，不变资本的节约。在可变资本和剩余价值率一定时，不变资本的节约可使同量剩余价值与较小的总资本相比，利润率就高，反之，利润率就低。

第四，资本的周转速度。资本的周转速度影响利润率，在其他条件不变的情况下，资本的周转速度越快，一年中可变资本周转次数就越多，剩余价值量就越大，利润率就越高。反之，利润率就越低。

可见，利润率虽然是剩余价值率的转化形式，但有自己的运动规律与特点，这使得人们更多地关注影响利润率高低的诸多因素，利润来源于劳动创造的本质、资本剥削劳动的关系被进一步掩盖起来。

三、利润转化为平均利润

影响利润率的诸多的因素在不同的企业和部门，其影响程度是互不相同的，如果我们抽象掉竞争的作用，那么不同企业和部门的利润率将永远各不相同。但是，资本追逐较高利润的本质必然引起竞争。

竞争首先是在部门内部展开的。部门内部的竞争是指同一生产部门生产同类商品的企业在不同生产条件下努力提高本企业劳动生产率，使商品个别价值低于社会价值，力图获得超额剩余价值，以提高利润率。竞争的结果就是：生产规模大、技术装备好、有机构成高的企业处于有利地位，这些企业由于商品的个别价值低于社会价值，从而获得了超额剩余价值转化来的超额利润。可见，部门内部的竞争刺激了资本主义生产技术的发展和部门资本有机构成的提高。

部门之间的竞争是部门内部竞争在社会范围内的进一步展开与扩大，不同部门存在不同的资本有机构成、资本周转速度，各部门的劳动对象、生产技术水平也会不相同，因而，不同部门必然存在不同的利润率，部门之间的竞争就是为追求有利的投资部门展开的竞争。这种竞争一般是通过资本的转移而实现的。

在竞争过程中，原来利润率较低的生产部门的资本逐渐转移到利润率较高的生产部门，资本在各部门之间的分配比例的变化，必然导致各部门利润率的变化。一方面，原来利润率较低的生产部门，由于资本数量减少，生产规模缩小，生产的商品数量相应减少，在需求不变的情况下，会逐渐出现供不应求，从而引起该商品价格上涨，从而盈利增加，利润率逐步提高；另一方面，原来利润率较高的生产部门，由于资本数量增多，生产规模扩大，生产的商品相应数量增多，在需求不变的情况下，会逐渐出现供过于求，从而引起该商品价格下跌，盈利减少，利润率逐步降低。

当不同生产部门的利润率发生了这种由高到低或由低到高的变化时，资本在利润的驱使下，又会向相反的方向转移，一直持续到通过不同生产部门的价格的自发调整，使各生产部门的利润率大体趋于平衡，即形成平均利润时，才会停止。这就是平均利润的形成机制。

例如，假定社会上有机械工业、纺织工业、食品工业三个生产部门，由于它们各自的资本有机构成不同，在预付资本总量和剩余价值率相同的条件下，它们的利润率也各不相同，这三个部门通过部门之间竞争形成平均利润率的情况如表 4—1 所示。

表 4—1　　　　平均利润率的形成

生产部门	资本有机构成	剩余价值率	剩余价值	价值	利润率	平均利润率	平均利润
食品	70c+30v=100		30	130	30%		
纺织	80c+20v=100	100%	20	120	20%	20%	20
机械	90c+10v=100		10	110	10%		

三个不同的生产部门，投入等量资本 100，但部门利润率却分别是 30%、20%、10%。资本家认为利润是它全部预付资本的产物，显然，利润率低的部门资本家是不会甘心的，他们的资本必然向高利润率部门流动，经过竞争和资本的自由流动，多个生产部门的利润率趋于平均化，即大致都取得了 20%的平均利润率。

按照平均利润率，资本有机构成高的机械部门只创造了 10 个单位的剩余价值，却得到了 20 个单位的平均利润。资本有机构成低的企业部门创造了 30 个单位的剩余价值，只得到了 20 个单位的平均利润。只有资本有机构成持中的纺织部门所得到的平均利润与创造的剩余价值相等。但是，从全社会来看，平均利润总额与剩余价值总额相等，平均利润是剩余价值在各个部门之间重新分配的结果。

$$平均利润=\frac{社会剩余价值总额}{社会预付总资本}$$

一定量的预付资本根据平均利润率获得的利润，就是平均利润。平均利润率出现以后，平均利润与剩余价值之间不仅在性质上发生变化，在数量上也存在差别。等量资本可以获得等量利润了，各部门的利润量只与本部门的资本量成正比，而不与本部门的剩余价值量成正比。这使得利润的真正来源被进一步掩盖。

平均利润率不是各个生产部门不同利润率的绝对平均。平均利润率形成后，并非各个生产部门的利润率毫无差别，平均利润率只是在部门间竞争过程中形成的一种趋势，而不是绝对平均。如果平均利润率是各生产部门利润率的绝对平均，那么部门间竞争就完全停止了。事实上，在平均利润率形成的条件下，各生产部门的利润率虽然大体相同，但仍存在差别，在个别时期或个别部门之间利润率的区别还可能较大，但是，从长期和总体上看，通过部门之间的竞争，存在着利润率平均化的总趋势。

四、价值转化为生产价格

随着利润转化为平均利润，价值便转化为生产价格，二者是同一个过程，是由部门间竞争实现的。

生产价格＝生产成本 k＋平均利润 $\bar{p}$

在上述事例中，价值转化为生产价格的过程见表 4—2。

表 4—2　　生产价格的形成

生产部门	资本有机构成	剩余价值	平均利润	价值	生产价格	生产价格与价值差额
食品	70c＋30v	30	20	130	120	－10
纺织	80c＋20v	20		120		0
机械	90c＋10v	10		110		＋10
合计	240c＋60v	60	60	360	360	0

资本有机构成的三个部分，存在不同的剩余价值，经过部门间竞争，利润趋于平均，形成了生产价格，各部门商品不再按价值出售，而是以统一的生产价格出售，资本有机构成高的部门，生产价格高于价值，资本有机构成低的部门，生产价格低于价值。

价值转化为生产价格以后，价值规律的作用形式发生了变化：商品的交换不再以价值为基础，而是以生产价格为基础，商品的市场价格不再围绕价值上下波动，而是围绕生产价格上下波动。

商品按照生产价格出售，虽然改变了价值规律的作用形式，但没有违背价值规律，因为：(1) 虽然从个别部门看，资本家获得的平均利润与工人所创造的剩余价值不一致，但整个资本家阶级所获得的利润总额与整个工人阶级所创造的剩余价值是一致的。(2) 虽然从个别部门看，商品的生产价格与价值不一致，但从全社会看，商品的生产价格总额与价值总额是一致的。(3) 生产价格最终随商品价值的变动而变动，生产商品的社会必要劳动时间决定商品的生产价格。

第二节　商业资本与商业利润

商业资本是一种古老的资本形式，它是参与资本运动的另一种资本形式。商业资本家也要参与瓜分剩余价值，获得商业利润。本节分析商业资本与商业利润的形成与本质。

一、商业资本

早在人类第三次社会大分工中，商人就出现了。随着商品经济的发展，商业资本得到了一定的发展，但是，以前的商业资本不同于资本主义社会的商业资本，这种商业资本来自简单商品经济，是由一些富裕的生产者和剥削者积累的货币转化而来，在简单商品流通领域从事经营活动，其利润一方面来自无偿占有小生产者创造的一部分价值，另一方面来自占有奴隶制和封建主剥削制的一部分剩余产品。

在资本主义发展初期，生产规模不大，市场范围狭小，产业资本家独立完成产品的生产和销售，产业资本通常自产自销，其三种职能结合在一起。随着资本主义生产的发展，商品销售活动日益频繁，需要建立庞大的商业结构、营销网络，需要雇用商务代理人，即大量的商品店员。流通中的资本在产业资本中的比例越来越高，繁多的营销活动占有产业资本家过多的时间和精力，这必然降低社会资本的利润率。因此，客观的经济形式要求有资本家专门从事商品销售业务。于是商业资本的职能就逐渐地从产业资本中分离出来由商业资本家专门执行。商业资本不再像商品资本那样作为产业资本的一个组成部分，而是独立地在流通领域发挥作用。

可见，商业资本职能从产业资本中分离出来后，形成商业资本，它所执行的职能仍然是商品资本的职能。商品资本的职能独立化为商业资本的职能，商业资本便成为一种与产业资本相并列的独立资本形态。

商业资本对于促进社会发展的重要作用表现在：第一，商业资本家更熟悉市场状况，商品销售时间因此而缩短。第二，商业资本周转速度一般快于产业资本，因而，少量的商业资本可以同时服务于多个产业资本，使社会总资本中的流通资本减少，生产资本相应增加，有利于生产的发展。第三，产业资本家也可以集中精力从事生产，有利于提高经济效率。第四，产业资本家把产品销售给商业资本家就完成了一次循环，这使产业资本的周转速度加快。但是，商业资本的独立化也使生产、流通和消费之间的脱节现象更加严重，进一步加深了资本主义再生产的矛盾。

商业资本家必须预付一定数量的资本购买产业资本家生产的商品，然后销售出去，换回更多的货币。商业资本的运动的公式是 $G—W—G'$。

二、商业利润

商业活动的外在特征就是贱买贵卖，商品的销售价格总是高于进货价格。这就使人们误以为商业利润是流通领域中贱买贵卖的结果。事实上，在流通领域中只发生价值形式的转换，而没有价值的增殖。纯粹的商品买卖活动不创造价值。从本质上说，商业利润的真正来源是产业资本家让给商业资本家的一部分利润，是产业工人在生产过程中所创造的剩余价值的一部分，商业资本家投资于商业，帮助产业资本家销售产品，实现价值，产业资本家就不能独占产业工人所创造的剩余价值了，而是按低于生产价格的价格把商品卖给商业资本家，商业资本家按生产价格出售商品，获得的差额就是商业利润。

商业资本是社会总资本的一部分，它与产业资本一样都是独立的资本形态，因而，商业资本同样要求按照社会平均利润率获得商业利润。因为，如果商业利润低于或高于平均利润率，那么随着部门间资本的竞争和运动，产业利润与商业利润会趋于一致，形成统一的社会平均利润率。

商业资本出现以后，社会平均利润率公式应表述为：

$$平均利润率=\frac{社会剩余价值总额}{社会总资本}=\frac{社会剩余价值总额}{产业资本总额一商业资本总额}$$

假设一年中预付总产业资本为 $720c+180v=900$，剩余价值率为 100%，不变资本价值在一年内转移到新产品中去，则社会总产品的价值为 $720c+180v+180m=1\ 080$，社会平均利润率 $\bar{p}=\frac{180}{900}=20\%$。为了销售产品，还需投入商业资本。假定一年中预付的总商业资本为100，那么社会总资本为900＋100＝1 000。此时，社会平均利润率降低为$\frac{180}{900+100}$＝18%，产业利润$\bar{p}_1$＝900×18%＝162，商业利润$\bar{p}_2$＝100×18%＝18。产业资本家不能再按生产价格1 080出售商品了，而只能以生产成本k＋产业利润$\bar{p}_1$＝900＋162＝1 062的价格买给商业资本家，而商业资本家以生产成本$k+\bar{p}_1+\bar{p}_2$＝900＋162＋18＝1 080的价格卖给消费者。

三、商业流通费用

上述例子中，假定商人为了购买商品投入商业资本100元，可以在反复的周转中购买商品，通过销售也多次地回收这笔投资与利润。事实上，商业资本家除了要支付购买商品的商业资本以外，还必须在流通中支出一系列的费用，这就是商业流通费用，同样从流通中收回并带来利润。

这种商业流通费用可以分两类：一类是生产性流通费用，这是指只因商品使用价值的运动而发生的费用。如用于商品的分类、包装、保管运输等费用。这些活动是生产过程在流通中的延续，所耗费的劳动是生产性劳动，因此，用在维护和转移使用价值方面的劳动所耗费的生产资料的价值要转移到新商品中去，耗费的活劳动也会创造新价值。这就是说，生产性流通费用的耗费，可以增加商品的价值和剩余价值，因而，这类费用可以从已经提高了的商品价值中得到补偿，并带来平均利润。

另一类是纯粹流通费用，这是由商品的价值运动而产生的费用，如用于商业、邮资、通讯、广告及商业职工的工资等费用。这类费用是因商品价值形式变化所发生的费用，与使用价值无关，是非生产性开支。它的作用只是使商品的价值形式发生转化，并不会使商品价值有丝毫增加。并且这种流通费用不但不会增加商品价值，还要耗费一部分物质资料或社会劳动力。从社会角度看，这种消耗必须从社会总产值中扣除，使其在物质上和价值上得到补偿，社会再生产才能继续正常进行。显然，这只能从社会总产值中的剩余价值部分扣除，社会剩余价值是纯粹流通费用的来源。马克思指出：“一切只是由商品的形式转化而产生的流通费用，都不会把价值追加到商品上。这仅仅是实现价值或价值由一种形式转变为另一种形式所需的费用。投在这种费用上的资本（包括它所支配的劳动），属于资本主义生产上的非生产费用。这种费用必须从剩余产品中得到补偿，对整个资本家阶级来说，是剩余价值或剩余产品的一种扣除”①。

四、商业资本家对商业店员的剥削

商业资本家获取商业利润的基础是对商业店员的剥削。商业店员的劳动是非生产性劳动，不创造新价值，但他们的劳动可以实现价值与剩余价值，是资本运动中所必需的，是商业资本家获得商业利润的基础。商业职工的劳动同样分为必要劳动和剩余劳动。在必要劳动时间里所实现的价值及剩余价值中的一部分，用来补偿资本家付给工人的工资，即劳动力价值；在剩余劳动时间内所实现的价值及剩余价值中的一部分，用来补偿工资以外的

① 《马克思恩格斯全集》，中文1版，第24卷，167页，北京，人民出版社，1972。

纯粹流通费用和形成商业利润。这就是说，商业店员的剩余劳动虽然不会创造剩余价值，但却创造着占有剩余价值的条件，因此，这种劳动对这个资本家来说是利润的源泉。可见，商业职工不仅没有参与对产业工人的剥削，恰恰相反，他们自己也遭受商业资本家的剥削。商业资本家就是通过直接剥削商业职工的无偿劳动，瓜分其剩余价值的。

第三节　借贷资本与利息

在资本主义社会里，除了产业资本和商业资本外，还有一种也要参与剩余价值瓜分的资本，即借贷资本。借贷资本家参与瓜分剩余价值，获得利息。本节分析借贷资本与利息的形成与本质。

一、借贷资本

借贷资本是为了取得利息而暂时借给职能资本家（包括产业资本家和商业资本家）使用的货币资本。

借贷资本的形成和发展同资本的再生产过程有着密切的关系，它是为适应产业资本和商业资本的需要而产生和发展起来的。在资本主义生产过程中，一方面经常会有一部分资金闲置起来。这是因为：首先，在固定资本实物更新以前，其价值以折旧基金的形式逐渐储存起来，成为闲置资本；其次，商品卖出去以后，所得的货币资本，并不一定立即用于购买原材料和支付工资，也会暂时闲置起来；再次，资本家用于积累的剩余价值，往往需要达到一定的数量时，才会用于扩大再生产，在此之前，积累的剩余价值就以货币形式闲置着。这些暂时闲置的货币资本不能为其所有者带来剩余价值，这与资本的本性是矛盾的。与此同时，在资本再生产与流通过程中，有些企业由于扩大生产经营的规模、范围及其他临时性需要，急需补充货币资本，这样，那些从职能资本运动中脱离出来的暂时闲置的货币资本就被其所有者以偿还和付息为条件，贷给需要货币资本的人，转化为借贷资本。

借贷资本具有独特的运动形式。借贷资本的运动公式是：G—G′，其中 $G'=G+\Delta G$，ΔG 代表利息。因为这个公式省略掉了职能资本家（产业资本家和商业资本家）运用借贷资本的过程，于是造成一种假象，似乎不经过任何生产过程与流通过程，货币本身就可以生出更多的货币，进一步掩盖了资本价值增殖的真实过程。

借贷资本的使用，使资本所有权和使用权分离，同一资本取得了双重存在。对借贷资本家而言，他拥有借贷资本的所有权，这部分货币资本不会自行增殖，但他可以凭这种所有权获得利息。这部分货币资本以借贷资本形式到了职能资本家手中以后，就成为职能资本（产业资本和商业资本），能够带来剩余价值。借贷资本实际上反映了借贷资本家把货币作为资本的使用权出让给职能资本家的借贷关系。货币资本所有者把货币作为资本要素贷出，定期获得利息收入，又叫做所有权收益资本化。

由于借贷资本的所有权与使用权分离，同一资本取得了双重存在，在借贷资本家手里是财产资本，在职能资本家手里是职能资本，它们都对利润拥有某种索取权。因此，使用这一资本所获得的平均利润也相应地分割为两部分：一部分支付给借贷资本家作为其出让资本所有权的利息；另一部分是归职能资本家所有的企业利润。

二、利息

通过以上分析可见，利息是平均利润的一部分，平均利润是剩余价值的转化形式，因而利息是剩余价值的特殊转化形式。平均利润分割为利息和企业利润，实质上是剩余价值在借贷资本家与职能资本家之间的分配。

$$利息率=\frac{一定时期的利息量}{借贷资本总量}\times 100\%$$

例如，一个100元的借贷资本，一年能获得4元的利息，那么它所依据的利息率就是4%或年利4厘（按照习惯的说法，年利率1%叫做年利1厘）。

在一般情况下，利息率总在平均利润率和零之间波动。这样使借贷资本家能得到利息，职能资本家也能得到企业利润。但是以多大的比例把平均利润分割为利息和企业利润，这除了受到借贷资本的供求状况影响以外，在许多情况下，是由各个国家的习惯和法律传统决定的。此外，预期的价格水平、国家的财政政策、资本市场风险的高低、借贷时间的长短等因素都会影响一定时期的利息率。

第四节　资本主义地租

在资本主义经济运动过程中，农业资本家也要参与剩余价值的瓜分，获得资本主义地租。本节分析资本主义地租的形成与本质。

一、资本主义地租的本质

资本主义地租是农业资本家为取得土地使用权而交给土地所有者的超过平均利润的那部分剩余价值，即农业中的超额利润，它是土地所有权在经济上的实现形式。农业资本家从事农业生产经营，需要向土地所有者租种土地。在资本主义制度下，土地所有权属于土地私有者，但他们一般不从事农业生产，而是将土地租给农业资本家经营和使用，因而土地的所有权和使用权、经营权是相分离的。农业资本家在所租种的土地上，雇用农业工人进行生产，然后把从农业雇佣工人身上剥削的剩余价值的一部分转让给土地所有者，这部分剩余价值就形成资本主义地租。

在封建社会中，租种地主的土地要交纳地租。在资本主义社会中，也存在地主，租种地主的土地，同样要交纳地租。从这一点上看，资本主义地租与封建地租是一样的，但实际上，这两种地租存在严格区别：

第一，两种地租形成的经济基础不同。封建地租以封建土地私有制为前提，且存在农民对地主的人身依附关系。在封建主义的生产关系中，封建地主吞没了农民的几乎全部劳动产品，这是封建地主对农民的赤裸裸的剥削。在资本主义生产关系中，地租以资本主义土地私有制为前提，在雇佣劳动制度的基础上，地主和农业资本家共同剥削农业雇佣工人。劳动者摆脱了对地主的人身依附关系，劳动者与剥削者之间表现为一种纯粹的契约关系。

第二，两种地租的数量构成不同。从占有的数量上看，封建地租是地主对农民的直接剥削，地租形式多种多样，有劳役地租、实物地租、货币地租等，在数量上一般包括农民的全部剩余劳动或剩余价值。资本主义地租只是剩余价值的一部分，即超过平均利润的那一部分，并不完全占有农业雇佣工人的全部剩余价值。如果资本主义地租包括全部剩余价值，那么农业资本家就会无利可图，最终无人从事农业生产。

第三，两种地租所体现的生产关系不同。封建地租体现了封建地主和农民两个阶级之间的对立关系。而在资本主义制度下，地租则体现了地主、农业资本家和农业雇佣工人三个阶级之间的经济关系。

二、资本主义地租的形式

在资本主义社会中，根据地租形成的原因和条件，可以将其分为级差地租和绝对地租。

1. 级差地租

级差地租是指与土地的等级相联系的地租，它是农产品的个别生产价格低于社会生产价格的差额。在资本主义农业中，地租是有级差性的。土地是农业生产的基本生产资料，有优等、中等和劣等之分。地租的级差性是与土地的这种优劣等级差异相联系的。租种较好土地所获得的农产品带来的收益就会大于租种较差土地所获得收益，因此交纳的地租也会相应多一些。这种与土地的不同等级相联系的地租就叫做级差地租。

级差地租形成的原因是由土地的有限性引起的土地经营权的垄断。农业中，由于农产品的社会生产价格由劣等地的生产条件决定，因此，投资于优等地和中等地的农业资本家由于劳动生产率高、产量高、个别生产价格低于社会生产价格，都可以获得超额利润（级差地租），并且，这种农业中的超额利润不像工业中的超额利润那样是暂时的，而是长久存在的，因而这部分超额利润就可以以级差地租的形式最终由农业资本家缴纳给地主。

土地经营权的垄断使农产品的社会生产价格由劣等地的生产条件决定。土地数量有限，仅仅依靠优、中等地生产农产品不能满足社会需要，还要投资于劣等地。如果农产品的社会生产价格由中等地的生产条件决定，则经营劣等地的农业资本家将不能获得平均利润，而会将其资本转移到其他行业中去。农产品会因为供不应求而价格上涨，一直会涨到投资于劣等地也能获得平均利润时为止。因此，农产品的社会生产价格由劣等地的生产条件决定。经营优、中等地的农业资本家能够获得超额利润。

经营优、中等地的农业资本家可以获得长期而稳定的超额利润，使级差地租可以一直存在。由于优、中等地这个特殊的农业生产条件的数量是有限的，在对土地经营权垄断的条件下，农业资本家之间的竞争就受到了限制。因此，租种优中等地的农业资本家可以获得持久的超额利润。

级差地租的源泉，从表面上看，似乎是来自土地这个自然条件，但作为自然条件的土地本身不能创造价值和利润，包括超额利润。级差地租的源泉是农业雇佣工人劳动创造的超额剩余价值。这些雇佣工人的劳动是一种具有较高劳动生产率的劳动，是加强的劳动，可以在同样的时间内创造出较多的价值，因而能创造出超额剩余价值及超额利润来。显然，级差地租实质上是等量资本投在等量面积的土地上具有不同生产率所产生的超额利润归土地所有者占有的地租形式。

正是由于形成不同生产率的具体条件不同，级差地租又分为两种形式，即级差地租Ⅰ和级差地租Ⅱ。

级差地租Ⅰ是指同时投入不同地块的等量资本具有不同的生产率所产生的超额利润转化成的地租，这种不同的生产率是由土地肥沃程度不同和土地位置不同而产生的。

在一定历史时期和一定生产技术条件下的土地的肥沃程度总是不同的，这必然会使投入不同地块的等量资本具有不同的劳动生产率。投资在优、中等地的资本就有较高的劳动生产率，农产品的个别生产价格就低于由劣等地的个别生产价格决定的社会生产价格。因此，经营优、中等地的资本家可以获得数量不等的超过平均利润以上的超额利润。这种超额利润被地主占有以后，形成级差地租Ⅰ。

假定有三块面积相等的耕地，分别是优等地、中等地和劣等地。每块土地的投资都是100元，平均利润率是20%；优等地产量为60公斤，中等地产量为50公斤，劣等地产量为40公斤。从而，三块地农产品的个别生产价格都是120元。由于产量不同而导致各自的单位农产品的个别生产价格不同，优、中、劣三块地所产每公斤粮食的个别生产价格分别是2元、2.4元、3元。由于农产品的社会生产价格由劣等地的生产条件决定，即为3元，则优、中、劣等地所产农产品的社会生产价格分别是180元、150元、120元。显然，优、中等地所产农产品的个别生产价格都低于社会生产价格，都可以获得超额利润，形成级差地租Ⅰ，分别是60元、30元。劣等地没有级差地租。见表4—3。

表4—3　　级差地租Ⅰ的形成

土地级别	投入资本（元）	平均利润（元）	产量（公斤）	个别生产价格（元）		社会生产价格（元）		级差地租Ⅰ（元）
				每公斤	全部产品	每公斤	全部产品	
优等地	100	20	60	2	120	3	180	60
中等地	100	20	50	2.4	120	3	150	30
劣等地	100	20	40	3	120	3	120	0

土地位置的差别，是形成级差地租Ⅰ的另一个条件。由于土地距离市场、车站和码头的远近不同，交通运输的条件不同，同量农产品的运费就会不同。经营位置较好土地的农业资本家，农产品的个别生产价格就会低于社会生产价格，可以获得超额利润，这种超额利润也转化为级差地租Ⅰ。

级差地租Ⅱ是指在同一土地连续投入同量资本而具有不同生产率所形成的超额利润转化成的地租。随着资本主义农业的发展，农业资本家对土地的经营由粗放型转向集约型，于是就在同一地块上连续追加投资；与劣等地的生产率相比，只要连续追加投资的生产率高于劣等地的生产率，就会形成超额利润。这种超额利润转化为级差地租Ⅱ。

在上例中，由于农产品的社会生产价格由劣等地的生产条件决定，即为3元，优等地的原投资带来了60元的级差地租Ⅰ；在优等地两次追加投资都是100元的情况下，其产量分别是 80 公斤和 70 公斤，其社会生产价格分别是 240 元和 210 元，带来的超额利润（即社会生产价格与个别生产价格 120 元的差额）分别是 120 元和 90 元，转化为级差地租Ⅱ。见表 4—4。

表 4—4　　级差地租Ⅰ和Ⅱ的比较

土地级别	投入资本（元）	平均利润（元）	产量（公斤）	个别生产价格（元）		社会生产价格（元）		级差地租Ⅰ（元）	级差地租Ⅱ（元）
				每公斤	全部产品	每公斤	全部产品		
优等地	100	20	60	2	120	3	180	60	—
	第一次追加 100	20	80	1.5	120	3	240	—	120
	第二次追加 100	20	70	1.7	120	3	210	—	90
劣等地	100	20	40	3	120	3	120	0	—

在现实的资本主义农业生产中，追加投资和原投资往往是结合在一起的，农产品也是合在一起计算的，这里分开计算，仅仅是为了便于说明问题。追加投资也不一定都投资在优等地上，任何土地都可以追加投资，只要追加投资的生产率高于劣等地的原投资的生产率，就会产生级差地租Ⅱ。如果追加投资的生产率低于劣等地，那么社会生产价格就由它来决定，而不是由原有的劣等地生产条件决定。显然，追加投资能否提供级差地租Ⅱ，取决于追加投资的生产率与劣等地原投资的生产率之间的差别状况，并且，级差地租Ⅱ要以提供级差地租Ⅰ的各类土地同时被耕种为条件，否则就无法比较。追加投资所带来的超额利润，是级差地租Ⅱ的实体，但能否转化为级差地租Ⅱ，还取决于农业资本家和地主之间的斗争，如果这部分超额利润产生在租约期以内，就归农业资本家占有；如果租期已满，重新订约或另行出租时，地主就会因此提高地租，那么，追加投资形成的超额利润就会以级差地租Ⅱ的形式落入地主手中。

级差地租Ⅰ和级差地租Ⅱ都是等量资本投在土地上具有不同生产率的结果。作为级差地租实体的超额利润，都是个别生产价格和社会生产价格的差额。从历史上看，级差地租Ⅱ是在级差地租Ⅰ的基础上产生和发展起来的。在资本主义初期，一般都采取扩大耕地面积的粗放式耕作，这时的级差地租往往表现为级差地租Ⅰ。随着资本主义农业的发展，可开垦的土地越开越少，于是就采取追加投资的集约化耕作，这时的级差地租往往表现为级差地租Ⅱ。

2. 绝对地租

在考察级差地租时，为了分析的方便，我们假定劣等地是不缴地租的，但是，事实上，在资本主义私有制条件下，租种任何土地都必须交纳地租，这与土地的等级无关，而是因为地租是土地所有权在经济上的实现，如果劣等地不能带来任何地租，那么，地主宁肯让它荒芜，也不会把它出租。正如马克思指出，地租是土地所有权在经济上借以实现的形式，在这里我们看到了雇佣农业工人、农业资本家、土地所有者之间既并存又互相对立的关系，他们构成了现代资本主义社会的骨架。

由于土地私有权的存在，农业资本家租用任何土地都必须交纳的地租叫做绝对地租。绝对地租的形成是以农业资本有机构成低于社会平均资本有机构成为条件的。由于各种原因，在资本主义发展的相当长的一段时期里，农业生产技术水平落后于工业，农业资本有机构成低于工业或社会平均的资本有机构成水平，这使得农产品的价值高于社会生产价格。由于农业中存在着土地私有权的垄断，阻碍着资本向农业部门的自由转移，使农产品高于社会生产价格的差额不参与利润的平均化过程。也就是说，农产品不是按照社会生产价格出售，而是按照价值出售。这样，价值高于社会生产价格而形成的超额利润就留在农业部门，被土地所有者占有，成为绝对地租。

假定工业部门的资本有机构成是 80∶20，农业部门的资本有机构成是 60∶40，两个部门的投资都是 100 元，剩余价值率是 100%，社会平均利润率是 20%，那么农产品按照其价值 140 元出售，而不是按照社会生产价格 120 元出售，两者之间的差额 20 元，作为超额利润不参与利润的社会平均化过程，留在了农业内部，农业资本家把它以绝对地租的形式交纳给了地主。见表 4—5。

表 4—5　　绝对地租的形成

生产部门	资本有机构成（元）	剩余价值（元）（剩余价值率＝100%）	平均利润（元）（平均利润率＝20%）	产品价值（元）	产品社会生产价格（元）	绝对地租（元）
工业	80c＋20v	20	20	120	120	—
农业	60c＋40v	40	20	140	120	20

绝对地租产生的原因是土地私有权的垄断。剩余价值转化为平均利润是以资本在不同部门间的竞争和自由转移为条件的，而土地的私人垄断阻碍和排斥了其他资本向农业的自由转移。所以农业中的剩余价值并不参与全社会的利润平均化过程。于是，农产品就能够按照高于社会生产价格的价值出售，价值高于社会生产价格的差额所形成的超额利润就有可能留在农业部门，转化为绝对地租。另外，土地私有权的垄断，使得农业资本家只要耕种土地就必须交纳地租，否则，地主宁肯让土地荒芜也不会把它出租。因而，土地私有权的垄断也使得农产品价值高于社会生产价格的差额必须保留在农业部门内部，从而保证农业资本家在获得平均利润的同时，又能够向地主缴纳绝对地租。租种劣等土地的农业资本家虽不交纳级差地租，但必须交纳绝对地租。租种优、中等地的资本家，不仅要交纳级差地租，还要交纳绝对地租。

绝对地租的来源是农业雇佣工人创造的超额剩余价值。绝对地租是超额剩余价值的转化形式，体现了农业资本家和土地所有者对雇佣工人的剥削。

随着当代资本主义农业科学技术水平的提高，农业的资本有机构成已经赶上甚至超过工业中的资本有机构成，在这种情况下，由农产品价值和社会生产价格的差额形成的超额剩余价值消失了。但是由于土地私有权的垄断仍然存在，绝对地租就不会消失，只是绝对地租的来源发生了变化。绝对地租不再是农产品价值高于社会生产价格的差额。农业资本家可以把平均利润中的一部分转化为绝对地租或者为了减少自身损失，也可以通过克扣农业工人的工资作为绝对地租，甚至可以通过把农产品的价格提高到其价值以上的方式来缴纳绝对地租。

三、土地价格

土地作为自然物，不是劳动产品，没有价值，但是，在资本主义社会土地可以买卖，具有价格。这是因为，在资本主义私有制下，土地是私有财产，出租土地可以带来地租收入，当土地所有者转让出土地时，自然要求相应的报酬。因此，土地的价格不是土地价值的货币表现，而是地租的购买价格，或者说，是资本化的地租。土地的价格就相当于这样一笔货币资本，把这笔货币资本存入银行每年所获的利息收入应等于出租这块土地获得的地租收入。用公式表示为：

土地价格＝地租/利息率

随着资本主义经济的发展，土地价格有上升的趋势。不仅因为地租有提高的趋势，而且土地价格还可以在地租不增加的情况下提高。这是因为，随着资本有机构成的提高，平均利润率有下降的趋势，从而利息率也有下降的趋势，更由于土地的有限性，和对土地的需求不断增加，即使地租量不变，土地价格也会表现出上升的趋势。

关键术语

生产成本	利润	平均利润
利润率	平均利润率	生产价格
商业资本	商业利润	借贷资本
利息	级差地租	级差地租Ⅰ
级差地租Ⅱ	绝对地租	土地价格

习题

1. 剩余价值怎样转化为利润？
2. 利润怎样转化为平均利润？
3. 商业资本是怎样形成的？
4. 借贷资本是怎样形成的？
5. 资本主义地租的本质和源泉是什么？
6. 级差地租形成的条件和原因是什么？
7. 绝对地租形成的条件和原因是什么？

第二篇

现代主流理论

本篇介绍在社会主义国家以社会主义革命和建设为主题的政治经济学理论，是传统教材政治经济学“社会主义”部分的理论篇。本篇介绍的内容涵盖垄断资本主义向社会主义过渡，落后国家率先完成社会主义革命，社会主义建设的“苏联模式”以及打破这一模式的社会主义改革理论。这些理论是社会主义国家的重要指导思想，在很多场合，西方学者称之为政治经济学“官方理论”。与实践紧密结合是这些理论的重要特征，同时，在波澜起伏的社会主义革命、建设进程中，这部分理论也处于不断突破、不断完善的过程中，其理论体系尚未成熟。理论与实践相结合、理论发展与时代变迁相结合，是把握本篇内容的关键。

第五章

帝国主义及其向社会主义过渡

生产力决定生产方式，生产方式决定生产关系，这是以唯物史观为方法论基础的马克思主义政治经济学所始终坚持的基本原理。资本主义制度在经历了自由竞争阶段之后，逐步向垄断资本主义阶段发展，也推动资本主义国家的生产方式发生深刻变化，阶级矛盾也日趋激化，为无产阶级革命和社会主义制度的建立创造了更加有利的社会经济条件。

第一节　垄断资本主义

理论界一般认为，以马克思和恩格斯在1845年到1846年完成的《德意志意识形态》这部著作为标志，代表着唯物史观的创立。也就在唯物史观创立不久后的1846年12月28日，马克思在致安年科夫的信中就明确指出："随着新的生产力的获得，人们便改变自己的生产方式，而随着生产方式的改变，他们便改变所有不过是这一特定生产方式的必然关系的经济关系。"① 马克思主义政治经济学的这一基本原理，后来在《资本论》中得到了更为成熟的表述，即"资本主义生产方式是一种特殊的、具有独特历史规定性的生产方式；它和任何其他一定的生产方式一样，把社会生产力及其发展形式的一定阶段作为自己的历史条件，而这个条件又是一个先行过程的历史结果和产物，并且是新的生产方式由以产生的现成基础；同这种独特的、历史规定的生产方式相适应的生产关系，——即人们在他们的社会生活过程中、在他们的社会生活的生产中所处的各种关系，——具有独特的、历史的和暂时的性质；最后，分配关系本质上和生产关系是同一的，是生产关系的反面，

① 《马克思恩格斯选集》，2版，第4卷，533页，北京，人民出版社，1995。

所以二者都具有同样的历史的暂时的性质。”①

一、第二次科学技术革命与垄断资本主义的发展

从资本主义发展的历史轨迹来看，以水力和由燃煤产生的蒸汽动力为标志的第一次工业革命成为新生的资本主义生产方式的强大推动力，它使资本主义在其自由竞争发展阶段所创造出来的生产力，“比过去一切世代创造的全部生产力还要多，还要大”②。也正是由第一次工业革命引发的资本主义工业化浪潮和资本主义市场经济的迅猛发展，既在客观上要求科学技术要不断取得新的突破，同时也为新的科学技术革命的产生奠定了社会物质基础。1862 年第一台内燃机问世，并于 1889 年发展到汽油机，1897 年，德国科学家又制造出使用柴油的柴油机。这种廉价而高效的动力机械设备很快取代了蒸汽机，被广泛作为各种交通工业的动力装置。

而真正导致第二次科技革命的，则是围绕电力的发明和应用展开的。由第二次科技革命引发的资本主义世界的第二次工业革命，促进了西欧和北美各主要资本主义国家经济的迅速发展，领导这次工业革命的主要有美国、英国、德国和法国等资本主义国家。由于电力和内燃机为工农业生产和交通运输业提供了新的动力，直接推动了机器制造业的发展，新兴工业部门不断涌现，汽车、拖拉机、造船和飞机等工业迅猛发展。电力和汽车工业的不断发展，又进一步推动了石油、化学工业的兴起。汽车、轮船制造等机器制造业的迅速发展，又带动了采矿、钢铁等传统工业的技术改造和新的发展，从而引发了主要资本主义国家产业结构的深刻变革，推动了资本主义的社会生产力的快速发展。

由第二次科技革命所产生的一系列科技成果，通过资本主义生产方式被迅速推广和应用于资本主义工业生产的各个领域，在推动资本主义经济快速发展的同时，也极大地加快了生产和资本的集中化进程。在各个主要的资本主义国家，尤其是美国和德国，都出现了卡特尔、辛迪加、托拉斯等垄断组织。1875 年，德国大约有 8 个卡特尔，到 1890 年则增加到 130 多个。在美国，摩根和洛克菲勒金融财团产生，石油托拉斯美孚石油公司组成。到了 19 世纪末 20 世纪初，垄断组织在发达资本主义国家普遍建立起来，成为国家全部经济生活的基础。

二、资本主义世界的经济危机与世界大战

正是由于第二次科技革命直接引发的第二次工业革命所创造出来的新的强大的社会生产力，深刻改变着各个国家的资本主义生产方式，推动着资本主义由自由竞争阶段向垄断资本主义阶段过渡，从而使资本主义发展到帝国主义阶段。在帝国主义阶段，由生产和资本的不断集中和垄断的不断加强，使得生产资料的资本主义私有制和生产的社会化之间的矛盾进一步激化。同时，生产的高度集中和科学技术的迅速发展和应用，也使得各个资本主义国家之间的政治经济发展的不平衡进一步加剧。在帝国主义阶段，老牌的资本主义国家被后起的资本主义国家在短时期内超越。例如：1870 年主要资本主义国家在世界工业

---

① 《马克思恩格斯全集》，中文 1 版，第 25 卷下，993 页，北京，人民出版社，1974。

② 《马克思恩格斯选集》，2 版，第 1 卷，277 页，北京，人民出版社，1995。

生产中所占的比重，英国为32%，法国为10%，德国为13%，俄国为4%，美国为23%；而到1896—1900年间，英国则下降到20%，法国下降到7%，而美国、德国和俄国则分别上升为40%、17%和5%；到1913年，英国则进一步下降到9%，而美国则上升至42%，并成为整个资本主义世界的头号经济强国。由此可见，从19世纪末到20世纪初，帝国主义国家的经济实力对比发生了重大变化，英国失去了原有的资本主义世界的霸主地位，而美国、德国等后起的帝国主义国家则迅速崛起。

19世纪末到20世纪初期，资本主义发展的自由竞争阶段最终完成了向垄断阶段的过渡，进入了帝国主义时期。在此期间，在资本主义世界获得经济的迅猛发展和巨大增长的同时，也伴随着经济危机和经济萧条。随着第二次科技革命所创造的先进科学技术在工业生产领域的广泛应用，一方面使资本主义生产的社会化程度大幅提高，另一方面激化了资本主义固有的生产资料私有制与生产社会化之间的矛盾，社会生产力的巨大增长已经远远超过了资本主义社会有支付能力的需要的增长，表现为生产过剩的经济危机日益频繁和加深。1873—1895年，资本主义国家出现了价格、收益和利润的普遍而持续地下降，从而使经济危机发展成为经济大萧条。在这一时期，产品的批发价格大幅度下降，其中英国下降32%，德国下降40%，法国下降43%，美国下降45%。这些主要的资本主义国家所倡导的自由放任的经济理论，尽管在自由竞争的资本主义发展阶段取得了实践上的重大成就，但随着资本主义各国通过第二次科技革命所获得的社会生产力的急剧增长，它始终反对国家对经济的干预和宏观调控所带来的诸多弊端日益暴露出来。事实上，发生在1873—1895年资本主义世界的经济萧条已经宣告了自由放任主义的破产，也进一步推动了资本主义国家向垄断资本主义即帝国主义阶段的发展。

对于整个资本主义世界来说，人类的20世纪是伴随着更加严重的经济危机而到来的。1903年的经济危机席卷了整个欧洲、美国和日本。而上次经济危机刚刚过去，1907—1908年的经济危机又接踵而来。这次危机持续的时间虽然较短，但对帝国主义的打击却相当沉重。据统计，在这次经济危机中，美国的钢铁产量减少40%，车辆制造减少70%以上；德国的造船业减产34%；英国和日本的造船业则减产50%左右。帝国主义各国为摆脱经济危机，首先把危机转嫁到本国无产阶级和广大劳动人民身上；其次，帝国主义国家则利用多种方式向殖民地和半殖民地国家转嫁危机；同时，帝国主义各国之间还相互转嫁自身的危机，试图将危机所带来的社会灾难引向自己的竞争对手。然而，所有这些转嫁危机的结果却导致帝国主义国家自身和帝国主义国家之间的矛盾不断加深。

资本主义内部经济危机的频繁爆发和不同帝国主义国家之间矛盾的日益激化，结束了资本主义世界的和平发展时期。自1914年开始，整个资本主义世界进入了一个长达几十年的大动乱时期，这集中体现在两次世界大战的爆发和20世纪30年代的经济大萧条。1914年爆发的第一次世界大战是人类历史上的一次空前浩劫，使牵涉其中的各个资本主义国家的社会生产力都遭到了严重破坏。这场历时四年的血腥厮杀，先后使31个国家卷入其中，夺去了3 000万人的生命，耗资3 300多亿美元。然而，这样空前的人类灾难并没有真正解决资本主义面临的尖锐矛盾，反而孕育着更大的危机。随着这次世界大战之后的一个短暂的稳定和繁荣时期，1929—1933年爆发了资本主义历史上最深重、最持久的世界经济性危机。这次危机以1929年10月美国纽约证券交易所股票价格狂跌为开端，很快从金融业扩展到工业，从美国扩散到整个资本主义世界。这次危机使世界工业生产下降了38%，国际贸易下降了2/3。经济危机给各国劳动人民带来了巨大的痛苦和灾难，同时也给整个资本主义世界以沉重的打击。在这次危机之后，各个资本主义国家的经济普遍陷入萧条之中。直到1936年，法国和美国的工业生产仍然仅为1929年的70.3%和80.1%。

这次空前严重的危机进一步激化了资本主义的各种矛盾，一方面推动了英国、美国和法国等主要资本主义国家大力发展国家垄断资本主义，开始向有宏观调控的市场经济过渡，美国通过实施“罗斯福新政”而逐步从危机中摆脱出来，同时，鼓吹国家干预经济的凯恩斯主义经济学应运而生；另一方面，德国、日本和意大利等国家则合力发展军事国家垄断资本主义，企图通过发动新的战争来为自己寻找出路，从而走上了法西斯主义道路，并最终导致了给人类带来更大灾难的第二次世界大战的爆发。这场历时六年的战争使60多个国家和地区卷入其中，人口合计约17亿（占当时世界人口的80%），战火燃及40个国家，战争动员军事力量达1.1亿人，因战争而死亡者达5 000万人以上，直接军费开支约为11 170亿美元。

频繁的经济危机和空前的世界大战，不仅给人类社会带来巨大的痛苦和灾难，而且也使整个资本主义世界陷入了发展的困境之中。许多马克思主义者对发展到帝国主义阶段的资本主义进行了深入研究，提出了一系列新的学说和新的论断。其中，列宁在20世纪初创立的帝国主义经济理论，标志着马克思主义政治经济学在帝国主义阶段发展的最新成果。

第二节　帝国主义经济理论

自第一次工业革命以来，资本主义经济的自由竞争阶段获得了比较充分的发展，但在19世纪70—90年代就已经开始逐步过渡到垄断资本主义即帝国主义阶段，这正是列宁的帝国主义经济理论形成的社会背景。恩格斯晚年曾以深邃的历史洞察力对资本主义社会出现的一系列新现象作过初步的理论考察，这就成为列宁帝国主义经济理论形成的主要理论背景。

一、列宁帝国主义经济理论的背景及其形成

恩格斯在1893年1月24日致倍倍尔的信中，曾对作为新生事物的证券交易所谈道：我们大家容易忽略的是，“交易所并不是资产者剥削工人的机构，而是他们自己相互剥削的机构；在交易所里转手的剩余价值是已经存在的剩余价值，是过去剥削工人的产物。”交易所“作为资产阶级社会最高贵的成果，作为极端腐化行为的策源地，作为巴拿马和其他丑闻的温室，因而也作为积聚资本、瓦解和摧毁资产阶级社会中自发的联系的最后残余以及同时消灭一切传统的道德观念并使之转变为自己的反面的最卓越的手段——作为无比的破坏因素，作为即将爆发的革命的最强有力的加速器——在这种历史意义上，交易所对我们也有直接的关系……”① 再比如，恩格斯在1893年2月24日致丹尼尔逊的信中，曾对资本主义各国之间发展的不平衡趋势及其后果作过如下分析：“当英国迅速丧失它在工

---

① 《马克思恩格斯选集》，2版，第4卷，719页，北京，人民出版社，1995。

业上的垄断地位的时候，法国和德国正在接近英国的工业水平，而美国正要不单在工业品方面，而且在农产品方面把它们统统赶出世界市场。美国实行一种至少是相对的自由贸易政策，无疑会彻底摧毁英国的工业垄断地位，同时会破坏德国和法国的工业品出口贸易；然后危机就会到来，这就是到世纪末（即19世纪末——引者注）还剩下的一切。”①

此外，恩格斯还对资本主义社会中出现的股份公司、某些部门或企业的国有化、殖民地的新作用以及食利者人数增加等诸多新的经济现象进行过论述和分析。然而，由于当时资本主义向帝国主义的过渡还没有最终完成，帝国主义的经济特征和各种内在矛盾还没有充分表现出来，这也就决定了恩格斯不可能提出完整的帝国主义经济理论。因此，创立马克思主义的帝国主义经济理论也就成为马克思主义的后继者们无法回避的历史任务。

列宁对帝国主义经济问题的研究经历了一个较长的过程。自19世纪末到20世纪初，列宁一直关注帝国主义国家的经济问题，并在一系列著作或论文中分别从不同方面进行过论述和分析，主要包括《社会民主党纲领草案》（1895年）、《对华战争》（1900年）、《马克思主义和修正主义》（1908年）和《资本主义财富的增长》、《资产阶级实业财政家和政治家》（1913年），并初步形成了帝国主义是资本主义发展的最高阶段的认识。

随着第一次世界大战的爆发，帝国主义各国之间的各种矛盾进一步激化，客观上为无产阶级革命提供了有利的形势。然而，在第二国际享有很高声望的“正统”马克思主义理论家考茨基，以马克思主义和国际主义的名义，通过隐蔽的形式替帝国主义和社会沙文主义辩护。在第一次世界大战期间，考茨基在党的机关刊物《新时代》杂志上连续发表了一系列文章，鼓吹在帝国主义和资本主义存在的条件下可以实现永久和平，极力反对和阻止无产阶级革命。在《帝国主义》（1914年）和《民族国家、帝国主义国家和国家联盟》（1915年）等著作中，考茨基系统地提出了所谓“超帝国主义论”。考茨基认为，帝国主义并不是垄断经济的产物，而是工业资本家“心甘情愿”采取的一种对外政策。帝国主义是高度发展的工业资本主义的产物，每个工业资本主义民族都越来越多地征服并兼并农业区域，而不管那里住的是什么民族。考茨基还认为：“从纯粹的经济观点看来，资本主义不是不可能再经历一个新的阶段，也就是把卡特尔政策应用到对外政策上的‘超帝国主义’阶段。”② 在这一阶段上，不再存在矛盾、竞争和侵略，资本主义将成为和平合作、裁判军备并帮助落后国家发展生产的“超帝国主义”，世界永久和平的“新纪元”也就会到来。这样，无产阶级就不应当急于试图以资本主义的崩溃或破产来夺取政权。列宁鲜明地指出，考茨基的所谓“超帝国主义”理论实质上否认了在帝国主义阶段无产阶级革命的现实可能性，它“不是暴露资本主义最新阶段最根本的矛盾的深刻性，而是掩饰、缓和这些矛盾；不是马克思主义，而是资产阶级的改良主义。”③

列宁坚持运用以唯物史观为方法论基础的马克思主义政治经济学的基本原理，对资本主义经济发展中一系列新变化经济学本质作了深刻的阐述。列宁继承了马克思和恩格斯关于竞争和垄断的关系、股份公司在资本主义生产关系发生重大变化中的作用、资本积累过

① 《马克思恩格斯选集》，2版，第4卷，724页，北京，人民出版社，1995。

② 考茨基：《帝国主义》，18页，北京，三联书店，1964。

③ 同上书，84页。

程中存在资本过剩等问题的分析方法，批判吸收了同时代的资产阶级学者和其他马克思主义者的大量研究成果，在新的历史条件下发展了马克思主义政治经济学，并以此为基础从理论上揭示了帝国主义的本质、帝国主义战争的实质和社会主义革命问题。

二、生产集中和垄断的形成

列宁指出："资本主义最典型的特点之一，就是工业蓬勃发展，生产集中于愈来愈大的企业的过程进行得非常迅速。"① 在资本主义经济发展过程中，由于价值规律和竞争的自发作用，资本的积累和生产的集中迅速发展，"集中发展到一定阶段，可以说就自然而然地走到垄断。因为几十个大型企业彼此之间容易达成协议；另一方面，正是企业的规模巨大造成了竞争的困难，产生了垄断的趋势。这种从竞争到垄断的转变，不说是最新资本主义经济中最重要的现象，也是最重要的现象之一"②。列宁具体考察了作为资本主义时代新变化的垄断的四种主要表现：

第一，"垄断是从发展到很高阶段的生产集中生长起来的。"③ 由生产集中生长起来的资本家的垄断同盟卡特尔、辛迪加、托拉斯，已经在主要资本主义国家取得了完全的优势，其中"卡特尔已经不是暂时的现象，而成了全部经济生活的基础之一。它占领一个又一个的工业部门，而首先是占领原料加工部门。"④ 特别是基础工业部门，如煤炭工业和钢铁工业所需要的原料产地。

第二，"垄断导致加紧抢占最重要的原料产地，尤其是资本主义社会的基础工业部门，即卡特尔化程度最高的工业部门，如煤炭工业和钢铁工业所需要的原料产地。垄断地占有最重要的原料产地，大大加强了大资本的权力，加剧了卡特尔化的工业和没有卡特尔化的工业之间的矛盾。"⑤

第三，"垄断是从银行生长起来的。银行已经由普通的中介企业变成了金融资本的垄断者。"⑥ 少数最大银行实行银行资本和工业资本的"人事结合"，支配着全国极大部分货币资本和货币收入，控制着资产阶级社会中一切经济机构和政治机构，给它们笼罩上一层依附关系的密网，这是银行成为金融资本垄断者的最突出的表现。

第四，"垄断是从殖民政策生长起来的。"⑦ 金融资本在原有动机的基础上，又增加了对原料产地、资本输出和所谓"势力范围"（即那些进行有利的交易、取得租让、取得垄断利润等的范围）的争夺，乃至于直接对一般经济领土的争夺，也就是垄断地占有殖民地，因而使帝国主义国家之间瓜分世界乃至重新瓜分世界的斗争日趋尖锐和不可避免。

垄断虽然产生于竞争，但垄断并没有消除竞争，而是凌驾于竞争之上，与之并存。垄断与竞争的交织产生了许多尖锐而剧烈的矛盾、摩擦和冲突，如加剧了生产的社会化和生产资料的资本主义私人占有之间的矛盾、垄断资产阶级和小资产阶级之间的矛盾、帝国主

---

① 《列宁选集》，3版，第2卷，584页，北京，人民出版社，1995。
② 同上书，585页。
③ 同上书，683页。
④ 同上书，589页。
⑤ 同上书，683页。
⑥⑦ 同上书，684页。

义与殖民地和半殖民地人民之间的矛盾，以及工业内部、农业内部和工农业之间的矛盾。总之，垄断既是帝国主义最深厚的经济基础，也是"'资本主义发展的最新阶段'的最新成就。"①

三、银行业的垄断与金融资本的统治

在资本主义经济发展过程中，在价值规律和市场竞争的作用下，尤其是在一系列经济危机的强大压迫之下，银行业也像其他工业部门一样呈现出迅速集中的趋势，越来越多的货币资金集中于少数最大的银行，"银行业发展的最新成就还是垄断。"② 这样，"随着银行业的发展及其集中于少数机构，银行就由中介人的普通角色发展成为势力极大的垄断者，它们支配着所有资本家和小业主的几乎全部的货币资本，以及本国和许多国家的大部分生产资料和原料产地。为数众多的普通中介人成为极少数垄断者的这种转变，是资本主义发展成为资本帝国主义的基本过程之一"③。银行业与工业之间由此可以混合发展，从而出现了金融资本和金融寡头。

奥地利的马克思主义者希法亭曾经研究过金融资本，他认为："愈来愈多的工业资本不属于使用这种资本的工业家了。工业家只有通过银行才能取得对资本的支配权，对于工业家来说，银行代表这种资本的所有者。另一方面，银行也必须把自己愈来愈多的资本固定在工业上。因此，银行愈来愈变成工业资本家。通过这种方式实际上变成了工业资本的银行资本，即货币形式的资本，我把它叫作金融资本。""金融资本就是由银行支配而由工业家运用的资本。"④ 列宁指出了希法亭对金融资本理解上的缺陷，即仅仅从流通领域来分析金融资本的形成是远远不够的，而应当从生产集中和垄断与金融资本形成之间的本质联系中来理解金融资本的形成。列宁认为："生产的集中；从集中生长起来的垄断；银行和工业日益融合或者说长合在一起，——这就是金融资本产生的历史和这一概念的内容。"⑤

银行业垄断的形成，密切了银行业与工业之间的联系，使银行掌握和控制越来越多的货币资本，对利润的无止境追求促使金融资本不可避免地渗透到整个社会生活的各个方面。在国内，金融资本和金融寡头统治着整个国家的经济生活和政治生活，它们不仅利用"参与制"控制着远远超过自己资本几倍甚至几十倍的资本，而且还通过创办企业、发行有价证券、办理公债等业务以及"资本掺水"和所谓"过渡资本化"等手段获得大量利润；它们不仅通过与工业企业实现"个人联合"，而且还通过与政府实现"个人联合"来实现垄断资本与国家政权的结合。在国际范围内，金融资本实现了对世界的统治，它们之间联合成国际垄断同盟，使国内垄断发展为国际垄断，开始了对世界市场的瓜分，进而展开对世界领土的瓜分。

列宁深刻地指出："20世纪是从旧资本主义到新资本主义，从一般资本统治到金融资

① 《列宁选集》，3版，第2卷，597页，北京，人民出版社，1995。

② 同上书，607页。

③ 同上书，597页。

④ 希法亭：《金融资本》1912年莫斯科版，338～339页。转引自上书，612页。

⑤ 同上书，613页。

本统治的转折点。”[①] 如果说，“资本主义的一般特性，就是资本的占有同资本在生产中的运用相分离，货币资本同工业资本或者说生产资本相分离，全靠货币资本的收入为生的食利者同企业家及一切直接参与运用资本的人相分离。”那么，“帝国主义，或者说金融资本的统治，是资本主义的最高阶段，这时候，这种分离达到了极大的程度。”[②]

四、资本输出及其特殊意义

列宁指出：“对自由竞争占完全统治地位的旧资本主义来说，典型的是商品输出。对垄断占统治地位的最新资本主义来说，典型的则是资本输出。”[③] 资本输出是在20世纪初才迅速发展起来的，成为资本主义经济发展中的一个重要的新经济现象。列宁认为，在资本主义制度下，各个企业、各个工业部门和各个国家的发展必然是不平衡的，或者说，呈现出跳跃式的发展态势。资本输出的出现表明，少数先进的资本主义国家里已经出现了大量的“过剩资本”，但是“只要资本主义还是资本主义，过剩的资本就不会用来提高本国民众的生活水平（因为这样会降低资本家的利润），而会输出国外，输出到落后的国家去，以提高利润。”[④]

列宁对资本输出这一新的经济现象作了进一步的分析。列宁认为，资本输出之所以可能，是因为落后国家已经卷入到世界资本主义的旋涡之中，初步建立起发展现代工业的基础设施，尤其是它们那里资本稀缺，地价便宜，拥有廉价的劳动力和原料，从而可以获得高额利润；资本输出之所以必要，是因为在少数国家中的资本主义“已经过渡成熟”，“有利可图”的投资场所已经远远无法满足大量资本的投资需求了。资本输出给垄断资本家带来了大量高额利润，使金融资本的触角伸向整个世界市场。

对于资本输出的社会经济后果，列宁也作了深刻分析。

其一，资本输出加深了资本主义生产方式在全世界的扩展，也进一步巩固了金融资本对全世界的统治，而“金融资本是一种存在于一切经济关系和一切国际关系中的巨大力量，可以说是起决定作用的力量，它甚至能够支配而且实际上已经支配着一些政治上完全独立的国家”[⑤]。同时，列宁认为：“输出资本的国家几乎总有可能获得一定的‘利益’，这种利益的性质也就说明了金融资本和垄断组织的时代的特性。”同时，“资本输出在那些输入资本的国家中对资本主义的发展发生影响，大大加速这种发展。因此，如果说资本输出会在某种程度上引起输出国发展上的一些停滞，那也一定会有扩大和加深资本主义在全世界的进一步发展作为补偿的。”[⑥]

其二，资本输出是帝国主义压迫和剥削落后国家和殖民地民族的重要手段。列宁认为，帝国主义把资本输出到殖民地国家和民族，开发经济落后国家的各种资源，可以垄断和控制“许多国家以至全世界所有的原料来源”，垄断和控制“熟练的劳动力，雇用最好

---

① 《列宁选集》，3版，第2卷，612页，北京，人民出版社，1995。
② 同上书，624页。
③ 同上书，626页。
④ 同上书，627页。
⑤ 同上书，644页。
⑥ 同上书，629页。

的工程师，霸占交通线路和交通工具”①。垄断资本家一方面要强制殖民地国家接受其极为苛刻的条件，迫使它们签订各种奴役性的借款协定，另一方面对殖民地国家直接投资，开办工厂和设立银行及其分支机构，充分利用金融资本强大的渗透力量和统治力量控制支配着殖民地国家的经济发展，从而使许多国家和民族丧失政治独立性而沦为帝国主义国家的附庸。

其三，资本输出是引发帝国主义国家之间为争夺“经济领土”或“势力范围”而进行战争的重要因素。“当这种垄断组织独自霸占了所有原料产地的时候，它们就巩固无比了。”② 由于资本主义越发达，原料就越缺乏，竞争和追逐全世界的原料产地的斗争也就越尖锐，从而使帝国主义国家和不同的资本同盟之间争夺殖民地的斗争也越激烈。在商品生产和资本主义制度下，争夺和占领殖民地是“按资本”、“按实力”来实现的，而不同资本主义国家之间的发展并不平衡，它们的实力也必将随着经济和政治的发展不断变化，这就导致帝国主义国家之间始终处于不断瓜分和重新瓜分世界和争夺“经济领土”的斗争之中，从而使帝国主义时代成为“一个同‘资本主义发展的最新阶段’即金融资本密切联系的世界殖民政策的特殊时代”③，这也是导致帝国主义国家之间爆发战争的重要根源。正如列宁所说：“在资本主义基础上，要消除生产力发展和资本积累同金融资本对殖民地和‘势力范围’的瓜分这两者之间不相适应的状况，除了用战争以外，还能有什么其他办法呢?”④

五、帝国主义的基本特征与资本主义时代新变化的基本趋势

尽管帝国主义是作为一般资本主义基本特性的发展和直接继续而成长起来的，但是在列宁看来，当资本主义发展到帝国主义阶段时，资本主义的某些基本特性已经开始转变成自己的对立物，资本主义生产资料的私人占有制与生产的“最全面的社会化”之间的矛盾日趋激化，使资本主义生产方式越来越无法容纳自己所创造出来的社会生产力。

列宁对帝国主义的基本特征作了如下概括：

其一，生产和资本的集中发展到这样高的程度，以致造成了在整个经济生活中起决定作用的垄断组织；

其二，银行资本和工业资本已经融合生长起来，并在这个金融资本的基础上形成了金融寡头的垄断统治；

其三，与商品输出不同的资本输出具有特别重要的意义；

其四，瓜分世界的资本家国际垄断同盟已经形成；

其五，最大资本主义大国已经把世界的领土瓜分完毕。总体来看，“帝国主义是发展到垄断组织和金融资本的统治已经确立、资本输出具有突出意义、国际托拉斯开始瓜分世界、一些最大的资本主义国家已把世界全部领土瓜分完毕这一阶段的资本主义。”⑤

---

① 《列宁选集》，3版，第2卷，593页，北京，人民出版社，1995。

② 同上书，645页。

③ 同上书，640页。

④ 同上书，660页。

⑤ 同上书，651页。

列宁认为，帝国主义时代的资本主义新变化的基本趋势集中体现在资本主义的寄生性和腐朽性。由于帝国主义最深厚的经济基础是垄断，这种垄断是从资本主义成长起来并处于资本主义的商品生产与市场竞争的环境之中，从而导致在生产和技术方面存在着两种相互矛盾的趋势：一方面，资本主义垄断的存在必然会形成垄断价格（虽然是暂时的），资本家可以通过垄断价值获得高额利润，从而使资本家失去发展生产、改进技术的经济动机；同时，资本主义垄断的存在，也会引发资本家为了保持自己的既得利益，人为地阻碍技术的改进或拒绝采取新技术；金融资本在世界范围的统治，使其能够垄断地占有广大富饶或地理位置优越的殖民地，从而也可能不通过改进技术就可以获得足够的经济利润。这就导致帝国主义国家的生产和技术存在着停滞不前的趋势。另一方面，在资本主义制度下，垄断并没有也不可能完全而持久地排除世界市场的竞争，市场竞争的结果必然是出现新的科学技术成果和新的生产工艺，因而可以降低生产成本并提高利润。这样也就存在着帝国主义国家的生产和技术迅速发展的趋势。这两种相互矛盾的趋势往往相互作用，交替出现。正如列宁所说："如果以为这一腐朽趋势排除了资本主义的迅速发展，那就错了。不，在帝国主义时代，某些工业部门，某些资产阶级阶层，某些国家，不同程度地时而表现出这种趋势，时而又表现出那种趋势。整个说来，资本主义的发展比从前要快得多，但是这种发展不仅一般地更不平衡了，而且这种不平衡还特别表现在某些资本最雄厚的国家（英国）的腐朽上面。"①

此外，由于帝国主义国家的金融资本的统治，使其积聚了大量货币资本，为以"剪息票"为生、根本不做任何事情而终日游手好闲的食利者阶层的形成提供温床。帝国主义国家通过资本输出对殖民地和半殖民地国家和民族的残酷剥削所获得的高额利润，使这部分食利者阶层更加日益完全脱离社会生产活动，这种靠剥削海外国家和殖民地的劳动为生的国家由此打上了寄生的烙印，并形成极少数所谓"食利国"即"寄生腐朽的资本主义的国家"②，它们与绝大多数债务国相对立，给世界上大多数国家和民族带来了深重的灾难。

第三节　布哈林对世界经济和帝国主义问题的研究探索

布哈林曾被列宁称为党内"最大的马克思主义理论家"，他与列宁几乎同时在研究帝国主义理论，其研究成果主要集中在《世界经济和帝国主义》（1918 年）中，在后来的《过渡时期经济学》（1920 年）中也略有涉及。布哈林对帝国主义及其特征、世界经济和资本主义经济体系等问题都作了较为深入的研究。尽管这些研究存在着一些失误和偏颇，但毕竟是马克思主义经济理论的宝贵遗产。

一、关于世界经济问题的研究

在《世界经济和帝国主义》中，布哈林集中论述了世界经济与资本的国际化和世界经

① 《列宁选集》，3 版，第 2 卷，684～685 页，北京，人民出版社，1995。

② 同上书，663 页。

济与资本的民族化问题，研究了世界经济的含义、世界经济的组织形式，以及世界经济的变化过程和发展趋势等重大理论问题和现实问题。列宁曾为布哈林的这部著作撰写了一篇推崇性的序言，充分肯定了其科学意义和理论价值。布哈林对世界经济的研究从以下九个方面展开：

第一，世界经济与帝国主义有着密切的联系。布哈林认为，在帝国主义时代，各民族国家之间的斗争和冲突是由“国民经济有机体”生存并发展于其中的特殊环境决定的，而“国民经济有机体”早已不再是一个与世隔绝的“孤立的经济”，“恰恰相反，它们只是一个广阔得多的领域，即世界经济的一个构成部分。正像每个企业都是‘国民’经济的一个部分一样，每个‘国民经济’也都囊括在世界经济体系之中。”① 因此，若要研究帝国主义问题和帝国主义的经济特征及其未来发展趋势，归根结底是要分析世界经济的发展趋势，分析世界经济内部结构可能发生的变化。

第二，国际分工是社会分工的一种特殊现象。布哈林继承了马克思将分工划分为社会分工与企业内分工的思想，认为社会分工是各种产品的交换过程表现出的生产这些商品的各经济单位之间的分工，它与一个统一的企业范围内的分工是不同的。社会分工的形式是多种多样的，各国民经济之间的分工即各个国家之间的分工，则是社会分工在新的历史条件下的一种特殊表现形式，“这种超越出‘国民经济’疆界的分工，就是国际分工。”②

第三，国际分工的自然前提和社会前提。布哈林认为，国际分工有两种前提：“一种是由于各‘生产机体’生存的自然环境不同所决定的自然前提，另一种是由于各国文化程度不同、经济结构不同与生产力发展水平不同所决定的社会前提。”③

第四，国际商品的交换是必需的和经常的过程。布哈林认为，国际商品交换是国际分工的具体表现，国际商品交换已经成为社会继续发展的一个必要条件，已经成为受一定规律支配的社会经济生活的一种经济性过程。

第五，商品的世界市场。布哈林把国际分工与国际交换视为世界市场和世界价格存在的前提，认为国际交换的基础并不完全在于以生产不同的使用价值为前提的国际分工，而且还在于各国生产成本的差异，即在于商品价值在各国内的量的差异，这些价值通过国际交换，转化为全世界范围内的社会必要劳动。可见，“商品交换过程已经把各国多么紧密地联结在一起了。”④

第六，货币资本的世界市场。布哈林认为，在商品交换领域里已经形成了商品的世界市场，同样，在货币资本领域里也已经形成了货币资本的世界市场，而利息和贴现率在国际上的均等化趋势正是货币资本世界市场的具体表现形式。布哈林由此得出结论：金融因素也显示了一个趋向，即促进以世界市场条件取代单个国家市场条件的趋向。

第七，世界经济是生产关系的体系。布哈林基于上述分析，阐明了交换对生产、交换关系对生产关系、商品的相互关系对生产者的相互关系的遮蔽作用，从而给世界经济下了一个定义，即“世界经济是全世界范围的生产关系和与之相适应的交换关系的体系。”⑤

---

① 布哈林：《世界经济和帝国主义》，1 页，北京，中国社会科学出版社，1983。

②③ 同上书，2 页。

④ 同上书，3 页。

⑤ 同上书，8 页。

第八，建立生产关系的各种形式。布哈林认为，无论生产者之间建立起何种形式的联系，也无论这种生产者之间的这些联系是直接还是间接建立起来的，只要这种联系已经建立起来，而且具有了巩固的性质，我们就可以说它是一种生产关系的体系，也可以说是一种社会经济的成长。因此，商品交换是生产关系的一种最基本的表现形式。当然，还有许多其他的经济联系形式，如居民的移出和移入、劳动力的移动、移入的劳动力汇出部分工资、在国外建立企业、已获取剩余价值的流动、航运公司的利润等等。

第九，一般社会经济与世界经济。在一般社会经济与世界经济的关系上，布哈林认为，世界经济是一般社会经济的种类之一，但世界经济与社会经济都是一个没有组织的、不存在有意识的集体管理的经济体系。在这种经济体系中发生作用的经济规律是市场的基本规律和从属于市场生产的基本规律，因而也都“不需要把‘调节’作为其必要的定义性特征”①。

布哈林认为，虽然从整体上来看，现代世界经济的结构仍然处于无政府状态，但其组织形式却有很大的发展，呈现出一系列重要的新特征，主要表现在国际辛迪加、卡特尔和托拉斯的迅速发展。在这些世界经济组织形式的背后，则是为它们提供大量货币支持的企业，其中最主要的就是银行。世界经济组织形式越发展，它们所依赖的银行资本也就越发展，银行资本的高度国际化又必将转化为工业资本，从而形成了一种最富有渗透性而无孔不入的资本形态即金融资本。金融资本就像自然界害怕真空一样，无论是什么地方，无论是“热带”、“亚热带”或“南北极”等地方，只要有充分的利润流出，它就会涌去填补一切“真空”。世界金融资本主义和银行在国际上有组织地进行统治，已经成为经济现实中不容否认的一个事实。布哈林同时指出，不应当过于高估国际组织的重要性，它们之间有许多只不过是划分市场的协定，并且也只是处在一些特定的生产部门中，其中有许多也是很不巩固的，具有明显的暂时性和不稳定性。“只有那些以垄断一种自然物为基础的国际协定才具有较大的稳定性。”② 布哈林由此认为，经济生活的国际化是世界经济发展的主要趋势，即现代资本主义日益发展成为世界资本主义经济体系，而构成这个经济体系的单位的，不是单个企业，而是复杂的联合体即“国家资本主义托拉斯”，它们是现代资本主义经济结构的经济主体。③

布哈林还从生产力与生产关系的相互作用方面考察了世界经济发展变化的过程。布哈林认识到，世界经济是在广度和深度上同时并进的，而带来这一发展的原因就是世界资本主义的生产力的迅猛发展和空前提高，其直接表现就是生产技术的进步和由此引发的世界资本主义经济结构的新变化。正如布哈林所说：“以生产力发展为基础的世界经济的发展，不仅使各国的生产关系进一步紧密结合起来，不仅扩大并加深着整个资本主义相互关系，而且产生新的经济组织——资本主义发展历史中从未有过的新的经济组织。”④ 布哈林还特别强调：“金融资本渗透进世界经济的每个孔隙，同时造成一个强有力的趋势：使国民经济有机体与外界隔绝，以经济上自给自足作为加强各自资本家集团垄断地位的手段。于

① 布哈林：《世界经济和帝国主义》，9页，北京，中国社会科学出版社，1983。

② 同上书，39页。

③ 参见布哈林：《过渡时期经济学》，7页，北京，三联书店，1981。

④ 布哈林：《世界经济和帝国主义》，32页，北京，中国社会科学出版社，1983。

是，与经济的国际化与资本的国际化同时发展的，还有一个资本的'民族的'缠结过程，即资本'民族化'的过程。这个过程具有最重大的后果。"所谓资本的'民族化'过程，就是"在国家疆界范围里建立同质的、相互间尖锐对立的经济有机体的过程，也是由于世界经济中三大方面——商品销售市场、原料市场和投资范围——发生的变化促成的。"①可见，在世界经济的发展过程中，存在着资本的国际化过程和资本的民族化过程两种相互矛盾作用的趋势。

二、关于帝国主义问题的探索

布哈林在对世界经济研究的基础上，认为资本主义的国内竞争正在不断地被国家资本主义托拉斯之间的斗争所代替。布哈林尽管认为有必要建立一个过渡性的、由无产阶级掌握政权的国家，但他却主张"原则上对国家采取敌对态度"，帝国主义本质上就是一种"强盗国家"，这些国家必须摧毁。这些思想起初遭到列宁的质疑和反对，但是后来，列宁在其著名的《国家与革命》中则吸收了布哈林的这些思想。布哈林关于帝国主义问题的探索，主要有以下几个方面：

第一，帝国主义是金融资本的政策。布哈林认为，在现代资本主义发展中，金融资本主义形成的根源主要有三个，即争夺销售市场、争夺原料市场和争夺投资范围，而这三个方面的动力在本质上都表现为同一现象，即生产力的增长与生产组织的"民族的"局限性之间的冲突。世界资本主义在发展中不仅导致经济生活的国际化，而且也导致了经济均等化，从而加强了资本家利益的"民族化"走向。布哈林引用希法亭关于金融资本政策目标的论述，说明了金融资本的政策就是帝国主义。因为这种政策意味着施用暴力的方法，只要战争是金融资本政策的表现，这个战争就意味着帝国主义政策。布哈林认为，随着生产力的发展，大规模生产已经把资本巨头联合起来，形成一个支配全部经济生活的强大的经济组织。金融寡头掌握着国家政权，管理着由银行联为一体的生产。这个生产的组织过程是自下开始的，并通过现代国家的结构而得到加强。现代国家已经成为金融资本的利益的充分体现。

第二，帝国主义是一个历史范畴。布哈林批评了当时流行着的两种关于帝国主义的理论，即把现代征服政策看做种族斗争的理论，以及把一般的征服政策作为帝国主义定义的理论。布哈林指出，前一种理论已经陈旧庸俗，只要提出几个事实就可以把它粉碎无余；从纯粹科学的观点如实地观察问题，这个理论是毫无根据的，但因为这个理论对资本家相当有利，尽管它荒诞无稽，却仍然能够得到宣扬。后一种理论虽然很简单，但却是绝对错误的，因为它解释了一切，也就是什么都没有解释。在批判两种错误的帝国主义理论的基础上，布哈林运用马克思主义的唯物史观和政治经济学原理，对帝国主义的本质进行了如下探索：

首先，布哈林从"历史上限定的时期"角度，提出帝国主义是一个历史范畴，要运用马克思的方法来分析问题，就不能仅限于分析一种政策所借以表现的形式。布哈林认为："我们不能满足于给政策下这样的定义，说它是'征服的'政策，'扩张的'政策、'暴力

① 布哈林：《世界经济和帝国主义》，57页，北京，中国社会科学出版社，1983。

的’政策等等。我们必须分析这个政策所产生的基础以及由这个政策所扩大的基础。我们已经给帝国主义下了定义，认为它是金融资本的政策。这就揭示了这个政策的职能：它支撑金融资本的结构；它使全世界服从于金融资本的统治；它以金融资本的生产关系代替古老的前资本主义生产关系和旧的资本主义的生产关系。正像金融资本主义（我们不应把金融资本与货币资本混为一谈，因为金融资本的特征在于它既是银行资本，同时也是工业资本）是历史上限定的时期，即仅限于近几十年一样，作为金融资本的政策的帝国主义也是一个特定的历史范畴。”①

其次，布哈林从“一定状况的生产关系”角度说明了帝国主义是一个历史范畴。布哈林指出，虽然帝国主义是一种征服政策，但并不是所有的征服政策都是帝国主义，只有“高度发达的经济有机体”中的征服政策者才是帝国主义。“事实上，当我们谈到金融资本的时候，是指高度发达的经济有机体，因而具有一定广度与一定深度的世界性的联系而言，一句话，就是指存在着发达的世界经济而言，由于同样的原因，我们也是指一定状况的生产关系、一定状况的经济生活的组织形式、一定的阶级关系以及经济关系的一定的前途等等而言。”② 因此，布哈林强调：“金融资本的征服政策”这个定义是把帝国主义作为一定的历史实体来确定其特征的。

最后，布哈林从“一个历史地限定的现象”角度说明了帝国主义本质上是一个历史范畴。布哈林认为，不能把金融资本主义看做一个“突然出现的事物”，事实上，“金融资本主义是工业资本主义时期的历史继续，就象工业资本主义是商业资本主义阶段的继续一样。正因为如此，所以资本主义发展进程中不断地扩大再生产的那些资本主义的基本矛盾，现在发展到了极其尖锐的程度。”③ 帝国主义的产生是历史限定的现象，是历史发展的必然产物。

三、对资本主义体系崩溃问题的探讨

正如列宁在为《世界经济和帝国主义》所写的序言中所说：布哈林“考察了世界经济中有着帝国主义的基本事实，他把帝国主义看成一个整体，看成构成基础发达的资本主义的一定的发展阶段。”④ 布哈林认为，由于机械化大生产的发展，资本主义生产社会化的程度不断提高，形成了国际分工，资本越来越带有国际性。同时，各民族国家内部的资本也在日益集中，形成了少数几个大垄断集团，资本的民族化过程也在不断加深。这种资本国际化与资本民族化的矛盾统一构成了帝国主义。

在布哈林看来，帝国主义时代是金融资本统治的一个特定时代，是工业资本主义时期的历史延续。正因为如此，原来工业资本主义时期的那些矛盾并没有消失，反而更加尖锐起来了。在帝国主义时代，社会经济表现为通过交换才相互联系的经济体系。在这个体系中，生产是无政府状态的，各个企业按照自己的意愿从事生产和经营活动，必然带来相互之间的竞争和斗争。随着竞争者力量的增加，竞争必将激烈，最终也就形成了垄断。垄断

---

① 布哈林：《世界经济和帝国主义》，88页，北京，中国社会科学出版社，1983。

② 同上书，88～89页。

③ 同上书，89页。

④ 同上书，Ⅱ页。

资本的形成和大规模的托拉斯的产生，使竞争发展到更高阶段，使工业与银行业形成垄断同盟。工业资本垄断同盟和银行业垄断同盟的联合统一了整个国民经济，从而形成了国家资本主义托拉斯之间在世界范围的竞争。

布哈林由此认为："帝国主义兼并不过是资本主义普遍的资本集中趋向的一种特殊情况罢了，或者说，不过是与国家资本主义托拉斯间的竞争相适应的最大范围的资本集中的一种特殊情况罢了。这个战斗的舞台，就是世界经济。这个战斗的经济和政治极限，就是世界性托拉斯，服从于战胜的、同化了其他一切金融资本的统一的世界性国家——这是以前时代甚至最容易头脑发热的人也没有梦想过的理想。"① 布哈林认为，世界大战就是国家资本主义托拉斯之间的一种竞争手段，世界大战必将引起无产阶级革命斗争，最终加速资本主义的崩溃。

第四节　帝国主义的最终命运：向社会主义过渡

在对帝国主义的基本特征进行深入研究的基础上，列宁指出，资本主义时代的新变化并没有改变资本主义必然灭亡的命运，反而会加速资本主义社会向社会主义社会过渡的历史趋势，并为无产阶级革命提供更加有利的革命形势。列宁在评价帝国主义的历史地位时指出："我们已经看到，帝国主义就其经济实质来说，是垄断资本主义……而且正是从自由竞争中生长起来的垄断，是从资本主义社会经济结构向更高级的结构的过渡。"② 这里所说的"更高级的结构"，实际上指的就是社会主义经济结构。关于这一点，列宁在随后的《帝国主义和社会主义运动中的分裂》一文中已经作了这样的说明："帝国主义是垂死的资本主义，向社会主义过渡的资本主义，因为从资本主义中成长起来的垄断已经是资本主义的垂死状态，是它向社会主义过渡的开始。"③

布哈林在《过渡时期经济学》中也认为，国家是一种"超经济的因素"，但它却具有巨大的经济意义。当帝国主义国家把千百万人民抛向世界经济的历史舞台并立即显示出它作为经济因素的巨大作用时，就必须对帝国主义的国家政权性质进行深入研究。布哈林指出："当资本主义生产方式披上金融资本主义外衣时，在舞台上就出现了特殊形式的国家政权，一种具有集中的军国主义机构的帝国主义强盗国家，而战争的社会作用就在于扩大金融资本以及它的托拉斯和银行团的统治范围。"④ 作为战争的结果，必然是"生产力遭到破坏，同时中小世界集团被消灭（独立国家的灭亡），而且产生了靠牺牲灭亡着的集团而成长起来的更加巨大的联合。"然而，资本主义世界的生产关系并不仅仅归结为不同资本家和资本家同盟之间的关系，除了这种"纯经济"矛盾之外，还存在着资产阶级与无产阶级之间的"社会"矛盾即阶级矛盾。布哈林由此认为："生产力的破坏和资本主义集中的过程，使阶级间的矛盾大大地尖锐化了，当这两个因素达到某种结合时，就会发生整个

---

① 布哈林：《世界经济和帝国主义》，93 页，北京，中国社会科学出版社，1983。

② 《列宁选集》，3 版，第 2 卷，683 页，北京，人民出版社，1995。

③ 同上书，706 页。

④ 布哈林：《过渡时期经济学》，18 页，北京，三联书店，1981。

体系的崩溃，这种崩溃开始于这个体系中组织上最薄弱的环节。这正是共产主义革命的开始。”①

总体来看，20 世纪初期的资本主义发展到帝国主义阶段，资本主义生产方式所创造出来的巨大生产力，使资本主义社会的基本矛盾日趋激化，各个资本主义国家之间的生产力发展很不平衡和各种矛盾的交织与发展，不仅在发达资本主义国家自身孕育着越来越多的社会主义的因素，也使落后国家在资本主义统治链条上的某些薄弱环节通过无产阶级革命夺取政权实现向社会主义过渡具有了现实可能性。

关键术语

垄断	帝国主义	金融资本
资本输出	国际分工	

习题

1. 垄断资本主义的主要特征是什么？
2. 帝国主义的基本特征及其发展趋势是什么？
3. 布哈林世界经济思想的主要内容是什么？
4. 布哈林对帝国主义问题做了哪些理论探索？
5. 为什么说向社会主义过渡是帝国主义的最终命运？

---

① 布哈林：《过渡时期经济学》，10 页，北京，三联书店，1981。

第六章

社会主义革命与经济建设

现实的社会主义并没有像马克思和恩格斯所设想的那样首先在最发达的资本主义国家爆发。1917年，随着由列宁领导的俄国伟大的“十月革命”的胜利，人类社会发展史上诞生了第一个社会主义国家。然而，社会主义革命的成功仅仅意味着建设社会主义社会的开端。由于现实的社会主义国家都源于生产力非常落后的国家，如何展开社会主义经济建设成为每一个现实的社会主义国家面对的崭新课题。正是在现实的社会主义建设实践的艰辛探索中，使人们不断深化对“什么是社会主义、怎样建设社会主义”这一重大历史命题的认识。

第一节　马克思主义经典作家论社会主义革命

马克思和恩格斯作为科学社会主义理论的创始人，他们在从青年到晚年长达半个多世纪的时间里始终关注和研究如何实现由资本主义社会向未来的共产主义社会过渡的问题，通过社会主义革命建立无产阶级政权是他们的基本思想。同时，马克思和恩格斯在不同时期和不同场合对社会主义革命爆发的具体社会历史条件也作了一些基本探讨和设想。

一、马克思、恩格斯对社会主义革命的基本设想

从总体上来看，马克思和恩格斯认为社会主义革命的条件必须是资本主义制度所造就的生产力高度发达，日益贫困化的无产阶级占人口的大多数，生产资料的资本主义私有制已经无法容纳自己所创造出来的生产力，这时无产阶级革命就会爆发，即资本主义的“这

个外壳就要炸毁了。资本主义私有制的丧钟就要响了。剥夺者就要被剥夺了。”① 因此，在马克思和恩格斯看来，社会主义革命将首先在最为发达的资本主义国家爆发，并多次指明世界社会主义革命的中心地带在欧洲，而且革命并不能在某一个国家单独发生。比如，青年恩格斯在《共产主义原理》中回答“这种革命能不能单独在一个国家发生?”时，恩格斯肯定地回答说：“不能。”因为“单是大工业建立了世界市场这一点，就把全球各国人民，尤其是各文明国家的人民，彼此紧紧地联系起来，以致每一国家的人民都受到另一国家发生的事情的影响。”② 恩格斯由此认为：“共产主义革命将不是仅仅一个国家的革命，而是将在一切文明国家里，至少在英国、美国、法国、德国同时发生的革命”③。

但是到了19世纪后期，整个资本主义世界进入了一个相对平稳和平的发展时期。恩格斯在晚年目睹了自1848年以来，资本主义的经济革命席卷了整个欧洲大陆，使法国、奥地利、匈牙利、波兰以及俄国都逐步确立起资本主义大工业生产方式。正是通过资本主义的发展，德国成为一个头等的工业强国，充分显示了资本主义生产方式还有很强的扩展能力来容纳不断增加的社会生产力。恩格斯在1895年为马克思的早期著作《1848年至1850年的法兰西阶级斗争》撰写导言时深刻指出：“历史表明，我们以及所有和我们有同样想法的人，都是不对的。历史清楚地表明，当时欧洲大陆经济发展的状况还远没有成熟到可以铲除资本主义生产的程度；历史用经济革命证明了这一点”④。正是由于欧洲发达国家爆发无产阶级社会主义革命的可能性日益减少，马克思和恩格斯将实行社会主义革命的研究目光转向了经济上相对落后的俄国，并且提出了著名的跨越“资本主义制度的卡夫丁峡谷”⑤ 的设想。

正如恩格斯所说，19世纪末20世纪初的俄国是一个“现代大工业接枝于原始村社”，“同时存在着文明的一切中间阶段”，而且被“专制制度筑起的相当牢固的精神万里长城所封锁”⑥。

沙皇俄国自1861年废除农奴制度后，资本主义开始迅速发展，无产阶级也随之发展壮大。特别到了19世纪末，俄国的生产集中和资本集中过程加快，垄断组织迅速产生并发展起来，俄国随之跨入了帝国主义的行列。但是同西欧和北美的发达资本主义国家相比，俄国仍然是一个落后、贫穷和半野蛮的国家。在经济上存在着许多农奴制度的残余，农业是国民经济的主要部门，农民占人口的大多数，工业生产技术原始落后，主要的重工业部门大多被外资所控制。在政治上，人民毫无政治权利可言，仍然遭受沙皇专制制度的残暴统治和压迫。

马克思和恩格斯认为，俄国“有可能不通过资本主义制度的卡夫丁峡谷，而占有资本

---

① 《马克思恩格斯全集》，中文1版，第23卷，831～832页，北京，人民出版社，1972。

②③ 《马克思恩格斯选集》，2版，第1卷，241页，北京，人民出版社，1995。

④ 《马克思恩格斯选集》，2版，第4卷，512页，北京，人民出版社，1995。

⑤ 《马克思恩格斯选集》，2版，第3卷，765页，北京，人民出版社，1995。“通过卡夫丁峡谷”一语的来历：公元前321年第二次萨姆尼特战争时期，萨姆尼特人在古罗马卡夫丁城（今蒙泰萨尔基奥）附近的卡夫丁峡谷包围并击败了罗马军队。按照意大利双方交战的惯例，罗马军队必须在由长矛交叉构成的“轭形门”下通过。这被认为是对战败军的最大羞辱。所谓“通过卡夫丁峡谷”，即指遭受奇耻大辱。马克思所说的“资本主义制度的卡夫丁峡谷”，用来指资本主义制度给广大劳动人民带来的苦难。

⑥ 《马克思恩格斯全集》，中文1版，第39卷，394页，北京，人民出版社，1974。

主义制度所创造的一切积极的成果。”① 但是，要实现这一历史可能性，必须具备相应的历史条件，因为俄国村社自身并没有能力直接过渡到以现代生产力为基础的社会主义社会。尽管马克思和恩格斯都希望俄国这个在全国范围内把“农村公社”保存下来的欧洲唯一的国家，能使农村公社在未来社会中获得新生，但他们并不认为公社自身能够直接进入未来社会。

马克思认为，就俄国农村公社本身而言，“一方面，土地公有制使它有可能直接地、逐步地把小地块个体耕作转化为集体耕作，并且俄国农民已经在没有进行分配的草地上实行着集体耕作。俄国土地的天然地势适合于大规模地使用机器。农民习惯于劳动组合关系，这有助于他们从小地块劳动向合作劳动过渡；最后，长久以来靠农民维持生存的俄国社会，也有义务给予农民必要的垫款，来实现这一过渡。另一方面，和控制着世界市场的西方生产同时存在，就使俄国可以不通过资本主义制度的卡夫丁峡谷，而把资本主义制度所创造的一切积极的成果用到公社中来。”② 就外部环境来看，“俄国‘农村公社’的历史环境是独一无二的”③。当时俄国农村公社所处的世界历史环境可以概括为：世界资本主义已经具备了发展成为新的社会公有制所需要的大工业生产力，而且这种生产力与资本主义生产关系之间已经达到了不可调和的“相抗争的境地”，“这时，在西欧不仅一般的商品生产，甚至连它的最高和最后的形式——资本主义生产都同它本身所创造的生产力发生了矛盾，它不能再继续支配这种生产力，它正在由于这些内部矛盾及其所造成的阶级冲突而走向灭亡。”④ 正是基于这种特定的历史环境，马克思认为：“在俄国公社面前，资本主义正经历着危机，这种危机只能随着资本主义的消灭，随着现代社会回复到‘古代’类型的公有制而告终”⑤。显然，如果没有这种特定的历史环境和历史条件，如果资本主义仍然表现出生机勃勃的发展态势，那么俄国试图跨越资本主义的卡夫丁峡谷也是不可能的。

可见对于马克思来说，俄国农村公社自身并没有能力直接过渡到社会主义社会。关于这一点，恩格斯则表述得更加清晰明确。恩格斯认为：俄国公社与未来社会主义社会只有一个共同点，即生产资料由一定的集团共同所有和共同使用。“但是单单这一个共同特性并不会使较低的社会形式能够从自己本身产生出未来的社会主义社会，后者是资本主义社会的最独特的最后的产物。每一种特定的经济形态都应当解决它自己的、从它本身产生的问题；如果要去解决另一种完全不同的经济形态的问题，那是十分荒谬的。”⑥ 因此，即使是与俄国农村公社并存的西欧资本主义生产方式接近了崩溃的时刻成为事实，也不足以赋予俄国的农村公社一种能够使它把自己发展成这种新的社会形式的力量，因为“在资本主义社会本身完成这一革命以前，俄国公社如何能够把资本主义社会的巨大生产力作为社会财产和社会工具而掌握起来呢？在俄国公社已经不再按照公有原则耕种自己的土地之

---

① 《马克思恩格斯选集》，2版，第3卷，769页，北京，人民出版社，1995。

② 同上书，765页。

③ 同上书，770页。

④ 《马克思恩格斯选集》，2版，第4卷，441页，北京，人民出版社，1995。

⑤ 《马克思恩格斯选集》，2版，第3卷，763页，北京，人民出版社，1995。

⑥ 《马克思恩格斯选集》，2版，第4卷，442～443页，北京，人民出版社，1995。

后，它又怎么能向世界指明如何按照公有原则管理大工业呢?”① 俄国的革命只有在能够推动西欧发达资本主义国家的无产阶级革命并加速其胜利的条件下才有可能实现社会主义，“没有这种胜利，目前的俄国无论从公社那里还是从资本主义那里，都不可能达到社会主义的改造。”②因此，恩格斯认为，对俄国公社实现社会主义改造的“首创因素只能来自西方的工业无产阶级，而不是来自公社本身。”③

二、列宁对社会主义革命理论的创新

随着资本主义由自由竞争向垄断的发展，资本主义世界经济出现了一系列新变化。在新的历史条件下，列宁并没有拘泥于马克思和恩格斯关于社会主义革命只能同时在多国发生并同时胜利的观点，而是对社会主义革命理论进行了重大的理论创新，并且努力将这些最新的理论成果应用于社会主义革命实践，从而取得了俄国十月社会主义革命的伟大的胜利。列宁关于社会主义革命理论的创新主要体现在以下几个方面：

第一，社会主义革命可能在一国或数国首先取得胜利。

通过对帝国主义问题的全面研究，列宁发现了资本主义经济政治发展的不平衡规律，并且揭示了这个规律同社会主义革命之间的联系，以此为基础提出了社会主义革命首先在一国胜利的理论。1915 年，列宁在《论欧洲联邦口号》中指出：“经济和政治发展的不平衡是资本主义的绝对规律。由此就应得出结论：社会主义可能首先在少数甚至在单独一个资本主义国家内获得胜利。”④ 1916 年 9 月，列宁又在《无产阶级革命的军事纲领》中进一步指出：“资本主义的发展在各个国家是极不平衡的。而且在商品生产下也只能是这样。由此得出一个必然的结论：社会主义不能在所有国家内同时获得胜利。它将首先在一个或者几个国家内获得胜利，而其余的国家在一段时间内将仍然是资产阶级的或资产阶级以前的国家。”⑤

列宁分析了社会主义可以在一国首先取得胜利的条件。其一，帝国主义时代经济政治发展的不平衡进一步加剧。事实上，自由竞争的资本主义时期已经存在经济政治发展的不平衡性，但到了帝国主义时代，这种不平衡出现了跳跃式的发展并且空前加剧了。帝国主义国家之间力量格局的变化必然导致其势力范围的剧烈变动，重新瓜分世界的战争不可避免。帝国主义之间矛盾和冲突的加深，必然形成资本主义统治链条上的某些薄弱环节。其二，帝国主义战争的严重破坏，使一些经济不发达国家的社会矛盾日趋尖锐化，这些国家的人民除了举行社会主义革命之外没有别的出路。其三，由于这些国家资本主义发展不充分，资产阶级具有软弱性、动摇性甚至叛卖性，因而不可能成为革命的领导阶级通过民族民主革命引导国家走上资本主义发展道路。其四，尽管经济落后国家的无产阶级人数较少，但革命性强，有农民作为同盟军和经过长期革命斗争锻炼的无产阶级政党的领导。如果这些条件汇合起来，就可以形成一种直接的社会主义革命形势。

---

① 《马克思恩格斯选集》，2 版，第 4 卷，442 页，北京，人民出版社，1995。

② 同上书，450~451 页。

③ 同上书，441 页。

④ 《列宁选集》，3 版，第 2 卷，554 页，北京，人民出版社，1995。

⑤ 同上书，722 页。

列宁关于社会主义革命首先在一国或数国取得胜利的理论，发展了马克思主义的社会主义革命学说，极大地鼓舞了各国无产阶级和劳动群众对本国统治阶级的主动进攻精神，给他们指明了夺取革命胜利的方向，也为俄国十月革命提供了理论基础。

第二，殖民地和民族解放运动的理论。

在帝国主义时代，垄断资产阶级为了获得高额利润，疯狂地推行殖民主义政策，把落后国家变成资本主义列强的原料产地、商品市场和投资场所，用资本输出的方式对落后国家的人民进行残酷剥削，民族解放运动也就随之日益高涨。列宁对民族解放运动和殖民地问题进行了深入的研究，相继撰写了《论民族自决权》、《社会主义革命和民族自决权》、《关于自决权问题的争论总结》等重要文章，用马克思主义的观点阐明了帝国主义和无产阶级革命时代民族殖民地问题的性质、地位和作用，论述了无产阶级政党关于民族殖民地问题的纲领和策略。

其一，帝国主义时代已经把世界的民族划分为压迫民族和被压迫民族两大部分。对帝国主义阶段这种殖民压迫的新现象，列宁认为："资本主义已成为极少数'先进'国对世界上绝大多数居民实行殖民压迫和金融扼杀的世界体系。"① 帝国主义已经成为一切被压迫民族的共同敌人，反对帝国主义也就成为一切被压迫民族的共同任务。因此，应当把世界无产阶级争取社会主义的革命斗争同被压迫民族的革命纲领结合起来。

其二，解决民族殖民地问题的基本原则是实行民族自决权。所谓民族自决权，就是承认被压迫民族有摆脱帝国主义统治，在政治上实行自由分离和独立的权利。列宁认为，在帝国主义时代，被压迫民族在政治上的分离和摆脱帝国主义的统治并建立民族国家是完全可能的，但经济上完全独立和自主则不可能一下子实现。因此，不能用民族经济上的独立自主偷换政治上的自决权。马克思主义所讲的民族自决，除了政治自决即国家独立和建立民族国家之外，没有别的含义。

列宁关于民族殖民地问题的理论和纲领，是马克思主义民族民主革命理论在帝国主义条件下的继承和发展，为资本主义国家的无产阶级坚持无产阶级国际主义，反对资产阶级并实现社会主义革命的胜利，尤其是为被压迫民族进行民族民主革命，指明了前进的方向。

三、俄国十月社会主义革命的伟大胜利

列宁不仅在理论上对马克思主义的社会主义革命学说实现了创新，而且将这些最新的理论成果积极地运用到人类社会实践中去。正如马克思主义理论家卢卡奇所说，列宁"是一位深刻的实践思想家，一个热情地将理论变为实践的人，一个总是将注意力集中于理论变为实践、实践变为理论的关节点上的人。"② 从某种意义上说，俄国十月社会主义革命的伟大实践，正是列宁运用创新了的马克思主义的社会主义革命学说指导人类社会实践的成功典范。

1917 年 11 月 7 日（俄历 10 月 25 日），在俄国发生了人类历史上一次最伟大的社会革

---

① 《列宁选集》，3 版，第 2 卷，578～579 页，北京，人民出版社，1995。

② 卢卡奇：《历史与阶级意识——关于马克思主义辩证法的研究》，29 页，北京，商务印书馆，1992。

命，史称“十月社会主义革命”。这次革命推翻了资产阶级临时政府，无产阶级在俄国掌握了国家政权。俄国十月革命的胜利，在统一的无所不包的资本主义世界体系中打开了第一个缺口，建立了世界上第一个无产阶级专政的国家，实现了从资本主义向社会主义过渡的根本性转变，开创了世界无产阶级革命的新时代。十月革命打碎了民族压迫的枷锁，各民族随之纷纷效仿俄国并逐步建立了自己独立的共和国或自治共和国，也称苏维埃共和国。十月革命的胜利使俄国境内的被压迫民族获得了解放，也鼓舞并推动了殖民地和半殖民地的人民的解放斗争，动摇了帝国主义的殖民统治。十月革命在西方无产阶级革命和东方被压迫民族革命之间架起了一座桥梁，使二者联合成一个整体。从而，殖民地人民和革命开始成为世界社会主义革命的一部分，成为世界无产阶级革命的同盟军。正如毛泽东同志所说：“十月社会主义革命不只是开创了俄国历史的新纪元，而且开创了世界历史的新纪元。”①

第二节　落后国家向社会主义的过渡

本章中所讲的经济落后国家，具体指的是十月革命前的俄国和新中国成立前的旧中国。十月革命前，俄国经济最发达的年份是第一次世界大战前的1913年。当时俄国的工业产值只相当于美国的1/14、英国的1/5和法国的2/5，是一个不发达的资本主义国家。新中国成立前的旧中国比十月革命前的俄国更落后，是一个半殖民地半封建国家。② 研究俄国和中国向社会主义过渡的问题，都是经济落后国家向社会主义过渡的问题。

马克思在《哥达纲领批判》中第一次提出过渡时期的理论，他认为：“在资本主义社会和共产主义社会之间，有一个从前者变为后者的革命转变时期。”③ 过渡时期是特指从资本主义私有制社会到建成共产主义（其第一阶段是社会主义）公有制的时期，即从私有到公有的过渡期。④ 马克思在《哥达纲领批判》中也提到过渡时期的经济：“在一个集体的、以生产资料公有为基础的社会中……我们这里所说的是这样的共产主义社会，它不是在自身基础上已经发展了的，恰好相反，是刚刚从资本主义社会中产生出来的，因而它在各方面，在经济、道德和精神方面都还带着它脱胎出来的那个旧社会的痕迹。”⑤

一、列宁关于社会主义过渡时期的经济理论

俄国十月革命胜利后，列宁根据马克思和恩格斯关于无产阶级在夺取政权后如何向社会主义过渡的理论及俄国革命的经验，在《无产阶级在我国革命中的任务》等著作中对经济文化比较落后的国家向社会主义过渡的理论问题进行了分析，进一步地丰富和发展了马克思主义经济学理论。在向社会主义过渡的伟大事业中，列宁对马克思主义关于过渡时期

① 《毛泽东选集》，2版，第1卷，303页，北京，人民出版社，1991。
② 参见蒋学模、张晖明：《高级政治经济学》，158页，上海，复旦大学出版社，2001。
③ 《马克思恩格斯选集》，2版，第3卷，314页，北京，人民出版社，1995。
④ 参见程恩富：《马克思主义经济思想史》，51页，上海，中国出版集团东方出版中心，2006。
⑤ 《马克思恩格斯选集》，2版，第3卷，303～304页，北京，人民出版社，1995。

理论的丰富和发展是随着俄国的经济政治实践而进行的。结合俄国的具体实际，列宁科学地阐明了从资本主义向社会主义过渡时期的必然性，分析了过渡时期的基本经济特征，并根据不同经济成分的性质和作用，提出了过渡时期的形式和需要完成的任务。

1. 过渡时期的必然性

列宁认为，“在资本主义和共产主义之间有一个过渡时期，这在理论上是毫无疑义的。这个过渡时期不能不兼有这两种社会经济结构的特点或特征。这个过渡时期不能不是衰亡着的资本主义与生长着的共产主义彼此斗争的时期，换句话说，就是已被打败但未被消灭的资本主义和已经诞生但还非常幼弱的共产主义彼此斗争的时期。”① 在这里，列宁强调了过渡时期的含义和长期性、必然性。

列宁认为，过渡时期有两个层次的含义：一是指从资本主义向共产主义低级阶段即社会主义社会过渡的革命转变时期；一是指由于某个时期的具体任务不同所产生的某些小的过渡阶段。

资本主义转变为社会主义的过程中必然存在着过渡时期。列宁强调过渡时期的长期性和必然性，他批驳了小资产阶级民主派和第二国际机会主义的观点。他强调指出：具有这种过渡时期特点的整个历史时代的必然性，不仅对马克思主义者来说，而且对任何一个有学识的和（或）多少懂一点发展论的人来说，都是非常清楚的。但是现代小资产阶级民主派代表（第二国际一些代表人物）每次谈到向社会主义过渡的时候，总是把这个不言自明的真理完全置之脑后。“小资产阶级民主派的特性就是厌恶阶级斗争，幻想可以不要阶级斗争，力图加以缓和、调和，磨掉锐利的锋芒。所以，这类民主派或者根本不承认从资本主义过渡到共产主义的整个历史阶段，或者认为自己的任务是设想种种方案把相互斗争的两种力量调和起来，而不是领导其中一种力量进行斗争。”② 因此，列宁认为从前被空想社会主义者和现今被机会主义者所忘记的正是“在历史上必然会有一个从资本主义向共产主义过渡的特殊时期或特殊阶段。”③

过渡时期存在必然性，其原因主要在于：其一，在社会主义以前的历史发展中，新社会的经济关系不可能在资本主义社会内部产生，它必须经历一个变非社会主义经济关系为社会主义经济关系的历史过程。其二，无产阶级在对旧的经济关系进行社会主义改造时，面临着两种不同性质的私有制，即以剥削为基础并与社会化大生产相联系的资本主义私有制和以劳动为基础并与小生产相联系的小私有制。通过剥削的方式变资本主义私有制为社会主义公有制，通过示范和帮助的方式把小私有制引导到社会主义集体所有制，都必然要经历一个历史过程。其三，在对生产资料私有制进行社会主义改造的过程中，无产阶级必然会遇到被剥夺了的地主和资本家的反抗与小生产者习惯势力的阻碍。对地主和资本家的反抗要进行镇压，对小生产者的习惯势力要进行长期的教育，这也必然要经历一个历史过程。其四，在俄国生产力水平低下和发展极不平衡的情况下，要使资本主义过渡到社会主义，必然要寻找“中间环节”，而这个“中间环节”就是能够过渡到社会主义的关键。

① 《列宁选集》，3 版，第 4 卷，59 页，北京，人民出版社，1995。

② 同上书，60 页。

③ 《列宁选集》，3 版，第 3 卷，188 页，北京，人民出版社，1995。

2. 过渡时期的基本经济特征

列宁从理论上阐述了过渡时期经济特征的一般性和特殊性。过渡时期经济特征的一般性指的是，各个国家在资本主义到社会主义之间都存在一个过渡时期，各个国家的这一过渡时期在经济上都有一个共同特征，列宁认为这一共同的特征就是多种经济成分并存。但是，在不同的国家，过渡时期的经济特征又存在特殊性，这个特殊性指的是在不同的国家，究竟存在哪些经济成分，各种经济成分在国民经济中占有多大的比重，各自与生产力之间的矛盾状况如何，则是由各国的不同情况来决定的。处于过渡时期的俄国的经济制度就是一种既有资本主义也有社会主义的成分和因素的"特殊制度"，这一"特殊制度"中的经济特征具有不同于其他国家的特殊性。

列宁认为，俄国虽然通过了十月革命，使土地、生产工具和银行实现了国有化，使得以国有化工业为基础的社会主义经济成分成为国民经济的主要部分，但就整个国民经济而言，小农经济仍占据优势，从而具有过渡性质的特征。他认为，过渡时期虽然属于社会主义，但是不等于社会主义经济制度。列宁根据马克思主义的基本原理和俄国过渡时期的实际情况，阐明了苏维埃俄国由资本主义向社会主义过渡的经济特征，即五种经济成分并存。一是宗法式的，即在很大程度上是自然的农民经济成分；二是小商品生产（包括大多数出卖粮食的农民）的经济成分；三是私人资本主义的经济成分；四是国家资本主义的经济成分；五是社会主义的经济成分。

列宁关于过渡时期经济特征一般性和特殊性的理论分析，奠定了分析俄国过渡时期主要矛盾的基础。列宁考察了上述五种经济成分的关系，指出在这五种经济成分中，不是国家资本主义在这里同社会主义作斗争，而是小资产阶级和私人资本主义共同一致地既反对国家资本主义，又反对社会主义，即俄国社会的主要矛盾是小资产阶级和私人资本主义与国家资本主义和社会主义之间的矛盾。俄国过渡时期经济特征的一般性和特殊性决定了过渡时期的长期性和完成这一过渡的艰巨性。

3. 过渡时期的主要任务

列宁根据十月革命初期的经验，在《苏维埃政权的当前任务》（1918 年）和《无产阶级专政时代的经济和政治》（1919 年）等著作中，精辟地阐述了过渡时期的阶级和阶级斗争、阶级斗争的特点，提出了党在过渡时期的主要任务。

列宁在《无产阶级专政时代的经济和政治》中写道："这些社会经济的基本形式就是资本主义、小商品生产和共产主义。这些基本力量就是资产阶级、小资产阶级（特别是农民）和无产阶级。"① 在这三种社会经济的基本形式之间，展开着两个对立方面的斗争。一方面是按共产主义原则组织社会劳动，这在俄国的当时还是一些"初步措施"，如废除土地私有制，剥夺大资本家的生产资料，由国家组织工业生产和国营农场等。另一方面是小商品生产，以及不断地在尚存着的小商品生产基础上复活的私人资本主义。列宁指的小商品生产主要是小农经济。他认为"这是一个非常广阔和极其深厚的资本主义基础。在这个基础上，资本主义得以保留和重新复活起来，同共产主义进行着极其残酷的斗争。"②

① 《列宁选集》，3 版，第 4 卷，60 页，北京，人民出版社，1995。

② 同上书，61～62 页。

列宁阐明无产阶级专政的历史任务时，提出了“社会主义就是消灭阶级”① 的公式。列宁这个论断不仅深刻地揭示了过渡时期的实质，而且指明了过渡时期的总任务和总路线。列宁根据俄国的具体情况把消灭阶级具体分为两个任务：第一个任务是推翻地主和资本家的统治；第二个任务是消灭工农之间的差别，使所有的人都变成工作者。列宁认为第二个任务比第一个任务复杂得多，是一个无比困难的长期任务。要完成这一任务，就必须完成生产资料所有制的社会主义改造，把小农引向合作制，从个体的、单独的小商品经济过渡到公共的大经济。因此，从资本主义向社会主义的过渡必定需要若干年。而在过渡的过程中，生产资料所有制社会主义改造的完成，以及把小农引向合作制任务的完成，仅仅是其中的小的过渡阶段的完成，并不代表社会主义的最终建立。列宁还严肃地指出，苏维埃政权的困难很大程度上在于，如何使人民的政治领导人以及劳动群众中所有的有觉悟的分子都清楚地理解这种过渡的特点。可见，要过渡到管理全体居民（不分阶级）的和平任务，显然是非常困难的。

二、列宁新经济政策时期的经济理论

新经济政策，是列宁在对 1920 年底至 1921 年初国内外政治经济形势进行客观分析的基础上形成的，是在社会主义经济建设的实践中，对经济文化比较落后的国家建设社会主义规律的揭示，也是对社会主义经济学理论的初步奠定。新经济政策实施中关于利用国家资本主义形式过渡到社会主义，利用商品货币关系和市场机制作用发展经济等问题的阐述，对经济文化比较落后的国家在无产阶级取得政权之后进行社会主义经济建设具有极其重要的指导意义。列宁在 1920 年末至 1923 年的著作、报告、演说和提纲中，对这一政策作了系列的阐述。

1. 新经济政策理论的提出

在十月革命前夕到 1918 年春，列宁根据俄国经济、技术和文化都很落后的实际情况，曾经设想采用尽可能不经过特别破坏的办法逐步过渡到新的社会主义关系，即除了把那些关系国计民生的私人企业改造成为国营企业外，其余的私人企业则通过国家的统计和监督的办法逐步地进行改造。但是，列宁关于“逐步过渡”的思想未能实现。1918 年夏，苏维埃俄国出现帝国主义武装入侵和国内反革命叛乱，为了挫败国外帝国主义的武装干涉，战胜国内白卫军的叛乱，保卫和巩固十月革命的成果，从 1918 年夏到 1921 年初，苏维埃政权被迫实行了军事性的临时非常措施——战时共产主义，使全国经济、政治、文化生活都纳入了战时轨道，以动员一切人力和物力保证战争的需要。

战时共产主义经济政策主要内容表现为：将大中小企业全部收归国有，实行国有化；实行粮食贸易垄断制，制定粮食收集制；实行义务劳动制，贯彻“不劳动者不得食”原则。战时共产主义政策的实施在保证击退国内外武装干涉和争取战争胜利方面起了巨大的历史作用。

1920 年春，国内战争基本结束，但是人们被军事上的辉煌胜利所激励，认为无产阶级也可以用“正面冲击”的办法来解决经济问题，可以乘势直接过渡到社会主义。1920

---

① 《列宁选集》，3 版，第 4 卷，64 页，北京，人民出版社，1995。

年至1921年初，工业国有化的进度大大加快，根据国家的法令，把绝大多数的中小企业收归国有；较大幅度地增加了征收余粮的数额，并扩大了征收农副产品和经济作物的品种；否定商品生产，禁止私人贸易和货币流通，实行统一的产品分配；在分配制度上更加实物化，许多日用必需品由原来配售制改为凭证免费发放；在管理体制上，采取国家强制命令，高度集中制，提出用军事办法来解决经济任务。战后，社会主义的苏维埃俄国争取到了同包围它的各资本主义国家共存的权利，但是早已蕴藏在苏维埃俄国中的由于实行战时共产主义而造成的矛盾却凸显出来了，农村经济矛盾尖锐化。1921年1月14日，车里雅宾斯克省特罗伊茨县下沙那尔斯克镇农民巴维尔·瓦西里耶维奇·叶尔绍夫写信给中央执行委员会委员长米哈伊尔·伊万诺维奇·加里宁申诉无法完成余粮缴纳任务。他在信中说，现在征收的不仅是余粮，连种子也征收了。叶尔绍夫说："我很清楚，苏维埃是何等关心并一再建议扩大播种面积，但是在这种情况下，政府这一坚定主张恐怕是要落空的。只有在有足够的种子，马匹还没有累得不能干活，并在冬季还有饲料的那些地区，才能正常播种。"① 坦波夫省叶拉托明县穆克罗叶村的一位红军战士在信中尖锐地指出："农民的情绪已经达到这样的程度，即如果在我们县不很快根绝这种现象，那就必然爆发暴动，这将不是富农暴动，而是对正义的胜利完全丧失了任何希望的劳动居民的暴动。"② 农村经济矛盾还由于工业危机的加深而更加尖锐。由于连年战争的破坏，苏维埃俄国工业倒退了几十年，国内原有的储备物资如金属和布匹等几乎全部用完，使得苏维埃政府没有任何物质可以同农民交换，农民几乎无偿交出了自己的全部余粮。战争结束之后，"战时共产主义"和"余粮收集制"已不再为农民所接受了。

随着农村矛盾的日益尖锐，党内外人士对矛盾的关注也日益加深并展开了热烈的讨论。这些讨论也说明了，已有越来越多的人认识到，以"余粮收集制"为中心的"战时共产主义"政策已无法再继续下去了，党的农村政策已经到了非改不可的地步。但是，大家对如何改革的认识还很不统一。

列宁对农村问题进行深入地调查研究并总结战时共产主义政策实施的经验教训，分析和论证了由战时共产主义经济政策向新经济政策过渡的必要性。他认为，"战时共产主义"是由极度贫困、经济破坏和战争所迫采取的一种特殊政策；"它不是而且也不能是一项适应无产阶级经济任务的政策。它是一种临时的办法。"③ 列宁认为，社会主义建设"在某种程度上脱离了广大农民群众中所发生的情况，我们把很重的负担加在他们身上，理由是战争不容许我们在这方面有丝毫犹豫。从整体上说，这个理由农民是接受了的……但当时在国有化、社会化的工厂和国营农场中建立起来的经济没有同农民经济结合起来。"④

列宁新经济政策理论的发展经历了两个重要阶段。第一阶段是1921年3月到10月的实施初期。在这一阶段，列宁明确指出，新经济政策的主要任务是退到国家资本主义和商品交换的形式上，即由国营企业和各国家资本主义企业生产的产品，通过国家资本主义形式的交换机构，有组织地同农民进行商品交换。列宁认为，"不作这样的退却，我们就不

---

① 根基娜：《列宁的国务活动》，49～50页，北京，中国人民大学出版社，1982。

② 同上书，50页。

③ 《列宁全集》，2版，第41卷，208～209页，北京，人民出版社，1986。

④ 《列宁全集》，2版，第43卷，73～74页，北京，人民出版社，1987。

能恢复同农民应有的联系；不作这样的退却，我们就有革命的先头部队向前跑得太远而脱离农民群众的危险。革命的先头部队就不会同农民群众结合，那样就会葬送革命。”“我们所说的新经济政策首先是而且主要是出于这种考虑才实行的。”① 第二阶段是1921年10月以后的主要实施时期。这一阶段的主要任务是由国家资本主义退到由国家调节商业和货币流通。在总结新经济政策的基础上，列宁认为，从“战时共产主义”退到国家资本主义还不够，还必须后退，要允许农民的自由贸易和私人商业的发展，并使他们的发展受到国家的调节。列宁把国家调节商业和货币流通作为苏维埃俄国新经济与农民经济的结合点，作为由资本主义向社会主义过渡的中间形式，从而使新经济政策理论发展到一个新高度。他指出，“既然国际国内的全部经济政治条件给我们造成了这样一种经济现实，即不是商品交换而是货币流通变成了事实……”，那么，“只有经过这条道路我们才能恢复经济生活。必须恢复正常的经济关系体系，恢复小农经济，用我们自己的力量来恢复和振兴大工业。不这样我们就不能摆脱危机。别的出路是没有的”②。

2. 对新经济政策理论内容的探讨

在苏维埃俄国的经济实践中，列宁从工业和农业、商业、财政等方面探讨新经济政策的主要理论内容，并在许多著作中将其阐述出来，如《共产国际第四次代表大会》（1922年）上的总结报告和《俄国革命五周年和世界革命前途》（1922年）等。新经济政策的内容包括以下要点：

第一，用粮食税代替余粮收集制。余粮收集制用强制的手段无偿地从农民手中征收除了农民的口粮、饲料和种子以外的全部余粮，征收的粮食由劳动国防委员会直接分配给前线的士兵、城市工人和其他居民。这是适应国内外战争需要的一项临时性政策。1921年3月召开的俄共（布）第十次代表大会上，列宁提出用粮食税代替余粮收集制的政策。列宁认为，农民在纳税后剩余的一切粮食、原料和饲料，可以由自己全权处理，即可以用来改善和巩固自己的经济，提高个人的消费，用来换工业品、手工业品和农产品，这种交换允许在当地经济流转的范围内进行。同时，在粮食税之外，国家也可以用采购的方式从农民那里获得发展社会主义经济所需要的农产品。列宁把粮食税看做新经济政策的核心，认为实行粮食税的目的性和必要性就在于尽快地改善农民的生活状况，满足小农和中农的正当要求，提高农业劳动生产力。在列宁看来，社会主义经济的实质既不是余粮收集制也不是粮食税，而是用大规模的社会主义化的工业产品来交换农民的产品，实行粮食税就是从战时共产主义进到正常的社会主义产品交换制的一种过渡形式。粮食税可以给予农民独立经营的自由和发展地方流转的自由，国家供给农民所需要的商品，以结成城乡、工农之间商品交换关系等方面满足农民的要求，调动农民的生产积极性，以此推动大工业的发展，使整个国民经济稳步前进。因此，粮食税的实施是对农民的一种让步，它的实际意义在于“找到了我们花很大力量所建立的新经济同农民经济的结合。”③

第二，利用商品货币形式以及利用商业和市场等中间环节过渡到社会主义。在战时共

---

① 《列宁全集》，2版，第42卷，337页，北京，人民出版社，1986。

② 同上书，236、229页。

③ 《列宁全集》，2版，第43卷，74～75页，北京，人民出版社，1987。

产主义时期，苏维埃俄国处于帝国主义四面包围之中，与全世界隔绝；在国内，苏维埃政权又与南方产粮区、西伯利亚和产煤区相隔绝。在这种情况下，不可能用工业品去交换农产品，不可能通过商品流转和买卖取得农产品，整个城乡之间和工农之间的产品交换关系由于战时的破坏而被隔断，货币成为一堆没有价值的符号。列宁认识到在一个小农占优势的国家里，要过渡到社会主义，要建立起工业和农业的正常的经济关系，就必须保留和发展商品生产和商品交换。市场和商业形式是城乡之间经济联系的基本形式。因此，在制定新经济政策时，俄共（布）和列宁采取在活跃市场和商业的情况下，审慎地、逐步地掌握它们，随着它们的活跃程度而使它们有可能受到国家的调节。列宁详尽地阐明，由于苏维埃俄国大多数农民已接近中农水平，而中农是典型的小商品生产者，它的最基本的要求是自由贸易、有一定的周转自由。但是，由于苏维埃俄国的经济遭受到严重破坏，国家在相当长的一段时间内根本拿不出足够的工业品来进行交换，因此，采取完全禁止的堵塞一切私人交换的政策在经济上是行不通的，只有同小农经济特点相适应，允许小农生产者的自由贸易，才能很快改善苏维埃政权与农民的关系，鼓励和调动农民的生产积极性，活跃城乡的经济交流，促进工农业生产的恢复和发展，改善工农群众的生活。列宁明确指出新经济政策的实质是无产阶级政权利用商品生产、货币关系、市场和商业的条件，建立无产阶级同农民的经济联盟，而这种联盟乃是使濒于破产的工农联盟得到巩固和吸引千百万农民群众参加社会主义建设所绝对必要的。在实行新经济政策时期，列宁把活跃商业工作提到“中心环节”的地位，强调经济落后国家只有利用商业和市场等中间环节才能过渡到社会主义。他指出这条道路虽然更加迂回曲折，但更加适合经济落后国家国情，更有利于社会主义经济同农业经济的结合，加速生产力的发展。列宁还指出，既然有贸易自由，那么城乡小经济的发展就是小资产阶级的发展，也就是资本主义的发展。但是这种资本主义关系是在一定限度内发展的，即在保证国营商业占绝对优势的前提下，使私人贸易成为社会主义经济的必要补充，因而不会破坏无产阶级政权的根基。

3. 对新经济政策实施途径的探讨

列宁把利用国家资本主义作为实施新经济政策的主要途径。列宁高度评价国家资本主义的意义。他针对当时小资产阶级自发势力猖獗，配合私人资本主义向社会主义进攻，给国民经济造成极大混乱的情况指出，“国家资本主义较之我们苏维埃共和国目前的情况，将是一个进步。如果国家资本主义在半年左右能在我国建立起来，那将是一个很大的胜利，那将极其可靠地保证社会主义一年以后在我国最终地巩固起来而立于不败之地。”①列宁指明了新经济政策的真正实质还在于：对于大资本的生产资料，无产阶级国家采用资本主义经济学中叫做“国家资本主义”的一系列原则。这是经济落后国家向社会主义过渡的特殊问题。因为和社会主义比较，资本主义是祸害，但和中世纪制度、小生产和与小生产者的散漫性联系着的官僚主义比较，资本主义则是优越的。既然经济落后国家还不能实行从小生产到社会主义的直接过渡，所以作为小生产和交换的自发产物的资本主义，在一定范围内的发展是不可避免的。无产阶级利用资本主义，是为了加强大生产来反对小生产，加强先进生产来反对落后生产。

---

① 《列宁选集》，3版，第3卷，521页，北京，人民出版社，1995。

列宁科学地阐明了国家资本主义的含义。他指出："国家资本主义，就是我们能够加以限制、能够规定其范围的资本主义，这种国家资本主义是同国家联系着的，而国家就是工人，就是工人的先进部分，就是先锋队，就是我们。"① 列宁所说的这种特殊的国家资本主义具有双重性质：一方面，它作为集中进行社会化大生产的产物，是一种有组织、有计划、有统计并可以由国家进行监督的生产和流通形式，它有利于苏维埃俄国经济的发展；另一方面，它又是一种按照资本主义方式经营和以获得利润为目标的生产和流通形式，利用它则需要付给资本家较多的"利润"，要以某些牺牲为代价，因为必须对其加以限制，规定其活动范围。列宁认为，在实行新经济政策中，必须利用国家资本主义积极的一面，限制其消极的一面。列宁指出，无产阶级国家政权要正确运用经济手段、法律手段及加强监督和管理等行政手段对资本家加以适当的限制，并用自己的共产主义影响来抵制资本主义的腐蚀。

俄共（布）和列宁提出的国家资本主义形式主要有：

其一，租让制。租让制指苏维埃政权同外国资本家的先进技术和资本的经济合作，即由苏维埃政府出面同外国资本家签订合同，把一些暂时无力经营和无力开发的矿山、工厂、企业和森林区等租给外国资本家经营，外国资本家再按照租让合同和法律，以一部分产品向国家支付租税，另一部分则作为利润归资本家所有，到合同期满时，企业由国家收回。列宁认为，苏维埃政权"培植"租让制，实际上"就是加强大生产来反对小生产，加强先进生产来反对落后生产，加强机器生产来反对手工生产，增加可由自己支配的大工业产品的数量（即提成），加强由国家调整的经济关系来对抗小资产阶级无政府状态的经济关系。"② 租让制的实行，一方面可以在与外国资本的联合中恢复苏维埃俄国的经济，另一方面也可以向外国资本学到经营和管理企业的本领。在苏维埃俄国通过国家资本主义的途径实施新经济政策的情况下，租让制是一种最简单、明显、清楚、一目了然和切实可行的形式。从苏维埃俄国当时的国情出发，通过实行租让制，可以最大限度地吸收国际资本，引进外国先进技术、设备，利用资本主义国家的先进管理技术来为恢复和发展社会主义经济、增加产品供应、改善人民生活服务。外国资本家承租企业，是为了获得最高的利润。由于当时的历史条件，外国资本家不愿投资，国营工业又有了迅速发展，租让制没有得到什么发展。

其二，合作制。经济落后国家要把合作制作为引导小农经济过渡到社会主义的正确途径。列宁所说的合作制主要是指商业形式的合作制，即"不是工人合作社，而是在小农国家中占优势的典型的小商品生产合作社"③。列宁认为，合作制资本主义是国家资本主义的一个"变种"，因为"从便于计算、监督、监察以及便于推行国家（这里指苏维埃国家）和资本家之间的合作关系说来，合作制资本主义和国家资本主义相类似。"④ 对于小商品生产者来说，在流通中实行合作制，是简便易行和容易接受的。因为它既承认农民生产资料的私有权和经营的自主权，又能把农民经济和国家经济有机地结合起来，纳入社会主义

① 《列宁选集》，3版，第4卷，670页，北京，人民出版社，1995。

② 《列宁全集》，2版，第41卷，212页，北京，人民出版社，1986。

③ 同上书，213页。

④ 同上书，214页。

轨道。由于国家支配着一切大生产资料，无产阶级掌握着国家权力，这就决定了整个经济发展的社会主义方向。但是，合作制的国家资本主义形式却不像租让制的国家资本主义形式那么明显和简单，它的实行表现为一种较为复杂的过程，如果能够成功，它就可以铲除社会主义以前的甚至是宗法式的经济关系。

其三，代购代销制。代购代销制指的是把资本家当作商人吸收过来，由他们来推销国家货物和收购小生产者的产品，付给他们一定的佣金。列宁认为，在苏维埃俄国商品经济还很不发达的情况下，利用国家资本主义的代购代销形式，可以加速工农业产品的流转，把穷乡僻壤的农村和城市联结起来，为恢复和发展大工业创造条件；同时，也可以利用资本家经商的经验来弥补苏维埃大商业的不足之处。但是，对于资本家在经商过程中存在的剥削和投机行为，列宁也明确指出："应当重新审查和修改关于投机倒把活动的一切法令，宣布一切盗窃公共财物行为，一切直接或间接、公开或秘密地逃避国家监督、监察和计算的行为，都要受到制裁。"①

其四，租借制。列宁认为，租借制是国家把一部分国有的暂时无力经营的中小企业或林地等租借给本国的资本家经营，利用他们的经济技术力量和管理经验，尽快地恢复和发展生产，使国家掌握更多的工业品。在苏维埃俄国，租借制得到一定程度的发展。最初，租借制的租金最初是向国家交纳实物，后来有8%的租金变为货币。②

在列宁看来，通过采用国家资本主义这四种形式，既可以利用资本主义的资本和技术设备发展社会主义工业，也可以发展小农经济，使小农经济在一定的时期内，在自愿联合的基础上过渡到大生产。只有做到这些，才能将资本主义以前的各种经济关系过渡到社会主义去。

由于当时的形势，国家资本主义在苏维埃俄国并没有多大的发展。但是关于新经济政策理论的探讨，是以资本主义向社会主义过渡的普遍规律性和苏维埃俄国的具体的历史条件为依据的，它解决了作为经济落后国家的苏维埃俄国从资本主义向社会主义过渡的道路、方式、步骤和政策等一系列问题。同时，列宁这一探讨对社会主义国家的建设也具有重要指导意义。如同列宁自己反复强调的那样：苏维埃俄国实行新经济政策的经验具有世界历史意义，"将来至少对某些国家的工人大概也是适用的"③。

三、布哈林关于社会主义过渡时期的经济理论

1. 最坚决的"社会化"政策

十月社会主义革命胜利之初，在如何使俄国走向社会主义的问题上，以布哈林为代表的"左派共产主义"同列宁发生了分歧。当时，列宁借鉴俄国经济的落后状况和个体小生产占统治地位的实际情况，主张通过加强工人对国民经济的计算监督和利用国家资本主义向社会主义过渡，而布哈林和奥新斯基等人则主张用"最坚决的社会化"立即建立起社会主义经济。"左派共产主义"认为，即便工人参与监督和管理，即便无产阶级专政政权仍

---

① 《列宁全集》，2版，第41卷，224页，北京，人民出版社，1986。

② 参见宋涛：《马克思主义生产资料公有制理论的实践和问题》，载《经济评论》，1996（2）。

③ 《列宁全集》，2版，第43卷，133页，北京，人民出版社，1987。

然保留最大权威，只要保留资本主义托拉斯的组织和资本家，这就等于保留了资本主义的商品生产和商品交换，保留了资本主义剥削性质的生产关系。因为在这种合营企业中，组织和管理权掌握在托拉斯组织者——资本家手中，所以国家资本主义基本上是资本主义经济政策的继续，企图在这种旧的资本主义制度上建立合乎人道的社会主义新社会是注定要失败的。

布哈林和奥新斯基在十月革命前曾对国家资本主义进行过深入的研究，并同列宁一样认为资本主义的这种新形式，代表着生产社会化的一个新阶段或资本主义范围内生产社会化的最高阶段，它已为社会主义取代资本主义奠定了牢固的物质基础。不过，与列宁不同，他们完全看不到资产阶级政权下的国家资本主义，同社会主义条件下的国家资本主义的本质区别。正是由于无产阶级掌握了国家政权，国家资本主义才成为落后的俄国过渡到社会主义的形式。布哈林等不理解列宁理论的创造性，不理解这是落后的俄国建设社会主义的正确途径。1918 年 4 月 20 日，“左派共产主义者”小集团刊物《共产主义者》发表了由布哈林、奥新斯基及普列奥布拉任斯基等人执笔的《“左派共产主义者”关于目前形势的提纲》，他们在这篇文章中攻击列宁等布尔什维克领导人，说他们由于同德国帝国主义签订了《布列斯特和约》，在内外经济政策方面也必然走向同资本主义妥协的道路。他们说：与这一方针相适应的经济政策，必然会朝着同“本国的”资本主义商人以及站在他们背后的国际资本主义商人、同农村中的一些“殷实的”阶层的代表人物（“办合作社的人”）达成协议的方向发展。银行的非国有化——尽管是以隐蔽的形式进行的，在逻辑上是同这些协议联系在一起的。他可能通过各种办法的实行，如为一些个别工业部门成立特殊（半私人半国家的）银行（面粉业银行章程已批准），保留所谓“合作”银行的治外法权，拒绝过渡到实行中央社会会计处制度，并且巩固国家和半国家形式下的资本主义信贷等。他们认为，这种妥协不会仅限于金融业方面。在工业方面也会走向同资产阶级妥协的国家资本主义道路，建立起排斥工人阶级的资本主义式的官僚主义管理体制。他们表示坚决反对列宁的妥协政策，主张实行坚决的全面的社会化。

2. 战时共产主义与布哈林《过渡时期经济学》

十月革命后国内战争爆发，一方面，列宁最初制定的向社会主义过渡的计划无法进行，另一方面，在严重战争条件下实行的战时共产主义政策，甚至在某些方面比“左派共产主义者”的主张“更左”，因而争论暂时停止下来。1920 年初，布哈林写了《过渡时期经济学》，这是布哈林在苏维埃俄国战争时期（1918 年夏到 1920 年末）完成的最主要著作。尽管布哈林一再宣称，他的这本书只打算论述“转化过程的一般理论”，即只打算论述资本主义社会向共产主义社会过渡的一般理论，但他仍然难以避免在这本书的许多地方，只能停留在对战时共产主义特殊政策的肤浅诠释上。① 布哈林虽然努力突破苏维埃俄国狭隘实践的限制，去探讨一般理论，但是又无法完全突破这种限制，以至只能从苏维埃俄国实践范围内谈论一般理论。这样，他的过渡时期理论就包括以下几个问题：首先，论证世界资本主义崩溃的必然性，并详细说明了现存生产力和生产关系在这一崩溃过程中的

① 参见顾海良、张雷声：《20 世纪国外马克思主义经济思想史》，167～168 页，北京，经济科学出版社，2006。

变化趋势[①]；然后探讨与此相关的国家的本质、战争的性质及其革命的实质等问题。接着，布哈林重点论述“共产主义建设的一般前提”问题。此外，他还对无产阶级专政建立伊始的城乡关系，“超经济强制”等问题作了说明。最后，布哈林展望了世界革命前景，竭力想说明世界共产主义体系的根本内容和一般形式。这里只对其中几个方面的问题作简要介绍。

(1) 关于国家、战争和生产力的发展问题。

布哈林认为，国家政权和战争是他那个时代所要解决的“最尖锐”的问题。他提出，国家的社会职能，或者说国家的本质，在于保卫、巩固和发展那些符合统治阶级利益的生产关系。因此，“国家组织是最广泛的阶级组织，它积聚了全部阶级力量，集中了各种机械的镇压工具和惩罚工具，使统治阶级组织成为阶级，而不是阶级的一小部分或小集团。”[②]

布哈林还提出，在阶级社会中，战争是国家组织的；战争作为国家职能只是“再生产那些产生战争的生产关系的手段”。国家和战争尽管都是“超经济”的因素，但究其本质而言，却是“经济过程中最强有力的杠杆之一”。因此，无产阶级专政国家进行的革命战争，实质上也只是扩大和巩固社会主义生产关系的最强有力的手段。

布哈林还论述战争和生产力的发展关系。他把生产力发展状态和社会再生产联系起来，提出生产力的发展同扩大再生产相适应，生产力的停滞同简单再生产相适应，而生产力的下降则同消极的扩大再生产相联系。由于战争只是单纯地消耗生产资料和劳动力，因此，它总和消极的扩大再生产相联系。根据战争和生产力发展状况的这种关系，布哈林提出，在无产阶级夺取政权和无产阶级专政时期的内战中，同样会出现生产力下降，会出现消极的扩大再生产。但是，由于通过这种性质的战争，生产关系按照新的方法进行了改造，使得生产力的暂时下降为以后生产力的巨大发展打下基础。

布哈林的这些论述，对当时苏维埃俄国正在进行的建立无产阶级专政国家的斗争和保卫苏维埃政权的战争，都具有十分重要的现实意义。

(2) 关于共产主义建设的一般前提问题。

布哈林认为，共产主义建设的一般前提首先是建立无产阶级专政。因为只有实行无产阶级专政，才能瓦解和破坏资本主义生产关系，才能使无产阶级掌握经济上的战略枢纽。

共产主义建设的一般前提还在于使技术知识分子加入这个新的体系。布哈林提出，共产主义建设的特殊问题，不在于缺乏社会性劳动的基础，而在于各个分裂了的社会阶层的新结合，首先在于技术知识分子加入新的体系。作为同旧的社会形式相联系的技术知识分子，一开始会对这种新的结合持反抗的态度，因而只有通过无产阶级的强制，使技术知识分子隶属于无产阶级，才能实现技术知识分子和新的社会形式相结合。

布哈林认为，这种结合的步骤及其对共产主义建设的意义在于：第一，技术知识分子在资本主义社会中执行着生产过程的组织者的职能，从社会角度来看，就是榨取剩余价值的“传动机制”。但是，随着无产阶级专政的建立，知识分子的技术职能也就由资本主义

---

① 相关内容参考第五章第三节，此处不再累述。

② 布哈林：《过渡时期经济学》，14页，北京，人民出版社，1976。

的职能转换为社会劳动的职能，创造剩余价值的职能则转化为创造用于扩大再生产基金的剩余产品的职能。第二，技术知识分子由于清楚了和旧的社会关系的联系和旧的意识形态，而辩证地“复归”为获得新生的知识分子。第三，在无产阶级专政下建立起来的工人阶级的组织中，如在苏维埃、工会、执政的工人阶级政党、工厂委员会等各种专门的经济组织中，也有技术知识分子在起作用。第四，在这种体系中，技术知识分子开始失去自己的社会阶层性质，因为在无产阶级中间一批又一批新的阶层成长起来了，他们逐渐同“旧的”技术知识分子并肩而立。

共产主义建设的一般前提还在于建立“无产阶级国家政权的行政经济和行政技术机构”。随着无产阶级专政的建立，工人阶级的各种组织（工人代表苏维埃、无产阶级政党、工会、合作社、各工厂委员会）的职能都发生了辩证的转化，因为掌握国家政权的工人阶级必然成为“一种生产组织者的力量”。

布哈林对共产主义建设一般前提的这些论述，包含了许多科学因素，特别是对知识分子在社会主义建设中的地位和作用的论述，以及工人阶级要成为生产组织者的论述，至今仍具有一定的现实意义。

(3) 关于过渡时期的城乡关系和无产阶级的任务中心的转移问题。

从革命后苏维埃俄国城乡交流几乎完全断绝的情况出发，布哈林十分重视研究过渡时期的城乡关系、工农关系的重建问题。因为在过渡时期，体现着社会劳动的无产阶级要执行国家计划，而体现着分散的私有制和市场自发势力的农民却要保持商品的无政府状态和猖獗的投机活动，而“简单商品经济无非是资本主义经济的胚胎”，因而，上述两种趋势的斗争“实质上就是共产主义同资本主义之间斗争的继续”①。

从研究马克思提出的维持社会再生产持续发展和两大部类间的正常交流得以顺利实现的三个必要条件（公式）开始，布哈林开始对城乡关系和工农关系展开研究。布哈林吸取了考茨基提出的在两大部类的比例关系中，最重要的是工业和农业之间的比例关系的意见。他认为工业与农业、城市与乡村的关系问题，是各种商品生产社会所共有的问题。在资本主义条件下它表现为以城市剥削农村为特征的对立关系。他认为在共产主义社会的初期，这种对立关系将会继续存在，并且会表现出许多复杂的形式和特殊性，因而更有必要对其进行深入研究。他认为，从实物的观点考察更具有决定性的意义，与此同时，把社会生产划分为各种“具体”的劳动部门，而且首先划分为工业和农业也具有十分重要的意义。社会生产顺利向前发展的先决条件是工业和农业之间保持适当的平衡。可是战争破坏了这种平衡。在这种情况下，为了维持社会再生产，支持战争，各资本主义国家多半是采取了国家的粮食垄断制、农产品配给制、产品义务交授制和固定价格等办法。通过调节流通过程或组织分配来调节农业生产，维持社会再生产。

俄国十月社会主义革命的胜利使那种以城市统治乡村、工业统治农业为基本特征的城乡关系体系彻底瓦解，社会生产也彻底瓦解了。一方面是依靠在战争中保留下来的并由城市无产阶级继承下来的战争剩余储备和剩余物质过活的城市居民；另一方面是握有大量农产品，但几乎完全失去了把这些东西运到城里去卖的可能性的富裕农民。如何重建城市和

① 布哈林：《过渡时期经济学》，71页，北京，人民出版社，1976。

农村、农业和农业之间的关系，并使这种关系重新实现平衡，便成了苏维埃政权面临的首要任务。布哈林认为过渡时期要实现城乡之间的新平衡，就要借助于无产阶级国家的强制，如没收余粮、实行实物税等。这是一个缓慢而痛苦的过程；但是，“工业中再生产恢复得越快，无产阶级开始实行最深刻的任务——技术革命越迅速，这个过程进行得就越快，技术革命彻底改变着经济的保守形式，并给农业生产的社会化强有力的推动。”① 布哈林对过渡时期城乡关系所做的论述瑕瑜互见，他完全忘了马克思和恩格斯关于无产阶级国家绝对不能以暴力剥夺农民，必须按照自愿的原则引导农民走向社会主义道路的教导。可见，布哈林虽然看到了革命胜利后重建被战争破坏了的城乡关系和工农业关系的重要意义，但是对于如何重建这种关系的主张却是不正确的。这也反映了当时布尔什维克内部普遍流行的一种错误观点，即把战时共产主义这一因苏维埃俄国战后特殊社会历史条件不得不采取的特殊极端政策，当成人类社会发展的普遍规律。也正是在这种错误观点的支配下，不少人（包括布哈林）在列宁建议改行新政策时，没能立即接受，而是站到了反对派立场。

布哈林认为，在资本统治下，生产是为剩余价值而进行的；而社会主义生产则是为了满足社会的需要。他说，由于无产阶级夺得了政权，国家各级管理机构已被无产阶级掌握，工人组织构成了这些机构的基础和核心。这就使无产阶级任务的重心转移到经济建设领域。布哈林认为，为了顺利完成这一任务，无产阶级不应再多地注意改变生产关系。在阐明社会主义生产目的的前提下，布哈林提出在“无产阶级任务的重心转移到经济建设领域”之后，我们的注意力重要的是要“寻找能保证有最高办事效率的管理形式”。布哈林认为，实行“一长制管理”应该是“无产阶级工业的紧凑的和压缩的形式，适合于快速工作的‘军事’速度条件的形式”②。而作为经济管理的领导人，应该具有“技术和行政工龄、专门知识和坚强果断”等条件。

布哈林还认为，“全部苏维埃体系最重要的任务之一就是吸收最广大的群众直接参加管理。”③ 而要做到这一点，就要注意“管理方法”和“管理的培训方法”之间的关系。在社会主义经济建设初期，管理的培训和管理本身融为一体，因为工人阶级此时必须边学习管理边管理。因而，管理的培训是以不断发生错误为代价的。但是在社会主义建设的以后阶段中，越来越多的群众能更多地去接触和学习工业行政管理。随着社会主义经济建设的发展，将会聚集越来越多的能够管理和善于管理的人才，而“极端的军事管理形式”也就不再存在了。

面对战时共产主义的现实，布哈林能对社会主义建设中经济管理的形式和经济管理的必要性提出上述论述，尽管大多是从逻辑的推论中得到的，难免掺杂一些主观的臆测，但其中的许多论述仍然是相当出色的，许多构想至今仍能给人以启迪。

3. 新经济政策时期的布哈林经济思想

实行新经济政策，是十月革命后苏维埃俄国的一次具有重大历史意义的转折。对于这

---

① 布哈林：《过渡时期经济学》，72页，北京，人民出版社，1976。

② 同上书，102页。

③ 同上书，103页。

一重大转折，俄共（布）党内是存在意见分歧的。主要存在三种不同的意见：其一，新经济政策是党退化变质的表现，是党向小资产阶级的让步，如果党继续坚持向小资产阶级让步的政策，那么，它就变成小资产阶级党了。因此，他们要求党坚持执行战时共产主义政策。其二，新经济政策仅仅是一种必要的退却，是在战争造成的经济崩溃的情况下不得不采取的措施；但是，一旦国民经济得到恢复，退却即行停止，新经济政策也就终结了。其三，新经济政策不仅仅是一种退却，而且是无产阶级夺取政权后必须执行的一种正常的经济政策，它具有长远和普遍的意义，甚至具有国际意义。布哈林坚持最后一种观点。

在酝酿新经济政策时，布哈林同奥新斯基等人坚持“左派共产主义者”的观点，反对向农民让步，反对开放商品交换，认为这是一种后退的国家资本主义倾向，主张用加速社会化的办法来拯救苏维埃俄国经济。对此，列宁曾在《论粮食税》（1921 年）中作过专门的批驳。布哈林在列宁的帮助下改变了错误的立场。1921 年 8 月 6 日，布哈林在《真理报》上发表的《经济政策的新方针》，标志布哈林对新经济政策态度的转变。

布哈林认为，任何一个国家的无产阶级在革命取得胜利以后都将面临一个极其重要的经济组织问题，即如何安排两种生产形式之间的比例：一种生产形式，无产阶级能够使之实现合理化，加以组织，有计划地进行管理；另一种生产形式，无产阶级在自己的发展初期不能使之合理化和有计划地进行管理。如果无产阶级没有正确地规定这两种生产形式之间的比例，就是说它拿到自己手中的东西太多，超过客观情况所允许的限度，那么无产阶级就不可避免地陷入窘境：生产力受到束缚而得不到发展，由于无产阶级不可能组织一切，因而它也就不可能用自己的计划去取代拥有自己的个体经济的小生产者和小农，经济周转也就被堵塞了。结果，作为统治阶级的无产阶级就不能向社会提供它实际所需要的东西。这就意味着生产力的进一步下降，意味着人们经济生活水平的进一步下降。在战时共产主义政策下的苏维埃俄国便是如此。他认为，战时共产主义本身就不是一种发展社会生产力的政策，而是为了保卫红色苏维埃所采取的一种“突击性”的行动。这种政策关心的不是稳步恢复与发展经济，而是要立即获得物资和产品，哪怕是以破坏生产力为代价也在所不惜。他说，“由此必然得出以下结论：在国内战争时期形成的各阶级之间的平衡，不是以‘正常的’经济过程，而是以工农相互之间在军事上的利害关系为基础的……但同时显而易见的是：战争一旦结束，纯经济方面的矛盾就必然会尖锐到极点。摆在面前的是经济问题，发展生产力的问题，而农业方面要发展生产力，只有通过发展小资产阶级的经济才可以实现。建立起无产阶级与农民之间在经济方面的正确的相互关系，即建立一种使生产力有发展余地的相互关系，十分尖锐地提到日程上来了。”①

布哈林认为，新经济政策的基本任务，归根结底就是要发展大工业。因为大工业是全部技术发展的出发点，是共产主义社会经济关系的基础，是实现共产主义革命的社会力量即工业无产阶级的支柱。因此，按照发展生产力的路线而制定的经济政策的根本任务，就是要加强大工业。但要发展大工业就要有粮食和原料作为先决条件。由于苏维埃俄国当前的农业经济是个体的和小资产阶级的经济，若想要从这种经济中得到充足的粮食和原料，就必须要让它有发展的可能和余地。这就是新经济政策中余粮收集制改为粮食税的根本原

① 布哈林：《布哈林文选》上册，27 页，北京，人民出版社，1981。

因。除了将余粮收集制改为粮食税外，新经济政策还在工业、商业和对外贸易中实行租借制、租让制等实施途径。布哈林认为，从我们的基本任务出发，无产阶级正在发展各种非无产阶级的经营形式，其目的是要保存、加强和发展无产阶级的各种经济形式以及社会化的大机器工业。这是重建遭到战争严重破坏的国民经济的需要；也是面临帝国主义强盗随时都可能对苏维埃俄国进行武装干涉的严重威胁下，被迫采取的一种战略。一旦战略任务完成，当社会化的大工业……建立起来的时候，就可以把舵拨向另一个方向。

布哈林认为，新经济政策既然是通过恢复与发展小资产阶级经济来推动国民经济的恢复与发展，那就必然会存在着资本主义经济复辟的一定危险性。他认为，“把舵拨转”是指，要逐步在经济上消灭大资本主义经济以及在经济上使小经济服从大工业的领导，把它们吸收到社会化的生产中来，但不是通过经济外的强制实现的，而主要是通过拖拉机、电灯、其他机械农业给它们带来的好处来征服它们。

从布哈林的这段论述可以看出，当时他也是把新经济政策看做在经济极端困难的情况下不得不采取的一种暂时性的应急措施，而不是像后来他所认识的那样，这是一条具有普遍意义的建设社会主义的途径。

经过一年多的实践证明，新经济政策的确是一项发展生产力和解决社会主义建设中的工农关系和城乡关系的政策，是无产阶级夺取政权后建设社会主义的正确途径。布哈林认为，新经济政策不仅是实行一种战略上的退却，一方面，新经济政策是一种独特的苏维埃俄国现象；另一方面，新经济政策对于夺取政权的无产阶级来说，是一种正常的经济政策。因为，即使在一些先进的工业国，也存在着小生产者和个体农民。在共产国际第四次代表大会上，布哈林曾对德国共产党的代表说，将来的德国无产阶级革命胜利之后，也一定会遇到这个问题（重组工业与农业、城市与乡村联系问题），你们一定要慎重考虑，你们要让受约束的社会主义经济占多大的比例和你们必须保留多少自由的经济。由此可见，布哈林认为，新经济政策是各国无产阶级在革命胜利后都必须普遍采取的正常的经济政策。

第三节　计划经济与苏联模式

列宁新经济政策的实施调动了广大人民群众的生产积极性，促进了国民经济的迅速恢复。列宁逝世后，是否还执行新经济政策，如何建设社会主义，成为联共（布）党内争论的问题。

列宁逝世后，斯大林担负起领导苏联社会主义革命和建设的重任，在国际形势严峻，国内斗争复杂，没有任何经验借鉴的情况下，斯大林对社会主义经济理论与实践作出了可贵的探索。斯大林的社会主义经济模式是斯大林在领导苏联人民进行社会主义经济实践中所形成的社会主义经济建设道路和社会主义经济体制。这一经济模式是斯大林按照他所理解的马克思主义与苏联当时的实践相结合的产物，它既反映了人们对社会主义经济发展的一个阶段性认识，也是对社会主义经济理论和实践进行的一种可贵探索，在此期间难免存在一些错误。但是，斯大林在苏联社会主义经济建设的伟大实践中对社会主义工业化、农业化、计划与市场、经济增长与发展所作的理论探索，给所有社会主义国家从事经济建设的实践和探索经济理论的发展提供了许多可供借鉴的宝贵的经验。

一、斯大林社会主义经济模式的形成

由于新经济政策实施后，城乡资本主义获得了一定的恢复，托洛斯基、普列奥步拉任斯基等人便对新经济政策和社会主义建设事业产生了动摇。列宁逝世的最初一段时间，“托派”企图改变新经济政策，借牺牲农民利益增加资金积累以加速苏维埃俄国工业化进程。斯大林同这种错误倾向进行了斗争。斯大林强调农民问题对苏维埃俄国社会主义建设事业的重要意义，而且还针对反对派把农民看成是苏维埃俄国建设社会主义的障碍并以此要在农村重新挑起阶级斗争的错误，特别强调坚决贯彻新经济政策，团结农民一起建设社会主义的必要。斯大林分析了当时的情况，认识到“革命获得胜利的国家的无产阶级既然已经巩固自己的政权并领导着农民，就能够而且应当建成社会主义社会”①；要对付资本主义的侵略必须迅速实现社会主义工业化；要实现工业化则必须推进农业集体化。因此，理论上，斯大林对列宁的新经济政策做了肯定，认为“新经济政策是我们经济政策的基础，而且在相当长的历史时期中不会改变”②；在实践中，他在新经济政策实施和国民经济得以恢复的基础上，有计划地全力推进工业化和农村的集体化。此外，斯大林还指出，托洛斯基、普列奥步拉任斯基等人完全不理解新经济政策的两重性，夸大了这一政策的消极方面，看不到新经济政策的积极方面，即重新建立起工人阶级同农民的联盟和城乡之间的经济联系，从而使得无产阶级能够为下一步的进攻积蓄力量和重新布置力量。

在列宁逝世初期，斯大林是坚持新经济政策的，但由于对列宁晚期思想上认识的偏差，导致斯大林最终对新经济政策的彻底放弃。20 世纪 20 年代初期刚刚实行新经济政策时，列宁认为，“退却”一旦完成，就应该立即转入进攻，立即在城市推行工业的国有化，彻底消灭残存的资本主义经济，在农村实行农业集体化，变小个体经济为大型的公有制农业经济，消灭商品生产和商品交换，把工业与农业、城市与乡村间的联系建立在产品交换的基础上。但是，列宁在晚期对新经济政策的意义，对什么是社会主义以及如何建设社会主义的看法有很大的转变。他在《论合作社》一文中曾明确表示，“现在我们有理由说，对我们来说，合作社的发展也就等于（只有上述一点‘小小的’例外）社会主义的发展，与此同时我们不得不承认我们对社会主义的整个看法改变了。”③ 此时的列宁认为，有了合作社的发展就足以实现社会主义了，不再需要改变新经济政策，也不存在什么“停止退却”和重新转入“进攻”的问题，在坚持新经济政策的基础上，通过经济文化建设和合作社的发展，新经济政策的苏维埃俄国就可以和平过渡到社会主义的苏维埃俄国了。

可是，斯大林对社会主义和新经济政策的看法并没有因为新经济政策的实施而发生转变，他的认识仍然停留在新经济政策实施的初期。这从他与“托派”斗争的论述中就可以看出来。因此，当 1927 年苏联发生粮食收购危机时，斯大林便公开提出抛弃新经济政策

① 《斯大林全集》，第 6 卷，95 页，北京，人民出版社，1956。

② 《斯大林全集》，第 11 卷，15 页，北京，人民出版社，1955 年。

③ 《列宁全集》，2 版，第 43 卷，367 页，北京，人民出版社，1987。

的问题，放弃了列宁提出的通过把个体农户组织在各种不同形式的合作社的途径帮助农民走社会主义道路的政策。在联共（布）第十五次代表大会的政治报告中，斯大林在指出苏联农业的发展远远落后于工业的发展，无法满足国家经济发展的需求后说："党的任务：通过合作社和国家机关在供销方面扩大对农民经济的掌握……即逐渐使分散的农户转上联合的大农庄的轨道，转上以集约耕作和农业机械化为基础的公共集体耕种制的轨道，因为这条发展道路是加快农业发展速度和克服农村中资本主义成分的最重要的手段。"① 在这次报告中，斯大林还谈到了当时苏联经济中的一些所谓"消极现象"，即城市中私人资本家的存在，而苏维埃国家政权没能采取必要措施限制、缩小直至从国民经济中将其排除，以及对于农村富农的存在和发展，政府也没能采取得力的措施加以限制和孤立。所有这一切都表明，斯大林要结束新经济政策，预示着他将改变列宁设想的通过新经济政策的实施，逐步地和缓地发展各式合作社来把国家经济组织到社会主义轨道上来的路线。1928年，也就是十五大结束不久，斯大林便采取了这个措施。1929年底，斯大林公开提出抛弃新经济政策。

在1930年召开的联共（布）十六大上，斯大林勾画了苏联经济体制的基本轮廓。他指出，苏联的经济制度就是：

（1）资产阶级和地主阶级的政权已经被推翻而代之以工人阶级和劳动农民政权；

（2）生产工具和生产资料即土地和工厂等已经从资本家那里夺过来并转化为工人阶级和劳动农民群众所有；

（3）生产的发展所服从的不是竞争和保证资本主义利润的原则，而是计划领导和不断提高劳动者物质和文化生活水平的原则；

（4）国民收入的分配不是为了保证剥削阶级及其为数众多的寄生仆役发财致富，而是为了不断提高工农的物质生活和扩大城乡社会主义生产；

（5）劳动者的物质生活状况的不断改善和劳动者的需求（购买力）的不断增长既然是扩大生产的日益增长的源泉，因而也就保证了劳动者免遭生产过剩的危机，免受失业增长的痛苦和贫困的痛苦；

（6）工人阶级和劳动农民是国家的主人，他们不是为资本家而是为自己即劳动人民做工的。②

在此基础上，斯大林正式向人们宣布：新经济政策已经走入最后阶段。新经济政策的宣告结束实际意味着斯大林所强调的新的经济体制即斯大林经济模式的实行。

二、斯大林社会主义经济模式的基本内容

斯大林社会主义经济模式形成的特定的社会经济和政治条件，决定了这一模式的基本内容包括社会主义工业发展模式和社会主义农业发展模式。

千方百计地促使社会主义工业迅速发展，争取在较短时间内赶上并超过发达资本主义国家，实现社会主义工业化，是斯大林社会主义建设思想的核心内容。1926年4月13日，

① 《斯大林全集》，第10卷，264～265页，北京，人民出版社，1954。

② 参见《斯大林全集》，第12卷，280～281页，北京，人民出版社，1955。

斯大林给列宁格勒党组织积极分子做《关于苏联经济状况和党的政策》报告上说，新经济政策实施以来，苏联的经济发展已进入第二阶段。在前一阶段，为建立苏联国民经济的社会主义基础，实现社会主义工业化，首先努力发展了农业；经过了五年的努力，苏联的农业已得到了恢复，因此现在应当转入苏联经济发展的第二阶段，集中力量于工业的发展。联共（布）第十四次代表大会确定了实现社会主义工业化的方针。斯大林强调如果现在不把主要力量集中到工业建设上来，如果不能及时供给农业以机器、拖拉机以及其他工业品，农业本身也就不能继续向前发展了。

斯大林在联共（布）第十四代表大会上提出了社会主义工业化的任务："进一步增加国民经济的产值"；"把我国由农业国变成工业国"；"在国民经济中保证社会主义成分对资本主义成分的决定性优势"；"保证苏联国民经济在资本主义包围的环境下具有必要的独立性"；"增加非税收部分在国家预算总额中所占的比重"①。斯大林所提出的社会主义工业化的任务基本上体现了社会主义工业化的三个方面的内容：其一，在促使国民经济普遍增长的过程中，增大工业总产值，保证工业在国民经济中的领导作用，使苏联由农业国变成工业国；其二，在发展社会主义工业的同时，限制和排挤私人经济，保证社会主义经济对私人经济和资本主义经济的决定性优势；其三，在发展社会主义工业的同时，逐步摆脱对世界资本主义经济的依附性，保证经济的独立性。

为了实现社会主义工业化，斯大林提出了具体的道路，即优先发展重工业，特别是机器制造业。斯大林认为，并不是任何工业的发展都可以算作社会主义的工业化，社会主义工业化的中心和基础是发展重工业，其中主要又是发展燃料、金属、机械等工业，归根结底就是发展生产资料生产。因为处在资本主义包围中的无产阶级专政国家，如果自己生产不出生产工具和生产资料，如果经济发展仍停留在受制于那些生产并输出生产工具和生产资料的发达国家的阶段，那么，也就不可能保持经济上的独立性。

在斯大林这一思想的指导下，苏联走上了高速发展社会主义工业化的道路。优先发展重工业，加速社会主义工业化，首先碰到的一个问题就是如何筹集更多的投资。斯大林分析了历史上关于筹集工业化资金的不同方法，认为欧美资本主义国家为积累实现工业化所需的资本，除了靠残酷地剥削本国工人和农民以外，主要是靠掠夺其他国家、掠夺殖民地和战败国，或者靠举借外债。斯大林认为，社会主义国家既不能依靠掠夺落后国家为自己的工业化积累资金，也不能靠举借奴役性质的外债发展工业化，社会主义工业化的资金积累只能"专靠自己，不借外债，凭借我国内部力量"，"靠本国节约"②。靠自己的力量达到资金积累，其来源有两个："第一个是创造价值并把工业向前推进的工人阶级，第二个是农民。"③ 从工业方面来看，增加产量，提高质量，降低成本是重要的方面，国营企业必须做到生产技术和经营管理的社会主义合理化；从农业方面来看，斯大林认为从农业中积累资金的方式有两个：一个是农民向国家交纳的税收，包括直接税和间接税；二是工农业产品的"剪刀差"。此外，工业化所需的资金积累还可以通过多种途径获得，如增加资

① 《斯大林全集》，第7卷，280页，北京，人民出版社，1958。

② 《斯大林全集》，第8卷，114～115页，北京，人民出版社，1954。

③ 《斯大林全集》，第11卷，139页，北京，人民出版社，1955。

本主义企业的税收，把租借企业和租让企业到期收回国家，改造为社会主义工业企业；在反对酗酒的同时实行烧酒专卖政策，收取特种消费税等。

斯大林的工业发展模式推动了苏联国民经济的发展，苏联用了两个五年计划的时间，基本上就实现了社会主义的工业化。但是，这一在特定历史环境中形成的工业发展模式有一定的局限性，它对后来苏联的社会主义经济建设及对其他社会主义国家的经济建设并不适用。

斯大林的农业发展模式与工业发展模式是匹配的。他认为，实行农业的集体化是社会主义工业化进一步发展的需要。工业大规模发展以后，农业却相对落后，这一方面表现为农业技术过分落后和农村文化太低，另一方面表现为分散的农业生产没有国有化联合经营的大工业所具有的那种优越性。农业相对落后于工业，这一矛盾的解决不能通过放慢工业化的速度来解决，只能是加快农业的发展速度和克服农村中的资本主义成分。但是，斯大林更认为，实现农业的集体化是巩固社会主义制度的需要。这是因为，苏维埃制度不能长久地建立在联合的社会主义工业化和以生产资料私有制为基础的个体小农经济两种不同的基础上，必须逐步而又不断地、坚定不移地把农业转到新的技术基础上，转到大生产的基础上，使它跟上社会主义工业化。

在实现农业集体化问题上，斯大林肯定了集体农庄的经济形式。他认为，“集体农庄作为一种经济因素基本上是农村发展的新道路，是和富农的资本主义发展道路相反的农村社会主义发展道路。”① 在集体农庄这种形式下，生产资料包括土地、机器、农具、耕畜、建筑物等均实行公有化，农民实现集体劳动。在农业集体化初期，斯大林在指导农业集体化运动中强调了三个原则：第一，自愿原则。强调用说服的办法让农民自觉而非强迫地参加集体农庄。第二，分期分批实行全盘集体化。农业集体化的速度根据不同地区的不同条件而定，防止通过行政压力急于求成。第三，集体农庄运动的主要形式是农业劳动组合。

斯大林农业发展模式的实行，使苏联在较短的时间内就实现了农业集体化，农业生产速度迅速增长，农产品的商品增长率也得到了较快的提高。农业基本满足了工业化的需要。但是，应该看到，不顾实际条件，不顾农民加入集体农庄的准备程度，人为地推行全盘集体化，却给苏联农村经济造成了极大的波动，挫伤了农民生产的积极性，加剧了农村社会的不安定。

三、斯大林经济模式的特征

自从1925年联共（布）第十四次代表大会确定加紧实现社会主义工业化的方针后，到1937年第二个五年计划提前完成。随着资本主义生产资料私有制和其他性质的生产资料私有制的消灭，剩下的只有工人阶级、农民阶级和知识分子。而且由于社会经济关系的转变，他们的社会地位也发生了变化。工人、农民已成为生产资料公有制基础上的集体劳动者。苏联的知识分子不再是为资产阶级服务的知识分子，而是为工人、农民服务的知识分子。这样，斯大林便宣布社会主义社会在苏联已经建立起来。1936年11月全苏维埃第八次非常代表大会通过的苏联新宪法对此作了确认。

---

① 《斯大林全集》，第12卷，143页，北京，人民出版社，1987。

1936年苏联宣布成立的社会主义社会，是世界上出现的第一个社会主义模式，它被以后相继出现的各社会主义国家所模仿，因而被称作传统的社会主义模式或苏联模式，又由于它是在斯大林的领导下建成的，因此也叫“斯大林模式”。

对于苏联模式的内涵，学术界存在诸多概括。总起来看，应包含两个层面：一是社会基本制度的层面，一是具体体制和机制的层面。社会基本制度是一种社会制度区别于另一种社会制度的最基本方面。它是一种社会制度内在所固有的质的方面，涉及基本政治制度、基本经济制度、基本文化制度等领域。而具体体制和机制则是一个社会的基本制度的具体实现形式，是为基本制度的完善与发展服务的。基本制度居于主要的方面，并占据主导地位，而体制、机制与政策居于次要方面，并处于从属地位。从状态上看，基本制度是相对稳定的，而体制与机制则是灵活易变的，要根据需要进行调整和更新。因此，斯大林社会主义经济模式的特征体现在其社会基本经济制度、具体的经济运行机制和体制等方面。斯大林模式的特征是：

其一，从基本经济制度来看，采取的是单一的社会主义所有制即公有制。这种公有制采取了社会主义国家所有制和劳动人民的集体所有制两种形式。国家所有制也称全民所有制，一般认为它是社会主义公有制的高级形式，集体所有制是社会主义公有制的低级形式。将来，集体所有制将会在一定的条件下过渡到全民所有制。生产资料公有制是社会主义经济的基本特征，这是马克思主义基本原理。无产阶级取得政权后，在不同的发展阶段，由于社会经济和政治条件的不同，会存在着多种不同的经济成分，列宁在俄国十月革命胜利初期就认识到了这一点。在苏维埃俄国经济落后的情况下，他提出社会主义阶段论，说明在苏维埃俄国经济发展的不同阶段，存在着多种不同的经济成分。在国民经济恢复期，必须以现存的多种经济成分为出发点来建设社会主义，但是，最终还是要建成单一的社会主义。而斯大林在实现社会主义工业化的初期就明确地认为，社会主义是不可能建立在公有和私有两种不同性质的所有制基础上的，基于这样的认识，斯大林在高速发展工业化的同时，采取了对资本主义经济成分进行限制、排挤并最终消灭的政策；在农业集体化运动中，采取了对农村中资本主义成分即富农经济进行限制、排挤并最终消灭的政策。随着社会主义工业化和集体化的完成，1936年前后，苏联基本上形成了单一的社会主义公有制。

其二，从经济运行机制来看，实行的是高度集中的计划经济制度。斯大林在领导苏联的社会主义经济建设中，明确指出，资本主义经济发展的不平衡由于是通过市场自发势力来调节的，因而经常爆发经济危机；社会主义经济的发展要避免经济危机的发生，就必须通过计划经济来调节。鉴于这样的认识，在联共（布）十四大之后，斯大林对计划机关进行了整顿，加强国民经济的计划领导。在工业企业，编制了生产和财务相结合的年度计划，并发动群众参与生产管理，制定并执行计划；在农业方面，通过疏通流通领域，即通过价格、税收、信贷、提供机器和预购合同来调节，使其向国民经济计划化加强的方向发展。在农业集体化得到实现后，国民经济中的不确定因素大大减少的情况下，苏联在30年代后制定的国民经济计划基本上成为指令性的计划，基本形成了计划经济体制。

其三，从经济活动的主体来看，国家成为经济活动的主体。社会主义国家的职能不只是保护社会主义所有制和起一般的调节作用，而且还是作为经济活动的主体从事经济活动。党对国家的领导，实际上就是党对国家经济活动的领导。党决定经济活动的方针、政策，并选派党员担任中央经济管理部门的领导工作，各级党组织对党的方针、政策起着保证监督作用。

关键术语

跨越“卡夫丁峡谷”　　过渡时期　　新经济政策　　斯大林模式

习题

1. 马克思和恩格斯关于社会主义革命的主要观点是什么？
2. 列宁关于社会主义革命问题有哪些理论创新？
3. 过渡时期的基本经济特征是什么？
4. 战时共产主义经济政策的主要内容是什么？
5. 新经济政策的主要内容是什么？
6. 斯大林经济模式的特征是什么？

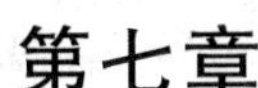

第七章

社会主义国家的经济改革理论

世界各个社会主义国家过去都不同程度上受到苏联模式的影响，并在本国不同程度地照搬苏联模式。1953 年 3 月斯大林逝世后，尼·谢·赫鲁晓夫成为苏联的国家首脑，这在苏联历史发展过程中是一个重大转折。1956 年 2 月苏联召开了苏共第二十次代表大会，赫鲁晓夫提出要破除对斯大林个人迷信的主张，使人们的思想获得了巨大解放，从而使斯大林观点长期占据绝对统治地位的状况被打破。在苏联经济学界，尽管由斯大林认可的《政治经济学教科书》仍然被视为正统和主流，但是随着各个社会主义国家经济理论界学术研究活动的重新活跃，已经对日益僵化的高度集中的计划经济体制提出诸多批评、质疑和深刻反思，从而为从实践层面突破苏联模式奠定了必要的思想理论基础。

第一节　对苏联模式的反思与突破

20 世纪 70 年代末 80 年代初，苏联学者阿甘别吉扬、札斯拉夫斯卡娅和阿巴尔金等，对苏联模式提出了严厉批评，阐发经济改革理论，并且提出苏联经济体制改革的全面设想。其主要理论观点包括：

第一，揭示了苏联社会主义的生产关系严重落后于生产力的发展。在阿甘别吉扬的主持下，由札斯拉夫斯卡娅执笔撰写的一份题为《苏联学者对改革苏联经济体制致苏共中央的报告》的内部研究报告中指出，高度集中的计划经济体制作为苏联社会主义生产关系的具体实现形式，是在 20 世纪 30 年代否认社会主义生产关系和生产力之间产生矛盾的可能性的旧的理论观点的基础上建立起来的。随着苏联社会生产力的发展，现实的生产力状况与 30 年代相比较而言，国民经济结构的复杂性已经远远超越了有效实现完全由中央统一调节的界限，劳动者的社会类型和生产对活劳动的要求也发生了根本性变化。这种旧的经济管理体制既不能调节好国民经济按比例地发展，也不能有效调动劳动者的劳动主动性、积极性和创造性。这些经济事实已经充分表明，传统的生产关系已经严重阻碍了社会生产力的发展。

第二，抨击了以往苏联理论界一直强调的所谓社会主义生产关系能够“自动适应”生产力发展的神话，提出必须通过人们有意识地进行变革才能使生产关系与不断发展的社会生产力相适应。阿巴尔金明确指出，苏联的社会主义实践表明，“生产关系的具体形式与不断发展的社会主义社会的生产力水平之间始终不断保持适应，必须通过改革社会主义经营的形式和方法来实现。”① 阿巴尔金还认为，社会主义生产关系与生产力之间的适应关系，既无法通过一次行动就能够实现，也不可能一劳永逸地确定下来，对公有制形式以及与之配套的管理体制的改革，是“社会主义生产方式自身的扬弃”②。

第三，深刻分析了苏联模式下的经济机制的实质及其在社会主义社会生活中的地位和作用。阿巴尔金通过对苏联经济机制的长期深入研究后指出，经济机制就是经营方式和它作用于生产的各种关系、形式和方法，同时包括管理的组织结构和吸引人们参加劳动的条件，它是生产关系的“亚系”，即生产关系的外部层次。但是，经济机制并不局限于生产关系范围内，它包括一定的生产力和上层建筑的因素。经济机制的结构非常复杂，既包括生产的组织形式和经济联系的形式，也包括管理的机构和计划化的方式，它是经济杠杆和经济刺激的总和。阿巴尔金认为，社会就是通过经济机制来掌握和利用经济规律的，经济政策不是直接地而是通过经济机制的各个环节来影响科技的进步和生产力的发展。正是基于这种认识，阿巴尔金主张对苏联现行的经济机制进行根本性的改革，以适应经济、科技和生产集约化发展的客观要求，只有通过对经济机制的改革，才能为国民经济中的生产联合公司和企业、集体农庄与国营农场等各个基本环节的顺利工作创造有利条件，使其经济活动取得最大的经济效益，为国家和人民创造更多的财富。

第四，研究探讨了关于计划与市场的关系。在苏联模式下，苏联理论界长期流行着在商品货币关系上的“外部论”和“暂时论”，以及将计划机制与市场机制对立起来的观点。阿甘别吉扬等人认为，商品货币关系并不存在于社会主义经济的外部，也绝不是一种暂时的权宜之计，而是社会主义阶段生产力发展所固有的特征。阿巴尔金明确认为：“根本不可能存在什么没有商品生产的社会主义。”③ 在对苏联模式的深刻总结与反思的基础上，阿巴尔金认为，商品货币关系是计划经济的必然属性，应当加以充分利用；苏联经济生活中的商品货币关系并不具有资本主义的属性，而是在苏联企业、联合公司的活动中产生和发展起来的；社会主义经济在一定程度上也是商品经济，价值规律仍然是社会主义经济的调节者。同时，阿巴尔金也强调了中央计划的指导性，主张只是规定国民经济“最基本的比例关系”，并将其作为具体生产计划的“出发点”。“合同以及根据合同而拟定的全部订货都是制定企业生产计划的依据”，所谓完成计划，就是按合同“规定的数量、品种和质

① 阿巴尔金：《关于经济机制的若干理论问题》，载苏联《经济理论》，1985（2）。

② 苏联科学院院士、经济研究所所长阿巴尔金访华的报告，载《世界经济导报》，1987-06-29。

③ 《苏联科学院经济研究所所长阿巴尔金谈经济改革问题》，载《经济学动态》，1987（7）。

量提供产品。”[①] 阿巴尔金主张在商品货币关系的基础上建立计划管理体制，并把市场机制与社会主义计划管理结合起来，因为“市场不是资本主义的发明。市场具有任何一种建立在发达的分工和以商品进行联系的基础上的体制都具有的一系列一般的特征”，只有大力发展社会主义市场，才能通过商品货币关系和市场力量促进企业生产，并保障企业获得选择供货者、资源利用方面的权利和竞争机制原则的确立。阿甘别吉扬认为，对社会主义企业来说，应当将实行“完全的经济核算制”确立为苏联经济体制改革的目标。阿巴尔金则认为，对整个国民经济来说，“改革的目的是建立完全平衡的经济体制”[②]。

除了苏联学者之外，南斯拉夫、捷克斯洛伐克、波兰、匈牙利等东欧社会主义国家的学者们也对苏联模式进行了深刻反思，并且通过一些改革措施试图在实践上突破苏联模式对本国社会主义建设的影响。

20 世纪 50 年代初开始，以卡德尔[③]为代表的南斯拉夫改革经济学家通过对苏联模式的批判，逐步形成关于自治社会主义的思想。他们首先分析了国家所有制的历史作用及其内在矛盾。卡德尔认为，国家所有制只适应于社会主义的初期，属于社会主义公有制的初级形态，国家所有制的内在矛盾在于把工人与社会资本的直接管理相分离，从而为官僚主义敞开了大门，结果必然阻碍技术进步和劳动生产率的提高。另一位前南斯拉夫经济学家霍尔瓦特，则将斯大林模式视为一种既不同于资本主义又不同于社会主义的以生产资料国有制、中央集权制和官僚的管制为基本特征的独立的社会经济形态——“国家主义”(Etatism)，因为“一个强有力的、集权的和权威的国家成了社会的轴心。”[④] “国家主义”只不过是一种以满足官僚利益为特征的没有私有制的非社会主义所有制形式。

卡德尔等学者强调，要建立生产关系的直接公有制即社会所有制。社会所有制的本质特征首先是联合起来的劳动者直接占有生产资料，排除任何中间环节；其次是排除任何处于劳动过程之外的所有者来垄断占有生产资料；第三是劳动成果由联合劳动者根据经营状况进行自主分配。卡德尔等学者将以社会所有制为基础的社会称为自治社会主义。自治不仅仅是经济制度，而且也是一种政治制度。其基本内容是由联合起来的工人行使一系列自治权利，这些权利包括参加劳动的权利，管理所在联合劳动组织的权利，决定收入分配的权利，等等。霍尔瓦特则把自治的内容概括为三种平等：其一，生产者平等，即对生产资料平等的占有权、平等的劳动权、平等的择业权和平等的管理权。其二，消费者平等，即按劳分配。其三，公民平等，即政治民主。自治并不意味着分散主义、地方主义或小集团主义，自治包括计划协调和社会契约，以实现社会联合劳动的一体化。但是，这种协调性计划不应当是自上而下地制定，而应当是由联合劳动的基础组织为起点，自下而上地制定。只有当生存的计划和社会契约不能有效地处理人们相互间的利益冲突时，才有必要让政府出面来干预。

---

① 阿巴尔金：《关于经济机制的若干理论问题》，载苏联《经济理论》，1985（2）。

② 《阿巴尔金谈当前改革》，塔斯社，莫斯科 1987 年 7 月 14 日电讯。

③ 爱德华·卡德尔（1910—1979），南斯拉夫的革命者和政治家，也是改革经济学家的主要代表，被誉为“社会主义者自我管理”的总工程师。

④ 勃朗特·霍尔瓦特：《社会主义政治经济学：一种马克思主义的社会理论》，12 页，长春，吉林人民出版社，2003。

南斯拉夫经济学家通过自治社会主义的实践，认识到商品市场关系的重要性，强调在自治条件下必定存在社会主义的商品经济，反对把计划和市场相对立的观点，重视研究计划与市场相结合的问题。他们认为，计划和市场是自治社会主义经济中不可偏废的两种机制，计划并不是对市场机制的否定，而是对市场机制的指导；市场也不是对计划机制的否定，而是弥补计划机制的缺陷。

捷克斯洛伐克著名经济学家奥塔·锡克结合捷克斯洛伐克社会主义建设的实践经验，从理论和实践两个方面对斯大林模式作出有力的批判。在理论上，锡克对社会主义公有制和社会主义商品经济进行重新认识，批评了斯大林把所有制与生产关系相分离的说法，认为所有制性质不是独立于生产关系之外，而是于生产、交换、分配和消费诸环节之中，单纯的国家所有制并不等同于社会主义公有制，只有在生产、交换、分配和消费诸领域发生相应的变化，才意味着社会主义公有制的真正形成。

锡克明确认为，在社会主义条件下，人们从事经济活动的最主要最直接的动力是需要和利益，尤其是物质利益。因此，在分析社会主义经济发展时，必须分析各社会集团和不同阶层各自的利益及其特点。基于这种认识，锡克提出并论述了社会主义商品经济的内因论，即尽管社会主义条件下人们的根本利益是一致的，但还存在着利益差别，由于各阶层在生产活动中追求自身独特的经济利益，使得私人劳动还不能直接表现为社会劳动，只能表现为与社会必要劳动不同的个别的局部的劳动。这种矛盾具体表现为社会主义经济中具体劳动和抽象劳动之间的矛盾，表现为社会主义商品中的使用价值和价值的矛盾，这正是社会主义商品经济的根本依据。所以，社会主义需要商品货币关系，需要通过商品货币关系来配置资源，降低生产成本和实现收入分配。

锡克在把社会主义生产规定为商品生产的基础上，进一步探讨了计划与市场之间的关系。他强调了社会主义计划必须遵循的一些基本规律：其一，要保证不断提高社会的消费水平；其二，必须按比例生产各种产品；其三，要不断提高劳动生产率；其四，要确定生产资料与消费资料生产的基本比例关系。锡克认为，社会主义需要利用市场机制基于两个原因：一是信息原因，即计划部门不可能了解生产活动的一切细节，无法制定详尽的最优计划；二是利益原因，即由于利益的不一致使人们的具体劳动还无法直接表现为社会劳动，只能通过市场机制来转化。然而，市场机制也有其局限性，即市场不可能是完全竞争的，单凭市场也无法解决经济的长远发展问题。因此，应当把计划与市场有机结合起来，市场为计划提供信息，并检验和矫正计划，实现宏观经济的平衡；计划则为市场规定方向，施加影响并克服其盲目性，解决微观经济的平衡问题。

按照社会主义商品经济理论和计划与市场相结合的理论，锡克提出自己的经济改革蓝图，主要包括市场经济体制的改革和所有制的改革。锡克主张放弃以往那种过于详尽的计划，代之以宏观收入分配计划，即只对宏观经济中的重大比例关系如经济增长率、积累与消费的比例等作出规定，以便在保证总供求平衡的同时，也能保证一定的经济增长速度，保证合理的积累率和改善居民消费状况，保证区域发展的平衡，保证物质生产和非物质生产之间的平衡发展。同时，锡克主张改变以往的国有制，建立社会主义的股份所有制，使每个职工既是工人又是股东，既从事生产活动又参与企业管理，既参与生产决策又参与收入分配的决策，职工要有任免企业经理的权力。锡克认为，只有通过社会主义股份制建立起来的公有制企业，才能有效克服原有国家所有制企业中盛行的官僚主义和职工缺乏责任感等各种弊端。

另一位捷克斯洛伐克经济学家考斯塔对苏联模式和一些东欧国家在20世纪60—70年代试图突破苏联模式逐步形成的建设模式进行了比较研究，其各自特征可以归纳为图7—1。

	苏联模式	南斯拉夫模式	匈牙利模式
计划目标	工业化	经济增长	工业化
计划形式	中央行政集权	分权为主	分权计划
分配体制	按劳分配	物质刺激	物质刺激
决策体制	领导层决策	工人自治	权威等级制

图7—1　各种社会主义经济模式的特征比较

考斯塔通过对苏联模式和其他社会主义模式的比较研究认为，社会主义改革的目标模式应当具备如下三个基本要素：(1) 国民经济控制计划；(2) 经济调节手段；(3) 市场机制。考斯塔强调，国民经济控制计划除少数几个部分之外，基本上是以指导性计划为主，而为了保证这些指导性计划的贯彻实施，必须采用财政金融等经济调控手段。同时，这些经济手段必将对市场运行产生影响，从而有利于发挥调控市场的作用。考斯塔认为，市场机制应当包括五个因素，即个人的消费自由和择业自由、企业决定日常生产经营活动及其长期投资的自主权、市场价格机制、资金刺激制度和利润刺激制度以及企业间的竞争。

匈牙利经济学家科尔内认为，以苏联模式为代表的传统社会主义经济的基本特征是需要大于供给，存在稳定持续的短缺现象，经济增长受资源的约束，是一种资源约束型经济，与资本主义经济的常态形成了鲜明的对照。科尔内认为，传统社会主义经济中存在着普遍而持续短缺的主要原因是：计划部门的高增长目标，这种目标导致过高的投资规模，引起总需求超过资源所许可的总供给；社会主义经济的体制因素决定了利润刺激的不存在或弱化，庞大而臃肿的官僚机构，政企不分使企业受到大量的行政控制，预算约束软化等等。由于持续和普遍的短缺，使传统社会主义经济中的消费品市场始终处于一种卖方市场，即卖方处于支配地位的市场，消费者的行为反应往往表现为排队、走后门、票证买卖、被迫替代和被迫储蓄等等。事实上，短缺经济是通货膨胀在苏联模式为主导的社会主义经济体制下的一种畸形表现。

科尔内特别强调企业的预算软约束所导致的不良影响，并将这种预算软约束看做政府与企业之间的“父爱主义”的结果。在这种“父爱主义”关系下，企业投资成功会受到上级部门的表彰，增加资金收入，而投资失败既不会破产，也不会为此承担投资风险，即政府总是会为企业承担最终的责任，总会帮助企业渡过难关，导致企业不仅不存在亏损或破产的顾虑，反而会产生更加强烈的“投资饥渴症”，即试图从上级部门争取尽可能多的投资资金，尽可能扩大自己的投资规模，结果导致投资饥渴与短缺之间的恶性循环。科尔内认为，要改变短缺现象就必须改变原有的经济体制，消除政府与企业之间的“父爱主义”关系，给企业以经营自主权，硬化企业的预算约束机制，即不仅要引入市场机制，而且要改造市场中的行为主体，使企业由依附于政府的一种生产组织转变为独立核算、自负盈亏和自主发展的经济实体。

总体来看，在斯大林之后的社会主义建设时期，无论是在苏联国内，还是在苏联之外，一切对社会主义的前途命运抱有历史责任感的经济学家都对苏联模式进行了深刻反思和严肃批评。后来在深入研究探讨苏联崩溃和东欧社会主义国家纷纷解体的原因时，绝大多数学者都一致将苏联长期实行的斯大林模式以及将这种模式强行推广到东欧社会主义国家视为主要原因。因此，在对苏联模式进行深刻理论反思的基础上，如何谋求对这种社会主义建设模式的实质性的突破，成为所有试图坚持社会主义制度的国家所无法回避的重大现实问题。

第二节　两种不同的经济改革之路

对苏联模式的反思，推动各社会主义国家突破苏联模式的改革。上世纪 60 年代以后，这些改革的基本方向是突破高度集中的计划经济模式，发展商品经济和市场经济，由计划经济向市场经济改革。实际上，在某些曾经借鉴计划经济模式的资本主义国家，也存在克服计划经济弊端发展市场经济的改革问题。纵观各国的改革思想与实践，基本上可以概括为两种不同的改革之路：以苏联为代表的激进式改革之路和以中国为代表的渐进式改革之路。

一、两种改革之路的基本思想

依据改革的时间跨度和连续性，将改革划分为激进式改革和渐进式改革。所谓激进式改革，是指在短时间内终止原有体制，迅速实施新体制，“一步到位”地实现旧体制到新体制的转变。这种改革是一种突发的、非连续性的改革。渐进式改革是指在保持政治稳定、不发生社会动荡和混乱的前提下，在一个较长的时期内，在原有体制内部保持旧体系的稳定，开辟一定范围实行新体制，通过“试点—推广”的方式逐步推行新体制的改革。渐进式改革是一种连续性的改革。在很多情况下，渐进式改革采取的是旧体制内部的规则保持不变或稳定，在体系外试行新体制，通过试行和推广，将增加的新体制不断扩大，从而实现改革的改革路线，因此，渐进式改革在多数情况下也是一种“增量式改革”。

1. 激进式改革的基本思想

新自由主义经济学是激进式改革的理论基础和思想来源。上世纪 70 年代以后，西方发达国家结束了战后 20 年的经济发展黄金时期，出现了经济停滞和通货膨胀并存的局面。传统的凯恩斯主义经济学以扩大财政支出和货币供给治理经济停滞的政策主张，将导致更为严重的通货膨胀，从而陷入了理论困境。以弗里德曼为代表的反对凯恩主义的新古典经济学家依据古典经济学自由主义思想，坚持政府不干预的传统，提出了治理通货膨胀的系列主张，形成了著名的货币主义经济学，重新恢复了新古典经济学在宏观政策领域的重要影响。如上一节所述，上世纪中叶以后，社会主义国家也出现了著名的“短缺现象”，形成了比较严重的通货膨胀问题，导致宏观经济秩序的波动。某些社会主义国家或曾经使用计划经济手段的发展中国家，开始吸收货币主义经济学的理论观点和政策主张，改革原有的经济体制。激进式改革的思想和政策主张在这一背景下形成。

以新古典经济学货币主义思想为指导，早期主张激进式改革的学者的理论依据主要包括以下几个方面。

第一，计划经济条件下僵化的管理体制是形成短缺现象与潜在通货膨胀的根本原因。在这种条件下，仅放开价格管制，不改革原有经济体制，不可能克服短缺现象和通货膨胀，必须恢复市场自由竞争。

第二，市场机制能够自发地调节供给和需求的关系，使市场最终达到平衡，化解通货膨胀等宏观经济风险。

第三，发展市场经济，必须具备参与市场竞争的经济主体，因此，自由决策的私有制经济必须在国民经济中占据主导地位。

第四，经济改革需要付出各方面的成本，在短时期内按照新古典经济学自由主义主张设计一整套经济体制，“一步到位”地替代旧体制，可以实现节约改革过程中的成本。

基于上述基本认识，主张激进式改革的学者往往坚持以价格市场化、贸易自由化、所有制私有化为主要取向的改革方向。他们往往基于在西方发达国家已经获得成功的经济体制，为发展中国家设计相应的一整套“理想的”经济体制，希望发展中国家能够在短期内迅速实施这些经济体制。

2. *渐进式改革的基本思想*

在上世纪中后期，激进式改革的理论和政策主张占据主流地位，渐进式改革的系统学术理论基础尚未形成。在初期，主张渐进式改革的国家，其思想主要来源于这些国家实际的管理经验。在以中国为代表的社会主义国家和以印度为代表的资本主义国家，渐进式改革思想主要体现为这些国家对于激进式改革所造成的政治局势和社会稳定的担忧，其改革思想基本上可以概括为注重政治稳定和社会稳定的改革思想，主张在稳定的前提下，通过改革实现经济发展。在这一时期，中国关于“改革—发展—稳定”三者关系的系统思想，可以视为渐进式改革的基本思想。

二、两种改革之路的政策主张和实践效果

激进式改革曾经先后以萨克斯“休克疗法”、“华盛顿共识”和“后华盛顿共识”为政策体系，在拉美、苏联东欧等国家推广，但是政策效果并不理想。中国和印度等国在政治稳定基础上实施的渐进式改革，采取了更为稳妥的“增量式”改革的政策主张，获得了较为长远的发展，逐步受到国际社会的认可，获得了广泛的借鉴和推广，“北京共识”的形成被认为是渐进式改革获得广泛认可的重要标志。

1. *激进式改革的政策主张和实践效果*

激进式改革的政策主张基本上可以概括为休克疗法、华盛顿共识和后华盛顿共识。

“休克疗法”是一种临床医学术语，一般是指通过电击等方式造成患者的抽搐等效果，从而达到治疗的目的，美国哈佛大学教授杰弗里·萨克斯主张在治理通货膨胀的过程中实

施整套激进的措施，在短期内对宏观经济形成强烈的冲击，从而实现对通货膨胀的治理，使经济发展进入新的体制。由于这种激进的改革主张类似于医学上使用激烈冲击的“休克疗法”，所以，萨克斯教授的主张也被称为经济领域的“休克疗法”。

> 萨克斯认为，经济体制是一个“牵一发而动全身”的有机整体，仅在某一部分或某一领域实施改革，很难获得成功。在短时间内迅速终止旧体制实施新体制可以最大限度地降低政治阻力，使改革获得成功。同时他也认为在阿根廷、巴西和秘鲁等国治理通货膨胀失败的原因就在于渐进式的改革措施无法奏效。①

一般认为“休克疗法”的理论基础是“华盛顿共识”。

上世纪80年代拉美国家爆发了严重的财政危机和经济危机，导致拉美发展中国家陷入经济发展的困境。同时，在西方发达国家坚持自由主义观点的货币主义等新古典经济学在学术界处于优势，加速了自由主义经济学的传播和推广。很多拉美国家按照新古典经济学的自由主义主张推行市场化、自由化和私有化的经济改革措施。拉美各国经济在80年代后期逐步获得恢复和发展。1990年，美国国际经济研究所组织了讨论拉美国家80年代经济调整和改革的研讨会，拉美国家官员、美国财政部官员、企业家和经济学家共同就拉美国家在80年代的经济调整和改革展开讨论，著名经济学家威廉姆森总结认为与会代表就拉美经济调整的十项政策措施形成了较为一致的意见，达成了共识，这些共识被称为“华盛顿共识”。

这些政策措施包括："（1）加强财政纪律，压缩财政赤字，降低通货膨胀率，稳定宏观经济形势。（2）把政府开支的重点转向经济效益高的领域以及有利于改善收入分配的领域（如文教卫生和基础设施）。（3）开展税制改革，降低边际税率，扩大税基。（4）实施利率市场化。（5）采用一种具有竞争力的汇率制度。（6）实施贸易自由化，开放市场。（7）放松对外资的限制。（8）对国有企业实施私有化。（9）放松政府的管制。（10）保护私人财产权。”②

与“华盛顿共识”相仿，萨克斯的“休克疗法”政策主张主要包括以下基本内容③：（1）确立市场决定价格的基本体制。要放弃价格管制，通过市场竞争自由决策产品和要素的价格。（2）以私有经济作为市场竞争的主体。要放弃对私有经济的限制，通过发展私有经济，使其成为参与市场竞争的主导力量。（3）限制公有制经济和国有经济，对国有经济实施私有化改造。（4）压缩财政支出和货币供给，以限制物价的上涨。

在萨克斯看来，上述政策主张构成一个有机整体，在最短的时间内实施上述一整套措施，是治理通货膨胀，实现经济改革的最优出路。

萨克斯的“休克疗法”在拉美国家玻利维亚获得了成功，但是，在苏联等国的实施却遭遇了严重的失败。在实施了“休克疗法”之后，苏联不仅未能走出经济困境，反而陷入了更为严重的危机和社会动荡，开始了长时期的经济衰退。很多人认为，萨克斯的“休克疗法”，是导致苏联政局动荡、社会混乱、最终苏联解体、前苏联地区国家经济衰退的直

① 陈霞：《萨克斯的休克疗法及其评价》，载《武汉理工大学学报》，2001（2）。

② 江时学：《新自由主义、华盛顿共识与拉美国家的改革》，载《当代世界与科学社会主义》，2003（6）。

③ 参见陈霞：《萨克斯的休克疗法及其评价》，载《武汉理工大学学报》，2001（2）。

接原因。此后，激进改革的政策往往不再使用“休克疗法”，国际货币基金组织成为推动华盛顿共识的主要途径。作为国际货币体系的主要管理机构，国际货币基金组织在各国处于经济困境时，拥有发放贷款，扩大货币流动性的重要权限。国际货币基金组织将“华盛顿共识”的政策取向作为发放贷款治理各国金融危机的重要信条，从而在客观上推进了“华盛顿共识”在各国的推广。在拉美各国克服金融危机的过程中，国际货币基金组织发挥了关键作用，拉美各国也成为“华盛顿共识”所代表的新自由主义经济政策的主要推广地区。上世纪 80 年代到 90 年代，以市场化、自由化和私有化为基本取向的激进式改革，在拉美地区盛行。

进入 21 世纪，越来越多的人开始反思、批判拉美国家推行“华盛顿共识”的激进式改革。在推行“华盛顿共识”的 20 年间，拉美国家的经济增长速度迟缓，工业化进程缓慢甚至出现倒退，大量国有企业被私有化之后，并未推进经济快速增长，拉美国家的贫富差距却进一步拉大，贫困人口增多，失业率长期居高不下。拉美国家的状况与实施渐进式改革的中国、越南和印度经济的高速增长形成鲜明对比。越来越多的人认为，以“华盛顿共识”为基础的激进式改革被证明是失败的。

2. 渐进式改革的政策主张和实施效果

渐进式改革的政策主张可以概括为在政治稳定、政策持续性前提下的“增量式”改革政策。主张渐进式改革的国家也承认市场经济应当在资源配置的过程中发挥基础作用，应增强企业的自主决策能力，使自负盈亏的企业成为参与市场竞争主体。但是，私有化并不是增强企业自主决策能力、实现自负盈亏的唯一途径。为了保障政策的稳定性和延续性，渐进式改革实施旧体制不变，新体制试行后逐步推广的“增量式”改革政策。具体而言，这些政策包括以下几个方面。

第一，在价格结构上，在保持原有计划内指标以计划手段实施的同时，允许计划外的生产指标参与市场交换，形成市场价格。同一种产品，计划内的产品依然实行计划价格，计划外增加的指标和产量实行市场价格，这种改革措施也被称为“价格双轨制”。“价格双轨制”在保留原有计划价格的前提下，逐步通过新增的“增量”推行市场手段调节，在保证原有体制稳定性和延续性的同时，逐步推行新体制，体现了稳定和渐进的改革思路。①

第二，在空间结构上，通过划定经济特区、对外开放城市、经济开发区等区域，在某些地区试行新的新体制、新政策，获得成功后再将获得验证的体制和政策在更广泛的空间、区域推广。

第三，在所有制结构上，在保持原有公有制经济主导地位的前提下，发展非公有制经济、乡镇企业等不同形式的经济形式，鼓励不同所有制经济公平参与市场竞争，增加市场竞争主体，增强市场活力。然后再逐步借鉴非公有制经济的经验，对公有制经济和国家企业进行改革，实现自主经营、自负盈亏。

---

① “价格双轨制”作为增量改革的重要安排，为我国逐步推进市场调节方式，起到了重要作用，对于从旧体制到新体制的转变发挥了重要的积极的过渡作用。但是，由于价格双轨制下计划价格与市场价格之间形成的价格差，导致计划指标成为可以直接获利的利益载体，以获取“计划指标”为目的的寻租行为也大量出现，导致了一些消极的不公正的现象。这也是我国及时停止“价格双轨制”的重要原因之一。

总之，渐进式改革实行“老人老办法、新人新办法”的增量式改革，坚持“先试验后推广”的基本原则，为新体制、新政策的实施提供了更大的弹性和调整空间，增强了改革的灵活性，使不同领域的参与者可以在不断的试验和推广的过程中，逐步参与、学习新体制、新政策，从而实现改革的稳步推进。

自十一届三中全会以来，在30余年的发展过程中，中国一直坚持“增量式”改革的基本原则，坚持“试验—推广”的改革路线，获得了积极的效果。中国的市场经济体制不断完善，30余年来，中国一直保持较快的经济增长速度，经济增长速度居世界首位，中国的经济结构不断完善，工业化和城市化进程不断加快。2008年全球性金融危机爆发后，中国以最快速度克服了金融危机的负面影响，率先实现了经济恢复。中国经济的高速增长和丰富的资本储备，获得世界各国的普遍关注，“中国模式”和“中国经验”成为发展中国家和发达国家的重要借鉴。同时，在政治稳定前提下推行渐进式改革的越南、印度等国，也获得了长足的经济发展，实现了高速的经济增长，渐进式改革受到越来越广泛的认可。

关键术语

苏联模式	国家主义	激进式改革
渐进式改革	休克疗法	华盛顿共识

习题

1. 苏联学者对苏联模式的反思和批评主要是什么？
2. 南斯拉夫学者对苏联模式的反思和批评主要是什么？
3. 匈牙利学者科尔内对苏联模式的反思和批评主要是什么？
4. 马克思是如何理解社会主义和共产主义的？
5. 恩格斯是如何理解社会主义和共产主义的？
6. 列宁是如何理解社会主义和共产主义的？
7. 激进式改革的基本思想是什么？
8. 渐进式改革的基本思想是什么？
9. “华盛顿共识”的主要内容是什么？
10. “休克疗法”的政策主张有哪些？
11. 渐进式改革的政策主张有哪些？

第八章

社会主义市场经济制度

社会主义国家由计划经济模式向市场经济的过渡经历了曲折的理论和实践探索，在20世纪最后二十年，不同的社会主义国家均形成了以市场经济为基本方向的经济改革。正如第七章所介绍的，中国以渐进式改革之路基本实现了社会主义市场经济制度的理论构建和制度设计。本章具体介绍对社会主义市场经济制度的探索过程，以及中国社会主义市场经济制度的所有制结构和分配制度。

第一节　社会主义市场经济的形成过程

社会主义市场经济的建立和完善，是马克思主义经济学基本原理与中国具体实际相结合的结果，是一个不断突破传统思维模式与体制模式，从而不断解放思想和解放生产力的过程。

一、最初设想：没有商品生产的社会主义经济

在马克思和恩格斯最初设想的社会主义经济中，不存在商品生产和商品交换。在马克思主义经典著作中，马克思主义创始人对社会主义生产的基本观点是，社会主义社会不存在商品生产。商品生产与交换是人类社会生产力发展到一定水平的必然产物，它总是必然要在一定的社会经济关系中得以实现，这些不同的社会经济关系是人类社会划分为若干经济社会形态的重要标志。从马克思和恩格斯的相关论述来看，社会分工与私有制是商品生产存在的充分必要条件。

从历史与逻辑相统一的原则出发，马克思将商品生产划分为简单商品生产与资本主义

商品生产两种类型，并在当时条件下认为，资本主义商品生产是最高类型的商品生产，即“活劳动同物化劳动的交换，即社会劳动确立为资本和雇佣劳动对立的形式，是价值关系和以价值为基础的生产的最后发展。”① 关于商品生产存在的条件，根据马克思的经典表述：“各种使用价值或商品体的总和，表现了同样多种的、按照属、种、科、亚种、变种分类的有用劳动的总和，即表现了社会分工。这种分工是商品生产存在的条件”②。同时，马克思紧接着又强调：“不能反过来说商品生产是社会分工存在的条件。在古代印度公社中就有社会分工，但产品并不成为商品。或者拿一个较近的例子来说，每个工厂内都有系统的分工，但是这种分工不是通过工人交换他们个人的产品来实现的。只有独立的互不依赖的私人劳动的产品，才作为商品互相对立。”③ 关于商品生产，恩格斯也明确指出：“什么是商品？商品是在一个或多或少互相分离的私人生产者的社会中所生产的产品，就是说，首先是私人产品。”④

对于在实行了生产资料公有制的社会主义社会，马克思和恩格斯认为，不存在商品生产和交换。

马克思在《资本论》中曾认为：“生产是公有的生产，不具有商品生产的形式”⑤。后来，马克思在1875年的《哥达纲领批判》中进一步认为：“在一个集体的、以生产资料公有为基础的社会中，生产者不交换自己的产品；用在产品上的劳动，在这里也不表现为这些产品的价值，不表现为这些产品所具有的某种物的属性，因为这时，同资本主义社会相反，个人的劳动不再经过迂回曲折的道路，而是直接作为总劳动的组成部分存在着。”⑥ 恩格斯在《反杜林论》中也认为：“一旦社会占有了生产资料，商品生产就将被消除，而产品对生产者的统治也将随之消除。社会生产内部的无政府状态将为有计划的自觉的组织所代替。”⑦“每一个人的劳动，无论其特殊的有用性质是如何的不同，从一开始就直接成为社会劳动。”⑧ 这样，一件产品中所包含的社会劳动量，可以不必首先采用迂回的途径，即商品交换的社会过程，而仅仅凭借“日常的经验”就直接显示出来。整个社会生产完全可以按照计划进行，并且人们可以简单而轻易地做到这一切，而不需要著名的“价值”插手其间。

由于马克思主义创始人坚持认为社会分工与私有制是商品生产存在的充分必要条件，生产资料的社会主义公有制与商品生产消亡之间存在着内在一致的逻辑联系，因此从马克思主义经典作家的直接表述来看，我们难以找到社会主义与商品生产的任何明确的理论联系，这对于现实在从事社会主义建设事业的所有的马克思主义者，都提出了无法回避的理论难题，而对于这一理论难题的解决程度如何，又直接深刻影响着各国的社会主义实践。

二、苏联模式：商品生产调节社会主义经济

列宁和斯大林关于社会主义生产的基本观点是，商品生产与价值规律在社会主义社会

① 《马克思恩格斯全集》，中文1版，第46卷下，217页，北京，人民出版社，1980。

②③ 《马克思恩格斯全集》，中文1版，第23卷，55页，北京，人民出版社，1972。

④ 《马克思恩格斯选集》，2版，第3卷，657页，北京，人民出版社，1995。

⑤ 《马克思恩格斯全集》，中文1版，第24卷，505页，北京，人民出版社，1972。

⑥ 《马克思恩格斯选集》，2版，第3卷，303页，北京，人民出版社，1995。

⑦ 同上书，633页

⑧ 同上书，660页。

的一定范围内客观存在并对社会主义经济具有重要调节作用。列宁等苏联领导人曾试想直接以“战时共产主义政策”过渡到社会主义和共产主义的经济制度，遇到困难后列宁实行了著名的“新经济政策”承认了商品生产对社会主义经济的调节作用。

在列宁逝世之后，斯大林在比较长时期的社会主义建设实践中，继承了列宁所提出的“掌握商业，引导商业，把它控制在一定的范围内”① 的指导思想，并结合苏联社会主义建设实践，比较系统地提出了关于社会主义商品生产与价值规律的理论观点。

斯大林认为，商品生产在现实的生产资料公有制的社会主义社会中具有存在的客观必然性；那些通过引证恩格斯在《反杜林论》中的观点即“一旦社会占有了生产资料，商品生产就将被消除，而产品对生产者的统治也将随之消除”，并试图由此断定在当时的苏联应该消灭商品生产的同志，是“大错特错”的。斯大林认为，恩格斯的观点并不十分明确，“因为其中没有指出，究竟是社会占有一切生产资料，还是只占有一部分生产资料，即一切生产资料归全民所有，还是仅仅一部分生产资料转归全民所有。这就是说，恩格斯的这个公式可以这样了解，也可以那样了解。”② 斯大林进一步指出：“在《反杜林论》的另一个地方，恩格斯讲到占有‘一切生产资料’，讲到占有‘全部生产资料’。这就是说，恩格斯在他的公式中所指的，不是把一部分生产资料收归国有，而是把一切生产资料收归国有……在那里，不仅在工业中，而且也在农业中，资本主义和生产集中都充分发达，以致可以剥夺全国的一切生产资料，并把它们转归全民所有。因而，恩格斯认为，在这样的国家中，在把一切生产资料公有化的同时，还应该消除商品生产。这当然是正确的。”③ 显然，这些“消除商品生产”的条件在当时的苏联并不具备。俄国在十月革命之前，农业中仍然存在着大量的小私有生产者。十月革命胜利后，只能把在城市中已经相当集中的资本主义的工业生产资料转归全民所有，而绝不能通过剥夺那些人数众多且如此分散的农业生产者的生产资料而使其转归全民所有，只能引导他们联合到集体农庄中去。斯大林结合当时苏联的具体国情进行分析后，指出：“现今在我国，存在着社会主义生产的两种基本形式：一种是国家的即全民的形式，一种是不能叫作全民形式的集体农庄形式。在国家企业中，生产资料和产品是全民的财产。在集体农庄这种企业中，虽然生产资料（土地、机器）也属于国家，可是产品却是各个集体农庄的财产；……集体农庄只愿把自己的产品当作商品让出去，愿意以这种商品换得它们所需要的商品。现时，除了经过商品的联系，除了通过买卖的交换以外，与城市的其他经济联系，都是集体农庄所不接受的。因此，商品生产和商品流转，目前在我国，也象大约三十来年以前当列宁宣布必须以全力扩展商品流转时一样，仍然是必要的东西。”④ 因此，斯大林认为：“只要还存在着两种基本生产成分，商品生产和商品流通便应当作为我国国民经济体系中必要的和极其有用的因素而仍然保存着。”⑤ 这样，斯大林事实上已经在理论上突破了马克思主义创始人否认社会主义社会存在商品生产的思想认识，并且进一步论证了价值规律在社会主义经济中的重要作用。

首先，斯大林论证了价值规律在社会主义经济中是客观存在的经济规律。斯大林认

① 《列宁选集》，3版，第4卷，615页，北京，人民出版社，1995。

② 《斯大林选集》，下卷，545、546页，北京，人民出版社，1979。

③ 同上书，546页。

④⑤ 同上书，550页。

为："在有商品和商品生产的地方，是不能没有价值规律的。"① 斯大林严厉批评并纠正了当时苏联经济理论界普遍流行的一种主观唯心主义观点，即认为包括价值规律在内的许多经济规律都可以在社会主义计划经济的基础上得到"改造"，甚至"根本改造"，这些被"改造"或被"根本改造"过的经济规律只不过是苏维埃政权实现对国民经济计划管理的工具。斯大林指出："如果能改造规律，那也就能消灭规律，而代之以另外的规律。'改造'规律的论点，就是'消灭'和'制定'规律这种不正确公式的残余。虽然关于改造经济规律的公式早已在我们这里流行起来，可是为了准确起见，必须把这个公式抛弃。"②

其次，斯大林认为，由于"价值规律的作用，并不限于商品流通范围内，同时也扩展到生产方面……我们的企业是不能不，而且不应该不考虑到价值规律的。"③ 然而，由于不懂得价值规律的客观要求，或者是主观上漠视价值规律的客观必然性，当时苏联的经济工作人员和计划工作人员往往满足于凭空想象出来的"大概数字"，竟然出现建议把一吨谷物的价格定得和一吨面包的价格相等，一吨谷物的价格差不多和一吨棉花的价格一样等等的紊乱现象。对此，斯大林指出，价值规律是"很好的实践的学校"④。社会主义社会中的经济工作干部必须学习、研究和遵循价值规律，在企业的生产经营实践中"不断地改进生产方法，降低生产成本，实行经济核算，并使企业能够赢利"⑤，才能迅速成长为适应社会主义生产的"真正领导者"。

再次，斯大林提出了价值规律在社会主义经济中发生作用的范围问题。斯大林把价值规律在流通领域和生产领域中的作用明确区分开来。斯大林认为，在苏联社会主义社会中，价值规律发生作用的范围，主要集中在商品流通领域，"包括通过买卖的商品交换，包括主要是个人消费的商品的交换"，"在这个领域中，价值规律保持着调节者的作用"，而"价值规律在我国社会主义生产中，并没有调节的意义，可是它总还影响生产，这在领导生产时是不能不考虑的。"⑥ 那么，既然在社会主义生产中"不能不考虑"价值规律的作用，那么应该考虑哪些方面呢？由于在苏联计划经济体制下，各种生产要素的配置和产品数量的多少，都是由国家计划调节的，可以认为不受价值规律的调节。但是，由于维持劳动力生产和再生产的个人消费品从属于商品生产与交换，斯大林认为，在社会主义生产领域，"抵偿生产过程中劳动力的耗费所需要的消费品，在我国是作为商品来生产和销售的，而商品是受价值规律作用的。也正是在这里可以看出价值规律对生产的影响。"⑦ 尽管理论界对斯大林的这段论述仍然存在着争议，但是至少可以断定，在苏联计划经济体制下，劳动者获得的消费品只不过是用于抵偿劳动力在生产过程中的耗费，也就是为了获得相当于维持劳动者劳动力的生产与再生产的生活资料。如果将这部分消费品转换成价值形态的话，也就是意味着劳动者获得的生活资料仅仅相当于自己的劳动力价值。这一理论判断为我们在进一步理解社会主义本质的基础上，构建符合马克思劳动价值论基本原理，并

① 《斯大林选集》，下卷，552页，北京，人民出版社，1979。

② 同上书，544页。

③ 同上书，552～553页。

④⑤ 同上书，553页。

⑥ 同上书，552～553页。

⑦ 同上书，553页。

与社会主义市场经济相适应的劳动力资本化理论具有重要意义。

现在看来，斯大林关于社会主义社会中的商品生产与价值规律的理论观点，是在列宁所实行的新经济政策以及后来的社会主义建设的实践经验基础上总结出来的，它实际上已经突破了马克思主义创始人对未来社会中的社会生产的推测和预见。尽管这些关于社会主义商品生产和价值规律的理论观点并不彻底，还具有很大的历史局限性，但是由于苏联作为世界上第一个社会主义国家和斯大林本人在整个世界社会主义阵营中的崇高威望，使得这些理论观点不仅在苏联，而且在世界其他社会主义国家中都广泛传播，同时被编写入政治经济学教科书，对各国的社会主义政治经济学理论产生重大而深远的影响。同时，以斯大林的理论观点为指导形成的苏联社会主义建设模式即高度集中的计划经济体制（我国理论界又将其简称为“苏联模式”或“苏联范式”①），也成为其他社会主义国家争相学习和效仿的“正统”。

三、中国特色：从社会主义商品经济到社会主义市场经济

从社会主义商品经济到社会主义市场经济是中国构建中国特色社会主义的重要内容。在我国，社会主义市场经济经历了复杂而曲折的形成过程。

在改革开放之初，斯大林关于社会主义商品生产与价值规律作用范围的理论观点及以此为依据编写的苏联政治经济学教科书在我国经济理论界长期保持着统治地位，对我国社会主义经济建设产生了重大而深远的影响。

尽管早在20世纪50年代末，毛泽东曾经对苏联政治经济学教科书中的一些观点提出批评，但是并没有动摇斯大林观点的统治地位。同时，我国遵照“苏联模式”而建立并长期实行的计划经济体制则在社会主义建设实践中更加强化了斯大林的观点。因此，在我国从社会主义改造基本完成到“文化大革命”结束的20多年时间里，对社会主义商品生产、商品流通以及价值规律的认识，基本上没有超出斯大林的观点。甚至可以说，尽管“我国长期以来，一直存在着社会主义商品经济，相应地也存在着市场。但是，有社会主义商品经济和市场，并不等于就有社会主义市场经济……我国从建国后到实行改革开放以前的近30年中，虽然一直存在着社会主义商品经济和市场，但是，在原有的高度集中的计划经济体制下，商品经济很落后，市场很不发育，市场的功能很微弱，市场机制不能在社会资源配置中起基础性作用，因而并不意味着实行了社会主义市场经济”②。

改革开放之后，经济理论界对商品生产和商品流通在社会主义经济建设中的重要性进行了深刻的历史总结与反思，由此也逐步深化了对社会主义与商品经济乃至市场经济之间内在关系的认识。可以说，1978年党的十一届三中全会以来，随着改革的深入，逐步摆脱了“市场经济是资本主义特有的东西，计划经济才是社会主义经济的基本特征”的传统观念，形成了新的认识，对推动我国经济体制改革和经济发展起了重要作用。

1982年党的十二大提出了“计划经济为主，市场调节为辅”的命题。1984年党的十二届三中全会作出《关于经济体制改革的决定》，总结了中国社会主义经济建设正反两方

---

① 参见樊纲：《“苏联范式”批判》，载《经济研究》，1995（10）。

② 宋涛主编：《政治经济学教程》，8版，259页，北京，中国人民大学出版社，2008。

面的经验，根据马克思主义基本原理与中国具体实际相结合的原则，指出改革的基本任务是从根本上改变束缚生产力发展的经济体制，建立起充满生机和活力的社会主义经济体制，明确提出中国社会主义经济是公有制基础上的“有计划的商品经济”。它突破了把计划经济同商品经济对立起来的传统观念，也突破了斯大林关于社会主义商品生产和价值规律理论观点对我国社会主义经济建设的长期思想束缚，这对于刚刚实行改革开放政策的中国来说，是一次巨大的思想解放。

邓小平在随后的一次讲话中谈到对《关于经济体制改革的决定》的看法时说：“我说我的印象是写出了一个政治经济学的初稿，是马克思主义基本原理和中国社会主义实践相结合的政治经济学，我是这么个评价。”① 事实上，我们可以从经济学理论研究角度进一步深刻地领会邓小平的这个评价的精神实质，它说明中国应该而且必须具有自己的政治经济学，而这个政治经济学也应该而且必须是将马克思主义经济学的基本原理与中国具体实际相结合的政治经济学，或者说，中国的政治经济学，应该而且必须是中国化的马克思主义政治经济学。可见，我们完全有理由认为，早在 1984 年即邓小平刚刚提出“中国特色的社会主义”② 这一重大历史命题之初，构建“中国化的马克思主义政治经济学”的理论命题就已经由于社会主义建设的需要而呼之欲出了，而对于这一重大理论命题的研究，则又必然受到社会主义建设实践的发展所制约。

事实上，“有计划的商品经济”离社会主义市场经济认识的形成还存在很大的差距，它总体上仍然属于计划经济性质，而商品的范围也局限于物质产品，只承认消费品和生产资料是商品，不承认各种生产要素如劳动力、资本（当时称作“资金”）、土地、技术等的商品属性，而且市场调节的作用也被限制在一个很小的范围之内，仍然将市场经济视为根本社会制度层面的东西而难以接受。

在马克思主义创始人之后的马克思主义经典作家中，最先使用“市场经济”范畴的是列宁。列宁在 1906 年写的《土地问题和争取自由的斗争》一文中认为：“只要还存在着市场经济，只要还保持着货币权力和资本力量，世界上任何法律无法消灭不平等和剥削。只有建立起大规模的社会化的计划经济，一切土地、工厂、工具都转归工人阶级所有，才可能消灭一切剥削。”③ 然而，列宁所指认的市场经济显然与社会主义经济无关，它是指的以私有制为基础的商品经济的另一个说法，并且与以公有制为基础的社会主义经济相对立来使用的经济范畴。

邓小平将市场经济与社会主义联结起来并提出“社会主义市场经济”范畴。

早在 1979 年，邓小平在一次谈话中就曾指出：“说市场经济只存在于资本主义社会，只有资本主义的市场经济，这肯定是不正确的。社会主义为什么不可以搞市场经济，这个不能说是资本主义。我们是计划经济为主，也结合市场经济，但这是社会主义的市场经济。”④ 针对人们一般将市场经济与社会主义对立起来的传统观点，邓小平在 1985 年又明确指出：“社会主义和市场经济之间不存在根本矛盾”，“我们吸收资本主义中一些有用的

---

① 《邓小平文选》，第 3 卷，83 页，北京，人民出版社，1993。

② 同上书，63 页。

③ 《列宁全集》，2 版，第 13 卷，124 页，北京，人民出版社，1987。

④ 《邓小平文选》，2 版，第 2 卷，236 页，北京，人民出版社，1994。

方法来发展生产力。现在看得很清楚，实行对外开放政策，搞计划经济和市场经济相结合，进行一系列的体制改革，这个路子是对的。”①

1992年，邓小平在视察南方的谈话中更加明确地指出：“计划多一点还是市场多一点，不是社会主义与资本主义的本质区别。计划经济不等于社会主义，资本主义也有计划；市场经济不等于资本主义，社会主义也有市场。计划和市场都是经济手段。”② 邓小平最终对社会主义是否能够实行市场经济这个长期争论不休、阻碍我们社会主义事业前进的重大问题给予了一个清晰而精辟的回答，为发展中国特色社会主义市场经济扫清了思想障碍，同时也为深化和发展马克思主义政治经济学提供了广阔而深厚的社会经济基础。也正是在1992年，党的十四大提出了中国经济体制改革的目标是建立社会主义市场经济体制。并且在1993年11月，党的十四届三中全会通过了《中共中央关于完善社会主义市场经济体制若干问题的决定》，全面规划了我国经济体制改革的总体方略，标志着我国市场化改革进入了一个新阶段。到目前，我国社会主义市场经济体制已经初步建立，并且我国的市场化改革取得了举世瞩目的重大成就：一是确定了我国经济体制改革的目标是建立社会主义市场经济体制；二是初步建立起较为健全的现代市场体系；三是以公有制为主体、多种所有制经济共同发展的基本经济制度已经得到了巩固和发展；四是财政体制改革和金融体制改革取得了显著效果，政府的宏观调控体系已经建立起来并日臻完善；五是适合我国国情的居民收入分配制度基本建立起来，适应现代市场经济的社会保障体系建设逐步加强，等等。

党的十七大报告深刻地总结了我国市场化改革的伟大历史意义：“这场历史上从未有过的大改革大开放，极大地调动了亿万人民的积极性，使我国成功实现了从高度集中的计划经济体制到充满活力的社会主义市场经济体制……的伟大历史转折。”其中的宝贵经验就是“我们党坚持把马克思主义基本原理同推进马克思主义中国化结合起来”，“把坚持社会主义基本制度同发展市场经济结合起来”③。

第二节　社会主义市场经济的所有制结构

我国将社会主义市场经济的所有制结构称为社会主义初级阶段的基本经济制度，其内容概括为“公有制为主体、多种所有制经济共同发展”。

江泽民在十五大报告中指出：“公有制为主体、多种所有制经济共同发展，是我国社会主义初级阶段的一项基本经济制度。这一制度的确立，是由社会主义性质和初级阶段国情决定的：第一，我国是社会主义国家，必须坚持公有制作为社会主义经济制度的基础；第二，我国处在社会主义初级阶段，需要在公有制为主体的条件下发展多种所有制经济；第三，一切符合‘三个有利于’的所有制形式都可以而且应该用来为社会主义服务。”④

---

① 《邓小平文选》，第3卷，148～149页，北京，人民出版社，1993。

② 同上书，373页。

③ 宋涛主编：《政治经济学教程》，8版，266～267页，北京，中国人民大学出版社，2008。

④ 江泽民：《高举邓小平理论伟大旗帜，把建设有中国特色社会主义事业全面推向二十一世纪——在中国共产党第十五次全国代表大会上的报告》，载《人民日报》，1997-09-12。

一、公有制的主体地位

所有制是一种财产权利制度，即财产归谁所有的制度。生产资料和劳动产品都可以作为财产归属于不同的经济主体所有。由于生产资料归谁所有对于生产过程具有决定性意义，所以，马克思主义经济学所关注的所有制形式通常是指生产资料所有制。生产资料归个人所有的所有制就是生产资料私有制。生产资料归某一群体所有的所有制就是生产资料公有制。

1. 为什么要以公有制为主体

依据马克思主义再生产理论可以发现，为了保证再生产的进行，相当于劳动力价值的劳动成果和社会财富必须分配给劳动者用于补偿劳动力的价值，以保证劳动力再生产和社会再生产的进行。但是，超过劳动力价值的“剩余”部分则由生产资料所有者占有。因此，无论是怎样的所有制形式，其差别不在于劳动力价值部分的财富归谁所有，而在于“剩余”部分归谁所有。在生产资料私有制条件下，拥有生产资料的个人占有“剩余”。在简单商品生产的条件下，生产资料归个体劳动者自己占有，“剩余”部分的价值也归劳动者自己占有。在资本主义条件下，生产资料归资本家所有，剩余价值也归资本家所占有。正是生产资料的资本主义私有制导致了资本主义的剩余价值规律，导致了资本主义的资本积累及其最终历史命运，即资本主义的必然灭亡，以及资本主义制度必然被社会主义所取代。取代资本主义制度的社会主义经济制度，要纠正资本主义私有制条件下剩余价值规律和资本积累所导致的错误，就必须根治资本主义的生产资料私有制，建立以公有制为主体的所有制形式。所以说，生产资料公有制是社会主义经济制度的本质要求。1956 年新中国社会主义改造完成之后，社会主义经济制度已经在我国基本确立。虽然受生产力发展水平的限制，我国在社会主义初级阶段尚不具备完全实行社会主义公有制的条件，但是以公有制为主体的基本原则是不能放弃的，否则我国将难以避免资本主义私有制条件下资本积累的最终命运。

经济基础与上层建筑的矛盾运动规律也要求中国在社会主义制度条件下必须坚持公有制的主体地位。无论实行怎样的政治体制和法律体系，国家政权的最终阶级属性都取决于哪些群体掌握国家的经济命脉。无论是实行各民主政治的西方发达国家还是实行专制独裁的发展中国家，在幕前或幕后掌握国家经济命脉的垄断财团和利益集团，都是决定政治秩序的最终势力。放弃公有制的主体地位，私有制规则下的资本积累和资本集中将逐步形成占据主体地位的私有垄断财团和利益集团，当这些私有财团和利益集团掌握国家经济命脉之后，我国的社会主义制度也将名存实亡。反之，只要保证了公有制的主体地位，其他所有制形式的发展就可以被掌握在推动社会主义经济发展的范围内，就可以取消社会各阶层对于发展非公有制经济的种种顾虑，有利于非公有制经济在社会主义制度的背景下顺利发展。

2. 社会主义公有制的多种实现形式

社会主义公有制有多种实现形式，包括全民所有制（国有制）、集体所有制以及在混合所有制中的公有制成分。生产资料全民所有制是指生产资料归全体国民占有的所有制形式。国家作为全体国民代表行使对全民所有制生产资料的所有权，因此，全民所有制也称国有制。除全民所有制之外，某一部分国民作为一个集体拥有生产资料的所有权，就构成生产资料集体所有制。在集体所有制下，整个集体组织拥有对生产资料的所有权，集体之外的国民则被排除在外。

无论是全民所有制还是集体所有制，拥有生产资料所有权的并不是全民或集体之中的某一个成员，而是一个由所有成员构成的一个整体。对财产的处置，不能由某一个成员决定，更不能将全民资产分配给某一个成员，而必须通过全民的或集体的制度规范、决策机制作出全民的或集体的决策。在全民所有制条件下，国家机构作为全体国民选出的权利主体行使所有权。在集体所有制下，集体组织按照相关规则选择、任命相应的管理机构直接通过集体大会作出决策。

无论是全民所有制还是集体所有制都区别于通常所说的股份制。所谓股份制是指将财产权利按照股份比例由不同的经济主体占有相应股份的所有权。如果所有股份都分散给不同的个人占有，那么，无论占有的股份多少，个人对其股份的占有是一种典型的私有制。任何一个人都可以按自己的意愿“自由”转让、处置其所占有的股份所对应的那部分所有权。但是，在公有制条件下，不可能由某一个成员“自由”地转让或处置公有制条件下的任何一部分所有权。但是，如果拥有股份的是某一个集体或国家，那么，由集体或国家所占有的那部分股份，其转让或处置的权利归属于某一个集体或全体国民，除非受到了集体或国家的授权，否则个体成员无权处置由集体或国家占有的股份。所以，如果不明确股份制条件下占有相应股份的经济主体是谁，就不可能明确股份制到底是私有制还是公有制。准确而言，股份制条件下如果拥有股份的经济主体都是个人，这种股份制就是一种私有制；拥有股份的经济主体都是集体或国家，这种股份制就是公有制；如果拥有股份的经济主体既有个人也有集体或国家，那么这种股份制就是通常所说的“混合所有制”。当然，在混合所有制条件下，归集体或国家所有的股份所对应的所有权也是公有的，因此，在混合所有制中的公有制成分也是公有制的一种实现形式。

公有制也区分于共有制。任何一种所有制形式都有明显的“排他”性。全民所有制的排他性是排除了本国全体国民之外的其他人对生产资料的占有。集体所有制则排除了集体之外的其他社会成员对财产权利的染指。个人所有制则明确排除了除拥有所有权的个人之外的其他人对财产权利的染指。共有制是指所有权主体是由多个经济主体所构成的共同体，权利为共同体内所有成员共同拥有。在拥有所有权的这个共同体内部，每一个成员对这项财产权利的拥有，都不排斥共同体内其他人拥有同样的权利，但它排除了共同体外的成员对这一财产权利的染指。各种社会俱乐部、互助会、乡村俱乐部及乡村文化大院等共有组织的产权安排都是共有产权的具体实例。因此，如果生产资料是共有的，那么，拥有生产资料的共同体内部的任何一个成员都可以不获得国家或集体同意的条件下行使自己的所有权，使用相关生产资料；但是，如果生产资料是公有的，那么，即使是国家或集体中的一员，要行使对财产权利的所有权，使用相关生产资料，也必须获得集体的许可和授权。

股份合作制也是我国公有制的实现形式之一。所谓股份合作制是劳动联合与资本联合相结合的所有制形式，企业的职工形成劳动联合，同时各职工也分别持有企业的股份，劳动者共同劳动、共担风险，实行“一人一票制”的方式作出集体决策，劳动者同时获得劳动报酬和股份分红。股份合作制不同于股份制，股份制是一种“资本联合”，股东以自己所掌握的股份为指标拥有企业的所有权，股东不一定是劳动者，股份是所有权的唯一标志。但是在股份合作制企业中，作为企业主人的劳动者，其所有权地位不仅体现为劳动者拥有股份，更体现为劳动者是企业劳动联合体中的一员。股份制的决策实行“一股一票”制，是“股东”说了算；而股份合作制的决策实行“一人一票”制，是劳动者说了算。

3. 如何实现公有制的主体地位

公有制的主体地位体现在公有制掌握国民经济战略资源和关键部门，能够左右国民经济的走向，控制经济命脉。在我国，公有制的主体地位主要通过以下三个方面实现。

第一，公有制掌握土地资源。土地，即所有的自然资源是一国经济的战略资源。依据马克思的地租理论，土地具有天然的垄断属性。随着社会的经济发展和劳动生产率水平的提高，地租将不断上涨，土地资源的所有者掌握社会财富的重要流向。因此，地主集团具有形成垄断财力掌握国家经济命脉的现实可能性。在我国，所有的土地，即全部自然资源均实行公有制。

第二，全民所有制掌握国民经济关键部门。在我国，影响国民经济发展的关键部门必须坚持全民所有制，即国有制占据绝对优势，具有绝对控制力。

国务院《关于推进国有资本调整和国有企业重组的指导意见》指出：推进国有资本向重要行业和关键领域集中，增强国有经济控制力，发挥主导作用。重要行业和关键领域主要包括：涉及国家安全的行业，重大基础设施和重要矿产资源，提供重要公共产品和服务的行业，以及支柱产业和高新技术产业中的重要骨干企业。有关部门要抓紧研究确定具体的行业和领域，出台相应的产业和企业目录。时任国务院国资委主任的李荣融介绍，“国有经济应对关系国家安全和国民经济命脉的重要行业和关键领域保持绝对控制力，包括军工、电网电力、石油石化、电信、煤炭、民航、航运等七大行业。这一领域国有资本总量增加、结构优化，一些重要骨干企业发展成为世界一流企业。其中，对于军工、石油和天然气等重要资源开发及电网、电信等基础设施领域的中央企业，国有资本应保持独资或绝对控股；对以上领域的重要子企业和民航、航运等领域的中央企业，国有资本保持绝对控股；对于石化下游产品经营、电信增值服务等领域的中央企业，应加大改革重组力度，引入非公经济和外资，推进投资主体和产权多元化”①。

第三，农业实行生产资料集体所有制。农业是国民经济的基础。在农村，土地等主要生产资料归村集体所有，所有权与经营权相分离，实行集体所有基础上的家庭联产承包责任制。村集体统一安排土地等生产资料的分散承包。农户在承包集体资产的前提下进行分户经营。以集体资产为基础的集体和乡镇企业也由村集体或乡镇集体所有，由村民委员会或乡镇政府授权代理人进行管理和经营。

公有制的主体地位不是公有制经济在国民经济中所占比重大小问题，而是公有制经济对整体国民经济的控制力。综合上述内容可以看出，这种控制力体现为公有制经济掌握国民经济战略资源、关键部门和经济基础，使我国国民经济的发展区别于资本主义私有制条件下的资本积累，使我国经济最终沿着社会主义经济的方式发展，区别于资本主义社会资

① 新华网，http：//news.xinhuanet.com/fortune/2006－12/18/content_5503676.htm。

本积累的历史命运。其中，全民所有制经济，即国有经济在国民经济中占有主导地位，发挥主导作用，掌握国民经济命脉，从经济基础上保证国家的社会主义性质。

二、多种所有制经济共同发展

多种所有制经济共同发展是指除公有制之外，个体经济、私营经济和外资经济等多重形式的非公有制经济在公有制经济占主体地位的前提下，作为社会主义经济的重要组成部分，与公有制经济相互促进、共同发展。

1. 为什么要多种所有制经济共同发展

多种所有制经济共同发展，是我国生产力水平较低和发展不平衡决定的。生产资料所有制要适应生产力的发展水平。公有制适应于大规模社会化的生产。对于需要分散经营、小规模经营的领域而言，个体经济和私营经济具有较强的适应性。同时，发展私营经济，动员民间资金参与经济建设，有助于活跃社会主义市场经济。在改革开放之后，经过较长时期的发展，我国的非公有制经济已经具有较强的规模，非公有制经济的竞争也是推进公有制经济和国有企业深化改革提高活力的重要动力。实践证明，在社会主义初级阶段，实际单一的"公有制"经济并不适应中国在社会主义初级阶段，生产力水平相对较低，生产力发展不平衡的基本现状。非公有制经济的发展有助于中国的社会主义经济建设，是社会主义市场经济的重要组成部分。

2. 非公有制经济的几种形式

具体而言，非公有制经济的形式主要有：个体所有制、私营经济、外资经济和混合所有制经济中的非公有制经济成分。个体所有制是指生产资料归劳动者个人所有，劳动者直接支配其生产资料从事生产经营活动的小规模私有制经济形式。个体所有制的劳动者是拥有生产资料的经营者或其家庭成员，一般不存在雇佣关系。生产资料归个人所有，存在雇佣劳动关系和剥削关系的私有制经济形式就是私营经济。外资经济是指外国资本在国内投资的企业。外资经济分为中外合资企业、中外合作经营企业和外商独资企业。中外合资企业是外国公司、企业或其他经济组织与中国公司、企业或经济组织在我国共同投资、共同经营、共担风险、共负盈亏的企业。中外合资企业往往实行有限责任制和股份制的形式，参与合资的国内外企业按各自的出资比例拥有相应的股份并承担相应的责任。中外合作经营企业是外国公司、企业和其他经济组织与我国公司、企业或其他经济组织合办的，按合同规定的各方投资条件、收益分配、风险责任和经营方式等进行合作经营的非股权式的经济组织。在中外合作经营企业中，国内企业与国外企业的权利和责任通过合作协议、合作合同确定，往往实行国内企业提供土地、劳动力、厂房和设备等资源，国外企业提供技术、品牌和管理等资源的方式进行合作，合作双方不再把各自的权益转化为股份。外商独资企业，指在中国境内设立的，全部资本由外国企业、公司或其他经济组织或个人投资的企业。中外合资企业、中外合作经营企业和外商独资企业，一般又统称三资企业。通过三资企业的方式在中国投资建厂，这种投资方式又称为直接投资，区别于国际贷款、国际有价证券和外汇投资等间接投资。三资企业和其他合资、合作的混合所有制经济中的非公有制成分，也是非公有制经济的实现形式之一。

第三节 社会主义市场经济的分配制度

收入分配就其研究视角而言可以分为国民收入分配和个人收入分配。国民收入分配就其内容而言，是宏观意义上社会总产品和社会总财富的分配。在国民收入中最终分配给个人的收入，依据怎样的方式进行分配就是个人收入分配问题。通常所说的“分配制度”是指由生产资料所有制决定的个人收入分配的制度体系。本节首先了解一下国民收入分配的基本问题，再进一步介绍个人收入分配的制度问题。

一、国民收入分配以及积累和消费的关系

国民收入分配是一定时期内对社会总的分配。在马克思主义政治经济学中，社会总财富一般使用社会总产品指标来表示。国民收入分配就表现为社会总产品的实现与补偿问题。所谓社会总产品是指社会在一定时期（通常是指一年）生产的全部物质资料的总和。从实物形态来看，社会总产品可以分为生产资料和消费资料两部分。消费资料用于补偿被消费掉的消费资料，生产资料用于补偿已经消耗的生产资料，从而保证再生产的顺利进行。剩余的生产资料和消费资料用于再生产。从价值形态上看社会总产品可以分为生产资料的价值C，劳动者在必要劳动时间为自己创造的价值V，以及劳动者在剩余劳动时间为社会创造的价值M。（V+M）为全社会的新增价值，即劳动者活劳动创造的新价值总量，这部分价值也就是国民收入，即社会生产的物质资料中扣除生产中消耗的生产资料后剩余的社会总产品，是全社会的新增财富。

1. 初次分配与再分配

国民收入分配按照其程序分为国民收入初次分配和再分配。马克思主义政治经济学将社会总产品的范围确定在物质资料生产部门。国民收入初次分配指的是在物质资料生产部门内部对国民收入进行分配。物质资料生产部门的参与者以工资、奖金、红利等形式，分别获得相应的物质资料或其等价物。国民收入再分配是指在初次分配的基础上，在全社会范围内对物质资料产品再次进行分配。就其内容而言，国民收入再分配包括非物质资料生产部门通过与物质资料生产部门之间的交换获取物质生产资料；国家通过税收、补贴、转移支付等手段将某一部分国民收入从某个人或部门手中转移到另一部分个人或部门，国家的这种调整通常被称为“再分配政策”。

2. 积累与消费的关系

通过初次分配和再分配，国民收入按其用途可以分为积累基金和消费基金两部分。所谓积累基金是指国民收入中用于扩大再生产的那部分收入。所谓消费基金是指国民收入中用于满足个人消费和社会公共消费的那部分收入。积累基金往往对应国民收入中的M部分，在下一生产周期用于购买生产资料。消费基金往往对应国民收入的V部分，在下一生产周期购买消费资料。正确处理积累基金与消费基金在国民收入中所占的比例，是影响宏观经济的重要决策。从长期而言，积累基金多一些有利于生产规模的扩大，能够推动国民收入水平的增长，有助于消费基金的增长。消费基金多一些可以提高劳动者的生产积极

性，提高劳动者素质，能够推动生产效率的提高，有助于积累基金的增长。因此，就长期而言，积累基金和消费基金的作用是一致的，两者具有统一性。但是，就短期而言，积累基金和消费基金是国民收入的两个构成部分，两者之间存在此消彼长的关系。积累基金用于未来生产的扩张，反映长远利益。消费基金对应当前劳动者在当前的消费数量和消费档次，反映当前利益。积累基金与消费基金的矛盾，要求国民收入分配最大限度地权衡当前利益和长远利益。同时，正确处理积累基金和消费基金的关系，也要关注生产资料和消费资料之间的比例关系。积累基金与消费基金的比例，要与生产资料与消费资料的比例相协调。积累基金在国民收入中所占比例，必须与生产资料在社会总产品中所占的比例相协调，否则积累基金增长超过生产资料的增长，会造成生产资料供不应求，导致生产资料价格上涨，不利于经济的稳定。同样的道理，消费基金在国民收入中的比例也要与消费资料在社会总产品中的比例相协调。

二、个人收入分配：按劳分配为主体、多种分配方式并存

在国民收入中，除生产部门扣除的未分配给个人的收入和向政府缴纳税收等收入外，剩余的那部分收入全部分配给个人，是个人收入。研究个人收入分配，往往关注社会以怎样的形式将收入分配给不同的个人，或者说，个人以怎样的方式获得其收入。在社会主义初级阶段，我国社会主义市场经济制度下的个人收入分配实行按劳分配为主体、多种分配方式并存的分配制度。

1. 按劳分配

按劳分配是指以劳动者在劳动中所付出的劳动数量和质量为尺度，确定劳动报酬，分配劳动成果的分配制度，实行多劳多得、少劳少得，有劳动能力者不劳动则不获得劳动报酬的分配原则。按劳分配区别于资本主义私有制条件下凭借生产资料所有权剥削工人劳动成果的资本主义分配制度，也不同于共产主义社会生产力高度发展条件下的按需分配，是在公有制基础上，生产力水平相对较低条件下的一种分配制度。实行按劳分配的原因主要有以下三个方面。

第一，生产资料公有制是按劳分配的前提。在公有制条件下，生产资料归劳动者共同所有，排除了资本家凭借对生产资料私有权剥削剩余价值的可能性，使劳动者占有、支配自己的劳动成果成为可能。当然，正如前面所介绍的，并不是所有的劳动成果都用于个人收入分配，因此，不是全部劳动成果都会以劳动报酬的方式分配给劳动者，而是需要扣除一部分劳动成果用于补偿对生产资料的消耗，以维持再生产。在扩大再生产的情况下，扣除的部分还会更多一些。

第二，生产力水平相对较低是实行按劳分配的客观现实。生产力水平的高低决定了用于分配的劳动成果的多寡。在生产力水平尚不能实现物质资料极大丰富的条件下，社会主义的个人收入分配不能实行共产主义社会的按需分配方式，即不可能让劳动者按自己的需要任取所需的物质资料。在物质资料相对有限的条件下，必须通过外在的机制限制人们对物质资料的消费，而不可能让劳动者按照自己各自的需要确定自己的消费量。按照劳动者所付出的劳动量的多少，将物质资料以个人收入的方式分配给不同的劳动者，是物质资料有限背景下必然的分配方式，这是当前生产力水平所决定的。

第三，劳动是人们的谋生手段，是实行按劳分配的直接条件。在社会主义社会，人类的自由全面发展还未能实现。人们还处于专业化程度极高的分工体系之中，从事专业化劳动依然是一种负担。人们劳动的积极性，并非源自人们全面发展的内在需要，而是为了获取更多的物质资料。劳动的目的还在于获取个人收入和物质资料，没有成为人们生活的第一需要。以多劳多得、少劳少得为原则分配劳动成果，也是激励人们积极劳动的客观需要。因此，劳动作为谋生手段的基本属性，是社会主义社会实行按劳分配、激励劳动积极性的直接条件。

2. 社会主义市场经济条件下按劳分配的特点

马克思所设想的社会主义的按劳分配制度，并不是在商品经济和市场经济条件下实行的，反而是在商品交换已经被取消的条件下实行的。

在马克思的最初设想中，实行按劳分配的社会，是一个取消商品交换之后，参照资本主义商品交换而形成的以劳动为尺度的分配制度。“我们这里所说的是这样的共产主义社会，它不是在它自身基础上已经发展了的，恰好相反，是刚刚从资本主义社会中产生出来的，因此它在各方面，在经济、道德和精神方面都还带着它脱胎出来的那个旧社会的痕迹。所以，每一个生产者，在作了各项扣除以后，从社会领回的，正好是他给予社会的。他给予社会的，就是他个人的劳动量。例如，社会劳动日是由全部个人劳动小时构成的；各个生产者的个人劳动时间就是社会劳动日中他所提供的部分，就是社会劳动日中他的一份。他从社会领得一张凭证，证明他提供了多少劳动（扣除他为公共基金而进行的劳动），他根据这张凭证从社会储存中领得一份耗费同等劳动量的消费资料。他以一种形式给予社会的劳动量，又以另一种形式领回来。”①

相对于马克思所设想的已经脱离了商品经济的经济条件而言，在社会主义市场经济条件下，在以商品交换为中心的经济制度中，按劳分配的具体方式，就其特点而言，区别于马克思的最初设想，具体而言，有以下几方面的特殊之处。

第一，按劳分配的范围不是全社会而是公有制集体内部。在社会主义市场经济条件下，各公有制集体以企业和经营性组织的身份参与社会商品交换。公有制企业和组织内部的成员，不是直接从社会获取回报，而是从其所在的集体内部获得报酬。因此，不存在全社会统一的劳动标准，各劳动者也不能直接按照全社会统一的标准确定各自的劳动量，从而直接从社会获得报酬，而是在其所在的集体内部实行统一的标准确定劳动者所付出的劳动量，从而以劳动为尺度分配集体的劳动成果。

第二，按劳分配的形式不是“劳动凭证”而是工资、奖金或补贴等货币报酬。在商品交换和货币依然存在的条件下，直接发放货币报酬，由劳动者各自购买所需的消费品，是商品经济的客观现实。同时，由于按劳分配的范围并不是全社会，无法在全社会范围按照统一的标准衡量劳动者的劳动量，不可能在全社会范围内直接确定各劳动者的劳动量，从而发放劳动凭证。同样的道理，受按劳分配范围的限制，不能以劳动凭证的方式支配全社会的财富。

第三，按劳分配受市场交换的制约。作为集体的一员，劳动者所付出的劳动在多大程

---

① 《马克思恩格斯选集》，2版，第3卷，304页，北京，人民出版社，1995。

度上获得认可，即劳动产品价值的实现，取决于社会对产品的认可。通过商品交换实现产品的价值，从而确定产品中所凝结的劳动相当于多少社会劳动。因此，按劳分配的劳动尺度，受市场交换的制约。等量的劳动量，在不同的集体组织中，通过的商品交换，其最终获得实现的价值可能不一样。因此，对于在市场经济条件下的按劳分配，等量劳动在同一个集体中所分配到的报酬相同，但是，在不同的集体组织中，等量劳动所分配到的报酬可能不相同。

3. 多种分配方式共存

公有制经济实行按劳分配，对于个体经济、私营经济、外资经济以及混合所有制经济的非公有制成分，则不能实行公有制基础上的按劳分配，需要实行区别于按劳分配的其他分配形式。总体而言，实行多种分配方式共存的分配制度，其原因主要有以下三个方面。

第一，多种分配制度共存，是以公有制为主体、多种所有制经济共同发展的基本经济制度的必然结果。在个体所有制、私营经济、外资经济和混合所有制经济的非公有制领域，生产资料并非集体公有制，而是以不同形式归不同的私人所有制占有，实行多种所有制经济共同发展的经济制度，动用这些生产资料参与生产，必然要对各类生产要素所有者给予相应的回报，这种回报必然区别于以劳动为尺度的按劳分配。因此，多种所有制经济共同发展，需要实行多种分配方式并存的分配制度。

第二，发展市场经济，需要实行多种分配方式并存的分配制度。社会主义市场经济建立在商品交换的基础上。不同的生产要素参与市场交换也是发展社会主义市场经济的必然要求。在要素市场上，不同生产要素参与交换分别获得相应的报酬，这种要素市场上形成的报酬，如资本借贷市场形成的利息、土地和房租租赁市场形成的租金是社会主义市场经济条件下的重要分配方式。

具体而言，除按劳分配外，社会主义市场经济制度下的分配方式还包括个体劳动收入、私营企业主收入、私营企业和外资企业中劳动者的工资、企业家投资的股权收入、管理和技术人员的薪酬和分红、居民储蓄和证券投资的利息与股息等收入。

第一，个体劳动收入是一种劳动报酬收入。个体劳动收入是个体劳动者直接参与社会生产的回报，是其实现的产品的价值的新增价值部分，是劳动创造的价值的总量。

第二，私营企业和外资企业中劳动者的工资收入是劳动力的价格。在社会主义市场经济条件下，劳动力作为一种生产要素参与社会主义劳动力市场。在此基础上形成的雇佣关系和工资报酬，其实质是劳动力要素的价格。

第三，私营企业和外资企业的利润所得是资本收入。私营企业和外资企业的投资者是企业的所有者，企业利润的最终支配者。私营企业家和外商凭借资本所获得的利润收入，源自工人在剩余劳动时间所创造的价值。

第四，居民储蓄和证券投资的利息和股息等货币资本的要素价格。对用于储蓄和证券投资的货币收入支付相应的利息和股息回报，是货币收入资本化的结果，是货币收入作为资本要素参与社会主义资本市场所形成的要素价格。

第五，高级管理和技术人员的高收入可以视为一种人力资本收入。管理人员和技术人员的一般收入可视为管理和技术劳动的报酬。但是，企业的高级经理人和高级工程师等高级管理和技术人员的高收入，不同于劳动报酬，而是由于这些经理人和工程师掌握了稀缺的管理经验和技术资源，这些资源构成人力资本，从而形成更高的资本收入。

除按劳分配之外，其他分配方式基本可以视为劳动、资本、管理和技术等生产要素的报酬，因此，按劳分配为主，多种分配方式并存的收入分配制度，也是一种按劳分配与按要素分配相结合的收入分配制度。实行按劳分配与按要素分配相结合，既体现了社会主义市场经济条件下公有制的主体地位，又体现了社会主义阶段动员各类生产要素参与社会主义建设以及发展要素市场的客观要求。

关键术语

所有制	全民所有制	集体所有制
股份制	共有制	股份合作制
个体所有制	私营经济	外资经济
社会总产品	消费基金	积累基金
按劳分配	按要素分配	

习题

1. 马克思和恩格斯最初设想的社会主义经济是怎样的?
2. 在苏联模式的社会主义经济体系中，商品交换发挥什么样的作用?
3. 中国社会主义市场经济的提出大致经历了怎样的过程?
4. 社会主义初级阶段的基本经济制度是什么?
5. 为什么我国经济体系要以公有制为主体?
6. 公有制的实现形式有哪些?
7. 公有制的主体地位通过哪几个方面实现?
8. 为什么我国在社会主义初级阶段需要多种所有制并存?
9. 简述国民收入初次分配和再分配的基本概念和基本内容。
10. 简述国民收入分配中消费与积累的关系。
11. 社会主义初级阶段以按劳分配为主体的主要原因是什么?
12. 社会主义市场经济条件下按劳分配有哪些特点?
13. 除按劳分配之外还有哪些分配形式，为什么说按劳分配为主，多种分配形式并存，是按劳分配与按要素分配的结合?

第三篇

现代西方理论

本篇介绍恩格斯去世后，西方资本主义国家的马克思主义政治经济学理论，一般被称为“西方马克思主义经济学”、“国外马克思主义经济学”，传统政治经济学教材很少提及这部分理论。实际上，这部分理论是马克思主义政治经济学的重要构成部分，它们与社会主义国家的政治经济学研究相互学习、相互争论、相互呼应，共同影响马克思主义经济学发展的国际潮流。了解这一部分理论才能全面了解马克思主义政治经济学的发展历程，才能了解我国马克思主义政治经济学发展的国际背景和时代背景。因此，本书增设了这一篇内容。当然，由于远离社会主义革命和建设实践，本篇内容多以理论探讨和纯学术研究为主，很多观点过于偏颇或理想化。本书介绍这部分内容，是为读者全面了解马克思主义政治经济学提供一种借鉴和佐证，不应把它视为政治经济学真理或基本原理。

第九章

欧美垄断资本与帝国主义理论

19 世纪末 20 世纪初，资本主义由自由竞争资本主义向垄断资本主义过渡。资本主义进入垄断阶段即帝国主义阶段。围绕垄断资本主义和帝国主义，马克思主义学者如希法亭、卢森堡、拉法格等人进行了深入研究，使得垄断资本理论成为马克思主义经济学尤其是西方马克思主义经济学的经典理论和重要内容。在斯威齐和巴兰承上启下的推动下，垄断资本主义理论持续发展，形成了以奥康纳、詹姆士为代表的国家垄断资本主义理论。本章我们全面介绍垄断资本主义理论发展进程和主要内容。

第一节　资本积累与金融资本理论

在自由资本主义向垄断资本主义过渡的 19 世纪末 20 世纪初，马克思主义经济学内部也就如何正确认识垄断资本主义进行了激烈争论。考茨基、列宁、卢森堡、布哈林、希法亭、拉法格等当时有影响力的所有学者几乎都参与了这场争论。尤其重要的是，这场争论将对垄断资本主义的认识与对资本主义制度命运的认识相关联，直接影响着当时无产阶级革命和国际共产主义运动的走向。列宁科学并富有创造性地运用了马克思主义经济学基本原理形成了著名的帝国主义理论，也为无产阶级革命和国际共产主义运动指明了方向。同时，其他西方学者也在垄断资本主义理论和帝国主义理论方面取得一系列理论成果，其中影响较大的当属卢森堡的资本积累理论和帝国主义理论，以及希法亭的金融资本理论。尤其是希法亭的金融资本理论已经比较成熟、系统地阐述了当时垄断资本主义的基本特征，具有较高的理论价值。本节主要介绍这一时期西方马克思主义经济学所取得的成果。

一、资本积累与帝国主义扩张趋势

卢森堡通过分析剩余价值实现问题认为随着资本的不断积累，进入到帝国主义阶段的西方国家将越来越强烈地依赖非资本主义的经济形态以实现其剩余价值，帝国主义的对外扩张及对非资本主义落后国家和地区的剥削和掠夺将越来越严重。

卢森堡通过对马克思再生产图式的研究认为，马克思的再生产图式没有解决剩余价值实现问题。卢森堡认为，除了两大部类的综合平衡之外，为使资本积累顺利进行，就必须实现新增的价值即剩余价值，这就需要一个在两大部类之外的新增的购买力来吸收剩余价值所对应的商品。"剩余价值的实现，无疑是资本主义积累的一个关键问题。为了简单起见，假定把资本家的消费基金存而不论，那么，剩余价值的实现的第一个条件，是要求一个资本主义社会以外的购买阶层。我们说是购买者不是消费者，因为剩余价值的实现，最初就不是指剩余价值的物质形态而言。起决定作用的一点在于：剩余价值既不能由工人，也不能由资本家来实现"①。因此，卢森堡认为要解释再生产过程中剩余价值的实现问题，必须将非资本主义的生产也引入进来。"马克思的扩大再生产图式不能说明资本积累过程实际上如何进行以及历史上如何完成，其原因何在呢？我们说，在于图式的前提本身。这个图式是试图在资本家与工人是社会消费唯一代表者的前提下，来说明资本积累过程的。"②

一般认为卢森堡的这些分析没有能够准确理解马克思的再生产图式模型，她认定在资本主义经济系统内部无法实现剩余价值的想法，也受到了鲍威尔和布哈林的批评。当然，卢森堡的这些分析也并非没有可取之处。虽然不能认定资本主义经济系统内部无法解决剩余价值的实现，但是至少可以肯定，仅依靠资本主义经济系统自身，剩余价值的实现会受到非常多的限制，从而限制资本积累和资本家追求剩余价值的生产目的。因此，为了更大限度地追求剩余价值，资本主义积累过程的确会不遗余力的对外扩张，将非资本主义生产纳入资本主义系统从而加速其积累过程，追求更多的剩余价值。在这个意义上讲，卢森堡的分析具有一定的理论启发性。实际上，现代西方马克思主义经济学关于世界体系和不等价交换等问题的研究，很多理论也得益于卢森堡的工作。

基于对资本积累理论的上述分析，卢森堡得出了她对帝国主义的认识，她认为帝国主义是"用来表达在争夺尚未被侵占的非资本主义环境的竞争中所进行的资本积累的"③。卢森堡把资本积累和扩张分为三个阶段，在这三个阶段中，资本直接依靠掠夺非资本主义生产来实现其剩余价值进行资本积累。这三个阶段分别是"资本对自然经济的斗争，资本对商品经济的斗争，资本在世界舞台上为争夺现在的积累条件而斗争"。其中第三个阶段被卢森堡认为是帝国主义阶段。这一阶段指的是资本主义国家内部的自然经济和商品经济已经不能再吸收庞大的资本主义经济所形成的剩余价值，为了能够继续进行资本积累，各国开始全面地对外扩张争夺海外殖民地，从而进入帝国主义阶段。

---

① 卢森堡：《资本积累论》，276 页，北京，三联书店，1959。

② 同上书，273 页。

③ 同上书，359 页。

当然，卢森堡的分析也有一定的局限性，最明显的局限就是她对帝国主义的分析主要集中在对外扩张和国际经济关联方面，忽略了帝国主义生产关系最本质的特征体现在生产、分配等领域。

顾海良和张雷声教授认为："卢森堡对帝国主义阶段的分析是从再生产的流通而不是生产领域来进行的，把帝国主义看成只是为了实现剩余价值争夺殖民地的产物，而忽略了帝国主义的经济根源是垄断这一马克思主义的理论观点，只是注意到卡特尔、托拉斯这类垄断组织对资本主义矛盾的激化作用，而没有能够深入地研究垄断在现在资本主义社会中的地位以及由此引起的资本主义制度的变化，从而没有能够正确地研究帝国主义的经济根源。"①

二、信用货币和资本信用

希法亭的金融资本理论是当时众多学者中较为系统和成熟的垄断资本理论。其基本的理论特点是从流通和货币入手深入探究垄断资本尤其是银行与产业相融合的金融资本。这里我们简要介绍希法亭金融资本理论中影响较大的理论成果。

1. 信用货币与国家纸币

希法亭的研究从货币问题入手。首先，他通过研究执行流通手段的货币提出了自己的纸币理论，认为纸币在流通领域充当价值符号和货币符号，只有纸币的数量不超过流通中所需要的货币量时纸币才是足值的，否则就会贬值。② 希法亭以此解释纸币作为货币符号所代表的价值水平："在实行强制通用的纯粹纸币本位制的条件下，如果流通时间保持不变，纸币的价值便决定于必须在流通中加以销售的商品的价格总额。这里纸币同黄金的价值完全无关，它根据下述规律直接反映商品的价值：(商品价格总额)/(同名货币的流通次数）相等的价值。我们立即看到，与出发点相比，不仅可以出现纸币的贬值，而且也可以出现纸币的增值。"③

其次，希法亭通过研究执行支付手段的货币，提出了他对信用货币的理解。希法亭对信用货币的研究，集中在延期支付过程中形成的商业信用方面，他将商业信用的载体商业票据，在其被认可的范围内所发挥的货币职能称为信用货币职能。这样一来，在希法亭看来，信用货币必然是局限于私人之间信用关系所形成的商业票据所执行的货币职能。这种货币与国家强制发行和流通的中央银行的票据——银行券，即国家纸币具有明显的不同。因此，希法亭明确区分了信用货币与国家纸币，他指出："国家纸币并不是建立在信用关系基础之上的，把它称为国债或信用货币是完全错误的"④。

希法亭认为："国家纸币和票据的不同发展可能性，是建立在这样的事实基础上的：票据只对私人负义务，国家纸币对社会负义务。国家纸币总额始终是一个统一体，其中每

① 顾海良、张雷声：《20世纪国外马克思主义经济思想史》，52页，北京，经济科学出版社，2006。

② 希法亭的分析在某些方面是对马克思货币理论的倒退。具体参见顾海良、张雷声：《20世纪国外马克思主义经济思想史》，66页，北京，经济科学出版社，2006，以及《列宁选集》，3版，第2卷，538页，北京，人民出版社，1995。

③ 鲁道夫·希法亭：《金融资本——资本主义最新发展的研究》，24页，北京，商务印书馆，1994。

④ 同上书，51页。

一个别部分都对其他部分负有同样共同的责任。它只能整个地贬值或增值。它的贬值以同样的方式涉及所有社会成员。社会保证同样适用于整个总额，从而适用于它的每一个组成部分。社会通过它的自觉的机关即国家，提供为流通手段的货币的代替物。信用货币则是私人的创造，它建立在私人交换活动的基础上，只是因为它随时可以兑换货币，而且只有在它随时可以兑换货币的时候，它才有货币的效用，才执行货币的职能。"①

应该指出，希法亭把国家货币区别于信用货币，其根本原因就在于希法亭所指的信用货币，是私人之间的信用关系，而不包括国家信用。纸币作为银行券，充当国家信用的票据，与希法亭强调纸币不是信用货币不构成直接的矛盾。同时，需要注意的是，希法亭通过这样的区分明确区分了国家信用与私人信用及其相应票据，这对于分析金融和信贷问题提供了有效且实用的分析工具。

如希法亭对金融危机时期纸币与信用货币关系的分析就在一定程度上显示了这种区分的现实意义："在发生危机时，信用货币量随商品价格的缩减而急剧缩减。但是，这种缩减意味着代表较高价格的信用货币的贬值。销路不畅带来价格缩减，商品卖不出去，同时票据也到了期满日。票据的兑换就成了问题。价格缩减和销路不畅使针对商品发出的信用货币贬值。这种贬值形成了伴随每次商业危机而出现的信用危机的根本因素。……但是，当信用货币贬值最厉害的时候，也正是强制通用的国家纸币经历最大胜利的时候。这种纸币也像金币一样，是法定支付手段。这时扩大国家纸币的流通就合理了。如果这种情况没有发生，那么，货币（金属和国家纸币）便获得贴水，就像美国最近一次危机中的黄金和美钞一样。"② 希法亭的研究具有非常有趣的理论视角和现实意义，将对调整货币发行量，执行货币政策具有借鉴意义。

2. 从流通信用、银行信用到资本信用

希法亭进一步通过对信用的分析探讨了在信用时代银行与企业之间关系的变化，这是阐释金融资本形成过程的关键环节。在对信用货币的分析中，希法亭已经从货币的支付手段中得出了信用关系，"信用首先表现为货币作为支付手段职能的变化的简单结果。如果支付只是在出卖实际完成之后的一段时间才发生，那么，货币便在这一段时间赊贷出去了。因此，这种信用形式是以商品所有者为前提的；在发达的资本主义社会里，则是以生产资本家为前提的"③。希法亭认为"在生产资本家本身之间进行的这种信用，我们称之为流通信用"④。这种流通信用以商业票据为载体。希法亭进一步分析了银行和银行券参与进来，与发挥流通信用的票据之间形成的兑换，对票据进行贴现。"因此，银行券最初无非是代替资本家票据的银行票据。"⑤ 希法亭认为这在很大程度上推动了银行清算职能的形成，"随着银行制度的发展，一切闲置货币涌入银行，银行信用便以下述方式取代商业信用：所有票据越来越不是以它们在生产资本之间流通的原有形式充当支付手段，而是以其他转化形式充当银行券。现在，差额的抵消和清算在银行中和银行之间进行，技术的

---

① 鲁道夫·希法亭：《金融资本——资本主义最新发展的研究》，51～52页，北京，商务印书馆，1994。
② 同上书，55～56页。
③ 同上书，76页。
④ 同上书，77页。
⑤ 同上书，79页。

简便扩大了可抵消的范围和大大缩小了用于清算所必要的现金”[①]。希法亭把这种银行家以自己的信用代替票据的信用功能，称为银行信用。希法亭认为这些信用的功能在于以银行为中介，通过相互的信用抵消进行清算和结算以节约流通中实际需要的货币量。同时，流通信用和银行信用的这种功能实际上也通过节省流通领域的信用和货币，促使更多的货币作为货币资本集中在生产领域，从而扩大了再生产的规模。由此，希法亭进一步得出了另一个关键的信用——资本信用。“这里又产生了把闲置的货币资本收集起来并把收集的货币资本加以分配的经济职能的需要。”[②] 希法亭认为这种信用应称为资本信用，它不再像流通信用一样节约流通中的信用，而是将流通中节约下来的信用转化到生产领域。“资本信用的情况就不同了，它只不过是将其占有者不作为资本利用的一个货币额向可以将它作为资本利用的人转移。”[③]

希法亭认为，“这里，资本信用的可能性是在货币资本本身的流通条件中产生的，是由于货币在资本的个别循环中周期性的闲置而产生的。一些资本家不断把货币存入银行，银行又把它提供给其他资本家支配”[④]。应该承认，虽然在某些观点上存在一定的局限甚至是有错误的观点，但是，在希法亭的这些论述中，货币→信用→流通信用→银行信用→资本信用的分析，秉承马克思主义历史和逻辑统一的方法论精髓，在很大程度上可以视为马克思关于在《资本论》开篇价值形式分析的科学延续，具有较强的理论价值和现实意义，代表了当时马克思主义经济学研究的最高水平。

三、创业利润和金融资本

1. 创业利润

资本信用使银行为企业提供生产资本，促使银行更关注企业的长远发展，企业与银行之间“由暂时的利害关系变为长远的利害关系；信用越大，特别是转化为固定资本的比重越大，这种利害关系也就越大和越持久”[⑤]。在此基础上希法亭进一步将股份公司引入进来，“在对股份公司的分析中，希法亭最大的理论贡献就是分析了创业利润”[⑥]。希法亭的基本逻辑是这样的：首先，他提出不应将“股份资本”即股票价值总量视为产业资本或产业资本的一部分。因为投入到企业中作为产业资本的那部分收入已经形成企业的实际生产要素，不再构成资本。同时，所谓的股份资本只是股票收益的资本化。“在资本主义社会内部，每一个货币额都产生收入，从而每一种收入都相反地表现为一个货币额的果实”[⑦]。“因此，‘股份资本’总额，即资本化的收益证书的价格总额，无需同最初转化为产业资本的货币资本相一致。现在的问题是：这种差额是怎样产生的，它的大小如何。”[⑧]

希法亭举了这样一个例子，“我们假定，一个产业企业拥有 100 万马克资本。平均利

---

① 鲁道夫·希法亭：《金融资本——资本主义最新发展的研究》，81 页，北京，商务印书馆，1994。

② 同上书，83 页。

③④ 同上书，84 页。

⑤ 同上书，93 页。

⑥ 顾海良、张雷声：《20 世纪国外马克思主义经济思想史》，70 页，北京，经济科学出版社，2006。

⑦ 鲁道夫·希法亭：《金融资本——资本主义最新发展的研究》，110 页，北京，商务印书馆，1994。

⑧ 同上书，110～111 页。

润率是 15%，一般利息率是 5%。这个企业产生 15 万马克的利润。但是，这 15 万马克的数额作为年收入 5%资本化，将会有 300 万马克的价格。当然，按 5%，货币资本也许只想接受具有固定利息的更安全的证券。但是，如果我们假定有一个高的风险酬金，比如说 2%，还要考虑必须由企业利润中承担对同股份公司相反的私人企业来说仍然可以节约下来的管理费用和董事的红利等等，为此可支付的利润减少 2 万马克，那么，便有 13 万马克可以分配，应给股东 7%的利息。于是，股票价格等于 1 857 143 马克，按整数说就是 190 万马克。但是，为了产生 15 万马克的利润，只需 100 万马克，90 万马克被游离了。这 90 万马克是由带来利润的资本向带来利息的资本的转化而产生的。如果撇开由股份公司的形式产生的、使利润减少的较高的管理费用不论，这 90 万马克就等于按 15%资本化的收入与按 7%资本化的收入之间的差额，即产生平均利润与产生平均利息的资本之间的差额。这种差额表现为‘创业利润’，是仅仅由带来利润的资本向带来利息的资本形式转化而产生的利润的源泉。”①

创业利润是马克思主义经济学在金融领域形成的一个非常重要的概念，希法亭在看上去比较简短的论述中涉及到了几个不同的变量。为了准确理解这一概念，我们将与此相关的几个变量进行比较，详细解释一下创业利润的内涵。

通常我们在计算股票的资本化价格的时候容易套用银行利率，其计算原理是，将股票视为一笔资产，设每年按股息收入可获得的报酬为 t（如 2 万），同样，再将一笔货币收入存入银行，设想按银行利率 r（如 5%）每年可得到的利息也为 t。这样一来，这笔货币收入用来购买股票获得股息，与存到银行里获得利息，其收益结果是一样的，因此市场上可以接受的股票的资本化价格水平，等于这笔货币收入。按照其利息收入 t（如 2 万），以及银行利率 r（如 5%），可以得出这笔货币收入即股票的资本化价格为 r/t（2 万/5%＝40 万）。

但是希法亭进一步指出这种计算不够准确，因为在股票市场上所获得的收入是不稳定的，如果其股息收入与银行存款利息一样多，那么人们将选择直接把资金存到银行里，而不再去购买股票。所以，购买股票的回报率比存到银行里利息率高一些才有可能吸引人们投资股票。这两个回报率之间的差额，希法亭称为“风险酬金”。回到我们的例子中，假设风险酬金确定在 2%的水平上，一份股票每年能够支付的股息为 2 万，银行利率为 5%，那么，希法亭认为考虑到购买股票的风险更大一些，股票的资本化价格不应是 2 万/5%＝40 万，而应该是 2 万/(5%＋2%)＝2 万/7%＝28.57 万。其中，7%就是股票的回报率，2 万报酬按照这个股票回报率进行资本化之后形成的价格，才是股票的价格水平。在股票回报率已知的情况下，股息收入表现为这个股票价格水平的果实。这个被认为是形成了股息收入的股票价格水平也就是希法亭所指的股份资本。

进一步，希法亭“创业利润”的关键逻辑就出现了。一般而言，平均利润率水平要高于利率，也高于股票的回报率，设平均利润率为 15%，那么，要获得 2 万的回报，实际投入企业进行经营的资本量是 2 万/15%＝13.33 万。这 13.33 万就是希法亭所指的产业资本。

这样一来，创业利润也就比较清楚了。企业在投入了 13.33 万的产业资本之后获得创

① 鲁道夫·希法亭：《金融资本——资本主义最新发展的研究》，111 页，北京，商务印书馆，1994。

业成功，每年的收入为 2 万，这 2 万的收入水平，在股票市场上按 7%的回报率看，可以视为 28.57 万股份资本的果实。企业的股份资本额超过企业产业资本额的水平，就是企业的创业利润。

通常来说，创业成功的企业往往能够在股票市场上被认定为一个高于其产业资本额的股份资本额。对于最初投资到企业的“货币投资者”，这两者的差额，即“创业利润”是吸引他投资企业的最重要的动机。希法亭的分析显示了马克思主义经济学的科学性和现实指导意义。在《金融资本》发表近一个世纪之后，20 世纪末风险投资和高科技投资在世界各发达国家迅速兴起，追逐创业成功之后的“创业利润”正是各地资本向高风险的科技投资领域集聚的关键动因。

同时，这里所指的股份资本不再是投入到企业的实际的产业资本，而仅是股息收入在股票市场上所对应的一个虚拟的资本量，即虚拟资本。其他有价证券的收益的资本化形成的有价证券的价格，与这种股份资本有类似的性质，也被称为虚拟资本。

2. 金融资本

希法亭认为创业利润会进一步吸引银行关心企业的经营，向企业渗透，“与此同时，也使银行在与企业争夺创业利润中占据优势，不仅掌握了股票发行权，而且还垄断了新有股份公司的创业活动。在这种情况下，银行的职能又发生了一定程度的变化，即已不再通过信用关系向产业资本家提供资本获得利息，而是通过发行股票向市场提供可以转变为产业资本的货币资本，从而获得更多的创业利润”①。银行的资本支持也进一步加速了产业资本的规模扩张和资本集中，从而进一步推动了垄断的发展。希法亭重点分析了工业垄断组织发展过程中的联合制问题。他认为，“我们所说的联合制，是指一个为另一个提供原料的资本主义企业的结合；我们还把由不同产业领域中利润率差别引起的这种结合，和同一个产业部门的企业联合区分开来。后者是以通过消除竞争来提高产业部门的低于平均水平的利润率为目的而形成的”②。希法亭的联合制概念说明他已经将纵向产业链条中上游产业与下游产业之间的联合视为一种特殊的经济学范畴，是研究纵向一体化问题的先驱理论成果。

随着垄断组织的发展，银行与企业的进一步融合形成了金融资本。希法亭通过两者的融合提出了金融资本的概念：“产业对银行的依赖，是财产关系的结果。产业资本的一个不断增长的部分不属于使用它的产业资本家了。他们只有通过代表同他们相对立的所有者的银行，才能获得对资本的支配。另一方面，银行也不得不把它们资本的一个不断增长的部分固定在产业之中。因此，银行在越来越大的程度上变为产业资本家。我们把通过这种途径实际转化为产业资本的银行资本，即货币形式的资本，称为金融资本。”③ 简言之，金融资本就是指银行以货币资本投入企业，转化为产业资本同时又由银行掌握其所有者权益的资本，它是银行与企业融合的产物，也是将两者联结起来的利益载体。

希法亭以此为基础，全面分析了金融资本控制下的帝国主义经济政策，对帝国主义的

---

① 顾海良、张雷声：《20 世纪国外马克思主义经济思想史》，70 页，北京，经济科学出版社，2006。

② 鲁道夫·希法亭：《金融资本——资本主义最新发展的研究》，212 页，北京，商务印书馆，1994。

③ 同上书，252 页。

保护关税、经济区和资本输出进行了深入研究。由于相关内容涉及金融学和国际经济学的专业知识，这里不再展开介绍。应该说希法亭的金融资本理论是马克思主义经济学家第一次如此深入全面地探析垄断资本主义和帝国主义问题，希法亭对马克思主义原理的发展和运用也具有很高的理论水平，金融资本理论也是列宁帝国主义理论最为重要的理论参照。

列宁认为希法亭的金融资本理论，“在货币理论问题上有错误，并且书中有某种把马克思主义同机会主义调和起来的倾向，但是这本书对‘资本主义发展的最新阶段’作了一个极有价值的理论分析。”① 鉴于希法亭金融资本理论的重要性和影响，有人将希法亭的《金融资本》称为《资本论》第四卷。

第二节　经济剩余与现代垄断资本理论

第二次世界大战后关于垄断问题的讨论成为经济学界的研究热点和理论方向。美国逐步成为全球的经济学研究中心。以斯威齐和巴兰为代表的美国垄断资本学派继承和发展了卢森堡资本积累理论关于价值实现问题的分析，以垄断为核心进行了一系列研究，影响深远，成为马克思主义经济学垄断资本理论在二战后的主要代表。

美国垄断资本学派认为在马克思之后，垄断成为资本主义经济的基本特征，他们赞同列宁把他的帝国主义理论直接放在发达的资本主义国家中垄断统治的基础之上，将垄断作为资本主义的基本特征，重新构建用于分析垄断资本主义的马克思主义理论体系。

巴兰和斯威齐指出，“因此，在构造我们的经济学模型时，不容许忽视垄断而继续把竞争当作一般的情况。在企图了解垄断阶段的资本主义时，我们不能脱离垄断，也不能把它看作一个只起限制作用的因素；我们必须把它放在分析工作的最中心”②。

一、经济剩余

美国垄断资本学派的分析以经济剩余为中心。这是他们发展马克思主义经济学最为明显的体现，同时也是垄断资本学派影响最大的核心概念。

巴兰、斯威齐指出：“我们草创的论文并非无所不包。它是环绕着一个中心论题来组织并获得本质上的统一的：在垄断资本主义条件下剩余的产生和吸收”。

1. 经济剩余的概念

经济剩余概念最早由巴兰在其名著《增长的政治经济学》一书中提出。实际上，在《增长的政治经济学》一书中，巴兰放弃了“经院经济学”的研究原则，没有为“经济剩余”提供一个简明的概念界定，在那里，他通过“实际的经济剩余”、“潜在的经济剩余”和“计划的经济剩余”描述这一概念，并将这一概念与浪费、生产性劳动和非生产性劳动等概念相结合。这导致了很多误解，使得巴兰不得不在后续的研究中反复解释和澄清。

在《垄断资本》一书中，巴兰和斯威齐提供了经济剩余简明、清晰的概念界定：“经

---

① 《列宁选集》，3版，第2卷，583页，北京，人民出版社，1995。

② 巴兰、斯威齐：《垄断资本——论美国的经济和社会秩序》，12页，北京，商务印书馆，1977。

济剩余的最简短的定义，就是一个社会所生产的产品与生产它的成本之间的差额”①。到底要在总产出中扣除哪些成本，是理解经济剩余概念的关键。巴兰强调，不能“坚持把经济剩余与统计上可以看到的利润等同起来”②。也就是说，巴兰和斯威齐以“经济剩余”概念来强调这样一个基本原则：在统计原则和某些经济理论上被视为“成本”的支出，在很多情况下是不必要的支出，是一种浪费，这种支出并不构成经济剩余概念中所提到的成本，相反，这些支出正是将一部分经济剩余给浪费掉了。

巴兰提出了这样一个案例来说明经济剩余、成本与浪费的关系。“假定在第一个时期中，100 名烤面包工生产出 200 只面包，其中 100 只面包当作他们的工资，另 100 只被资本家作为剩余。烤面包的生产率是每人 2 只面包，国民收入中剩余占有的份额是 50%。……再假定现在只雇佣 80 名工人烤面包，总共生产 1 000 只，而其余 20 名工人从事以下工作：5 人负责继续改变面包的形状；一个人把能加速面包发酵的化学物质与之拌和在一起；4 个人为面包设计新包装；5 个人编写面包广告，并在大众传媒中播送；一个人负责仔细注视别家面包公司的活动；2 个人密切关注反托拉斯领域法律的进展；最后 2 个人负责面包公司的公共关系。在新的环境下，80 名烤面包工人的总产量是 1 000 只面包，该公司 100 名劳动力的总工资是 500 只面包，利润加租金利息是 500 只面包。初看起来，第一个时期和第二个时期之间没有什么变化，只是总产量有了增加。国民收入中劳动力份额仍为 50%，保持不变，给剩余分摊的份额看来也没有变化。……但这样的结论是完全站不住脚的……实际情况是，在早期资本家把所有经济剩余作为利润用于支付地盘和利息。现在经济剩余的份额则一部分用来支持非价格竞争销售方面的成本，换句话说，就是损耗掉了。”③

从这个意义上讲，经济剩余概念的提出所要强调的就是很多劳动和支出是不必要的，是一种浪费。这些被浪费掉的劳动和支出正是垄断资本学派所要强调的因素。相应地，巴兰进一步提出了“非生产性劳动”的概念，他认为，所谓非生产性劳动，“最广义地说，它包括为了满足在资本主义和生产关系下产生的产品和劳动需求而从事的全部劳动，这在合理组织的社会中是不存在的。例如这些非生产性工人中有很多从事制造军备、军事设施人员、教士、律师、逃税专家、公共关系专家等。再就是广告商、经纪人、商人、投机牟利者等等”④。

2. 以经济剩余代替剩余价值的原因

巴兰和斯威齐以经济剩余概念代替了马克思的“剩余价值”概念，经济剩余概念也成为欧美马克思主义者的一个重要的基础概念。至于为什么要进行这样的替代，巴兰和斯威齐提供了这样的理由：在垄断资本主义时代，对于成本、利润的界定和相关统计信息，已经失去了其应有的准确含义，因此如果依据直接将利润、利息、地租和税收加总起来获得马克思所指的剩余价值总量，会忽略大量被浪费了的社会产品。而这部分社会产品的生产和吸收，则被巴兰和斯威齐认定为垄断资本主义时代的基本经济特征。对此，他们强调

---

① 巴兰、斯威齐：《垄断资本——论美国的经济和社会秩序》，15 页，北京，商务印书馆，1977。

② 巴兰：《增长的政治经济学》，14 页，北京，商务印书馆，2000。

③ 同上书，15～17 页。

④ 同上书，118 页。

"此刻只要提出这一点就够了：在一个高度发达的垄断资本主义社会，剩余采取多种形式和伪装"①。

可见，美国垄断资本学派强调的是在垄断资本主义经济中出现了众多被伪装起来的经济剩余，关注这部分经济剩余是如何形成和"浪费"掉，是他们解析垄断资本主义经济的关键。因此，在他们看来，像马克思那样仅将其他形式的"剩余价值"作为从属性和辅助性内容的研究思路，已经不再适用于解释垄断资本主义经济的基本特征，至少是不能充分强调那些需要突出强调的内容。同时，由于经济剩余概念基本上脱离了资本主义经济条件下的以雇佣劳动关系为核心和基础的概念界定思路，"经济剩余"实际上成为分析不同社会形态的一个通用概念，这也是其他欧美学者愿意接受这一概念的原因。在很多情况下，经济剩余已经成为分析、比较不同社会形态历史演变过程和制度变迁问题的重要概念。

3. 经济剩余的分类

巴兰最初通过实际的经济剩余、潜在的经济剩余和计划的经济剩余三个概念来描述经济剩余。

巴兰首先从实际经济剩余开始。"实际经济剩余，就是当前实际劳动产品与社会当前实际消费之间的差额。从而与当前节余和积累同义"②。可见所谓实际经济剩余，就是通常所说的用于投资的储蓄和积累。巴兰认为这里所说的实际经济剩余，只是马克思所说的剩余价值的一部分，只是指用于再投资的剩余价值，即资本积累和扩大再生产部分的剩余价值，而不包括资产阶级消费和政府支出部分的剩余价值。

巴兰更强调潜在的经济剩余。"潜在的经济剩余，指的是在一定自然条件和技术条件下，利用可获得的生产资源所可能生产出来的产品和可认为必需消费品之间的差额。"③潜在的经济剩余体现了"经济剩余"的核心观念：在生产上达到资源的最优利用，在消费上只消耗必要的消费品，由此形成的用于积累的潜在的最大份额的社会总产品部分，构成潜在的经济剩余。美国垄断资本学派所要强调的是，只有这些潜在的经济剩余都用于再投资和扩大再生产才是合理的，否则就会构成对社会资源的浪费。

巴兰强调了潜在经济剩余的四个方面："第一是社会的过度消费（主要是那些高收入阶层，但是在一些国家，比如说美国，也包含一些中产阶级），第二是社会中由于非生产性工人的存在而损失的产品，第三是由于现存的生产机制结构不合理，不节约而推动的产品，第四是主要由于资本主义生产的无政府状态以及有效需求不足而导致工人失业所未能体现的产品"④。这四个方面正是不合理生产安排和不必要消费的具体体现。

对于实行计划经济的社会主义国家，巴兰也提出了计划的经济剩余概念："它是指介于在一定历史时期的自然和技术条件下，有计划地'最佳'利用一切可以获得的生产资源所可能得到的社会最终产值为一方和所选定的'最佳'消费值为另一方之间的差额"⑤，即社会主义计划条件下最佳生产和最佳消费之间的差额。巴兰也强调，这里的"最佳"，不是西方经济学中的理性、最优和最大化概念。

---

① 巴兰、斯威齐：《垄断资本——论美国的经济和社会秩序》，15页，北京，商务印书馆，1977。

② 巴兰：《增长的政治经济学》，107页，北京，商务印书馆，2000。

③④ 同上书，108页。

⑤ 同上书，127页。

巴兰认为，“这里所谓的‘最佳’的含义与资产阶级经济学所赋予该词的意义有根本性的不同。它们并不反映为个别企业利润所考虑并为资本主义社会收入分布、爱好和社会势力所决定的那种消费结构；它们体现着一种为理性和科学所主导的社会主义的精密决策。”

二、经济剩余增长规律

美国垄断资本学派通过分析垄断资本主义时代的“巨型公司”、脱离了自由竞争的垄断性市场结构以及企业的行为，认为在垄断资本主义条件下经济剩余呈现持续增长的趋势。从而在以“经济剩余”代替“剩余价值”的同时，又以“经济剩余增长规律”代替了“利润率下降规律”，并把这一变化看做自由竞争资本主义向垄断资本主义过渡的最为本质的理论体现。

1. 巨型公司

美国垄断资本学派对“公司制”企业结构进行了分析，认为现代公司制企业已经区分于原有的个人所有制企业，企业的行为规则更大程度地摆脱了个人行为的特征，从而更接近马克思所强调的“资本的人格化”特征，以利润的积累为基本特征的资本属性已经由公司来执行，其追求利润的动机由公司来执行，从而更为制度化。遵守利润积累职能的、制度化的现代公司，承担资本增殖的任务，被称为公司资本家。“个人资本家被公司资本家取代，构成了资本家职能的制度化。资本家职能的核心是积累：积累一向是这个制度的原动机，是它的冲突的所在地，既是它的胜利的根源，也是它的毁灭的根源。”①

同时，美国垄断资本学派强调公司制企业的典型特征就在于它的规模化，以及由此形成的公司管理、决策职能的专业化。他们认为这主要体现在公司的管理与决策更具备长远视角，更为理性化。由于拥有较为雄厚的资本实力，大公司往往不急于获利，可以等待机会并有能力应对和承担逆境中的困难。这也有助于大公司利用中小企业的不足和风险在竞争中获胜，这些都导致公司有实力着眼长远利益来实现利润的最大化。同时由于大公司往往在市场中具有举足轻重的地位，为了保证现有的利益，它们往往需要在竞争过程中“尊重”其他大公司，从而能够更大限度地协调市场上的经营行为，更为理性地获取更大的利润。

2. 价格领导及其变形

美国垄断资本学派反对把巨型公司等同于完全垄断厂商。这种完全垄断厂商指的是其产品没有任何替代品，独家经营全部市场供给的厂商。存在这种完全垄断厂商的市场构成完全垄断市场。这种情况通常很少出现，整个市场的供给和价格往往不能由一家巨型公司独自决定。价格最终将取决于这些有影响力的巨型公司之间相互协调的定价策略。美国垄断资本学派使用“价格领导”来描述巨型公司之间的价格协调。由于各巨型公司都拥有影响市场供求格局和价格水平的能力，每一家巨型公司都必须谨慎面对其价格调整决策。因为决定它最终利润水平的市场价格和销售状况还要受到其他巨型公司定价和竞争性行为的影响，如果陷入彼此竞相降价的“混乱”状态，各巨型公司都会严重受损。在多家巨型公

---

① 巴兰、斯威齐：《垄断资本——论美国的经济和社会秩序》，48页，北京，商务印书馆，1977。

司都能影响最终价格的竞争格局下，市场上的多数公司会与某一家公司的价格保持一致，后者被称为“价格领导”。能够成为价格领导者的往往是市场上实力最大的公司之一，这些作为价格领导者的巨型公司更能承受价格战带来的损失，有能力“惩罚”其他竞争者。同时，美国垄断资本学派更加强调“价格领导的变形”：在很多情况下，市场上多数企业并不会始终只追随某一家巨型公司的价格，可能会出现不同的巨型公司轮流或交替领导的局面。在不同的时期，由不同的巨型公司率先提出价格调整策略，其他公司选择是否追随。“带头行动的商号可能只是向这个工业的其他商号宣布：‘我们认为，为了我们大家的利益而提高（或降低）价格的时候到了。’如果其他商号同意，它们就会跟着做。如果它们不同意它们就坚持不变，于是做出建议的公司就会撤销它所提出的价格变动”①。

在垄断资本学派所描述的市场格局中，市场由几家巨型公司控制。虽然不能进行公开的垄断串谋行为，但是这些公司都明确这样一种共识：“混乱”的价格战会让各公司都受损，价格的调整需要谨慎协调。在这种情况下，“价格领导的变形”其实是各巨型公司的一种谈判与协调方式。

这种“心照不宣”的协调与谈判原则并非在所有的市场上都被执行。在供给格局尚未确定、市场份额的瓜分尚未稳定的市场上，各企业会竞相降低显示自己的实力和竞争力，以争取更多的市场份额。

通过企业的市场行为而不是市场上企业的数目来认定市场的垄断程度，是美国垄断资本理论的进步之处。

3. 经济剩余增长规律替代利润率下降规律

虽然在脱离了自由竞争状态的市场上，巨型公司的影响将价格竞争排挤出了市场，价格不再与产品的成本相等，但是市场上依然存在着推动成本下降的压力，促使成本不断降低。美国垄断资本学派将其原因归结为巨型公司之间的非价格竞争以及其上游产业部门之间的竞争。

首先，美国垄断资本学派认为，公司制企业之间围绕市场份额展开相互竞争，其中，成本越低的企业在市场上拥有越大的主动性，能够在同行业的公司之间处于支配地位。这种非价格竞争的压力会迫使公司制企业的经理层集中精力降低企业的生产成本。“成本最低的商号高举着拿鞭子的手；它有能力实行进攻，甚至以价格战相威胁，而在极端场合，竟至突然发动价格战。它可以安然无事地采用一种战略（特别折扣，有利的信用条件，等等），这种战略如果虚弱的商号也采用时，就会惹起报复”②。相反，任何一个公司在成本竞争中处于劣势都会导致在市场上处于被动地位，而且这种被动局面会对公司的经理层形成巨大的生存压力——处于弱势的公司一旦被更换或改组，其经理层就会面临重新调整。为此，虽然下降后的成本不一定立刻形成公司更低的产品价格，但是企业的经理层依然会极力降低企业的生产成本。

巴兰、斯威齐认为：“任何一个在降低成本的竞赛中落在后面的公司不久就会陷入困境。它的回击进攻的力量被暗中破坏了，它的采取机动行动的自由被剥夺了，它运用进行

① 巴兰、斯威齐：《垄断资本——论美国的经济和社会秩序》，63页，北京，商务印书馆，1977。

② 同上书，71页。

竞争的霍霍虎口的能力被削弱了。它起着越来越被动的作用，发现自己的处境日益恶化，最后面临着某种不愉快的然而又是不可避免的抉择：它可以同一个更强的商号实行合并，自然按照不利的条件；它可以试图改革和恢复原有地位，通常是在新的经理部门领导之下进行，并加入新的资本；它还可以关门大吉，把地盘让给它的更成功的竞争对手。这种事情在商业界经常发生，每一个经理都知道无数的实例，他生活在经常的恐怕之中，生怕他的公司在成本竞赛落在后头，因而使他遭受同样的命运。”①

其次，美国垄断资本学派认为，处于产业链上游的企业为了争夺市场份额往往向其“客户”，即使用其生产的设备和原料的企业推广那些能够降低产品成本的设备、原料以及相关技术。由于成本竞争会对公司形成降低成本的压力，那么，对于这些公司的上游企业而言，推广其产品从而占有更大市场份额的最为有效的策略莫过于为其客户提供能够降低其产品成本的设备和原料。这些设备和原料的推广同样会促使其下游企业生产成本的不断降低。

巴兰、斯威齐认为：“关于生产资料制造商的技术革新活动所导致的降低成本的效果，最明显的例子也许可以从农业中找到。……政府研究是造成过去二十年中农业成本惊人降低的主要因素；但农业机器、肥料、农药等等的渴望推销的制造商在研究过程中也起了重要作用。同样，机床、电子计算机和计算系统、商业机器、自动控制设备、装货和传递机器、新的塑料制品和合金以及许许多多其他各种生产资料的生产者，都在忙着研制能使他们的顾主——简直包括整个商业界——生产成本更低因而获利更大的产品。一句话，生产资料的生产者由于帮助别人获得更多的利润而使自己获得更多的利润。”②

美国垄断资本学派关于成本下降趋势的分析是马克思主义经济学应用于现实领域的经典范例。实际上，此后美国学者波特提出的著名“竞争优势”理论的多数思想，垄断资本学派都已经运用标准的经济学基础理论进行了讨论，而且分析得更为深入透彻。

综上所述，在垄断资本主义条件下，在由巨型公司控制的脱离了完全竞争的市场上，价格战被价格领导和巨型公司之间谨慎的调价谈判取代，价格的下降受到了抑制；同时，成本下降的趋势又因各公司之间的成本竞争、其上游生产资料生产企业的市场份额竞争而继续存在。这样一来，一个社会所生产的产品与其成本之间的差额，即经济剩余将不断增长，美国垄断资本学派将这一趋势称为经济剩余增长规律。

显然，“经济剩余增长规律”的结论与马克思的“利润率下降趋势”理论存在明显的分歧，对此美国垄断资本学派认为这一分歧并非是对马克思主义经济学基本原理的否定或修正。因为两个规律的前提条件不同，经济剩余增长规律代替利润率下降趋势，正是资本主义经济由自由竞争资本主义向垄断资本主义过渡的理论体现。

巴兰、斯威齐谈道：“这个规律马上引起了同古典马克思主义的利润率下降趋势规律的比较，这是应当的。我们不必分析后者的各种不同说法③，就能够说：它们④全都预先假定有一个竞争制度存在。因此，用剩余增长的规律去代替利润下降的规律，我们并不是

① 巴兰、斯威齐：《垄断资本——论美国的经济和社会秩序》，71页，北京，商务印书馆，1977。

② 同上书，72页，

③ 如何理解马克思的利润率下降趋势，学者们存在争论，见本书第十章。

④ 指对“利润率下降趋势”的不同理解。——引者注

否定或修正政治经济学上的一条历史悠久的原理；我们只不过是估计到这个毋庸置疑的事实，即从这个原理制定以来，资本主义经济已经经历了一个根本的变化。关于竞争资本主义向垄断资本主义的结构改变的最本质的东西，在这个代替中获得了它的理论表现。”①

三、“正常规律”下增长的经济剩余不能被吸收

更多经济剩余的物质形式就是更多的产品供给，如果没有相应的部门吸收并消化这些经济剩余，垄断资本主义经济将陷入生产过剩的经济危机而不能自拔。美国垄断资本学派从吸收经济剩余的角度考察资本主义社会各阶层、利益集团在收入分配和经济运行的社会秩序，突出阐述了垄断资本主义社会“自我矛盾”的特征，分析了这一制度的腐朽和落后之处。他们的基本逻辑是，仅仅依靠垄断资本主义市场自身的发展规律，增长的经济剩余将不可能得到吸收；吸收这些经济剩余需要在销售环节增加投入，刺激更多的消费；除此之外，政府的民用支出和帝国主义的军事支出也构成对经济剩余的吸收。由于销售努力、政府支出和国家垄断资本等实际已经成为垄断资本理论在生产方式问题上的讨论，本章我们只介绍美国垄断资本学派关于垄断资本主义“正常规律”的讨论。

1. 资本家消费不能吸收增长的经济剩余

如果不考虑对外出口，对社会总产品的吸收分为投资和消费两部分。工人的消费是劳动力商品价值的构成部分，构成社会生产总产品的成本，从而不属于经济剩余的组成部分。② 所以，在垄断资本主义市场内部的“正常规律”中，经济剩余的吸收所对应的是资本家的消费和投资。其中投资的增加会形成更多的经济剩余，而消费的增加是对经济剩余的最终吸收。美国垄断资本学派首先认为用于投资的经济剩余在社会总产品中的比重将持续提高，从而说明，仅依靠资本家的消费不能吸收增长了的经济剩余。然后进一步论证，无论这些相对增长的经济剩余用于何种用途的投资，最终都将难为以继，导致垄断资本主义市场的崩溃。

美国垄断资本学派分析了用于投资的经济剩余在社会总产品中的比重持续提高的方式。美国垄断资本学派把经济剩余分为两部分，分配给资本家供他们消费或再投资的经济剩余，以及未分配的直接留在企业内部进行投资的经济剩余。其中，资本家的消费来自于分配给资本家的那一部分经济剩余。假定分配给资本家的那部分经济剩余全部用于消费，只有直接留在企业内部进行投资的经济剩余用于投资。显然，在现实情况下用于投资的经济剩余将更多一些——通常分配给资本家的经济剩余中还有很大一部分用于投资。在多数情况下，公司制企业以股息的方式分配其经济剩余及其货币形式——利润。在这种情况下，被分配的股息占利润的比重，即支付率水平在较长时期保持不变。但是，支付的股息水平并不会随着利润的增加而立刻获得调整，通常只有在利润已经明显增加形成事实之后才会按财务周期在下一周期增加分配的股息水平。在这种情况下，如果经济剩余和利润水平一直处于持续提高的过程中，那么“实际支付率将落后于支付率指标”③，即分配和支

① 巴兰、斯威齐：《垄断资本——论美国的经济和社会秩序》，73～74页，北京，商务印书馆，1977。

② 由于某些非生产领域的工人劳动不被认为是从事物质产品的生产，所以，这些领域工人的消费以及他们用于支付这些消费的工资，均不构成社会总产品的成本，美国垄断资本学派把非生产领域的工人工资视作经济剩余的一部分。

③ 巴兰、斯威齐：《垄断资本——论美国的经济和社会秩序》，81页，北京，商务印书馆，1977。

付给资本家和股东的那部分经济剩余占实际经济剩余的比重，是相对下降的。相应地，未分配的、“寻找投资出路”的经济剩余在经济剩余中的比重是持续上升的。当然，考虑到分配给资本家的那部分经济剩余也并非完全用于消费，还有较大一部分用于再投资，那么，用于投资的经济剩余的相对增长趋势会更为明显。因此可以确定，除去资本家的消费，其余用于投资的经济剩余依然相对于社会总产品而不断增长，依靠资本家的消费支出不能吸收这些用于投资的经济剩余。既然资本家的消费不能像用于投资的经济剩余那样快速增长，“那末，寻找投资出路的那部分剩余必定相对于总收入而有所增长，而通过资本家的消费来解决问题的可能性就不存在了”①。

2. 内源投资不能吸收经济剩余

垄断资本主义市场本身不能吸收用于投资的经济剩余。由于很多西方经济学家通过不同途径论证投资相对增长的可能性与合理性，美国垄断资本学派通过批驳原有的观点来证明，这些相对增长的投资无论用于何种途径，都是难以为继的。美国垄断资本学派使用了当时经济学界“内源投资”与“外源投资”的划分标准，分别讨论了这些增长的经济剩余用于内源投资和外源投资的情况。

所谓内源投资是指“投资导向从这个制度内部机构产生的出路”② 的投资，即发生投资的前后，市场上的产品种类和产业部门的数量不变，市场上产品交易和要素交易的交换关系、价值链不发生增减，只是每一条交易关系、价值链上的交易数量发生变动。在内源投资的场合，垄断资本学派总结了理论界的两种理解：投资不增加消费的供给能力，以及投资增加消费的供给能力。所谓投资不增加消费的供给能力指的是投资只带来生产资料的增加，增加了的投资再进一步购买这些生产资料，也就是说生产生产资料的第一部类相互增加生产资料与生产资料之间的互换，而不会带来消费品生产部类即第二部类供给能力的提高。美国垄断资本学派认为这种第一部类扩张、第二部类生产能力不提升的观点是极端错误的。“它意味着必须把越来越大的生产资料生产出来，其唯一目的就是供将来生产数量更加越来越大的生产资料之用。消费在产量中占的比例越来越小，而股本的增长同消费的实际扩大或可能扩大则完全没有关系。”③ 从微观层面来看，“生产资料制造商并不能对彼此的商品相互提供无限扩大的市场，它们也知道这一点。尤其是，设想在垄断资本主义下小心谨慎和精心算计的巨型公司，会对这种情况所预先假定的那种滚雪球式的扩张计划进行设计并予以执行，那纯粹是幻想”。实际上，为消费部门提供用于生产和扩张供给能力的设备和原材料正是生产资料部门存在的意义所在，如果生产资料部门的“独自”扩张脱离了消费部门生产能力的提升，那么，生产资料扩张将难以获得其经济回报。美国垄断资本学派把这种生产资料独自扩张的情况称为“爆炸性增长”。这种爆炸性增长的荒谬证实了另一个问题：投资的增长必然带来消费部门生产能力即供给能力的提高。结合前面的分析可以得出这样的结论，经济剩余相对于社会总产品而持续增长，用于投资的经济剩余相对经济剩余的总量增长，即使是技术不变劳动生产率不提高，投资带来的生产能力的扩

---

① 巴兰、斯威齐：《垄断资本——论美国的经济和社会秩序》，81 页，北京，商务印书馆，1977。

② 同上书，89 页。

③ 同上书，82 页。

张速度将快于社会总产品的扩张速度，其结果必然导致社会的生产量低于其生产能力。“这样一种的投资模式肯定是不可能的；诚然，在资本主义的历史上常常出现过。但不可能的是：它会无限期地持续下去。或迟或早，多余的生产能力会变得如此之大，以致阻拦进一步的投资。当投资下降时，收入和就业也会下降，因而剩余本身也会减少。换言之，这种投资模式是自我限制的，必定会以经济趋向下降而告终——即衰退或萧条的开始。”①

对于生产量低于生产能力的情况，美国垄断资本学派进行了进一步的分析，他们使用了“开工率”与利润率的关系。在生产量低于生产能力的情况下，公司的开工率是不足的。而这又会带来利润率的下降。“如果我们假定一个公司的生产能力是在一定成本和价格之下提供最大限度利润的产量，那末，开工率的降低，不论是由于产量的减少或生产能力的增加或由于二者的某种结合，必然导致利润的降低。”② 即产量的下降对应着收入的减少，而生产能力的扩张则意味着生产中投资的增加和成本的提高，因此，开工率与利润之间呈现正相关的关系。此外，如果考虑到企业的“管理费用”和其他投资具有“固定成本”的情况，那么，开工率不足和产量的相对下降也意味着在更多的固定成本分摊更低的产量规模条件下，单位产品的成本也会相应地拉高，从而导致利润的下降。③ 而利润的下降意味着经济剩余的减少，同时也会导致投资者减少投资，使经济趋向衰退和萎缩。

总之，生产资料部门独自扩张的“爆炸性增长”不可能出现，除此之外的投资扩张又必然会因为导致生产能力大于生产量而最终陷入衰退。因此，内源性投资不能吸收相对增长的经济剩余。

3. 外源投资不能吸收经济剩余

既然资本家消费、内源投资都不能起到吸收增长的经济剩余的作用，那么，在垄断资本主义市场的正常规律中，经济剩余的增长吸收就需要依靠外源投资了。大量的经济学文献强调了外源投资对于吸收经济剩余、创造有效需求方面的作用。

所谓外源投资是指：“不随这个制度的正常运转所产生的需求因素为转移的全部投资。例如，发明了某种新的生产技术，它能使某种商品更庸俗的投入市场；于是即使对于这种商品的需求没有发生变动，也可发生对应用这种新技术的设备的投资”④，即投资使市场上的产品种类和产业部门的数量增加，市场上形成了新的产品交易或要素交易的交换关系、价值链，市场交易关系获得了质上的扩充。美国垄断资本学派概括了学术界认为可以吸收经济剩余的三种主要的外源投资：（1）用于满足人口增长所产生的需要的投资；（2）用于新生产方法和新产品上的投资；（3）国外投资。同时，美国垄断资本学派又逐一否定了依靠这三类外源投资来吸收增长的经济剩余的可能性。

（1）人口的增长不能吸收增长的经济剩余。美国垄断资本学派承认人口增长会带来更多的投资，但是他们也认为由人口增长带来的投资增长并不是吸收投资的主要途径。

当然，如果结合现有的数据，可以对这一问题有着更为明确的判断，据联合国的统计，发达国家的人口增长率只有 0.5%，欠发达国家人口增长有 2.1%，全球人口增长最

---

①② 巴兰、斯威齐：《垄断资本——论美国的经济和社会秩序》，83 页，北京，商务印书馆，1977。

③ 美国垄断资本学派的这种分析，是“规模经济”因素应用于公司内部治理和经济周期的重要理论突破。

④ 巴兰、斯威齐：《垄断资本——论美国的经济和社会秩序》，89 页，北京，商务印书馆，1977。

快的反而是最为贫困的非洲。同样，从上世纪70年代末80年代初开始，计划生育的国策使中国的人口增长率大幅度下降，但是与此同时，中国的经济却进入了投资增长和经济增长的高速阶段。认为以人口增长带来投资增加，从而加速经济发展而吸收更多的经济剩余的观点，显然是难以令人信服的。

（2）新技术和新产品不能吸收增长的经济剩余。新技术和新产品往往是相互结合的，新的生产技术可能会形成新的中间产品和新设备等供下游生产部门使用的新产品。在西方经济学界，新技术和新产品在扩大投资方面的作用似乎是显而易见的：要形成新的生产部门、使用新的中间产品和技术设备往往要重新进行投资，扩大投资规模从而吸收更多的经济剩余。在这方面，熊彼特的“创造性毁灭”思想尤其具有代表性。熊彼特的创造性毁灭指的是：由于使用新产品、新技术导致原有的产品和技术因效率太低、成本太高而被淘汰，从而使得原来的设备和投资被毁灭从而必须进行新的投资。① 实际上，熊彼特把这一点视为由企业创新导致的比价格竞争还要重要的竞争形式，认为它可以防范垄断的出现和持续存在。但是，美国垄断资本学派却从巨型公司的技术控制和折旧两个方面批评这种思想，认为新技术和新产品的出现只能改变投资的方向，而不能大幅度提高投资的规模。在垄断资本主义条件下，巨型公司是新技术的研发和推广者，技术由它们垄断并决定是否予以采用。这种状况构成了巨型公司对新产品和新技术的控制。由于巨型公司掌控了技术的采用和推广过程，它们是否采用新技术往往不是取决于这些技术是否比原有的技术更先进，而是要考虑能否实现其现有利润的最大化。通过与完全竞争市场的比较，这一点会显得更为明显。在完全竞争市场上，任何一个企业都必须在第一时间使用并推广新技术，否则它就会被使用了新技术的竞争对手击败而被淘汰。但是，在垄断资本主义条件下，由于垄断了这些新技术，巨型公司往往首先要考虑使用这些新技术替换自己现有的技术设备和产品供给是否是合算的。如果技术推广导致的设备更换和产品更新换代成本太高，那么，这些巨型公司会故意推迟这些新技术和新产品的采用，直到其现有设备已经磨损、淘汰，现有的产品市场已经接近饱和时才按照利润最大化的原则选择新技术和新产品的推出时间。

同时，美国垄断资本学派也强调了折旧的作用。他们强调，通常折旧只具有“会计成本”的意义，即计入折旧的那部分收益不再计入会计意义上的利润从而避免了纳税。巨型公司在计提折旧的同时，只要其原有的技术设备依然可以继续使用，它们就不会更新其现有的技术设备。这些计提出来的“折旧”到底是用于更新原有的设备还是用于新设备和新技术的投资，只是投资形式上的差别，并不决定投资规模的大小。通常，在决定采用新技术推出新产品时，企业已经不会再按原来的技术要求去更新原有的技术设备，相应地，新技术和新产品在带来新投资的同时，也减少了更新投资。在这种情况下，用于新技术和新产品的新投资与用于更新原有技术设备的更新投资，只是投资形式的差别，而并不决定投资规模的大小。因此，美国垄断资本学派强调，新技术和新产品只是决定投资的形式而不直接决定投资的规模，熊彼特的“创造性毁灭”带来的投资规模扩张和对经济剩余的吸收，只适用于完全竞争的自由资本主义阶段，而不适用于巨型公司垄断控制新技术和新产

① 参见熊彼特：《资本主义、社会主义和民主主义》，104页，北京，商务印书馆，1979。

品的垄断资本主义阶段。

(3) 对外投资不能吸收增长的经济剩余。美国垄断资本学派认为在垄断资本主义阶段，发达国家对国外的投资是为了赚取源自其他国家的利润。实际上对外投资是它们吸收国外经济剩余的重要途径。巴兰在《增长的政治经济学》一书中以这一观点为重要线索探讨了发达国家吸收欠发达国家经济剩余的各类途径，并认为这是导致欠发达国家不能摆脱经济发展困境的原因。① 同时，美国垄断资本学派还将经济剩余的变形和掩盖形式应用于发达国家的对外投资，把“经济酬金、专利税和各种掩盖形式的汇款”② 视为发达国家对外投资吸收经济剩余的掩盖形式。

既然经济剩余不能通过资本主义市场内部“正常规律”获得消化，那么，要吸收这些经济剩余，使垄断资本主义制度获得维持，就必须借助于“正常规律”之外那些起相反作用和抵制作用的因素。美国垄断资本学派认为垄断资本主义制度得以维持的关键就在于这些因素是客观存在的，他们通过对“非生产性劳动”、“政府军国主义支出”等因素的深入分析，阐释了垄断资本主义吸收经济剩余的具体特点。这些分析启动了西方马克思主义者关于新阶段垄断资本主义特有生产方式和积累体制的分析。

关键术语

创业利润　　　　金融资本　　　　经济剩余

习题

1. 简述卢森堡的资本积累理论的主要思想。
2. 简述希法亭对银行信息、流通信用和资本信用的分析。
3. 试述希法亭对创业利润和金融资本的研究。
4. 按照巴兰的划分，经济剩余有哪几种类别?
5. 巨型公司与一般的中小型企业有什么区别?
6. 经济剩余增长规律是什么？为什么它会替代利润率下降规律?
7. 为什么正常条件下增长的经济剩余不能被吸收?

---

① 这一观点的具体论述请见本书第十一章。

② 巴兰、斯威齐：《垄断资本——论美国的经济和社会秩序》，104 页，北京，商务印书馆，1977。

第十章

欧美经济危机与经济周期

本书第三章已经介绍过，经济危机（economic crisis）指的是持续性的生产过剩、经济停滞和生产萎缩。经济周期根源于资本主义的基本矛盾，即生产社会化与生产资料私人占有制之间的矛盾。随着资本主义基本矛盾的尖锐化，经济危机会周期性地爆发，使资本主义经济周期性地经历“危机→萧条→复苏→繁荣→再危机”的波动过程，这种周期性的经济波动，就是经济周期（business cycle）。在马克思去世之后的百余年间，由马克思和恩格斯所预言的经济危机的周期性爆发从未终止，经济危机和经济周期理论也演变为经济学界一个相对独立的理论分支。这与马克思所处时代的理论特点有所不同，在古典经济学家的理论体系中，经济危机理论还未完全独立出来，相应地，“关于资本主义经济危机的理论，马克思在《资本论》中未有专章篇幅集中加以论述，而是散见于《资本论》以及《剩余价值理论》两部巨著的有关章节中”①。实际上，马克思主义经济学的经济危机理论，也是在马克思去世之后，随着西方马克思主义者就如何认识和发展马克思的经济危机理论进行的反复争论，才不断丰富和清晰起来，成为西方马克思主义经济学一个独立的主要的理论分支。本章全面介绍西方马克思主义经济学的经济危机和经济周期理论。

第一节　经济危机与崩溃论

应该说，把经济危机视为一种普遍的持续的“生产过剩”（相对过剩），承认经济危机会出现周期性的爆发，是马克思主义经济学与其他经济学的基本共识。当然，分歧同样明

① 胡代光：《马克思的经济危机理论和西方学者的评论》，载《世界经济》，1983（3）。

显，这种分歧，同时也是马克思主义经济危机理论的基本特点：马克思主义经济学把对经济危机的认识与对资本主义最终命运的判断结合在一起，认为从长期趋势来看，周期性爆发的经济危机将越来越严重，最终导致资本主义制度的灭亡。如美国著名学者米契尔就认为，“在许多这一类的推论中，马克思的推论是特别重要的，因为马克思是把商业危机的日益频繁和日益严重列入导致资本主义国家制度的长期趋向之内的”①。而西方经济学则通常不承认这一点，更多的西方学者把经济危机的周期性爆发视为一种正常现象，否认经济危机将会最终导致资本主义经济制度的消亡。国内某些文献中把某些西方经济学家所讲的经济周期，即 business cycle 译为“商业循环”或“景气循环”，应该说这种译法在一种程度上符合这些西方学者的理论倾向。马克思主义经济危机理论在长期趋势上的这一特点，主要集中在马克思主义“崩溃论”方面，同时，围绕“崩溃论”的争论也是马克思去世后西方马克思主义经济学家系统阐释马克思主义经济危机理论的开始。

一、马克思“崩溃论”及其“存在性”

马克思在资本论中曾频繁使用“崩溃”的提法，主要用来代指资本主义经济危机中出现的信贷危机和生产过剩危机，以及由此引发的经济运行中断和混乱局面，可以说，在多数场合，马克思所指的崩溃是每一期经济危机过程中，出现的商务、信用危机和混乱局面。但是，我们这里所指的“崩溃论”则是指经济危机的长期趋势。

提出马克思具有“崩溃论”思想的，是著名的修正主义者伯恩斯坦，他在 1898 年的《崩溃论和殖民政策》一文，和 1899 年的《社会主义的前提和社会民主党的任务》一书中认为，马克思的理论中包括了这样一种思想：资本主义经济必将陷入一场无法挽救的“灾变性的崩溃”。他认为这一判断是马克思主义经济学的主要思想之一。同时，伯恩斯坦认为马克思作出这一判断的现实条件，在 19 世纪末 20 世纪初已经不复存在，他通过分析当时资本主义经济出现的新现象，认为当时的资本主义经济已经进入到一个有组织、稳定的经济形态，不会再出现“崩溃”，从而将崩溃论认定为马克思“过时”理论的重要代表，作为他“修正”马克思主义理论的依据和理由。

那么，马克思是否存在伯恩斯坦所说的这种“崩溃论”呢？这一问题就是“崩溃论”的存在性。较早明确否定伯恩斯坦的这种理解，否定“崩溃论”存在性的，是当时著名马克思主义理论权威考茨基，他于 1899 年撰写了《伯恩斯坦和社会民主党纲领》一书，认为马克思根本就没有提出所谓的“灾变性崩溃”一说。在马克思和恩格斯那里，论证了资本主义经济会“每况愈下”，但是，马克思和恩格斯的这种观点，绝不像伯恩斯坦所理解的那样，认定资本主义经济制度会“自行”灭亡，因为遵循马克思和恩格斯的思想，资本主义经济制度的灭亡，最终要取决于无产阶级力量和阶级意识的增强。在马克思和恩格斯的这些思想中，“看到了推动无产阶级反对资产阶级的阶级斗争的因素；这种斗争使无产阶级在人数、团结、才智、觉悟、政治成熟程度等方面日益增长；这种斗争也使得无产阶级的经济地位越来越提高，并使无产阶级不可避免地要组成政党和使这个政党不可避免地

① 米契尔：《商业循环问题及其调整》，251 页，北京，商务印书馆，1962。

胜利，同样也使社会主义生产方式的建立……成为不可避免”①。

此外，当时欧洲著名马克思主义者罗莎·卢森堡在其名著《资本积累论》中也提出了对“崩溃论”的另一种解释。她从马克思的再生产理论入手，认为剩余价值必须得在一个开放的经济中通过对外出口来获得实现，随着全世界被纳入一个统一的资本主义体系之中，剩余价值获得实现的条件就会丧失，从而使这一制度最终崩溃。一般认为，卢森堡的这种分析没有能够准确把握马克思主义再生产理论和剩余价值的实现问题，其中布哈林等人进行了较为明确的批判。

除了存在性，崩溃论的另一个主题显得更为重要：到底资本主义经济是否会存在一个必然崩溃的长期趋势？关于这一问题，西方现代马克思主义理论也有不同认识。在20世纪20年代之后，考茨基、希法亭等人基本上接受了“有组织的资本主义”的观点，即认为资本主义经济的组织性已经明显提高，“无政府状态”得到了较大程度的克服，资本主义制度“崩溃”的“现实可能性”已经不存在了。而奥托·鲍威尔和弗里茨·施特恩则认为马克思的崩溃论在逻辑和现实中都是成立的，崩溃论是马克思主义经济理论的重要内容。

另外值得注意的是，“崩溃论”所阐述的资本主义经济的长期趋势和历史命运，与每一次经济危机爆发的成因，是不同的。但是，在早期的研究中，较多的西方马克思主义经济学家未能明确这两者的区别，很多关于“崩溃论”的分析，所讨论的是资本主义经济短期内爆发危机的直接原因，如“消费不足”、“比例失调”等。

二、格罗斯曼的“崩溃论”模型

历史证明，20世纪初形成的垄断资本主义经济，不但没有成为一个更加稳定的“有组织的”经济形态，反而在1929—1933年间爆发了更为严重的经济大危机。这场危机也使得西方马克思主义经济学家再次重新审视“崩溃论”，同时在危机爆发前夕就系统阐释了“崩溃论”的格罗斯曼以及他的“崩溃论”模型也因此而备受关注。

1. 基本观念

格罗斯曼较为准确地把握了“崩溃论”的几个关键问题：崩溃论是关于资本主义制度最终崩溃的长期趋势的判断，是马克思主义经济危机理论的“前提和基础”，放弃“崩溃论”等于放弃资本主义经济必然灭亡的基本思想。“崩溃论”所论述的是资本主义制度最终崩溃的客观必然性，绝没有宣布“崩溃”会自行发生，而是强调，工人阶级的斗争是最终引致这一“崩溃”的直接原因和必要条件。

2. 模型

格罗斯曼的“崩溃论”模型以“利润率下降规律”作为核心思想，以此论证资本主义制度崩溃的必然性，其基本模型为：

最初的生产图式：

$$200\ 000C+100\ 000V+100\ 000m=400\ 000$$

---

① 考茨基：《伯恩斯坦和社会民主党纲领》，斯图加特1900年德文版，18页，转引自顾海良、张雷声：《20世纪国外马克思主义经济思想史》，42页，北京，经济科学出版社，2006。

相应的这一阶段的利润率为 m/(C+V)=100 000/(200 000+100 000)=33.33%。

假定不变资本 C 以 10%的速度增长，可变资本 V 即劳动力以 5%的速度增长，这一假定实际是指经济增长和生产扩张往往快于人口和劳动力的增长速度。剩余价值率为 100%。

这样一来，为了进行扩大再生产，剩余价值 100 000m 不会完全用于资本家的消费，而会部分用于不变资本和可变资本的扩增，当一部分剩余价值成为 ΔC 和 ΔV 后，用于资本家消费的那部分剩余价值 m/X，会低于 m，于是，在第一阶段的再生产图式中，400 000价值的支配和安排会变成：

200 000C+20 000ΔC+100 000V+5 000ΔV+7 500m/X=400 000

这样一来，在第二阶段，剩余价值率为 100%，第二阶段由于可变资本已经成为 100 000V+5 000ΔV=105 000，那么，相应的第二阶段的剩余价值也变为 105 000。于是，第二阶段的产出结果为：

220 000C+105 000V+105 000m=430 000

相应的这一阶段的利润率为 m/(C+V)=105 000/(220 000+105 000)=32.31%，利润率低于第一阶段的 33.33%。

同样的道理，继续按照 C 扩大 10%，V 扩大 5%来扩大生产，假定剩余价值率为 100%，相应的第三阶段后，利润率会更低。这一点也就是通常所讲的，资本有机构成提高导致利润率下降，很明显，这一结论的重要前提就是剩余价值率保持不变。以此类推，到了第 35 阶段，扩大再生产的图式会变成：

5 105 637C+525 319V+525 319m=6 156 275

在这一阶段，本着 C 扩大 10%，V 扩大 5%的原则，需要增加的投入为：

5 105 637×10%+525 319×5%=536 829.65①

这时即使资本家一点都不消费，把所有的剩余价值 525 319m 都用于扩大不变资本和可变资本都不够。资本家只有降低不变资本和可变资本的增幅，这会导致在第 36 阶段，用于增加不变资本即购买机械设备等资本品的投入，和用于增加可变资本，即购买劳动力的投入减少，从而形成马克思所说的“人口过剩时的资本过剩”。同时，由于资本家已经没有钱再用于消费，第 36 阶段所生产出来的剩余价值所对应的那部分产品会出现无人购买的局面，从而导致剩余价值无从实现。人口过剩、资本过剩，剩余价值消失，最终会使资本主义积累和生产走到尽头，陷入“崩溃”。

3. 反作用趋势

应该说格罗斯曼的上述分析，前提条件比较严格，忽略了较多的因素。格罗斯曼自己也注意到了这一点，他在上述结论的基础上，进一步明确了会导致相反趋势的作用力，格罗斯曼的补充实际上是弥补了其“崩溃论”模型中设为参数和外生变量而没有细致讨论的部分因素，通过对这些因素的讨论对其模型进行补充。格罗斯曼将这些因素分为国内市场

① 参见格罗斯曼：《资本主义制度的积累和崩溃的规律》，莱比锡 1929 年德文版，119～122 页，转引自顾海良、张雷声：《20 世纪国外马克思主义经济思想史》，191～192 页，北京，经济科学出版社，2006。

反作用趋势和国外市场反作用趋势两个方面。

在国内市场上：第一，随着资本有机构成的提高和技术进步，不变资本即机械设备等资本品的价格会相应下降，这会节约扩大再生产过程中需要追加的投资，从而减少用于扩大再生产的那些剩余价值数量，使最终剩余价值不够用的“崩溃”趋势得到局部缓解。第二，同样的道理，技术进步也会导致生活资料即消费品的价格下降，降低工人的生活成本，从而降低其劳动价值，这会相应地降低扩大再生产中用于购买劳动力的可变资本的投入，节约剩余价值；同时，劳动力价值的下降也会相应地提高“相对剩余价值”，使剩余价值量增加，从而局部缓解上述趋势。第三，地租、商业利润也是瓜分剩余价值的重要成员，如果这两者在剩余价值中所占的比重下降，相应地也会起到缓解上述“崩溃”趋势的作用。

在国际市场上：第一，技术更高的发达国家，可以在国际市场上获得高于国内市场价格的国际贸易价格，形成“超额剩余价值”。第二，控制发展中国家的“原材料产地”降低生产成本，从而获得更高的“超额剩余价值”。第三，通过资本输出，将国内过剩的资本品投入到其他国家获得相应的剩余价值，以弥补国内剩余价值的不足。这三个方面可以缓解剩余价值不足导致的“崩溃”趋势。

三、“崩溃论”的三种形式

格罗斯曼的“崩溃论”模型也招致了一些反对意见，其中他的同事弗雷德里希·波洛克就明确提出了具有“上层建筑决定论”为主题的批评意见，由此引发的争论也使得“崩溃论”声名远扬。

有趣的是，波洛克从对计划经济的研究中得出的启示，基于计划经济的合理之处来批判资本主义经济，反而是认为资本主义经济可以通过“计划”手段克服危机，从而不会再出现“崩溃”。格罗斯曼对“崩溃论”的阐述发表在法兰克福研究所编写的1929年《社会主义和工人运动史文库》第一卷上，书名为《资本主义制度的积累和崩溃的规律》，波洛克在第二卷上发表了《1917—1927年间苏联计划经济的历程》一文，批评格罗斯曼的理论。波洛克的理由是资本主义国家政府可以对经济进行有效控制，以抵消资本主义社会矛盾的尖锐化。1933年，波洛克在《论经济危机》一文中明确指出，一个稳定的有计划的资本主义经济的出现是可能的。1941年波洛克发表《国家资本主义：可能性与极限》一文，提出了国家资本主义发展阶段理论，认为在国家资本主义社会中，经济的决定作用不复存在，政治领域取代经济领域发挥对再生产的决定和支配作用。资本主义出现崩溃，只能源自政治领域的战争和混乱。

可见在关于“崩溃论”的争论中，围绕着“经济”与“政治”的关系，形成了对“崩溃形式”的不同理解，对此美国著名学者汉森把这些观点归结为“崩溃论”的三种形式。①

第一种，正统形式：无论支持还是反对“崩溃”的结论，在论证崩溃与否的分析中，以经济力量作为决定性的因素，甚至是唯一的决定性因素。有的学者认为，这种形式的分

① 参见汉森：《资本主义的崩溃》，伦敦1985年英文版，64页，转引自顾海良、张雷声：《20世纪国外马克思主义经济思想史》，196～197页，北京，经济科学出版社，2006。

析，与马克思“生产力决定生产关系、经济基础决定上层建筑”的基本原理相符，也被一些学者说成是“经济决定论”——按马克思的“决定”并不是单向的、简单的、机械的决定关系；也有学者认为，这是对马克思思想的一种比较顽固、教条式的理解，基于这些认识，因此，这种形式被称为“正统形式”。卢森堡是属于这一形式的，同时，虽然伯恩斯坦宣布自己不认同马克思的“经济决定论”，但是，他反对“崩溃论”的理由，依然是以经济为决定因素来进行分析的。

第二种，新正统形式：认为经济力量起决定作用，同时也承认上层建筑在决定资本主义最终命运中的作用在不断增强。格罗斯曼的“崩溃论”就是这一形式的代表。

第三种，反正统形式：否定经济力量起着最重要的决定作用，认为上层建筑同样起着同样的作用，甚至认为只有上层建筑起着决定性的作用。这一形式的典型代表就是波洛克，以及以他为代表的法兰克福学派。

当然，这种分类是汉森的理解，反映了西方学者对马克思理论的认识水平。科学地来看，所谓的“正统形式”，很大程度上代表了对马克思主义理论的僵化理解，而“新正统形式”同样也并不是超越了马克思的“新思想”：在承认经济力量起决定作用的基础上，强调上层建筑和无产阶级革命对于资本主义制度“崩溃”的重要性——或者说是“必要性”——是马克思、恩格斯一贯的思想。

第二节　经济危机具体理论的不同流派

前面已经分析过，虽然马克思主义经济学关于经济危机长期趋势的判断与西方经济学理论不同，但是，承认经济危机的周期性爆发，是马克思主义经济危机理论和西方经济学经济危机理论共同的特点。那么，每次经济危机又是由哪些原因导致的呢？在这个问题上，西方经济学并未形成一致的意见，实际上围绕着这一问题形成了西方宏观经济学理论的不同流派。同时，西方马克思主义经济学家在这一问题上也是存在分歧的，他们在深入探究经济危机原因的过程中也实际上形成了不同的理论流派。

一、斯威齐的分类

西方马克思主义者从不同角度分析经济危机的原因，对此很多学者都曾就此进行过具体的分类。其中提到较多的，还是美国著名马克思主义者斯威齐在其名著《资本主义发展论》一书中提到的“两类四种”分类法。

保罗·斯威齐把经济危机分为两大类：由于利润率下降造成的危机和由于剩余价值实现而导致的危机。[①]

斯威齐的逻辑是：经济危机的成因是资本家持有货币减少实物投资，这样一来由于对实物资本品的购买不足会导致剩余价值无法实现，从而导致危机。

所以，真实的情况并不是利润率一定要化为乌有，或者变成负号，才会产生一场

① 参见斯威齐：《资本主义发展论》，163～165页，北京，商务印书馆，1997。

危机。只要利润率减少至它普通水平之下，致使资本家们开始以货币形式来持有他们的资本，以听候更有利条件的到来，那就够了。流通过程的继续就是这样遭到破坏的，危机就是这样酿成的。①

相应地，斯威齐认为经济危机的成因，也就是利润率不足，斯威齐把引致利润率不足的因素分为两类：利润率下降和剩余价值实现。这看上去有点不合逻辑，实际上斯威齐所指的“利润率下降”并不是导致利润率下降的所有因素，而是在“均衡条件下”，即当商品按其价值销售的条件下，由于资本有机构成等因素导致的利润率下降；而所谓的“剩余价值实现”问题，指的则是“非均衡条件下”，由于商品无法按其价值销售导致的利润下降或亏损。

如果前面的分析是正确的，那么，危机的成因问题，也就必须根据各种对利润率发生作用的力量来讨论。利润率下降趋势的规律，显然和这个问题是有关联的。……现在，重要的是，要认识利润率的下降趋势是根据下面一个假定演绎出来的，那就是，价值规律的条件全部具备；换句话说，在整个分析中，始终假定一切的商品都按照它们的均衡价值出售，因此，利润率下降，在价值体系中就不是推动均衡的征兆，不过，如果它真的会引起一场危机，那它就会变成一种不均衡的原因。现在如果我们抛开一切商品按其销售价值出售的假定，可以引起利润率下降的另一个原因便告出现。资本家们也会因为商品不能按价值出售而受到损失。②

进一步，斯威齐认为：利润率下降趋势造成的危机，是由于技术进步推动的资本有机构成提高快于剥削率增长造成的，如马克思《资本论》第三卷所强调的；或者是由于资本积累率提高过快导致失业大军枯竭和工资提高使剥削率下降造成的，如马克思在《资本论》第一卷和第三卷中所提示的。剩余价值实现导致的危机，既可能源于不同部门的比例失调，也可能源于消费不足导致的总需求不足。③ 斯威奇对马克思主义经济危机理论的分类见表 10—1。

表 10—1　　斯威齐对马克思主义经济危机理论的分类

类别	条件	原因和具体种类	对应《资本论》相关内容
利润率下降趋势造成的危机	商品按价值销售的均衡条件	资本有机构成提高快于剥削率提高	《资本论》第三卷关于资本有机构成提高导致利润率下降的分析
		资本积累过快导致失业后备军枯竭和工资上涨	《资本论》第一卷和第三卷中关于剩余价值就业后备军的分析
剩余价值实现导致的危机	商品销售脱离价值的“非均衡”条件	不同部门的比例失调	《资本论》第二卷关于两大部类综合平衡的分析
		消费不足	《资本论》第三卷关于工人相对“贫困”的分析

应该说，仅从逻辑和分析方法上看，斯威齐的分类法有一定的科学性与合理性。

---

① 斯威齐：《资本主义发展论》，161 页，北京，商务印书馆，1997。

② 同上书，164 页。

③ M.C. 霍华德、J.E. 金：《马克思主义经济学史 1929—1990》，7～8 页，北京，中央编译出版社，2003。

第一，斯威齐以“利润率下降引发投资不足”作为出发点，这在很大程度上抓住了马克思“再生产”理论动态分析的重点：下一阶段的投资决定着这一阶段的再生产能否延续。斯威齐把利润率作为影响资本家投资决策的关键因素，也符合马克思主义经济学关于资本主义生产目的的基本原理。

第二，斯威齐以是否按“均衡价值”销售作为条件，把影响利润率的因素分为“商品按价值销售的均衡条件”的利润率下降趋势和商品销售脱离价值的“非均衡”条件下的价值实现问题。这种分类法，实际把握住了利润率下降的趋势以及讨论利润率下降趋势时的外生变量和参数条件，符合数理经济学分析逻辑常用的分析原则：先明确“前提假定”来分析一般趋势，在明确了一般趋势之后再进一步打破前提假定深入分析外生变量。

第三，斯威齐的分类方法实际上是把西方马克思主义者关于经济危机的不同观点和不同理论放在一个相对统一的逻辑体系中，从而将不同的经济危机理论与马克思关于这一问题的基本原理进行一种结合，实现对当时不同流派观点的一种“折中”的综合。[①]

二、利润率下降趋势造成的危机

前面已经介绍过，资本有机构成提高过快和过度积累指的都是经济处于“均衡状态”，产品按价值销售的条件下，导致利润下降的因素。其逻辑主要体现为对“利润率”相关影响因素的考察。要了解这两种理论可以先从利润率构成开始。

在商品按其价值销售的“均衡条件”下，如果商品的价值为 $W=C+V+m$，那么，商品销售的利润率为 $\pi=m/(C+V)$，剩余价值率 $m'=m/V$，资本有机构成 $c'=C/V$，相应地有：$\pi=(V\times m')/(V\times c'+V)=m'/(1+c')$。

很明显，如果剩余价值率 m' 保持不变，资本有机构成 c' 提高，即 $\Delta c'>0$，将导致利润率下降。即使是 m' 提高，如果 $\frac{\Delta m'}{\Delta c'}<\frac{m'}{1+c'}$，同样也会导致利润率下降，通常讲的资本有机构成提高剩余价值率导致利润率下降，指的正是在 $\frac{\Delta m'}{\Delta c'}<\frac{m'}{1+c'}$ 的条件下，资本有机构成提高造成利润率下降。所谓资本有机构成提高过快导致利润率下降从而引发经济危机，所讨论的正是这一方面的问题。

此外，这里需要注意的是，这里讲的“资本有机构成”并不同于“资本价值构成”，如果 c' 的提高不是因为生产中实际使用的资本品和劳动力之间的数量比例发生了变化，而仅仅是由于两者的价格发生了变化，那么，就会出现引发利润率下降的另一方面因素：当使用的劳动力数量不变以及剩余价值数量不变时，劳动力的价格越高，相应地，在新增价值 $V+m$ 不变的前提下，m' 相应地降低，从而导致利润率 $\pi=m/(C+V)=m'/(1+c')$ 也随之下降。所谓过度积累论指的就是这一方面。

1. 资本有机构成提高过快与经济危机

前面提到的格罗斯曼的崩溃论模型就是以资本有机构成提高过快解释利润率下降和经济危机的典型代表。当然，在格罗斯曼的模型中，为了突破资本有机构成提高过快造成的

---

① 参见朱奎：《马克思主义经济思想史》（欧美卷），程恩富主编，68页，上海，中国出版集团东方出版中心，2006。

影响，他直接将剩余价值率即 m' 视为不变。同时，由于格罗斯曼更为关注资本主义经济最终无可挽回的崩溃结局，所以，在格罗斯曼的模型中一直将剩余价值最终完全耗尽，下一周期无法形成剩余价值为最终的结论。如果我们接受前面斯威齐提出的基本观点：利润率低到一定水平造成利润率不足，从而导致资本家投资不足，使得上一周期生产的产品不能销售出去形成的生产普遍的持续的过剩就是经济危机，那么，很明显，在格罗斯曼的"崩溃论"模型中，不需要生产扩张到第35阶段，才会出现经济危机。在此之前，只要资本有机构成的提高已经导致利润率低于能够让那个资本家充分投资的水平，那么，相应的生产过剩和经济危机就会出现。这样一来，格罗斯曼关于经济危机"长期趋势"的分析，完全可以成为分析具体某一期经济危机原因的经济危机模型。

2. 过度积累论

一般认为，过度积累理论源自马克思，其基本思想是，在资本主义扩大再生产的过程中，扩张的劳动力必须由尚未获得就业机会的"失业后备军"来提供，当资本积累达到一定程度时，由于扩张的生产增加了对劳动力的使用量，导致失业后备军减少甚至枯竭，从而引起工资的上涨。工资的上涨会降低"剩余劳动时间"，压缩剩余价值量，降低利润率，导致资本家的投资减少。一般认为奥托·鲍威尔是过度积累论的典型代表，霍华德和金认为鲍威尔已经将过度积累理论阐述为一个关于经济周期波动的动态模型，在这个模型中"积累过程开始时，仍然存在着大量失业后备军、较低的实际工资、较高的剥削率和利润率；尽管固定资本积累比可变资本积累快得多，对劳动力的需求还是在扩大；失业后备军缩小，实际工资开始上升；实际工资很快就超过劳动生产率的增长，压低了剥削率，从而降低了利润率；这又阻塞了投资，使积累陷入停滞；失业因此增加，实际工资下降，剥削率得以恢复，利润率又上升了，从而使整个循环得以周而复始地进行"①。

三、实现的危机

前面提到，斯威齐所概括的"实现的危机"是指市场处于"非均衡"、价值规律受到破坏，从而违背"商品按其销售价值出售"原则所导致的危机。这一思想理论的关键特征在于对"结构"的强调，认为只讨论总量关系难以准确把握经济规律，忽略导致经济危机的最为关键的结构性原因。如波洛克就认为"凯恩斯对投资品和消费品部门的总体分析，忽略了不同部门间的比例失调问题，进而对资本主义经济混乱的规律作出错误判断"②。要大致了解这一思想需要首先明确一个基本的"结构论"前提：经济系统不同部分之间具有不可替代的"互补性"关系，某一经济部门所发挥的作用其他部门难以代替，至少是不能完全代替。这种"互补性"关系要求经济系统各部门之间必须保持一定的结构比例关系。如果违背了这一比例关系，那么经济系统的平衡性会被打破。那些过度膨胀的部门，其"过剩"、"多余"的规模不能用来弥补其他部门的不足。经济过剩不能得到有效地吸收，最终会导致经济系统以经济危机的方式进行调整以重塑合理的结构关系。

这种经济系统各部分、各部门之间的"互补性"关系，既可能表现为不同产品在消费

---

① M.C. 霍华德、J.E. 金：《马克思主义经济学史 1929—1990》，10页，北京，中央编译出版社，2003。

② 同上书，11页。

领域的互补与不可替代性，不同要素在生产领域的不可替代性，也可以体现为经济系统中生产部门和消费部门之间的互补与不可替代性。斯威齐把“结构失调”和“消费不足”均归结到“实现的危机”的标签之下。“比例失调论”主要关注产品或要素市场上不同产品之间、不同要素之间不可替代的互补性关系。考虑到产品市场与要素市场的关联，那么，“消费不足论”所强调的部门间结构性互补关系就显得更为重要：在要素市场上提供不同生产要素的群体构成不同的经济部门或不同阶级，他们各自获得的要素报酬，是这些部门的消费和投资支出①的来源，如果某些群体构成的经济部门或阶级所获得的报酬与经济系统需要这个部门或阶级吸收和购买的产品价值不匹配，那么就会形成生产的过剩。

另一个值得注意的问题是，将经济部门划分得越细致，那么部门之间的“互补性”体现得越弱，如把食品与服装划分为两个部门，那么两者在消费领域的“替代”关系非常弱，但是如果把“苹果”和“梨”划分为两个部门，那么两者之间的“替代”关系则更加明显，互补关系则相对较弱。从这一点出发可以发现，马克思在《资本论》中选择把经济系统划分为生产资料生产部门和消费资料生产部门两大部类，具有很高的方法论智慧，非常恰当地体现了经济系统内部存在的这种结构性的“互补”关系。在两大部类之间生产资料与消费资料往往相互不能替代，同时，每一个部类内部的价值分为 C、V 和 M 三部分，分别构成资本家和工人的投资和消费支出。也正是基于这一关系，马克思关于两大部类比例关系再生产图式模型才能准确地把握经济系统中的结构性关系。当然，这也有助于我们理解：不能把马克思的再生产图式模型简单地归结为“比例失调论”或“消费不足论”。实际上，对于一个成熟、体系完整的经济危机模型而言，“比例失调论”和“消费不足论”两者，某一方所强调的结构性互补关系是否可以独立于另一个结构性互补关系而存在并成为经济危机的成因，还尚待深入研究。

1. 比例失调论

一般认为奥托·鲍威尔、弗里茨·纳夫塔利和弗里德里克·波洛克都是比例失调论的重要代表。斯威齐指出，较早的比例失调论来自于俄国学者杜冈·巴拉诺夫斯基结合再生产图式对“按比例生产”的分析，比例失调导致经济危机应视为杜冈这些分析的推论，希法亭对比例失调论的肯定使这一思想获得推广。② 在这里我们借助希法亭和斯威齐的逻辑和分析来了解这一理论的基本内容。

斯威齐和希法亭都注意到比例失调论的起点：部门间的比例失调往往要通过市场的价格竞争机制进行调整，比例失调导致经济危机必然源自这种价格调整机制的失效。

斯威齐对价格竞争机制调整比例失调，以及这一机制失效可能性的分析如下：“每个资本家都是为市场而生产，而市场的容量，他们只能根据极不完全的知识加以估计，结果，有时生产得‘太少’，有时又生产得‘太多’。这个事实，表现在售价上就是，价格或者高于价值，或者低于价值。于是，一个起补偿作用的趋势马上就会发生作用：售价低于价值的商品，其生产就缩小，而售价高于价值的商品，其生产就扩大。如果条件（生产的

① 在有些场合，马克思主义经济学家也把投资作为“生产消费”，通常的消费则是“生活消费”，斯威齐就曾通过这样的理解来扩大“消费不足”的内涵，这里所说的“消费不足”，也可以直接理解为生产消费和生活消费的不足，也就是消费和投资的不足，即需求不足。

② 参见斯威齐：《资本主义发展论》，178～180 页，北京，商务印书馆，1997。

方法，消费者的欲望，劳动生产率，等等）永远不变，正确的比例终会通过反复试验而为人所发现，此后，所有的售价也会和价值取得一致。不过，实际上，各种条件不断地在变化，因此，售价和价值的一致，顶多只能是近似的和暂时的。这是常识，也是各学派经济学理论所公认的。但是，古典学派纵然不是始终明白说出，却暗示过这种调整过程会顺利地和继续不断地进行，因此，从这些局部的生产过剩和生产不足情况中，不会引起什么一般性的动荡。谁也不能保证，这个条件一般地会得到满足。”①

希法亭把导致这种价格调整机制失效的原因归结为一种“干扰”，某些“干扰”之所以能够引发经济系统形成严重的导致经济危机的比例失调，就是因为那些导致比例失调的“干扰”，破坏了这种价格调整机制。“对这些比例关系的干扰，必须从对这种生产的特殊调节的干扰，即对价格形成的干扰方面来解释。因为这种干扰是周期性的，所以对价格规律的干扰也必然表现为周期性的干扰。”② 希法亭从经济周期入手阐述这些干扰机制。在经济繁荣时期，生产规模扩大，随着生产规模的扩大，具有交互供求关系的各部门之间形成更大的需求市场：“每个产业都通过自己的扩大创造了对其他产业部门产品的需求”。经济繁荣时期商品价格上涨。希法亭认为如果所有商品价格的上涨比例都相同，那么，“它们的相对交换比例就不会发生变化”③，“可是，如果由于价格上涨的性质可能造成排除这种均衡性的因素，情况就不同了。那时，价格形成的变化也会引起不同部门之间的比例变化，因为价格和利润的变化对资本在不同生产部门之间的分配具有决定性影响”④。

随着生产的扩大，不同生产部门的资本有机构成会形成差异。这是因为资本有机构成较高的部门，“因为已经使用的机器、科学等等的数量越大，设备的合理性、技术的改进以及科学的处理方法的利用的可能性也就越大和越经常地出现，出现更高的有机构成的趋势在这里的作用也就越强烈”⑤。资本有机构成的差异会从以下几个方面干扰价格调整机制，使各部门的价格呈现不成比例的变化。

首先，资本有机构成的差异造成影响生产周期的差异，引发比例失调和经济危机。资本有机构成提高后，固定资本的投入量变大，相应地，增加固定资本投入扩大生产所要经历的时间周期也就越长。这样一来，不同部门之间的生产扩张就出现了不同步的特点。在资本有机构成低的部门，生产往往能够在较短的时期内获得扩张。与这些部门存在交互供求关系的那些资本有机构成较高的部门却尚未完成大规模的固定资产投资，生产规模没有扩大。因此，对于资本有机构成较高的部门来说，由其他部门已经扩张的生产所形成的需求增加，而这些部门的生产和供给却没有及时增长，这会导致资本有机构成较高的部门在这一期间内价格上涨，利润提高从而引发更多的资本流入这一部门。然而，当资本有机构成较高的部门完成固定资本投入，生产扩张时，这些部门往往会形成更大规模的产量，导致生产过剩形成经济危机。因此，“一般说来，在资本周转时间最长、技术的完善和革新进展最大以及在大多数情况下资本有机构成也最高的地方，危机最为严重”⑥。

---

① 斯威齐：《资本主义发展论》，176～177 页，北京，商务印书馆，1997。

② 鲁道夫·希法亭：《金融资本——资本主义最新发展的研究》，290 页，北京，商务印书馆，1994。

③④ 同上书，295 页。

⑤ 同上书，296 页。

⑥ 同上书，297 页。

其次，资本有机构成提高导致过度积累和原料供应紧张。资本有机构成较高、固定资本投入量较大的生产部门，“一方面是原料的大宗消费者，而另一方面也为其他部门提供原料和半成品（铁、煤）。这里，也可能出现对比例性的干扰。”[①] 前面提到，在这些资本有机构成较高的生产部门，较大规模的固定资产完成投资后生产规模会迅速扩张，这会形成对其上游原料的大量需求从而引发价格的迅速上涨。导致这些部门利润减少或亏损，当这些部门因此而降低生产规模或倒闭后，又会导致已经增加了供给量的原料出现价格下降。这种激烈的价格变动，扰乱经济系统的结构比例，导致比例失调和经济危机。

再次，对固定资产再生产的干扰导致企业破产。固定资产再生产指的是在再生产流程中，在消耗固定资产的同时，必须保证新的固定资产及时投入使用。希法亭认为要做到这一点需要现实社会中存在两个方面的储备：商品储备和货币储备。所谓商品储备指的是社会上有处于闲置和未销售状态可供随时投入使用的机器设备等用于固定资产投资的商品。所谓货币储备指的是增加固定资产投资时用于购买机器设备等固定资产所需货币和支付手段。在经济危机出现之前，可能由于生产能力过度使用导致社会没有足够的机器设备等商品，同时资金链紧张没有足够的货币和支付手段用于扩大和补偿固定资产的消耗。在失去了商品储备和货币储备的条件下，由商品储备和货币储备所发挥的缓冲作用也会消失。[②] 如，在整个社会资金链紧张的条件下，企业因没有相应的资金用于固定资产投资而积蓄用于购买机器设备的货币储蓄，就必须减少开支，这会降低它对其他产业的需求，从而形成市场需求规模的萎缩，造成相应企业的破产。

关于比例失调论最后需要强调的是，这一理论容易导致的“修正主义观点”。实际上，围绕这一理论的争论焦点也主要集中在这一方面。对此，斯威齐的概括比较典型：“如果资本主义的发展离不开利润率下降趋势，或离不开消费需求越来越落后于生产需求的趋势，或两者都离不开，那么，这个制度的毛病就可望随岁月的推移而加剧，而资本主义关系变成社会生产力进一步发展的桎梏的时候，也必然同黑夜跟白昼一样，非来不可。……但是，如果这些悲惨的先兆是建立在纯粹想象的基础上，如果造成危机的最顽固的原因，真的仅仅是生产过程中的比例失调，那么，现存的这个社会制度似乎就很巩固了……在这期间内，不但资本主义无崩溃之必要，甚且还可以在资本主义制度条件下做好多的事情，来消弭这些造成种种不必要痛苦的比例失调。”[③] 这种“修正主义倾向”认为，在资本主义条件下通过发展国家资本主义，加强政府计划或者通过垄断资本主义的发展，资本主义生产的“组织性”和“计划性”可以增强，从而避免或及时纠正相应的“比例失调”，从而消除经济危机。因此，资本主义制度走出经济危机的最终方向不再是走向社会主义，而是增加资本主义的国家计划发展垄断资本主义和国家垄断资本主义。波洛克就是这一观点的典型代表。同时，考茨基尤其是希法亭等学者最终滑入了“有组织的资本主义”方向，与修正主义合流。

2. 消费不足论

前面提到，如果对经济系统各部门之间“互补性”结构关系的关注集中到生产部门与

① 鲁道夫·希法亭：《金融资本——资本主义最新发展的研究》，298页，北京，商务印书馆，1994。

② 参见上书，300～301页。

③ 斯威齐：《资本主义发展论》，180～181页，北京，商务印书馆，1997年。

消费部门之间的“互补性”关系上，那么，相应的经济危机理论就会呈现“消费不足”论的特征。实际上希法亭在分析造成“比例失调”的“干扰”时，最后进行强调的就是“生产和消费关系的变化，也可以对比例造成进一步的干扰”①。消费不足论的重要代表人物纳塔莉·莫斯科斯卡也把消费不足论称为旧比例失调论的新的比例失调论：“假如说旧的理论是在生产中寻找危机产生的原因，那么新的理论则转向分配……低工资和高利润削弱了消费能力，促进了积累”②。此外，鲍威尔也曾明确提出了一个论述消费不足论的数量模型。斯威齐在整理这些研究成果的前提下，对消费不足论的原理进行了较为清晰的归结和阐释，这里我们介绍一下斯威齐对消费不足论的阐释。

斯威齐把“消费不足”界定为一种趋势，“即消费生产能力的扩大快于消费品需求的增长”，也就是说消费品需求的增长要慢于消费品供给的增长，斯威齐认为这种扭曲有两种表现形式，两种不同的表现形式使其后果最终体现为经济危机或生产停滞。一种表现形式是生产能力扩大后，消费品的产量规模太大，超过了市场需求量，“当这一点过去以后，或是消费品的生产，或是新增能力的生产，或者更可能的是两者在一道，也会遭到削减。因此，在这种情况下，所说的趋势就表现为一场危机”③。另一种表现形式是，由于生产者意识到生产能力已经过剩，“追加的生产能力同对它所能生产的商品的需求比起来，会成为多余的东西”，从而导致资源闲置不再用于追回生产能力。“在这种情况下，这个趋势就不是表现为一场危机，而宁可说是表现为生产的停滞”④。

同时，斯威齐明确区分了消费支出和消费品。消费支出指的是资本家和工人用于购买消费品的价值量，它源自资本家和工人的收入，是一个价值概念。消费品则是指用于消费的各类具体的商品，它源自不同的生产领域，是一个使用价值概念。相应地，所谓消费不足的趋势也就是消费增长率低于消费品增长率。

接下来斯威齐分析的重点是具体论述哪些因素决定了消费增长率低于消费品增长率。

首先，在价值方面，为了分析消费的增长，斯威齐假定工人把全部工资收入花光用于消费，同时，资本家所获得的剩余价值可以划分为四部分：“第一部分用来维持他们原有的消费水平；第二部分用来增加他们的消费；第三部分用来积累和雇佣追加的工人；第四部分用来积累和追加不变资本的储备。第三和第四部分，构成马克思主义上的积累；单是第四部分，用现代经济周期文献的惯用语来说，就是投资”⑤。这样一来，积累是剩余价值的一部分，同时投资则是积累的一部分。接下来斯威齐分析的关键逻辑就出现了，斯威齐认为在资本主义生产方式下，资本家的目的在于追求越来越多的剩余价值实现发财致富。要做到这一点，资本家有两个关键步骤：“（1）攫取尽可能多的利润，（2）把尽可能大的一部分利润加以积累。第一个步骤包括逐步改进生产方法，主要使每个工人使用越来越多的机器和原料，第二个步骤包括把日益增长的利润总额中越来越大的部分积累下

① 鲁道夫·希法亭：《金融资本——资本主义最新发展的研究》，301页，北京，商务印书馆，1994。

② 纳塔莉·莫斯科斯卡：《马克思主义体系：对创立者的贡献》，159页，转引自M.C.霍华德、J.E.金：《马克思主义经济学史1929—1990》，11页，北京，中央编译出版社，2003。

③④ 斯威齐：《资本主义发展论》，201页，北京，商务印书馆，1997。

⑤ 同上书，202页。

来”[1]。这样一来，在剩余价值总量中，积累所占的比例会越来越大；同时为了让每个工人使用越来越多的机器和原料，在积累总量中，用于购买劳动力的第三部分所占的比重会变小，而用于追加不变资本的第四部分所占的比重会变大。也就是说“积累在剩余价值中的比重提高了，投资在积累中的比重也提高了”[2]。总结一下，在剩余价值的四个组成部分之中，第二、三部分均被用于增加资本家和工人的消费[3]，构成消费的增加量，第四部分用于增加生产资料，构成生产资料增加量。相应地，由于第四部分在剩余价值总量中的比重提高，那么，消费增长率相对于生产资料的增长率下降了。[4]

其次，在使用价值方面，为了分析消费品的增长，斯威齐“把生产看作一个创造使用价值的自然过程”[5]。他认为在自然的生产过程中，生产资料被用于生产消费品，因此生产资料总量与消费品总量之间有一个明确的关系。同时，斯威齐引用卡尔·斯奈德的统计研究[6]认为生产资料的增长率与消费品的增长率相同，“生产资料每增加一个百分数，产量一般地也随着同比例的增长”[7]。

综上所述，斯威齐明确了这样两个比率：消费增长率/生产资料增长率，和消费品增长率/生产资料增长率。前者趋向于下降，而后者基本不变或稳定，也就是说，消费增长率会低于消费品增长率，从而最终导致经济危机或生产停滞。

第三节　经济危机一般理论

从上一节的介绍中可以看出，围绕马克思主义经济危机理论，西方马克思主义经济学家形成了各自强调某一方面的不同流派，丰富和发展了马克思主义经济危机理论。但是，需要强调的是，这些具体的经济危机理论往往也因为集中于经济危机的某个方面，而忽略了马克思主义经济危机理论的整体性和科学性。对此，胡代光教授有过明确的分析，他认为：“尽管西方一些经济学者对马克思的经济危机理论的解说在某些方面可以说是符合实际的，但是在许多方面又是曲解的，而且他们都有一个共同的错误，就是他们不敢正视这样的事实：马克思所分析出的经济危机是资本主义生产方式的必然产物，它发生的根源在于资本主义基本矛盾，即生产的社会性和生产资料的资本主义占有之间的矛盾。……马克思从资本主义基本矛盾所表现出来的这些现象对经济危机的原因进行了深刻而全面的说明，而无论哪个方面的论证都是马克思的经济危机理论的必要组成部分。因此，绝不能孤立地把马克思的对经济危机理论中的某一个方面的论证看成是马克思的经济危机学说的唯一或最主要的内容；……否则，对马克思的经济危机理论不仅将造成以偏概全的误解，而

---

①② 斯威齐：《资本主义发展论》，202页，北京，商务印书馆，1997。

③ 注意，在这里斯威齐假定工人所获得的收入即支付工人的雇佣支出，均被工人用于消费。

④ 当然，这里忽略了第一部分在剩余价值总量中所占比重的变化，或者认为这种变化不足以改变这里的结论。通常经济学家会直接认定第一部分为零。

⑤ 斯威齐：《资本主义发展论》，203页，北京，商务印书馆，1997。

⑥ 卡尔·斯奈德：《资本供给和国民福利》，载《美国经济评论》，1936年6月，转引自斯威齐：《资本主义发展论》，203页，北京，商务印书馆，1997。

⑦ 斯威齐：《资本主义发展论》，203页，北京，商务印书馆，1997。

且还会使它庸俗化。"[①] 其实，对于一些相对比较"正统"的西方马克思主义经济学家而言，只强调某一方面的经济危机理论同样不能有效地体现马克思经济危机理论的系统性与科学性。斯威齐和多布等学者也曾尝试从马克思经济危机思想中获得理论支撑，对不同流派学者的观点进行批判地吸收，构建符合马克思基本思想的经济危机理论。为了区别于第二节关于经济危机的具体理论和不同流派，我们把这种强调遵守马克思经济理论系统性和科学性的，相对比较"正统"的马克思主义经济危机理论称为经济危机的一般理论。经过长期的努力，遵循马克思关于经济危机的经济学思想，经济危机的一般理论已经相对完整，基本逻辑和内容体系也相对稳定了。其基本特点主要体现在以下几个方面。第一，通过再生产周期来动态地解释经济危机，经济危机理论与经济周期理论的关联和一体性比较明显。第二，强调货币因素是形成经济危机的必要条件，重视信用因素对经济危机和经济周期的影响。第三，强调经济危机最终源自资本主义基本制度，源自资本主义基本矛盾。虽然不同学者的表述略有差异，但是这些基本特点还是比较明显的[②]。在这方面比较经典的经济危机一般理论应属曼德尔对经济危机一般理论的表述和概括。本节主要介绍曼德尔整理的马克思经济危机一般理论。

一、前资本主义经济危机和资本主义经济危机

曼德尔首先基于再生产思想提出了经济危机的定义："经济危机就是正常的再生产过程的中断"[③]。无论出于什么样的原因，只要正常的再生产过程出现了中断，那么，再生产的劳动力和生产资料投入就会减少，"结果，人的消费下降，生产性的消费下降，也就是说，用于下一个周期生产的活的和死的劳动减少了。这样危机本身便以螺旋形式重复发生"[④]。这一定义较为准确地把握了经济危机的基本内涵，同时又极具一般性。依据这一定义，可以把对经济危机的研究延伸至除资本主义社会之外的其他形态。尤其是可以考察在资本主义社会形成之前的经济危机，也有助于我们对资本主义社会的经济危机具有更为清晰和深入的认识。

曼德尔认为在资本主义社会出现之前，同样可能出现正常再生产过程的中断。只是在资本主义社会之前出现的这种经济危机往往不是经济运行规律的必然结果，而往往是由于自然灾害或战争等物质破坏导致了正常再生产过程的中断。"在资本主义前期的社会中，危机表现为：扩大再生产和简单再生产的因素由于自然或社会的灾害，在物质上遭到破坏"[⑤]。因此，在资本主义之前的社会，经济危机往往是由于生产要素遭到了自然灾害或社会灾害的破坏。

> 战争、鼠疫和其他瘟疫、水灾、干旱、地震，都会毁灭社会生产力、生产者和生产资料。人口减少和饥荒互相影响，结果使日常生产和社会储备减少。……这种缩减一般是由超经济因素引起的。[⑥]

---

① 胡代光：《马克思的经济危机理论和西方学者的评论》，载《世界经济》，1983 (3)。

② 具体可参见乔洪武、梁向东：《马克思的经济周期论研究》，载《马克思主义研究》，2006 (4)；邓春玲：《马克思经济危机理论的逻辑蕴涵与当代价值》，载《当代经济研究》，2009 (10)。

③④⑤⑥ 曼德尔：《论马克思主义经济学》，358 页，北京，商务印书馆，1964。

也就是说，在资本主义社会之前，经济危机是由自然灾害或社会灾害引发生产因素减少所导致的。但是，资本主义社会的经济危机则与此相反。导致经济危机的往往不是自然和社会灾害，而是资本主义经济的运行出现了问题，从而引发经济危机造成生产要素的减少。在资本主义社会“危机之所以发生，并不是因为投入生产中的劳动者减少了，而是因为爆发了危机，所以劳动的人少了”①。

相应地，曼德尔进一步认为，在资本主义社会之前出现的经济危机是“使用价值生产不足的危机”②。这种危机往往不具有扩散和传导性，在某一地区出现危机的同时，相邻的其他地区却可以依然继续其正常的再生产过程。但是，资本主义社会的经济危机则与之相反，“资本主义危机是一个交换价值生产过剩的危机”③。这种危机具有普遍性和传导性，只要处于同一个整体的资本主义市场体系之内，无论是不同的地区还是不同的国家，都会普遍遭受经济危机的影响。

正是在这个意义上，对于资本主义经济危机，曼德尔进一步强调，“这种新型的危机叫做生产过剩的危机”④。

二、货币因素与萨伊定律

既然认定资本主义社会的经济危机区别于资本主义之前的危机，是一种“生产过剩”的危机，那么要讨论这种危机就必须首先回忆萨伊定律。萨伊定律是论证不会出现普遍生产过剩的庸俗经济学原理。萨伊定律最典型的表述就是“生产给产品创造需求”⑤，萨伊认为在商品经济条件下，生产商品不是为了满足自己的需要而是为了获得相应收入以购得其他商品。因此，在萨伊看来“任何人从事生产都是为了出卖和消费，任何人出卖都是为了购买对自己现在或未来有用的其他商品”⑥。因此，“一种产物一经产出，从那时刻起就给价值与它相等的其他产品开辟了道路”⑦。根据萨伊定律，“一笔销售之后，必定跟着一笔等额的购买；换言之，W—G—W 的流通不可能中断，因此，没有危机，也没有生产过剩”⑧。或者说，“它最多只承认有局部的生产过剩，也就是说，由于‘生产要素’在经济各部门之间分配不良，在某些部门便出现了生产过剩，与此同时，在另一些部门则出现生产不足”⑨。

曼德尔还指出萨伊定律应称为“市场定律”，因为最早发现这个定律的是詹姆斯·穆勒，即著名学者约翰·斯图亚特·穆勒的父亲。在很多场合下，萨伊定律也被称为市场定律或萨伊市场定律。

曼德尔认为，萨伊定律是错误的，“因为它忽略了时间因素”⑩。考虑到时间因素，货币在商品交换中的作用就显得非常明显：在货币成为商品交换媒介之后，商品交换的买、

---

① 曼德尔：《论马克思主义经济学》，358 页，北京，商务印书馆，1964。

②③④ 同上书，359 页。

⑤ 萨伊：《政治经济学概论》，142 页，北京，商务印书馆，1963。

⑥ 陈孟熙、郭建青：《经济学说史教程》，270 页，北京，中国人民大学出版社，1992。

⑦ 萨伊：《政治经济学概论》，142 页，北京，商务印书馆，1963。

⑧ 斯威齐：《资本主义发展论》，155 页，北京，商务印书馆，1997。

⑨⑩ 曼德尔：《论马克思主义经济学》，361 页，北京，商务印书馆，1964。

卖两个过程在时间和空间上相互分离了。这种分离使得经济系统的运行不再遵守萨伊定律，经济危机的出现也具备了一般可能性。

三、信用、货币和生产周期构成经济危机的作用机制

上述经济危机的一般可能性转化为实际的经济危机，往往需要通过信用、货币和生产周期的作用机制累积相应的不平衡因素，最终导致正常再生产的中断。在货币和信用的作用下，生产过程中形成的供求不平衡往往不会立刻爆发出来。某一部门产量过多，其他部门没有足够的产品和收入水平与之交换，可以借助货币和商业信用弥补这一差距。收入和产出不足的部门可以通过借款解决收入不足问题，暂时吸收某一部门过多的产量。产量过多形成滞销的部门也可以通过信用手段暂时缓解因滞销导致的资金不足。同时，现实生产领域的生产周期问题也与此相关联，推动了经济危机的形成。随着资本有机构成的提高，各企业都需要通过储备和借贷解决生产扩张时较大规模的固定资本投入。同时，为了保证再生产的顺利进行，也必须及时储备相应的固定资产折旧和投资储备。这样一来，在货币和商业信用的作用下，生产周期的拉长可能使得某一产业部门在产品价格较高、利率较高的条件下较长时期地进行大规模投资，当投资完成，供给会迅速增加，这又可能导致产品价格的下降。这就会形成经济系统的波动。当生产周期、货币和信用三者的这种“累积”机制超过经济系统能够承受边界之后，经济危机就会爆发。这种边界可能体现为商业信用和资金链的崩溃导致企业破产，也可能体现为大宗产品供求差异过大形成大规模生产过剩。

我们在第二节中所介绍的具体的经济危机理论，基本上都是以信用、货币和生产周期的动态积累机制来论述经济危机形成的具体作用机理的。对此曼德尔认为：“商业和信用系统在一定时期内能够掩盖商品与其货币等价物之间的差距。但是，这条（掩盖差距的）桥梁在时间和空间伸得愈长，商业和信贷愈把整个国家统一在一个共同体以内，商品和商品分为货币的固有矛盾就越尖锐”①。

关键术语

崩溃论　　　　萨伊定律

习题

1. 试述格罗斯曼的崩溃论模型，对于崩溃趋势起反作用的因素有哪些？

2. 简述崩溃论的三种基本形式。

3. 斯威齐把马克思主义经济学经济危机理论进行了怎样的分类，各类危机理论的基本内容有哪些？

4. 按照马克思主义政治经济学关于经济危机的一般理论，货币、信用与经济危机的关系是怎样的？

---

① 曼德尔：《论马克思主义经济学》，360页，北京，商务印书馆，1964。

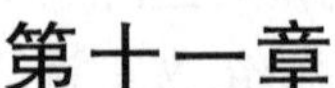

第十一章

国际价值与世界体系

对于不发达国家而言，经济发展的过程是其参与世界经济运行、引进学习和提高的过程。但是，世界经济体系是由发达国家及其垄断资本统治的，这又为不发达国家的发展形成了障碍。无论是西方经济学还是马克思主义经济学都认为，不发达国家经济发展的关键线索就在于它们参与世界经济体系，在发达国家控制的世界经济秩序中争取发展机会。因此，无论是西方经济学还是马克思主义经济学都将不发达国家的经济发展问题置于世界经济体系和国际经济环境的背景之下加以考察，在西方经济学中这部分内容一般被称为发展经济学，马克思主义经济学理论中这部分内容通常被称为“不发达经济学”或“增长的政治经济学”。

第一节　马克思世界历史理论与国际价值思想

马克思率先阐述了全世界经济的融合与世界经济体系的形成，他认为资本主义经济的发展推动了地理大发现和全球经济的融合，从而使人类历史由分散独立的各民族历史转变为世界历史，即“历史向世界历史的转变”。在世界经济体系中，发达国家与不发达国家之间的经济关系是“世界历史”发展的主线索。在马克思设想的经济学著作计划中，关于对外贸易、国际经济关系和世界历史的内容是重要组成部分和最终结论部分。马克思并未能完成这一著作计划，关于国际经济关系和世界经济体系的研究也被认为是马克思经济理论的薄弱环节，但是马克思为研究这些问题进行了大量的先驱性工作，一般认为国际价值理论是解开这一问题的理论钥匙。马克思的世界历史理论与国际价值思想，也成为马克思之后马克思主义经济学研究及发展世界经济学和不发达经济学的理论源头。

一、马克思和恩格斯的世界历史理论

世界历史理论较多地体现在马克思和恩格斯早期的哲学研究之中，是马克思和恩格斯关于世界经济体系的基本判断和哲学分析，其理论并不局限于经济学范畴。

马克思和恩格斯关于世界历史的前期文献资料主要集中在《德意志意识形态》（1845—1847年）和《共产党宣言》（1948年）两部著作之中，从严格意义上讲，这一时期马克思主义经济学的整体理论体系尚未形成，直到1857年马克思才在其完整的政治经济学写作构想中设想关于国际经济和世界经济部分，马克思所设想的这部分内容是马克思主义理论中关于世界经济的经济学理论，而这里提到的世界历史理论则在很大程度上应归于哲学范畴，是先于经济理论的基本判断。

1. 资本主义的扩张是世界历史的动力

马克思和恩格斯在《德意志意识形态》中提出了“历史向世界历史的转变”，他们认为这种转变是原先彼此封闭、孤立的国家和民族之间彼此联系交往的结果。

> 各个相互影响的活动范围在这个发展进程中愈来愈扩大，各民族的原始闭关自守状态则由于日益完善的生产方式、交往以及因此自发地发展起来的各民族之间的分工而消灭得愈来愈彻底，历史就在愈来愈大的程度上成为全世界的历史。……由此可见，历史向世界历史的转变，不是“自我意识”、宇宙精神或者某个形而上学怪影的某种抽象行为，而是纯粹物质的、可以通过经验确定的事实，每一个过着实际生活的、需要吃、喝、穿的个人都可以证明这一事实。①

在马克思和恩格斯看来“历史向世界历史的转变”过程就是各国和民族之间形成国际分工构建经济联系的过程。马克思认为，资本主义制度形成后，以追求更高剩余价值为目的的资本主义在全球的扩张，是“历史向世界历史转变”的主要推动力，即资本的扩张推动了世界历史的形成。

> 大工业通过普遍的竞争迫使所有人的全部精力极度紧张起来。……它首次开创了世界历史，因为它使每个文明国家以及这些国家中的每一个人的需要的满足都依赖于整个世界，因为它消灭了以往自然形成的各国的孤立状态。②

马克思和恩格斯认为资产阶级在全球的扩张过程也是世界历史的形成过程。资产阶级是这一历史使命的执行者。

> 由于需要不断扩大产品的销路，资产阶级就不得不奔走全球各地。它不得不到处钻营，到处落户，到处建立联系。
>
> 资产阶级既然榨取全世界的市场，这就使一切国家的生产和消费都成为世界性的了。……资产阶级既然把一切生产工具迅速改进，并且使交通工具极其便利，于是就把一切民族甚至最野蛮的都卷入文明的漩涡里了。它那商品的低廉价格，就是它用来摧毁一切万里长城、征服野蛮人最顽强的仇外心理的重炮。它迫使一切民族都在惟恐

① 《马克思恩格斯全集》，中文1版，第3卷，51～52页，北京，人民出版社，1972。

② 同上书，68页。

灭亡的忧惧之下采用资产阶级的生产方式，在自己那里推行所谓文明制度，就是说，变成资产者。简短些说，它按照自己的形象，为自己创造出一个世界。①

2. 资本扩张在不发达国家具有“双重功能”

同时，马克思也认为资本扩张对于不发达国家和地区，具有破坏和建设的“双重功能”。马克思既批判了资本主义国家在不发达国家和地区进行的野蛮的殖民统治，给当地的文化、经济和人民生活造成的巨大破坏。同时，马克思也认可了资本主义国家为了实现对欠发达国家进行剥削和掠夺，也在客观上为欠发达国家带来现代经济社会所需的某些物质基础和现代思潮。

马克思在评价英国人在印度统治时认为：“英国在印度要完成双重的使命：一个是破坏的使命，即消灭旧的亚洲式的社会；另一个是重建的使命，即在亚洲为西方式的社会奠定物质基础。”②

马克思认为，西方发达国家和殖民者在进行野蛮统治和疯狂掠夺的同时，由于他们拥有更为先进的生产力和制度，在不发达国家和地区，尤其是在被他们所奴役的殖民地区，实现这些先进生产力和先进技术的推广，客观上发挥了“历史的不自觉的工具”的作用。

马克思认为：“的确，英国在印度斯坦造成社会革命完全是受极卑鄙的利益所驱使，而且谋取这些利益的方式也很愚蠢。但是问题不在这里。问题在于，如果亚洲的社会状态没有一个根本的革命，人类能不能实现自己的命运？如果不能，那么，英国不管干了多少罪行，它造成这个革命毕竟是充当了历史的不自觉的工具。”③

3. 落后国家超越“资本主义”阶段的“卡夫丁峡谷”思想

关于世界历史、世界体系与不发达国家命运之间的关系，马克思的另一个重要贡献，就是著名的“卡夫丁峡谷思想”④：世界历史和世界体系的形成，将资本主义国家和资本主义制度所创造的文明成果推向世界，使落后国家可以通过世界体系占有这些文明成果，从而超越资本主义的历史阶段，以直接跨越式进入更为高级的社会形态。

在《给维·伊·查苏利奇的复信》中，马克思在分析俄国社会和俄国革命时认为：“一方面，土地公有制使它有可能直接地、逐步地把小地块个体耕作转化为集体耕作，并且俄国农民已经在没有进行分配的草地上实行着集体耕作。俄国土地的天然地势适合于大规模地使用机器。农民习惯于劳动组合关系，这有助于他们从小地块劳动向合作劳动过渡；最后，长久以来靠农民维持生存的俄国社会，也有义务给予农民必要的垫款，来实现这一过渡。另一方面，和控制着世界市场的西方生产同时存在，就使俄国可以不通过资本主义制度的卡夫丁峡谷，而把资本主义制度所创造的一切积极的成果用到公社中来。”⑤

如果说土地公有制是俄国“农村公社”的集体占有制的基础，那么，它的历史环境，即它和资本主义生产的同时存在，则为它提供了大规模地进行共同劳动的现成的

① 《马克思恩格斯全集》，中文1版，第4卷，469～470页，北京，人民出版社，1972。

② 《马克思恩格斯选集》，2版，第1卷，768页，北京，人民出版社，1995。

③ 同上书，766页。

④ 关于“卡夫丁峡谷”一词的来历，请参见第六章第一节。

⑤ 《马克思恩格斯选集》，2版，第3卷，765页，北京，人民出版社，1995。

物质条件。因此，它能够不通过资本主义制度的卡夫丁峡谷，而占有资本主义制度所创造的一切积极的成果。它能够以应用机器的大农业来逐步代替小地块耕作，而俄国土地的天然地势又非常适于这种大农业。因此，它能够成为现代社会所趋向的那种经济制度的直接出发点，不必自杀就能开始获得新的生命。相反，作为开端，必须使它处于正常的状态。①

可见，马克思世界历史和世界体系理论充分体现了马克思历史唯物主义的辩证法原理。马克思在批判世界历史和世界体系给不发达国家带来的灾难的同时，也肯定了世界体系的积极意义。这一辩证的分析思路，充分体现在马克思的国际价值理论思想之中。

二、马克思的国际价值思想

国际价值是马克思主义劳动价值论解释国际经济运行、价值规律的重要理论基础，马克思在《资本论》一书中关于“工资”的相关章节中阐述了关于国际价值思想的基本问题。

1. 国际价值思想的提出

马克思的国际价值思想是劳动价值论在国际经济和世界经济范畴的延伸。但是，马克思并未在其著作中以专门的章节具体、系统地论述国际价值问题，他的分析分散于不同章节和著作之中。一般认为马克思在《资本论》第一卷讨论工资的国民差异时，提出了国际价值概念。②

> 国家不同，劳动的中等强度也就不同；有的国家高些，有的国家低些。于是各国的平均数形成一个阶梯，它的计量单位是世界劳动的平均单位。因此，强度较大的国民劳动比强度较小的国民劳动，会在同一时间内生产出更多的价值，而这又表现为更多的货币。

一般认为，在这里马克思将全世界作为一个市场整体来分析，因此在这个世界性的市场体系之中，各国“劳动的中等强度”下生产产品的劳动时间，不再是决定单位产品价值水平的社会必要劳动时间，相对于整个世界市场而言，各国“劳动的中等强度”下生产产品的劳动时间应视为世界市场范围内的“个别劳动时间”，而这里所指的“世界劳动的平均单位”则代表着世界范围的平均劳动时间或者说世界市场的“社会必要劳动时间”。相应地，“强度较大的国民劳动比强度较小的国民劳动”之间的关系，就类似于技术更高强度更大的个别企业与技术更低强度更小的个别企业之间的个别劳动之间的关系。前者在同样的劳动时间内生产的产品数量较多，按照统一的“社会必要劳动时间”，即全球范围内的世界劳动时间来核算，这些先进国家在相同劳动时间生产出的产品价值总量要相对较高。从这个意义上讲，价值规律在国际范围内的应用，与在某一个国家范围的应用并没有发生本质的区别，只是市场范围不同了，核算“社会必要劳动时间”和“价值”时，计算“平均劳动强度”的范围也扩大了。在各国范围内原先可以视为决定了“社会必要劳动时间”的“平均劳动强度”和各国的“中等劳动强度”已经不能再被视为世界范围内的“平

---

① 《马克思恩格斯选集》，2版，第3卷，770～771页，北京，人民出版社，1995。

② 下面三段引文在原文中是连续的三个段落，在各段之间加入我们的解释。引文见《马克思恩格斯全集》，中文1版，第23卷，614页，北京，人民出版社，1972。

均劳动强度”了，而要类似于个别企业的“个别劳动强度”，由于国际范围内各国劳动强度不同形成的生产单位产品的劳动时间的差异，也类似于在一国范围内，不同的“个别劳动时间”之间的差异。

> 但是，价值规律在国际上的应用，还会由于下述情况而发生更大的变化：只要生产效率较高的国家没有因竞争而被迫把它们的商品的出售价格降低到和商品的价值相等的程度，生产效率较高的国民劳动在世界市场上也被算作强度较大的劳动。
>
> 一个国家的资本主义生产越发达，那里的国民劳动的强度和生产率，就越超过国际水平。因此，不同国家在同一劳动时间内所生产的同种商品的不同量，有不同的国际价值，从而表现为不同的价格，即表现为按各自的国际价值而不同的货币额。

马克思的这些分析对应着这样一种差别。在国内市场，劳动力等生产要素是流动的，各部门之间存在着劳动提高劳动生产率的竞争，因此，在个别劳动时间超出社会必要劳动时间的情况下，很难长期稳定维持，全社会的生产率水平和劳动强度会接近先进的企业，从而使先进企业个别劳动时间与社会必要劳动时间的差距缩小，这些企业在相同劳动时间内生产的产品的价值量不再比其他国家高。但是，在国际范围内，由于劳动力等生产要素跨国流动的难度比国内要大，相应的国际范围的竞争强度要低一些，生产率较高的国家可以在较长时期内维持高于世界平均水平的生产率水平，从而使其劳动强度相对较高，相同时间生产的产品的价值量依然高于国际平均水平，相应地也体现为更多的货币额。

2. 国际价值与国际剥削

一般认为，国际价值可以用于分析“国际剥削”问题：引入国际价值之后，可以分析不发达国家在参与国际贸易的过程中，因自身劳动生产率水平较低而受发达国家的剥削。但是，在此之前，如李嘉图等学者则认为不发达国家参与国际贸易比不参与国际贸易要好，参与国际贸易可以提高其经济收益。应如何理解国际价值概念所昭示的“国际剥削”，以及这种剥削与李嘉图等人所指的不发达国家参与国际贸易所获得的“利益增进”之间的关系呢。

张宇教授发现[①]，马克思在《资本论》第四卷，即《剩余价值理论》中，对国际贸易与不发达国家所获得的收益增加之间的关系进行过这样的解释：“即使从李嘉图理论的角度来看，——这一点萨伊没有注意到的，——一个国家的三个工作日也可能同另一个国家的一个工作日交换。价值规律在这里有了重大的变化。或者说，不同国家的工作日相互间的比例，可能象一个国家内熟练的、复杂的劳动同不熟练的、简单的劳动的比例一样。在这种情况下，比较富有的国家剥削比较贫穷的国家，甚至当后者像约·斯·穆勒在《略论政治经济学的某些有待解决的问题》一书中所指出的那样从交换中得到好处的时候，情况也是这样。”[②]

在1857—1858年经济学手稿中，马克思也对这一问题进行过解释。[③]“两个国家可以根据利润规律进行交换，两国都获利，但一国总是吃亏”；“利润可以低于剩余价值，也就是说，资本可以通过交换获得利润，然而并没有在严格的意义上实现价值增殖，因此，不

① 参见张宇、孟捷、卢荻：《高级政治经济学》，471页，北京，经济科学出版社，2002。

② 《马克思恩格斯全集》，中文1版，第26卷Ⅲ，112页，北京，人民出版社，1974。

③ 参见张宇、孟捷、卢荻：《高级政治经济学》，471～472页，北京，经济科学出版社，2002。

仅单个资本家之间，而且国家之间可以不断进行交换，甚至反复进行规模越来越大的交换，然而双方的赢利无须因此而相等。一国可以不断攫取另一国的一部分剩余劳动而在交换中不付任何代价，不过这里的尺度不同于资本家和工人之间的交换的尺度。”①

在上述分析中马克思明确了这样一个关系：一个不发达国家的三个工作日可能与一个发达国家的一个工作日相互交换，其原因就如同国内落后企业因个别劳动时间多于社会必要劳动时间，以更多的劳动时间与另一个先进企业的更少劳动时间相交换。这种交换是符合价值规律的，或者说是价值规律在国际范围的一种实现形式。但是，由于在生产中付出的劳动时间不同，这种交换也构成了一种剥削。虽然贫穷的一方，也会通过交换获益，但是，其受剥削的情况不会改变。显然这种剥削，是由劳动生产率差异和技术垄断构成的，是个别劳动时间差异所形成的一种“剥削”或者说“价值转移”，这种剥削不同于资本家对工人的剥削。

对此，马克思还进行了更为具体的说明。② “对有商品输入和输出的国家来说，同样的情况也都可能发生；就是说，这种国家所付出的实物形式的物化劳动多于它所得到的，但是它由此得到的商品比它自己所能生产的更便宜。这好比一个工厂主采用了一种尚未普遍采用的新发明，他卖得比他的竞争者便宜，但仍然高于他的商品的个别价值出售，就是说，他把他所使用的劳动的特别高的生产力作为剩余劳动来实现。因此，他实现了一个超额利润。”③

从这里我们也不难看出不发达国家在交换中获益，与它们在交换中被剥削，指的是两种情况。说这些国家在交换中获益，是指这些不发达国家通过国际贸易获得某种产品，比它们自己去生产这种产品所付出的劳动时间要少；说这些不发达国家受到了剥削，是指它们在交换中付出的劳动时间，比它们的交换对手即发达国家，在国际贸易中所付出的劳动时间要多。显然，两种情况并不相互矛盾，完全有可能同时并存。

第二节　世界体系理论与不平等交换

马克思主义者围绕国际交换、国际剥削的研究，催生了以世界为整体的“现代世界体系理论”。这一理论体现了马克思主义的“整体性”分析方法，以“世界体系”范畴描述各国家、民族之间交互影响下的整个国际社会，从整体上解析“世界体系”的运行规律。虽然这一理论出现在“不平等交换”理论和“依附论”之后，但是，由于为研究国际交换、国际剥削提供了较好的“整体性”背景，我们首先简要介绍世界体系理论，在了解国际社会整体性的前提下，再进一步学习“不平等交换”和“依附论”等内容。

一、世界体系的基本问题

世界体系是马克思主义理论的一个重要范畴，在《共产党宣言》中马克思和恩格斯就

---

① 《马克思恩格斯全集》，中文1版，第46卷下，401～402页，北京，人民出版社，1974。

② 参见张宇、孟捷、卢荻：《高级政治经济学》，473页，北京，经济科学出版社，2002。

③ 《马克思恩格斯全集》，中文1版，第25卷上，265页，北京，人民出版社，1974。

已经提出关于世界体系的一系列基础判断。但是，世界体系作为一个专门的理论体系，成为重要的马克思主义理论流派，却是美国学者沃勒斯坦的重要贡献。

1. 世界体系的概念

世界体系理论由美国著名学者沃勒斯坦提出。世界体系是沃勒斯坦描述相互关联的国家、民族形成的整体国际社会的专业范畴，指不同国家、民族之间由劳动分工、政治外交相互联结而成的有机整体，是一个能够在物质上实现“独立自足”的、具备内生发展动力和独立生命周期的社会体系。处于这个世界体系之中的国家、民族和部落等“体系”，不再“自成体系”，而是作为不完整的“社会体系”，充当构成“世界体系”的有机构成部分。世界体系范畴的提出，反映了沃勒斯坦尝试突破国家、民族等传统研究视角，分析跨越不同国家、民族，在不同文明之间探求国际社会“整体性”发展规律的马克思主义“整体论”思想。

根据沃勒斯坦的分析，世界体系的概念可以从以下三个方面进行解释。

第一，世界体系是一个社会体系。沃勒斯坦认为，“表现为一个社会体系的特征是基于这样的事实，即这个体系内的生活大体上是独立自足的，而且这个体系发展的原动力大体上是内在的”①，“假如该体系因某种原因与所有的外部力量断绝关系，此定义就表明这个体系实质上仍会以同样的方式继续运行”②。在沃勒斯坦看来，有两种“社会体系”：第一种，完全自给自足的、未与外界形成物质交换和权力往来的小型部落、小型部族，“它们不是某种要求定期纳贡体系的一部分”③；第二种，即世界体系，世界体系是跨越了国家、民族和文明的，“作为一个物质经济实体，它们的自足是以广泛的劳动分工为基础的，而且在体系之内包含多种文化”④。也就是说，在沃勒斯坦看来，只有世界体系和那些完全封闭的小型部落等社会组织才能构成独立自足的社会体系，开放条件下的国家、民族，则是“世界体系”的一部分，不构成独立自足的“社会体系”。

第二，世界体系概念强调整体与局部的对立统一关系。世界体系是由不同成员、成员集团构成的，国家、民族等群体充当世界体系的成员。作为一个整体，世界体系的状态，需要立足于其构成部分进行解释。在世界体系之中，各构成部分具有各自的目的性和规律性，都会对世界体系构成影响，但是，任何一个部分，无论其大小、强弱，都不能独自决定世界体系的最终状态，每一个部分对世界体系的影响，都需要通过分析各构成部分之间的交互影响，才能明确最终世界体系受到的最终影响，从而明确每一个构成部分的最终状态。

对于整体与局部之间的关系，沃勒斯坦认为：“世界体系的生命力由冲突的各种力量构成。这些冲突的力量由于压力的作用把世界体系结合在一起，而当每个集团不断地试图把它改造得有利于己时，又使这个世界体系分裂了。世界体系具有有机体的特征，因为它具有生命期。在它的生命期中，它的特征在某些方面发生变化，而在另一些方面则保持稳定。人们可以依据该世界体系运行的内在逻辑来判定处于不同时期的世界体系的结构的

① 伊曼纽尔·沃勒斯坦：《现代世界体系》，第1卷，460～461页，北京，高等教育出版社，1998。

②③④ 同上书，461页。

强弱。”①

第三，世界体系有其范围界限，不一定是“全球体系”。到底哪些国家、民族作为一个整体形成“世界体系”，要视这些国家、民族之间的劳动分工、利益往来和权利交往关系而定。世界体系是一个开放系统，其范围、界限会出现相应的变化。因此，在同一历史时期，全球可能同时存在几个不同的“世界体系”。沃勒斯坦就是沿着“世界体系”的形成和发展过程展开讨论的。只有当全球范围的分工不断深化，国际政治关系日益紧密时，“世界体系”才会逐步延伸至“全球范围”。因此，世界体系是一个具有明确范围、限界的体系，其范围不一定是“全世界”，不能简单地将世界体系视为“全球体系”。

2. 世界帝国、世界经济体与社会主义世界政府

沃勒斯坦分析了三种世界体系：世界帝国、世界经济体和社会主义世界政府。世界帝国出现最早，取而代之的世界经济体是与资本主义全球扩张相对应的现代世界体系，社会主义世界政府是沃勒斯坦对未来世界体系的一种预测和设想。

世界帝国，是一种由政治关系联结的世界体系，处于中心地位的国家掌握帝国内部单一的政治体系。“在这些政治帝国中，存在一个控制大片地域的单一政治体系，不论其有效控制程度减弱到什么程度”。沃勒斯坦认为历史上出现过的罗马帝国和中华帝国就是这种典型的世界帝国。沃勒斯坦认为世界帝国内部未形成稳定的分工交换体系，不存在统一的、持续的世界市场，因此，帝国内部的物质利益是以“进贡”的形式进行转移的。简言之，世界帝国有统一的政治体系，没有统一的市场环境。

世界经济体，是一种由经济关系联结的世界体系，这种世界体系内部形成世界范围的劳动分工，这种分工使不同国家和民族分别充当这一体系的中心、边缘和半边缘地区，但是，体系内没有形成单一的政治体系，体系内的文化是多元的，多个政治体系同时并存。通过分工体系和不平等交换，经济利益从“边缘”转移到“中心”。沃勒斯坦认为，在近代以前，曾出现过很多世界经济体，但是，由于这些世界经济体极不稳定，它们“不是转变为各种帝国就是解体了”②。但是，现代世界体系，由于存在着多元政治体系，形成了较好的相互制约，没有形成单一政治体系的世界帝国，而是随着资本主义制度在全球范围的扩张，形成全球性的资本主义体系。沃勒斯坦的现代世界体系理论所讨论正是这个资本主义推动下形成的世界经济体，即世界资本主义体系。

社会主义世界政府，是沃勒斯坦对于取代现代资本主义体系的未来世界体系的一种设想，他认为这种体系离我们还很遥远，但是，终究会到来。这种体系的基本特征就是取代现代世界体系的资本主义世界市场，在世界范围内建成“计划经济”，以统一的计划来安排整个世界体系的劳动分工和利益分配。这种“社会主义世界政府”，不同于现有的社会主义国家和社会主义经济制度，沃勒斯坦并未具体论述这一世界体系的细节。

沃勒斯坦进一步论述了世界体系的结构、利益转移等问题，这一理论是对不平等交换理论和依附论的发展。

二、不平等交换理论

不平等交换理论由法籍希腊学者阿吉曼·伊曼纽尔提出。这一理论在国际学术界引发

①② 伊曼纽尔·沃勒斯坦：《现代世界体系》，第1卷，461页，北京，高等教育出版社，1998。

了一场著名的大论战，“论战的范围已早超出外贸的问题而涉及到了整个马克思有关价值和生产价格、资本有机构成和剩余价值率高低等根本性的问题”①，影响深远。

伊曼纽尔在李嘉图“比较优势”理论和马克思生产价格、国际价值理论的基础上提出“不平等交换”理论，旨在解释发达国家与发展中国家之间的交换关系，论证经济利益由发展中国家向发达国家转移的基本方式，明确国际交换体系之中隐含的国际剥削问题。具体而言，伊曼纽尔的“不平等交换”理论，由以下基本观点构成。

1. 前提条件

第一，资本自由流动，劳动力不能自由流动。这是伊曼纽尔“不平等交换”理论的重要立足点。一般而言，商品的国际自由流动是国际贸易理论的基本前提，而要素往往被假定为不能跨国流动。在土地、资本和劳动力三大类生产要素中，只有资本和劳动力可能发生国际流动。伊曼纽尔认为，像李嘉图那样简单地假定土地和资本都不能发生国际流动，虽然方便了理论分析，但是，会导致相关理论明显脱离现实。伊曼纽尔按国家间的资本和劳动流动与否，将要素流动状态分为四种情况：资本和劳动都可流动；资本和劳动都不能流动；资本不能流动，劳动能自由流动；劳动不能流动，资本能自由流动。伊曼纽尔认为“劳动不能流动，资本自由流动”的情况最符合现实。

第二，在工资差异的条件下，将马克思生产价格理论应用于国际贸易领域。伊曼纽尔认为，在资本可以自由流动的条件下，国际范围内会形成利益的平均化趋势，使生产价格理论得以适用。但是，在劳动不能自由流动的条件下，不同国家和地区之间会形成工资的差异。发展生产价格理论，使之能够适应工资差异条件下的国际贸易问题，是伊曼纽尔“不平等交换”理论的重要起点。

> 资本的足够流动性，基本保证利润得以在国际范围内实现平均化，从而关于生产价格的命题仍然成立，由于社会和历史的原因，劳动缺乏足够流动性，工资的地区差异仍然存在，从而有必要对生产价格命题做一定的修正。②

第三，工资和剩余价值率是自变量，发达国家的工资高于发展中国家，剩余价值率低于发展中国家。

伊曼纽尔认可马克思关于“劳动力商品价值”的观点，认为工资取决于再生产劳动力所需的生活资料所消耗的劳动量。同时，伊曼纽尔进一步强化了马克思关于工资受道德、社会因素影响的说法，将工资视为由历史原因、道德因素、社会因素和制度环境所影响的“自变量”，在经济系统中，工资不是一个由物价等因素决定的“因变量”，而是一个由各类外部因素决定的“自变量”。同时，伊曼纽尔也进一步认为，虽然各部门的利润水平趋向一致，但是，最终的平均利润水平的高低，也不是经济系统自身决定的，而是受各类外部因素影响的自变量。“我们可以这样总结，尽管在论证中作了若干保留，然而即使是在纯粹竞争条件下，不是相对价格决定要素的报酬，而是要素的相对报酬决定价格。……工资和利润是体系中的自变量，而价格是因变量。”③

---

① 吴大琨：《〈不平等交换〉中文版序言》，见伊曼纽尔：《不平等交换——对帝国主义贸易的研究》，1页，北京，中国对外经济贸易出版社，1988。

② 同上书，33页。

③ 同上书，65页。

在相同劳动强度上，工人创造的价值相同，但是，作为收入，工人获得的报酬却存在严重差距，这就导致发展中国家的工人的劳动在补偿了工资收入之后，有更多的剩余劳动时间用于创造剩余价值。工资水平的巨大差异，导致低工资的发展中国家，其剩余价值率，即对工人的剥削率，明显高于发达国家。

2. 基本原理

在正式分析“不平等交换”的具体过程之前，先解释一下伊曼纽尔等人所指的“不平等交换”，也称“不等价交换”。简单而言，这种“不等价交换”指的是“不等价值交换”，是产品的交换比率，（即产品的价格）与两种产品的“价值”比率不相等的交换。在价值转化为生产价格的过程中，随着剩余价值转化为利润，利润形成平均化，产品的生产价格也会高于或低于产品的价值，因此，按照生产价格进行的产品交换，会违背“等价值交换”原则，伊曼纽尔等人认为这种交换构成了“不平等交换”，又称“不等价交换”。需要澄清的是，这种“不平等交换”，其意义不仅仅是一种理论上的“概念性规定”，也具有非常明显的现实意义：“不平等交换”揭示出，在等量资本追求等量利润的竞争过程中，由此形成的交换比率，即按“生产价格”确定的交换比率，使某些部门在以较少的劳动量，换得其他部门更多的劳动量。如果我们认可“人人平等、同劳同酬”的基本原则，那么，这种“不平等交换”，正是现实中形成的、违背了“等量劳动相交换”原则的“不平等”现象。

伊曼纽尔按照马克思论证价值向生产价格转型时所使用的图式模型分析了利润平均化过程中形成“不平等交换”的具体过程。我们可以将这一过程作以下简明概括。在国际范围内，资本可以自由流动，因此，国际范围内同样可以形成利润的平均化过程。[①] 这一过程将剩余价值视为全部预付资本的产物，即利润，通过国与国之间围绕“等量资本获得等量利润”的竞争，在世界范围内形成统一的利润率，国际范围内的剩余价值被重新分配。发达国家的资本有机构成较高，剩余价值率较低，因此，相对于发展中国家，发达国家等价值量的商品中含有的剩余价值量相对较少。可由以下公式表示：

发达国家的价值公式计为 $W_D=C_D+V_D+M_D$，发展中国家的价值公式计为 $W_L=C_L+V_L+M_L$，则对于价值相等的发达国家产品和发展中国家产品，必然有 $W_D=W_L$，发达国家商品价值量所包含剩余价值量较少，即 $M_D<M_L$，则必然有 $C_D+V_D>C_L+V_L$，剩余价值重新分配后，按照等量预付资本获得等量利润的原则，将发达国家和发展中国家商品的利润量分别计为 P_D、P_L，最终形成的平均利润率 P'，$P'=\frac{P_D}{C_D+V_D}=\frac{P_L}{C_L+V_L}$，因此，$P_D=(C_D+V_D)\cdot P'$，$P_L=(C_L+V_L)\cdot P'$，由于 $C_D+V_D>C_L+V_L$，故有 $(C_D+V_D)\cdot P'>(C_L+V_L)\cdot P'$，即 $P_D>P_L$。为了区别于价值量，我们把发达国家和发展中国家的“生产价格”表示为 Q_D、Q_L，$Q_D=C_D+V_D+P_D$，$Q_L=C_L+V_L+P_L$，由 $C_D+V_D>C_L+V_L$，且 $P_D>P_L$，可以得出 $Q_D>Q_L$。在发达国家与发展中国家之间，价值量相同的产品，最终形成了不同的生产价格。按生产价格进行的国际交换，将不再符合“等量劳动相交换”原则，发达国家可以凭借更高的生产价格，换得更多价值的发展中国家商品，从而形

① 参见第四章第一节。

成“不等价交换”、“不平等交换”。在这种“不平等交换”的过程中，发展中国家的一部分剩余价值，通过剩余价值再分配转移到发达国家手中。

简言之，上述过程表明，剩余价值较少的发达国家，要获得平均利润，必然会在利润平均化的过程中，即剩余价值的再分配的过程中，将发展中国家的一部分剩余价值占为已有。换言之，国际范围资本竞争的最终结果是等量的资本在国际范围可以获得等量利润，那些剩余价值量较少的发达国家，就是通过国际范围的资本竞争，实现了“利润平均化”，最终瓜分到发展中国家的剩余价值。这就是伊曼纽尔等人所说的“国际剥削”问题。①

3. 广义的“不平等交换”与狭义的“不平等交换”

上述基本原理表明，只要发达国家商品中所包含的剩余价值量较少，即 M/W 较小，在利润平均化的过程中就会导致发展中国家剩余价值流向发达国家的“不平等交换”。发达国家的资本有机构成高、剩余价值率较低，M/W 较小的原因，也是引发上述“不等价交换”的主要原因。正是基于这一点，伊曼纽尔将“不平等交换”分为广义的“不平等交换”和狭义的“不平等交换”。所以在正式介绍两种“不平等交换”概念之前，我们首先梳理一下导致剩余价值量差异的两方面原因。

$W=C+V+M$，其中资本有机构成比率 $c'=C/V$，剩余价值率 $m'=M/V$，所以，$M=Vm'$，$C=Vc'$，因此，$W=Vc'+V+Vm'$，则剩余价值量在资本总量中所占的比率 $\frac{M}{W}=\frac{Vm'}{V\left(c'+1+m'\right)}=\frac{m'}{\left(c'+1+m'\right)}=\frac{\frac{m'/m'}{\left(c'+1+m'\right)}}{m'}=\frac{1}{\frac{c'+1}{m'}+1}$，资本有机构成 c'越大，M/W 越小；剩余价值率 m'越大，M/W 越大。

简单总结一下，资本有机构成 c'的差异、剩余价值率 m'的差异，都会导致 M/W 的差异，从而最终导致国家间利润平均化的结果出现“不平等交换”。同时，前面我们已经介绍过，在相同劳动强度下，工资的差异形成剩余价值率的差异。因此，伊曼纽尔认为，资本有机构成差异和工资差异是导致“不平等交换”的两大原因。在此基础上，伊曼纽尔划分出广义的“不平等交换”和狭义的“不平等交换”：广义的“不平等交换”是“仅仅是工资相等而资本有机构成不相等时由价值转变为生产价格而引起的”②。狭义的“不平等交换”是“另一种形式，我称它为严格意义上的不平等交换，其特点在于工资和有机构成都不相等”③。

伊曼纽尔更强调狭义的“不平等交换”，认为“工资差异”、“剩余价值率”差异所引起的不等价交换，比由资本有机构成差别导致的“不等价交换”具有更重要的意义，他认为这才是“不平等交换”的“精确含义”④。“不管商品市场由于不完全竞争会出现什么样的价格变化，不平等交换由于各地区剩余价值率‘制度性的’差别，通过利润平均化而建立的各种均衡价格的比率——‘制度性的’这个词意味着，无论出现什么原因，这些比率

① 这里所说的“国际剥削”不同于本章第一节讨论“国际价值”形成过程时所形成的“国际剥削”。后者是劳动价值论在世界范围应用的结果，讨论的是国别价值与国际价值的差别。前者讨论的却是“价值”与生产价格的差别，前者所说的“价值”，可以理解为第一章中的“国际价值”。

②③ 伊曼纽尔：《不平等交换——对帝国主义贸易的研究》，176 页，北京，中国对外经济贸易出版社，1988。

④ 同上书，91 页。

不受劳动要素市场平衡化竞争的影响，并与相对价值没有任何关联。”① 伊曼纽尔强调狭义“不平等交换”的重要性，其主要原因有以下两个方面。

第一，由资本有机构成差异形成的“不平等交换”，并非国际贸易的特有现象。任何存在技术差异的部门之间都会形成这种“不平等交换”，研究这种“不平等交换”，并不能抓住国际贸易中的基本特性。

第二，资本有机构成的差异是客观条件的差别，而工资和剩余价值率的差异则是“制度上的”差别。资本有机构成差异作为一种具体的技术差别，无法通过市场竞争和制度调整来解决，讨论这样的“不平等交换”没有意义，而制度因素影响下的工资和剩余价值率差异则有可能通过制度改进而获得改变，研究这种“不平等交换”能够抓住与不等价交换相对应的制度因素。

伊曼纽尔的“不平等交换”理论是对马克思生产价格理论的创造性应用，将马克思的生产价格理论推广至国际范围，揭示了以往理论中被人们忽略的“国际剥削”问题，推动了马克思主义经济学与现实的结合，尤其是这一理论所引发的国际学术论战，推进了马克思主义经济学的发展。

需要进一步补充的是，在伊曼纽尔的分配中，参与国际利润平均化的是不同的国家和地区，伊曼纽尔认为，在“不平等交换”的条件下，发达国家通过占有更多的价值，剥削了发展中国家。在伊曼纽尔看来，这种剥削存在于两类国家之间，发达国家的工人同样在此过程中受益，参与了对发展中国家的剥削。伊曼纽尔认为，在这一点上，发达国家的工人和发展中国家工人的利益并非完全一致，在同一个国家和民族内部，其工人与资本家之间，可能在面对国际贸易和国际剥削等问题时，形成“共同利益”和“共识”。

三、依附论

依附论是研究资本主义世界体系积累运动对不发达国家影响的一种重要理论，于20世纪60年代初到70年代中期在拉美国家形成。其中，巴西学者西奥东尼奥·多斯桑托斯最早系统地论述了依附理论，巴西学者卡多佐提出的“依附的发展”是这一理论走向成熟的重要标志。

1. 依附的概念

一般认为，多斯桑托斯较早明确论述了“依附”的概念，按照他的观点，依附发生在国际分工条件下，存在分工关系的发达国家与发展中家之间，两者相互依赖，但是发达国家处于主导地位，可以依据自己的目的、按自己的计划进行发展，而发展中国家的发展却不能由自己主导，其发展更多地体现为它们对其依赖的发达国家发展和扩张的被动反映。简言之，在国际分工条件下，发达国家和发展中国家都需要借助于对方的力量进行发展，但是，发达国家处于支配地位，拥有发展的“自主性”；发展中国家处于从属地位，失去了发展的“自主性”。

多斯桑托斯强调，依附虽然是发展中国家与发达国家之间的一种经济关系，但是，这种经济关系对于发展中国家而言，并非是“外在的”因素；由发达国家主导的世界经济体

① 伊曼纽尔：《不平等交换——对帝国主义贸易的研究》，91～92页，北京，中国对外经济贸易出版社，1988。

系决定了发展中国家的内部经济结构，也左右着这些发展中国家的发展路径和战略选择。同时，世界体系的依附关系又取决于各国的经济结构和经济实力。

多斯桑托斯指出："我们把依附确立为一种历史状况，它造成了一种世界经济结构，即有利于一些国家却损害另外一些国家经济发展的结构，并决定了这些国家内部经济发展的可能性，从而形成了它们的经济社会现实。……依附决定着某种内部结构，而这种内部结构又根据各国经济在结构方面的可能性确定依附的状况。……我们应研究这些依附国的经济是怎样在这一世界体系的内部为适应体系的需要而形成的，以及这些国家的经济对世界体系的发展起了什么作用。"①

2. 依附的形式

多斯桑托斯将依附的形式分为殖民地商业—出口依附、金融—工业依附和技术—工业依附三种形式。

殖民地商业—出口依附是指商业资本和金融资本与殖民主义的政府结盟，通过贸易垄断控制发达国家与发展中国家之间的经济关系。沦为殖民地的发展中国家，其土地和劳动等资源也被宗主国垄断。

金融—工业依附是指发达国家凭借大规模的金融资本对外进行投资扩张，从而控制发展中国家的原材料和初级工业品生产，使发展中国家的资源和工业生产服务于发达国家的消费需要。被掌控的发展中国家，其生产和工业化进程呈现依赖发达国家市场的"外向型发展"特征。

技术—工业依附是指发达国家利用技术先进优势和发展中国家急于推进技术进步的局面，以技术作为资本在发展中国家进行投资，占据发展中国家的市场；同时，发展中国家为了采购相关技术，不得不依赖国际市场，通过"出口创汇"积累购买先进技术、设备的外汇。同时，发达国家的跨国公司可以通过专利等技术垄断方式，限制发展中国家所能够获得的技术资源，始终保持技术差距，扩大发展中国家的依附性。

3. 新的依附及其对生产结构的影响

多斯桑托斯认为第三种依附形式即技术—工业依附，是新的依附。这种依附形式是"战后时期获得巩固的一种新型依附，其基本特点是跨国公司的技术—工业统治"②。在这种新的依附关系中，发展中国家为了获得更为先进的技术，必须以"出口创汇"为目的增加出口。这就导致发展中国家不得不"保留传统出口部门"③。但是，发展中国家的这种"出口创汇"要面临诸多困难。由于发达国家垄断了国际贸易，发展中国家的出口往往面临出口品价格持续下降的"贸易条件"恶化问题，出口创汇的难度越来越大。同时，发达国家向发展中国家的"跨国投资"往往占据了发展中国家最具活力、竞争力最强的经济部门，这些跨国公司成为发展中国家出口创汇的主要力量。但是，这些跨国公司不可能将所获得的外汇资本用于提高发展中国家的技术水平，这些收入会以"剩余转移"的方式，重新回到发达国家，发展中国家追求技术进步的愿望往往会最终落空。在发达国家实行技术

---

① 多斯桑托斯：《帝国主义与依附》，305～306 页，北京，中国社会科学出版社，1999。

② 同上书，310 页。

③ 同上书，312 页。

垄断的条件下，发达国家用于在发展中国家进行“技术投资”的技术资源，往往要落后于发达国家的技术水平，使得发展中国家持续处于技术落后的依附地位。

这种新的依附方式，也会影响到发展中国家的生产结构。发展中国家在世界体系中所处的从属性地位决定了发展中国家内部的经济结构和经济关系。为了保证发展中国家的资源持续输出到发达国家，发达国家往往与发展中国家的先进部门形成联合，通过这些先进部门掠夺其他部门的剩余，再将相关剩余向发达国家转移。这会加大发展中国家内部的经济发展不平衡，在发展中国家内部的不同部门之间、不同区域之间以及城市与乡村之间形成收入分配不平衡，在发展中国家内部复制国际范围出现的发达国家对发展中国家的剥削关系。在这种条件下，发展中国家一方面需要保持很低的工资和很高的剥削率才能在遭受发达国家剥削的条件下保持基本的利润水平；另一方面在向发达国家购买技术、设备和各种生产资料时，又会受制于发达国家的垄断，加深发展中国家的依附性。因此，在发展中国家，居民的收益水平相对不高，农村市场难以获得有效开发，集约型技术的引入又限制了就业量的扩张，这些又最终导致发展中国家内部的市场难以获得有效的开发。

综上所述，多斯桑托斯认为，处于依附地位的发展中国家，在世界体系中难以获得有效的发展。这并不是由发展中国家内部因素决定的，而是由国际范围内形成的依附关系和世界经济结构决定的。

多斯桑托斯指出：“这些国家面临的最严重的障碍并非来自因未纳入资本主义体系而造成的所谓落后，恰恰相反，限制这些国家充分发展的最大障碍正是来自同资本主义国际体系的组合方式及其本身的发展规律。”①

多斯桑托斯认为，这种依附关系和国际经济结构最终导致发展中国家的经济发展被制定在其所处的依附关系的框架之内。发展中国家摆脱落后寻求发展的努力，从属于这种依附关系，因此往往不能摆脱其所处的依附地位，反而随着发展中国家的发展而不断“再生产”出新的依附关系。这就是多斯桑托斯著名的“依附的再生产”观点。

4. 依附的发展

卡多佐认为，以吸收国际投资为基本特征的“新的依附”，具有依附与发展共存的特征，在依附条件下，是有可能实现“发展”和“自主”的。

卡多佐区分了依赖出口和依赖外资的两种不同依附形式，他将后者称为“新的依附”。所谓依赖出口的依附形式，主要是指外围国家只参与产品市场的国际分工，在发达国家所主导的国际市场中充当一个集中生产、供给某种产品的出口国。在这种条件下，外围国家只是在国际市场体系中处于边缘性地位，而不能形成国内的市场体系。因此，卡多佐将这种依附形式称为“飞地式”依附，将这种依附条件下的经济称为“通过飞地式建立的依附经济”②。依赖外资的“新的依附”则有所不同。外资的注入可以推动本国市场体系的逐步形成，使得本国形成多样化的产业结构和消费市场，本土经济与外国经济之间的联系在本国市场上形成，推动了本国的市场开拓和经济开发，使得本国具有实现经济发展的可能

① 多斯桑托斯：《帝国主义与依附》，319 页，北京，中国社会科学出版社，1999。

② 卡多佐：《拉美的依附性和发展》，151 页，北京，世界知识出版社，2002。

性。因此，卡多佐将这种依附条件下的经济称为“外围工业经济”[①] 和“依附型工业化国家”[②]。

卡多佐认为：“外围工业化经济与世界市场之间的关系是相当不同的。这类经济的运转有以下一些特点：（一）经济多样化程度高；（二）剩余资金流出相对减少（以保证再投资尤其是在资本货[③]领域的再投资）；（三）劳动力的专业化和第三产业部门的出现，使得工业城市部门的收入相对更平衡；（四）结果是国内市场具备了消化工业产品的能力。”[④]

与“飞地式”依附相比，在新的依附中，国际投资推进了本国生产体系的变革，经济的多样性增强，本国消费市场得以开发。虽然，本国的经济周期和诸多经济决策取决于投资主体所在的“宗主国”，但是，已经得以开启的国内市场和国内生产体系，也逐步获得发展演变的动力，走上发展轨道。“出口创汇”的紧迫性也相应降低，由于出口能力不足导致的被动和依附程度得到一定的缓解。本国市场的扩大和发展，也为国外的投资提供了较好的条件，使发达国家的企业愿意在外围国家保留更多的资本用于“再投资”，从而进一步缓解“外汇不足”局面，降低了“出口创汇”的压力。

同时，吸引国际投资也有助于引进更为先进的技术，使得国内市场制度以较快的速度实现国际化，与国际市场相接轨。但是，这种发展模式也因技术水平的差异，国外垄断势力的控制而脱离本国经济，导致先进的现代部门成为“孤岛经济”。这种现代部门的扩张，需要国家计划和政府采购的支持。

此外，对国外投资的依赖，以及与国外垄断部门的密切关联，使得经济发展过程中逐步成长的本国政权也越来越多地依赖于同外国垄断势力关系密切的买办集团，从而将发展中国家的依附性延伸至政治格局之中，加深了其依附性。卡多佐认为在这个过程中“公共部门、国际垄断企业和民族经济的现代资本主义部门”三方之间的联合与斗争关系，影响着外围国家的经济和政治走向。

卡多佐一方面强调依附性的复杂性和深刻性，另一方面则进一步强调了在依附条件下可以实现“发展”和“自主”的可能性。卡多佐的判断，使依附论由幼稚逐步走向成熟，由抽象的理论分析逐步走向对应用的重要指导。

关键术语

马克思“卡夫丁峡谷”思想	国际价值	世界体系
世界帝国	世界经济体	社会主义世界政府
依附论	依附的发展	

① 卡多佐：《拉美的依附性和发展》，150 页，北京，世界知识出版社，2002。

② 同上书，152 页。

③ 即资本品，指作为“资本”投入生产的各类产品，如机械设备等。——引者注

④ 卡多佐：《拉美的依附性和发展》，152 页，北京，世界知识出版社，2002。

习题

1. 简述马克思“世界历史”理论的主要思想。
2. 试析马克思提出的“国际价值”思想。
3. 马克思国际价值思想能够对国际剥削问题提供哪些解释?
4. 沃勒斯坦对“世界体系”进行了怎样的解释?
5. 简述“不平等交换”理论的基本原理。
6. 在依附论者看来，依附的具体形式有哪些?
7. 谈谈你对“依附的发展”理论的认识。

第四篇

新时代理论探讨

本篇介绍以科技革命、信息技术、知识经济为代表的新时代特征，了解马克思主义政治经济学在新时代遭遇的挑战，以及适应新时代要求发展马克思主义政治经济学的理论探讨。近年来，以此为主题的政治经济学研究已经成为国内外政治经济学研究的主要方向。然而传统政治经济学教材很少涉及这些内容，介绍这些内容有助于读者了解马克思主义政治经济学在新时代的发展。当然，相关理论正处于争论、发展和完善阶段，尚未成熟。尊重客观现实、忠于马克思主义经济学基本原理，在符合马克思主义经济学基本原理的前提下，发展相关理论，使之适应新时代现实，是本篇内容的核心原则，也是把握这些内容的关键。

第十二章

新时代的基本经济特征

新科技革命也被称为现代科技革命，是新科学革命和新技术革命的统称。新科学革命发生在19世纪末20世纪初，以相对论和量子力学的诞生为主要标志。这次科学革命，在初期主要发生在物理学领域，到了20世纪中叶，在科学的各个领域都得到了迅速的发展。可以说，新科学革命是以物理学革命为先导，以现代宇宙学、分子生物学、系统科学、软科学的产生为重要内容，以自然科学、社会科学和思维科学相互渗透而形成交叉学科为主要特征的一次新的科学革命。而新技术革命则开始于20世纪40年代，它以现代物理学和技术科学的发展为科学背景，以原子能技术、空间技术和电子计算机技术的广泛应用为标志，带动了包括信息技术、新材料技术、生物技术、新能源技术、空间技术和海洋技术等在内的整个新技术群的大发展。正是由于新科学革命和新技术革命是相互联系、相互渗透、相互交叉和相互促进的，故二者被统称为“新科技革命”。

在新科技革命背景下的当代经济社会，呈现出由各个方面的经济事实和经济现象相互交织在一起所形成的一系列新特点。具体看，从知识在当代的经济作用看，当代经济社会是知识经济社会；从科技第一生产力的经济功能来看，当代经济社会是“科技与经济一体化”的经济社会；从商品构成的角度看，当代经济社会是科技商品经济社会；从创造价值的劳动方式看，当代经济社会是科技劳动经济社会，等等。在本章[①]中，用知识经济、科技经济、科技商品经济和科技劳动经济来概括新科技革命背景下当代经济社会的这些新特点。

---

① 在此加以说明的是，本章是根据刘冠军《现代科技劳动价值论研究》(北京，中国社会科学出版社，2009) 第二章的内容加以整理而成的，因此为了行文的方便引用此书该章的内容只择要注出，不当之处敬请谅解。

第一节　知识经济

1997年初，经济合作与发展组织（OECD）在关于1996年科学技术和产业展望的报告中提出了“知识经济”的概念，用以概括和反映“以知识为基础的经济”；并且在国际范围内出现了关于知识经济的争论。与此相对应，在20世纪末21世纪初的千年之交，中国理论界也兴起了知识经济的研究热潮，出现了与知识经济相关的许多范畴，如“知识经济社会”、“以知识为基础的经济”、“知识经济时代”、“知识时代”和“知识社会”等等，此外相近的还有“科技经济”、“智力经济”、“智能经济”、“信息经济”、“网络经济”、“信息时代”、“网络时代”和“数字化时代”等，这些新范畴的出现都从不同的角度来表述在世纪之交已经和正在展现的一种崭新的经济形态，即知识经济形态。

一、知识经济的形成

知识经济的出现，如同任何事物都有一个生成史一样，也有一个孕育和形成的过程。知识经济的提出，反映了知识特别是科技知识在现代经济社会中所起的巨大“牵引”作用。从近代以来的经济社会发展过程来看，知识特别是科技知识所起的“牵引”作用是越来越大的。可以说，在近代科技知识的牵引下，人类经济社会的历史由农业经济时代进入到工业经济时代，或者说将人类社会的历史从农业经济社会牵引到了工业经济社会。第二次世界大战以后，由于现代科技知识特别是在此基础上形成的信息技术创新群以及信息产业群，使世界经济发生了结构性转变，世界经济结构的重心开始由物理性空间向信息空间转移，出现了新的工作方式、生活方式与商务方式。20世纪中叶以来，新科技革命导致了科技知识以“爆炸”方式增长，并在此基础上产生了以微电子技术为核心的计算机技术、通信技术、机器人技术以及生物技术、新材料技术、新能源技术、空间技术、海洋技术等技术群，改变了原有经济结构和社会面貌：一方面，原有产业被高新技术所改造，朝着节省、高效、低污染的方向发展；另一方面，计算机、信息及生物工程等高新技术产业的比重迅速提高，超过传统产业所占的比重。尤其是自20世纪90年代以后，随着美国政府提出和全面实施“信息高速公路”计划，世界经济进入了以互联网为物理基础构筑的“电象空间”，使人类的生产、生活全面进入“数字化”状态，等等。

经济社会历史事实的变化必然决定着社会观念、理念和理论的变化。正是在这样一种经济社会历史进步的社会大背景下，“知识经济”的观念和理论也在逐步地孕育着、生成着和发展着。中外许多思想敏锐的专家学者以不同的概念和范畴，表述这种社会历史的变迁和新的经济社会的来临。如早在1911年美国经济学家熊彼特在《经济发展理论》一书中创立的以“创新”范畴为核心的经济发展理论，自1939年始德鲁克在他的论著中提出的“知识社会”，1962年马克卢普在《美国的知识生产和分配》一书中首次提出的“知识产业”，1973年贝尔在《后工业化社会的来临》中提出的“后工业化社会”，1980年托夫勒在《第三次浪潮》中提出的“第三次浪潮”，1982年奈斯比特在《大趋势》一书中提出的“信息社会”、“信息经济社会”，1985年堺屋太一在《知识价值革命》一书中提出的

“知识价值社会”，等等。在许多专家学者对有关知识经济问题进行考察、分析、研究和预测的同时，一些国家的研究机构、政府组织乃至世界性组织，也参与到对知识经济研究的行列之中，大大地推进了对知识经济研究的进度。如 1985 年美国政府授权 Calgary 大学成立知识科学研究所（KSI），对知识作为体系加以全面考察，研究知识对社会和经济等各方面的作用过程与转化机制；20 世纪 90 年代初美国阿斯彭研究所联合其他单位组建了信息探索研究所，在它出版的《1993—1994 年鉴》中明确地提出信息和知识正在取代资本和能源而成为创造财富的主要资产①；1994 年 C. 温斯洛和 W. 布拉马共同出版了《未来工作：在知识经济中把知识投入生产》一书，明确点明了“知识经济”的概念，并提出了“知识工人”（knowledge workers）的概念；1996 年经济合作与发展组织（OECD）发布了一系列报告，在国际组织文件中首次正式使用了“知识经济”（knowledge-based economy）这个新概念，并对知识经济的内涵进行了界定。尤其是在 1997 年美国政府采用了“知识经济”概念②，并且在 1998 年世界银行将《世界发展报告》命名为《发展的知识》，接受了“知识经济”这一概念，用它来描述知识和信息起主导作用的“新经济”，并明确宣称世界正在进入知识经济时代。

由此可以看到，从“知识产业”、“后工业社会”、“信息经济”到“知识经济”，“这些令人眼花缭乱的名词实际上是在逐步建立一个日渐清晰的概念，即人类正在步入一个以知识（或智力）资源的占有、配置、生产、使用（消费）为最重要因素的经济时代，简而言之就是‘科学技术是第一生产力’的时代”③ 或知识经济时代。因此有专家预言：“知识经济是二十一世纪的经济主流，二十一世纪是知识经济世纪，知识经济是二十一世纪的‘第一概念’。”④

知识经济这一与农业经济、工业经济相对应的经济形态的出现，对于中国发展科技第一生产力和实施科教兴国战略具有深远的社会现实意义。知识经济的思想和理论自传入中国的那一时刻起，很快在中国的经济界、科技界、科技社会学界、软科学界和自然辩证法界等学术界甚至在国家有关行政部门中产生了强烈的反响，并对知识经济形成了研究的热潮。中国的“知识经济”研究有两个突出的特点：（1）研究知识经济与学习贯彻邓小平“科学技术是第一生产力”思想相结合；（2）研究知识经济与中国的科技体制的改革以及与“科教兴国”战略的贯彻实施相结合。除上述两个突出特征之外，还有一个值得注意的现象是，伴随对知识经济研究的深入，一个以知识经济为研究对象的新兴学科正在形成。

二、知识经济的内涵和基本特征

从整体论的角度看，知识经济是在农业经济和工业经济基础上发展起来的高级经济形式，它是既区别于以传统农业为主要产业支柱和以单纯依赖土地自然生产物质产品为主的农业经济，又区别于以传统工业为主要产业支柱和以自然资源为主要依托的工业经济的一种新型经济形态；这种新型经济形态是知识特别是科技知识发挥出巨大经济功能的必然产

---

① 参见美国信息研究所：《知识经济——21 世纪的信息本质》，20～24 页，南昌，江西教育出版社，1999。

② 参见陶德言：《知识经济浪潮》，4～5 页，北京，中国城市出版社，1998。

③ 吴季松：《高科技、高技术产业化、知识经济的历史与现状》，载《人民日报》，1998－02－28。

④ 冯之浚主编：《知识经济与中国发展》，343～344 页、399 页，北京，中共中央党校出版社，1998。

物；进一步讲，知识经济是指在现代科技与经济有机结合的社会与境中，以（科技）知识为基础、以人的智力为主要资源和以高新科技为主要经济支柱的，不仅注重知识运用而且重视知识创新的，将知识尤其是科技知识和自然力（包括单纯的自然力和社会劳动的自然力）有机结合的一种高级经济形态。

知识经济作为一种新型的高级经济形态，与传统的农业经济和工业经济相比较，具有以下基本特征：（1）从依靠的（科技）知识背景看，知识经济主要依靠的是现代（科技）知识。相比较而言，农业经济主要依靠原始意义上的科技知识，是经验型的知识和技能；工业经济主要依靠的是近代意义上的科技知识。（2）从科技与经济的关系看，相对于农业经济时代科技和经济处于原始的一体化状态、工业经济时代科技与经济处于分离的状态而言，知识经济时代科技与经济已经处于现代的一体化状态。（3）从产业结构看，知识经济是以高新科技产业为主要经济支柱的。这主要是相对于农业经济以传统农业为主要产业支柱、工业经济以传统工业为主要产业支柱而言的。（4）从利用的资源看，知识经济以人的智力为主要资源和以知识为基础，对自然资源的利用退居到相对次要的位置。这是相对于农业经济以单纯依赖土地自然生产物质产品为主要形式、工业经济以利用自然资源为主要依托并逐步注重对人的自身资源的利用的角度而言的。（5）从对人的劳动力的开发利用程度看，知识经济以开发人的脑力和智力为主，辅之以人的体力。这与农业经济和工业经济不同，农业经济以开发利用人的体力为主，辅之以开发人的脑力；工业经济在重点开发利用人的体力的同时，逐步注重对人的脑力和智力的开发利用。（6）从劳动的形式看，知识经济的劳动形式主要是脑力劳动和智力劳动，体力劳动已经开始并逐步退居到次要的位置。这是与农业经济和工业经济所不同的，农业经济的劳动形式主要是体力劳动，脑力劳动处于非常次要的地位上；工业经济的劳动形式主要是体力劳动，而脑力劳动的重要性已经开始显现，逐步发展为与体力劳动同等重要的位置。（7）从劳动的复杂性程度看，知识经济的劳动属于复杂劳动，并且复杂的程度越来越高。这也有异于农业经济和工业经济，农业经济的劳动属于简单劳动；工业经济的劳动复杂性逐步升高，属于相对复杂的劳动。（8）从劳动力主体看，知识经济的劳动力主体是知识分子阶层或广义的工人阶级的重要组成部分——知识分子，特别是科技知识分子。这也有异于农业经济和工业经济，农业经济时代的劳动力主体是农民；工业经济时代的劳动力主体是狭义的工人阶级或工人阶层。① （9）从投资形式看，农业经济尤其是传统的工业经济需要大量的资金、设备等有形资产的投入，有形资产在经济中起着决定性的作用，无形资产处于辅助性的地位；而知识经济则需要大量的知识、信息和智力等无形资产的投入，无形资产在经济中起着决定性的作用，有形资产处于辅助性的地位。（10）从经济动力的变化看，从农业经济转向工业经济的主要推动力量是蒸汽机技术和电气技术；而知识经济的推动力量是电子和信息技术，特别是20世纪90年代以来的数字化信息革命，出现了数字化、网络化和信息化的发展特征及趋势，大大改变了人类的生产、工作和生活方式，出现了车间无人化、物质生产非物质化的

① 特别需要说明的是，在这里使用了广义的工人阶级和狭义的工人阶级两个范畴，前者是指包括知识分子在内的工人阶级，而后者是指不包括知识分子在内的工人阶级。参见刘冠军：《现代科技劳动价值论研究》，124页，北京，中国社会科学出版社，2009。

现象。(11) 从消费内容看，农业经济和工业经济时代的消费内容主要是物质产品，文化精神产品的消费处于次要的地位；而在知识经济时代，“人们开始转向文化精神的消费和追求，更多的时间和钱财用于休闲，费用的投向也将发生明显的变化，诸如购书、接受各种技能培训、完善自我的再教育（终生教育）、健身美容、旅游、欣赏”等，此时的消费内容主要是文化精神产品，并且“休闲将成为人类生活的重要组成部分”①。(12) 从知识特别是科技知识在经济活动中发生作用的实质来看，知识经济不仅重视知识运用，而且更重视知识的创新，在实质上它是知识尤其是科技知识和自然力（包括单纯的自然力和社会劳动的自然力）有机结合的高级经济形式，等等。

三、知识经济中的“知识”与知识经济的实质

对知识经济内涵和基本特征的把握，涉及到对知识经济范畴中的“知识”的理解和划分。从传统的意义来看，根据知识的归属来划分，知识可被划分为两大类：一类是科技知识；一类是非科技知识。科技知识是人们在科技实践活动的基础上对客观世界的本质和规律的概括和总结所得到的知识；而非科技知识则是排除了科技知识之后的其他的知识。

而根据知识经济对知识结构的研究，知识也可被划分为两大类：一类是“可编撰的”知识（codified knowledge），一类是“可意会的”（tacit knowledge）但“不可编撰的”知识。可编撰的知识指的是能够用语言文字和图形表格等进行系统化处理的知识；而“可以意会的”但“不可编撰的”知识指的是难以编撰起来的人类对过去积累的经验技能、心理暗示、教训感悟和隐藏在人的大脑内部的很难用语言来表达的知识。这种对知识的划分突破了过去人们对知识的认识，将人们还未经过系统化处理的经验类的知识用学术上的分类概念给予了承认。现代软件技术能够把几乎所有的“可编撰的”知识用计算机进行处理。有人预言，2100 年就知识的生产而言，计算机将占 98%，人类只占 2%。人生产的 2%主要是观念（idea）即“意会的”知识，而计算机生产的那 98%则全部是“可编撰的”知识。②

知识经济中的“知识”概念比传统的概念扩大了，也可以说是人类经过多年的思考对知识的重新认识，这种经过人类重新认识的知识包括了四个方面：(1) 事实知识（know-what），指的是人类对某些事物的基本认识和所掌握的基本情况；(2) 原理和规律知识（know-why），即产生某些事情和发生的事件的原因和规律性的认识，比如宇宙的起源、生物进化和价值规律等；(3) 技能知识（know-how），即知道实现某项计划和制造某个产品的方法、技能和诀窍等；(4) 知道产生的源头的知识（know-who），即知道是谁创造的知识。③ 有的学者甚至认为，知识除上述四类之外，还包括“在哪里”（know-where）和“在什么时候”（know-when）④ 的知识。

经合组织的报告将第 1 和第 2 类知识称为“可编撰的知识”，将第 3 和第 4 类知识归

---

① 成思危：《知识经济时代与人的休闲方式变革》，载《自然辩证法研究》，2003 (2)。

② 参见李大光：《三思文库·知识经济系列·总序》，见美国信息研究所：《知识经济：21 世纪的信息本质》，4～5 页，南昌，江西教育出版社，1999。

③ 参见柳卸林：《知识经济：内涵和意义》，载《中国科技论坛》，1997 (7)。

④ 参见吴季松：《知识经济》，16 页，北京，北京科学技术出版社，1998。

结为“可以意会的”但“不可编撰的”知识。笔者认为，这种“可编撰的知识”，就是指广义的科技知识，它包括自然科学知识、社会科学知识、人文科学知识、历史科学知识、技术科学知识、工程科学知识、思维科学知识以及科学的母体即哲学知识等；而“可以意会的”但“不可编撰的”知识，则主要是指非科技知识。从这个意义上来讲，知识经济的核心和实质就是广义的科技经济。

第二节　科技经济

从科技第一生产力的经济功能看，当代经济社会呈现为科技经济社会。所谓科技经济，主要是指科技作为第一生产力在当今的经济社会中发挥出了巨大的经济功能，并在此基础上形成了“科技与经济一体化”的社会现实。

一、科技经济的表现与实质：“科技与经济一体化”

“科技是第一生产力”，在现代经济社会中已经成为人们的共识，而且大量的经济事实和经济现象已经显示出，科技作为第一生产力在现代经济社会中已经表现出了巨大的经济功能，在相当高的程度上形成了“科技与经济的一体化”现象。这是科技经济在现象层面的主要表现。下面就科技第一生产力巨大经济功能的具体表现，枚举如下：

第一，依靠科技能够使“濒临倒闭”的企业起死回生，转亏为盈。这样的事例在现代经济社会中是颇为广泛的。其中，一个典型的事例是20世纪90年代美国著名的IBM公司的盈亏变化的事实。IBM公司在1991年和1992年曾经发生严重的巨额亏损，1993年公司股价由原来的175美元暴跌至40美元以下，是17年来公司股价的最低点。在这种情况下，公司聘任郭士纳为首席执行官，他将管理科学的知识创新性地应用于对IBM公司的管理工作中，采取了完善的科学管理理念和采用了符合IBM实际的科学管理方法，对IBM公司进行科学管理，很快扭转了IBM公司亏损的局面。到1994年，IBM公司的股价就回升为73.5美元；而到了1995年，IBM公司的股价已经回升为91.4美元；再到1996年时，IBM公司的股价进一步回升为158.5美元。① 这一典型事例充分显示了科技尤其是管理科学的巨大威力。

第二，依靠科技可以造就震撼资源型经济赖以存在根基的“神奇”的新型产业。自20世纪90年代以来，“由于科学技术的发展，世界运行方式发生了根本变化。长途电信价格的下降，计算机的普及，全球网络的出现，以及生物技术、材料科学和电子工程等领域的发展，创造出10年前根本不可想象的新产品、新服务系统、新兴行业和新的就业机会”②，尤其是发达国家依靠科技形成了大量的新型产业和新型公司，大批知识密集型企业脱颖而出，各种各样的计算机公司、网络公司及其与通讯相融合的通信公司、新材料公司、生物

① 参见赵振华：《劳动价值论新论》，139页，上海，上海三联书店，2002。

② 胡文静编译：《用科学技术构架发展桥梁——〈美国国家知识评估大纲〉简介（一）》，载《中国科学报》，1997-08-04。

工程公司、卫星公司、核电公司等，雨后春笋般地涌现出来，并创造了巨额财富。在20多年前，人们开始对世界富豪排名时，前10名几乎全是石油大王、汽车大王、钢铁大王等，其财富都是建立在庞大的“有形”原料和产品之上的；而在新世纪之交，排在前10名的世界富豪，一半以上是与信息、电子等高科技产业相关的，其财富是建立在“无形”资产基础之上的。因此，“以微软、英特尔、IBM为代表的知识经济产业，正以它新的观念、新的姿态和巨大的威力冲击着辉煌200年的工业经济社会，撼动着资源型经济赖以存在的根基”①。值得注意的是，科技的力量在“微软奇迹”上得到充分的体现，它能使“几乎白手起家”的大学毕业生创办自己的公司并很快成为“全球商界的新贵”，它能使“貌不惊人”的公司成为“冲击传统产业结构的新型企业”和全球范围的新的经济增长点，它能使知识变成财富、智力变成资本等。这在传统的工业经济时代和农业经济时代，是难以想象的。

第三，科技的发展能够成为“决定经济能否持续增长的一个重要因素”，能够改变原有经济结构和社会面貌，能够造就一个崭新的经济形态，可以说知识经济就是科技孕育的奇葩。20世纪50年代以来，以微电子技术为核心的计算机技术、通信技术、机器人技术以及生物工程技术等技术群，改变了原有经济结构和社会面貌。一方面，原有产业被高新技术所改造，朝着节省、高效、低污染的方向发展；另一方面，计算机、信息及生物工程等高新技术产业的比重迅速提高，超过传统产业所占的比重。在当代，经济增长比以往任何时代都更加依赖于科技知识的生产、扩散和应用，知识尤其是科技知识作为蕴涵在人力资源中的重要成分，其作用日益明显。② 这些现象表明，一个新型的经济形态——知识经济正在兴起，知识经济时代正在到来，中国依靠科技发展和应用来发展知识经济也是大势所趋。

第四，科技已经成为一个国家和地区的综合国力的关键性因素，谁的科技发达谁就能保持强的综合国力，因为“现代国际间的竞争，说到底，是综合国力的竞争，关键是科学技术的竞争”③。近些年来，美国之所以能够成为世界经济大国，是因为它拥有世界上最强的科技竞争能力和科技的强力支持以及这两个方面的有机结合。据有关资料显示，美国整体技术实力是世界上最强大的，在世界27个关键技术领域中，美国仍占有领先地位。其中信息、通信大为领先，生物、医学、农业等领域占有优势。近年来美国以信息技术革命为核心的全面调整，确实取得一定成效。它在计算机软件、工作站、激光打印机、计算机网络及微处理器方面均处于领先地位。1985年个人计算机美国占世界市场的份额为19%，如今迅速增加到70%；在计算机软件和售后服务方面，美国已取得占世界市场75%的绝对优势，欧洲占20%，日本仅为4.5%，等等。④ 这些事实表明，科技实力是综合国力的关键因素。这也是当今世界各国都极力制定科技发展规划、大力发展科技，出台并实施科技兴国、技术立国或科教兴国等战略的一个最重要原因。

---

① 赵弘、郭继丰：《知识经济呼唤中国》，前言2页，北京，改革出版社，1998。

② 参见上书，38～39页。

③ 江泽民：《用现代科学技术知识武装起来》，见宋健主编：《现代科学技术基础知识》，ⅰ页，北京，科学出版社、中共中央党校出版社，1994。

④ 参见赵弘、郭继丰：《知识经济呼唤中国》，42～43页，北京，改革出版社，1998。

总之，科技作为第一生产力所发挥的经济功能是巨大的，它在现代经济社会中的表现是多方面的，在此仅仅枚举其中的几种典型的表现。但从所列举的上述现象便足以说明，知识就是力量，科技就是财富，科技不仅是生产力而且是第一生产力，是经济增长的首要因素和关键动力。同时展现给人们的是，科技在现代经济社会中几乎是无所不能的，拥有它能够使“貌不惊人”的“平民百姓”变成商业界新贵和企业界新秀，失去它能够使企业界和商业界的“大腕”和“富翁”变成“平民百姓”甚至是“穷光蛋”；拥有它，能够使一个国家或地区居于世界经济的巅峰，失去它，能够使一个国家或地区从经济巅峰上很快地滑下来；科技是兴企之根、立国之本，等等。尽管人们开始反思科技发展和应用的不良后果，但几乎带有共识性的看法是：科技发展和应用的不良后果最后还必须依靠科技发展和应用来克服。这正是科技作为第一生产力所拥有的巨大经济功能在现实中得到充分发挥和释放的具体体现。

通过上述的分析可见，科技经济的形成过程主要体现为科技融入经济系统发挥其巨大经济功能进而形成“科技与经济一体化”的过程，因此科技经济在实质上就是“科技与经济的一体化”。“科技与经济的一体化”具体表现为两个方面：一是经济科技化，即在当代经济社会中，从生产到流通都已成为科技的具体应用和发挥功能的场所，特别是在社会生产领域出现了生产科技化的现实和趋势，致使经济社会已经科技化了；二是科技经济化或产业化，即科技成为现代经济社会系统不可缺少的子系统或部门，在经济社会中涌现出了大量的科技产业，特别是一些高新科技产业等，致使科技不再是独立于经济系统而“不谋私利”了，而是已经产业化或经济化了。正是由于经济科技化和科技经济化的双向互动，导致形成了“科技与经济一体化”现象，进而使当代经济社会呈现为科技经济社会。

二、“科技与经济一体化”的两种方式

由科技与经济系统的关联程度所决定，科技融入经济系统进而形成“科技与经济一体化”社会主要有间接和直接两种方式。

1. “科技与经济一体化”的间接方式

“科技与经济一体化”的间接方式，主要反映在对科技与经济关系认识的一种传统的理论观点，其主要认识论依据是把科技尤其是把科学看做“社会发展的一般成果”或“社会发展的一般精神成果”①，认为科技属于“知识形态”上的生产力范畴，或者说属于间接的、潜在的生产力范畴，因此这种传统理论观点认为，科技不能在社会生产过程中直接生产某种作为“物”的使用价值来满足人们的物质需要，它必须通过转化、物化、渗透等途径应用于社会生产，方能转化成为现实的、直接的生产力，才能生产出作为“物”的使用价值来满足人们的物质需要。也就是说，科技之所以能够推动现实生产力的发展，在现代社会中发挥出巨大的经济功能，并形成“科技与经济一体化”社会，其原因就在于科技能够通过向生产力要素的渗透与物化、影响生产要素的组合并内化为生产系统的整合要素，以及改进社会基础结构的状况等途径，融入经济系统，转化为现实的、直接的和显在的生产力。具体来看，“科技与经济一体化”的间接方式，主要表现为以下三种情况：

---

① 《马克思恩格斯全集》，中文1版，第49卷，84、115页，北京，人民出版社，1982。

第一，科技通过向生产力构成要素的渗透与转化来融入经济系统，进而达到“科技与经济一体化”。一般地，生产力是由劳动者、劳动手段（劳动工具）和劳动对象三要素构成的。科技通过向生产力构成的三个要素渗透与转化来融入经济系统，进而达到“科技与经济一体化”。(1) 通过学习、教育等途径，科技能够武装劳动者，转化为劳动者的劳动知识和劳动技能。(2) 通过技术原理的设计和技术的发明等途径，科技能够“物化”为先进的生产手段。(3) 通过科学探索、技术开发等途径，科技逐步渗透到劳动对象中。

第二，科技通过影响生产要素的组合并内化为生产系统的整合要素来融入经济系统，进而达到“科技与经济一体化”。一般地，生产要素主要是指劳动力、资金、资源等，它们的有机结合便构成了生产系统的结构，而生产系统的运行就是生产的过程。在现代，生产系统赖以建立的科技基础决定了生产系统的结构和功能以及运行方式，决定了生产要素的配置和结合方式。生产系统以什么样的科技为基础，生产要素便会采用什么样的配置和结合方式，生产系统便会以什么样的方式来运行。因此，科技在生产要素的组合中起着一种把各种生产要素按照一定比例和方式结合起来的整合作用，构成了生产过程中的整合因素。科技的进步及其在生产中的广泛应用，必将导致生产要素的重新组合，从而导致生产系统结构的调整和其运行方式的改进。在现代科技基础上的生产要素的现代结合，还表现在现代生产发展的诸多方面，如在投资结构方面，用于设备和能源上的投资比重逐渐下降，而用于研究开发和培训上的投资比重在逐步上升；在生产规模和产品个性化方面，小批量、多品种、个性化的柔性生产，逐步替代了大批量、单一品种、标准化的非柔性生产；在生产周期和能耗方面，周期短、更新快、能耗低的生产，逐步替代了周期长、更新慢、能耗高的生产；在生产的最终成果方面，产品的附加价值呈现越来越高的趋势等。

第三，科技通过影响、改进社会基础结构的状况来融入经济系统，进而达到“科技与经济一体化”。一般地，整个经济系统的运行表现为生产、流通、交换和消费的过程，整个过程又是依靠各种“社会流”——人流、物流、能流、资金流、信息流等的运动来维持的。作为各种社会流的通道和载体的交通运输系统、能源动力系统、金融系统、邮电通信系统和网络系统等，构成了社会的基础结构。这种社会基础结构的状况决定了各种社会流的容量和质量，决定了经济系统的运行状态。同时，这种社会基础结构的状况又依赖于或决定于科技发展水平和在其中的应用状况。从一定意义上讲，有什么样的科技及其达到什么样的应用程度，就会有什么样的社会基础结构，也就会有什么样的社会流，进一步也就会有什么样的经济系统的运行状况。因此，科技构成了社会基础结构的潜在要素和首要因素，它通过影响、改进社会基础结构的途径来融入经济系统，发挥其巨大经济功能，进而达到“科技与经济的一体化”。

2. “科技与经济一体化”的直接方式

“科技与经济一体化”的直接方式是相对于传统的间接方式而言的，是指科技不再仅仅是作为经济社会的潜在要素必须通过物化、转化、渗透和影响等途径才能融入经济系统发挥作用，而是作为经济社会的显在系统直接成为经济社会的企业、产业，如同传统的工业企业、生产部门一样，成为一种科技企业、科技产业、科技经济部门。这种科技企业、科技产业或科技经济部门在现代经济社会中的功能，如同传统的工业企业、生产部门一样，生产具有特定使用价值的科技产品来满足社会的需要，并且也遵循价值规律与其他生产产品交换（在现代经济社会中借助于货币中介）来实现其经济价值，创造经济效益。

“科技与经济一体化”的直接方式，在当今经济社会中有许多具体的表现形式，其中主要有以下几种具体形式：

第一，工业实验室。工业实验室是科技直接地融入经济系统、形成“科技与经济一体化”社会的最早的一种重要形式，它是适应社会生产的科技化发展趋势，在原有的大学实验室、私人实验室不能满足工业生产需要的情况下，而产生的集基础研究、应用研究和开发研究于一身的研发机构。如，1876 年美国发明大王爱迪生创建的第一个工业实验室，1891 年德国拜耳公司成立的化工产业的大型实验室，1900 年建立的美国和世界上的第一个正规的工业实验室——通用电气公司实验室，1925 年成立的贝尔电话实验室，1956 年成立的 IBM 实验室和在此之后成立的沃森研发中心等。这种工业实验室或研发中心打破了科学家手工业的传统科研模式（一个科学家带一两个助手），组织一批专业人才，在统一指挥下分工、协作致力于科技研究和工业开发，并很快地把科技发明投入生产，从而使工业实验室成为“发明工厂”。世界范围的产业界已经逐步认识到，工业实验室形式的研发投入是最经济、最安全、最有效和“投入—产出”效益最高的投资，因此工业实验室被人们视为科技与经济有效地直接结合进而形成“一体化”的一种重要形式。

第二，高新科技产业。高新科技产业比工业实验室更加突出了科技融入经济系统的直接性，是科技直接地融入经济系统形成“科技与经济一体化”的一种标志性的新形式。在这里，高新科技不同于传统意义上的科技。传统意义上的科技一般直接追求其科学价值，将其经济价值和社会价值视为间接的；而且其研究规模较小，科技研究与生产是两个不同的领域，由科技向生产的转化需要诸多的中间环节等。而高新科技的研究与开发，不仅直接追求其科学价值，而且也直接追求其经济价值和社会价值，因此高新科技在其发展过程中具有明显的产业化、商品化特征。同时，高新科技的研发表现出二重性：一是高新科技的研发属于科技研究的范畴，其成果表现为科技产品；二是高新科技的研发又属于经济范畴，其产品也是商品，且能带来高额利润和高经济效益，这高利润、高效益来自高新科技产品的首创利润，因此高新科技的研发既有科研的性质又具有产业的性质。高新科技产业化，实质上是进一步突出高新科技的产业性质，它一般包括以下三个环节：高新科技的发明与研制；高新科技产品的开发与推广；高新科技产品的大规模应用并通过市场向外扩散。高新科技产业就是由高新科技的研究、开发、推广、应用等所形成的企业群或企业集团的总称，它是把生产过程和最终产品建立在坚实的高新科技基础之上的产业，是科技知识密集型产业。就目前来看，高新科技产业主要包括生物工程产业、生物医药产业、光电子信息产业、智能机械产业、软件产业、超导体产业、太阳能产业、空间产业、海洋产业等九大技术产业。这些产业又可以交叉渗透，形成综合性高新科技产业。高新科技产业的形成和发展，说明现代的科技尤其是高新科技，已经不再需要必须通过向传统意义上的“生产部门”的物化、转化、渗透和影响等途径来融入经济系统，实现其第一生产力的巨大经济功能了，而是直接显示为一种企业、一种产业，直接作为经济社会的一个“产业部门”来发挥其巨大经济功能，因此高新科技产业是科技直接地融入经济系统形成“科技与经济一体化”的一种标志性的直接形式。

第三，高新科技工业园区。高新科技工业园区是在工业实验室和高新科技产业基础上进一步发展而形成的，是科技直接地融入经济系统形成“科技与经济一体化”的另一种标志性的新形式。所谓高新科技工业园区，是指相当数量的大学、科研机构和企业等，在一定的地域范围之内相对集中地开展高新科技的研究和开发，并发展高新科技产业的一种新型社区。世界上第一个高新科技工业园区，是1951年在美国以斯坦福大学为依托而创立的斯坦福高新科技工业园区。在斯坦福高新科技工业园区的示范作用下，世界各地建立了一大批以科技工业园、科技园、研究园、创业中心、科学城、技术城、高新技术开发区、高新技术产业地带、科技走廊等命名的高新科技工业园区，它们虽名称不同、形态不一，但其基本特征和功能属性大致相同，都是指有相当数量的大学、科研机构和企业等在一定的地域范围之内相对集中地开展高新科技的研究和开发，并发展高新科技产业的一种新型社区。在基本特征方面，这些高新科技工业园区都表现为以发展高新科技、实现产业化为主要宗旨，以产学研相结合、科工贸一体化为主要结合模式，以统一布局与规划、构建优异的工作和生活环境为主要框架特征，以一系列优惠政策来吸引各类资源加盟为主要动力机制等。在功能属性方面，这些高新科技工业园区都起到了科技创新中心、科技辐射中心和科技孵化中心①的作用，都具有吸引科技人才、吸引投资的凝聚功能，都具有加速科技成果转化的功能等。这些基本特征和功能属性显示了高新科技工业园区，已经成为科技直接地融入经济系统形成“科技与经济一体化”社会的标志性新形式。

第四，国家创新体系。英国著名创新研究专家费里曼，在1987年出版的《关于日本的技术政策和经济实绩》一书中首次使用了“国家创新体系”这一概念。其后，纳尔逊、伦德尔等人对这一概念做了进一步发展。经合组织在此基础上于1997年发表了《国家创新体系》的报告，对这一概念做了较为全面的阐释。从此之后，许多国家和国际组织都注重对国家创新体系进行研究，并将其作为制定国家科技政策和科技规划甚至国家政策和经济政策的基础。而所谓国家创新体系或国家创新系统，就是指为了发挥国家对科技产业的促进作用而将科技产业作为国家的战略产业，在国家层次上对科技的社会运行即科技知识的生产、交流、传播与应用的过程加以体制化和制度化的一种新形式。它展现了现代科技在以工业实验室、高新科技产业、高新科技工业园区等形式直接融入经济系统形成“科技与经济一体化”的基础上，正在和已经以国家战略产业的新形式直接融入经济系统，形成国家层面上的“科技与经济一体化”。如果说前三种形式还带有局部性、区域性的特征的话，而国家创新体系则明显地具有了“国家化”的特征，进一步讲它是在国家的总体规划下，科技产业的各有关部门相互联系、相互作用而形成的包括科技创新、产品创新、生产工艺和方法创新、市场创新、组织形式创新在内的所有创新的网络系统，是由一系列资助和从事R&D活动并将其成果转化为商品，以及推动和影响新技术扩散的机构和组织所组成的一个不可分割的整体。②

---

① 科技孵化中心，又被称为科技孵化器，它是自20世纪80年代初以来在美国、西欧出现的一种新型组织，它以扶植小企业的成长为己任，为小企业提供低租金的办公场所、秘书、通讯设施、计算机和科学技术、法律管理知识的咨询等服务，并提供其发展所需用的资金。一般地，科技孵化中心在一定期限内或达到一定的营业额后，必须离开或让位于新的企业。

② 参见冯之浚：《完善和发展中国国家创新系统》，载《中国软科学》，1999（1）。

三、"科技与经济一体化"的成因

从系统论的角度看，"科技与经济一体化"的成因是多方面的，可以说，既有科技自身的原因，又有经济社会对科技需求的动因；既有科技的社会建制的中介原因，又有科技与社会之间的互动机制和"大科学"管理模式的保障原因。

1. 科技自身的原因：相对完备的现代科技体系结构

所谓科技的体系结构，是指构成科技体系的基本单元既相互区别又相互贯通所形成的相对稳定的联系方式。它一方面表征着构成科技系统的基本单元以何种方式结合在一起，另一方面又决定着科技系统所具有的功能。从不同的角度根据不同的标准，现代科技形成了不同的体系结构：(1) 根据科技的字面表述来看，科技是科学和技术的复合词，因此科技首先是由科学和技术构成的体系。(2) 根据科技各门学科的研究对象和研究目的来划分，现代科技是由基础科学、技术科学和工程科学构成的体系。(3) 根据科技的"对象域"来划分，现代科技是由自然科学技术、社会科学技术、数学科学技术和哲学构成的体系。

现代系统科学认为，系统的结构决定其功能，因此上述诸种相对完备的现代科技的体系结构，是"科技与经济一体化"形成的决定性因素。或者说，正是相对完备的现代科技体系结构，为"科技与经济一体化"的形成奠定了坚实的基础和根基。

2. 中介原因：现代科技的社会建制

从科技自身来看，科技不仅是关于自然的本质和规律并加以运用的科技知识体系，也不仅是探索自然的本质和规律并加以利用的科技活动，而且更为重要的，它已经是一种高度完善的社会建制。所谓科技的社会建制，是指为了生产科技知识而开展科技活动的社会组织形式和体制①，它主要是由作为科技社会建制的价值观念、行为规范、组织制度和组织系统四大要素构成的。科技社会建制的四大要素从不同的层面为科技融入经济系统，形成"科技与经济一体化"社会提供了中介保障。

第一，科技社会建制的价值观念，是对科技在社会中存在的价值和意义的根本看法，主要体现在一系列关于科技的社会功能和社会目标的理论中，特别体现在社会的主导意识上。在当代，尽管科学和技术在功能目标方面还存在一定的差别，但由于二者的相互交叉而呈现一体化趋势，故二者在功能目标方面的差异正在逐步减小，尤其是科学的"非功利性"正在受到人们的质疑，导致科学和技术在功能目标方面的差异趋向于"模糊化"，甚至在相当高的程度上使二者具有了一致性。可以说，科技是第一生产力、依靠科技推动经济增长和社会发展，已经成为科技社会建制在价值观念方面的一种主导意识。同时，在科技社会建制的价值观念中，科技精神是其灵魂。自近代以来，科技精神的内涵被概括为五个方面：求真、求实、创新、存疑和敬业奉献。在现代，人们将其进一步提升，提出了与当代科技相一致的"高科技精神"，其内涵包括创新精神、协作精神、风险精神、可持续发展精神、科技与人文相融合的精神、尽真尽善尽美的精神②以及依靠科技推动经济社会

---

① 参见陈筠泉、殷登祥：《科技革命与当代社会》，2、107页，北京，人民出版社，2001。

② 参见陈筠泉、殷登祥：《新科技革命与社会发展》，123～129页，北京，科学出版社，2000。

发展的精神等。科技社会建制的价值观念由传统向现代的转变，为科技融入经济系统形成“科技与经济一体化”社会提供了思想认识的中介保障。

第二，科技社会建制的行为规范，是科技社会建制的价值观念的具体化，是对科技活动的行为模式的内在制约性规定，是在科技组织和体制中起实际作用的要素。传统理论认为，它包括科学社会建制的行为规范和技术社会建制的行为规范，这是由传统理论所认为的科学和技术的功能目标不同所导致的。在现代，由于科学和技术的一体化现象，尤其是因为科学和技术在功能目标方面的差异正在缩小和模糊化，因此二者作为社会建制的行为规范，也在上述差异的基础上正在形成统一的行为规范，即现代科技社会建制的行为规范，其重要的内涵就是现代科技社会建制的价值观念的主导意识和“高科技精神”的具体化，包括科学和技术、科技与人文协作创新的规范，科技引导经济、社会发展并为经济、社会发展服务的规范，科技与经济、社会协调发展的规范等。这为科技融入经济系统形成“科技与经济一体化”社会提供了行为规范的中介保障。

第三，科技社会建制的组织制度，即科技体制，是针对科技职业化而制定的规则章程、法律法规、政策措施等制度的总和。这是科技社会建制的组织系统存在和运行的社会约束条件。在现代，科技体制包括：(1) 科技投入体制，主要采取政府的财政拨款、金融机构的科技贷款、工业企业的技术开发经费、高校和科研机构的自筹科技经费、社会风险和创业基金、基金会、民间捐赠资金等方式；(2) 科技研究的结构比例，主要是指基础研究、应用研究和开发研究之间的比例关系；(3) 科技法律调整，主要通过科技法规来调整国家整体事业与科技事业、政府机关与科研机构、科研单位与其他单位、不同科研单位之间、科学工作者与他人、科技工作者与单位等的关系，确保科技工作者的正当权益，确保科技健康、快速、持续的发展；(4) 科技管理体制，主要是科技管理部门在科技法规的基础上，通过科技政策、科技决策、科技规划等，以或集中或分散的模式，调动科技工作者的积极性，使科技组织系统的人、才、物等合理利用，使科技组织系统与其他社会系统关系协调，确保科技研究的质量和效率；(5) 世界各国为了确保科技组织系统的社会运行，建立了与市场经济相适应的科技体制，主要包括科学奖励制度和技术专利制度等。这为科技融入经济系统形成“科技与经济一体化”社会提供了组织制度的中介保障。

第四，科技社会建制的组织系统，是科技社会建制的实体部分。所谓科技社会建制的组织系统，是指由科学家和技术专家及其他相关人员在一定的财、物的基础上，在共同的价值观念和行为规范前提下，通过特定的组织制度而形成的成员之间互动的有机系统。其中，科学家、技术专家和其他相关人员是它的主体因素，一定的财与物是它的物质基础和保障，共同的价值观念和行为规范是它的内在精神和内在约束，特定的组织制度是它的社会约束条件，成员间互动的有机系统是它的社会展现形式。根据互动的空间范围和组织化程度，科技社会建制的组织系统分为：“实体性组织”和“准实体性组织”。科技的“实体性组织”是科技社会建制的组织系统的核心构成部分，它主要包括科技社团组织、科技学术阵地、科技教育机构、科技信息机构、科技研究组织。而科技的“准实体性组织”是科技社会建制的组织系统的基础，它主要是指科技共同体。在传统理论中，科技共同体被划分为科学共同体和技术共同体。在现代，基于科学和技术的一体化趋势，特别是基于科技社会建制的价值观念、行为规范和组织制度等的一致性，科学家和技术专家也在不断地互动，致使科学共同体和技术共同体也处在相互的渗透与融合之中，形成了二者相统一的科技共同体。这为科技融入经济系统形成“科技与经济一体化”社会提供了组织系统的中介保障。

总之，由价值观念、行为规范、组织制度和组织系统构成的高度完善的科技社会建制，成为相对独立的现代科技结构系统和社会经济系统相连接的中介，为科技融入经济系统形成“科技与经济一体化”社会提供了中介保障。

3. 直接动因：现代经济社会发展对科技的需要

经济社会对科技的需求来自于各个方面，如社会生产的需要、经济生活的需要、人类追求精神满足的需要等。经济社会对科技的需要一旦与科技自身发展的规律和趋势相一致，便整合成为经济社会对科技的有效需求。正是这种有效需求，推动着科技的发展，而科技的发展反过来会满足这种需求。科技在满足这种需求的同时，便使它自身的第一生产力作用展现出来，使它发挥出巨大的经济功能。马克思指出：“第二个事实是，已经得到满足的第一个需要本身”，而“满足需要的活动和已经获得的为满足需要用的工具又引起新的需要。”① 事实也是如此，当科技在展现自身的第一生产力作用并发挥出巨大经济功能来满足原有社会需要的同时，经济社会又会对科技产生新的需要，这种需要若与科技自身发展的规律和趋势相一致，那么就会进一步整合为经济社会对科技的新的有效需求，这种新的有效需求又会进一步推动科技的新发展，而科技的新发展又会进一步满足这种新的有效需求，而在科技新发展满足经济社会的新需求的过程中，科技的第一生产力作用再一次展现出来，进而再一次发挥出巨大的经济功能来满足社会的需要……如此循环往复，以至无穷，便形成了这样一种经济社会需要推动科技第一生产力发挥其巨大经济功能的动态模式：

……→ 经济社会对科技的需求 → 与科技自身趋势整合为有效需求 → 推动科技自身的发展 →发展了的科技融入经济系统，展现科技第一生产力的作用，进而发挥出巨大的经济功能 → 发展了的科技在发挥巨大经济功能的同时满足了社会的需求 → 得到满足的经济社会在新的基础上对科技又会产生新的需要 → ……

在这一动态模式中，经济社会发展的需要是科技第一生产力能够发挥其巨大经济功能的重要的推动因素和不可缺少的环境条件。马克思曾经指出：“经济上的需要曾经是，而且越来越是对自然界的认识不断进展的主要动力”②。进而言之，经济上的需要越来越是科技发展的主要动力，越来越是科技展现第一生产力并发挥其巨大经济功能的主要动力，越来越是科技融入经济系统形成“科技与经济一体化”社会的主要动力。同时，在现代经济社会中，经济社会对科技的需求会引导、选择和控制科技的发展，在一定程度上克服了科技发展的盲目性和无序性，进而会引导、选择和控制科技对经济社会的满足，再进而会引导、选择和控制科技展现第一生产力的作用和巨大经济功能的发挥。这样，科技融入经济系统所形成的“科技与经济一体化”社会便向着更加自觉和有序的方向发展。

---

① 《马克思恩格斯全集》，中文1版，第3卷，32页，北京，人民出版社，1960。

② 《马克思恩格斯选集》，2版，第4卷，703页，北京，人民出版社，1995。

4. 保障原因：现代科技与经济的双向互动机制及“大科学”管理模式

在现代，相对独立的科技体系结构、高度完善的科技社会建制、经济社会对科技的需要以及相应的社会中介，相互联系、相互渗透和相互交叉，形成了以科技和经济社会为两极、以科技社会建制和社会中介为桥梁的双向互动的过程和趋势，这是科技融入经济系统形成“科技与经济一体化”社会的运行机制保障。在这种双向互动的过程和趋势中，最为突出的就是科技与生产的双向互动，这表现为：一方面，社会生产高度科技化；另一方面，科技也高度社会生产化。伴随科技社会生产化和社会生产科技化的双向互动趋势，产生了“科技与生产一体化”的体系结构。伴随现代科技与生产的一体化趋势的加强和一体化体系结构的出现，现代科技的“大科学”运行与管理模式应运而生。所谓“大科学”，就是指依照现代工业的形式组织起来并加以管理的科学。① 这种“大科学”运行与管理模式，是适应现代“科技与经济一体化”的社会现实而产生的，因为进入20世纪尤其是进入20世纪中叶以后，科技研究的问题越来越复杂，涉及到的学科越来越多，参加的人数越来越多，对科研经费的需求越来越大，各学科各部门的协作要求越来越强烈，在这种情况下科技研究已经变成了一种社会行为，需要按照现代工业的形式加以组织和管理，因此“大科学”的运行和管理模式产生了。如美国的阿波罗登月计划就是“大科学”运行和管理模式的典型代表，它组织了120所大学和实验室、20 000多家企业，总计42万人参加，耗资300多亿美元，用时11年之久。除此之外，像美国的曼哈顿工程、中国的“863”计划、世界各国合作的人类基因组计划和信息高速公路建设计划等，也是运用这种模式的代表。

这种“大科学”运行与管理模式呈现出以下重要特征：(1) 科技研发课题的高度综合化。该类课题往往涉及到多个学科，需要多学科的合作。(2) 科技研发过程的高度协作化。研发过程往往需要众多的大学、研究机构、企业以及各个层次的科技人员的广泛协作，这种协作的规模已经达到了国家化甚至达到了国际化的程度。(3) 科技投入的巨资化。科技研发所需经费较之以往是巨大的，仅仅依靠科技人员的自筹与“恩主”的资助是难以保证的，它需要调动一个国家的经济力量甚至是几个国家的经济力量才能办到。(4) 科技情报的“专门化”和“网络化”。“大科学”时代的知识增长形成了“知识爆炸”现象，传统的科技资料的检索方式已经不能满足科技研发的需要，这时要求一部分人分化出来专门从事科技资料的检索和科技情报的搜集工作，这就形成了科技情报的“专业化”趋向。同时，由于电脑的不断升级和互联网的飞速发展，“大科学”时代的科技情报借助电脑和互联网的优势，将一个国家甚至全球的科技资料信息连成一体，给科技研发带来便捷，这就构成了科技情报的“网络化”特征。(5) 科技管理的高度组织化和高度体制化。由于“大科学”涉及到大量的人、财、物和众多的部门机构等，只有科学决策才能减少风险，因此科学决策显得特别重要；同时，要使财、物合理配置使用、人及各部门有机协调，达到最优化的配置与协调，就必须有组织的保障和制度的保障，这就使“大科学”管理具有了高度的组织性和高度的体制化特征。

同时，现代科技的“大科学”运行与管理模式，进一步促进了现代科技与生产的一体

① 参见米哈依洛夫：《科学交流与情报学》，6页，北京，科技文献出版社，1980。

化趋势，进一步巩固了现代科技与生产的一体化体系结构，使科学、技术与经济、社会之间的传统界限日益模糊，形成了包括政府、企业、资本集团、科技研发机构等利益单位的社会综合体。它一方面体现了社会生产、社会经济等要素对科技发展所产生的巨大影响，另一方面体现了科技发展对社会生产、社会经济等的巨大作用，并且这两个方面的作用交织在一起，为“科技与经济一体化”社会的形成提供了运行机制的保障。

第三节　科技商品经济

在大力发展市场经济的今天，撇开“姓资姓社”的问题来考察，“占统治地位的社会的财富”，仍然像马克思在《资本论》开首篇所讲的，“表现为‘庞大的商品堆积’”①。从商品构成的角度来考察新科技革命背景下的当代经济社会将会发现，堆积的商品——无论在质上还是在量上——主要是科技商品，因此当代经济社会呈现出科技商品经济社会的特征。

一、科技产品商品论

在当代经济社会中，科技产品是不是商品？这是一个看似简单而实际复杂的重要问题。在中国的传统理论看来，只有物质性产品才能成为商品，人们一般是不把科技产品特别是不把基础性理论科技产品当作商品的。而在当代经济社会中，无论是从理论上来分析，还是从社会现实性中来考察，科技产品都是商品，并且更为重要的是，科技产品已经成为现代商品构成中的主要部分，在现代商品构成中所占的比重已经达到了相当高的程度，甚至呈现出越来越高的发展趋势。从这个意义上讲，当代经济社会就是科技商品经济社会。

1. 从理论研究的角度看科技产品在当代经济社会中也是商品

根据马克思的商品理论可知，商品是用来交换的劳动产品；产品要成为商品，必须满足以下三个条件：第一，产品必须具有有用性，即具有使用价值；第二，产品必须是劳动的产物，即是劳动产品；第三，产品必须是用来交换的。这是因为，在马克思看来，“一个物可以有用，而且是人类劳动产品，但不是商品。谁用自己的产品来满足自己的需要，他生产的就只是使用价值，而不是商品。要生产商品，他不仅要生产使用价值，而且要为别人生产使用价值，即生产社会的使用价值。”② 而在当代经济社会中，科技产品同物质性生产产品相比较，它们也具有商品的共性，即满足商品的基本条件：（1）科技产品具有有用性，即具有使用价值，它能够满足人们的物质的和精神的需要；（2）科技产品是人类劳动——科技劳动的产物；（3）科技产品能够与其他商品交换，尽管在交换过程中交换的比例表现出异常的复杂性，但交换是能够进行的，并且只有交换成功，才能得到社会的承认，实现其社会性。因此，在现代商品经济社会中，科技产品也是商品。

---

① 《马克思恩格斯全集》，中文1版，第23卷，47页，北京，人民出版社，1972。

② 同上书，54页。

然而，在中国，人们对科技产品商品属性的认识有一个相当复杂的过程，因为科技特别是科学自近代从生产实践中分离出来成为一种独立的实践形式之后，便产生了“科技产品的非商品性”的思想，并且这一思想在社会上是“根深蒂固”的，从事理论科学研究的人员尤其如此。因此，要想在理论认识上确立“科技产品也是商品”的思想观点，首先应当分析与这一观点相反的观点——“科技产品是非商品”的思想及产生的社会历史原因，然后在此基础上分析从“科技产品是非商品”到“科技产品是商品”的认识转向。

所谓“科技产品的非商品性”思想，是指在商品经济社会中，社会特别是科技人员是不把科技产品当作商品来看待的。这种思想的产生有其深层次的社会原因。贝尔纳在《科学的社会功能》中指出：“科学事业一向是科学工作者的公社，彼此帮助，共享知识，它的个人和集体不追求超过研究工作所需要的金钱和权力。他们一贯以理性的眼光和国际的眼光看待问题”，特别是当科技成果应用到社会实践中去，“被承认为现代生活机器的一个基本组成部分”，科技工作者“不再会遇到人们实际上鄙视他，又迷信般地钦佩他的那种复杂情绪，而被看作是一个有运气而且有能力来对付新事物——而不是既有事物——的普通工作人员”时，科学家们在心理上得到极大的满足，便不会把自己的劳动成果——科技产品当作是可以用金钱交换的商品。贝尔纳还作了这样的阐述：“科学的确是有利可图的”，但是“科学家们从事科研时，很少把科研看作是谋取私利的商业，而且在科学界内外的确都有不少人认为他们要是这样做就是错误的。”正是人们在心理上对科技成果非商品属性的认识，贝尔纳得出这样的结论：“我们还必须记住：科学家并不是而且不能变成一种自给自足的职业”[①]，而只能依靠那些类似于“对化学惊人地无知”的“化学工厂主”[②]等“恩主”们的资助，否则科学事业就失去经济基础而停滞不前。这也正是科学家“既让人迷信般地钦佩，又让人实际上鄙视”的可悲之处。

然而，现代科技的迅速发展及其在生产中的广泛运用，特别是在现代高新科技产业化飞速推进的基础上，形成了大量的高新科技产业，科技人员在这样的社会实践基础上对科技产品是不是商品的问题逐步有了新的认识，逐步放弃了科技产品是非商品的观念，同时树立起“科技产品也是商品”的观念，并且越来越多的科技人员认识到科技产品不仅也是商品，而且是非常重要的商品，这从大量科技人员“下海”创办科技企业的事实和科技人员积极申报技术专利的事实，可以体会到科技人员的认识观念的这一转变。也正是科技人员认识观念的这一转变，使他们不再仅仅局限于“为科技而科技”的科研活动之中，而是开始了“为商品而科技”的研发活动，这样既促进了科技的发展，也推进了科技产品的商品化进程，取得了科技发展和经济发展的“双赢”局面。

在中国，造成“科技产品非商品性”的思想还有另一个重要的原因。马克思在当时的经济社会背景下，尽管非常重视科技的社会功能，提出了“科技是生产力”的思想——这在马克思的许多著作中多处可见，但是马克思在几乎所有的著作中都没有把科技产品当作商品来分析其价值和使用价值。马克思在分析相对剩余价值的生产时，在更多情况下是在

① 贝尔纳：《科学的社会功能》，436、425、361页，北京，商务印书馆，1985。

② 《马克思恩格斯全集》，中文1版，第23卷，424页，北京，人民出版社，1972。

强调资本主义社会中“科学的力量也是不费资本家分文的另一种生产力”①，马克思在此所说的这另一种生产力，是相对于“用于生产过程的自然力，如蒸汽、水等等，也不费分文”② 的生产力而言的。既然马克思把“科学的力量”和自然力都看做“不费资本家分文”的生产力，那么也就没有必要把科技产品当作商品来对待，这也就给人们造成了一种错觉——认为科技产品不是商品，进而也就认为不用把科技产品当作商品来分析了。这样，“科技产品非商品化”的思想似乎有了理论上的根据。

事实上，这是对马克思关于科技产品与商品关系思想的一种误解。可以说，马克思尽管把科学表述为是“不费资本家分文”的力量，但是决不能说马克思没有洞察到科技产品的商品属性，决不能认为马克思将科技产品排除在商品范畴之外。这从马克思关于简单劳动和复杂劳动划分的思想中可以说明这一观点。在马克思看来，不管是简单劳动还是复杂劳动，都是生产商品的劳动。以脑力付出为主的科技劳动属于复杂劳动的范畴，也是生产商品的劳动。若此推理成立，那么这种复杂劳动的产品——科技产品就是商品。只是马克思在将科技产品作为商品——“可能是最复杂的劳动的产品”的同时，为了分析问题的方便，将这种最复杂的劳动产品的价值加以简化而已。并且，马克思在此简化之前曾强调，包括生产科技产品的科技劳动在内的“各种劳动化为当作它们的计量单位的简单劳动的不同比例，是在生产者背后由社会过程决定的”③。这也就意味着马克思并没有把包括科技产品在内的复杂劳动的产品排除在商品系列之外，那种认为马克思将科技产品排除在商品之外的思想是对马克思商品理论的一种误解。因此，在当代经济社会中，理论界应当深入研究这种在表面上“由习惯确定的”，而实质上“由社会过程决定的”科技产品这种复杂劳动所形成的商品同其他商品之间交换的比例关系，而不能也不应当“简单地”将科技产品排除在商品范畴之外。

2. 从社会现实性角度看科技产品在当代经济社会中也是商品

经济学的研究只有立足于经济社会的现实才有活力。从当代经济社会的现实来看，科技产品也是商品。一方面是因为科技产品具备作为商品的条件，另一方面是因为在商品经济的汪洋大海中，科技产品不可能不是商品。也许是科技产品表现形式的复杂性、与其他产品交换比例或价值决定的复杂性等原因，有的专家学者坚持认为不应当把科技产品纳入商品范畴，尤其是反对把理论科学产品纳入商品范畴，而把它们仅仅看做一种“公共产品”。但在现实中，如果不把科技产品纳入商品范畴，那么我们又如何理解现代商品经济社会中的这些现象：世界各地的书店（即买卖书和杂志的商店）里陈列着的各种各样的科技著作、科技杂志等科技产品的属性是什么？出版科技著作、科技杂志的出版者为什么又被称为出版商？科技成果的研究和开发是否也存在一个“投入—产出”或“成本—收益”的问题？现代商品经济社会中大量的高科技产业所生产的高科技产品，若不是商品那又是什么？等等。

这一系列的现象都说明科技产品具有商品的属性，是商品。只有承认科技产品是商

① 《马克思恩格斯全集》，中文1版，第47卷，553页，北京，人民出版社，1979。

② 《马克思恩格斯全集》，中文1版，第23卷，424页，北京，人民出版社，1972。

③ 同上书，58页。

品，才能合理地解释上述各种现象。这也就是说，在承认科技产品是商品的前提下，我们就能够回答上述各种问题：(1) 世界各地的书店里陈列着的各种各样的科技著作、科技杂志等科技产品肯定是商品。因为在书店里的科技著作等科技产品，与在一般的商店、商场里的生产产品是一样的，都是劳动产品，都有使用价值，都有“标价”而且是待出售的，因此“现在大家都同意，图书既是精神产品又是商品”①，“出版社的产品——书刊……具有商品的属性，是要在市场上销售的”②，它们也是商品，而以著作、杂志等形式出现的科技产品在事实上也不例外，也是商品。(2) 出版科技著作、科技杂志的出版者之所以被称为出版商，是因为他们从事的出版工作是生产科技商品的一个不可缺少的重要环节，他们所在的出版单位即出版社具有企业、产业的性质，“是生产精神产品的出版企业”，理论界有些学者针对我国出版社所采取的“事业单位、企业管理”的现状，强烈呼吁“出版社需要引进现代企业制度”③，应当将出版社“定为出版企业”④。既然出版社是企业，那么其产品就是商品无疑。(3) 当代经济社会中的高科技产业生产的高科技产品肯定是商品，而且是商品经济社会中的一种非常重要的商品，因为高新科技产业同其他的产业一样，通过生产商品来实现其商业利润，不把高新科技产业的生产产品看做商品，显然是有悖于现实的。(4) 同时，科技成果的研究和开发同物质性产品的研制一样，也存在一个“投入—产出”或“成本—收益”的问题，因为“人类的所有活动都不是免费的……与人类的其他活动一样，知识的获取、加工、储存、恢复和使用也有成本”，这种成本的付出不仅同样可以带来收益，而且“可以带来双重收益：理论（纯粹认识的）收益和实践（或实用）收益”，因此在一定意义上讲，包括科技知识在内的“知识的价值是绝对的，人们可以用金钱来谈论它……只要有了精力、时间、金钱构成的基金——这些都是可以花费在探索上的商品——需要解决的问题就是应当为每项研究分配多少基金……知识，甚至纯粹科学知识，都有金钱价值”⑤。

当然，我们说科技产品具有商品的属性，也是商品，这并不排除科技产品具有“公共产品”的属性，以及它作为“公共产品”的表现形式等方面的复杂性；同样，我们在承认科技产品具有“公共产品”属性的同时，也绝不能因此而否定科技产品的商品属性。这正如莱斯切尔在《认识经济论——知识理论的经济问题》中所指出的，我们引入“成本—收益”分析“这样的经济观点并不意味着要人们放弃纯粹的‘为艺术而艺术’的态度，背离对知识内在价值的探索。我们必须承认任何人类事业——包括探索——都不可避免地具有经济属性”⑥。因此可以说，“公共产品”属性和商品属性是科技产品在商品经济社会中所同时具有的，是科技产品的固有属性同时在两个不同侧面的表现形式，这如同“一币两面”一样，不能看到了这一面就否定另一面的存在。从这个意义上讲，科技产品在商品经济社会中是“公共产品”属性和商品属性的矛盾统一体，我们不能因为科技

---

① 刘杲：《出版社需要引进现代企业制度》，载《新华文摘》，2001 (4)。

② 宋木文：《出版社是出版精神产品的出版企业》，载《新华文摘》，2001 (7)。

③ 刘杲：《出版社需要引进现代企业制度》，载《新华文摘》，2001 (4)。

④ 宋木文：《出版社是出版精神产品的出版企业》，载《新华文摘》，2001 (7)。

⑤ 莱斯切尔：《认识经济论——知识理论的经济问题》，3～4 页、6～7 页，南昌，江西教育出版社，1999。

⑥ 同上书，3 页。

产品具有“公共产品”属性而否定其商品属性，我们在把科技产品当作“公共产品”的同时，也要把科技产品当作商品。只有这样，才能使我们的认识符合当代科技商品经济社会的现实。

二、科技产品已成为现代商品构成的主要部分并且所占比重将越来越大

在当代经济社会中，科技产品已经不仅仅是商品，而且已经成为现代商品构成的主要部分，并且随着时间的推移，科技产品在未来商品构成中所占的比重将越来越大，这也就形成了现代商品构成的发展趋势。

第一，从质上看，现代商品中的科技含量已经达到了高度密集的程度，并且呈现出高密化程度越来越高的发展趋势。为了便于比较不同商品中的科技含量，国内外许多学者用产品的“单位重量价格比”来描述科技含量的差别。据有关资料表明，第二次世界大战以来产品的科技含量每隔 10 年增长 10 倍，平均每年增长 1 倍。20 世纪 50 年代，代表性产品是钢材，每公斤不到 1 元。20 世纪 60 年代，代表性产品是汽车、洗衣机和电冰箱，它们每公斤的价格分别为 30、60 和 90 元，若以 30～100 元作为 20 世纪 60 年代产品科技含量的比较指标，比 20 世纪 50 年代提高约 10 倍。20 世纪 70 年代，代表性产品是微机，每公斤为 1 000 元，比 20 世纪 60 年代又提高了 10 倍。20 世纪 80 年代以来，随着高科技产业的发展，代表性产品首推软件，它几乎没有多少重量，科技含量却极高，如果再按照每公斤价格计算，比 20 世纪 70 年代就不仅仅是提高 10 倍了，而是百倍、千倍甚至是万倍和亿倍了。① 现代商品中的科技含量在质上的这种提高，导致科技在现代商品构成中的比重越来越大，在一定意义上给人的整体印象是：现代经济社会中的商品不包含科技因素的已经很少，就连人们的日常生产、生活用品都成为科技产品或科技产品的“变种”，至于那些本身就是科技产品的商品，其科技含量之高就更加“显而易见”了。因此我们完全可以说，在商品的质上，科技已经成为当代商品构成的主要部分，并且在商品构成中所占的比重将越来越大。

第二，从量上看，科技产品在现代商品构成中所占的比重是相当高的，而且呈现出越来越高的发展趋势。主要表现在：从纯科技产品的角度看，科学杂志、技术专利、科技著作等产品在现代商品构成中是越来越多的，这是由科技产品的加速增长和现代新科技革命等原因造成的。据有关资料显示，自 1665 年第一本科学杂志问世以来，科学杂志的数量越来越多，1750 年杂志数目为 10 种左右，19 世纪初期达到 100 种左右，19 世纪中期达到 1 000 种，1900 年达到 10 000 种，20 世纪 70 年代已经达到 10 万种。科学杂志几乎每 50 年增加 10 倍。现在，全世界每年出版的图书达 70 万种，不到 1 分钟就有一本新书问世。发明专利每年登记就已达到 30 万种以上，平均每天 800～900 件。20 世纪 60 年代以来，科技新发现、新发明，比过去 2 000 年的总和还要多②，突出地表现在自进入 20 世纪 70 年代以后，新科技革命以强劲的势头向前发展着，致使每年都有许多项重大的科技成果问

① 参见宋健：《现代科学技术基础知识》，57～58 页，北京，科学出版社、中共中央党校出版社，1994。

② 参见杨明刚：《科学技术是第一生产力的理论与实践》，49 页，上海，华东化工学院出版社，1992。

世，其中具有代表性的重大科技事件每年都有1～2项甚至多项发生①。在这些重大科技事件中包含着大量的科技成果，而这些科技成果或者以科技论文、科技报告等形式变成科技杂志、科技著作等科技商品，或者以技术专利的形式转变为科技商品等。由此可见，科技产品的增长表现出加速增长的态势，并且在新科技革命推动下这种增长的加速度更多，致使科技产品的数量越来越多，在现代商品构成中所占的比重越来越大。

同时，科技从其产生之日起，便具有了转化为生产力的趋势，并且这种趋势随着时间的推移得到了进一步加强，致使科技成果转化为商品的时间越来越短，呈现出加速转化的趋势。更为重要的是，20世纪中叶以后，伴随科技成果向商品的加速转化，在当代科技革命的推动下，在高新科技的基础上产生了大量的高新科技产业，如生物工程产业、生物医药产业、光电子信息产业、智能机械产业、软件产业、超导体产业、新材料产业、太阳能产业、空间产业、海洋产业等，并且在这些高新科技产业基础上产生了诸如科技工业园区、高新技术开发区、科学园、科学城、技术城、高新技术地带等科技园区。这些高新技术产业和科技园区为人们的生产、生活直接提供各种各样的科技商品。概而言之，一方面由于科技成果加速转化为商品，另一方面由于高新技术产业和科技园区直接生产各式各样的科技产品并直接纳入了商品的行列，致使现代商品中的科技产品的数量急剧增加。在今天，满足人们生产、生活所需要的各种商品，在某种程度上讲，几乎都是科技成果或转化或直接表现的结果，我们几乎很难找到与科技成果无关的商品，即便是能够找到在量上也是非常少的。

第四节　科技劳动经济

从创造价值的劳动方式看，当代经济社会已经呈现为科技劳动经济社会。所谓科技劳动经济社会，是指科技劳动不仅是创造价值的劳动，而且是创造价值的主要劳动，从而导致价值的源泉不仅包括科技劳动在内，而且科技劳动已经成为价值的主要源泉的经济社会。简而言之，科技劳动经济社会是指创造价值的劳动主要是科技劳动的经济社会。

一、科技劳动已被纳入创造价值的生产劳动之中

我国理论界围绕着“什么劳动创造价值”的核心问题，曾经就马克思劳动价值论展开过多次的争鸣，并且这种争鸣在当代仍然在继续着。第一次发生在20世纪50年代到70年代末，主要是围绕社会主义条件下生产劳动问题的争鸣；第二次发生在20世纪80年代初期，主要是关于生产劳动的争鸣；第三次发生在20世纪90年代初期，主要是劳动价值的一元论与多元论的争鸣；第四次发生在新世纪之交，目前仍在进行着，主要是围绕如何“深化劳动和劳动价值理论的认识”的争鸣。② 在这历次的争鸣和研讨过程中，众多的专家学者根据自己对马克思劳动价值论的理解，结合当时经济社会发展的现实状况，提出了

① 参见陈筠泉、殷登祥：《科技革命与当代社会》，54～56页，北京，人民出版社，2001。

② 参见傅军胜：《中外学者关于劳动价值理论研究、争鸣述评》，载《马克思主义研究》，2002（3）、（4）。

许多不同的有时甚至是“对立”的观点。对这些新观点进行归纳总结，在“创造价值的生产劳动”问题上主要有以下两大类观点：

第一类为传统的物质生产劳动创造价值的观点，简称为“传统观”。这一观点认为，物质生产领域的活劳动是创造价值的生产劳动，而其他领域的劳动不属于生产劳动的范畴，不创造价值。在关于劳动价值论的四次争鸣中，在前三次争鸣中有许多专家学者坚持这一观点，然而在第四次争鸣中，纯粹坚持这种“传统观”的学者是很少的，尽管有学者仍强调活劳动在当代是创造价值的唯一源泉，但同时认为物化劳动也是创造价值不可或缺的重要条件①。

第二类为发展的生产劳动创造价值的观点，简称为“发展观”。这一观点认为，创造价值的劳动应当进一步拓展，它不仅仅是物质生产领域的劳动，而且还包括物质生产领域以外的劳动，它们都是创造价值的劳动。从20世纪80年代开始，持此观点的专家学者越来越多。特别是在第四次争鸣中，有许多专家学者一改过去那种纯学术式的研究，特别注重结合当代劳动的新特点来拓展创造价值的劳动，以不同的方式提出了创造价值的生产劳动的“发展观”。

综合考察上述两种观点将发现，“创造价值的生产劳动”的“传统观”，其突出的特点在于“前后一贯地”将创造价值的劳动限定在物质生产领域中的活劳动，充分体现出对马克思劳动价值论基本思想的“坚持”，侧重于“坚持”的一面；而“创造价值的生产劳动”的“发展观”，作为一种新观点，其突出的特点在于突破了传统理论的限制，结合现代经济社会的实际将创造价值的劳动逐步地拓展到物质生产领域以外的劳动，充分体现出对马克思劳动价值论基本思想的“发展”，侧重于“发展”的一面。我们认为，对上述两种观点应当结合现代劳动的特点作具体分析，做到既要坚持马克思劳动价值论的基本思想，但不能使之僵化；更要在新形势下对马克思劳动价值论加以发展，但要慎重而不能随意。譬如，在“传统观”中的活劳动是创造价值的唯一源泉，物化劳动只转移价值但不创造价值的思想，是应当坚持的，因为这是马克思劳动价值论的基本观点；但若仅限于物质生产劳动是不够的，因为它不能反映当代劳动的特点。而在“发展观”中的创造价值的劳动应当从物质生产劳动进一步拓展到非物质生产劳动，包括创造精神产品的精神劳动、提供“劳务”的服务劳动等思想，也是应当坚持的，这是由当代劳动的特点所决定的；但若无限制地加以拓展，将物化劳动也视为创造价值的劳动，显然违背了马克思劳动价值论的基本思想。

同时应当看到，在我国理论界围绕“什么劳动创造价值”问题而展开的历次争鸣中，从“传统观”向“发展观”的转向是一个主流趋向。这主要表现在纯粹坚持“传统观”的学者越来越少，而坚持“发展观”的学者越来越多，并且在第四次争鸣过程中绝大部分的学者是坚持“发展观”的。在这样的一种主流趋向中，越来越多的学者逐步形成了这样一种共识：创造价值的劳动包括科技劳动在内。这在第四次关于“什么劳动创造价值”问题的争鸣中表现得尤其突出②，因此，从我国理论界的研究状况来看，科技劳动也是创造价

① 参见邓先宏、傅军胜等：《对劳动和劳动价值理论几个问题的思考》，载《经济研究》，2002（5）。

② 在何秉孟主编的《劳动价值论新论》（北京，社会科学文献出版社，2003）一书中，除了何秉孟先生为该书作的序之外，共收入了我国20多位著名专家学者的19篇文章，他们几乎都持此观点。

值的劳动，已经在理论上达成了共识。

二、当代创造价值的各种劳动在一定意义上都是科技劳动

在当代经济社会中，科技劳动不仅已被纳入创造价值的生产劳动之中，而且各式各样的创造价值的生产劳动都已经科技化了，在一定意义上成为“科技劳动”，只是在表现形式上，有些是传统意义上的科技劳动，有些是因为科技化的缘故而被拓展为科技劳动而已。综合考察理论界关于“什么是科技劳动”问题的观点，并在此基础上考察科技劳动在当代经济社会的拓展将会发现，传统意义上的“纯科技劳动”主要是指基础性科技劳动，由生产科技化而导致的科技应用劳动主要是指科技化的生产劳动或生产领域的科技劳动，那种集“纯科技劳动”和科技应用劳动于一体的科技劳动则主要是指应用性科技劳动和开发性科技劳动。

这样，从理论和现实相结合的角度看，基础性科技劳动、应用性科技劳动、开发性科技劳动和科技化的生产劳动基本上已经囊括了当代经济社会中的创造价值的各种劳动。换言之，当代经济社会中创造价值的各种劳动都已经被纳入到“现代科技劳动”的范畴，并在不同程度上成为“现代科技劳动”的一部分，并且它们集中地呈现在当代经济社会整个科技劳动或整个社会生产劳动的过程之中，如图 12—1 所示。

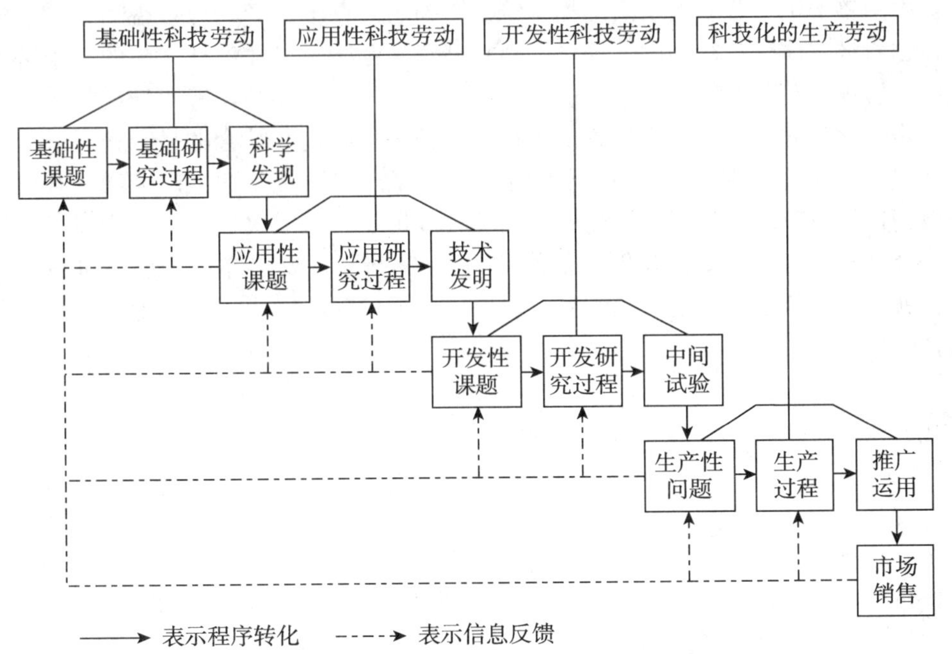

图 12—1 当代经济社会中整个科技劳动或整个生产劳动的示意图

资料来源：刘冠军：《现代科技劳动价值论研究》，207 页，北京，中国社会科学出版社，2009。

从图 12—1 中可知，当代经济社会中的整个科技劳动或整个社会生产劳动的过程，依次展现为基础性科技劳动、应用性科技劳动、开发性科技劳动和科技化的生产劳动。这四个层面的科技劳动是既相互区别又相互联系的。

它们的区别主要体现在概念内涵、基本特征和产品形式等方面。具体来看，基础性科技劳动一般是指以探索“实在”世界的规律并建构知识为目的的科学研究活动，其主要特征包括没有明确的目标和时间的限制、不急于评价、一般无保密性、难度高、见效慢和弱商品性等，其产品形式主要是研究报告、学术论文、学术专著等。应用性科技劳动一般是指运用基础性研究成果来进行技术发明的研究活动，其主要特征包括有一定的目标和时间的限制、适当时候作出评价、有一定的保密性、有较强的商品性等，其产品形式主要是专利、原理模型、论证报告等。开发性科技劳动一般是指对应用性研究成果进行小批量生产的中间试验的工程技术研究活动，其主要特征包括有具体明确的目标和严格时间的控制、完成后很快作出评价、有强保密性、有强商品性等，其产品形式主要是专利设计、图纸设计、试制产品等。科技化的生产劳动一般是指将开发性研究的成果进行大批量生产的劳动过程，其主要特征包括生产目标明确，突出强调“四化”即产业化、规模化、效益化和商品化等，其产品形式主要是满足社会生产、生活需要的各种生产产品。

同时，上述四个层面的科技劳动又是相互联系和相互渗透的，它们共同构成了“基础性科技劳动→应用性科技劳动→开发性科技劳动→科技化的生产劳动”的双向互动结构体系，这也就是现代科技劳动的整体结构体系或现代科技劳动的整个过程的动态体系。这一动态体系在展现出现代科技劳动整体的层次结构系统的同时，也展示出“科技与经济一体化”社会中的整个生产劳动的层次结构系统。不同之处在于二者的考察视角不同，前者是从“科技与经济一体化”社会的一极——科技视角来考察现代经济社会中的整个劳动过程结果，因此展现出基础性科技劳动→应用性科技劳动→开发性科技劳动→科技化的生产劳动的“逐步转化”的层次性；而后者从“科技与经济一体化”社会的另一极——经济视角来考察现代经济社会中的整个劳动过程结果，因此呈现出科技化的生产劳动→开发性科技劳动→应用性科技劳动→基础性科技劳动的“逐步拓展”的层次性。从这个意义上讲，在当代经济社会中，科技劳动就是创造价值的“生产劳动”；反之亦然，创造价值的“生产劳动”也就是科技劳动。据此，我们完全可以说，当代创造价值的各种劳动在一定意义上都是科技劳动。

关键术语

新科技革命　　知识经济　　科技经济
科技商品经济　　科技劳动经济　　“大科学”管理模式
科技与经济一体化　　“科技与经济一体化”的间接方式
“科技与经济一体化”的直接方式

习题

1. 知识经济是在什么样的科技经济社会背景下形成的?

2. 知识经济作为一种新型的高级经济形态，与传统的农业经济和工业经济相比较，具有哪些基本特征?

3. 知识经济的实质是什么？知识经济中的“知识”主要包括哪些类型？

4. 科技第一生产力的巨大经济功能具体表现在哪些方面？

5. 如何理解“科技与经济一体化”的间接方式？

6. 如何理解“科技与经济一体化”的直接方式？在当今经济社会中主要有哪些具体形式？

7. “科技与经济一体化”形成的原因有哪些？

8. 什么是“大科学”？“大科学”的运行与管理模式呈现出哪些重要特征？

9. 如何根据马克思的商品理论来理解“科技产品在当代经济社会中也是商品”这一命题？

10. 如何从现实性的角度来理解“科技产品具有商品的属性，也是商品”这一命题？

11. 为什么说科技产品已成为现代商品构成的主要部分并且所占比重将越来越大？

12. 如何理解当代创造价值的各种劳动在一定意义上都是科技劳动？

第十三章

新时代的劳动价值论探讨

新科技革命背景下的当代经济社会呈现出知识经济、科技经济、科技商品经济和科技劳动经济的新特点。在这样的经济社会中劳动价值论主要体现为科技劳动价值论。当代科技劳动价值论是马克思劳动价值论在新科技革命背景下进一步发展的产物。① 大家知道，马克思劳动价值论的创立是从分析商品开始的，因为在当时的经济社会中，"占统治地位的社会的财富，表现为'庞大的商品堆积'，单个的商品表现为这种财富的元素形式。"②同样地，当代科技劳动价值论也必须从分析科技商品开始，因为在当代经济社会中科技产品不仅在现实性上作为商品而存在，而且无论在质上还是在量上已经成为当代商品构成中的主体部分，当代经济社会中的社会财富主要表现为庞大的科技商品的堆积，单个的科技商品是这种财富的元素形式。在这个意义上，分析科技商品成为当代科技劳动价值论的逻辑起点。同时，由于科技商品是由科技劳动生产的，是科技劳动的产物，因此我们在分析科技商品的同时，还必须研究科技劳动或科技生产。这样，当代科技劳动价值论在基本原理方面包括运用马克思劳动价值论基本原理和方法对科技商品的二因素、生产科技商品的科技劳动的二重性、科技商品生产的基本矛盾的分析。

第一节　科技商品的二因素原理

任何商品都是为交换而生产的劳动产品，都是由使用价值和价值两个因素构成的统一

---

① 参见刘冠军：《当代科技劳动价值论研究》，53页，北京，中国社会科学出版社，2009。在此加以说明的是，本章是根据该书第三章第一节和第五节的内容加以整理而成的，因此为了行文的方便引用此书该章节的内容只择要注出，不当之处敬请谅解。

② 《马克思恩格斯全集》，中文1版，第23卷，47页，北京，人民出版社，1972。

体，因而都具有“物”的属性和人的属性，这是一般商品的二因素原理的内涵。科技产品在当代经济社会中已经成为商品，因此它如同一般物质性产品成为商品一样，也是使用价值和价值的统一体，也具有“物”的属性和人的属性。在此，不妨将科技商品的使用价值和价值分别称为科技使用价值和科技价值，前者体现出科技商品的“物”的属性，后者体现出科技商品的人的属性，这两个方面的辩证统一，构成了科技商品的二因素原理的内涵。与此同时，科技产品作为商品，与一般物质性商品相比较，在使用价值和价值及其二者的关系方面，既有共同性，也有特殊性。只有对科技商品的使用价值和价值及其二者的关系进行具体分析，才能全面而深刻地把握科技使用价值和科技价值及其二者的辩证统一关系原理。

一、科技使用价值

在由“物”的属性和人的属性构成的科技商品的统一体中，科技使用价值主要是从“物”的属性方面对科技商品进行考察的结果。所谓科技使用价值，是指科技商品作为人的科技劳动的对象化之“物”——科技产品，在被使用和消费的过程中自身所表现出来的能够满足人的生产、生活等需要的有用性，是构成社会财富的物质内容，在本质上体现为物的属性对人的需要的满足关系。这是对科技使用价值内涵的一般规定。

科技使用价值的这一规定包含以下内容：(1) 科技使用价值首先表现为科技产品作为科技劳动的对象化之“物”，自身所具有的有用属性，这就如同一般物质性商品一样，因为“物的有用性”而“使物成为使用价值”①。(2) 科技使用价值是科技商品的一个重要因素，它存在于科技商品体之中，甚至可以说科技商品体本身就表现为科技使用价值，因为科技产品作为人的科技劳动的对象化产物，它的“有用性不是悬在空中的。它决定于商品体的属性，离开了商品体就不存在。因此，商品体本身……就是使用价值”②；科技商品体本身所具有的物理的、化学的、生物学的、社会文化的属性，决定了科技使用价值的性质和大小。(3) 在这个意义上，科技使用价值还是社会财富的重要内容，因为“不论财富的社会形式如何，使用价值总是构成财富的物质内容”③，而作为科技商品的使用价值自然也是这些社会财富的物质内容之一。(4) 科技使用价值是科技产品靠它自身的属性在满足人的需要的过程中即“在使用或消费中”得到实现的，因为科技产品作为人的对象化产物，作为“一个外界的对象”，是“靠自己的属性来满足人的某种需要的”，至于“这种需要的性质如何……是与问题无关的”，这里的问题也不在于它“怎样来满足人的需要，是作为生活资料即消费品来直接满足，还是作为生产资料来间接满足”④，只要它在使用和消费中，科技使用价值就能够得到实现。(5) 也正因为如此，科技使用价值在本质上体现为科技产品作为人的对象化产物和“外界对象”之“物”的有用属性对人的需要的满足关系即人与“物”的关系。

在当代经济社会中，科技使用价值与一般物质性商品的使用价值相比较，表现出以下几个方面的特征：

---

①②③ 《马克思恩格斯全集》，中文1版，第23卷，48页，北京，人民出版社，1972。

④ 同上书，47～48页。

第一，科技使用价值在“有用性”或满足人们需要的范围上，表现在更多的方面和更大的领域，即科技商品表现出比一般物质性商品更大的使用价值。大家知道，作为商品的科技产品是科技工作者通过科技实践活动和思维加工所获得的劳动成果，这种成果不仅能够满足人们的在某些物质方面以及获取新物质方面的生理需要，而且能够满足人们的心理和精神需要，对人们的心理享受和精神愉悦以及对人们的世界观、伦理观和审美观等的形成和发展产生巨大的作用。同时，它还是当代社会生产过程中不可缺少的重要因素，是提高劳动生产率的关键性因素，在当代生产中能够产生一种“乘法效用”，即“生产力＝科学技术×(劳动力＋劳动工具＋劳动对象＋生产管理)”① (其中，加号表示有机结合的关系，乘号表示倍数关系)。由此足以说明，科技在当代经济社会中具有无可比拟的使用价值，它已经成为产业结构高次化、产品科技含量高密化的当代经济发展的最主要的驱动力，已经成为生产力诸要素中最主要的和第一位的要素。正是科技产品的这种重要的使用价值，使之成为当代商品社会中巨大交换价值的“承担者”或“载体”。

第二，科技使用价值决定于“科技商品体的属性”，而科技商品体作为“物”，既包括“有形的”商品体，也包括“无形的”商品体，因此科技使用价值既包括“有形的科技使用价值”，也包括“无形的科技使用价值”。具体来看，在当代社会中，科技商品体即科技产品被分为两大类：一类是物质性科技产品，如科技人员研制的新材料样品、新机器样品等，这些都属于有形的科技产品。另一类是精神性科技产品。一般地，精神性科技产品可分为有形的科技产品和无形的科技产品，例如书报杂志和软件等，都依附于一定的物质形式而存在，因此是有形的科技产品；而现场的学术报告、对本科生及研究生的口头学术指导等，在没有录音、摄像等条件下，是与精神劳动同时存在的，事后就不再存在，因此是无形的科技产品。由此所决定，科技使用价值作为科技商品体的属性，也就表现出“有形的”和“无形的”两类使用价值。需要说明的是，尽管科技使用价值分为“有形的”和“无形的”两类，但其主体部分主要还是“有形的”，是依附于一定的物质形式表现出来的，并且随着科技的进步特别是录音技术、摄像技术、电子技术和微电脑技术等的迅速发展和普及应用，“有形的”科技产品所占的比重越来越大，因此有形的科技使用价值越来越成为其主要构成部分。

第三，科技使用价值尽管是科技产品在被“使用或消费中得到实现”的，但是情况是复杂的。对于物质性科技产品而言，伴随它的使用而逐渐消费掉，那么它的科技使用价值也就逐渐被消耗掉。但对于精神性科技产品而言，特别是对基础性研究的科技成果而言，情形就不是这样。一般地，基础性研究的科技成果往往以论文、学术报告书、著作等形式出现，它们在使用过程中并不像一般物质性产品那样伴随使用过程而逐渐被消耗掉，而是始终如一的。如牛顿的《自然哲学的数学原理》、麦克斯韦的《电学和磁学论》、爱因斯坦的《狭义相对论》和《广义相对论》等，不管有多少人使用过它、参考过它、引用过它，它仍然以原有的作用表现着，它的使用价值始终是一样的。这是基础性研究成果的使用价值在被“使用或消费中得到实现”的过程中表现出来的“奇异性”特征。这为基础性科技成果的科学价值转移所表现出的“虽转移但不减少”的“奇异性”特征提供了“物质承担

---

① 宋健主编：《当代科学技术基础知识》，55页，北京，科学出版社、中共中央党校出版社，1994。

者”或“物质载体”。

另外，从使用价值的量的角度来看，如果说一般物质商品的使用价值的量与物质生产领域的劳动生产力成正比关系的话，那么科技商品的使用价值的量即科技使用价值的量是与科技生产力成正比的，科技生产力水平越高，科技使用价值的量越大。

二、科技价值

在由“物”的属性和人的属性构成的科技商品的统一体中，科技价值主要是从“人”的属性方面对科技商品进行考察的结果。在当代经济社会中，科技产品作为人的科技劳动的对象化产物，“虽然在许多方面不同于（一般的）物质产品，但它们同样是人们社会分工的产物，同样是由于耗费了人类劳动而获得价值的产品”；同时，科技产品作为商品，它的“价值是由生产这个商品所耗费的劳动所创造的”①。因此，所谓科技价值，是指在当代经济社会中科技商品作为科技人员创新劳动即科技劳动的产物，像一般物质性商品一样，在其中也凝结着作为一般的无质的差别的人类抽象劳动所形成的价值；在现实中它是通过交换来实现的，具体表现为交换价值，它作为科技商品的价值因素，构成了社会财富的实体内容；在实质上它是指凝结在科技使用价值之中的科技人员所付出的作为一般的无质的差别的人类抽象劳动，在归根结底的意义上它所体现的是人与人的社会关系。这是对科技价值的一般规定。

科技价值的这一规定包含以下内涵：(1) 科技价值是科技人员的创新劳动即科技劳动创造的，这正如一般性物质商品的价值是由生产工人的劳动创造的一样。在马克思主义经典作家看来，价值是由人的劳动创造的，“劳动是唯一的价值源泉”②，价值本身除了劳动以外，没有任何别的“物质”；而科技劳动作为社会分工的产物，是人类劳动的一种主要的组成部分，因此科技价值是科技劳动创造的，科技劳动是科技价值的唯一源泉。(2) 科技价值在现实中是通过交换来实现的，具体表现为交换价值，表现为科技使用价值“同另一种使用价值相交换的量的关系或比例”③，它的货币表现形式就是科技商品的价格。尽管科技商品的价格有时不能真正体现科技价值，但是科技价值构成了科技商品价格的基础。(3) 科技价值是科技商品的一个重要因素，因而成为社会财富的一个重要内容。如果说科技使用价值构成了社会财富的物质内容的话，那么与此相对应，科技价值则构成了社会财富的实体内容，是社会财富的另一个不可缺少的方面——人的社会劳动的对象化产物在财富中的体现。(4) 科技价值的实质是科学人员所付出的作为一般的无质的差别的人类抽象劳动的凝结。这与一般物质商品的价值实质是一样的，是把千差万别的包括科技产品在内的各种“劳动产品的使用价值抽去，那末也就是把那些使劳动产品成为使用价值的物质组成部分和形式抽去”，这时包括科技产品在内的各种“劳动产品的有用性质”消失了，体现在这些“劳动产品中的各种劳动的有用性质也消失了，因而这些劳动的各种具体形式也消失了。各种劳动不再有什么差别，全都化为相同的人类劳动，抽象人类劳动。”进一

---

① 陈筠泉：《劳动价值与知识价值》，载《哲学研究》，2001 (11)。

② 《马克思恩格斯全集》，中文1版，第26卷Ⅰ，75页，北京，人民出版社，1972。

③ 《马克思恩格斯全集》，中文1版，第23卷，49页，北京，人民出版社，1972。

步说，剩下的就是在交换过程中“表现出来的共同东西”[①]，即一般的无质的差别的人类抽象劳动。也正因为如此，科技价值同其他商品的价值一样，为不同的科技商品之间、科技商品与其他商品之间的交换奠定了基础。（5）科技价值是凝结在科学使用价值中的人类抽象劳动，科学使用价值成为科学价值的“载体”或“物质承担者”。在马克思看来，一般物质性商品的“使用价值或财物具有价值，只是因为有抽象人类劳动体现或物化在里面。”[②] 同样地，科技使用价值或科技商品体之所以具有价值即科技价值，也正是因为有抽象的人类劳动即抽象的科技劳动体现在或物化在其中，离开了科技使用价值或科技商品体，也就不可能形成科技价值，因此科学使用价值成为科学价值的“载体”或“物质承担者”，科技价值是凝结在科学使用价值之中的。（6）科技价值体现出科技商品满足人与人之间依赖、交往（交换）的社会需要的必要性，即科技价值为不同的科技商品之间、科技商品与其他商品之间的交换提供了必要的基础，使这种“物”与“物”之间的交换成为可能，而在这种“物”与“物”之间的交换现象背后显示出来的是人的劳动的交换，这种交换在本质上展现出来的是人与人的社会关系，因此从归根结底的意义上讲，科技价值所体现的是人与人的社会关系。

在当代经济社会中，科技价值作为科技劳动的凝结，具有与一般物质性商品的价值的不同之处，表现出独特的属性和特征，主要表现在：

第一，科技价值是高级复杂的科技劳动所创造的价值，其自身也是复杂的。就“比较复杂的劳动”而言，它“是自乘的或不如说多倍的简单劳动，因此，少量的复杂劳动等于多量的简单劳动”[③]，更何况科技劳动是“最复杂的劳动”，因此它所生产的科技产品，比一般物质性产品凝结着更多的人类抽象劳动所形成的价值。科技价值与一般物质性产品的价值相比较，不仅是一般的“自乘的”、“多倍的”关系，而且是更加复杂的关系。这是由科技工作者的劳动力具有高价值属性和科技劳动具有“最复杂性”所决定的。具体来看：（1）科技工作者的劳动力是具有高价值属性的劳动力。这主要体现在，科技工作者与一般生产工人相比较，既需要深厚的科技理论基础和系统的科技专业知识，又需要卓越的科技创新能力和无畏的科技献身精神；既需要熟练运用科技手段的能力，又需要丰富的科技实践经验和生产实践经验，因此科技人员的科技劳动力的获得，既需要付出高额的学习费用和培训费用，又需要花费更多的时间和精力，他们的科技劳动力“比普通劳动力需要较高的教育费用，它的生产要花费较多的劳动时间，因此它具有较高的价值。”[④] （2）科技工作者劳动力的使用即科技劳动，是具有“最复杂性”的劳动。众所周知，科技劳动是具有创造性和探索性的劳动，是对自然规律和社会规律等的认识、把握和运用，它与一般的生产劳动相比较，是更加复杂、更加曲折、更加艰辛的，需要更高级更先进的科技劳动能力的付出，因为“在科学上没有平坦的大道，只有不畏劳苦沿着陡峭山路攀登的人，才有希望达到光辉的顶点。”[⑤] 而且从一般意义上讲，劳动力的使用所创造的价值要远远大于劳

---

① 《马克思恩格斯全集》，中文1版，第23卷，50～51页，北京，人民出版社，1972。

② 同上书，51页。

③ 同上书，58页。

④ 同上书，223页。

⑤ 同上书，26页。

动力自身的价值，劳动力的价值越大，劳动力的使用即劳动就越复杂，所创造的价值就越多。科技劳动作为科技劳动力的使用过程，既然这种科技劳动力的价值更高，那么它的使用也表现为更加高级复杂的劳动，也就在同样长的时间内物化为更多的价值，能创造出大大超出自身科技劳动力价值的巨大价值，可能是简单劳动的几十倍、几百倍，甚至是成千上万倍。由此所决定，科技价值是复杂的。

第二，科技价值的实现在服从价值规律方面具有特殊的复杂性。在商品经济社会中，任何商品价值的实现都要服从价值规律，这是不以人的意志为转移的。科技产品作为商品，它的价值的实现，从理论上讲也必须符合价值规律。但是，由于科技价值是高级复杂的劳动创造的价值，其自身是复杂的，因此科技价值的实现在服从价值规律方面具有特殊的复杂性，这种复杂性在以下几种具体状况中得到体现。

（1）基础性科技成果的价值在理论界内部的实现状况。基础性科技成果的形式一般是实验分析报告、科学考察报告、专题研究论文和学术理论专著等，它们的价值在理论界的实现是以不同成果的交换来进行的，并且这种交换一般采用简单的、个别的或偶然的价值形式，即一种理论和另一种理论、一种观点和另一种观点、一种方法和另一种方法的交换，通常称之为“学术交流”。从经济学的角度看，这表现为一种“近似的”等价交换关系，因为相交换的科技成果是由同一层面的科技劳动所创造的，其中所凝结着的科技价值在一定意义上讲是相当的或大致相等的。

（2）基础性科技成果的价值在理论界之外的社会其他领域的实现状况。在这种状况下，基础性科技成果的价值往往是以货币为媒介来实现的，直接表现为基础性科技成果与货币的交换。科技人员的基础性科技成果要得到社会的承认，必须将其成果在有关杂志上发表出来，或由某家出版社出版出来，或在学术会议上作报告来让其他人了解等。从经济学的角度看，科技人员以其基础性科技成果换得了“稿酬”或“报告费”等，同时在某种程度上满足了读者或听众的需要。这“似乎”是遵循了价值规律，但其中的问题是：这种稿酬和报告费能否体现该基础性科技成果中凝结着的科技人员的高级复杂劳动所创造的价值呢？答案应当是而且肯定是否定的，因为在现实中“对脑力劳动的产物——科学——的估价，总是比它的价值低得多”①。如一本学术杂志或一部学术著作，现在的定价区间一般为十几元人民币到几十元人民币，超过百元人民币的杂志和著作是相当少的。这几元、几十元甚至是百元人民币的价格与这些学术杂志或学术著作的价值显然并不相当，因为一本学术杂志中的文章或一部学术著作，是其作者花费了大量高级复杂劳动来完成的，其中凝结着的科技劳动所形成的大量价值，肯定远远大于这本学术杂志或学术著作的价格。但是，这些理论成果一旦公之于世，就成了全人类共有的财富，任何人都有权利用它，甚至是在近乎于“无偿”地利用它。正是在这个意义上，科学是不费分文的生产力，“科学不费资本家‘分文’，但这丝毫不妨碍他们去利用科学。资本象吞并别人的劳动一样，吞并‘别人的’科学。”②

（3）应用性、开发性科技成果在与基础性科技成果交换过程中的价值实现状况。应用

---

① 《马克思恩格斯全集》，中文1版，第26卷Ⅰ，377页，北京，人民出版社，1972。

② 《马克思恩格斯全集》，中文1版，第23卷，424页，北京，人民出版社，1972。

性、开发性科技研究离不开基础性科技成果，科技人员为了进行应用性、开发性科技研究，就必须用货币以等价交换的形式购买基础性科技成果的有关资料，并在研究过程中运用这些成果。问题在于：在这种“等价交换”的形式下，掩盖着“不等价交换”实质。这是因为，从事应用性、开发性科技研究的科技人员支付的货币所代表的价值量，远远低于他们购进的科技资料中凝结着的从事基础性科技研究的人员所创造的价值，即关于基础性科技成果的资料的价格不等于该资料的价值，而是远远低于该资料的价值。在马克思看来，这种等价交换形式下的不等价交换关系，表面上“似乎是由习惯确定的”，而实质上“是在生产者背后由社会过程决定的”①。这在相当高的程度上显示出科技价值的复杂性。在当代经济社会中，已经到了在理论上揭示这种“在生产者背后由社会过程决定的”科技价值复杂性的时候了。

（4）应用性、开发性科技成果在与社会其他部门的产品的交换过程中的价值实现状况。这种状况表面上看是等价交换的，因为这些应用性、开发性科技成果基本上得到了专利制度的保护，交换结果大体上能够反映这些成果中所凝结着的“科技发明者”的科技劳动所形成的价值。然而在实质上，这还是一种不等价交换的状况。这是因为，根据传统的价值构成理论，应用性、开发性科技成果的价值量（用 W 表示）由三部分构成：发明者的科技劳动所形成的价值量（用 w 表示），所用仪器设施等物质手段（即硬件设施）的价值转移量（用 C_1 表示），购买基础性科技成果资料（即软件资料）的价格（用 C_2 表示）。那么，W 的理论值为：$w+C_1+C_2$。如果这项成果以 $A=W$（用 A 表示这项应用性、开发性科技成果的价格）交换，表面上看是等价的。但问题出在 C_2 上，因为 C_2 仅仅是软件资料的价格，而不是其价值。事实上，真正转移到应用性、开发性科技成果中的价值量是研制这些软件资料的基础性科技研究人员的高级复杂劳动所创造的价值量（用 w'表示），因此该项应用性、开发性科技成果的实际价值量（用 W'表示）应该是：$w+C_1+w'$。比较 W 和 W'的构成将会发现，由于 w'远远大于 C_2，所以 W'远远大于 W。如果这项成果以价格 $A=W$ 出售，那么其价格远远低于该成果的实际价值 W'，因此这也是不等价交换。可以说，这是一种在等价交换形式之下掩盖着的不等价交换的内容。只有当这项成果以价格 $A=W'$出售时，才可谓是等价交换。而在商品经济社会中这种等价交换关系最终会得到实现，但这种等价交换又是如何实现呢？这是摆在我们面前的一个“难题”，如果“不做深入细致的研究，就简单地否定劳动价值论”，认为它们不服从价值规律，“这不是一种科学的态度”②。

第三，科技价值的转移具有复杂性特征。科技价值转移的复杂性特征，突出地体现在基础性科技成果即理论科技成果的价值转移上。基础性科技成果的价值转移与一般物质性产品的价值转移不同，具有“虽转移但不减”的“奇异性”特点。一般物质性产品的价值随着该产品的使用会一次性或渐次地转移到其他产品中，即被逐渐消耗掉；而基础性科技成果在技术发明和工艺开发等过程中运用，其价值却不会一次性或渐次地转移掉，相反，其价值尽管被某些新技术、新工艺、新产品等吸收了，但是它本身的价值量并没有丝毫减

---

① 《马克思恩格斯全集》，中文1版，第23卷，58页，北京，人民出版社，1972。

② 陈筠泉：《劳动价值与知识价值》，载《哲学研究》，2001（11）。

少，这就是基础性科技成果的价值转移所表现出来的虽转移但不减少的“奇异性”的实质。譬如牛顿的经典力学、爱因斯坦的相对论、德布罗意的物质波理论等，并不因为有人利用过它、引证过它、参考过它，它的价值量就会减少；而是恰恰相反，它的价值量在每一次的利用、引证和参考的过程中，始终表现出同样多的价值量。

三、科技商品：科技使用价值和科技价值的统一体

科技使用价值和科技价值是科技商品构成的两个因素，尽管这两个因素是相互区别、各不相同的，但二者又不是彼此分离和互不相干的，而是相互联系、相互依赖和相互依存的，它们有机结合在一起共同构成了科技商品。因此，科技商品是科技使用价值和科技价值的辩证统一体。科技使用价值和科技价值的这种辩证统一，主要表现在以下几个方面：

第一，从现实的社会财富的角度看，社会财富在当代经济社会中表现为“庞大的科技商品的堆积”，而科技使用价值和科技价值作为科技商品的两个因素，正是体现了当代经济社会中以科技商品为主的社会财富的具体形式和实体内容。科技使用价值是当代经济社会中以科技商品为主的社会财富的具体形式，体现的是科技财富的有用性或效应性，它是对人与物关系的反映；而科技价值是当代经济社会中以科技商品为主的社会财富的实体内容，包含的是科技财富的社会劳动性，它是对人与人关系的凝结。由形式和内容的辩证关系原理推知，作为具体形式的科技使用价值和作为实体内容的科技价值必然是辩证统一的。

第二，从科技商品满足社会需要的角度看，科技使用价值和科技价值作为科技商品的二因素，也表现出辩证统一的关系。具体来看，科技使用价值表现为科技商品满足人自身的生理需要和心理精神需要的有用性，而科技价值表现为科技商品满足人与人依赖、交换（或交往）的社会需要的必要性，前者是对人的个体需要的满足，而后者是对人的社会整体需要的满足，进一步讲，前者是基础，而后者是保障，因此二者相互依存，辩证统一。

第三，从科学认识论的角度看，科技使用价值和科技价值作为科技商品的二因素，是同一科技商品的两个不同方面，如同“一币两面”一样。科技使用价值和科技价值的划分，只是从不同角度对由“物”的属性和人的属性构成的科技商品统一体进行考察的认识产物，前者主要是从“物”的属性角度对其进行考察的结果，而后者则主要是从“人”的属性角度对其进行考察的结晶。这种区分是理论研究和科学认识的需要使然，如果把科技使用价值和科技价值看做绝对不同的两种东西而加以割裂，那就是“只见树木而不见森林”，是对科技商品的片面认识。

第四，从唯物辩证法的角度看，科技使用价值和科技价值是相互联系、相互依赖和相互依存的，这种辩证统一的关系具体表现为，在科技商品这个统一体中，科技使用价值是科技价值的“物质载体”或“物质承担者”，没有科技使用价值的科技价值是“纯粹抽象”的而不是现实的；同时，科技价值是科技使用价值在不同的使用者之间进行交换的“实质内容”和“客观尺度”，没有科技价值的科技使用价值是难以实现其交换的，是不能作为科技商品而存在的。因此，从唯物辩证法的角度看，科技使用价值和科技价值构成了科技商品这个统一体的两个方面，缺少了任何一个方面都会使科技商品失去商品的属性。

第五，从本质论的角度看，科技使用价值和科技价值辩证统一共同构成科技商品，在

本质上是由生产科技商品的科技劳动的二重属性——具体劳动和抽象劳动的辩证统一关系所决定的，因为包括科技劳动在内的“一切劳动，从一方面看，是人类劳动力在生理学意义上的耗费；作为相同的或抽象的人类劳动，它形成商品价值。一切劳动，从另一方面看，是人类劳动力在特殊的有一定目的的形式上的耗费；作为具体的有用劳动，它生产使用价值。”① 从这种意义上讲，要深入理解构成科技商品的二因素——科技使用价值和科技价值及其二者的辩证关系，必须进一步对生产科技商品的科技劳动的二重性进行具体的考察分析。

第二节　科技劳动的二重性原理

马克思劳动价值论的最伟大的贡献之一，就是在商品二因素原理的基础上发现并阐述了决定商品二因素的劳动二重性学说，马克思对此明确地讲：“商品中包含的劳动的这种二重性，是首先由我批判地证明了的。这一点是理解政治经济学的枢纽”②。具体地讲，马克思在其经典著作特别是在《资本论》中系统分析了生产物质性产品的劳动的二重性，即具体劳动和抽象劳动，但对科技劳动这一特殊而复杂的劳动没有系统地展开分析。而在当代经济社会中，科技劳动既然是生产科技商品的劳动，那么它也表现出具体劳动和抽象劳动的二重属性。科技商品具有的科技使用价值和科技价值二因素，正是由生产科技商品的劳动——科技劳动的二重属性所决定的。而所谓科技劳动的二重属性，就是指科技劳动的具体性和抽象性即科技具体劳动和科技抽象劳动，科技具体劳动创造了科技商品的使用价值，而科技抽象劳动则创造了科技商品的价值，并且科技具体劳动和科技抽象劳动构成了科技劳动的不可缺少的两个方面，这两个方面的辩证统一构成了决定科技商品二因素的科技劳动的二重性原理的内涵。若将科技劳动的二重性原理与一般物质性生产劳动的二重性原理相比较，二者既有共同性，也有特殊性。只有对决定科技商品二因素的科技劳动的二重性及其辩证关系进行具体分析，才能全面而深刻地把握科技劳动的二重性原理。

一、科技具体劳动

一般地讲，任何劳动都有自己具体的表现形式，或者说都是在一定的具体形式下进行的，都表现为具体劳动。而所谓具体劳动，是指在一定具体条件下从事的有目的的活动，“任何一种不是天然存在的物质财富要素，总是必须通过某种专门的、使特殊的自然物质适合于特殊的人类需要的、有目的的生产活动创造出来。因此，劳动作为使用价值的创造者，作为有用劳动，是不以一切社会形式为转移的人类生存条件，是人和自然之间的物质变换即人类生活得以实现的永恒的自然必然性。”③ 由此推知，科技具体劳动是科技人员在一定具体条件下从事的有目的的科技实践活动，其目的是将实在世界中的“自在存在”

---

① 《马克思恩格斯全集》，中文1版，第23卷，60页，北京，人民出版社，1972。

② 同上书，55页。

③ 同上书，56页。

转化为人的“为我存在”，使之成为人的精神财富和物质财富即科技使用价值的一部分；这种科技使用价值是“通过某种专门的、使特殊的自然物质适合于特殊的人类需要的、有目的的”科技实践活动创造出来的，是人和世界之间的物质、能量和信息交换的必然结果。具体来看，在科技劳动的过程中，科技人员要“生产”一种合目的性与合规律性的原理、理论、技术、工艺等科技使用价值，就必须像一般意义下的物质性生产劳动一样需要进行具体的科技劳动，如某一科技人员或其集团，在一定目的支配下，运用特定的科学仪器和实验设施，通过一定的操作方法、思维方法等对特定的对象进行研究，创造性地建构某种理论，发明某些新技术、新工艺等。各种不同的科技劳动，其劳动的主体、活动的目的、使用的手段和方法、研究的对象、得到的成果等都是各不相同的。这些不同质的科技劳动创造出了不同质的学说、理论、技术、工艺、新品种等科技使用价值。从这种意义上讲，科技劳动也像生产特定质的物质性产品的劳动一样，是生产特定质的科技产品的具体劳动。

在当代经济社会中，科技具体劳动的范围得到了极大的拓展，既包括传统意义上的科技研究领域的科技劳动，也包括社会生产领域的科技劳动，还包括集前二者于一体的科技劳动。相应地，当代科技具体劳动的内涵应当概括上述三个层次的科技劳动。因此，当代经济社会中的科技具体劳动，是指科技劳动者为了解决或解答人（类）在为满足其物质、精神和自身全面发展等需要的基础上提出的各种问题，能动性地运用当代的仪器设备、图书情报信息资料等手段所进行的探索、认识自然、社会和人（类）自身等“实在”世界的本质和规律，以及在此基础上创造性地利用自然资源、社会资源和人（类）自身的潜能，实现与“实在”世界进行物质、能量和信息的交换，并“制造”各种物质、精神、劳务等有形和无形产品的活动过程。

在对当代科技具体劳动的这种规定中，包含了以下几个方面的内涵：(1) 当代科技具体劳动首先表现为一个具体的活动过程。(2) 这一具体活动过程的主体，是指在当代经济社会中的科技劳动者，既包括传统意义上的科技劳动者，也包括生产领域的科技劳动者，还包括集传统意义上的科技劳动与生产劳动于一体的科技劳动者。伴随科技融入经济系统的间接方式向其直接方式的推进，这种集传统意义上的科技劳动与生产劳动于一体的科技劳动者将会越来越多。(3) 这一具体活动过程的目的，包括两个层面：其根本目的，不再像传统的科技劳动那样仅仅是为了满足人们的精神需要，而是扩展为满足人们的物质、精神和人自身全面发展的需要三个层面；其直接目的，是解决或解答人（类）在为满足上述三个方面的需要基础上所提出的各种问题。(4) 这一具体活动过程所运用手段，是当代科技所提供的仪器、设备等硬设施和图书情报信息资料等软设施。(5) 这一具体活动过程的对象，已经拓展为自然、社会和人（类）自身三个方面构成的“实在”世界，其中包括“实在”世界的三个方面所提供的三种资源——自然资源、社会资源和人（类）自身的潜能资源。(6) 这一具体活动过程的运行，在两个层面上展开：一是表现为科技劳动者能动性地运用当代科技手段所进行的探索、认识自然、社会和人（类）自身等“实在”世界的规律的过程；二是表现为科技劳动者运用规律创造性地利用自然资源、社会资源和人（类）自身的潜能进而实现与“实在”世界进行物质、能量和信息的交换过程。(7) 这一具体活动过程的结果，既包括物质、精神的有形产品，也包括精神、劳务的无形产品等。

当代科技具体劳动作为一种具体的活动过程，是在一定的具体方式中进行和完成的，这种具体方式就是科技劳动方式。与当代科技具体劳动的内涵规定相对应，当代科技劳动方式是指在当代经济社会中的科技劳动者，通过能动性地运用当代的仪器设备、图书情报信息资料等手段所进行的探索、认识自然、社会和人（类）自身等“实在”世界的本质和规律，以及在此基础上创造性地利用自然资源、社会资源和人（类）自身的潜能，实现与“实在”世界进行物质、能量和信息的交换，“制造”出各种物质、精神、劳务等有形和无形产品的途径，来解答或解决人（类）在为满足其物质、精神和自身全面发展等需要的基础上提出的各种问题的动态系统方式。与传统的物质生产劳动方式相比较，当代科技劳动方式的构成有其特殊性，主要表现在：

第一，科技劳动者是当代科技劳动方式的主体因素。所谓科技劳动者，是指一切从事科技劳动的脑力或智力工作者。在当代经济社会中，科技劳动者是指那些能够能动性地运用当代的仪器设备、图书情报信息资料等手段来进行探索、认识自然、社会和人（类）自身的本质和规律，以及在此基础上创造性地利用自然资源、社会资源和人（类）自身的潜能实现与“实在”世界进行物质、能量和信息的交换，进而“制造”出各种物质、精神、劳务等有形和无形产品的专门人才。科技劳动者作为这样的创造、应用、传播和发展科技的专门人才，在知识方面，要求具备本学科坚实的专业基础知识和有关学科的广博知识；在能力方面，要求具备敏锐的观察力、高度的概括力、恰当的判断力、准确的推理能力和良好的记忆力；在修养方面，要求具备良好的道德修养、思想修养、理论修养、思维修养和管理修养等。

科技劳动者之所以要具备如此完备的知识、能力和修养，是因为科技劳动者作为当代科技劳动方式的主体因素，是发展科技最主要、最活跃的决定性和能动性因素，具体表现在：(1) 科技劳动者对科技劳动对象具有能动作用。在科技劳动者和科技劳动对象构成的矛盾中，科技劳动者处于能动的、支配的方面。正是这种能动作用，使科技劳动者成为认识和利用“实在”世界（包括自然、社会和人自身）的规律的主体，从而使“实在”世界的规律成为科技认识和实践的客体，并且在满足人类物质、精神和自身全面发展需要的大前提下，科技劳动者可以对科技劳动对象进行选择，具有相当大的自主性和灵活性。(2) 科技劳动者对科技劳动手段起着关键性作用。科技劳动手段作为科技劳动者脑力或智力物化的产物，在补充、增强人的感觉能力、智力方面起到很大作用，然而科技劳动手段的作用的实现，归根到底取决于科技劳动者，它只有与科技劳动者的思维方式、研究技能等因素结合起来，才能产生实际效用。(3) 科技劳动者在科技劳动过程中起着主导作用。整个科技劳动过程，从提出问题到确定课题，从实验的设计、实施到事实的搜集，从分析、比较、推理提出假说到上升为理论，从科学理论的技术化到科技的产业化等，都是由科技劳动者来承担和完成的，科技劳动者始终处于能动的、主导的地位。(4) 科技劳动者在培养科技新生力量的过程中起着导师的作用。作为教师的科技劳动者以传授知识为职责，他们是培养科技后备军的导师；同时，科技劳动者通过编写教材、撰写专著、带研究生等多种形式，言传身教，培养科技人才，充实科技劳动方式的主体。(5) 科技劳动者在推广、普及科技的过程中起着骨干作用，因为科技劳动者特别是著名的科学家、工程师所掌握的科技知识是科技推广和普及的主要依据，只有他们深入浅出、正确无误地向广大群众推广、普及，才能收到良好的效果，他们写出的科技普及读物是其主要形式。

随着科技的发展和科技产业的大量涌现，科技劳动者已经形成一支庞大队伍，并且这支队伍由分工与协作的关系而形成了各种具有相对稳定性的群体结构系统，主要包括以下几种：(1) 科技劳动者队伍的职业结构。它是指不同性质的科技劳动者的比例构成及其相互关系，其职类包括科学研究人员、技术研究人员、科技教育人员和科技管理人员等。这四类人员包括了基础研究、应用和发展研究及科技的传授、科技自身的组织管理等基本环节的科技劳动者。这一结构的合理化，是一个国家科技、经济、社会发展的重要因素，而这一结构怎样才算合理则取决于一个国家发展科技和国民经济的需要及其发展水平所提供的可能性。因此，不同的国家可根据实际来确定这一结构的比例关系。(2) 科技劳动者队伍的专业结构。它是指科技劳动者队伍在各个专业、学科中的分配及其比例关系。科技劳动者队伍的专业结构也存在合理性问题，一个国家、地区或一个研究院、研究所的各类专业人员的比例，主要依据国民经济和科技发展的需要而确定。(3) 科技劳动者队伍的能级结构。它是指科技劳动者队伍中科研能力、智力水平的能级构成及其比例。在不同的科技劳动系统中，需要不同的智力水平、知识水平和不同能力的人员结合成一个整体。高级、中级、初级和一般科技人员在这个整体结构中各司其职，各尽所能，相互配合，才能形成高效能的“集体力”。如果能级结构不合理，关系没理顺，会造成“内耗”现象，这不利于“集体力”的形成。合理的能级结构，一般是由作为学科带头人的高级科技劳动者、起骨干作用的中级科研人员、初级或辅助人员，根据不同单位、不同任务而按不同比例组成。(4) 科技劳动者队伍的年龄结构。它是指科技劳动者队伍中各种年龄的人员的比例构成。由于不同年龄的科技劳动者在知识结构、能力结构及体力方面是各不相同的，一个科技劳动者队伍要发挥最佳效能，就必须有合理的年龄结构。为了保持科技劳动者队伍充满活力，必须使之保持在最佳年龄结构区间。(5) 科技劳动者队伍的智能结构。它是指科技劳动者队伍中的一个群体系统内各种智能优势的人员的配备构成。智能是指人们制造知识、运用知识的本领，是人的智慧和才能，主要包括观察能力、思维能力、想象能力和创造能力等。一个研究院、所、室、组及其集团的最佳智能结构是由各种不同智能优势的人员组合而成的。(6) 科技劳动者队伍的行为关系。它是指一个科技劳动者队伍中各成员的心理、气质结构、道德规范结构和人际关系结构等的复合结构。一个科技劳动者队伍若有较好的政治素质、心理素质，有较强的事业心和集体观念，而且队伍内部关系融洽、团结一致，就会产生一种合力攻关的态势，形成强大的“集体力”，否则就难以发挥科技劳动者队伍所应有的效能。总之，科技劳动者队伍的系统结构是从不同角度考察的结果，它的职类结构、专业结构、能级结构、年龄结构、智能结构和行为结构纵横交错，形成了一个网状的复合结构体系。只要将这些结构进行优化，必将提高个人的创造力，产生一种强大的“集体力”，发挥科技劳动者队伍的整体效应。

第二，实验技术装备是当代科技劳动方式的物质性劳动资料，即当代科技劳动方式中的最基本的硬件要素。(1) 实验技术装备是物质形态的科技劳动资料（硬件），是科技劳动的物质手段，它一般包括仪器、仪表、材料、诸剂（如试剂、溶剂、催化剂等）、资源、动力和实验室、试验工厂等设施。实验技术装备是科技劳动不可缺少的工具，它能够使科技劳动者的感官延长，如望远镜、显微镜、各种探测器、传感器等；它能使科技劳动者的肢体延长，如各种镊钳、传动机、工具机、机械手等；它能够使科技劳动者的思维器官功能放大，如电子计算机、智能机器人等。不仅如此，作为实体工具的实验技术装备，还能够创造出超高温、超高压、超真空、超低温以及强磁场等特殊环境；能够提供各种精密的测量手段和工具（如光学仪器、化学分析仪器等）；能够提供一系列的新实验方法（如计算机模拟方法、射电视察法等），使自然界千载难逢的现象得以重现，把自然界几万年的演化过程在短时间内重演出来，将自然界中极不稳定的物质在实验室中被人工制造出来（如元素周期表中第94号元素之后的镅、锔、锎、锿、镄、钔、锘等都是在加速器上人工合成的），等等。(2) 实验技术装备在作为当代科技劳动的手段的同时又表现为当代科技劳动的对象。由于实验技术装备能够为当代科技劳动提供原料、材料和能量等，因此成为当代科技劳动的一部分新的对象。例如，激光器产生的激光、低压放电管放射的阴极射线、遗传工程中的各种菌种、原子反应堆产生的原子能等，都可以看做“一身二任”的，它们既是科技劳动的手段，又是科技劳动的对象。同时，由于电子计算机的广泛应用和人工智能研究的新进展，以计算机控制系统为核心的“二次仪器”体系，不仅大大减少了人的体力消耗，补充了人体感官的不足，而且已经可以部分地代替人类的一些智力功能。现在，人们运用计算机可以重新得出万有引力定律、气体定律，证明曾经令人望而生畏的数学难题——“四色定律”，人工智能机正在许多领域表现出众多独特的“超人”功能，变成了替代人类适应许多人类根本无法适应的特殊环境的学习、自适应、自调节的系统等。(3) 实验技术装备还是衡量当代科技劳动方式水平的高低程度的指示物、测量器。科技发展的历史表明，如果某个国家或地区不具备先进的实验技术装备，是无论如何也不能赶超世界先进水平的。19世纪末德国赶超英、法而成为世界科技中心的原因之一，就在于德国十分重视实验技术装备的研制和利用。在当代科技飞快发展条件下，如果没有新的实验技术装备，很难设想会有高能物理、空间科学、电子技术、遗传工程等方面的研究成果。

从历史的维度看，在近代实验科学诞生以前，人类仅能对自然界进行零碎的被动的观察，还不能从事主动的、系统的实验研究。虽然古代也曾出现过许多至今仍然令人惊叹的精巧仪器设备用于天文、气象和地震观测以及计时、计量和占卜等，但这些仪器只是一些直观的观察仪器，而就整个社会的仪器设备来看，其水平仍然不高。文艺复兴以后，随着近代科学、技术的产生和发展，出现了“单参数仪器”，这是一些“在自然过程表现得最确实、最少受干扰的地方考察自然过程的，或者，如有可能，是在保证过程以其纯粹形态进行的条件下从事实验的”① 仪器。特别是在产业革命推动下，实验技术装备的规模、范围不断扩大，不仅产生了一系列新的单参数仪器设备，而且一些专业的科技实验室也相继建立，如德国的李比希实验室、英国的卡文迪许实验室、美国的爱迪生实验室等。这时的实验技术装备已经逐渐在各专业科技领域形成相对独立的体系，从而使科技实践特别是科学实验能够从物质生产实践中分化出来，构成了一种新型的、独立的特殊生产方式，这正是科技史上所发生的由“生产→技术→科学”的基本模式转变为“科学⟷技术⟷生产”模式的历史性变化的重要条件。20世纪以后，由于人类认识向渺观、微观和宇观、胀观领域的极大扩展，在日益增长的高精度、高难度、多参数同时测量等新的实验技术要求的

---

① 《马克思恩格斯全集》，中文1版，第23卷，8页，北京，人民出版社，1972。

促进下，“二次仪器”体系应运而生。所谓“二次仪器”体系本质上是一些综合性的自动控制系统。它克服了单参数仪器把自然界系统的各种因素割裂、肢解并孤立地得出某一参数的缺陷，以对物质客体“自然状态”诸多参数的同时测量和综合处理为特征并完成了许多仅靠单参数仪器根本无法完成的实验研究。同时，由于“二次仪器”系统技术环节分工精细，有一支包括多种学科、专业的人才在复杂而又分工严格的岗位上协同工作，所以步调整齐、计划性强、工作效率远远超过专业性的单参数实验技术装备，其工作范围也大大突破了传统的狭隘分工和部门、地区的局限。20 世纪中叶前后，欧美各国建立的国家科技中心，如德国汉堡的电子同步加速器中心、美国的布罗克海文国家实验中心、费米国家实验中心、斯坦福直线加速器中心以及英国的剑桥国家磁铁实验中心等，都是由国家投资的专为多种学科、专业和不同课题服务的综合性、社会化的实验技术系统。而欧洲联合核物理实验中心还是由几个国家联合的国际组织投资兴建的面向世界各国的综合研究中心。这样一些大规模的实验技术设备系统，需要有一支庞大的多学科科技劳动者队伍负责设备系统的运转、维修和改进。不同国家和地区、不同学科和专业的课题都可以有条不紊地交替安排、充分发挥大型实验技术装备系统的效能。

第三，“图书—情报”资料是当代科技劳动方式的知识性劳动手段，即当代科技劳动方式中的不可缺少的软件要素。如果说，实验技术装备是当代科技劳动所必需的物质性劳动资料，是其硬件的话，那么，图书情报资料则是当代科技劳动所必不可少的知识性劳动资料，是其软件。图书情报资料和实验技术装备都是当代科技劳动的劳动资料，是当代科技劳动的“两张翅膀”①。在一般情况下，图书资料是人类知识的综合和贮存，具有综合性、稳定性、历史性和公开性等特征，而情报资料具有专业性、流动性、现实性和保密性等特点，两者相辅相成，构成了完整的“图书—情报”资料系统。之所以说图书情报资料是当代科技劳动必不可少的劳动资料，是当代科技劳动方式的重要组成部分，这是由科技劳动“部分地以今人的协作为条件，部分地又以对前人劳动的利用为条件。”② 这种特殊性所决定的。这种特殊性在于科技劳动有较强的继承性，离不开科技知识的积累。在科技图书资料中凝结着前人的科技劳动的成果，科技情报又集中地反映了今人科技劳动的成就，因此科技劳动者在从事科技劳动时，既要通过图书资料接受前人的科技成果，又要通过情报资料接收今人的科技成就，并且科技情报资料的获得与交流已成为今人科技劳动协作的一种重要方式。任何一项具体的科研项目所要解决的首要问题就是研究课题与科技图书、情报资料的关系，即以图书、情报资料所提供的与课题有关的成功经验、失败教训和种种线索为基础，寻找解决问题的出发点和具体方法。

从历史维度看，在文字产生以后，图书资料就随之出现。由于近代专业科学、技术教育的出现，专业科学家、工程师队伍的壮大，使收藏于各类图书馆里的专业科技图书资料越来越成为科技研究和科技教育的有力工具。作为专业的科技情报工作出现较晚，大约开始于 19 世纪，起初比较零散，也没有形成专门队伍，直到 20 世纪 60 年代才形成独立的研究体系，并在世界各国普遍涌现出国家规模的科技情报机构。科技情报资料之所以在世

① 钱学森：《作为尖端科学技术的高能物理》，载《高能物理》，1978（1）。

② 《马克思恩格斯全集》，中文 1 版，第 25 卷上，120 页，北京，人民出版社，1974。

界各国受到普遍重视，是因为科技情报资料已经成为当代科技劳动方式不可缺少的劳动资料。科技情报资料被人们誉为“解开问题的钥匙”，是科技劳动的关键因素。如第二次世界大战前的德国从英国搞到用煤焦油制造染料的情报后，很快建成了本国的煤化学工业技术体系；第二次世界大战后的日本通过激烈的科技情报战，发展了新兴的技术和产业——控制机床、氧气吹顶技术、转子发动机等。

不仅如此，科技图书情报资料的运用可以为科技劳动赢得时间，加速科技进程。由于当代科技的综合化趋势使诸多学科相互交叉、渗透，形成了网络状的密切联系方式。即使是专业性科技杂志，也往往包括四五门学科的内容。科技劳动者进行某个课题的调研起码有半数以上的资料要到别的专业杂志上去寻找，这样便占去了他们大量的时间和精力。据美国科学基金会统计，一个科技劳动者用在调研图书情报资料上的时间，占全部科技劳动时间的 50.9%，计划思考占 7.7%，实验和研究占 32.1%，写报告和论文占 9.3%。尤其是随着出版业、信息业的飞速发展，科技图书情报资料的数量急剧增长。20 世纪 80 年代以来，每年出版的科技图书达 60 万种，科技论文达 500 万篇。科技知识总量以每三年翻一番的惊人速度增长。如果一位化学家每周阅读 40 小时，那么仅浏览一下全世界一年内发表的有关化学方面的论文和著作，便需要 48 年。对数目如此巨大、内容如此繁杂的科技资料，建立“图书—情报”系统已是历史的必然要求。

20 世纪 70 年代，由于缩微复制、静电复印、高密度磁带记录、机械化自动传送、视听转换技术和当代电子计算机、通讯技术的应用，图书情报资料系统具有了大规模高速度检索或提供情报的良好条件，根本改变了千百年来人查手抄的手工操作方式，大大提高了科技劳动效率。据报道，目前世界上最大的图书情报资料库即美国医学文献分析与检索系统（MEDLARS）只需 10 分钟便可完成一个课题的调研。这种速度相当于一个人同时阅读 30 种文字的 2 000 多种医学杂志，看 9 000 多篇文章。这是传统的人工调研方式所望尘莫及的。因此，作为知识形态科技劳动资料的图书情报资料是一个国家、地区科技生产力发展水平的又一衡量标志（这是相对于实验技术设备是衡量科技生产力的指示器而言的）。如果一个国家、地区没有或缺乏科技图书情报资料，尤其在当代没有形成高效率的大型的图书情报资料系统，科技劳动者便不能及时迅速地得到所需要的科技图书情报信息，这就直接影响到这个国家、地区的科技劳动效率；而若拥有当代化的图书情报系统，科技劳动者便能及时迅速地得到所需要的科技图书情报信息，那将大大提高该国家、地区的科技劳动者的劳动效率。

第四，自然、社会、人自身所构成的“实在”世界以及人（类）在其中为满足其物质、精神和自身全面发展等需要基础上所确立的课题，是当代科技劳动方式的对象要素。根据科技劳动者与劳动对象的关联程度，科技劳动的对象可分为直接对象和间接对象。所谓直接对象，是指与科技劳动者直接关联的或直接解答解决的对象；而所谓间接对象是以直接对象为中介间接关联的对象。在当代科技劳动方式中，自然、社会和人自身所构成的“实在”世界是科技劳动的间接对象。科技劳动的这种间接对象，既包括在自然、社会和人自身所构成的“实在”世界中的人们还没有认识到，因而更不可能通过实践改造的“自在之物”，也包括其中已经作为人认识的对象即对象化或人化了的“实在”之物（如类星体、黑洞、夸克等），还包括人们改造加工过的作为人的“智力物化”的人工自然物，甚至包括从人工自然中分化出来的“第四自然”①。这些“实在”之物在未进入科技劳动领域以前，是不能当作科技劳动方式的对象要素的，它们只是作为科技劳动的“潜在”对象而存在着的。这种“潜在”的对象，只有借助于科技劳动的直接对象即科研课题，才能转化成科技劳动的“现实”对象。这是因为，只有通过科研课题，科技劳动者才去研究这些“实在”之物，而这些“实在”之物也只有被科技劳动者研究即纳入到科技劳动范围之时，才能成为科技劳动的“现实”对象；否则，这些“实在”之物只是可能的但不是现实的科技劳动的对象。也许，人们经常与这些“实在”之物打交道，但对科技劳动而言，人们对其是“视而不见”的，甚至是“熟视无睹”的。同时，这些“实在”之物进入到科技研究领域成为科技劳动的“现实”对象是以科研课题为中介间接地实现的，因此它也就成为了科技劳动的间接对象，而科研课题则就成了科技劳动的直接对象。

之所以说科研课题是科技劳动的直接对象，主要是因为它是科技劳动者直接要解决或解答的问题。从科学方法论的角度讲，科研课题是科技劳动主体（即科技劳动者）在科技劳动过程中依据一定的程序（即确定课题的程序）和根据一定的原则（如科学性原则、需要性原则、创造性原则、可行性原则和效益性原则等）所选定的某一个或某几个真正意义上的科技问题。可以说，整个科技劳动的过程都是针对科研课题的解决或解答来进行的，科研课题直接关系着整个科技劳动的全局——包括内容、途径和方法等，直接影响着科技劳动的效能乃至成败，它在整个科技劳动过程中居于战略起点和目的归宿的重要地位。②在这个意义上，科研课题是某个国家、地区科技劳动方式水平高低的一个重要标志，它的水平的高低反映着科技进步的程度。爱因斯坦指出：“提出一个问题往往比解决一个问题更重要，因为解决一个问题也许仅是一个数学上的或实验上的技能而已。而提出新的问题，新的可能性，从新的角度去看旧的问题，却需要有创造性的想象力，而且标志着科学的真正进步。”③ 可见，新的问题即科研课题是“标志着科学的真正进步”的一个因素；而且重大课题的提出，常常伴随着新思想、新思路、新方法、新工艺的产生，由此成为科技进步的一个重要标志。譬如在 1939 年，当人们发现铀核裂变反应及其中能放出多余中子的现象以后，年轻科学家西拉德敏锐地意识到制造原子武器的可能性，即提出了制造原子武器的课题，并设法让美国政府了解这一课题的意义。同年 7 月，西拉德和爱因斯坦一起上书美国总统罗斯福：“已经有几分把握地知道，在大量的铀中建立起原子核的链式反应会成为可能”，“这种新现象也可用来制造炸弹，并且能够想象——尽管现在很不确定——由此可以制造出极有威力的新型炸弹来”④。这一建议或科研课题的提出成为发展原子武器的先声，这反映了美国原子能科学技术和核物理学发展的先进程度，体现了当时美国科技劳动方式的水平是相当高的。

---

① 参见任元彪：《第四自然的形成及其意义》，见陈筠泉、殷登祥主编：《新科技革命与社会发展》，218～225 页，北京，科学出版社，2000。在该文中，把最先在的自在自然总生态圈叫做第一自然；把从自在自然内部分化出来的人化自然生态圈叫做第二自然；把从人化自然内部分化出来的人工自然生态圈叫做第三自然；把从人工自然内部分化出来的信息生态圈叫做第四自然。

② 参见刘冠军、王维先：《科学思维方法论》，61、66 页，济南，山东人民出版社，2000。

③ 爱因斯坦等：《物理学的进化》，66 页，上海，上海科技出版社，1962。

④ 《爱因斯坦文集》，第 3 卷，177～178 页，北京，商务印书馆，1979。

二、科技抽象劳动

所谓科技抽象劳动，是指撇开或抽去劳动的具体形式和有用属性而呈现出无质的差别的、一般意义上的人类劳动——人的体力和脑力的消耗。“如果把生产活动的特定性质撇开，从而把劳动的有用性质撇开，生产活动就只剩下一点：它是人类劳动力的耗费。”在这样的意义上，所有的人类劳动都是一样的，都是共同的和无质的差别的人的体力和脑力的消耗。据此来推论，科技劳动作为社会劳动分工的产物——从一般的物质生产劳动中分化独立出来的生产科技产品的劳动，尽管同一般的物质生产劳动——如缝和织等相比较，是不同质的生产活动，但是如果把它们的具体的特定性质撇开，进而把它们的有用性撇开，那么它们也就剩下了一点：它们都是人类劳动力的耗费，都是人的体力和脑力的消耗，进一步讲“都是人的脑、肌肉、神经、手等等的生产耗费”[①]。在这种意义上，科技劳动如同一般的物质生产劳动一样，也是属于人类抽象劳动的范畴。

大家知道，商品是人类劳动的产物，而人类劳动作为具体劳动形成商品的使用价值，作为抽象劳动形成商品的价值；据此来推论，科技商品是科技劳动的产物，科技劳动在当代经济社会中已经成为人类劳动的核心构成部分，它作为具体劳动形成科技商品的使用价值即科技使用价值，而作为抽象劳动形成科技商品的价值即科技价值。这是因为，如果我们把包括科技商品在内的各种各样商品的使用价值（不管是科技商品的使用价值，还是一般物质性商品的使用价值）撇开或抽去，这些商品就只剩下一个属性，即劳动产品的属性。随着这些劳动产品有用性的消失，体现其中的各种劳动的有用性也消失了。在这种情况下，不管是一般意义上的物质生产劳动，还是进行科技研究的科技劳动，各种形式上不同的劳动不再有什么质的差别，全部化为相同的人类劳动，全部体现为人类劳动力即体力和脑力的消耗，因此“当我们把商品看作价值时，我们是只把它们看作体现了的、凝固了的或所谓结晶了的社会劳动”[②]，而这种结晶了的社会劳动就是这种相同的人类劳动或“一般人类劳动的耗费”[③]。从这个意义上讲，人类的抽象劳动形成了商品价值的实体，而科技劳动作为抽象劳动形成科技商品的价值实体即科技价值。

科技劳动作为抽象劳动形成科技价值，与一般的物质生产劳动作为抽象劳动形成价值相比较，既有共同点，又有不同点。它们的不同点主要表现在：

第一，科技劳动作为抽象劳动，与一般的物质生产劳动作为抽象劳动相比较，尽管无“质”的差别，但有“量”的不同，甚至在这种“量”的不同方面也表现出“部分质变”的现象。这是因为，人类的劳动是在各种不同的劳动系统中进行的，而不同的劳动系统中的劳动主体所付出的抽象劳动作为“同质劳动”方面也存在着“简单劳动”和“复杂劳动”的差别，存在着由于复杂程度的不同而导致的劳动量的“部分质变”。根据这种“部分质变”，将不同的劳动系统按照由低级到高级的顺序划分为“手工工具—体力型”劳动系统、“机器—脑力型”劳动系统、“信息—智力型”劳动系统。在这些复杂性程度不同的

---

① 《马克思恩格斯全集》，中文1版，第23卷，57页，北京，人民出版社，1972。

② 《马克思恩格斯全集》，中文1版，第16卷，136页，北京，人民出版社，1964。

③ 《马克思恩格斯全集》，中文1版，第23卷，57页，北京，人民出版社，1972。

劳动系统中的人类劳动，在相同的劳动时间内所凝结的抽象劳动是不同的，由此所形成的价值也是不同的。其基本的规律是：复杂性程度越高的人类劳动，在相同的时间内所凝结的抽象劳动越多，由此所形成的价值越大。根据这一基本规律，我们不难发现科技劳动和一般的物质生产劳动在作为抽象劳动方面以及由此形成的价值方面的不同之处：一般性的物质生产劳动是一般劳动力的体力和脑力的耗费，属于“简单劳动”的范畴，或者属于掺杂着某些较为复杂劳动的“简单劳动”范畴，因此它作为抽象劳动所形成的价值是比较低的；而科技劳动则是一种高级劳动力（即科技劳动力）的脑力或智力和体力的消耗，属于“复杂劳动”的范畴，或者说属于“最复杂的劳动”范畴，因此它作为抽象劳动所形成的价值是比较高的，甚至说是非常高的。科技劳动作为抽象劳动若换算成一般物质生产劳动即简单劳动的话，那将是数倍、数十倍甚至是成百上千倍的关系。在当代经济社会中流行着一句很时尚的话：科技不仅是生产力，而且是第一生产力，是提高劳动生产率的关键性因素。这句话中蕴涵的深刻含义，就在于科技产品中凝结着人类的这种高级复杂的抽象劳动以及由此所形成的巨大价值。只要将科技第一生产力的功能挖掘、发挥出来，在展现它提高劳动生产率的关键作用的同时，必然实现它自身凝结着的由高级复杂的科技劳动所形成的巨大价值。

第二，科技劳动作为形成科技价值实体的抽象劳动，是一个历史范畴。对这样一个历史范畴，它必须同时满足两个历史条件才能成为现实的存在。这两个历史条件，一个是商品经济社会，一个是“科技与经济一体化”的科技经济社会。同时，这两个条件是缺一不可的，缺少了其中的任何一个条件，科技劳动都不可能作为形成科技价值实体的抽象劳动而存在。

（1）科技劳动作为形成科技价值实体的抽象劳动范畴，必须在商品经济社会中才具有可能性。换言之，商品经济社会是科技劳动作为形成科技价值实体的抽象劳动的必要历史条件，因为马克思所说的“劳动的二重性”，是指“体现在商品中的劳动的二重性”①，只有在商品经济社会中生产商品的劳动，才具有这种二重性，才能作为具体劳动和抽象劳动而存在。一般地，“劳动作为以某种形式占有自然物的有目的的活动，是人类生存的自然条件，是同一切社会形式无关的、人和自然之间的物质变换的条件。生产交换价值的劳动则相反，它是劳动的一种特殊的社会形式。以裁缝的劳动为例，就它作为一种特殊的生产活动的物质规定性来说，它生产衣服，但不生产衣服的交换价值。它生产后者时不是作为裁缝劳动，而是作为抽象一般劳动，而抽象一般劳动属于一种社会关系，这种关系不是由裁缝缝出来的。”② 因此，劳动作为形成商品价值的抽象劳动，必须在商品经济社会中才能实现。而对于科技劳动而言，也必须在商品经济社会中变成生产科技商品的劳动时，才能作为形成科技价值的抽象劳动而存在。科技劳动作为形成科技价值的人类抽象劳动，是商品经济条件下的科技劳动所具有的特殊的社会性质，是商品经济社会的生产关系的表现。同时，商品经济社会是科技劳动作为形成科技价值的抽象劳动的必要条件，而不是充分条件。在商品经济社会中，当人们把科技产品看做“非商品”，把科技劳动游离于经济

① 《马克思恩格斯全集》，中文1版，第13卷，Ⅺ页，北京，人民出版社，1962。

② 同上书，25页。

之外，游离于商品生产劳动之外时，科技劳动也不能作为形成科技价值的抽象劳动而存在。因此，商品经济社会仅仅为科技劳动作为形成科技价值实体的抽象劳动提供了可能性。

(2) 科技劳动作为形成科技价值实体的抽象劳动范畴，只有在商品经济社会中，当"科技与经济一体化"的科技经济社会形成时才能实现，才具有其现实性。大家知道，在近代工场手工业时期，尽管商品经济社会已经形成，但由于科技是游离于商品经济之外的活动，科技劳动者尽管意识到"科学的确是有利可图的"，但是"科学家们从事科研时，很少把科研看作是谋取私利的商业"，他们的"个人和集体不追求超过研究工作所需要的金钱和权力"①，而且不把科技产品当作是可以用金钱交换的商品。在这样的社会现实条件下，科技劳动尽管在创造着价值，形成着价值，但却无法纳入到形成价值的抽象劳动这一范畴之中。即使到了"机器大工业"时期，科技在商品经济社会中的作用已经得到了很大发挥，但是人们在相当高的程度上仍然将科技看成游离于商品经济社会之外的东西，仅仅看成"提高劳动生产率"的社会条件，而没有看成商品生产本身的一个有机部分。在这样的经济社会中，马克思在分析机器大工业的劳动与价值的关系时也仅仅孕育了科技劳动价值论的思想，而没有对科技劳动的二重性进行具体的分析。只有当科技与经济密切结合，达到一体化程度时，科技劳动作为人类劳动纳入形成价值的"抽象劳动"范畴，才具有了它的社会现实性。因为在当代经济社会中，科技特别是高新科技已经开始了产业化的世界性潮流，并在这种世界性潮流中逐步形成了大量的科技产业尤其是高新科技产业，这些科技产业作为"产业部门"也就成为了商品经济系统的一部分，并且由"科学技术是第一生产力"所决定，科技产业已经属于商品经济系统中首要的、核心的和"第一的"那一部分。理论是现实的反映。在"科技与经济一体化"的当代经济社会中，在科技特别是高新科技已经成为高科技产业、成为经济系统的一部分之时，不把科技劳动作为人类劳动纳入形成科技价值的"抽象劳动"范畴，这样的理论是不符合社会现实的。

三、生产科技商品的科技劳动：科技具体劳动和科技抽象劳动的统一体

生产科技商品二因素——使用价值和价值的科技劳动表现出二属性，即科技具体劳动和科技抽象劳动。尽管这二重的科技劳动是相互区别、各不相同的，但二者又不是彼此分离和互不相干的，而是相互联系、相互依赖和相互依存的，它们有机结合在一起，共同构成了科技劳动。因此，科技劳动是科技具体劳动和科技抽象劳动的辩证统一体。科技具体劳动和科技抽象劳动的这种辩证统一性，主要表现在以下几个方面：

第一，从科学认识论的角度来看，作为科技劳动的二重性——科技具体劳动和科技抽象劳动，不是两次科技劳动，而是同一科技劳动过程的两个不同方面。科技具体劳动和抽象劳动的划分，只是从不同角度对科技劳动进行科学考察的结晶，是理论研究和科学认识的需要使然，因为在现实性上，包括科技劳动在内的"一切劳动，从一方面看，是人类劳动力在生理学意义上的耗费；作为相同的或抽象的人类劳动，它形成商品价值。一切劳动，从另一方面看，是人类劳动力在特殊的有一定目的的形式上的耗费；作为具体的有用

---

① 贝尔纳：《科学的社会功能》，361、436 页，北京，商务印书馆，1985。

劳动，它生产使用价值。”[1]如果把科技的具体劳动和抽象劳动看成两次劳动而加以割裂，那是对科技劳动二重性原理的片面认识。

第二，从唯物辩证法的角度来看，作为科技劳动的二重性——科技具体劳动和科技抽象劳动，是相互联系、相互依赖和相互依存的辩证统一的关系。这种对立统一的关系具体表现为，在科技劳动这个统一体中，科技具体劳动是科技劳动的现实表现形式，它为科技劳动中内含着的科技抽象劳动提供了得以展现的具体形式，没有科技具体劳动形式的纯粹的科技抽象劳动，在现实中是不存在的，也是难以想象和不可想象的；同时，科技抽象劳动是科技劳动所内含的社会内容，它为不同的科技具体劳动进行社会交换而进行比较，提供了同“质”的科技劳动力“对象化”的本质内涵，没有科技抽象劳动的科技具体劳动就不是生产科技商品的劳动，从这个意义上讲，没有科技抽象劳动的科技具体劳动也就失去了科技具体劳动应有的价值和意义。

第三，从本质论的角度看，科技具体劳动体现了人对“实在”世界的认识、加工和改造关系，在本质上反映了人与“实在”世界之间在物质、能量和信息方面的相互交换关系（在传统理论中，将这种关系视为人与自然的关系）；而科技抽象劳动体现了人与人之间在“自身劳动力”耗费即“对象化”基础上相互交换的生产关系，在本质上反映了商品经济社会中人与人之间的相互依赖和相互依存的社会关系（在传统理论中，将这种关系视为人与社会的关系）。根据辩证唯物主义的基本原理可知，上述两种关系是互为存在的前提。具体来看，前者是后者的基础，如果没有人与“实在”世界之间的物质、能量和信息的互换关系作为基础，那么人与人之间的社会关系便难以建立；而后者是前者的保障，如果没有人与人之间的社会关系作为保障，那么人与“实在”世界之间的互换关系也难以持续。在这种本质论层面上，科技具体劳动和科技抽象劳动也是相互联系、相互依存的，因而是辩证统一的。

第三节　科技商品生产的基本矛盾原理

科技劳动作为“在所有产业中普遍存在的一种非常重要的劳动分工形式”[2]，是科技劳动者使用一定的仪器、设施等科技劳动工具，通过科技劳动力的支出生产出科技成果的社会实践活动。从科学技术社会学和劳动价值论的双重视域来审视，科技劳动作为“以脑力劳动为主，并和体力劳动在不同程度上结合”[3] 的社会实践活动，既具有继承性、探索性、创造性和精确性等特点，又具有在集体智慧和协作基础上的独立思考性和在分工研究的基础上的集体协作性等特征，这已成为人们的共识；同时，科技劳动在当代经济社会中，作为“既创造精神财富又创造物质财富”和作为“科技价值之源泉”的社会实践活动，既具有私人性也具有社会性，既是私人劳动也是社会劳动，是私人劳动和社会劳动的

① 《马克思恩格斯全集》，中文 1 版，第 23 卷，60 页，北京，人民出版社，1972。

② 何秉孟主编：《劳动价值论新论》，81 页，北京，社会科学文献出版社，2003。

③ 阙维明、张锦智：《当代科技管理辞典》，19～20 页，广州，广东高等教育出版社，1986。

矛盾统一体，这构成了科技商品生产的基本矛盾原理即科技私人劳动和科技社会劳动的矛盾原理的基本内容。

一、科技劳动的私人性

从商品经济社会现实运行的逻辑机制来看，“使用物品成为商品，只是因为它们是彼此独立进行的私人劳动的产品。”① 同样地，科技产品成为商品，也只是因为科技产品是彼此独立进行的科技私人劳动的产品。这样，科技劳动在当代经济社会中作为生产科技商品的劳动，首先具有私人性，是私人劳动，这是由以下三个紧密相关的内容所决定的：

第一，在当代经济社会中，科技劳动所需要的劳动资料，包括图书资料、科学仪器、科研设备、药品试剂和试验材料等，分别属于不同的科技人员，或其个人所有，或其集团所有；这些科技劳动资料（除了极少数的图书资料可以被所有的科技人员无偿使用之外）只能由这些科技人员来无偿地使用，其他的科技人员是不能无偿地使用这些科技劳动资料的。

第二，科技劳动作为科技人员的研究活动，是科技人员或其集团独立进行的，选择什么课题进行研究、采取何种步骤和程序进行实验设计、运用什么样的方法进行实验操作和对实验结果进行如何的处理等，几乎是他们自己的事情。尽管国家有关部门制定科研规划，组织协同攻关，但科技研究的本质特征在于创新，对科学而言“就是发现人们过去不知道的事情，在本质上是无法干预的”②，而对技术而言就是发明以前所没有的东西，在本质上也是难以干预的。可以说，“学术自由”是科技劳动的最大特点。

第三，关于科技劳动的产品即科技成果的处理，若其属于应用性研究和开发性研究的技术成果，它具有严格的保密性，这种技术成果的保密性充分展示了它的私人属性，研究者可申请专利以免受侵权；若属于基础性研究的纯理论性的成果，在未发表或未公之于世之前，仍具有一定的保密性和私人性，研究者是将其在杂志上发表，还是集结成书后出版，甚至还是认为其不成熟或由于其他方面的原因而暂且“束之高阁”而不予面世等，在一定程度上皆由研究者私人决定，即属于研究者自己的事情。

二、科技劳动的社会性

在商品经济条件下，生产者在为了交换而进行私人劳动时，生产者的私人劳动具有了二重的社会性质，“一方面，生产者的私人劳动必须作为一定的有用劳动来满足一定的社会需要，从而证明它们是总劳动的一部分，是自然形成的社会分工体系的一部分。另一方面，只有在每一种特殊的有用的私人劳动可以同任何另一种有用的私人劳动相交换从而相等时，生产者的私人劳动才能满足生产者本人的多种需要。”这样，各种不同的“私人劳动的总和形成社会总劳动。由于生产者只有通过交换他们的劳动产品才发生社会接触，因此，他们的私人劳动的特殊的社会性质也只有在这种交换中才表现出来”，从而“私人劳

---

① 《马克思恩格斯全集》，中文1版，第23卷，89页，北京，人民出版社，1972。

② 贝尔纳：《科学的社会功能》，325页，北京，商务印书馆，1985。

动在事实上证实为社会总劳动的一部分”①。在当代经济社会中，从商品经济社会的系统整体构成来看，科技劳动在具有私人性并显示为私人劳动的同时，也具有社会性并且表现为社会劳动，这是因为在当代经济社会中存在着不同层面的科技内部的分工和社会范围的分工，科技工作者之间以及与其他劳动者之间在这种复杂分工的基础上互相联系、互相依赖，从而使众多的私人劳动的总和形成了社会总劳动。具体来看：

第一，在当代经济社会中，由于科技系统内部存在着复杂的多层次的社会分工，科技人员之间相互联系、相互依赖，各种不同的科技私人劳动的总和形成了“科技总劳动”。大家知道，科技系统内部的分工是复杂的、多层次的，如从科技向社会生产转化的角度来看，科技人员的研究活动存在着多层次的社会分工，有的主要从事基础性的科技研究，有的主要从事应用性的科技研究，有的主要从事开发性的科技研究，还有的主要从事生产过程中的科技研究等；又如从科技人员的专业领域来看，他们的研究活动表现出更为复杂的社会分工，有的从事物理学领域的科技研究，有的从事化学领域的科技研究，有的从事生物学领域的科技研究，又有的从事经济学领域的科技研究等，并且在每一个大的领域中还有更为细致的社会分工，像物理学领域中有的从事运动学方面的科技研究，有的从事力学方面的科技研究，有的从事基本粒子物理学方面的科技研究，有的从事天体物理学方面的科技研究，等等。尽管科技在当代表现出综合化的发展趋势，这些分工依然存在，并且使这些分工变得更加复杂化和多样化。同时应当看到，科技系统内部存在着的这些复杂的多层次的社会分工之间，不是彼此孤立、毫无联系的，而是相互联系、相互依赖的，如从事基础性研究的科技人员的劳动，从事应用性研究的科技人员的劳动，从事开发性研究的科技人员的劳动和在生产中进行科技研究的劳动等，相互联系和彼此依赖，形成了“从事基础性研究的科技人员的劳动⇆从事应用性研究的科技人员的劳动⇆从事开发性研究的科技人员的劳动⇆在生产中进行科技研究的劳动”的双向互动的有机整体，从而使不同层面的科技劳动相互依赖、相互渗透，它们的总和构成了科技总劳动。

第二，在当代经济社会中，由于在社会大系统中也存在着复杂的多层面的社会分工，科技人员和其他劳动者之间在这种社会大分工的基础上也相互联系和相互依赖，从而使科技劳动和其他劳动的总和形成了社会总劳动。从商品经济社会的系统整体构成来看，社会大系统中的社会分工，可以说比科技系统内部的分工更为复杂和多样。其中，科技劳动和生产劳动的分工是传统意义上的分工方式，并且在传统理论中将科技劳动游离于生产劳动之外。而在当代经济社会中，这两种不同的分工方式依然存在，尽管我们现在讲“科技与生产的一体化”，但并不否定二者的分工，事实上这种“一体化”是建立在二者分工的基础上的。同时我们也应当看到，这种“一体化”的现实和进一步发展的趋势，展现出科技与生产的内在关联，反映出科技劳动人员和其他劳动者之间的相互联系和相互依赖，从而使科技总劳动和其他劳动有机联系在一起，形成了社会总劳动；简言之，科技总劳动与其他劳动的总和表现为当代经济社会中的社会总劳动。总之，在当代经济社会中，从商品经济社会的系统整体构成来看，各种不同的科技私人劳动在科技内部分工基础上相互依赖进而成为科技总劳动的一部分，而科技总劳动在社会大系统分工的基础上与其他私人劳动相

---

① 《马克思恩格斯全集》，中文1版，第23卷，90、89页，北京，人民出版社，1972。

互联系进一步成为社会总劳动的一部分，从而使科技私人劳动也具有了社会性，成为社会劳动。当然，科技私人劳动要实现其社会性，科技人员必须研究出一定的理论、技术或工艺等使用价值，以满足社会的一定需要，证明它是社会总劳动的一部分，是自然形成的社会分工和科技内部分工的一部分；同时，某一科技私人劳动只有同另一种私人劳动交换成功时，它才能在满足科技人员自身需要的同时，实现向社会劳动的转化，进而成为社会总劳动的一部分。

三、商品生产的科技劳动：科技私人劳动和科技社会劳动的统一体

从商品经济社会现实运行的逻辑机制和社会分工基础上的系统整体构成相统一的角度来综合考察将会发现，在当代经济社会中，生产科技商品的科技劳动表现出相互矛盾的二重属性——私人性和社会性，表现为科技私人劳动和科技社会劳动，但从整体论的意义上讲，二者在相互矛盾的基础上又不是彼此分离和互不相干的，而是相互联系、相互依赖和相互依存的，它们有机地结合在一起，共同构成了生产科技商品的科技劳动整体，因此科技劳动是科技具体劳动和科技抽象劳动的矛盾统一体。科技私人劳动和科技社会劳动在矛盾基础上的这种辩证统一性，主要表现在：

第一，从科学认识论的角度来看，科技私人劳动和科技社会劳动不是两次或两种科技劳动，而是同一次或同一种科技劳动过程在社会领域所展现出来的两种不同的社会属性，这就如同“一币两面”一样。二者的划分只是从两个不同的维度对同一次或同一种科技劳动进行科学考察的结晶，是理论研究和科学认识的需要使然。具体表现在，科技私人劳动是从商品经济社会现实运行的逻辑机制维度的考察结果，而科技社会劳动是从在社会分工基础上的系统整体构成维度的考察结果，不管考察的维度如何不同，但它们所反映的是同一次或同一种的科技劳动。那种认为科技劳动只是私人劳动的观点是片面的，这样的科技劳动至多是潜在意义上的可能的科技劳动，而不是真正意义上的现实的科技劳动；换言之，只有将科技私人劳动转化为科技社会劳动，赋予科技私人劳动以社会性，从而使科技劳动既具有私人性也具有社会性，即达到科技私人劳动和科技社会劳动的统一之时，科技劳动才是真正意义上的具有社会现实性的科技劳动。同样地，那种认为科技劳动只是社会劳动的观点也是片面的，这样的科技劳动至多是原始意义上的不以社会分工为基础的“萌芽状态”的科技劳动，而不是既以社会分工为基础又与其他劳动相关联的当代经济社会中的科技劳动。从这个意义上来讲，当代经济社会中真正意义上的科技劳动，是科技私人劳动和科技社会劳动的矛盾统一体。

第二，从唯物辩证法的角度来看，科技私人劳动和社会劳动是相互联系、相互依赖和相互依存的辩证统一的关系。这种辩证统一的关系具体表现为，科技私人劳动是科技劳动的现实表现形式，它为科技劳动中蕴涵着的社会劳动提供了得以实现的具体形式和现实性上的基础，不以科技私人劳动作为具体形式或没有科技私人劳动形式作为基础的纯粹的科技社会劳动，就不是生产科技商品的科技劳动，而是游离于商品生产之外的科技劳动；同时，科技社会劳动是科技劳动所蕴涵的科技劳动者的社会性内容，它为科技私人劳动的社会实现在现实性上提供了社会保障，不以科技社会劳动为内容或没有科技社会劳动的科技私人劳动也不是生产科技商品的科技劳动，而是一种“自己生产自己消费式”的科技劳

动，在现实性上难以成为社会总劳动的一部分。从上述意义上讲，没有科技社会劳动的科技私人劳动和没有科技私人劳动的科技社会劳动，都不是生产科技商品的科技劳动，二者相互依赖、相互依存，共同构成当代经济社会中生产科技商品的科技劳动这一矛盾统一体。

四、把握科技商品生产基本矛盾原理的关键

在当代经济社会中，把握科技商品生产基本矛盾原理的关键，在于深刻理解科技私人劳动向科技社会劳动的转化问题，因为在科技私人劳动和科技社会劳动构成的科技劳动这一矛盾统一体中，科技私人劳动向科技社会劳动的转化是至关重要的、异常复杂的和极其多样的。只有具体分析科技私人劳动向科技社会劳动转化的重要性、复杂性和多样性，才能深入而全面地把握科技商品生产的基本矛盾原理。

第一，科技私人劳动向科技社会劳动转化的至关重要性。从商品经济社会的现实运行规律来看，在当代经济社会中的科技私人劳动要转化为科技社会劳动进而实现其社会性，科技人员就必须研究出一定的理论成果、技术产品或工艺流程等科技使用价值，以满足进一步的科技研究活动和社会生产以及社会生活的一定需要，来证明它是科技总劳动和社会总劳动的一部分，是自然形成的社会分工和科技内部分工的一部分。某一科技私人劳动，当且仅当，只有同另一种私人劳动相交换并且交换成功时，它才能在满足科技人员自身需要的同时，实现向社会劳动的转化，进而成为现实性上的科技社会劳动，因此科技劳动表现出的社会性，表现为科技社会劳动，是通过科技私人劳动转化而来的。如果科技私人劳动不能实现这一转化，不能表现为科技社会劳动，那么这种科技私人劳动就不是真正意义上的现实的科技劳动，至多只是潜在意义上的可能的科技劳动。这就如同一般意义上的生产劳动一样，如果仅仅停留在私人劳动阶段，而又不能转化为社会劳动，这样的生产劳动对于社会来讲属于无效劳动，而它不是真正意义上的生产劳动，至多是潜在意义上的生产劳动。因此，在当代经济社会中，科技私人劳动必须而且不得不向科技社会劳动转化，并且这种转化的成功与否直接决定着科技劳动能否成为真正意义上的科技私人劳动和科技社会劳动的矛盾统一体。正是在这个意义上，显现出科技私人劳动向科技社会劳动的转化对于由科技私人劳动和社会劳动构成的科技劳动这一矛盾统一体所具有的至关重要的作用。

第二，科技私人劳动向科技社会劳动转化的异常复杂性。这是相对于一般生产劳动的私人劳动向社会劳动的转化而言的，突出地表现在科技私人劳动同其他私人劳动相交换的比例关系的异常复杂性。科技私人劳动要想转化为科技社会劳动，实现其社会性，就必须同其他私人劳动相交换，并且要求这一交换必须成功。但是，科技私人劳动同其他私人劳动交换的比例关系是异常复杂的，交换非常困难，因为科技劳动与一般生产劳动相比较带有更大的创造性、探索性和盲目性等特点；同时由于科技劳动作为“以脑力劳动为主并辅之以一定体力劳动”的社会实践活动，在人类社会的劳动分工系统中是最高级最复杂的人类劳动，可以说这在理论界和社会上已经形成共识。从理论上讲，由于“少量的复杂劳动等于多倍的简单劳动”，因此最复杂的科技劳动可能是一些简单劳动的几十倍、几百倍。然而，这种比例关系到底是多少呢？对于这样一个问题，马克思主义经典作家没有给出明确的答案，并且在《资本论》中马克思为了便于研究将这一异常复杂的比例关系进行了技术性处理，将其“简化”，使最复杂的科技劳动与简单劳动相当，从方法论角度看这一技术性处理是必要的、可行的，因为不作这样的处理，《资本论》庞大的理论体系在马克思的有生之年是难以建构完成的。就是作了这一技术性处理，马克思在他的有生之年也仅仅完成了《资本论》第一卷的出版工作，《资本论》第二、三卷也仅仅是作为手稿而完成的，它的全部的整理出版工作是在马克思逝世之后由他的伟大的“合作者”恩格斯来完成的。在此加以强调的是，对于科技私人劳动同其他私人劳动相交换的这种异常复杂的比例关系，如果在马克思时代进行经济理论建构时作这样的“简化”处理还符合时代特征的话，那么在当代经济社会中再作这样的技术性处理则是不符合时代特征的。

第三，科技私人劳动向科技社会劳动转化的繁杂多样性。这也是相对于一般生产劳动的私人劳动向社会劳动的转化而言的，突出地表现在科技私人劳动和其他私人劳动相交换时所具有的繁杂多样性，而这种繁杂多样性源自科技劳动自身的繁杂多样性，因为科技劳动除了表现为各个专业领域的各种不同的劳动（如物理学领域的科技劳动、化学领域的科技劳动和生物学领域的科技劳动等）之外，还表现出了不同的层次性，包括从事基础性研究的科技人员的劳动、从事应用性研究的科技人员的劳动、从事开发性研究的科技人员的劳动、在生产过程进行技术处理的科技人员的劳动等，这些不同领域、不同层次的科技劳动的交换是多样的、繁杂的。在现实性上，这些不同科技劳动交换主要是通过其成果的交换来实现的，我们在前面分析科技价值的实现时已经分析了基础性研究成果在理论界内部的交换、基础性研究成果和其他劳动产品的交换、应用性和开发性研究成果与基础性研究成果的交换、应用性和开发性研究成果与其他部门的产品的交换等（请参见前面分析科技价值实现的特殊性时的分析，在这里不再作重复性论述）。透过这些多样的繁杂的科技成果的交换形式，我们已经揭示出科技价值实现的繁杂性和多样性，由于科技价值的实质是科技劳动，因此在这些多样的繁杂的科技成果的交换中，实质上显示出来的是不同科技劳动相交换的繁杂性和多样性，进一步讲是科技私人劳动向科技社会劳动转化的繁杂性和多样性。

关键术语

科技商品	科技使用价值	科技价值
科技劳动	科技具体劳动	实验技术装备
“图书—情报”资料	科技抽象劳动	科技商品生产的基本矛盾
科技劳动的私人性	科技劳动的社会性	

习题

1. 如何理解科技商品二因素原理的内涵？

2. 在当代经济社会中，科技使用价值与一般物质性商品的使用价值相比较，表现出哪些特征？

3. 在当代经济社会中，科技价值作为科技劳动的凝结，与一般物质性商品的价值相比较，表现出哪些独特的属性和特征？

4. 如何理解科技商品是科技使用价值和科技价值的统一体？

5. 如何理解科技劳动二重性原理的内涵？

6. 与传统的物质生产劳动方式相比较，当代科技劳动方式的构成有其特殊性，主要表现在哪些方面？

7. 科技劳动者作为当代科技劳动方式的主体因素，是发展科技最主要、最活跃的决定性和能动性因素，具体表现在哪些方面？

8. 随着科技的发展和科技产业的大量涌现，科技劳动者已经形成一支庞大队伍，这支队伍由分工与协作的关系形成了哪些种类的具有相对稳定性的群体结构系统？

9. 如何理解实验技术装备在当代科技劳动方式中的作用？

10. 如何理解“图书—情报”资料在当代科技劳动方式中的作用？

11. 科技劳动作为抽象劳动形成科技价值，与一般的物质生产劳动作为抽象劳动形成价值相比较，有哪些共同点？又有哪些不同点？

12. 如何理解科技劳动作为形成科技价值实体的抽象劳动是一个历史范畴？

13. 如何理解生产科技商品的科技劳动是科技具体劳动和科技抽象劳动的统一体？

14. 科技劳动在当代经济社会中作为生产科技商品的劳动，如何理解它首先具有私人性？如何理解它也具有社会性？

15. 如何理解商品生产的科技劳动是科技私人劳动和科技社会劳动的统一体？

16. 把握科技商品生产基本矛盾原理的关键是什么？

第十四章

新时代的剩余价值论探讨

新科技革命背景下的当代经济社会呈现出知识经济、科技经济、科技商品经济和科技劳动经济的新特点，在这样的经济社会中劳动价值论主要体现为科技劳动价值论，其基本原理主要包括科技商品的二因素原理、科技劳动的二重性原理和科技商品生产的基本矛盾原理。在本章中，我们运用这些基本原理来分析新科技革命背景下的当代企业及其价值生产，并在此基础上介绍“科学价值库”理论、价值孵化理论以及与此相对应的剩余价值理论。①

第一节　当代企业及其价值生产

新科技革命背景下的当代经济社会，是“科技与经济一体化”的经济社会，进一步讲是“科学、技术与经济一体化”的经济社会。在这“三位一体”的经济社会中，如何认识当代的科学、技术和企业以及三者的关系？

一、当代企业

当代企业是“科学、技术与经济一体化”的当代经济社会中的企业。从现实性上来审视，当代企业在不同的程度上已经将科学和技术的因素纳入到自身之中，不包含科学和技术因素的企业在当代经济社会中几乎是不存在的。从这种意义上讲，当代企业都已经成为

---

① 在此加以说明的是，本章是根据刘冠军《现代科技劳动价值论研究》（北京，中国社会科学出版社，2009）的第三章第二至四节和第四章第一、二、四节的内容加以整理而成的，为了行文的方便引用该书这些章节的内容只择要注出，不当之处敬请谅解。

科技企业和“科技化”的企业。如果将科技企业和“科技化”的企业加以比较的话，那么前者主要是指当代科技以“直接方式”融入经济系统所形成的企业形式，或者说是科技直接作为经济系统中的企业而存在的当代企业形式；而后者主要是指当代科技以“间接方式”融入经济系统所形成的企业形式，或者说是科技通过转化、物化、渗透等途径应用于原来的生产企业并使其“科技化”而形成的当代企业形式。当然，二者的划分是相对的，这种划分只是表明了两者之间所包含的科学和技术因素的程度差异，或“科技化”程度的高低，前者高一些，而后者低一些。

同时，根据“科技化”程度的高低，当代企业还可以相对性地划分为以下三种类型：(1) 在当代科技产业化的世界性潮流中出现的新型当代科技产业，其最具代表性的就是当代高新科技产业。(2) 原来的大型生产企业通过设立“工业实验室”等研发机构使其变成了当代的科技企业。(3) 当代科技通过转化、物化、渗透等途径应用于原来的生产企业，使原来的生产企业“科技化”而形成的当代企业。不管将当代企业作如何的划分，是划分为两种类型还是划分为三种类型，在现实性上当代企业都已经在不同程度上以不同方式将科学和技术的因素纳入其中，这是由“科学、技术与经济一体化”的当代经济社会所决定的，或者说是当代经济社会的知识经济、科技经济、科技商品经济和科技劳动经济等特征的应有之义。

二、当代企业“整个生产劳动过程”中人类劳动的特征

在“科学、技术与经济一体化”的当代经济社会中，当代企业的“整个生产劳动过程”在现实性上已经将基础性理论科学成果的研究过程和应用开发性技术成果的研究过程以不同的方式（或直接方式，或间接方式）纳入到自身之中，从而使当代企业“整个生产劳动过程”中的人类劳动表现为由多个劳动阶段或劳动环节为要素构成的有机整体或动态系统；并且，在这一有机整体和动态系统中展现出当代企业“整个生产劳动过程”中的人类劳动所具有的“跨时空”特征。

1. 整体系统性

人类劳动在当代企业“整个生产劳动过程”中表现出整体系统性的特征。当代企业“整个生产劳动过程”中的人类劳动呈现为一个有机整体或动态系统，它主要是由以下三个环节的劳动为要素构成的。

第一，从事基础性理论科学成果研究的科学家、一般科学人员及其组织管理者的劳动。它主要表现为科学事实的发现、科学原理的总结、科学规律的概括和科学理论体系的建构等。在现实中，这一环节的劳动一般不在企业的“现场”中进行（当代的高新科技产业例外），但这是当代企业“整个生产劳动过程”不可缺少的环节，是从科技研究到企业内部“现场”生产的起始环节。由于这部分劳动主要是“不在企业现场”中进行的劳动，因此被称为当代企业“非在场的”或“不在场的”劳动。

第二，从事应用开发性技术成果研究的技术专家和工程师及其组织管理者的劳动。它主要表现为应用性的技术原理的发明、工艺流程的设计、制造方法的构思、技术方案的制定等，同时也包括开发性的新技术、新产品的试制、中试阶段的批量生产等。在现实中，对高新科技产业和拥有自己的“工业实验室”之类的“研发中心”的大型企业而言，一般

包含着这些方面的研究，而其他的企业也不排除有这些方面的研究，但相对地讲是比较少的。由于这些方面的研究，一般是在与“企业现场”中的生产劳动相分离的“工业实验室”之类的“研发中心”进行的，同时由于这些“研发中心”又是包含在当代企业之内的，是当代企业的一个构成部分，因此从事这些方面研究的科技人员的劳动被称为当代企业“准在场的”劳动。

第三，在当代企业“生产现场”中的工程师、技术人员和生产工人及其组织管理者的劳动。它主要表现为当代企业在“生产现场”中进行的大批量生产产品的劳动，这也就是传统理论中认为的创造价值的“生产劳动”，马克思在《资本论》等经典著作中主要探讨的，就是这一环节上的“生产劳动”。由于这部分劳动是在当代企业的“生产现场”中进行的，因此被称为当代企业“在场的”劳动。

这样，在当代企业“整个生产劳动过程”中所包括的人类劳动，按照传统理论认为的从科学到生产的转化路径来看，依次展现为“‘非在场的’从事基础性理论科学成果研究的科学家和一般科学人员及其组织管理者的劳动→‘准在场的’从事应用开发性技术成果研究的技术专家和工程师及其组织管理者的劳动→‘在场的’工程师、技术人员和生产工人及其组织管理者的劳动”，这些不同环节上的人类劳动相互联系、相互依赖和相互衔接，共同形成了当代企业“整个生产劳动过程”的连续的“人类劳动链条”，这也就是人类劳动在当代企业“整个生产劳动过程”中所表现出来的有机整体或动态系统的实质。

2. “跨时空”特征

当代企业“整个生产劳动过程”的人类劳动在表现为以“人类劳动链条”为实质内容的有机整体或动态系统的同时，这个有机整体或动态系统表现出具有较大“时空位差”或“时空跨度”的“跨时空”特征。从劳动者构成的时空分布来看，当代企业“整个生产劳动过程”的“人类劳动链条”中的劳动者是多层面的，既包括“非在场的”科学人员及其组织管理者，也包括“准在场的”技术人员及其组织管理者，还包括“在场的”生产工人及其组织管理者，这些不同层面的劳动者分布在不同时间和不同地点。

第一，从时间维度看，当代企业“整个生产劳动过程”的“人类劳动链条”将三个层面的劳动者纳入到自身。这三个层面的劳动者可以是不同时的或不同时代的，因为从劳动成果产生的时间顺序来看，一般是先有基础性的科学成果，后有应用开发性的技术成果，最后才是企业生产的产品，从而表现出具有时间先后性特征的“基础性的科学成果→应用开发性的技术成果→企业生产的产品”的转化过程。这也就意味着生产这三个层面劳动成果的劳动者是有时间先后的，甚至是不同时代的人。在这个意义上，当代企业“整个生产劳动过程”的“人类劳动链条”中的劳动者是具有“跨时代”或“跨时间”特征的。即使是当代企业“整个生产劳动过程”的“人类劳动链条”的“同一层面”的劳动者，也具有这种“跨时代”或“跨时间”特征，这在第一个层面表现得特别突出。具体来看，对于当代企业“不在场的”科学人员及其组织管理者来说，既可以是同时代的人，也可以是不同时代的人，因为科学劳动的突出特点是“部分地以今人的协作为条件，部分地又以对前人劳动的利用为条件”①，对某一个从科学人员来讲，“以今人的协作为条件”的实质，是将

① 《马克思恩格斯全集》，中文1版，第25卷上，120页，北京，人民出版社，1974。

同时代的其他从事这方面研究的科学家的劳动，吸纳并凝结到自己的成果中；而“以对前人劳动的利用为条件”的实质，是将不同时代的以往的科学家的劳动，汲取并凝结到自己的成果中。这样，当代某一个科学人员的劳动，一方面表现为他自身劳动力付出的过程（表现为创新性劳动），另一方面将不同时代的其他科学人员的劳动吸纳并集结到自身的劳动过程（表现为继承性劳动），因此当代科学人员的劳动在实质上具有“跨时代”或“跨时间”的特征。

第二，从空间维度看，在当代企业“整个生产劳动过程”的“人类劳动链条”中“同时并存”的不同劳动者，表现为“在场的”生产工人、“准在场的”技术人员和“不在场的”科学人员所具有的位置特征，其中意味着这些不同层面的劳动者在空间上分布于不同的地点和场所。在现实中也是如此，当代企业“在场的”技术人员和生产工人等的劳动场所主要是工厂、车间和矿区等；“准在场的”工程师和技术人员等的劳动场所主要是企业中设立的“工业实验室”之类的研发中心，以及国家或地区设立的科学院、科学研究所和高等院校的实验室等；“不在场的”科学家和一般科学人员等的研究场所主要集中在国家或地区设立的科学院、科学研究所和高等院校，其次是在企业中设立的“工业实验室”之类的研发中心等。因此，当代企业“整个生产劳动过程”的“人类劳动链条”中“同时并存”的不同劳动者，在空间上的分布是比较广泛的，表现出了“跨区域”、“跨空间”的特征，并且伴随“经济全球化”世界潮流的向前推进，甚至表现出“跨地区”、“跨国家”的特征，其中典型的代表就是“跨国公司”和“跨国企业”中的劳动者的分布。

第三，从时间维度和空间维度相统一的视域来看，当代企业“整个生产劳动过程”的“人类劳动链条”中的不同的劳动者，在时间上的“不同时性”和“跨时代性”等“跨时间”特征，与在空间上的“跨地区”、“跨区域”和“跨国家”等“跨空间”特征相互联系、相互交织，共同构成了这些劳动者“跨时空性”的特征。

与劳动者构成的时空分布特征相适应，从劳动过程的阶段性构成看，在当代企业“整个生产劳动过程”的“人类劳动链条”中所表现出来的不同阶段性的劳动，是其中的不同层面上的劳动者的劳动力的使用过程，从而使当代企业“整个生产劳动过程”的“人类劳动链条”呈现出：在时间上表现出“不同时性”和“跨时代性”等的“跨时间”特征；在空间上表现出“跨地区”、“跨区域”和“跨国家”等的“跨空间”特征；以及由它们综合在一起所构成的“跨时空性”的特征。

3. 整体系统性和“跨时空”特征的一致性

人类劳动在当代企业“整个生产劳动过程”中，在表现出整体系统性的同时，也表现出了具有较大“时空位差”或“跨时空”特征，这两个方面不是对立的、矛盾的，而是一致的、统一的。从劳动者构成来看，在当代企业的“整个生产劳动过程”中，除了这些“在场的”人员之外，还将“不在场的”科学人员、“准在场的”技术人员等纳入其中，并且表现出具有较大“时空位差”和“跨时空”的特征。这在表面上似乎影响了当代企业的“整个生产劳动过程”中人类劳动的整体系统性，因为这种较大的“时空位差”和“跨时空”的特征使当代企业的“整个生产劳动过程”中人类劳动显得过于松散而不集中，不像传统意义上的企业生产劳动那样集中而显示出整体系统性来。但是在现实中，当代企业“整个生产劳动过程”纳入其中的“不在场的”科学人员、“准在场的”技术人员等，才是企业生产的不可缺少的、主要的甚至是关键性的构成部分，因为他们是企业生产的核心和灵魂，是企业生产的创始者、设计者、主导者和真正意义上的“领导者”，在一定意义上讲没有他们就没有当代企业。在传统意义上的企业生产劳动中，尽管这些人员起着同等重要的作用，但将其视为企业生产劳动之外的因素，从这个意义上传统意义上的企业生产劳动所表现出的那种整体系统是不完整的、不全面的。与其相比较，当代企业“整个生产劳动过程”中人类劳动的整体系统性才是完整的、全面的和有机的，在劳动者整体方面具体表现为以“不在场的”科学人员为核心构成要素的、以“准在场的”技术人员为重要构成部分的、以“在场的”生产人员为不可缺少要素的群体结构系统。

同样地，若从当代企业劳动的种类和阶段性构成方面来分析，我们也会得到相同的结论：人类劳动在当代企业“整个生产劳动过程”中所表现出来的整体系统性与其“跨时空”特征也不是矛盾的，而是统一的；并且也会发现：当代企业“整个生产劳动过程”的人类劳动是以“不在场的”科学人员的劳动为核心构成要素的、以“准在场的”技术人员的劳动为重要构成要素的、以“在场的”生产人员的劳动为不可缺少要素的劳动结构系统。

三、当代企业“跨时空”价值生产和运行的“价值链”

从劳动价值论角度看，由于价值是人类劳动的凝结，人类劳动是价值的源泉，因此当代企业“整个生产劳动过程”中具有“跨时空”特征的“人类劳动链条”，在实质上体现的是其“跨时空”的价值生产和价值运行的流程或链条。它具体表现为由不同层面上的价值生产者或创造者、不同阶段上的劳动价值源泉、不同表现形式的价值载体等所构成的具有“跨时空”特征的价值系统。这种价值系统主要是由以下几个环节的价值作为要素来构成的。

第一，科学人员通过科学劳动所创造的理论科学成果的价值。这部分价值的创造者，主要是指当代企业“不在场的”从事基础性理论科技研究的科学人员，它包括科学事实的发现者、科学原理的总结者、科学规律的概括者和科学理论体系的建构者等科学家、一般科学人员及他们的组织管理者等；这部分价值的源泉，主要是当代企业“不在场的”人员的科学劳动，它包括发现科学事实的劳动、总结科学原理的劳动、概括科学规律的劳动和建构科学体系的劳动，以及对从事这些劳动的科学家和一般科学人员进行组织管理的劳动等；这部分价值的载体，主要是当代企业“不在场的”科学劳动的产品，即基础性理论科学成果，具体表现为提出、论证和建构有关新科学事实、新科学原理、新科学规律和新科学理论体系的研究报告、科学论文和科学著作等。

第二，技术人员通过应用理论科学成果进行技术劳动所创造的应用开发性技术成果的价值。这部分价值的生产者，主要是指当代企业“准在场的”通过应用理论科学成果从事应用开发性科技研究的技术人员，它包括技术原理的发明者、制造方法的构思者、技术产品的制造者、工艺流程的设计者、技术方案的制定者和中试实验的操作者等技术专家、工程师和一般技术人员及其他们的组织管理者等；这部分价值的源泉，主要是当代企业“准在场的”通过应用理论科学成果进行应用开发的技术劳动，它包括发明技术原理的劳动、构思制造方法的劳动、制造技术产品的劳动、设计工艺流程的劳动、制定技术方案的劳动和操作中试实验的劳动，以及对从事这些劳动的技术专家、工程师和一般技术人员进行组织管理的劳动等；这部分价值的载体，主要是当代企业"准在场的"技术劳动的产品，即应用开发性技术成果，具体表现为提出、论证和建构有关新技术原理、新工艺流程、新制造方法和新技术方案等的理论态的研究报告，以及研制的新产品、新品种等实物态的技术成果。

第三，生产工人所创造的产品的价值。这部分价值的创造者，主要是指当代企业"在场的"运用当代科技进行生产的劳动者，一般称之为"生产工人"，它包括当代企业"在场的"工程师、技术人员和一般工作人员及其生产管理者，其中的工程师、技术人员和生产管理者通常被称为"白领工人"，而一般工作人员通常被称为"蓝领工人"；这部分价值的源泉，主要是当代企业"在场的"上述人员的劳动，即传统意义上的"生产劳动"；这部分价值的载体，主要是当代企业"在场的"劳动者生产的产品。

这样，当代企业"整个生产劳动过程"，其价值的生产和运行过程，依次展现为："不在场的"科学人员通过科学劳动所创造的价值→"准在场的"技术人员通过应用理论科学成果进行技术劳动所创造的价值→"在场的"生产工人等通过生产劳动所创造的价值。这些价值相互渗透、相互转化和相互链接，共同架构了当代企业"整个生产劳动过程"具有"跨时空"特征的价值生产和价值运行的"价值链"。

四、当代企业价值生产和运行的"价值链"及其结构模式

当代企业"整个生产劳动过程"的价值生产和价值运行的"价值链"是具有复杂结构的整体系统，它内在地包含着三根"价值子链"：当代企业"在场的"生产工人通过"传统意义上的生产劳动"进行价值生产和价值转移的"初级价值子链"；"准在场的"技术人员通过"技术劳动"进行价值创造和价值流动的"二级价值子链"；"不在场的"科学人员通过"科学劳动"进行价值创造和价值运动的"三级价值子链"。这三根"价值子链"相互联系、相互渗透和相互叠加，共同构成了具有复杂结构的系统——"价值总链"。这一"价值总链"所表征的，就是当代企业"整个生产劳动过程"的价值生产和运行的"价值链"结构模式。

1. 当代企业价值生产和价值转移的"初级价值子链"

这是在"抽象掉"科学和技术的因素之后，单纯考察当代企业"在场的"生产工人进行价值生产的劳动过程的结果。一般地，当代企业"在场的"生产工人进行生产劳动的过程，在价值维度上表现为"生产资本的价值→生产产品的价值"的运动，具体表现在：

第一，从当代企业中的"硬性生产资料"的价值转移到产品的价值。在这里，当代企业的"硬性生产资料"是相对于企业中所使用的科技图书、生产方案的图纸等"软性生产资料"而言的，它既包括生产工具、机器、厂房等，也包括原料、材料、燃料等，相当于传统理论中的不变资本 c 部分。伴随"在场的"生产工人的生产劳动的进行，这些硬性生产资料被不断地磨损和消耗，其价值也就会渐次地或一次性地转移到产品中，成为产品价值的构成部分，因此产品中的这部分价值在传统理论中被称为从"不变资本"中转移而来的价值。在此说明的是，企业中的"软性生产资料"相对于庞大的"硬性生产资料"而言，若仅从价格层面来审视，在整个企业的不变资本 c 中占的份额是非常低的，几乎达到

了可以不予考虑的程度，甚至是可以忽略掉的，因此在传统的价值理论中，不变资本 c 主要是指购买“硬性生产资料”的价格；而在当代企业中，尽管“软性生产资料”是相当重要的，但在“抽象掉”科学和技术的因素之后，其情况与传统价值理论所分析的情况是一致的。

第二，当代企业“在场的”生产工人的生产劳动所创造的自身价值。这部分价值是当代企业“在场的”生产工人新创造的价值，它相当于传统价值理论中的可变资本 v 部分。

第三，当代企业“在场的”生产工人通过生产劳动所创造的剩余价值。这部分价值也是当代企业“在场的”生产工人新创造的价值，相当于传统理论中的剩余价值 m 部分。

这样，当代企业如果不把科学的因素和技术的因素考虑在内，那么它所进行的价值生产和价值转移的过程，就形成了当代企业“整个生产劳动过程”中的“在场的”生产工人的劳动创造价值和转移价值的“初级价值子链”，如图 14—1 所示。

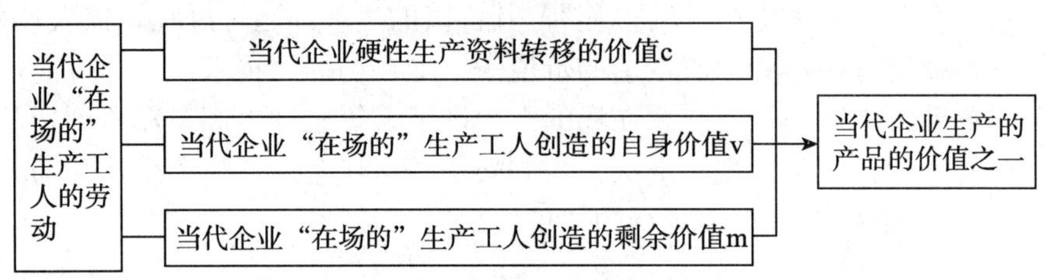

图 14—1　初级价值子链示意图

2. 当代企业价值生产和价值流动的“二级价值子链”

这是在“抽象掉”科学的因素之后，考察当代企业“准在场的”从事应用开发性科技研究的技术人员进行价值创造的技术劳动过程以及考虑到技术成果并入当代企业“现场生产”后的价值运行过程的结果。一般地，当代企业“准在场的”技术人员的劳动过程及其成果并入当代企业“现场生产”后的价值运行过程，在价值维度上表现为“技术资本的价值→技术成果的价值→生产资本的价值→企业产品的价值”的运动，具体表现在：

第一，应用开发性科技研究所需要的“硬性设备”的价值，首先伴随当代企业“准在场的”技术人员的劳动进程不断被磨损和消耗，一次性或渐次地转移到应用开发性技术成果中成为这些技术成果的价值，然后伴随应用开发性技术成果并入企业“现场生产”过程而成为企业“现场生产”的软性生产资料的表象层面的价值，最后转移到企业“现场生产”的产品中而成为该产品的价值。在此说明的是，这里的“硬性设备”是相对于应用开发性科技研究所使用的基础性理论科学成果的论文、著作等“软性资料”而言的，主要是指实验场、实验室、实验仪器和药品试剂等。在将科学的因素“抽象掉”的前提下，在这里暂且对“软性资料”的价值不予考虑。

第二，应用开发性科技研究人员的技术劳动创造的自身劳动力的价值，凝结在应用开发性技术成果中成为该技术成果的价值，然后伴随该技术成果并入企业“现场生产”过程进而成为企业“现场生产”的软性生产资料的表象层面的价值，最后通过企业的“现场生产”转移到企业产品中，进而成为该产品的价值。

第三，应用开发性科技研究人员的技术劳动创造的剩余价值，凝结在应用开发性技术成果中成为该技术成果的价值，然后伴随应用开发性技术成果并入企业“现场生产”过程而成为企业“现场生产”的软性生产资料的表象层面的价值，最后通过企业“现场生产”转移到它的产品中，进而成为该产品的价值。

这样，当代企业“准在场的”技术人员的劳动创造价值的过程，和其技术成果并入当代企业“现场生产”后的价值流动过程，便形成了如图 14—2 所示的“二级价值子链”。

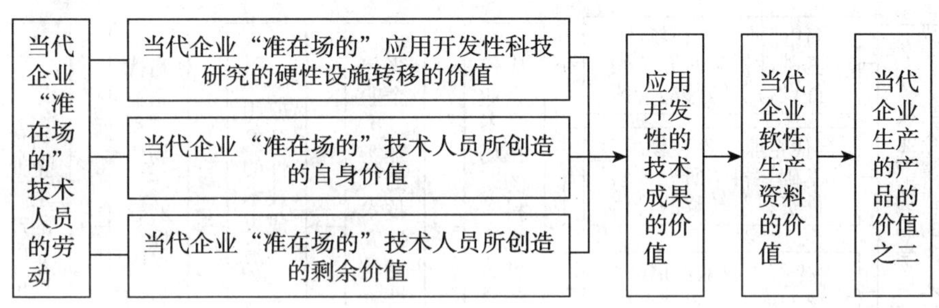

图 14—2　二级价值子链示意图

3. 当代企业价值生产和价值运动的“三级价值子链”

这是在既考虑技术的因素又考虑科学的因素之时，考察当代企业“不在场的”从事基础性科技研究的科学人员进行价值创造的科学劳动过程以及其科学成果并入技术成果继而并入当代企业“现场生产”后的价值运行过程的结果。一般地，当代企业“不在场的”科学人员的劳动过程及其科学成果并入技术成果继而并入当代企业“现场生产”后的价值运行过程，在价值维度上表现为“科学资本的价值→科学成果的价值→技术资本的价值→技术成果的价值→生产资本的价值→企业产品的价值”的运动，具体表现在：

第一，基础性理论科学研究所需要的“硬件设备”的价值，首先伴随当代企业“不在场的”科学人员的劳动进程不断被磨损和消耗，一次性或渐次地转移到基础性理论科学成果中成为该科学成果的价值；然后伴随基础性理论科学成果并入“准在场的”应用开发性科技研究过程进而成为这一技术劳动的“软性资料”，并伴随“准在场的”技术劳动转移到应用开发性技术成果中成为该技术成果的价值；最后伴随应用开发性技术成果并入企业“现场生产”过程而成为企业“现场生产”的软性生产资料的表象层面的价值，并伴随“在场的”生产劳动转移到企业“现场生产”的产品中而成为该产品的价值。在此说明的是，这里的“硬件设备”是相对于“软件资料”而言的。所谓“硬件设备”，主要是指进行基础性理论科学研究的实验室、实验仪器和药品试剂等。而所谓“软件资料”，主要是指进行基础性科学研究所使用的“前人”或“同代人”的基础性理论科学成果的论文、著作等。

第二，基础性理论科学研究所需要的“软件资料”的价值，沿着“硬件设备”价值的运行路径，最后转移到企业“现场生产”的产品中而成为该产品的价值。

第三，基础性理论科学研究人员的科学劳动所创造的自身劳动力的价值，首先凝结在基础性理论科学成果中进而成为该科学成果的价值，然后沿着上述的价值运行路径，最后转移到企业“现场生产”的产品中而成为该产品的价值。

第四，基础性理论科学研究人员的科学劳动所创造的剩余价值，同样凝结在基础性理论科学成果中而成为该科学成果的价值，然后同样沿着上述的价值运行路径，最后转移到企业“现场生产”的产品中而成为该产品的价值。

这样，当代企业“不在场的”科学人员的劳动创造价值的过程及其科学成果并入技术成果继而并入当代企业“现场生产”后的价值运行过程，便形成了如图 14—3 所示的“三级价值子链”。

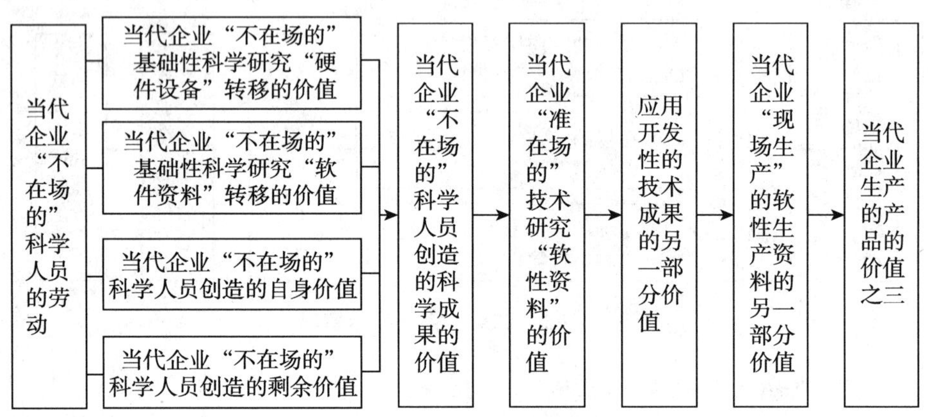

图 14—3　三级价值子链示意图

4. 当代企业价值生产和运行的“价值链”结构模式

当代企业“整个生产劳动过程”的价值生产和价值运行的“价值链”结构模式，又被称为其“价值总链”结构模式，因为它是由上述三根“价值子链”有机集成的结果，集中体现为当代企业“整个生产劳动过程”的价值生产和价值运行的“价值总链”。这一“价值总链”是在既考虑技术的因素又考虑科学的因素之时，综合性地考察当代企业“整个生产劳动过程”的“在场的”生产工人的劳动创造价值的过程、“准在场的”技术人员的劳动（即技术劳动）创造价值的过程和“不在场的”科学人员的劳动（即科学劳动）创造价值的过程以及在这些过程中价值运行的产物。也就是说，这一“价值总链”是当代企业“整个生产劳动过程”的价值生产和价值运行的“初级价值子链”、“二级价值子链”和“三级价值子链”相互联系、相互渗透和相互叠加而构成的复杂结构系统。在此，用简图图 14—4 展示。

在此加以说明的是：第一，在横向维度上，图 14—4 中的 A 线表示当代企业的“初级价值子链”；B 线表示当代企业的“二级价值子链”；C 线表示当代企业的“三级价值子链”。这三根“价值子链”在横向维度上展示了在“科技与经济一体化”的经济社会中，当代企业“整个生产劳动过程”所形成的三个“价值源”及其相对应的三股“价值流”的运行过程。通过对这三个“价值源”和三股“价值流”的运行过程的考察，将不难发现，当代企业生产的产品的“实际价值”不仅包括“在场的”生产工人通过其劳动所创造和转移的价值，而且包括“准在场的”技术人员通过其劳动所创造和转移的价值，甚至还包括“不在场的”科学人员通过其劳动所创造和转移的价值。这三个“价值源”形成的价值通过当代企业“整个生产劳动过程”的三股“价值流”的运行，最终形成了当代企业产品的

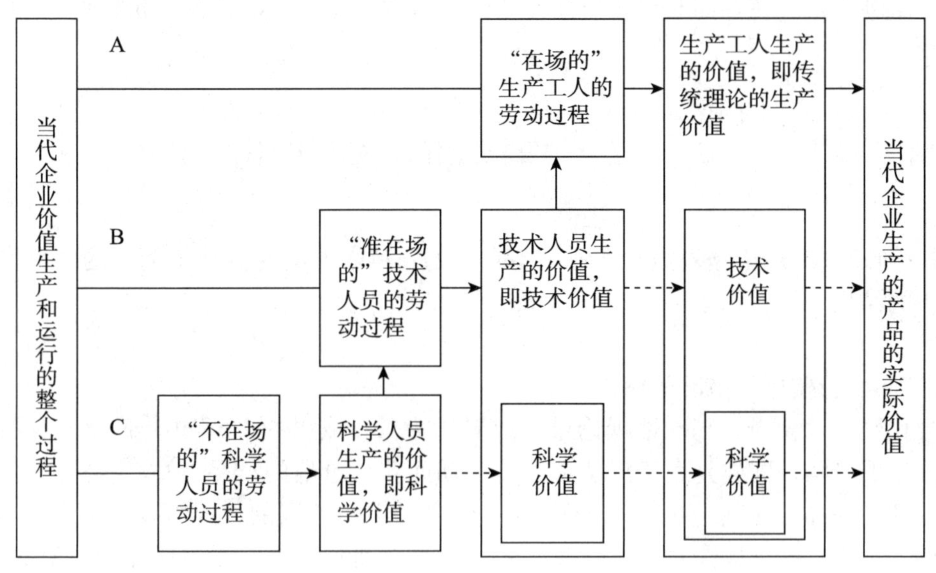

图 14—4　当代企业"整个生产劳动过程"的"价值总链"结构模式示意图

实际价值。

第二，在纵向维度上，图 14—4 中展现出：(1) 当代企业"整个生产劳动过程"依次展现为："不在场的"科学人员的劳动过程→"准在场的"技术人员的劳动过程→"在场的"生产工人的劳动过程。这三个劳动过程形成了当代企业"整个生产劳动过程"的"价值源泉链条"。(2) 当代企业整个价值生产的过程依次展现为："不在场的"科学人员的劳动所创造的价值→"准在场的"技术人员的劳动所创造的价值→"在场的"生产工人的劳动所创造的价值。这三处劳动所创造的价值形成了当代企业整个价值生产过程的"价值增殖链条"。(3) 当代企业整个生产过程的价值运行或价值流动过程依次展现为：科学价值→技术价值→企业产品的价值。这三种价值的依次递进形成了当代企业整个生产过程的"价值递进链条"。这样，"价值源泉链条"、"价值增殖链条"和"价值递进链条"从纵向维度上展现了当代企业整个生产过程的价值来源、价值创造和价值转移的过程。

第三，图 14—4 中的箭头符号"→"和"┈→"，分别代表"显在"的运行和"潜在"的运行。这样，在该图中所展示的横向维度上的"初级价值链"、"二级价值链"和"三级价值链"，与纵向维度上的"价值源泉链条"、"价值增殖链条"和"价值递进链条"，相互联系、纵横交叉和有机叠加，共同构成了当代企业"整个生产劳动过程"的价值生产和价值运行的"价值总链"或"价值网络"模式。

第四，这一"价值网络"模式中所展现出来的当代企业所生产的产品的价值，在构成上是不同于传统价值理论的。传统价值理论认为，只有"在场的"生产工人的生产劳动，才能创造和转移价值，因此其生产的产品的价值是由 c、v 和 m 构成的。而通过这一"价值网络"模式所展现出来的是，当代企业所生产的产品的价值在构成上除了包括传统价值理论所认为 c、v 和 m 三部分价值之外，还包括技术人员和科学人员的劳动所创造和转移的价值，即科学的价值和技术的价值。这是传统价值理论在当代经济社会中所遇到的不能解答的“难题”之所在，同时也是下面介绍的“科学价值库”理论及其价值孵化理论要解决的问题。

第二节 “科学价值库”理论

“科学价值库”理论是对当代企业“不在场的”科学人员的劳动所创造的“科学价值”进行分析的结果。

一、“科学价值库”范畴的提出

在当代经济社会中，基础性理论科学成果作为科技成果的重要构成部分，“同样是人类社会分工的产物，同样是由于耗费了人类劳动而获得价值的产品”①，并且它作为商品，也像其他商品一样，在其中也凝结着作为一般的无质的差别的人类抽象劳动所形成的价值，即科学价值。这正如在对“科技商品的二因素原理”中所分析的那样，这里的科学价值在实质上是指凝结在科学使用价值之中的科学人员所付出的作为一般的无质的差别的人类抽象劳动。这是科学价值与其他商品价值的相同之处，即科学价值之一般。

同时，科学价值又有不同于其他商品的价值之处，表现出自身的特征：它是高级复杂的科学劳动创造的价值，其自身也是复杂的，能够在经济系统中直接显现出来的经济价值是有限的，主要表现为“潜在的”经济价值；正因为如此，它的实现在服从价值规律方面具有特殊的复杂性，表现出“等价交换”形式之下的“不等价性”；并且它的价值转移具有虽转移而不减的“奇异性”特点等。这是科学价值的特殊之处，即科学价值之特殊。

综合科学价值之一般和科学价值之特殊，从马克思劳动价值论的基本原理来看，基础性理论科学成果的价值主要是以潜在的“库存”的方式存在着，表现为“科学价值库”。换言之，基础性理论科学成果在一定意义上为人类提供了一个“取之不尽、用之不竭”的“科学价值库”。其根据主要体现在以下三个方面：

第一，任何基础性理论科学成果的建构都是科学劳动的产物，而所有科学劳动都毫无例外地“部分地以今人的协作为条件，部分地又以对前人劳动的利用为条件”②。科学劳动的这一特殊性，决定了新建构的基础性理论科学成果，既是从事建构这一基础性理论科学成果的科学人员的劳动的产物，也容纳了“今人”在这一理论领域的科学劳动的成就，还汲取了“前人”在这一理论领域的科学劳动的贡献。因此，表面上看，某一新建构的基础性理论科学成果是亲自从事该理论科学成果研究的科学人员的劳动结果，而实质上是所有在这一理论领域研究的科学人员的劳动结晶。从劳动价值论视域看，某一基础性理论科学成果所包含的科学价值，表面上看是亲自从事该理论科学成果研究的科学人员的劳动的凝结，而实质上是所有在这一理论领域从事研究的科学人员的劳动的凝结。

第二，对基础性理论科学成果的价值而言，它的价值转移与一般物质性产品的价值转

---

① 陈筠泉：《劳动价值与知识价值》，载《哲学研究》，2001（11）。

② 《马克思恩格斯全集》，中文1版，第25卷上，120页，北京，人民出版社，1974。

移不同，具有“虽转移但不减”的“奇异性”特征。这正如在对“科技商品的二因素原理”中所分析的那样，一方面，从科学价值的载体——科学使用价值的角度来看，基础性理论科学成果往往以专题论文、学术报告、科学著作等形式出现，它们在使用过程中并不像一般物质性产品那样伴随使用过程而逐渐被消耗掉，而是始终如一的。诸如牛顿的《自然哲学的数学原理》、麦克斯韦的《电学和磁学论》、爱因斯坦的《狭义相对论》和《广义相对论》等，不管有多少人使用过它、参考过它、引用过它，它仍然以原有的作用表现着，它的使用价值始终是一样的。这为科学价值具有“转移而不减”的特征提供了“物质保障”。另一方面，从科学价值自身——科学价值实体角度来看，基础性理论科学成果的价值转移不同于物质性产品的价值转移，物质性产品的价值随着该产品的使用会一次性或渐次地转移到其他产品中，即被逐渐消耗掉；而基础性理论科学成果在技术发明和工艺开发等过程中运用，其价值却不会一次性或渐次地转移掉，相反，其价值尽管被某些新技术、新工艺、新产品等吸收了，但是它本身的价值并没有丝毫减少，譬如牛顿的经典力学、爱因斯坦的相对论、德布罗意的物质波理论等，并不因为有人利用过它、引证过它、参考过它，它的价值就会减少；而是恰恰相反，它的价值在每一次的利用、引证和参考的过程中，始终表现出同样多的价值。这就是科学价值转移所表现出的虽转移但不减少的“奇异性”特征的实质之所在。

第三，从历史发展的维度来考察，不同时代的科学劳动的过程是在继承以往时代科学成就基础上的不断创新的过程，从而使基础性理论科学呈现出一个不断进步的过程，一个从旧理论向新理论发展的过程，如从牛顿力学向相对论力学的发展过程等。从劳动价值论视域来审视，这一过程就是新的基础性理论科学成果（如相对论力学）在汲取旧理论科学成果的科学价值（牛顿等科学家的劳动所形成的价值）的同时，将研究新成果的科学劳动（如爱因斯坦等科学家的科学劳动）所形成的价值不断凝结在其中的过程。在实质上，这是一个借助于理论科学成果的发展而使历代科学家的科学劳动所形成的科学价值不断凝结和累加的过程。正是在上述意义上，我们面前的每一本科学著作和每一篇科学论文，如爱因斯坦的《广义相对论》，从劳动价值论的视域来审视，表面上看这是爱因斯坦的科学劳动的凝结，而实质上在其中凝结着的科学劳动，既包括爱因斯坦的科学劳动，也包括在他之前的所有这方面的科学家（如哥白尼、伽利略、开普勒、牛顿等）的科学劳动。这也就是说，我们面前的每一本科学著作和每一篇科学论文，如爱因斯坦的《广义相对论》，其价值既包括爱因斯坦的科学劳动所创造的价值，也包括在他之前的所有科学家的劳动所创造的价值。

二、“科学价值库”的表现形式

“科学价值库”范畴的提出，不仅有其学理上的根据，而且有其现实例证和具体的表现形式。这可以从微观和宏观两个层面来考察分析。

第一，从微观层面来看，每一本科学著作、每一篇科学论文和每一张科学电子光盘等，都是“科学价值库”的现实例证，并且也都是“科学价值库”的典型的微观表现形式。如牛顿的《自然哲学的数学原理》、麦克斯韦的《电学和磁学论》、爱因斯坦的《论动体的电动力学》、维纳的《控制论》、普里高津的《耗散结构论》和霍金的《时间简史》

等，从劳动价值论的视域来审视，表面上看这些著作和论文是其著者和作者的科学劳动的成果，其中凝结着这些著者和作者的科学劳动所创造的价值；事实上不仅如此，其中在凝结这些著者和作者的科学劳动所创造的价值的同时，还凝结着这些著者和作者之前的和同时代的科学家在相同领域的劳动所创造的价值。这就如前面所分析的，爱因斯坦《广义相对论》的价值，绝不仅仅是爱因斯坦的科学劳动所创造的价值，而且还包括在他之前的和同时代的所有科学家（如哥白尼、伽利略、开普勒、牛顿、麦克斯韦、迈克耳逊、莫雷、洛伦兹等）的劳动所创造的价值。因此，上述的每一本科学著作和每一篇科学论文都是一个“微型”的“科学价值库”。

随着当代科技的进步，出现了电子光盘的载体形式，它能够将大量的科学著作和科学论文容纳在其中，因此每一张包括大量科学著作和科学论文的科学电子光盘，更是一个“微型”的“科学价值库”。从这个意义上讲，我们面前的每一本科学著作、每一篇科学论文和每一张科学电子光盘都是“科学价值库”的现实例证和典型的微观表现形式。

第二，从宏观层面来看，广泛存在和迅速发展的图书馆以及随着当代信息科学技术的发展而产生并迅速完善的以电脑为基础的互联网，也是“科学价值库”的现实例证，并且相对于每一本科学著作、每一篇科学论文和每一张科学电子光盘是“科学价值库”的典型的微观表现形式而言，它们是“科学价值库”最为典型的宏观表现形式。人类自诞生以来，一刻也未停止过对现实世界改造的实践，与之相伴随的是，人类也从来未停止过对现实世界（包括人类自身）的认识和实践经验的总结。在有文字记载的 6 000 多年的人类发展的历程中，人类积累了大量的知识，其中的科学知识被逐步积累并加以传播，而非科学知识被不断地扬弃。尤其是在近代以来，科学历经数次的“阵痛”逐步从宗教神学和自然哲学中分化独立出来，并且在科学观察和科学实验的基础上从生产实践中分化独立出来，从此之后科学便“大踏步地”向前发展着，并历经数次革命，科学知识的生产和传播呈现出加速发展的态势，其存量呈现出指数式的增长趋势。现在人类所拥有的科学知识已经构成了一个浩瀚的“科学知识库”，它的典型的表现形式就是以收集、收藏科技图书资料为主要功能的图书馆。换言之，图书馆所收集、收藏的科学图书资料反映着人类历代创造的科学知识和科学思想的累加和积淀，进而显现为储存历代科学知识的“科学知识库”。从劳动价值论的角度看，这种“科学知识库”就是由科学商品的价值所构成的“科学价值库”。

需要说明的是，当科学未成为商品之前，“科学知识库”中的知识是可以免费使用的，其中的价值只是以潜在的方式存在着，因此“科学知识库”还只是可能的或潜在的“科学价值库”，而不能称为现实的“科学价值库”。但在当代经济社会中，当科学已经成为商品之时，“科学知识库”中的知识是“有价”的，而且是被“有价”使用的，这说明其中的价值已经由潜在方式向显在方式转化，并且开始以显在方式存在着。在这种意义上，“科学知识库”已经由可能的或潜在的“科学价值库”，转变成为现实的或显在的“科学价值库”。

从历史的维度来考察，图书馆存在的历史和文字产生的历史几乎一样久远，图书馆存在和发展的历史就是人类知识（包括科学知识）发展和积累的历史，在劳动价值论的视域中也就是人类所创造的科学价值的累加和积淀的历史，进一步讲也就是“科学价值库”的形成和发展史。据有关资料的考证显示，世界上最早的图书馆遗址是在伊拉克尼普尔的一个寺庙中被发现的，大约存在于公元前3 000年。① 经过5 000余年的发展，现在的图书馆已经遍及世界各地，凡是有人群的地方几乎都有图书馆的存在，并且图书馆收藏的图书和资料以几何级数式增长。早在17世纪，莱布尼兹就讲："如果世界照这样前进，如果书籍照今天这样大量出版，那么我担心所有的城市将变成图书馆。"② 1960年美国出版了1.5万多种图书，1970年一跃上升为3.6万种图书，美国全国图书馆的藏书量从1900年的4.5万册增加到20世纪70年代的10亿册。1955年苏联出版了5.5万种图书，1978年增加到8.6万种图书，全国藏书量从1914年的4 600万册增加到1980年的42亿册。最近几年，全世界每年出版的期刊数都在1万种以上。据美国赖德计算，从1878年起，每隔10～20年，图书馆馆藏就翻一番。③ 中国国家图书馆始建于1909年，时称京师图书馆，经过百余年的发展，已经规模空前。早在1998年底，其馆藏文献已经达到2 160万册，并且在此之后以每年新增60～70万册的速度在增长。在这些图书迅速增长的过程中，科学图书的增长占据了主流。因此从一定意义上讲，图书馆的增多、增大，就是"科学价值库"的增多、增大，馆藏科学图书的激增，就是"科学价值库"中的科学价值存量的激增。④

随着当代计算机科学技术和信息科学技术的发展以及相关科学技术的发展，电脑和以电脑为网络链接点的互联网迅速发展和完善，它们将古今中外的大量的科学知识汇集于其中的同时，也就意味着它将古今中外的科学家所创造的科学价值集结在其中，因此而成为"科学价值库"的又一典型的宏观表现形式。

三、"科学价值库"的实质及其"价值的累加效应"

根据当代经济社会中的科技商品和科技劳动的基本原理，这种以"库存"方式存在着的科学价值所形成的"科学价值库"，在实质上是历代所有从事基础性理论科学研究的科学人员的科学劳动所创造的价值不断累加和积淀的结果，进一步讲是历代所有从事基础性理论科学研究的科学人员通过高级复杂的科学劳动所创造的剩余价值的总和。在此，我们以某个历史时期的背景理论即前人创造的基础性理论科学成果为基点，来分析基础性理论科学成果的价值生产及价值的累加效应，并借此彰显"科学价值库"的这一实质。

1. 某个历史时期基础性理论科学成果的价值生产

在某个历史时期，由基础性科学劳动的特征所决定，它的劳动产品即基础性理论科学成果的价值构成，与传统理论中的物质性产品的价值构成相比较，具有不同的组成部分。根据马克思劳动价值理论的基本原理可知，物质性产品的价值构成一般包括三个部分：不变资本的价值c，可变资本的价值v，剩余价值m。而基础性理论科学成果的价值构成一般包括四个部分，它们是：(1) 前人遗留下来的基础性理论科学成果（软件资料）中的价值，即原来的"科学价值库"的价值，用 W_0 表示；(2) 基础性理论研究的设施（硬件设备）的价值，用 C_1 表示；(3) 从事基础性理论研究的科学人员所创造的自身价值，用 V_1

---

① 参见杨威理：《西方图书馆史》，4页，北京，商务印书馆，1988。

② 转引自上书，366页。

③ 参见上书，367页。

④ 参见陈则孚：《知识资本——理论、运行和知识产业化》，38页，北京，经济管理出版社，2003。

表示；(4) 从事基础性理论研究的科学人员所创造的剩余价值，用 m_1 表示。如果将基础性理论科学成果的价值用 W_1 表示，那么它的构成可用公式表示为：

$$W_1 = W_0 + C_1 + V_1 + m_1 \tag{14—1}$$

贝尔纳曾经在《科学的社会功能》中对这种基础性理论科学研究即科学生产进行了分析，他指出："科学事业一向是科学工作者的公社，彼此帮助，共享知识，它的个人和集体不追求超过研究工作所需要的金钱和权力。他们一贯以理性的眼光和国际的眼光看待问题"①，当科学应用到实际中去，并"被承认为当代生活机器的一个基本组成部分"，科学家们"不再会遇到人们既实际上鄙视他，又迷信般地钦佩他的那种复杂情绪，而被看作为一个有运气而且有能力来对付新事物——而不是既有事物——的普通工作人员"时，科学家们在心理上产生了极大的满足感和荣誉感，他们是不把科学当作商品来生产的。尽管在现实性上"科学的确是有利可图的"，但是在思想认识上"科学家从事科研时，很少把科研看作是谋取私利的商业，而且在科学界内外的确都有不少人认为他们要是这样做就是错误的"②。尤其是在现实的商品经济社会中，如恩格斯所指出的，从经济学的角度来看，人们"对脑力劳动的产物——科学——的估价，总是比它的价值低得多"③。因此，在当代现实的科学生产即基础性理论科学研究的过程中，前人遗留下来的理论科学成果，尽管是基础性理论研究工作的必备知识条件，其价值 W_0 必然伴随着基础性理论研究的进行而在实际上已经转移到新创造的基础性理论科学成果中，但是它是近乎"无偿地"被利用的，在新创造的基础性理论科学成果的价格中是难以体现的。即使在新创造的基础性理论科学成果的价格中有所体现，而体现出来的仅仅是前人遗留下来的理论科学成果的价格却不是其价值，这一价格相对于其价值而言，几乎达到了"无穷小"的程度，因此它是可以忽略不计的。

同时，由科学家不以追求利润为目的的工作特点和长期的"社会习惯"所决定，从事基础性理论研究的科学人员所创造的剩余价值 m_1 是难以实现的，即在新创造的基础性理论科学成果的价格中是显示不出来的。而在基础性理论科学研究过程中的硬件设备的价值 C_1 和科学人员所创造的自身价值 V_1 是维持其科学研究的基本保证，必须在其价格中显示出来才能做到维持基础性理论科学研究的"简单再生产"，因此 C_1 和 V_1 必须在新创造的基础性理论科学成果的价格中显示出来。

这样，如果将基础性理论科学成果的价格用 A_1 表示，那么可得如下的公式：

$$A_1 = C_1 + V_1 \tag{14—2}$$

比较上述两个公式可知，从纯理论分析的角度来看，在基础性理论科学成果中包含的四部分价值，能够在其价格中显示出来的仅仅有 C_1 和 V_1 两部分，而 W_0 和 m_1 并没有在其价格中显示出来。这就是说，W_0 仍以潜在的形式存在于新的基础性理论科学成果中，即存在于科学价值库中，而 m_1 则是科学人员通过基础性理论研究工作创造的为科学价值

---

① 贝尔纳：《科学的社会功能》，436 页，北京，商务印书馆，1985。

② 同上书，425、361 页。

③ 《马克思恩格斯全集》，中文 1 版，第 26 卷Ⅰ，377 页，北京，人民出版社，1972。

库增添的新价值。这样，通过这一时期的基础性理论科学研究之后，理论科学成果的价值即科学价值库中的价值量就由原来的 W_0 增加为 W_0+m_1，即为式（14—1）和式（14—2）之差。

2. 基础性理论科学成果的价值累加效应与“科学价值库”的实质

基于上述分析，科学价值库中的价值会随着历代基础性理论研究工作的进行而不断地得到累加，这种现象被称为“历代理论科学成果的价值累加效应”，简称为“科学价值的累加效应”。科学价值的这种累加效应，在客观上表现为历代从事基础性理论研究的科学人员，通过他们的科学劳动连续不断地为“科学价值库”增添新的价值。

对此作如下的推理分析：如果在一定历史时期从事基础性理论研究的科学人员用“甲”表示，甲之后的用“乙”表示，那么甲的研究成果又会成为乙继续研究的“前人的理论科学成果”的一部分，其中的价值将伴随乙的研究而转移到乙的科学成果中去；同时，乙在科学研究的过程中就像甲一样，必然创造出新的剩余价值，并且这些新的剩余价值又会进一步增添到科学价值库中，成为科学价值库中的新价值。

以此类推，如果将继乙之后的从事基础性理论研究的科学人员用“丙”表示，丙之后的用“丁”表示……那么丙、丁等从事基础性理论研究的科学人员也必然分别依次创造出他们的剩余价值，这些分别依次创造出的剩余价值也必然会连续不断地增添到科学价值库中去，成为科学价值库中的新价值。这样，科学价值库中的价值将伴随着基础性理论研究的不断进行而连续不断地得到累加，形成科学价值的累加效应。因此，科学价值库的实质，就是历代从事基础性理论研究的科学人员通过他们的科学劳动所创造的剩余价值的总和。

四、科学价值的“库存”模型

综合上述对某个历史时期基础性理论科学成果的价值生产和历代理论科学成果的价值累加效应的分析，将会发现，在一定历史时期从事基础性理论研究的科学人员甲，通过其科学劳动使理论科学成果的价值即科学价值库中的价值由原来的 W_0 增加为 W_0+m_1。

在甲所处的历史时期之后的时期，从事基础性理论研究的科学人员乙通过其科学劳动创造出剩余价值，进一步增添了科学价值库的价值。如果将乙的科学劳动所创造的剩余价值用 m_2 来表示，那么科学价值库的价值就由原来的 W_0+m_1 增加为 $W_0+m_1+m_2$。

以此类推，如果将继乙之后的从事基础性理论研究的科学人员丙通过其科学劳动所创造的剩余价值用 m_3 来表示，丙之后的从事基础性理论研究的科学人员丁所创造的剩余价值用 m_4 来表示……那么科学价值库中的价值将随着丙、丁等历代科学人员的基础性理论研究活动的进行，呈现出依次累加的效应。用公式表示为：

$$W=W_0+\sum m_n \tag{14—3}$$

式（14—3）就是科学价值库中价值的累加效应的数学表达式，即科学价值的“库存”模型，这也就是科学价值库的数学模型。在该模型中，W 表示科学价值库的价值总量，W_0 表示某个历史时期前人创造的理论科学成果的价值量，$\sum$ 表示各个相加项之和，m_n 表示第 n 代从事基础性理论研究的科学人员所创造的理论科学成果的价值量，n 表示从 1

到∞的正整数。那么，该模型表示的经济学意义就在于：科学价值库就是历代从事基础性理论研究的科学人员，通过其高级复杂的科学劳动所创造的剩余价值的总和。

第三节　价值孵化理论

“科学价值库”中的价值如何在现实的经济社会中加以实现？在本节中我们介绍其价值孵化理论。一般地，基础性理论科学成果中的科学价值或者说科学价值库中的价值，是以潜在的形式“隐性地”存在着的，它要在当代经济社会中“显性地”表现出来，进而成为现实商品的价值，显化为社会的经济效益，需要一个相当复杂的转化和显化的过程。这一过程，被称为“科学价值库”中价值的孵化过程；而在这一过程中，“科学价值库”中价值的转化和显化的程序和步骤，被称为“科学价值库”中价值的孵化机制。

在“科学价值库”中价值的孵化机制和孵化过程中，既涉及到技术成果的价值生产，也涉及到企业产品的价值生产。若以某个历史时期为基点来分析“科学价值库”中的价值孵化机制和过程将会发现，科学价值库中的价值首先借助于应用开发性研究向其技术成果的转移，然后再通过技术成果并入企业生产向其产品的转移，最终在社会经济系统中表现出来。联系对当代企业“整个生产劳动过程”的价值生产和运行的“价值链”结构模式的考察分析发现，价值孵化理论反映了当代企业“整个生产劳动过程”中的“准在场的”从事应用开发性研究的技术人员的劳动创造价值的过程和“在场的”生产工人的劳动创造价值的过程。

一、科学价值库中的价值向技术成果的转移

在某个历史时期，科学价值库中的价值借助于应用开发性研究向技术成果的转移，从而使该技术成果的价值构成变得复杂化。同时，这种转移是科学价值库中价值即基础性理论科学成果的价值的孵化机制的第一步，也是科学价值向企业产品的价值转化的一个中介环节。

大家知道，应用开发性技术成果是与基础性理论科学成果相对应的一个范畴，在当代科学技术的体系结构中，如果说基础性理论科学成果主要是指从事基础性理论研究的科学人员所创造的理论科学成果的话，那么应用开发性技术成果则主要是指从事应用性研究和开发性研究的技术人员所创造的技术成果。联系对当代企业“整个生产劳动过程”的价值生产和运行的“价值链”模式的考察分析，这种应用开发性技术成果是当代企业“整个价值生产的劳动过程”中的“准在场的”从事应用开发性研究的技术人员的劳动生产的产品。与基础性理论科学成果的价值构成相对应，应用开发性技术成果的价值构成也包括四个组成部分：(1) 基础性理论科学成果（软性资料）的价值 [W_1]，即这一历史时期科学价值库的价值；(2) 应用开发性研究设施（硬性设备）的价值，用 C_2 表示；(3) 从事应用开发性研究的技术人员创造的自身价值，用 V_2 表示；(4) 从事应用开发性研究的技术人员创造的剩余价值，用 m'_2 表示。如果将应用开发性技术成果的价值用 W_2 表示，那么它的构成可用公式表示为：

$$W_2 = W_1 + C_2 + V_2 + m'_2 \quad (14—4)$$

在当代经济社会中，应用开发性研究的直接目的是将基础性理论科学成果转化为能够运用于社会生产的成果，实现其经济价值，因此公式（14—4）中的 C_2、V_2 和 m'_2，一般说来是能够在现实的经济社会中实现的，即能够在应用开发性技术成果的价格中表现出来。而对于软性资料的价值 W_1，尽管在应用开发性研究的过程中伴随基础性理论科学成果的运用，已经将其转移到新创造的技术成果中，但是人们在计算这种新创造的技术成果价格时，“习惯”于只计算软性资料的成本，即购买基础性理论科学成果的价格 A_1，而不是基础性理论科学成果的实际价值 W_1。这样，应用开发性技术成果的价格就是由 C_2、V_2、m'_2 和 A_1 四个部分来构成的。如果将应用开发性技术成果的价格用 A_2 来表示，那么其价格构成用公式表示为：

$$A_2 = A_1 + C_2 + V_2 + m'_2 \quad (14—5)$$

比较式（14—4）和式（14—5）可知，应用开发性技术成果的价值和价格是不同的，除了 C_2、V_2、m'_2 这三项相同的部分，在应用开发性技术成果的价值中实际包含的是基础性理论科学成果的价值 W_1，而在应用开发性技术成果的价格中显示出来的是基础性理论科学成果的价格 A_1。这样，应用开发性技术成果的价值和价格之间存在一个差值：$W_2 - A_2 = W_1 - A_1 = W_0 + m_1$。这说明，在应用开发性技术成果中凝结着的科学价值库的价值的绝大部分［$W_0 + m_1$］，并没有在该技术成果中显化出来，而在该技术成果中显化出来的，仅仅是科学价值库中的价值的很小的一部分，即相当于基础性理论科学成果的价格 A_1 的那一部分。这样，科学价值库中的绝大部分价值［$W_0 + m_1$］便“潜伏”在应用开发性技术成果之中了。因此，科学价值库中的价值要想在社会经济系统中全部显示出来，需要对其进行第二步的孵化。

通过上述的分析看到，应用开发性技术成果的价值即技术价值构成的复杂性，这种复杂性主要体现为技术价值的二重性：技术价值的显在性和潜在性。也就是说，技术价值是技术的显在价值和技术的潜在价值的统一体。(1) 技术的显在价值是指应用开发性技术成果在现实经济社会中能够在其价格中直接表现出来的价值，在量上体现为它的价格 A_2，这也就是传统价值理论所认为的技术的价值。(2) 技术的潜在价值是指应用开发性技术成果在现实经济社会中未能在其价格中直接表现出来但实际存在于该技术成果中的价值，这部分潜在的价值在量上表现为该技术成果的全部价值 W_2 与其价格 A_2 的差值［$W_0 + m_1$］，这正是基础性理论科学成果在应用开发性研究中运用而转移到该技术成果中的科学价值库的价值。因此，技术价值在现实上不仅包含了传统价值理论所认为的技术的显在价值，而且还包含了由于基础性理论科学成果的运用而转移到其中的科学价值库的价值即技术的潜在价值。

在当代经济社会中，应用开发性技术成果一般是以其价格 A_2 来出售的，这在表面上看是遵循了“等价交换”的原则，因为 A_2 所表征的是该技术成果的显在价值，但在实质上是“不等价”的，因为该技术成果的全部价值是 W_2。这也就是所谓的技术价值的实现往往表现出“等价形式”之下掩盖着的“不等价性”的实质之所在。在此加以说明的是，以追求利润最大化为目的的企业主或资本家，之所以会尽其所能地购买技术专利或运用新技术改造企业，其中的一个重要原因就是他们看到了技术价值实现所表现出“等价形式”之下的“不等价性”，看准了在应用开发性技术成果中的这种潜在的可能价值。这时，技术的潜在价值的意义便显示出来——它为应用开发性技术成果在企业中的运用提供了现实根据，同时也为科学价值库中的价值在企业中的进一步孵化提供了现实的可能性。

二、科学价值库中的价值向企业产品的转移

在传统的劳动价值理论看来，企业产品（主要是物质性产品）的价值构成一般包括三个部分：不变资本的价值、可变资本的价值和剩余价值。在这一价值构成理论中，并没有将基础性理论科学成果的价值和应用开发性技术成果的价值显示出来，因为可变资本的价值和剩余价值分别代表的是企业中“在场的”生产工人的自身价值和他们创造的剩余价值，而不变资本的价值主要是购买生产资料的价值或价格。如果说在购买生产资料的价格中包含了购买基础性理论科学成果和应用开发性技术成果的价格，那么显然不能等价于这些成果的价值。在这里，购买应用开发性技术成果的价格代表的是该技术成果的显在价值，而不能代表其全部价值；而购买基础性理论科学成果的价格相对于它的价值而言，显然是微不足道的，是可以忽略不计的。如果说这一传统的价值构成理论在马克思时代还是合理的和符合社会现实的话，那么在“科技与经济一体化”的当代经济社会中，显然是不合理的，也是不符合经济社会现实的。这是因为，在当代经济社会中，我们所处的时代在一定意义上就是恩格斯所设想的已经超越了科学技术和社会生产的“利益分裂”的时代，是科学技术和社会生产在“利益”上具有一致性的时代。在这样一个时代，科学技术作为“精神要素当然就会列入生产要素中，并且会在政治经济学的生产费用项目中找到自己的地位”；在这样一个时代，“我们自然就会满意地看到科学领域的工作也在物质得到了报偿，看到仅仅詹姆斯·瓦特的蒸汽机这样一个科学成果，在它存在的头五十年中给世界带来的东西就比世界从一开始为发展科学所付的代价还要多”；并且在这样一个时代，科学技术的价值不再是“一个对经济学家来说当然是毫无意义的要素”① 了。从这个意义上讲，当代企业所生产的产品在价值构成上必须考虑科学技术的价值，必须把科学技术的价值列为企业产品价值构成中的首要组成因素。

一般地，科学价值库中的价值即基础性理论成果的价值是通过应用开发性技术成果并入企业的生产过程中，从而使潜伏在该技术成果中的科学价值库的价值进一步向企业产品转移，成为企业产品价值的一部分，进而在社会经济系统中加以实现，这是科学价值孵化机制的第二步。联系对当代企业“整个生产劳动过程”的价值生产和运行的“价值链”模式的考察分析发现，在此所讲的企业产品是当代企业“整个价值生产的劳动过程”中的“在场的”生产工人的劳动所生产的产品，它的价值构成至少包括以下四个组成部分：(1) 应用开发性技术成果（即软性生产资料）的价值 [W_2]；(2) 企业的生产设施（即硬性生产资料）的价值，这是传统价值理论所认为的不变资本的价值，用 C_3 表示；(3) 企业中的生产工人创造的自身价值，用 V_3 表示；(4) 企业中的生产工人创造的剩余价值，用 m'_3 表示。如果企业产品的价值用 W_3 表示，那么它的价值构成是：

① 《马克思恩格斯全集》，中文1版，第1卷，607、621页，北京，人民出版社，1956。

$$W_3 = W_2 + C_3 + V_3 + m'_3 \tag{14—6}$$

大家知道，企业主或资本家进行社会生产的目的就是追求经济价值或经济效益，因此在其企业生产的产品的价值中，C_3、V_3 和 m'_3 三部分价值都能够在该产品的价格中直接显示出来，即能够在经济社会中加以实现——这也是传统价值理论的基本观点。但是，对于应用开发性技术成果即软性生产资料的价值 W_2 来说，由于人们“习惯”使然，企业主或资本家在计算企业产品的价格时，只考虑购买软性生产资料的成本而不管其中的价值，也就是只将该技术成果的价格 A_2 计算在内。这样，企业主或资本家生产出的企业产品的价格是由 C_3、V_3、m'_3 和 A_2 来构成的。将该企业产品的价格用 A_3 来表示，那么其价格构成是：

$$A_3 = A_2 + C_3 + V_3 + m'_3 \tag{14—7}$$

在传统理论看来，如果企业主或资本家将该企业产品以价格 A_3 来出售，根据“等价交换”原则，那么从一般意义上讲是能够成功的。若如此，企业主或资本家便能够收回其成本 A_2、C_3 和 V_3，而且获得了企业中“在场的”生产工人所创造的剩余价值 m'_3。但在现实中，企业主或资本家是不会以价格 A_3 来出售该企业产品的，因为该企业产品的实际价值是 W_3 而非 A_3，企业产品的实际价值不仅包括了 C_3、V_3 和 m'_3，而且还包括了应用开发性技术成果的价值 W_2。根据“等价交换”的原则，企业主或资本家以 W_3 出售该企业产品是能够成功的。若是这样，企业主或资本家不仅收回了成本 A_2、C_3 和 V_3，也不仅获得了生产工人创造的剩余价值 m'_3，而且更为重要的是还获得了超出 m'_3 的另一部分剩余价值或利润。这部分超出的价值或利润用 M_1 表示，那么：

$$M_1 = W_3 - A_3 = W_2 - A_2 = W_1 - A_1 = W_0 + m_1 \tag{14—8}$$

根据这一公式可知，企业主或资本家获取的超出生产工人创造的剩余价值之外的剩余价值或超额利润，正是基础性理论成果的价值即科学价值库中的价值在社会经济系统中得到表现的结果，简言之，是科学价值一步步孵化的结果。

由此可见，企业产品的价值构成决不像传统价值理论认为的那样简单，事实上它是相当复杂的。这种复杂性主要表现为企业产品价值构成的三重性：（1）现象层面上的价值构成，这就是传统价值理论所认为的，企业产品是由（硬性）生产资料即不变资本转移而来的价值 C_3、生产工人创造的自身价值 V_3 和生产工人创造的剩余价值 m'_3 这三部分价值构成的。（2）深层次上的价值构成，即企业产品的价值构成除了包括 C_3、V_3 和 m'_3 三部分价值之外，还包括应用开发性技术成果的显在价值即 A_2。（3）更深的层次上的价值构成，即企业产品的价值构成除了包括 C_3、V_3、m'_3 和 A_2 之外，还包括应用开发性技术成果的潜在价值——潜伏在应用开发性技术成果中并伴随该技术成果在企业生产中运用而转移到企业产品中的科学价值库的价值［$W_0 + m_1$］。联系当代企业“整个生产劳动过程”的价值生产和价值运行的“价值链”将发现，企业产品的价值构成的三重性依次展现为：企业“在场的”生产工人的劳动所生产的价值、企业“准在场的”应用开发性技术人员的劳动所生产的价值和企业“不在场的”基础性科学人员的劳动所生产的价值。

三、科学价值库中的价值孵化模型

上述所分析的某个历史时期科学价值库中价值的孵化机制，实际上是从事基础性理论研究的科学人员甲所处的历史时期的科学价值库中价值的孵化过程。通过这一过程所孵化的科学价值库的价值 W_0+m_1，是从事基础性理论研究的科学人员甲所处的历史时期的科学价值库中的价值，借助于该时期应用开发性研究向其技术成果转移，然后再通过应用开发性技术成果并入企业生产向其产品转移，最终在社会经济系统中表现出来的结果。

依据科学价值库中价值的累加效应分析，在甲之后从事基础性理论研究的科学人员乙所处的历史时期，科学价值库中的价值是 $W_0+m_1+m_2$。依据上述对某个历史时期科学价值库中价值的孵化机制的分析将会发现，此时期的科学价值库中的价值同样借助于该时期应用开发性研究向其技术成果转移，然后再通过应用开发性技术成果并入企业生产向其产品转移，最终在社会经济系统中孵化出来；而孵化出来的科学价值库中的价值，若从纯理论角度看，必定是该时期科学价值库中的价值 $W_0+m_1+m_2$。

依此类推，在乙之后从事基础性理论研究的科学人员丙所处的历史时期，科学价值库中的价值是 $W_0+m_1+m_2+m_3$，因此在该时期借助于科学价值库中价值的孵化机制所孵化出来的价值，若从纯理论角度看，也必定是该时期科学价值库中的价值 $W_0+m_1+m_2+m_3$。而在丙之后从事基础性理论研究的科学人员丁所处的历史时期，科学价值库中的价值是 $W_0+m_1+m_2+m_3+m_4$，因此在该时期借助于科学价值库中价值的孵化机制所孵化出来的价值，若从纯理论角度看，也必定是该时期科学价值库中的价值 $W_0+m_1+m_2+m_3+m_4$。依据上述推理将不难归纳出在某个历史时期之后的第 n 个历史时期的科学价值库中的价值是 $W_0+m_1+m_2+m_3+\cdots\cdots+m_n$。在该时期借助于科学价值库中价值的孵化机制所孵化出来的价值（用 M_n 表示），就是该时期科学价值库中的价值 $W_0+m_1+m_2+m_3+\cdots\cdots+m_n$。归纳这一推理过程，将得到各个不同历史时期科学价值库中价值的孵化模型：

$$M_n=W_0+\sum m_n \tag{14—9}$$

在该模型中，M_n 表示某个历史时期在社会经济系统中孵化出来的科学价值库中的价值总量，W_0 表示某个历史时期前人创造的理论科学成果的价值量，$\sum$ 表示各个相加项之和，m_n 表示第 n 代科学人员所创造的基础性理论科学成果的价值量，n 表示从 1 到∞的正整数。那么，这一科学价值库中的价值孵化模型所反映出的实际意义就在于：科学价值库中的价值即基础性理论科学成果的价值，伴随应用开发性研究的进行向其技术成果中转移，而后伴随着应用开发性技术成果并入企业生产过程并通过企业生产向其产品中转移，最终在社会流通中孵化出来，表现为超出生产工人创造的剩余价值的“剩余价值”，即“超额”的剩余价值或“超额”的利润。

第四节　当代剩余价值新论

马克思剩余价值理论认为，资本家或企业主提高剩余价值率、实现利润最大化的基本方法和途径一般有两种：一是绝对剩余价值的生产；二是相对剩余价值的生产。绝对剩余价值的生产是指通过延长工人的工作日和提高工人的劳动强度来生产剩余价值并达到提高剩余价值率的方法和途径。相对剩余价值的生产一般是指在运用科技提高劳动生产率的前提下生产剩余价值并达到提高剩余价值率的方法和途径。在当代经济社会中，不管是延长工人的工作日还是提高工人的劳动强度，都是难以做到的，而且在当代企业中工人的工作日在不断地减少，工人的劳动强度也不比以往有所增加，因此绝对剩余价值的生产方法已经不能成为资本家或企业主提高剩余价值率、实现利润最大化的现实选择了。在这样的情况下，相对剩余价值的生产就成为资本家或企业主不得已的选择了。因此在当代经济社会中，资本家或企业主要提高剩余价值率、实现利润最大化的唯一方法，就是通过相对剩余价值的生产方法来最大限度地获取超额剩余价值（即超额利润）和相对剩余价值。然而，超额剩余价值和相对剩余价值的实质是什么呢？来源于哪里？与此相关联，“无人工厂”的高额利润来源于哪里？

一、当代超额剩余价值新论

传统超额剩余价值理论认为，超额剩余价值是指个别企业的商品价值低于社会价值的差额，是个别企业的资本家通过采用科学技术提高劳动生产率使自己商品的个别价值低于社会价值而比一般资本家多得的那部分剩余价值；而这一部分剩余价值的生产，就是超额剩余价值的生产。这是传统理论为了说明相对剩余价值的生产而引入的一个范畴，认为相对剩余价值的生产，以整个社会广泛运用科学技术使劳动生产率的提高为条件，在现实生活中是各个资本家追逐超额剩余价值的必然结果。在现实中，尽管每一个资本家都想得到超额剩余价值，但只有个别资本家才能得到它。在这里所讲的个别资本家，热衷于利用科学改进技术并利用技术装备企业，进而提高企业的劳动生产率，其直接目的不是降低劳动力的价值，而是为了使自己商品的个别价值低于社会价值，以便获得超额剩余价值。超额剩余价值归根到底是由个别企业的生产工人的必要劳动时间缩短和剩余劳动时间延长而产生的，带有相对剩余价值的性质。简言之，超额剩余价值是由个别企业的生产工人的剩余劳动创造的。①

在当代经济社会的现实中，不可否认的是，超额剩余价值的生产离不开在个别企业现场的生产工人的劳动，或者说与在个别企业现场的生产工人有关，这些生产工人参与了超额剩余价值的生产过程，但超额剩余价值在实质上绝非全部是由在个别企业现场的“生产工人”创造的。如果说超额剩余价值全部是由在个别企业现场的“生产工人”创造的，那么在当代高新科技产业尤其是在类似于因科技发展和应用而出现的类似于“无人工厂”的个别企业中，其“生产工人”的数量是比较少的，甚至达到了近乎“无人”的程度，而该种个别企业的高额利润是从何而来呢？显然它不是也不可能是全部由在个别企业现场的“生产工人”来创造的。这样，传统超额剩余价值理论与当代经济社会现实产生了尖锐的矛盾。

理论是现实的反映。这里的问题是，怎样理解超额剩余价值的实质和来源，才能够使其反映现实，进而才能解决传统超额剩余价值理论与当代经济社会现实的矛盾？

---

① 参见宋涛主编：《政治经济学教程》，8版，82～83页，北京，中国人民大学出版社，2008。

根据当代企业价值生产和运行的“价值链”结构模式，依照“科学价值库”理论及其价值孵化理论的基本原理和推理过程将会发现，超额剩余价值在实质上是“科学价值库”在个别企业中价值孵化的结果和表现形式。原因在于：(1) 在当代经济社会中，能够获得超额剩余价值或超额利润的个别企业，是指那些热衷于利用科学改进技术，并利用技术装备企业设施，进而提高企业的劳动生产率的企业。这样的个别企业，其价值的生产和运行过程正是当代企业价值生产和运行的“价值链”结构模式所反映的典型案例，其生产的价值不仅包括企业中生产工人创造的价值，而且也包括与企业相关联的技术人员的劳动创造的价值，以及科学人员的劳动创造的价值。(2) 依据“科学价值库”及其中价值的孵化机制的基本原理可知，超额剩余价值表面上看是个别企业主或个别资本家通过利用科学改进技术并运用技术来提高劳动生产率所获取的经济效益或利润，而在实质上是个别企业将“科学价值库”中的潜在价值通过应用开发性技术成果的吸纳和该个别企业生产的产品的凝聚等中介环节，最终在社会流通领域中加以实现的，它归根到底来源于科学价值库中的价值，或者说它归根到底来源于历代从事基础性理论研究的科学人员所创造的剩余价值。

关于超额剩余价值的这一结论，与马克思在分析机器大工业的生产方式时所蕴涵的科技在企业生产中具有重要作用的思想是基本一致的。马克思指出，个别企业或个别资本家通过技术的创新和生产组织的改进，“把巨大的自然力和自然科学并入生产过程，必然大大提高劳动生产率，这一点是一目了然的”①，而个别企业劳动生产率的大幅度提高，使个别资本家“比同行业的其余资本家，可以……占有更大的部分作为剩余劳动”，因为“生产力特别高的劳动起了自乘的劳动的作用，或者说，在同样的时间内，它所创造的价值比同种社会平均劳动要多。”② 这也就是说，个别企业和个别资本家占有的更大部分的剩余劳动，正是来源于科学并入生产过程进而提高劳动生产率的结果，是个别企业和个别资本家借助于科学并入生产过程提高劳动生产率进而使劳动起“自乘的作用”，这种“自乘性”正是源自于科学所展现出来的经济功能。因此，依据当代企业价值生产和运行的“价值链”结构模式、运用“科学价值库”理论及价值孵化理论所揭示出来的超额剩余价值的实质，与运用马克思科技在企业生产中具有重要作用的思想所揭示出来的超额剩余价值的实质，在本质上是统一的，那就是二者都肯定了超额剩余价值是个别企业和个别资本家利用科学改进技术来提高劳动生产率的结果。进一步讲，个别企业或个别资本家通过把科学并入生产过程，提高劳动生产率，使必要劳动时间大大缩短，剩余劳动时间大大延长，进而生产出大量的超额剩余价值。其实质在于把科学价值库中的价值借助于个别企业的生产过程或生产工人之“手”加以显化或转化出来，而并非就是生产工人创造了所有的超额剩余价值。实际上，在这个过程中，生产工人所创造的所有的剩余价值仅是其中的一部分，并且这一部分既包括了生产工人所创造的绝对剩余价值，也包括了生产工人所创造的带有相对剩余价值性质的超额剩余价值。正是从这个意义上讲，在超额剩余价值的生产过程中，生产工人所创造的超额剩余价值的量，与从科学价值库中转化来的超额剩余价值的量相比较，是微乎其微的。事实上，绝大部分的超额剩余价值实质上是“科学价值库”

① 《马克思恩格斯全集》，中文1版，第23卷，424页，北京，人民出版社，1972。

② 同上书，354页。

中的潜在价值通过技术成果的吸纳和个别企业生产产品的凝聚等中介环节，而最终在社会流通领域中加以实现的；在当代经济社会中，那种还认为“超额剩余价值纯粹是由生产工人创造的”观点是站不住脚的，是一种只注意到超额剩余价值生产的表象而没有透过表象抓住其本质的观点。按照这种理解，前面提出的传统超额剩余价值理论与当代经济社会现实的矛盾便被消解了。

二、当代相对剩余价值新论

传统相对剩余价值理论认为，就相对剩余价值的生产来说，生产工人的工作日一开始就分成必要劳动时间和剩余劳动时间这两个组成部分；为了延长剩余劳动时间，就要用各种方法缩短生产工资的等价物的时间，从而缩短必要劳动时间。这种在工作日长度已定的条件下由于缩短了必要劳动时间而相对地延长了剩余劳动时间所生产的剩余价值就是相对剩余价值①，这种生产就是相对剩余价值的生产。传统理论还认为，只有变革劳动过程的科学技术条件和社会条件，提高劳动生产率，降低生活资料的价值，从而降低劳动力的价值，才能缩短必要劳动时间，才能生产相对剩余价值。相对剩余价值的生产，是整个社会劳动生产率提高的结果，进一步讲是社会上所有企业通过吸纳科学技术，改进生产的科学技术条件，提高劳动生产率的过程来实现的。简而言之，相对剩余价值是在社会各企业普遍采用科学技术来提高劳动生产率的前提下由生产工人创造的。

在当代经济社会的现实中，相对剩余价值的生产尽管离不开在企业现场的生产工人的劳动，或者说与在企业现场的生产工人有关，生产工人参与了相对剩余价值的生产过程，但是相对剩余价值绝非全部是由在企业现场的生产工人创造的。如果说相对剩余价值全部是由在企业现场的生产工人创造的，那么这如同传统的超额剩余价值理论在现实中所遇到的问题一样，也存在着传统的相对剩余价值理论与当代经济社会现实的矛盾现象，也无法“自圆其说”地解释在当代大量的高新技术产业中所存在的“生产工人的数量比较少而该种企业的利润却相当高”的问题。那么，怎样才能在不违背传统劳动价值理论基本思想的前提下解决上述的矛盾现象呢？具体来讲，怎样理解相对剩余价值的实质和来源，才能够使其与当代经济社会的现实相一致呢？

当代企业价值生产和运行的“价值链”结构模式、“科学价值库”理论及其价值孵化理论为这一矛盾的解决提供了直接的理论根据，并且从这些理论中能够找到其答案：相对剩余价值是“科学价值库”的价值在整个社会企业中孵化的结果和表现形式。这是因为：(1) 相对剩余价值的生产，必须是在整个社会的企业普遍地利用科学改进技术，并利用技术装备企业设施，进而使整个社会企业的劳动生产率得到提高的前提下才能进行。这样的社会企业正是前面所指的当代企业，其价值的生产和运行适应于当代企业价值生产和运行的“价值链”结构模式。在这一结构模式中，其生产的价值既包括生产工人的劳动创造的价值，也包括技术人员的劳动创造的价值，还包括科学人员的劳动创造的价值。(2) 依据“科学价值库”理论及价值孵化理论可知，相对剩余价值，表面上看是整个社会的企业通过利用科学改进技术，并运用技术来提高劳动生产率所获取的经济效益或利润，而在实质

① 参见宋涛主编：《政治经济学教程》，8版，80～82页，北京，中国人民大学出版社，2008。

上是整个社会的企业将科学价值库中的潜在价值，通过应用开发性技术成果的吸纳和整个社会企业生产的产品的凝聚等环节，最终在社会流通领域中加以实现的结果，它归根到底来源于科学价值库中的价值，或者说它归根到底来源于历代从事基础性理论研究的科学人员所创造的剩余价值。这样，“科学价值库”的价值，在整个社会普遍利用科技提高劳动生产率的企业中，通过一步步的孵化，最终表现为相对剩余价值。

关于相对剩余价值的这一结论，与马克思在分析机器大工业的生产方式时所蕴涵的科技对企业生产具有重大作用的思想是基本一致的。马克思指出：“相对剩余价值的生产使劳动的技术过程和社会组织发生根本的革命。”① 也正是这种生产劳动的技术过程和社会组织发生了根本的革命，资本主义“大工业把巨大的自然力和自然科学并入生产过程，必然大大提高劳动生产率，这一点是一目了然的”②，而全社会劳动生产率普遍的大幅度提高，是科学并入生产过程的必然结果，是科学的经济功能得以展现的必然结果。因此，依据当代企业价值生产和运行的“价值链”结构模式、运用“科学价值库”理论及价值孵化理论所揭示出来的相对剩余价值的实质，与运用马克思的科技在企业生产具有重大作用的思想所揭示出来的相对剩余价值的实质，在本质上是不矛盾的，是一致的，二者都肯定了相对剩余价值是整个社会范围内的企业和资本家利用科学改进技术来提高劳动生产率的结果。进一步讲，整个社会企业利用科学改进技术并通过技术进一步并入生产过程，必然大大提高劳动生产率，使整个社会企业的必要劳动时间大大缩短，剩余劳动时间大大延长，进而生产出大量的相对剩余价值，其实质在于把科学价值库中的价值借助于全社会企业的生产工人之“手”加以显化或转化出来，而并非就是生产工人创造了这些相对剩余价值。实际上，在这个过程中，生产工人所创造的所有剩余价值只是其中的一部分。正是在这个意义上，在相对剩余价值的生产过程中，生产工人虽然参与其中，但是他们所创造的相对剩余价值的量，与从科学价值库中孵化出来的相对剩余价值的量相比较也仅是其中的一小部分，绝大部分的相对剩余价值实质上是科学价值库中的潜在价值通过技术成果的吸纳和社会生产产品的凝聚等环节，最终在社会流通领域中加以实现的结果和表现形式。在当代经济社会中，那种还认为“相对剩余价值纯粹是由生产工人创造的”观点是不符合社会现实的。按照这种理解，前面提出的传统相对剩余价值理论与当代经济社会的现实的矛盾便被消解了。

三、“无人工厂”的高额利润

毋庸讳言，“无人工厂”的高额利润来源问题，一直是从事马克思劳动价值论研究的专家学者最伤脑筋的问题，但是当代经济社会的现实的发展在客观上又强烈要求这些专家学者运用马克思劳动价值论来解答这一问题，特别是在近几十年来尤其如此。近几十年来，伴随着新科技革命的进展和科技迅速在社会生产中的广泛应用，推进了企业的“半机械化”、“机械化”、“半自动化”、“自动化”和“智能化”的发展进程，尤其是电子计算机科学技术和信息科学技术等在企业中的广泛应用，出现了几乎“无人”（在现场中实际操作的生产工人非常少，或者几乎没有生产工人在现场中进行直接操作）的车间、工厂、企

① 《马克思恩格斯全集》，中文1版，第23卷，557页，北京，人民出版社，1972。

② 同上书，424页。

业等，这些车间、工厂、企业通常被人们形象地称为“无人车间”、“无人工厂”和“无人企业”。在此，采用“无人工厂”概念，用以代表与此相关的范畴。令人感兴趣的是，在一般情况下，这些“无人工厂”都能创造出高额利润，都具有相当高的经济效益；与此同时，“无人工厂”中的“活劳动”相当少，几乎趋近于“零”或趋近于“无穷小”，因为在现场中实际操作的生产工人非常少，或者几乎没有生产工人在现场中操作。现实中的这一矛盾现象反映到理论上，便产生了所谓的“无人工厂”的高额利润来源问题。

事实上，在当代经济社会中，“无人工厂”是科技高度发展和现实应用的典型形式，是社会企业利用科学改进技术，并利用技术装备企业设施，进而使整个企业的劳动生产率得到提高的典型代表，是将科学、技术和企业高度集中于一体的典型的当代企业。因此，当代企业价值生产和运行的“价值链”结构模式、“科学价值库”理论及其价值孵化理论为“无人工厂”的高额利润来源问题的解决提供了直接的理论根据，并且从这些理论中能够找到其答案：

第一，“无人工厂”的高额利润或者说它的绝大部分，只能来源于科学价值库中的潜在价值；尽管“无人工厂”的生产过程离不开“生产工人”的操作，“生产工人在现场中的操作”是其生产的必要条件，但在现场操作的“生产工人”所创造的剩余价值，只是“无人工厂”高额利润的来源的很少一部分。并且，由于“无人工厂”几乎达到了“无人”的程度，因而其“生产工人”所创造的剩余价值也几乎达到了可以忽略不计的程度。这样，在“无人工厂”中由科学价值库中的潜在价值孵化出来的显在价值，成为“无人工厂”高额利润的主体部分。

第二，“无人工厂”的高额利润在实质上是“科学价值库”的价值在“无人工厂”中孵化的结果和表现形式，进一步讲是科学价值库中的潜在科学价值通过应用开发性技术成果的吸纳和向“无人工厂”的生产产品的转化等环节，最终在社会流通领域中加以实现的结果；再进一步说，是拥有“无人工厂”的资本家利用科学创新技术来建造“无人工厂”，并借助“无人工厂”将科学价值库中的潜在价值加以孵化的必然结果，是科学人员的复杂劳动所创造的剩余价值在“无人工厂”中的再现和在经济系统中的实现。当然，从“科学价值库”的潜在价值到“无人工厂”的高额利润的孵化过程是相当复杂的，但不管如何复杂，从归根到底的意义上来讲，“无人工厂”的高额利润主要源自历代从事基础性理论研究的科学人员的高级复杂劳动所创造的剩余价值。

第三，在一般意义上讲，集科学、技术和企业于一体的所谓的“无人工厂”，在实质上已经成为历代科学人员所创造的以潜在形式存在于“科学价值库”中的剩余价值的“孵化器”或“显化器”。简言之，“无人工厂”已经成为“科学价值库”中的价值的“孵化器”或“显化器”。在这种意义上，“无人工厂”的高额利润正是这种“孵化器”所孵化的结果。伴随科技的迅速发展和在当代经济社会的广泛应用，如果未来的企业都转变为“无人工厂”这种孵化器，那么它就能够自动地将科学价值库中的潜在价值孵化出来。若如此，人类实现彻底的劳动解放的理想追求，就会由可能转变为现实。

关键术语

当代企业　　科技企业　　“科技化”企业

“不在场的”劳动　　“准在场的”劳动　　“在场的”劳动
当代企业“整个生产劳动过程”　　当代企业价值生产和运行的“价值链”
初级价值子链　　二级价值子链　　三级价值子链
“价值总链”结构模式　　“科学价值库”　　科学价值的累加效应
价值孵化机制　　超额剩余价值　　相对剩余价值
“无人工厂”的高额利润

习题

1. 根据“科技化”程度的高低，当代企业可以相对性地划分为哪三种类型?

2. 当代企业“整个生产劳动过程”中的人类劳动呈现为一个有机整体或动态系统，它主要是由哪三个环节的劳动力要素来构成的?

3. 如何理解当代企业“整个生产劳动过程”的人类劳动所具有的“跨时空”特征?

4. 当代企业“跨时空”价值生产和运行的“价值链”主要是由哪几个环节的价值作为要素来构成的?

5. 图示当代企业价值生产和运行的“价值总链”结构模式。

6. 如何理解当代企业价值生产和运行的“价值总链”结构模式?

7. 什么是“科学价值库”? 它的提出有哪些根据?

8. “科学价值库”有哪些表现形式? 其实质是什么?

9. 如何理解基础性理论科学成果的价值累加效应?

10. 科学价值的“库存”模型是什么? 该模型的经济学意义是什么?

11. 什么是“科学价值库”的价值孵化机制? 如何理解技术价值构成的二重性? 如何理解企业产品价值构成的三重性?

12. 科学价值库中的价值孵化模型是什么? 该模型的实际意义是什么?

13. 在当代经济社会中，为什么说超额剩余价值在实质上是“科学价值库”在个别企业中价值孵化的结果和表现形式? 这一结论与运用马克思关于科技在企业生产中具有重要作用的思想所揭示出来的超额剩余价值的实质相比较，为什么说二者在本质上是统一的?

14. 在当代经济社会中，为什么说相对剩余价值是“科学价值库”的价值在整个社会企业中孵化的结果和表现形式? 为什么说这一结论，与马克思在分析机器大工业的生产方式时所蕴涵的科技在企业生产具有重大作用的思想是一致的?

15. 运用当代企业价值生产和运行的“价值链”结构模式、“科学价值库”理论及其价值孵化理论，简要回答“无人工厂”的高额利润来源问题。

第五篇

新时代实践探索

本篇介绍新时代条件下建设社会主义市场经济的实践探索，部分内容源自传统政治经济学教材中“社会主义部分”的政策篇。本篇从微观、宏观两方面具体介绍了社会主义市场经济的企业制度和宏观调控政策，同时将科学发展观与西方马克思主义经济学理论相对照，分析了新时期以科学发展观为指导的基本经济政策。本篇可视为第二篇、第四篇内容在政策实践领域的拓展，同时也比较系统地介绍了社会主义市场经济的基本常识，以理论为指导也是把握这些政策实践的关键。

第十五章

企业制度

在新时代的背景下，微观企业制度也发生了深刻的变化，这些变化一方面是生产关系适应新时期生产力发展的客观结果，另一方面也是社会经济制度发展演变在微观层面的具体反映。在我国，企业制度的演变是建立社会主义市场经济制度过程中，计划体制向市场体制转变在微观企业层面上的具体体现。我国国有企业改革和现代企业制度的建立，就是这样一个过程。本章具体介绍企业制度所发生的具体变化，探讨我国国有企业改革的历史进程和现代企业制度。在了解了企业制度相关内容和基本理论问题的前提下，作为补充，本章将现代企业理论与马克思主义企业理论相比较，介绍了马克思主义企业理论的基本内容。

第一节　企业制度的演变与“经理革命”

企业是社会经济的一种组织形式，同时也是一定量生产要素的集合。而这种集合自身又表现出一定的规则性，即企业制度。具体而言，企业制度是以产权为基础和核心的企业组织与管理制度，它是社会生产力发展到一定阶段的产物，是一个动态的范畴，随着商品经济的发展而不断创新和发展。企业制度在其历史演变过程中，形成了以企业财产组织形式和企业所承担的法律责任为标准的三种基本类型，即业主制、合伙制和公司制。

一、业主制

这一企业制度的物质载体是小规模的企业组织，即业主制企业或独资制企业，它是由业主个人出资举办、直接经营的自然人企业。在该种企业制度下，出资者的财产和企业经营的财产是合一的，即所有权和经营权者都集中于出资人或业主一人。由于企业规模小、结构简单，几乎没有任何的内部管理机构，因此它一般都由业主直接经营，并对企业的合同、债务、税收以及其他义务承担完全的无限责任。业主获得企业经营的所有收益，也必须对企业经营的所有问题负责。因此，业主制企业对于业主具有最为理想的“激励—约束”机制，同时这种企业规模较小、经营灵活，正是这些内在与外在的优点，使得业主制这一古老的企业制度一直延续至今。

但是，业主制企业也有它的缺陷，由于出资人单一，企业规模仅限于出资人所拥有的资本规模，不利于企业规模的扩大，业主亲自经营的模式，也难以应对大规模的企业的经营管理；企业主要对企业的全部债务承担无限责任，经营风险大；企业的存在与解散完全取决于企业主，企业存续期限短等。因此，从总体上看，业主制难以适应市场经济社会化发展和企业规模扩大化的要求。

业主制企业是最早产生、结构最为简单的一种企业制度。它肇始并流行于小规模生产时期，但从数量上讲该种企业制度在现代经济中仍占多数。

二、合伙制

这一企业制度的物质载体是合伙制企业，它是指两个或两个以上的出资人共同出资兴办，共同经营和控制的企业。合伙的出资人对企业的债务具有无限连带赔偿责任。

合伙企业是否是独立的法律实体存在着争议。因为合伙企业一方面能以合伙人集体的名义拥有和转让财产，进行诉讼等。从这方面看，合伙企业具有法人企业的某些特征，因此，德、法两国承认它是法人。但另一方面，合伙企业经济行为的法律责任，归根到底要落实到合伙人，由他们各自承担，从这个意义上说它不具备法人的性质。因此美、英等国认为合伙企业仍属于自然人企业。

合伙制的出现，标志着企业由单一业主出资演变为多个所有者联合出资——这种所有者的联合有利于克服企业规模局限于单一业主资本规模的问题，但也带来了新的问题：企业的所有权分散到多个合伙出资人的手中，这些出资人都是企业的所有者，某一合作人所做的决策或监督所带来的收益或损失均由合伙人共同承担。因此，合伙人中间容易出现偷懒和不负责任的行为，要克服这一点需要合伙人之间形成有力的相互监督，但在交易费用为正的情况下，完全理想的监督是做不到的。同时，合伙制企业的产权变更也有很大的难度，某个合伙人要想转让或出售其产权必须得到其他合伙人的同意，因此企业的产权转让往往难以实现；一个合伙人脱离企业或死亡，合伙制就会瓦解，必须进行重新组织。由于企业合伙人对企业债务具有无限连带赔偿责任，对于其合伙伙伴的监督又存在难度，合作制企业中每个合伙人所面临的债务风险也比较大，这些都不利于组建大型企业。

在现实经济生活中，合伙制企业的数量不如单个业主制企业和公司制企业的数量多。合伙制企业的特点决定它主要适合于生产规模较小，经营管理不复杂的商业零售业、服务业等行业，以及一些资金需要量不大，而工作业务涉及的资金量较大，个人信誉非常重要的行业，如律师事务所、会计师事务所、广告事务所、股票经纪行和诊疗所等。

三、公司制

这一企业制度的物质载体是公司制企业，它是依法设立，由若干法人或自然人共同出资组成，自主经营、自负盈亏，能够独立承担民事责任，享受民事权利，从事生产经营或服务性活动的营利性经济组织。因此，公司制企业又称为法人制企业，是由出资人组建的具有独立法人资格的企业，公司资产虽然最终属于公司股东，但是不同于一般的股东资产，股东一旦入股，其入股的财产就形成永久性的公司法人财产，股东对于公司债务的偿还责任也仅限于其入股的公司法人财产部分，不再承担无限偿还责任。一般来说，公司制分为有限责任公司和股份有限公司两种形式。

公司制企业的优点是：(1) 投资者即股东的风险小。在实行有限责任的公司制企业中，股东承担的资产风险仅限于所投入企业的资本额，不像单个业主和合伙人那样要涉及到家庭和个人财产，因此，投资风险小。(2) 筹资能力强，有利于创建规模相当大的企业。公司制企业可以通过发行股票和债券来筹集资金。由于股票和债券可以转让，比较适合投资者转移风险的要求，因而更利于吸引投资者，能够在较短时间内筹资到巨额资金，从事大规模的生产经营活动。(3) 管理效率高。公司制企业实行所有权与经营权的分离，投资者不必直接经营企业，公司的经营管理职能均由经营企业的各方面专家担任，他们能够更有效地管理企业，使企业获得更多的盈利。(4) 企业的生命力强大。公司的法人地位一经确立，就具有完全的独立性，公司的创办人和投资者的变动均不会影响公司的存续，美国的多少大公司已经存在了几十年，有的甚至存在了上百年，如成立于 1889 年的美孚石油公司。

公司制企业也具有一些缺陷：(1) 组建困难，费用高。创建公司有许多法律问题，所需的各种费用很多。如从政府工商管理部门那里获取执照需要交费；在别的地方开办分支机构需要交纳各种税收；公司还必须付费请律师、独立会计师、审计师等。(2) 政府的限制很多。这是因为公司的资本来自许多股东，政府必须遵守有关法律，此外，公司还要做好各项记录与报告以备接受政府的检查。(3) 保密性差。公司的记录和报告要递交政府和有关部门，或直接供有关人士查核。而且公司还要给股东以年度报告，报告中的数据向社会公开。(4) 税负较重。公司除要缴纳与一般企业一样的税收外，还要付给股东股息和红利，得到股息和红利的股东还要为这些收入缴纳个人所得税，因此存在着双重征税。

如果说业主制和合伙制是传统的和古典的企业制度的话，与承担无限偿还责任的古典企业制度相对应，实行有限偿还责任的公司制企业则是现代的和新型的企业制度。公司制企业是适应商品经济发展、满足社会化大生产的客观要求，逐渐在现代市场经济中占据支配地位的企业制度。

四、“经理革命”

现代企业制度的建立有两个基本前提和基本内容：一是法人革命，即随着社会化大生产的发展，出现了资本的社会化，由此产生了公司制或法人制企业制度，形成了出资者的“原始产权”与公司法人的“法人产权”(公司资产) 的分离，即股东所有权与企业法人所有权分离，这种制度演变，称为“法人革命”；二是经理革命，即在公司制法人企业制度的基础上，进一步衍生出了股东所有权与企业经营权的分离，这就是“经理革命”。

在西方经济发展史上，美国经济学家阿道夫·A·伯利和加德纳·C·米恩斯在其 1932 年合著的《现代公司与私有财产》一书中指出，在现代股份公司制度的基础上，所有权与经营权的分离取得了较为普遍和规范的形式。之所以出现这种情况，是因为在现代股份公司中，出现了两个引人注目的趋势，从而使得经营者的权力越来越大：一是股东日益增多，股权日益分散，这就使得股东权益相对于不断增加的股东数而日益削弱，从而使经理层的经营权力日益增长，这是由股份公司的内部治理结构所决定的；二是现代企业往往是规模巨大、结构复杂的经济组织，而它又面临变化莫测的国内外市场，管理好这样的企业是一项技术性很强的学问。

伯利和米恩斯从大量的统计资料中得出了企业的一些重要特征。他们假定一家股份公司的普通股份额中若某个人或机构持有20%以上，则该股东就拥有了有意义的表决权股份。如果一家股份公司有持有20%以上普通股股份的股东，而其他股权又很分散，则该公司属“少数控制型”；若单个股东持普通股份额达80%以上，则为“私人控制型”；若不存在这种大比例股份，则为“管理控制型”。伯利和米恩斯对全美最大200家公司的调查发现，管理控制型占44%，少数控制型占23%，私人控制型仅占6%。这些数据表明，有近一半大公司的实际控制权掌握在经理人员手里，伯利和米恩斯称之为“所有权与控制权的分离”，这引起了企业史上的“经理革命”。

这一结论也支持了马歇尔的早期判断，即公司制的演变在一定程度上是为了满足那些有能力无资本的人的需要。伯利和米恩斯延续了该观点，他们强调股东的分散化使股东在公司的物质资本属“消极的”，而对公司的发展更为重要的是经理人员的“积极的”人力资本，这种积极的人力资本也有自身的权益，从而导致经理人员和股东之间的矛盾。对股东来说，只追求投资收益，存在短视现象，而经理人员从人力资本的角度考虑，更注重长远发展，即对于经理人员而言，考虑公司的社会责任可能更为有利。

美国企业史学家艾尔弗雷德·D·钱德勒在其名著《看得见的手——美国企业的管理革命》中，通过对美国经济中许多重要行业和企业的大量史料的研究，得出结论，企业管理在美国经济发展中起了十分重要的作用。钱德勒把经理人员控制的企业称为经理式企业，把经理式企业占统治地位的经济叫做经理式资本主义。在经理式企业中，经理阶层担当起资源配置的责任，企业的管理权和所有权相分离。反观在传统的资本主义企业中，所有者管理企业，管理者就是所有者。与传统的资本主义企业不同，经理式资本主义企业的职业经理人员在作出管理决策时，不贪图眼前的最大利润，而是选择能促进企业长期稳定和成长的策略。

总之，认为发生了“经理革命”的学者大都赞同，在现代股份公司中，所有权与经营权发生分离，并且经理人员成为整个企业活动的中心。

第二节　国有企业改革和现代企业制度

新中国成立之初，政府没收官僚资本，将官僚资本企业收归国有，这些国有企业直接由国家经营，成为新中国经济建设的重要力量。20世纪50年代，随着国民经济的恢复和发展，国家不断增加经济建设投资，在各领域组建、发展了众多国有企业。但是，进入20世纪80年代以后，随着改革开放的深入及社会主义经济制度的形成和完善，原有的国有企业经营管理制度已经不能再适应新时期的要求，众多国有企业曾一度面临经营困境。为了使国有企业适应新时代的要求，必须对国有企业进行改革。在我国，国有企业改革经历了漫长而曲折的过程，同时，国有企业改革的不断深入，也是我国对现代企业制度不断深入认识的过程。

一、国有企业为什么要改革

要了解国有企业改革的相关问题，首先需要明确国有企业的基本属性和发展历程，通过分析国有企业在改革开放之后遭遇到的困难，探讨国有企业改革的原因。

1. 什么是国有企业

国有企业实际上是全民所有制企业的简称，指企业的所有权归全体公有的公有企业，政府作为全体国民的代表管理全民所有制资产，全民所有制企业通常由政府代表国民出资创办或收购，并代表国民行使对企业资产的所有权，因此，全民所有制企业通常也被称为“国有企业”。在公司制企业、股份制企业成为现代企业的基本形式之后，政府出资的全民所有制资产在很多情况下并不是企业的全部资产，国有企业的范围相对拓宽，一般而言，只要是全民所有制资产所占比重足以实现控股的企业，均可视为国有企业。

国有企业并不是社会主义国家所特有的现象，无论是西方发达的资本主义国家，还是其他发展中国家，均存在大量的国家出资创办或收购的企业，这些企业往往集中在关系国民经济和社会发展的关键部门。

国有企业在我国社会主义市场经济制度中占有重要地位。正如本书第八章所言，全民所有制掌握国民经济关键部门是我国社会主义市场经济保证公有制主体地位的重要方式。全民所有制企业，即国有企业就是全民所有制掌握国民经济关键部门的物质载体和经济主体。一方面，国有企业在国民经济中占据主导地位，是社会主义市场经济制度的中坚力量。另一方面，国有企业作为全民所有制的企业载体，不同于以利润为中心的非公有制企业，在国民经济发展和国家利益需要的情况下，国有企业必须脱离以利润为中心的决策原则，在必要的时候牺牲自己的单位利益，使国民经济向有利于国家利益和人民利益的方向发展，这也是由国有企业控制国民经济命脉的意义所在。

2. 国有企业改革的原因

在我国，国有企业改革的历史起点很早。但是，全面系统的国有企业改革，尤其是关于企业制度的深度改革，主要形成于改革开放之后。

张文魁、袁东明指出，“1978 年以前，国家对国有企业的管理方式也作过几轮调整。这些调整是在计划经济体系内进行的，主要做法是将国有企业下放或上收。1957 年，中央政府将中央行业部门管理的大部分轻纺企业和一部分重工业企业下放到省、直辖市和自治区一级进行管理。1962 年，中央政府又将一些由地方管理的国有企业上收由中央行业部门管理”①。

之所以在改革开放之后形成大范围的国有企业改革，主要是由于国有企业计划经济向市场经济转型的需要。因此，总体而言，国有企业改革的原因有以下几个方面。

---

① 张文魁、袁东明：《中国改革 30 年（国有企业卷，1978—2008）》，3 页，重庆，重庆大学出版社，2008。

第一，国有企业改革是适应社会主义市场经济的需要。在计划经济时期国有企业建立了适应计划经济体制的管理体制，政府完全指定国有企业的生产安排、资源使用量和产出规模，国有企业实际上只是执行政府指令计划的工厂、车间，没有自主经营权。国有企业的这种计划体制不适应改革开放后我国经济由计划向市场的转变，使国有企业适应社会主义市场经济，必须实现国有企业由计划体制到市场体制的转变，赋予国有企业参与市场经济的经营自主权。

第二，国有企业改革是提高国有企业经营管理效益的客观需要。在计划经济体制下，国有企业也形成了"一大二公"的管理体制，形成了体制僵化、缺乏激励、机构臃肿、人浮于事、效率低下的弊端。因此，在改革开放之前，我国就进行过以改进管理、提高效率为目标的国有企业改革。改革开放之后，在参与市场竞争的同时，参照现代市场制度企业管理的先进经验，在竞争中学习现代企业管理经验和管理体制，提高国有企业的经营管理效率，也是国有企业发展的客观需要。

第三，国有企业改革也是国有资产保值增值，保障公有制主体地位的需要。改革开放以来，面临非公有制企业的激烈竞争，受制于传统管理体制的局限，国有企业普遍出现了管理不善、经营亏损的困境，一方面造成了国有资产价值的损失，另一方面严重影响了国有经济在国民经济中的控制力。只有对国有企业管理体制进行改革，提高管理效率，扭亏为盈，才能实现国有资产保值、增值的需要，才能真正实现国有经济在国民经济中的控制力，保障公有制的主体地位。

概括而言，在坚持社会主义公有制的前提下，发展社会主义市场经济，国有企业必须实现由计划体制向市场体制的转变，成为参与市场竞争的自主经营的经济主体，在竞争中实现国有资产的保值增值，提高对国民经济的控制力，保证公有制的主体地位。国有企业改革，是市场经济与社会主义公有制有机结合的必然要求。这既是国有企业改革的原因，也指明了国有企业改革的基本方向：由计划经济时代执行生产任务的工厂、车间，转变为市场经济背景下自主经营、自主决策的经济主体，在竞争中实现国有资产的保值增值，保证公有制的主体地位。

二、国有企业改革的实践

我国国有企业改革经历了完全执行指令性国营企业、放权让利改革、承包制、两权分离、建立现代企业制度和战略结构调整几个阶段。国有企业逐步适应社会主义市场经济，并重新在社会主义市场经济中确立自己的主导地位。

从改革开放开始，国有企业改革的实践过程，通常被划分为放权让利、两权分离、建立现代企业制度①和战略结构调整四个基本阶段。

第一，国有企业改革的放权让利阶段（1978—1984年）。这一时期改革的重点是增强企业的经营自主权，实行各种形式的"责任制"，部分地赋予企业对其利润的支配权。利润留成制是这一时期实行的一种比较典型的"责任制"。利润留成制规定企业在其利润量中，除一部分上缴国家外，其余部分可以由企业占有支配，用于生产安排或改善福利。这

---

① 前三个阶段的划分与介绍，参见白永秀：《国有企业改革的历程、现状及反思》，载《求是学刊》，1999（5）。

一制度提高了企业的积极性。同时，随着改革的深入，国家开始逐步实行“企业所得税制”，企业由上缴利润改为上缴所得税。同时，国家给企业的拨款也实行“拨改贷”改革，要求企业自己承担贷款使用风险，承担还贷责任。可见，在改革之初，国有企业改革主要是部分赋予国有企业以企业法人的资格，让企业在享有独立法人自主经营权的同时，也开始承担独立经济主体的相应责任。但是，国有企业原有的计划体制尚未发生基本改变，“放权让利”改革主要局限在原有体制内部的调整。

第二，国有企业改革的“承包制”和“两权分离”阶段（1985—1991 年）。借鉴西方现代企业的“两权分离”，国有企业改革开始尝试将全民所有制企业政府所掌握的所有权与企业的经营权相分离，赋予企业以自主经营、自负盈亏的地位。承包制、股份制和租赁制改革在这一时期出现。同时，在生产资料供给方面，也开始实行计划划拨与市场调配相结合的“价格双轨”制。这一时期的改革开始突破计划经济体制的限制，增量的市场机制开始逐步形成，企业开始尝试进入市场，企业的市场主体地位逐步形成。

第三，国有企业改革的现代企业制度阶段（1992—1998 年）。在邓小平南方谈话和党的十四大之后，建设社会主义市场经济被确定为我国经济社会改革的整体方向。与之相适应，对国有企业改革提出了产权清晰、权责明确、政企分开、管理科学的现代企业制度。国有企业作为独立法人的地位被最终确定，政府回归国有企业所有者、出资人的地位。西方企业管理的“委托—代理”机制，成为构建国有企业管理体制的重要参照和借鉴。

第四，国有企业改革的战略调整阶段（1999—2010 年）。1999 年，中共中央第十五届四中全会审议通过了《中共中央关于国有企业改革和发展若干重大问题的决定》，提出至 2010 年，国有企业改革的目标是要调整国有经济布局，抓大放小，有所为有所不为。对于关系国计民生的国民经济关键领域，要实施战略重组，完善国有企业管理体制，提高国有企业竞争力。对于一般经营领域的中小型国有企业可以采取改组、联合、兼并、租赁、承包经营和股份合作制、出售等多种形式，放开搞活国有小企业。国有企业改革开始进入战略性结构调整的阶段。

同时，在国有企业战略调整阶段，国有企业改革重点强调公有制实现形式的多样性，认为全民所有制资产在国有经济中的比重，可以适当调整，除了全民所有制资产实现控股的国家控股企业的国有资产外，其他混合所有制中的全民所有制资产也是公有制的实现形式。公有制实现形式的多样性，为灵活掌握全民所有制资产的出资比重，提供了有效的政策空间，政府作为出资人的调整空间放宽，国有企业改革获得了较大的成就。

到 2010 年，我国国有企业改革取得重要胜利。在应对 2008 年全球金融危机的过程中，国有企业良好的业绩表现，配合政府刺激经济的一系列战略举措，有效地发挥了国有企业在国民经济中的影响力和控制力，为我国率先克服金融危机的负面影响、实现经济止跌回升发挥了应有的国民经济支柱作用。

三、现代企业制度

现代企业制度是我国在国有企业改革过程中，借鉴西方现代企业管理体制，总结西方公司制等先进企业管理经验和管理制度后概括的现代企业的基本制度特征。我国借鉴这些先进经验，为我国国有企业改革确立“建立现代企业制度”的改革方向。

现代企业制度可以概括为产权清晰、权责明确、政企分开、管理科学，国有企业应明确政府作为出资人所拥有的所有者权益，企业作为独立法人所具备的经营者权益，明确双方各自承担的责任，强调政府出资方与经济法人之间应遵守权利与义务相对应的基本原则，实行政企分开，所有权与经营权分离，政府作为所有权人代表以所有者的身份参与经济管理决策，而企业作为独立的法人自主经营。企业的经营管理阶层，向企业的出资人、所有者负责，拥有经营管理自主权。政府设立的国有资产管理委员会等机构及时考核企业经营管理阶层，根据经营管理的绩效决定企业经营管理阶层的经济收入和其他奖惩。

第三节　马克思企业制度理论

在《资本论》中，马克思对企业的起源、企业的性质和功能以及企业的产权制度等内容进行了系统研究和论述，在当代，马克思主义企业理论也得到了补充与发展。

企业作为社会生产的一种组织制度，是随着生产力的发展和人们对经济活动效率的追求逐步形成的。企业这一生产的组织制度又是资本主义生产的起点，所以，马克思在对资本主义经济进行研究的过程中，包含了他关于企业制度的基本思想和理论。在《资本论》的论述中，马克思分析了资本家通过提高劳动生产率以缩短必要劳动时间，从而取得相对剩余价值的过程。而这一过程本质上也就是企业作为资本主义生产组织制度逐步发展与完善的过程。从 15 世纪起，资本主义生产先后采取了简单协作、工场手工业、工厂制度（机器大工业）和公司制度等四种企业制度和形式。

一、简单协作：企业制度的萌芽形态

简单协作制度是马克思分析资本主义生产组织过程的第一种企业制度形态，也是一种不完善的处于萌芽状态的企业制度形态。可以说，简单协作制度既是资本主义生产方式的基本形式，也是资本主义生产组织——企业制度的原始形式。简单协作最初是被作为个体经济的对立形式，以生产资料的资本家所有制为基础组织起来的。马克思说："许多人在同一生产过程中，或在不同的但互相联系的生产过程中，有计划地一起协同劳动，这种劳动形式叫做协作。"① 也就是说，协作是一种劳动形式，但不是个体劳动形式，而是许多人按计划同时进行、协同动作的劳动形式，而且这种劳动形式或者存在于同一生产过程中，或者存在于不同的但有相互联系的生产过程中。在较大规模运用资本、分工与机器尚未起重大作用的生产领域，能够暂时避开其他因素的影响，从而对协作带来的诸多优点进行详细的考察。这里的协作就是简单协作。简单形态的协作虽然与规模较大的生产结合在一起，但它"并不构成资本主义生产方式的一个特殊发展时代的固定的特殊形式。它至多不过在仍然保持手工业性质的初期工场手工业中，在那种和工场手工业时期相适应的、仅仅由于同时使用的工人数量和所积聚的生产资料的规模才和农民经济有本质区别的大农业

---

① 《马克思恩格斯全集》，中文 1 版，第 23 卷，362 页，北京，人民出版社，1972。

中，近似地表现出来”①。

在同一资本家指挥下的简单协作，是资本主义的简单协作，它是资本主义生产的起点。马克思说：“资本主义生产实际上是在同一个资本同时雇用较多的工人，因而劳动过程扩大了自己的规模并提供了较大量的产品的时候才开始的。较多的工人在同一时间、同一空间（或者说同一劳动场所），为了生产同种商品，在同一资本家的指挥下工作，这在历史上和逻辑上都是资本主义生产的起点。”② 在这里，马克思所说的资本主义生产的起点其实就是资本主义企业生产的起点。较多的工人在同一时间、同一空间，在同一资本家的指挥下从事同一商品的生产。这个过程的本质就是分工与协作。为适应这种分工与协作的发展要求而采取的生产组织形式就是企业。因此，在马克思看来，企业的产生源于协作，没有协作就没有企业。那么，协作产生的原因又是什么呢？马克思从协作会提高社会劳动的生产力出发来揭示协作和企业产生的客观性。对此，马克思通过与个体劳动的比较从以下几个方面进行了分析：(1) 协作使不同个体劳动相互间的劳动差别相互抵消，从而取得社会平均劳动的性质。(2) 协作可以节省生产资料，首先表现为许多人在一起使用生产资料可以大大提高生产资料的利用率，这种生产资料利用率的提高必然使生产资料转移到单位产品中的价值量下降，更具有重要意义的是协作劳动使生产资料突破了单个人使用的局限而取得了社会性质。(3) 协作不仅能够提高个体劳动的生产力，更关键的是能够创造出一种新的集体力，许多人在一起进行协作劳动所产生的生产力并不等于所有的单个人具有的生产力的总和，而是要大于这个总和。马克思认为，“一个骑兵连的进攻力量或一个步兵团的抵抗力量，与单个骑兵分散展开的进攻力量的总和或单个步兵分散展开的抵抗力量的总和有本质的差别，同样，单个劳动者的力量的机械总和，与许多人手同时共同完成同一不可分割的操作（例如举重、转绞车、清除道路上的障碍物等）所发挥的社会力量有本质的差别。在这里，结合劳动的效果要末是个人劳动根本不可能达到的，要末只能在长得多的时间内，或者只能在很小的规模上达到。这里的问题不仅是通过协作提高了个人生产力，而且是创造了一种生产力，这种生产力本身必然是集体力。”③ (4) 协作因其所引起的竞争心和特有的精力振奋而增进劳动效能。(5) 协作可以使劳动具有连续性和多面性，从而提高劳动效率。(6) 协作由于使不同的工作同时进行，从而可以缩短总的劳动时间。(7) 协作能够在短时期内完成必须完成的工作。(8) 协作既可以扩大劳动的空间范围，又可以与生产规模相比相对地在空间上缩小生产领域。

总之，协作劳动“和同样数量的单干的个人工作日的总和比较起来，结合工作日可以生产更多的使用价值，因而可以减少生产一定效用所必要的劳动时间。不论在一定的情况下结合工作日怎样达到生产力的这种提高：是由于提高劳动的机械力，是由于扩大这种力量在空间上的作用范围，是由于与生产规模相比相对地在空间上缩小生产场所，是由于在紧急时期短时间内动用大量劳动，是由于激发个人的竞争心和集中他们的精力，是由于使许多人的同种作业具有连续性和多面性，是由于同时进行不同的操作，是由于共同使用生

---

① 《马克思恩格斯全集》，中文1版，第23卷，372页，北京，人民出版社，1972。

② 同上书，358页。

③ 同上书，362页。

产资料而达到节约，是由于使个人劳动具有社会平均劳动的性质，在所有这些情形下，结合工作日的特殊生产力都是劳动的社会生产力或社会劳动的生产力。这种生产力是由协作本身产生的。劳动者在有计划地同别人共同工作中，摆脱了他的个人局限，并发挥出他的种属能力。”①

协作会提高社会劳动生产力，协作劳动与个体劳动相比，可以在同样的时间内生产更多的使用价值，因而可以减少生产一定使用价值所需要的必要劳动时间，从而降低单位商品的价值。正是由于协作劳动表现出的这种社会劳动生产力，所有协作劳动的发展都是必然的。协作劳动得以发展，从而简单协作发展为以分工为基础的复杂协作，必须要建立一种生产组织形式，这种组织形式就是企业。总之，马克思从分工与协作以及社会劳动生产力的发展要求出发，论证了简单协作的优越性，论证了企业的起源和企业制度的最初表现形式。简单协作是所有社会形态下共同的企业制度形式，同时也是资本主义生产条件下企业制度的基本形式。准确地说，简单协作只是经济学意义上企业或企业制度的萌芽状态。

二、工场手工业：企业制度的初级形态

到16世纪中叶，在简单协作进一步发展的基础上产生了分工。“以分工为基础的协作，在工场手工业上取得了自己的典型形态。”因为“这种协作，作为资本主义生产过程的特殊形式，在真正的工场手工业时期占居统治地位。”② 也就是说，工场手工业成为介于简单协作与机器大工业之间的一个独立阶段，或者说是以分工为基础的简单形态意义上的企业制度。

（1）工场手工业产生的两种方式。这种以分工为基础的复杂协作的工场手工业制度，是如何在简单协作的基础上发展起来的呢？马克思分析了工场手工业产生的两种方式：一种方式是把不同种独立的手工业者联合在一个工场内，他们在那里共同协作进行劳动；另一种方式是把同一专长的手工业者联合在一个工场中进行劳动。这两种方式之间的区别是：前者以不同种的独立手工业者的结合为出发点，但结合的结果是使他们丧失独立地位，从而把独立手工业者之间的分工转变为工场手工业内部的分工，这是通过缩小劳动的范围实现的。后者则是以同种手工业者的协作为出发点，在协作过程中建立了以前从事同一劳动的劳动者之间的分工，这种分工是首次建立的。但是，这两种不同的生产方式却产生了同一结果：一方面把独立的手工业者结合起来，另一方面也产生了“一个以人为器官的生产机构”。

因此，由于工场手工业制度既发展了不同生产者之间的分工，又发展了同种生产者之间的协作，使生产过程中的分工与协作通过工场手工业这种企业制度形式在社会范围内得到了发展，由此极大地促进了生产的社会化程度。在这一生产组织形式下，产品的生产已突破了单个生产者生产的局限，即产品不再表现为单个生产者的生产成果，而是许多生产者共同生产的成果。生产发展到这一阶段，工场手工业制度开始取代单个生产者，成为社

---

① 《马克思恩格斯全集》，中文1版，第23卷，365～366页，北京，人民出版社，1972。

② 同上书，373页。

会生产的基本经济单元和机构。

(2) 工场手工业的两种基本形式。根据制品本身的性质，工场手工业的组织可以区分为混成的工场手工业和有机的工场手工业。

在混成的工场手工业中，制品是由各个独立的局部产品纯粹机械地组合而成。例如钟表，它是由发条、齿轮、字盘、指针和表壳等零部件构成的，这些零部件是由局部工人生产出来的，生产这些零部件时，工人彼此之间没有联系，只有最后到装配工人手中时，把这些零部件组合起来，才成为一个完整的产品。这种混成的工场手工业，局部劳动本身是可作为独立的手工业来进行的，局部工人在资本家的指挥下进行协作。

可见，生产是在企业内部完成，还是通过市场交易完成，要看劳动者是否为同一个资本进行劳动。对于这种性质的产品，更多的是通过局部产品的市场交易来完成最终产品的生产，采取结合的工场手工业进行生产。因此，对混成的工场手工业而言，利用市场组织生产具有优势。

在有机的工场手工业中，制品要经过相互联系的发展阶段，顺序地经过一系列的阶段过程和操作而取得完成的形态。例如，制针手工工场的针条要经过把钢丝拉直、切断、穿针眼、磨针尖等 72 个乃至 92 个专门的局部工人之手，才能生产出来。

按照马克思的分析，有机的工场手工业制度，可以在空间上缩短各个特殊生产阶段之间的距离，节省制品从一种操作转移到另一种操作所需要的时间和劳动，因而与独立的手工业相比，在同一时间内可以生产出更多的产品，提高劳动生产效率；但同时，由于有机的工场手工业采取分散的形式完成局部产品的生产，因此分工会造成操作之间的脱节，带来特殊的、破费的、工场手工业固有的局限性；如果这种产品生产的各个环节在一个工场内完成，即不同环节的生产过程同时并存于一个企业中，则原料可以同时处在所有的生产阶段上，同时利用分工与协作的好处，在同一时间里提供更多的产品。

(3) 工场手工业分工与社会分工。工场手工业的主要特征是分工，马克思对此的研究是从它和社会分工相比较的角度来论证的。马克思把工场手工业内部的分工称为“个别的分工”；就社会生产分为工业、农业等部门而言，把社会内部的分工称为“一般的分工”。这两种分工是相互促进、相互作用的。马克思认为，一方面，在社会内部的分工和商品生产已有相当程度的发展，较大数量的生产资料积聚在单个资本家手中时，才能同时雇用许多工人在一个工场中生产，才会产生工场手工业的分工。另一方面，工场手工业分工产生后，又会使社会分工进一步发展与增加。尽管社会内部的分工和工场手工业分工有许多的相似点和联系，但二者不仅有程度上的差别，而且在本质上也是不同的。二者本质的区别表现在以下两个方面：

首先，社会内部的分工以不同劳动部门的产品的买卖为媒介，工场手工业内部的分工不是以产品的买卖为媒介，它是以不同的生产者在同一个工场内的结合为媒介。社会分工是以生产资料分散在许多互不依赖的商品生产者中间为前提，而工场手工业分工则是以生产资料集中在一个所有者手中为前提。

其次，社会内部的分工和工场内部的分工是由不同的规律起作用的。前者是由市场经济规律来支配的，在这一规律支配下，人们承认的只是竞争的权威；而后者是由计划规律起作用的，生产者服从的是人为制定的规则的权威。

正是基于技术性质的有分工的协作提高了企业效率和利润，作为企业制度初级形态的工场手工业制度才占据统治地位达200多年。

三、工厂制度：企业制度的典型形态

随着社会生产力的发展，企业制度也从工场手工业这种初级形态的企业制度发展到企业制度的典型形态——工厂制度。工场手工业制度下的分工是以手工生产为物质技术基础的，因此它对生产力发展的促进作用还没有跳出手工分工的局限。但是，在此基础上发展起来的生产力却使这种工场手工业制度本身发生了矛盾，这一矛盾直接导致了工场手工业制度的解体和工厂制度的出现。

马克思认为，生产方式的变革在大工业中以劳动资料为起点，机器生产是工厂制度的物质技术基础。他赞同尤尔博士在《工厂哲学》中对工厂制度的描述，即一个由无数机械的和有自我意识的器官组成的庞大的自动化，为了生产同一物品，各器官协调地、不间断地活动，它们都受一个自行发动的动力的支配，认为这个说法点明了应用机器进行生产的现代工厂制度的特征。机器之所以被采用，主要在于机器蕴藏着自然力和具有节约不变资本的经济性质。例如，材料的改良改进了机器的物理性质，制造的改良使机器变得便宜，技术的改良使现有机器能够更便宜地、更有效地加以使用，机器的改良还使废料减少了、能够加以利用了。机器的广泛使用，使工场手工业分工的技术基础消失了，分工在自动工厂里表现出新的特点。

首先，工厂制度是以机器生产为起点，而不是以手工工具为起点。在手工生产条件下，工人依靠个人的技巧操纵工具，现在直接操纵工具的是机器，工人只是机器的助手，这就使工具的效率不再受人的身体器官的数量的限制，工场手工业分工的技术基础消失了。工场手工业所建立的因工人的技术而划分的等级制度，被各种劳动的平等或均等的趋势所代替，工场手工业的局部工人之间的人为差别，被主要是年龄和性别的自然差别所代替。

其次，与工场手工业相比，工厂制度下的分工与协作具有更大的灵活性。因为由许多不同种机器的有机联系所构成的机器体系，要求把各种不同的工人小组分配到各种不同的机器上去。但是，机器生产无需像工场手工业分工那样，使同一些工人始终从事同一种职能，从而把这种分工固定下来。因为工厂的全部运动是从机器出发，所以可以随意更换工人，例如实行换班制度也不致使劳动过程中断。

再次，工厂制度能够把巨大的自然力融入生产过程，从而大大提高了劳动生产率。工厂制度是以机器生产为物质技术基础的，而机器生产又主要是靠自然力来推动的。同时，机器本身又包含了现代科学技术，因而机器的运用又意味着科技运用到生产过程中去。这两者的结合，无疑会极大地促进生产力的发展。

不仅如此，使用机器的工厂制度，还进一步吞噬了现代工场手工业和家庭劳动，并深入到农业领域，使农民也融入雇佣工人的行列。在企业制度的更迭过程中，技术的采用和企业制度的变迁服从经济利益这一核心。工厂使用机器的界限是它所耗费的劳动必须小于它所代替的劳动，也就是说，企业使用机器的规模扩张有其经济均衡点。

四、公司制度：企业制度的高级形态

在资本主义生产发展历程中，无论是简单协作、工场手工业，还是以机器大工业为代表的工厂制度都是独资性质的，采取公司制的企业极其少见。但马克思通过对资本主义生产实践的深入研究发现，出于扩大再生产和资本集中的需要，也就产生了非独资性质的企业制度——公司制。马克思认为，企业规模的扩大是社会劳动生产力发展的必然要求，而企业规模扩大所要求投入资本的最低限额也随之提高，此时单个资本的能力难以满足生产力发展的这一内在要求。这样，客观上促进了企业内部产权结构的变化，即从单个业主的产权结构向股份制的产权结构演变，企业制度也就演进为以股份制为典型代表的公司制度。

股份资本与股份公司的出现大大促进了资本集中。股份资本与股份公司出现以后，"生产规模惊人地扩大了，个别资本不可能建立的企业出现了。"①

不仅如此，股份资本与股份公司的形成和发展也使资本更加社会化。以前独立的、单个存在的私人资本，现在采取了联合起来的社会资本的形式。相应地，某个资本家私人的企业也表现为若干个资本家联合起来建立的社会企业。

股份资本与股份公司的形成和发展，使资本的所有权和资本的现实职能完全分离开来了。在股份公司出现以前，资本的所有者往往同时又是实际经营企业的职能资本家，资本的所有权与资本的现实职能是同一的。在股份公司出现以后，"实际执行职能的资本家转化为单纯的经理"②，资本的所有权与管理权相分离。公司制度的出现使企业制度的发展进入了一个新的发展阶段，因而它对社会生产力的发展和经济效率的提高所起的作用，也远远超过以前的各种企业制度。

总之，马克思的企业制度理论是以社会生产力的发展为分析前提的，从生产力发展的本质要求，进而从分工与协作发展的视角来揭示企业制度演变的根本原因。同时，作为一种生产组织形式，企业制度对经济活动的效率有着极其深刻的影响，即企业制度的变革能够创造一种新的生产力，新的企业制度既能够节约生产费用、降低生产成本，同时也能够增加产出。而且，一种新的企业制度还能够为管理的创新提供制度条件，从而起到提高企业经济活动总和效率的作用。马克思把企业制度的发展看做社会经济制度变革的一个重要因素。企业是社会的基本经济单位，企业制度是社会基本的微观经济制度，因而企业制度的发展和变化，必然会影响到社会经济制度，从而揭示了微观经济制度与社会经济制度之间的内在联系。可以说，马克思的企业制度理论是系统的、深刻的和全面的，对现代企业理论的研究与我们今天进行的国有企业改革都有着很强的理论指导意义。

关键术语

业主制	合伙制	公司制
经理革命	国有企业	现代企业制度

---

①② 《马克思恩格斯全集》，中文1版，第25卷上，493页，北京，人民出版社，1974。

简单协作　　　　　　　　　　　　　　　　工场手工业

习题

1. 公司制企业的优点和不足有哪些？
2. 我国国有企业改革的原因是什么？
3. 我国的国有企业改革大致可以分为哪几个阶段？
4. 简述现代企业制度的基本特点。
5. 谈谈你对马克思企业制度理论的认识。

第十六章

宏观调控

计划和市场作为资源配置的两种手段各有其优缺点，两种手段既存在显著差异，更需要相互协调。在当今世界，无论是资本主义经济还是社会主义经济，都是程度不同的“混合经济”，都既需要市场调节又需要国家干预。社会主义市场经济的运行和发展，尤其对于像中国这样一个正在完善社会主义市场经济体制的国家，更需要大力加强和完善国家对经济的宏观调控，不断建立健全国家的宏观经济调控体系。本章在介绍计划和市场两种资源配置手段以及不同制度下混合经济的基础上，主要分析社会主义市场经济的宏观调控问题。

第一节　计划与市场两种手段的差异与协调

一、计划与市场：资源配置的两种手段

在任何的社会化大生产中，国民经济各部门、各行业之间存在着紧密的联系，每个部门、每个行业都离不开其他部门、其他行业而孤立地实现生产和再生产。因此，任何社会化大生产都有一个资源合理配置的问题，即要求把资源按照一定的比例配置到社会生产的各个部门、各个行业中去。只有这样，社会生产和再生产才能够顺利进行。否则，国民经济发展过程中就会出现生产过剩、生产不足以及比例失调等现象，从而影响国民经济持续健康地发展。

在社会化大生产中，资源配置主要通过两种手段：计划和市场。邓小平同志说过：“计划和市场都是经济手段。”[①] 实际上就明确指出，计划和市场都是资源配置的经济手

① 《邓小平文选》，第3卷，373页，北京，人民出版社，1993。

段，国民经济的运行需要通过运用计划和市场两种手段，去实现资源的合理配置。

什么是计划？计划的原意是指事先确定其比例。社会经济生活的比例性，主要是指社会供给和需求之间、各生产部门之间为保持平衡性所需要的客观比例。例如，要实现电力的供给和需求之间的平衡，就需要使电力工业的发展同生产用电部门的发展和人民生活用电的改善保持一定的比例；要达到某种原料的供给和需求之间的平衡，就必须使原料工业与加工工业之间保持一定的比例。

作为资源配置的一种手段，计划是指按照国家事先确定的比例来配置资源、控制经济运行活动，以实现社会供求之间、各生产部门之间的协调，促进经济平衡发展。计划配置资源的基本特征是：国家及其各相关部门机构是资源配置的直接决策者，计划指标主要是以行政指令形式下达的，信息传导不是通过市场实现，而是通过行政渠道纵向实现的。

在实践中，计划又有两种方式：一种是指令性计划，这种计划是由国家制定具有强制性和约束力的经济活动的计划，计划指标由上而下逐级分解，通过国家的行政手段加以贯彻实行。指令性计划是一种国家直接集中配置社会资源的计划方式。另一种是指导性计划，这种计划是国家通过灵活运用价格、税收、信贷等经济杠杆，并利用国家掌握的投资、外汇、重要物资等的分配，引导和促使计划执行单位实现的一种计划。指导性计划的制定和执行是由国家和企业共同决策的，国家不采取直接的强制性规定来干预企业的经营活动，而是通过调整经济利益的间接方式实现对企业的引导，促使企业采取的行为与国家的计划目标相一致。

什么是市场？市场的原意是买卖双方进行商品交换的场所。作为资源配置的一种手段，市场指的不是通过国家计划，而是通过市场机制如价格机制、供求机制和竞争机制来引导资源的流向，实现资源配置。市场配置资源的基本特征是：独立的市场主体是资源配置的直接决策者，因而经济决策是分散进行的；各个不同的市场主体的分散决策通过市场联系起来，形成总体的经济活动；资源在市场主体的分散决策中通过市场价格、供求、竞争机制的作用实现配置。

显然，计划和市场是两种有着显著差异的资源配置手段。其差异主要表现在：(1) 资源配置的主体不同，前者是国家及其各相关部门机构，后者则是大量独立的市场主体。(2) 资源配置的决策方式不同，前者是国家集中决策，后者是市场主体分散决策。(3) 资源配置的机制不同，前者更多地依靠行政机制，后者则依靠价格、供求、竞争等市场机制。(4) 资源配置中的信息传递方式不同，前者是国家通过纵向的信息传递，经济信息先自下而上地集中到某个决策中心，决策中心由此制定计划，然后再自上而下层层分解到国民经济各部门、各企业中去。后者的信息是横向传递的，各市场主体根据市场的供求信息、价格信息、竞争状况进行生产或消费决策。(5) 要求的管理制度不同，计划方式特别是指令性计划要求有一整套执行计划职能的组织和制度，通过自上而下的纵向管理体系，对生产计划、物资分配、投资决策和人事工资安排等进行集权式的管理。而市场方式则要求企业成为市场生产经营活动的主体，政府主要负责制定和执行宏观调控政策，搞好基础设施建设，创造良好的经济发展环境。

计划和市场作为资源配置的两种手段是互不相同的，但两种手段的基本目标是相同的，都是要实现资源的优化配置。基于两者的共同目标，在某种具体的经济体制中，计划和市场这两种手段又可以以不同的方式结合起来。实际上，纯粹地完全排斥市场的计划经济或纯粹地完全排斥计划的市场经济在当今世界都是找不到的。当前无论是社会主义经济，还是资本主义经济，其资源配置都需要计划手段和市场手段的结合。当然，“由于社会基本制度的不同，社会生产的根本目的不同，计划和市场两种手段结合的范围、程度和形式，也就必然有区别。”①

二、计划与市场配置资源的优势与缺陷

经济资源的有限性决定了资源的合理配置、充分利用和最大可能地提高配置效率的重要性。衡量资源配置合理与否、效率高低的标准主要包括四个方面：(1) 有限的资源能否得到充分利用，促使经济快速增长；(2) 社会供给和需求能否实现基本平衡；(3) 产业结构是否合理，国民经济能否协调发展；(4) 人民的生活水平、资源、环境能否实现可持续发展。

作为资源配置的两种手段，计划与市场在实现合理配置资源方面有各自的优势，也存在各自的缺陷。

计划特别是指令性计划配置资源的优势在于：能在短时间内集中人力、物力、财力等社会资源，保障国家重点建设和重点项目的优先发展；能从国民经济的长远利益和整体利益出发，对社会经济资源进行统筹兼顾，有利于国民经济和社会发展的长期规划和长期发展战略目标的实现；可以较好地协调人民内部的各种经济利益关系，兼顾效率与公平，避免社会两极分化。

单纯采用计划手段特别是指令性计划手段配置资源，其作用的发挥需要具备两个基本条件：一是国家要对经济活动，包括物质资源、人力资源的状况、技术可行性、社会需求结构等及它们的变化拥有全部而准确的信息，经济预测要高度精确，只有这样，才能保证计划决策本身具有科学性与正确性；二是全社会的利益要一体化，不存在相互分离的利益主体和不同的价值判断，只有这样，才能保证计划得到完全的贯彻，实现计划目标。实践证明，上述两个条件在商品经济社会中很难完全具备。一方面，社会需求结构越来越错综复杂，且经常变化，商品种类繁多、层出不穷，难以精确计算与预测，因此事前的计划本身就难以完全做到科学、准确；另一方面，受不同经济利益主体的制约，政府下达的计划指令的贯彻方向和程度不一，极易造成偏差，从而造成资源配置的失误和生产的低效率。

因此，如果计划特别是指令性计划管理的范围过大，甚至把一切部门一切企业的一切活动都置于政府的计划管理之下，则其资源配置方面会存在以下明显的缺陷：一是纵向的信息传递反馈由于层次多、时间长、缺乏高度的灵敏性和准确性，信息传递机制不能适应瞬息万变的市场供求和价格变化的现实，容易延误时机，造成供给和需求的严重脱节，甚至决策的失误。二是政府用行政命令方式直接管理企业，形成政府和企业之间事实上的行政隶属关系，由此造成生产企业一方面缺乏独立性和自主权，另一方面又依赖政府的支持和保护，从而既缺乏活力，又不能独立承担经济责任与风险。三是企业没有相对独立的经济利益，远离市场需求，由此会扼杀企业和职工的积极性，使企业既没有自身发展的动

① 蒋学模：《政治经济学教材》，12版，297页，北京，人民出版社，2003。

力，缺乏竞争意识，又没有竞争压力，安于现状，效率低下。实践证明，单纯依靠计划手段配置资源，往往经济规模越大，经济结构越复杂，上述缺陷暴露得就越明显。

相对于计划手段，通过市场方式配置资源，有其突出的优势。一是市场对各种经济信号反应比较灵敏、及时、准确，可以更好地引导社会生产和需求之间的协调。二是在通过市场手段配置资源的情况下，作为经济主体的企业具有独立的经济利益和高度的自主性，可以把经济利益和经济责任很好地结合起来，提高企业和职工的积极性。三是市场配置资源，可以更好地发挥价格、供求、竞争机制的功能，把资源配置到效益好的行业、企业中去，并实现优胜劣汰，从而提高全社会资源配置的效率。

然而，市场也不是万能的，单纯地依靠市场进行资源配置也存在很大的局限性。第一，市场配置资源具有一定的自发性和盲目性，难以完全避免生产的无政府状态。由于经济决策是大量的微观主体分散作出的，微观经济主体的盲目性往往会导致生产的无政府状态而造成供求失衡，尽管供求失衡经过市场的自发调节会最后趋于平衡，但这需要一个较长的过程，因此会蒙受因总量失衡引起的经济波动以及由此造成的破坏和资源浪费。第二，市场配置资源不能自动实现整个国民经济的发展战略和预期目标。经济平衡本身并不是最终目的，平衡要与实现一定的国民经济和社会发展目标相联系。市场尽管会自动调节资源配置和供求失衡，但却不能自动地实现社会经济发展的长远目标。第三，市场手段的自动调节无法消除市场的外部不经济。对于企业生产行为所破坏的生态失衡、环境污染等外部不经济现象，市场难以自动地发挥调节作用。第四，市场不能调节公共产品的供给。市场配置资源的动力来源于市场主体对经济利益的追逐，企业往往基于盈利的考虑而不会大规模地投资于社会公共产品的生产，由此会造成公共产品的投资不足，从而影响整个社会资源配置的效率。

三、社会主义市场经济中计划和市场的协调

发展社会主义市场经济，就要建立社会主义市场经济体制。社会主义市场经济体制，是使市场在社会主义国家宏观调控下对资源配置起基础性作用，使经济活动遵循价值规律的要求，适应供求关系的变化；通过价格杠杆和竞争机制的功能，把资源配置到效益好的环节中去，并给企业以压力和动力，实现优胜劣汰；运用市场对各种经济信号反应灵敏的优点，促进生产和需求的及时协调。同时也要看到市场有其自身的弱点和消极方面，加强和改善国家对经济的宏观调控。

在社会主义市场经济体制中，计划和市场都是资源配置的调节手段，两者所处的地位和功能有所区别，应该各司其职，同时两者又缺一不可，必须相互配合、相互协调。国家既要充分利用市场手段，发挥市场在资源配置中的基础性作用，又要坚持国家对市场经济活动的宏观调控和计划引导，把计划手段和市场手段结合起来，自觉地利用市场来促进国民经济的正常运行。正如邓小平所指出的："我们过去一直搞计划经济，但多年的实践证明，在某种意义上说，只搞计划经济会束缚生产力的发展。把计划经济和市场经济结合起来，就更能解放生产力，加速经济发展。"①

---

① 《邓小平文选》，第3卷，148页，北京，人民出版社，1993。

在社会主义市场经济中实现计划和市场的协调，首先要发挥市场对资源配置的基础性作用。市场对资源配置的基础性作用主要表现在两个方面：一是市场通过价格信号，直接调节生产和需求，在各个部门、各个企业间分配资源。市场供求的变化会引起价格的变化，当市场上某种产品供不应求时，价格上涨，刺激生产扩大，抑制消费需求，这就会促进资源向社会需求的部门和行业流动。反之，当市场上某种产品供过于求时，价格下降，抑制产品生产，这就会促进资源由生产该种产品的部门流出。二是市场通过竞争机制，实现优胜劣汰，把资源分配到经济效益较好的企业。在同一行业，不同企业利用资源的效果是不同的，成本低而效益好的企业会得到较快发展，而效益差的企业则会萎缩甚至破产，从而提高全社会的资源利用效率。

要发挥市场对资源配置的基础性作用，必须培育和发展商品市场体系和要素市场体系，坚决打破地方保护主义，完全取消各地乱设的关卡；必须打破部门的分割状态，消除各部门、各行业的垄断，使生产各种商品的企业能够在市场上按等价交换的原则，去买卖各种资源。同时，还必须坚决打击假冒伪劣商品生产企业，尽快使其从市场上消除掉；要坚决反对用虚假广告欺骗资源的购买者。各种生产要素，必须完全按照国家制定和公布的质量标准，反对不正当竞争，创造平等竞争的环境，形成统一、开放、竞争、有序的大市场，才能使市场对资源配置起到基础性作用。

在社会主义市场经济中，鉴于市场对资源配置有其盲目性、自发性和滞后性的缺陷，同时对于有些资源的配置，市场也不能起到作用，因此，在充分发挥市场作用的同时，必须采用计划手段。计划是克服市场配置资源的低效和失灵的重要手段，在社会主义市场经济的资源配置中占有重要地位。为了使国民经济能够健康持续地发展，社会主义国家就需要制定出符合客观经济发展规律要求的国民经济和社会发展的战略目标，而要实现国家制定出的国民经济和社会发展战略目标，就必须配置相应数量和合乎质量的资源。如为了发展农业，要增加对农业的投入，就需要供应给农业生产质优价廉的农业生产资料；如要缩小地区之间的发展差距，促进地区发展水平趋于平衡，也需要合理地进行资源配置；再如对一些重点项目、重大基础设施的建设，也需要进行足够数量和质量的资源配置。对于发展以上各类项目所需要的资源配置，只有采取计划手段，才能达到目标。发展以上各类项目，之所以要采取计划手段，不仅是因为市场对这些项目的资源不能进行有效配置，更因为如果不能尽快向这些项目配置资源，会影响整个国民经济的发展。而采用计划手段，则能更为有效更为迅速地把资源配置到这些项目中去。在社会主义国家市场经济中，一些重要基础工程、基础设施的建设，都需要国家采用计划手段进行资源配置。

由此可见，在社会主义市场经济中，作为两种资源配置的手段，市场和计划手段既要各司其职，又要相互协调。市场在资源配置中发挥基础性作用，计划是国家对经济进行宏观调控的一个重要手段。在采用市场配置社会资源时，要适时地采用计划手段来克服市场对资源配置的缺陷；在采用计划手段配置资源时，要充分考虑以后一个相当长的时期内的市场供求规律的要求。只有这样，才能合理地、高效地配置资源，才能为国民经济各部门、各行业持续、快速、健康地发展创造良好的条件。

第二节 不同制度下的混合经济

混合经济是指既有私有经济又有国有经济，既有市场调节又有国家干预的经济。当代市场经济，无论是资本主义经济还是社会主义经济，都是程度不同的混合经济，都存在程度不同的私有经济和国有经济的组合，都需要计划手段和市场手段的共同调节。当然，由于经济制度的不同，社会主义混合经济和资本主义混合经济有着较大的差异。

一、资本主义制度下的混合经济

1. 资本主义混合经济的发展与特征

资本主义经济大体上经历了两个发展阶段：自由竞争资本主义阶段和垄断资本主义阶段。资本主义经济制度登上历史舞台后，首先经历的是一个较长时期的自由竞争资本主义阶段。在这一阶段，市场是经济运行的基本调节力量，生产什么、如何生产和为谁生产的基本问题主要是通过私人企业间的自由竞争在市场上解决的。国家基本上只是充当了资本主义的“守夜人”的角色，仅仅负责国防、社会治安和提供对财产与交易的法律保障等活动。虽然完全自由的资本主义从未在现实生活中真正存在过，但在这一阶段，政府确实很少干预经济生活，国家对经济运行主要采取了一种自由放任的政策。

19 世纪末 20 世纪初，自由竞争资本主义逐步发展为垄断资本主义。生产社会化和资本主义私有制的矛盾在资本主义垄断时期达到了极其尖锐化的程度，致使周期性的资本主义经济危机愈演愈烈。特别是 1929—1933 年的资本主义经济大萧条，更是使资本主义国家的生产倒退了几十年，并迫使垄断资本的发展求助于国家对经济生活的干预。资本主义国家力图在资本主义制度所许可的范围内，使资本主义经济体制作出同社会化大生产相适应的变革，以缓解资本主义的基本矛盾，摆脱日益深重的经济危机和各种经济社会问题的困扰。由此，原本持自由放任经济政策的资本主义国家开始加强了国家对经济的干预和调节。第二次世界大战前，资本主义国家对经济生活的干预主要以两种形式出现。一种是以纳粹德国为代表的，在政治上对工人阶级实行赤裸裸的法西斯专政，在经济上实行国民经济军事化和对私人经济生活的某些方面实施行政手段的统制。另一种是以美国为代表的，在政治上保持资产阶级民主的框架，在经济上通过财政和货币等宏观经济手段的运用，通过政府参与投资和国民收入再分配，干预经济的运行。

二战后，美国式的国家对经济的干预和调控，成为发达资本主义国家所采取的主要方式，而且在国家对经济生活干预的广度和深度上，比二战之前有了很大的发展。二战后国家对经济的干预，已不再只局限于维持社会需求和社会供给的总量平衡，为了抑制经济的过热发展或刺激经济从萧条中复苏，资本主义逐步形成了较为系统的政府干预体系，其中主要包括：国有经济部门、政府直接支出、货币市场调节以及在社保、福利等方面的社会政策。有些国家如日本还制定出产业政策和经济发展的中长期计划，诱导产业结构向资金密集型和技术密集型的现代高科技产业和知识密集型产业方向发展。可见，当代的资本主义经济已经不完全是私有经济，也不完全是只依靠市场机制来调节的经济。战后的资本主义经济逐步发展成为既有私有经济又有国有经济，既有市场调节又有国家干预的混合经济。

总体上说，当代资本主义经济制度下的混合经济具有如下特征。

第一，私有经济占主体，资源配置主要通过市场机制进行。经过多年的探索和完善，发达资本主义国家的市场经济的发展相对比较成熟。经济中以私人资本和私有经济占主体，并形成了少数的大垄断企业和大量的中小企业并存的结构。资源配置的基本问题，即生产什么、如何生产和为谁生产，主要通过市场机制进行，借助于市场交换关系，依靠价格、供求、竞争等市场机制，资本主义国家组织社会经济运行，调节社会资源配置。完善的市场体系是市场机制发挥作用的重要环节。发达资本主义国家不仅有高度发达的消费品和劳务市场，而且有高度发达的生产要素市场，如劳动力市场、生产资料市场、资本市场、货币市场、外汇市场和技术市场等。市场正是借助于各种市场机制和完善的市场体系来发挥资源配置的作用。

第二，国家参与经济生活，通过宏观调控干预经济。资本主义国家都力求在市场体系充分发展和市场机制充分发挥作用的基础上，加强国家对经济生活的参与，并通过宏观调控干预经济运行。通过国有化和国家财政拨款等途径，资本主义国家建立起了一定规模的国有经济。国有经济主要集中于基础设施、自然垄断行业及提供重要公共产品的部门，国有经济的发展有利于资本主义整个经济的运行。从其宏观调控的目标来看，追求公平和效率是各国资本主义政府宏观调控的出发点。其具体目标包括：经济增长、充分就业、物价稳定和国际收支平衡。当然，不同的发达资本主义国家，同一国家不同的发展时期，宏观调控目标的重点会有所不同。从其宏观调控的手段来看，发达资本主义国家在实行宏观调控时，一般都慎用直接的行政干预（并非绝对不用），而是在尊重企业自主权和发挥市场机制的基础上，利用各种宏观调控手段，因势利导，促进经济协调稳定的发展。

发达资本主义国家通常采用以下的宏观调控政策。

（1）财政政策。这是资本主义国家宏观经济核心政策之一。国家利用财政政策进行宏观经济调控，主要是以税收和财政收支的变化，直接影响消费总量和投资总量，促进社会总供求的动态平衡。当总需求水平非常低，即出现经济衰退时，政府通过削减税收、增加支出来刺激总需求；当总需求水平非常高，即出现经济过热和通货膨胀时，政府通过增加税收或削减开支来抑制总需求。

（2）货币政策。这也是资本主义国家宏观经济核心政策之一。国家主要是通过中央银行增加或限制货币供应量，采用提高或降低利率，调整法定存款准备金率和贴现率等达到协调经济发展的目的。其通常主要表现为两个方面：一是紧缩银根，提高利率，以达到限制投资、抑制消费的目的；二是放松银根，降低利率，增加货币供应量，以刺激经济增长。

（3）产业政策。战后许多国家通过运用和推行产业政策来进行国家宏观调控。产业政策的根本任务是对产业发展施加影响，实行指导和调节。国家通过实施产业政策，提高产业之间、产业内部资源的合理配置和改善供给能力，以实现宏观经济的协调与平衡以及经济的高效增长。产业政策的实施把资本主义国家对经济生活的干预从总供给与总需求的宏观领域深入到了产业之间和产业内部。

(4) 计划指导与调节。发达资本主义国家并不完全排斥政府的宏观计划指导和调节，当然，国家实行的计划并不是计划经济国家所实行的指令性计划，而更多的是在协商的基础上形成的指导性计划，偏重于对经济进行引导与协调。

(5) 经济立法，发达资本主义国家普遍通过大量的经济立法，建立起一个相对公平竞争的市场秩序和环境，为经济的有效运行提供法律保证。经济立法的内容一般包括：总体经济发展的立法；调解经济关系的立法；规范企业行为的立法等。

2. 资本主义混合经济的不同模式

当代资本主义混合经济本质上不再是纯粹的自由市场经济，而是国家干预下的市场经济，其资源配置由市场和政府共同决定。当然，由于经济发展水平的不同、社会政治结构不同以及各自历史文化传统的不同，各国政府干预经济的途径、方法、程度并不完全相同，由此使得当代资本主义制度下的混合经济呈现出不同的模式。

大体说来，资本主义国家混合经济有如下四种典型模式。①

(1) 美国的宏观需求管理模式。

美国的经济制度以私有制为基础，以自由企业经济为主体，同时辅以国家宏观调控的市场经济制度，政府的干预仅限于对若干重要的宏观经济目标加以控制。政府干预的重心是需求，对供给的干预较少，经济运行主要依靠市场机制的自发调节来进行。

美国微观经济的决策权全部交给个人、家庭和企业，并借助于市场制度来组织社会的生产过程，完成资源与收入的分配。美国实现自由企业制度，任何人在具备一定的条件下都可以申请开办企业。美国经济垄断程度较高，存在各种大型的垄断公司，同时也有数量众多且充满活力的中小企业。

美国具有与宏观需求管理模式相适应的宏观调控体系，具体包括财政政策、货币政策、产业政策和社会福利政策等。美国财政政策的目标在于调节社会总需求以影响国民收入、就业和物价等总量水平。政府根据经济情况的变化主动地改变政府支出和收入来影响总需求水平。美国的货币政策主要是通过货币政策措施调节流通中的货币数量和信贷规模，影响利率的高低，从而达到间接调节总需求进而影响国民收入和就业的目的。美国没有统一的全国性的产业政策，但在具体的产业部门发展过程中，政府政策往往会起到重要作用。如美国政府对农业的干预，既注重稳定农产品价格和产量，更注重采取各种措施推动农产品出口。美国政府对工业的干预，主要是通过反托拉斯法反对垄断，鼓励竞争；通过降低公司税率、加速折旧来促进工业发展；重点支持企业的研发，促进企业技术水平的提高。美国建立起了比较完善的社会福利制度，主要包括社会保险、福利补助、就业培训和联邦住房津贴等，福利制度的建立和发展，保证了市场经济在一个相对稳定的经济社会环境下的顺利运行。

(2) 日本的政府主导型模式。

与美国政府侧重于宏观需求管理不同，日本的混合经济在很大程度上是一种政府主导型模式。日本政府主导型经济模式，就是政府具有制定社会经济计划和经济政策的决策

---

① 资本主义国家混合经济典型模式部分主要参考了庄起善的书稿，见庄起善主编：《世界经济新论》，279～286页，上海，复旦大学出版社，2004。

权，对企业决策进行诱导。这种模式的最大特点是政府对经济生活进行广泛而深入的干预，政府和企业之间保持着非常紧密的联系。

日本混合经济的微观基础是极具特色的日本企业。日本企业的特色表现在以下几个方面：一是相互持股的垄断竞争型企业集团。集团内部企业之间通过持股、信贷及互为董事等方式联系在一起，彼此间保持着密切的长期稳定的交易关系。二是以经营者为主导的企业权力制度。日本企业股东作为企业的所有者，对企业经济的影响很弱，企业经营者在企业实际经营中拥有极为重要的权力。三是发展目标优先。日本企业把企业的生存和最大限度的发展，即把市场占有率的提高、新市场的开拓、新产品和新技术的开发以及确保企业在国内和国际的竞争地位放在首位。四是实行终生雇佣制和年功序列制。日本的大企业普遍实行终身雇佣制，小企业的固定工人也很少解雇，企业主要是按照年龄、学历、本厂工龄支付工资和晋级，这使得职工和企业建立起了一种长久的稳定雇佣关系。

日本政府在经济运行中发挥着重要作用，其干预和调节经济依靠的重要手段包括产业政策、指导性计划、行政指导、财政和金融政策等等。产业政策、指导性计划和行政指导是日本富有特色的干预手段。二战以后，日本政府十分重视采用指导性计划对经济活动进行诱导，计划对日本民间企业没有直接的约束力，其主要作用是指明经济发展的方向，表明政府干预经济的基本方针，向社会各界提供经济信息，协调各方面的利益关系，引导企业的投资方向等。产业政策是日本政府干预和调节经济极为常用的手段，其侧重点是干预资源在产业间的配置和实现产业结构转换的目标，它对调整产业结构、实现产业重组、提高日本经济的竞争力起了重要的作用。行政指导是日本政府行政机关以协商的方法诱导和劝告民间企业的行政行为。这种干预方法不是行政命令，也没有法律依据，主要是借助政府与企业间的隐性契约关系来实现，通常是政府官员向民间企业表达指导意图。如果民间企业服从政府的行政指导，按照政府的意图行事，就可以获得低息贷款或者减税等经济上的好处。反之，则会受到政府的经济制裁。日本的行政指导具有灵活、收效快的特点，可以在一定程度上弥补经济法规的不足，缺点是容易滋生权钱交易的腐败行为。

（3）法国的指导性计划模式。

法国的混合经济模式在资本主义国家的经济模式中独具特色，它是一种指导性计划模式，其突出的特点包括：国有企业在国民经济中占有较大比重、市场经济基础上的双重调节机制以及国民经济宏观计划调节。

法国的国有企业在整个国民经济中占有重要的地位。国有企业的建立和发展为国家宏观经济调控提供了物质基础；同时，国有企业的管理构成了法国政府宏观经济管理的重要内容之一。法国的国有企业分布的部门和经营范围很广泛，不仅在交通、邮电、军用产品、公用事业及金融部门占有重要地位，而且在制造业如汽车制造、化学、宇航、电子、电器、原子能、医药、计算机等新兴产业也占有相当大的比重。国家不干预国有企业的内部管理，而是通过计划合同方式把国有企业行为纳入国家宏观经济管理轨道。

法国实行市场经济为基础的双重调节机制。二战后，法国逐步确立了以市场机制和计划机制共同引导资源合理配置的经济体制。这种双重调节机制的思想基础，源于市场机制不能自动导致宏观经济趋于平衡的思想观点。双重调节机制要求国家成为经济和社会生活的积极行动者，用国家的力量去努力促成各种势力的通力合作，使社会经济在稳定中协调发展。

法国对国民经济实行宏观计划调节。制定全国性的指导性计划并在实际中有效实施，是法国宏观调节机制的重要特征之一。法国的指导性计划是一种间接性计划，计划内容不涉及企业本身的经营决策，只规定某些总量经济指标和优先发展的部门或项目。计划对大多数企业不具有强制力，政府是通过一些间接手段如提供信息、投资优惠、价格补贴等来引导企业参与政府计划的实施。

（4）德国的社会市场经济模式。

德国的混合经济模式通常被称为“社会市场经济模式”。社会市场经济，顾名思义，不是自由放任的市场经济，而是社会指导的市场经济。这里的社会指导强调的是国家在市场经济中发挥重要作用，即在国家和法律的制约下，建立和维护经济秩序，限制垄断，促进竞争，促进社会公平和经济效率。其主要特色体现为：有效的竞争秩序，政府的有限干预和促进社会公平。

德国的社会市场经济重视竞争机制的作用，认为有效竞争是一个社会经济发展进步的动力，是社会市场经济体系的核心。为此，德国政府制定了《反对限制竞争法》、《反不正当竞争法》等法律，约束垄断行为，严格限制各种妨碍经济竞争的不正当行为。

在国家和市场关系问题上，德国社会市场经济的原则是国家有限地干预经济。除了通过经济立法保证市场竞争和市场秩序外，政府也重视对经济运行用财政政策和货币政策进行宏观调控，尤其是货币政策的运用。战后的德国政府致力于货币的稳定。德国中央银行对政府享有其他国家少见的独立性，并把保卫货币币值稳定作为其首要职责，并特别注意控制通货膨胀。

德国社会市场经济十分重视调节劳资关系，实行所谓劳资“社会伙伴”和雇员参与企业管理制度，以缓和劳资冲突。德国建立了一套较为完备的社会福利和社会保障制度，主要由社会保险、社会津贴和社会救济三个方面的制度组成。社会保障制度的建立和实施，较好地体现了社会经济体制注重竞争秩序，谋求缓和社会矛盾的特点。

二、社会主义制度下的混合经济

1. 社会主义计划经济及其改革

马克思和恩格斯根据他们所处的时代条件，阐述了关于未来社会主义条件下的经济运行体制。按照马克思和恩格斯的科学社会主义理论，无产阶级社会主义革命将是在经济最发达的资本主义国家里发生的。无产阶级一旦夺取到政权，实行了“剥夺剥夺者”之后，生产资料和社会产品都为社会全体成员所有。在这种情况下，商品生产和商品交换不再存在，价值规律不再起作用。那么，社会经济运行将如何实现有效的资源配置呢？马克思和恩格斯认为，生产资料的全社会公有制，使得社会有可能由一个社会中心通过计划来实现资源配置。在马克思和恩格斯的学说中，社会主义经济的运行，是通过计划调节来实现的。

马克思和恩格斯的理论极大地影响了社会主义经济的实践。在长达几十年的经济实践中，社会主义国家普遍采取了较为单一的计划经济，建立起了基于计划经济模式的传统经济管理体制。这种管理体制主要有三个特点：第一，作为生产资料的所有者，国家机关代表整个国家行使经济管理的权力，直接管理全国宏观和微观经济的运行。企业在很大程度上只是国家机关的附属物，没有经营自主权，只是根据国家的计划完成有关任务。第二，在社会主义没有商品和商品交换思想的指导下，在日常经济生活中拒绝市场机制的调节作用，整个国民经济的运行以及企业的具体经营活动，都听从国家的指令性计划。第三，在否定经济生活中商品货币关系和否定企业具有相对独立的经济利益前提下，忽视各种经济杠杆的调节作用，主要按照行政隶属关系，运用行政命令，通过行政干预管理整个国民经济。

应该说，这种主要基于国家集中计划管理的传统经济管理体制对社会主义国家早期的经济发展起过积极作用，它在一定程度上适应了多数社会主义国家建立初期较为低下的社会生产力发展水平。在物质技术基础刚刚建立，生产力水平不高的情况下，这种经济管理体制有利于集中使用有限的资源，确保战略任务的完成；有利于调整国民经济结构和生产力布局，进行必要的经济建设；有利于以部门为主，并在部门内实现统一的经济政策，促进专业化发展。

但是，传统计划经济管理体制存在着重要的缺陷：第一，国家通过指令性计划对经济管理过于集中，统得过死，企业生产经营的积极性和主动性难以发挥；第二，忽视市场机制和经济杠杆的作用，严重阻碍了经济效率的提高；第三，过于单一的所有制结构同生产力发展不平衡所要求建立的多层次的经济结构相矛盾，不利于生产力的发展。

在社会主义国家经济发展的实践中，各国逐渐认识到上述僵化的传统计划管理体制不能适应现代经济发展的要求，尤其是适应现代科学技术不断进步，社会分工越来越细，企业之间联系越来越紧密的要求。从 20 世纪 50 年代中期开始到 20 世纪 70 年代末，社会主义国家普遍进行了传统经济管理体制的改革，试图通过改革，增强微观经济主体的活力和工作积极性。改革的内容包括：改进计划方式，增加指导性计划，运用经济杠杆和经济手段调动企业的生产积极性，建立价格机制，发挥市场的作用；不断扩大企业经营自主权等，试想在原有计划经济管理体制框架内对国民经济管理的具体环节进行某些改进和完善，而没有触及经济体制模式本身和计划经济体制的深层次问题。因此说，在这一时期，社会主义国家的经济还不能称为真正的混合经济，只能称作建立混合经济的尝试。

20 世纪 80 年代，苏联和东欧的社会主义国家又开始了新一轮的体制改革，然而在改革的过程中暴露和积累了大量的矛盾和问题，进而造成了国家内部的政治动荡和民族矛盾的加剧，不仅使经济体制改革未能取得成功，而且使社会主义政治体制走上了崩溃的道路。演变后的苏联和东欧各国摒弃了高度集中的计划经济体制，多数国家急速地向市场经济过渡，开始了所谓的经济转轨过程。中国则在 20 世纪 70 年代末迈入了改革开放的历史进程，逐步摒弃传统的计划经济体制，建立和完善社会主义市场经济体制。虽然采取的方式不同，多数前苏联地区和东欧国家采取了激进式方式，而中国采取了渐进式方式，但都是从集中的计划经济转向了市场经济，实际上都走上了建立和发展混合经济的道路。

2. 中国的社会主义混合经济

社会主义市场经济，是在社会主义国家宏观调控下，使市场在社会资源配置中发挥基础性作用。中国正在建立和完善的社会主义市场经济，在本质上也是一种混合经济，既要发挥市场的基础性调节作用，又需要加强政府干预。

中国的社会主义市场经济，既不同于传统的社会主义计划经济，也不同于古典的自由竞争的市场经济。具体来说，它主要表现出如下两个方面的“混合”性质：一是市场调节与宏观调控相统一。现代混合经济的特征之一就是市场机制配置资源的基础作用和政府对经济的宏观调控相统一。宏观调控与市场调节相结合，是现代混合经济的应有之义。从党的十一届三中全会到今天，中国的社会主义经济体制改革是市场导向的改革，逐步放开价格、放开市场、放开经营。党的十四大以后，中国开始着力培育市场经济体系，让市场机制发挥配置资源基础作用，社会主义市场经济体制逐步形成和完善，既使国民经济保持旺盛的活力，又使经济保持持续稳定的发展。二是公有制经济与非公有制经济共存共荣，共同发展。公有经济和私有经济的共存是现代混合经济的第二个特征。随着改革开放的逐步推进，中国的所有制结构发生了极大的变化，并逐步形成了公有制经济与各种非公有制经济共同发展的状况。中国经济的类型呈现出多元化的发展趋势，除国有、集体和联营经济外，还有私营经济、股份制经济、外商投资经济、港澳台投资经济等。公有制经济的总量增加，但比重相对下降，非公有制经济得到快速发展，比重大幅上升。

三、不同制度下的混合经济的比较

在当今世界，不同经济制度下的混合经济，都表现出混合的特征，但是混合的具体内容有所不同。应该指出，混合经济虽然包含着不同所有制的混合和不同资源配置方式的混合，但混合经济本身并不具有社会经济基本制度的性质。混合经济强调的是经济中存在着不同的所有制和资源配置方式的混合这一现象，而混合内容的性质怎样，则属于社会经济基本制度的问题。作为社会基本制度，存在着资本主义制度与社会主义制度之分，但是混合经济本身不存在着姓资姓社的问题。正因为如此，现代资本主义经济和社会主义市场经济，本质上都是混合经济。资本主义制度下和社会主义制度下的混合经济可以从以下几方面进行比较。①

1. 混合经济发展的起点和路径比较

资本主义市场经济和社会主义市场经济都是从单一经济走向混合经济，但双方走向混合经济在所有制和经济运行机制上完全不同。资本主义市场经济走向混合经济的起点是自由竞争市场经济，以私人企业制度为基础，自由竞争，国家基本不干预经济，经济运行几乎完全靠市场机制调节；而社会主义走向混合经济的起点是高度集中的计划经济，以单一的公有制为基础，国家是整个社会经济生活的主导者，政府通过自上而下的计划控制着经济的实际运行，市场和市场机制几乎不起作用。

资本主义市场经济和社会主义市场经济发展混合经济的目的都是为了变革不适应生产力发展的生产关系和调控机制，促进生产力的发展。它们都经历了从单一经济和机制失效向混合经济和混合经济管理体制的变迁过程，但是它们是从两种完全不同的单一经济走向混合经济，其演变路径是相逆的。资本主义国家从单一经济走向混合经济，是从单一私有产权到公私产权混合，从而形成混合的所有制结构；从单一的市场机制到市场机制和国家

---

① 混合经济的比较采用了崔建华的理论观点。见崔建华：《中西混合经济模式比较分析》，载《天津社会科学》，2004（3）。

干预的有机结合，从而形成混合的经济运行机制。而社会主义国家则是从单一公有制走向公私混合的所有制结构；从单一的高度集中的计划机制走向计划和市场相结合的混合的经济运行机制。

2. 混合经济的主要特征比较

资本主义混合经济指的是20世纪30年代以来特别是第二次世界大战后出现的国家垄断资本主义市场经济，而社会主义混合经济则主要指的是以中国为代表的20世纪80年代以来向市场经济过渡、逐步形成和正在完善的社会主义市场经济。两种制度下混合经济的主要特征存在以下不同。

资本主义混合经济的显著特征表现为：一是以私有制为基础，国家垄断资本主义占统治地位的所有制结构。在绝大部分私人资本企业基础上，资本主义国家出现了相当比重的国有经济，国有经济成为资本主义国家经济中不可忽视的重要组成部分，特别是在基础产业和公益企业中占有明显的支配地位，但国有经济的出现并没有改变资本主义经济中私有经济的主体地位。在经济运行机制方面，实行国家干预和市场机制相结合的混合运行机制。二战后随着凯恩斯主义的广泛流行，各资本主义国家都把国家干预与市场机制结合起来调节国民经济运行。国家干预，除了主要运用财政、货币政策外，也包括在必要时使用行政手段特别是运用经济计划来控制、指导国民经济发展。

中国社会主义市场经济现阶段的显著特征表现为：在所有制方面，形成了以公有制为主体的，国有经济为主导的，多种所有制共同发展的所有制结构。在公有制为主体的基础上，通过产权制度改革及战略性调整，国有经济的绝对比重大幅下降，相应地非国有经济比重持续上升，同时随着股份制企业的发展，混合所有制企业也呈现不断上升的趋势。在经济运行机制上，由指令性计划主导的计划调节，向市场机制发挥基础性作用和国家宏观调控机制相结合过渡，混合经济管理机制已经形成并处在不断完善之中。在现阶段，中国已形成典型的计划和市场相结合配置资源的经济体制。计划手段的作用范围与力度在缩减，市场的作用范围和力度不断增大。计划手段在宏观经济中长期经济运行与调节中发挥重要作用，而市场则在微观经济中和短期经济调节中发挥基础性作用。

可见，资本主义和社会主义的混合经济实际上都与自身的经济制度紧密联系在一起，两者都是为自身的经济制度服务的。资本主义混合经济是在维持资本主义私有制的基础上，为巩固和发展资本主义制度而实行的，社会主义混合经济是在维护社会主义公有制的基础上，为巩固和发展社会主义制度而实行的，这是它们之间根本性的区别。另一方面，资本主义和社会主义混合经济在经济调控机制上是基本相似的，都采用市场机制和政府干预相结合的经济机制调节经济运行，市场机制在经济运行中发挥基础性调节作用。但是，由于受到各国政治、经济、历史、文化传统等具体国情的差异，混合经济管理模式各具特色。资本主义混合经济发展时间较长，已形成相对完善的混合经济运行机制，而社会主义混合经济则仍处在不断完善之中，市场的基础性作用、市场机制与国家宏观调控的有机结合还未完全到位。

3. 混合经济发展的绩效比较

资本主义和社会主义混合经济都在一定程度上适应了社会化大生产的需要，促进了生产力的发展。发达资本主义国家实行混合经济后，经济发展取得了远比自由竞争资本主义更大的发展成就。特别是战后的20多年，整个资本主义世界的经济增长出现了一个“黄金时期”，主要资本主义国家的年均经济增长率很高，同时伴随着经济高速增长的，是低失业率与低通货膨胀率。显然，战后发达资本主义经济取得的发展成就，与主要资本主义国家的国家垄断资本主义的发展，与这些国家对经济活动干预的加强有很大关系。社会主义混合经济发展也取得了比较大的成就。中国自20世纪70年代末采取了以市场导向的社会主义经济改革以来，经济取得了前所未有的发展成就，经济高速发展，国际地位不断上升。1978—2009年，中国的GDP从3 645.2亿元增长到335 353亿元，货物进出口总额从206.4亿美元增长到22 072亿美元，国家外汇储备从1.67亿美元增长到23 992亿美元。①

资本主义和社会主义混合经济的发展也都出现了一些问题。就资本主义混合经济来说，首先，周期性的经济危机仍然频发不断。战后主要资本主义国家都无一例外地爆发过多次经济危机，而且随着混合经济的发展，危机的强度越来越大。20世纪90年代初日本“泡沫经济”的破灭和2008年美国发生的金融动荡使两国经济遭受到了重大的打击。其次，贫富悬殊、两极分化进一步加重。中国社会主义混合经济的发展也出现了居民收入分配差距拉大、经济周期性波动和失业等问题。应该指出，资本主义混合经济和社会主义混合经济的发展都出现了收入分配差距拉大、经济周期性波动等一些相似的问题，但出现这些问题的深层次原因并不相同。资本主义混合经济出现的经济问题，更多的源于其是以生产资料私有制为基础的经济，由此不可避免地存在生产社会化和生产资料私有制之间的基本矛盾，这一基本矛盾在国家干预经济情况下可以暂时缓解，却不可能根本消除，由此导致资本主义混合经济出现上述严重问题。中国社会主义混合经济出现的问题，更多地源于经济体制仍然处于转型阶段，市场机制的基础性作用未完全发挥出来，国家的宏观调控还存在许多不完善之处，并不是社会主义经济制度的问题。所以中国社会主义混合经济出现的问题的根本解决途径，是进一步深化改革，进一步完善社会主义市场经济体制，进一步完善国家的宏观调控体制。

第三节　社会主义市场经济的宏观调控

社会主义市场经济体制是在社会主义国家的宏观调控下，使市场在社会资源配置中发挥基础性作用的经济体制。社会主义市场经济体制是同社会主义基本经济制度结合在一起的，它除了具有坚持以公有制为主体、多种所有制经济共同发展，坚持以按劳分配为主体、多种分配方式并存的分配制度的特性外，在宏观调控上，国家应该把人民的当前利益与长远利益、局部利益与整体利益结合起来，更好地发挥计划与市场两种手段的长处。

一、社会主义国家的经济职能与宏观调控的必要性

1. 社会主义国家的经济职能

国家除了具有抵御外族入侵、维护国内安全的政治职能外，还具有领导和管理经济的

① 1978年的数据来源于《中国统计年鉴2009》，2009年的数据来源于中国《2009年国民经济和社会发展统计公报》。

职能。国家的经济职能是由政府来执行的。作为社会经济的中心和国有资产的代表，社会主义国家的经济职能，概括起来包括三个方面：(1) 社会管理与公共产品提供；(2) 经济宏观调控；(2) 国有资产管理。

作为主要的社会管理机构，国家应承担起包括对经济生活在内的社会公共事务的管理职能，提供保障社会经济正常运行的公共产品与公共服务，其中最为重要的是确立人们从事社会经济活动所应遵循的原则和规范，维护社会经济秩序，对社会经济生活进行适度的协调和管理。在社会主义市场经济中，国家应当培育和完善社会主义市场体系，建立健全市场规则和法律制度，维护社会经济秩序，调节社会分配和建立社会保障制度，控制人口增长，保护自然环境和生态环境，检查、监督国家法律、法规的执行，为社会稳定、经济发展、人民生活提高创造良好的环境。

宏观经济调控是社会化大生产的客观要求，生产社会化程度的提高要求有一个社会经济中心对国民经济进行必要的宏观调控。作为社会经济的中心，国家应承担起对经济进行宏观调控的职能。在社会主义市场经济中，国家主要应承担统筹规划、提出政策、信息引导、组织协调、提供服务和检查监督等职能，通过制定和实施经济和社会发展战略、规划、方针和政策，调整产业结构和规划经济布局，部署重点工程项目的建设，协调地区、部门之间的经济关系，通过经济手段、法律手段和必要的行政手段，实现宏观经济的综合平衡，引导和调节国民经济的发展。

作为国有资产所有者的代表，国家应承担起国有资产管理的职能。生产资料公有制是社会主义制度的基础，社会主义全民所有制在现阶段采取了国家所有制的形式，国家对属于全民所有的资产拥有所有权，这使得社会主义国家具有了作为国有资产所有者管理国有资产的经济职能。社会主义国家管理国有资产，不是直接管理和经营国有企业，而是按照政企分开的原则，管理和监督国有资产经营实体对国有资产经营，确保国有经济控制国民经济命脉，保证国有经济对经济发展起主导作用，增强国有经济的控制力和竞争力，保证国有资产的保值增值及其权益不受侵犯，协调国有资产内部所有者、经营者和生产者的关系。

2. 社会主义经济宏观调控的必要性

社会主义经济宏观调控是指社会主义国家根据社会化大生产和社会主义客观经济规律的要求，采取经济的、法律的和必要的行政手段，从总体上对国民经济各部门、各地区、各企业及社会再生产的各环节进行调节和控制，以保持社会总供给和总需求的基本平衡，促进国民经济持续、快速、健康的发展。

社会主义市场经济体制，是一种使市场在社会主义国家的宏观调控下对资源配置起基础性作用的经济体制。市场机制在资源配置中的基础性作用和国家对经济的宏观调控都是社会主义市场经济体制的有机组成部分，二者是统一的、相辅相成的。只有在加强和改善国家对经济的宏观调控条件下，才能在充分发挥市场对资源配置的基础性作用的同时，克服市场自发作用的盲目性和市场失灵，避免社会生产出现大的波动、失衡甚至危机。

具体来说，社会主义国家对经济进行宏观调控的必要性主要表现在以下方面。

第一，社会主义经济宏观调控是社会化大生产发展的客观要求。社会化大生产的发展，客观上要求对国民经济的运行进行必要的管理和协调。生产社会化的程度越高，就越需要加强国家宏观调控。社会主义市场经济也是建立在社会化大生产基础上的经济，同样需要加强和改善国家对国民经济的组织、协调与计划指导，即需要加强国家宏观调控，以促进社会主义国民经济健康的发展。

第二，社会主义经济宏观调控是生产资料社会主义公有制发展的要求。社会主义市场经济是建立在生产资料社会主义公有制基础上的经济。尽管存在着大量的非公有制性质的民营和外资经济，但公有制经济仍然居于主导地位。为确保公有制经济的巩固和发展，需要国家对国民经济进行宏观管理和协调。公有制占主导的生产资料所有制结构决定了社会主义生产的根本目的是满足全社会劳动者不断增长的物质文化需要。为了实现这一目的，需要加强社会主义国家的宏观调控，把人民的当前利益与长远利益、局部利益与整体利益结合起来，从宏观上调节各经济主体的利益关系，调动各方面的积极性，促进社会主义公有制和整个国民经济的顺利发展。

第三，社会主义经济宏观调控是社会主义市场经济健康有效运行的要求。发展社会主义市场经济必须加强市场调节，发挥市场对资源配置的基础性作用。但如上分析，市场并非万能的，市场有其盲目性、自发性和滞后性的弱点。在追求更多利润的刺激下，企业往往会盲目扩大生产，导致生产的过剩和资源的浪费；对众多基础设施、公共设施和公共服务的建设或供给，市场难以进行有效的调节；市场也不能自发地实现收入分配的社会公平和经济总量的失衡。为了促进社会主义市场经济的健康有效运行，在发挥市场对资源配置的基础性作用的同时，必须加强和改善国家对经济的宏观调控，通过合理制定国民经济和社会发展规划，综合运用经济手段以及必要的法律手段和行政手段，引导经济微观主体的经济活动与国家宏观经济运行的要求相适应，抑制市场在自发配置资源方面的缺陷，促进国民经济健康发展。

二、社会主义市场经济宏观调控的目标和方式

1. 社会主义市场经济宏观调控的目标

社会主义市场经济宏观调控的目标，要服从于社会主义的生产目的，适应社会主义市场经济发展的客观要求。中国共产党的十六大报告中明确提出："要把促进经济增长，增加就业，稳定物价，保持国际收支平衡作为宏观调控的主要目标。"

具体来说，社会主义市场经济宏观调控的目标主要体现为以下四大方面。

第一，促进经济增长。经济增长是经济全面发展的重要指标，经济增长既要体现经济总量的增加，也要体现人均收入增长和人民生活质量的改善，同时还需要建立在比例协调、结构优化和效率提高的基础之上。我国要实现工业化、现代化，缩小同发达国家的差距，保持较高的就业水平，必须保持一个较快的增长速度。但是，经济增长速度一定要适应我国国情，避免大起大落。事实说明，宏观经济波动比微观决策失误造成的损失要高出许多倍。这就要求政府审时度势，既要采取措施努力保持经济适度增长，又要防止经济过热。

第二，增加就业。扩大就业不但能够更加充分地利用劳动力要素，而且能够促使居民收入普遍地增长，同时有利于保证社会的稳定。我国是一个人口大国，存在着劳动者充分就业的需求与劳动力总量过大、劳动者素质不相适应的矛盾，而且这个矛盾将长期存在。因此，要把增加就业作为我国经济发展和宏观调控的长期的战略和政策。实施扩大就业门

路和再就业工程，是今后很长一段时期宏观调控所要解决的重要的任务之一。

第三，稳定物价。保持物价总水平的稳定是国民经济健康发展的保证。价格的紊乱，必然会对社会稳定和经济发展产生负面影响。因此，应该特别注意通过货币政策来调节货币供应量，并注意采用综合的、协调的宏观经济政策来保持物价的稳定。

第四，保持国际收支平衡。随着国际交往的密切，国际收支平衡也已成为宏观调控的重要目标之一。如果一个国家国际收支状况严重失衡，势必对国内经济形成冲击，从而影响国内经济的稳定。国际收支在经常项目和资本项目中出现顺差和逆差都需要引起高度重视和警觉。国际收支失衡会影响本国经济的发展，削弱国家抵抗经济风险的能力，甚至可能会导致经济危机。因此，政府必须采取有效的汇率政策和资本流动管理等手段，保持国际收支的平衡。

2. 社会主义市场经济宏观调控方式

社会主义国家对国民经济进行宏观调控可以采取不同的调控方式。大体来说，宏观调控有直接调控和间接调控两种方式。

直接调控是指国家主要采用行政手段和指令性计划，直接对经济活动进行的宏观调控。直接调控实际上就是政府直接说了算，政府不仅直接调控市场，而且直接调控企业。在这种状况下，市场往往难以正常运行，企业难以自主经营。间接调控则是指国家通过市场机制，运用经济手段间接地对经济进行宏观调控。间接调控实际上是在努力发挥市场机制的前提下，政府通过对相关的经济参数指标进行调节，从而影响市场的运行，并通过市场的力量进一步引导企业的合理经营。区别两种宏观调控方式主要看国家采取的宏观调控手段是否通过市场机制这一中间环节来发挥作用。

在传统的高度集中的计划经济体制下，社会主义国家对国民经济的宏观调控主要采取的是直接调控方式。由于具有强制性、直接性、速效性等特点，这种调控方式在许多社会主义国家发展初期对经济的初步发展发挥过非常积极的作用，但是它并不适应社会主义市场经济发展的要求。在社会主义市场经济体制下，采取直接调控方式，一方面往往会忽视微观经济主体的利益，从而抑制微观经济主体生产经营的积极性，使其失去生机和动力；另一方面由于经济利益主体的多元化和经济活动的日趋复杂，直接调控也很难达到有效调控的目的。社会主义市场经济的发展，客观上要求国家的宏观调控由直接调控为主转向间接调控为主，更多地采用经济手段而不是行政手段对国民经济进行管理和调控。

应该指出，在社会主义市场经济条件下，宏观经济调控方式以间接调控方式为主，并不完全排斥直接调控方式。鉴于直接调控方式具有间接调控方式所不具备的特点，当国民经济的运行出现总量、结构或速度上的严重失衡时，为迅速有效地解决问题，使国民经济总体运行恢复正常，在使用间接调控方式调控经济的同时，也可以采取某些必要的直接调控方式。当然，社会主义市场经济体制下的直接调控应不同于传统经济体制下的直接调控，直接调控方式的采取必须符合社会主义经济规律，并适应社会主义市场经济微观基础的特点。

三、社会主义市场经济宏观调控的手段和政策

1. 社会主义市场经济宏观调控手段

为了实现社会主义市场经济宏观调控目标，必须借助于各种宏观调控手段。社会主义

市场经济宏观调控手段主要有计划手段、经济手段、法律手段和行政手段等。中国共产党的十五大明确指出：“宏观调控主要运用经济手段和法律手段。要深化金融、财政、计划体制改革，完善宏观调控手段和协调机制。”

（1）经济手段。

经济手段是指政府借助经济杠杆的调节作用，调节经济主体的经济利益，引导经济主体的经济活动以达到宏观调控目标的调节手段。经济手段是社会主义市场经济宏观调控的主要手段。社会主义市场经济宏观调控之所以要以经济手段为主，是因为社会主义市场经济广泛存在着多种经济形式、多元化的经济利益和商品货币关系，价值规律在社会再生产的各个环节上普遍起作用，经济利益原则不仅适用于处理企业与企业职工之间的关系，也适用于处理国家与企业、企业与企业之间的关系。要正确处理各经济主体的经济利益关系，要实现国家的宏观调控目标，最恰当的方法是采取符合价值规律和经济利益原则要求的经济手段。同时，实行以间接调控为主的宏观调控方式，也决定了社会主义宏观调控手段主要依靠的应该是经济手段，特别是各种经济杠杆的合理运用。

经济杠杆主要是指国家掌握和利用的，对经济活动进行引导、调节和控制的各种价值形式和价值工具。经济杠杆之所以能够从宏观上调节经济的运行，是因为各种经济杠杆都是经济利益的调节者，它们的运用都能从不同方面影响经济主体的经济利益，促使各经济主体从自身利益出发，按照经济杠杆作用所引导的方向调整自己的经济行为，因而它能从经济利益的制约上促使经济主体的经济活动总体上符合国家宏观经济运行目标。社会主义宏观经济调控中所运用的经济杠杆有多种形式，包括价格、税收、信贷、利率、汇率、工资、奖金等，它们共同构成了经济杠杆体系。在经济杠杆体系中，各种经济杠杆以各自特定的作用机制，对经济活动发挥着调节、分配和监督等功能。

价格是国家进行宏观经济调控的重要杠杆。价格杠杆在社会主义宏观调控中具有核算和调节作用。价格的核算作用主要表现为，一方面它是编制国民计划的工具，另一方面借助于价格可以核算企业经济效益的高低和经济资源耗费的多少。价格的调节作用主要表现为，通过价格的调整，可以引导生产和投资的方向，调节商品流通和消费结构，调节国民收入的再分配。应该指出，随着社会主义市场经济体制的逐步完善，绝大多数的商品价格主要是由市场形成，由市场供求和价值规律来调节。国家不能直接调控其价格，只能通过运用财政、信贷等杠杆或通过向市场投放或收购商品来影响市场供求，从而间接调控市场价格。当然，对一些重要商品特别是与人民生活关系密切的公共产品和公共服务，在必要的情况下，国家可以运用价格杠杆，通过限制和调整其价格来调控市场供求，从而间接调控企业的经济活动。

财政税收也是国家进行宏观经济调控的重要杠杆。国家通过控制财政预算支出的流向和规模，调节社会积累和消费的比例，调节社会投资规模、生产结构、产品结构和生产力布局等。国家通过税种的设置、税率税目的增减以及运用税收减免、纳税环节、纳税期限等手段，来调节国民经济运行。财政税收的基本职能是分配和再分配国民收入，国家利用财政税收作为集中财政收入和调节企业及社会各阶层经济利益的手段，它是调节国家和企业、企业和企业、国家和个人以及个人之间分配关系的强有力杠杆。国家还可以利用税收的分配功能调节生产、流通和消费，同时对进出口贸易也具有重要的调节作用。

信贷和利率也是国家进行宏观调控的重要经济杠杆。它主要是国家通过中央银行为中心的银行体系，通过调整利率、信贷规模和信贷结构来调控国民经济运行，以实现国家宏观调控的目标。信贷的调节作用主要表现为，银行根据国家的经济发展战略和产业政策，通过控制贷款的方向、规模和期限，来影响资金的投放领域，调节生产和流通结构，使之符合宏观经济发展的需要；银行可以通过吸收存款和发放贷款，使社会资金得到合理有效的使用；通过银行信贷的松紧调节货币供应量，以实现社会总供给与总需求的基本平衡。利率的调节作用主要表现为，通过利率的升降影响投资方向和领域，调节储蓄与消费，引导投资和消费符合宏观经济的需要。

汇率杠杆是国家通过汇率的变动来进行宏观调控的经济手段。国家根据国际市场状况和国家经济发展的需要，调整汇率，通过汇率的升降，能够达到影响国家的进出口贸易、调节国际收支的目的。

各种经济杠杆都具有各自使用的领域和特点，在调控经济时也各有自己的局限性。为此，有效地运用经济杠杆进行宏观调控，不应孤立地发挥经济杠杆各自的调节作用，而应使各种经济杠杆有机结合，加以综合运用。在综合运用经济杠杆时，应充分考虑利用杠杆体系的整体性、互补性和选择性等特点。经济杠杆的整体性，就是使各种经济杠杆的作用相互促进、相互配合，不要使各种杠杆的作用相互掣肘，作用相互抵消。经济杠杆的互补性，就是利用各种杠杆的特殊调节功能，互相加以补充，以达到最佳的总体调控效果。经济杠杆的选择性，就是根据各种经济杠杆的特殊功能，有选择地加以利用，使其充分发挥作用。

（2）法律手段。

法律手段作为国家宏观调控的重要手段，是指国家依靠法制力量，通过经济立法和司法，运用经济法规来调节经济关系和经济活动，达到宏观调控的目标。相对于其他宏观调控手段，法律手段具有权威性、规范性、强制性和相对稳定性等特点。法律手段的主要职能是采取法律的形式来调节各种经济关系和经济活动。通过法律手段可以有效地保护社会主义国家公有财产，维护各种经济形式、各经济组织和劳动者个人的合法权利，调整各经济组织之间横向和纵向的关系，保证市场经济运行的正常秩序。社会主义市场经济应该是一种法制经济。在社会主义市场经济条件下，市场上各经济主体的权利、义务、地位和行为规则都要依靠法律来规范、确认和保护。法制是市场经济秩序的内在要求和有机组成部分。

法律手段调控经济包括保护和制裁两种作用。在社会经济活动中，一方面，国家通过经济立法制定各种必要的经济法规，规定企业行为的基本准则，调整各方面的经济关系，保证各种经济政策、经济措施、经济合同等的贯彻执行，以促进社会生产和流通的顺利进行。另一方面，国家通过经济司法，审理各种经济纠纷，制止和纠正市场经济发展中的非法竞争和经济犯罪活动，惩罚和制裁经济违法单位和犯罪分子，维护市场经济秩序的正常进行。

（3）计划手段。

如前所述，实行社会主义市场经济，让市场机制对社会资源配置起基础性作用，并不完全排斥计划调节。计划也是国家宏观调控的一个重要手段。计划和市场两种调节手段相互结合、优势互补，是社会主义市场经济体制健康发展的内在要求。

计划手段主要是国家根据国家有关部门制定的国民经济和社会发展计划，对国民经济的运行和发展进行调节和控制。在计划管理中，通常具有指令性计划和指导性计划两种方式。指令性计划具有强制性，是有关部门、单位和企业必须执行的计划。指导性计划不带强制性，是国家通过运用经济杠杆和经济合同等方式，引导企业采取相应的经济行为，以实现国家计划目标的管理方式。与其他手段相比，计划手段具有宏观性、战略性和政策性等特点。

计划手段的主要功能是能够从宏观上保持社会总供给和总需求的平衡，实现国民经济协调发展；可以在全社会范围内对资源配置进行调控，动员和集中必要的财力、物力和人力，从整体利益和长远利益出发，进行重点投资，建设重大项目，有计划地调整和优化产业结构；能够通过收入分配的宏观调节，保持社会分配公平和提高经济效率。

运用计划手段进行宏观调控，必须搞好综合平衡。综合平衡是指在国民经济宏观管理和计划中，使国民经济的各种基本比例关系保持相对平衡，以促进国民经济协调、快速发展的基本方法。综合平衡的基本任务是保持最优比例关系，以实现最佳经济效益和经济快速增长。综合平衡的具体内容集中表现为财政平衡、信贷平衡、物资平衡和外汇收支的基本平衡。实现了财政平衡、信贷平衡、物资平衡和外汇收支的基本平衡，就为保持经济总量平衡和经济结构优化奠定了基础，从而为实现国民经济持续、快速、健康发展创造了前提。

(4) 行政手段。

社会主义市场经济宏观调控，有必要采取一定的行政手段。行政手段是指国家行政机构采取强制性的命令、指示、规定等行政方式来调节和管理经济的手段。行政手段一般具有权威性、纵向性、无偿性及速效性等特点。

社会主义国家在宏观经济管理中，为了保证社会主义市场经济的顺利发展，保证国民经济协调一致的有序运行，实现社会的长远利益和整体利益，需要在一定范围内、一定程度上运用行政手段管理国民经济。

社会主义宏观调控虽然需要采用行政手段，但行政手段的运用必须以有利于社会主义市场经济的健康发展为原则，不能片面强调和滥用行政手段，忽视甚至替代了其他手段特别是经济手段。片面强调和过多地使用行政手段，不利于社会主义市场经济体制的建立和社会主义市场经济的发展。即使在采取必要的行政手段时，也要从实际出发，克服随意性，要使行政手段的使用符合和反映客观规律的要求，注意保护被调节单位和个人的合法利益和积极性。

经济、法律、计划和行政等社会主义宏观调控的各种手段各具特点，各有所长，它们相互联系、相互补充，共同构成了一个完整的社会主义宏观调控手段体系。发展社会主义市场经济，应主要运用经济手段和法律手段，综合采用其他调控手段，发挥宏观调控手段体系的总体功能，从而有效地调节国民经济的运行。

2. 社会主义市场经济宏观调控政策

要实现经济宏观调控目标，必须注重经济宏观调控政策的合理运用。经济宏观调控政策是指国家制定的用以调整各种经济利益关系、控制宏观经济运行的各种政策和措施。社会主义经济的宏观调控政策主要有财政政策、货币政策、产业政策、汇率政策和收入政策等。

（1）财政政策。

财政政策是一国政府为实现预期的经济社会发展目标，对财政收支关系进行调整的指导原则和措施。财政政策是国家经济宏观调控政策的重要组成部分，制定和实施财政政策的过程也是国家进行宏观调控的过程。在社会主义市场经济中，财政政策在调节社会供给与需求总量方面有着特殊重要的作用，根据财政政策对经济运行的不同影响，可以把财政政策分为扩张性财政政策、紧缩性财政政策和平衡性财政政策。在实际运用中，财政政策又主要由财政收入政策、财政支出政策、财政预算政策、国债政策等组成。

财政收入政策主要是由税种和税率所组成的税收政策。税收政策调节经济的原理是：当社会总需求小于社会总供给时，政府采取扩张性的财政政策，实行减税或免税。减税和免税能够达到如下的效果：对消费者减税或免税，消费者会由此拥有较多的可支配收入，从而增加消费；对生产者减税或免税，生产者会因此获得更多的利润，刺激企业的投资，使得社会总需求增加，促进经济摆脱衰退。反过来，当社会总需求大于社会总供给时，则采取紧缩性的财政政策，调整税收和税率以增加税收，从而抑制社会总需求。

财政支出政策主要是指国家财政资金的分配和使用政策。相对于其他宏观政策，财政支出可以直接而迅速地引起社会总需求的变动。增加财政支出可以扩大社会总需求，减少财政支出可以减少社会总需求。一般来说，在经济衰退时，政府应增加财政支出，如增加政府购买，增加公共工程的开支，增加转移支付等。这些支出不仅会直接增加社会总需求，而且会带来工人工资和企业利润的增加，从而刺激消费和投资，间接增加社会总需求。在经济过热时，则应采取紧缩性的财政政策，减少财政支出，抑制社会消费和投资，减少社会总需求。

在实际运用财政政策时，要将各种财政政策如财政支出政策和收入政策结合并用，使这些政策共同对国民经济发展起调节作用。

（2）货币政策。

货币政策是政府为了达到一定的宏观经济目标所制定的对货币供应和货币流通进行管理和调节的政策与措施。随着社会主义经济体制的改革和市场经济的不断发展，货币政策在国家宏观调控中的作用日益突出。货币政策主要由信贷政策、利率政策等组成。

社会主义市场经济货币政策的主要任务是稳定货币和促进经济发展。稳定货币是指把货币供应量控制在商品流通中对货币的客观需要所能容许的范围内，以保持物价总水平的基本稳定。促进经济发展是指通过合理分配货币资金，充分发挥各种生产要素的作用，使社会总供给和社会总需求保持基本平衡，推动国民经济健康发展。稳定货币和促进经济发展从根本上说是一致的，两者互为条件、相互促进。稳定货币是促进经济发展的重要条件，经济发展是稳定货币的物质基础。但两者有时也会出现矛盾。应把稳定货币和促进经济发展作为一个整体目标来考虑，既要实现货币稳定，又要促进经济发展，使两者达到最佳结合，以破坏货币稳定来发展经济或以牺牲经济发展来实现货币稳定都是不可取的。

根据货币政策在调控社会总供给和社会总需求方面的不同功能，可以把货币政策分为扩张性货币政策、紧缩性货币政策和均衡性货币政策三种类型。在社会总需求小于社会总供给的情况下，实行扩张性货币政策，采取放松货币供给的措施增加货币供给量，刺激社会总需求的增加。在社会总需求大于社会总供给的情况下，实行紧缩性货币政策，采取紧缩货币供给的措施减少货币供给量，抑制社会总需求的膨胀。而在社会总需求与社会总供给大体平衡的情况下，实行均衡性货币政策，保持货币供应量与货币需求量的基本均衡，进而保持社会总供求的总量平衡。三种类型的货币政策在调节社会总供给和社会总需求方面具有不同的功能，对经济发展会产生不同的影响，应该根据不同时期社会总供求的不同状况，采取相应的货币政策。

货币政策是通过货币政策工具发挥作用的。在社会主义市场经济条件下，国家对货币供应量的调控主要通过中央银行运用经济手段、实施货币政策工具进行间接调控。中央银行实施的货币政策工具主要有存款准备金率、再贴现率与公开市场业务等。

存款准备金率是指中央银行所规定的商业银行存入中央银行的存款在商业银行存款总额中所占的比例。实行存款准备金率的本来目的，是保证商业银行在遇到突发性大量挤兑时，具有足够的流动性资产和偿付力量，以备存款人提取，同时也有利于中央银行在全国范围内统筹调拨，防止挤兑引起银行倒闭，导致信用危机。随着市场经济的发展，对存款准备金率的调整，成为中央银行贯彻国家货币政策、调控全社会货币供应量的一种重要政策工具。根据货币创造乘数效应，派生存款总量与存款准备金率成反比。据此，中央银行可以通过改变存款准备金率，有效地控制派生存款的数量，从而控制货币供应总量的变化。

再贴现率是指商业银行向中央银行借款时支付的利息率。再贴现率的调节功能主要有两个方面：一是通过提高或降低再贴现率调节各商业银行向中央银行的贷款数量，从而起到调节货币供应量的作用；二是再贴现率的升降可以体现国家货币政策的松紧程度和变动方向，因而能起到指导各商业银行存贷款行为的作用。在经济衰退期，中央银行降低再贴现率，将导致商业银行借款数量增加，这不仅可以直接增加商业银行所能发放的贷款数量，而且可以增加派生存款的数量，使市场上货币供应量增加；反之，在经济高涨期，中央银行提高再贴现率，则会引起相反的效果。

公开市场业务是指在中央银行公开市场上卖出或买进政府债券来调节货币供应量的业务。一般原则是，当经济过热时，中央银行卖出政府债券回笼货币，使市场上的货币流通量减少，并促使市场利率上升，从而减少消费和投资，最终达到抑制社会总需求的目的。当经济萧条时，中央银行买进政府债券，向市场投放货币，增大流通中的货币量，并促使市场利率下降，从而增加消费和投资，刺激社会总需求的扩大。

应该指出，作为社会主义市场经济最为重要的两大宏观调控政策，货币政策和财政政策都不是完全独立的。在实际运用中，两者要密切结合，共同发挥调控作用。就两者的结合形式而言，一般有四种形态：扩张性财政政策与扩张性货币政策结合、紧缩性财政政策与紧缩性货币政策结合、扩张性财政政策与紧缩性货币政策结合、紧缩性财政政策与扩张性货币政策结合。在进行宏观调控时，应该按照各种结合形态的作用后果及其适应的情况，根据不同时期面临的发展重点及所要解决的问题，从实际需要出发作出选择。

（3）产业政策。

产业政策是国家根据国民经济和社会发展的现实需要和发展目标，为实现各产业部门均衡发展、促进产业结构不断优化，采取的鼓励和限制某些产业发展的政策与措施。产业政策通过规划产业发展目标政策，完善要素流动市场政策、制定和实施产业标准和产业技术进步政策等一系列具体政策，在宏观上有计划、有重点地推动和协调国民经济发展，并主要通过市场机制的作用引导相关企业的发展方向，使之符合经济社会发展的目标。产业政策主要由产业布局、产业结构、产业技术和产业组织等政策组成。

一项产业政策一般包括两方面内容：一是政策目标，即政府根据经济社会发展的需要以及某些特定的目的而确定的发展目标。二是政策手段，即为了实现政策目标所采取的各种措施。这两方面内容是相辅相成，缺一不可的。在具体确定产业政策目标和手段时，要充分考虑经济运行的实际环境，既要充分考虑经济体制条件，又要考虑生产力发展水平和资源状况等多种因素，同时要反映社会主义市场经济发展的内在要求。这些要求包括：要使产业发展服从于不断提高经济效益、不断满足人民生活需要的目的；要使产业发展符合按比例有效配置资源的要求，形成合理的产业结构并不断提升产业结构水平；要使产业结构与技术结构协调发展等等。

制定和实施正确的产业政策，对保持社会总供给和总需求的平衡，合理配置和利用资源，提高经济效益和推动非国民经济持续、快速、健康发展，都具有重要作用。具体制定时要根据市场需求、产业关联、技术进步、创汇作用和经济效益等因素，安排好产业发展的顺序，明确支持什么产业，限制什么产业，哪些产业是重点产业、先导产业和支柱产业，要处理好重点产业和一般产业协调发展的关系，产业发展中生产要素存量调整与增量配置的关系，产业总体配置与产业地区布局的关系。

在西方发达市场经济国家，一些国家政府并不特别强调产业政策的作用，而将产业结构调整的任务交由市场来完成。但在一些后起的发展中的市场经济国家或地区，政府则比较重视产业政策的制定和实施，并且收到了成效。实践证明，对于大多数后起的国家来说，实施科学合理的产业政策，有利于这些国家实现结构优化的目标和经济的快速发展。

（4）收入政策。

收入政策又称为收入分配政策，它是指国家根据宏观调控目标而规定的个人收入分配总量和结构的变动方向，以及政府调节收入分配的基本原则和措施。我国的收入分配政策的重要内容包括：第一，坚持按劳分配为主体的多种分配方式并存、按劳分配和按要素分配相结合的收入分配制度。第二，允许和鼓励一部分地区和一部分人通过诚实劳动和合法经营先富起来，并最终达到共同富裕。第三，收入分配效应体现效率优先、兼顾公平的原则，把效率和公平统一起来。既要防止收入分配上的平均主义，合理拉开收入分配差距，使社会成员的收入与其投入相适应；又要防止收入分配差距过大，避免出现两极分化。第四，依法保护合法收入，取缔非法收入，整顿不合理收入，调整过高收入，保障最低收入，规范收入分配。

关键术语

指令性计划	指导性计划	混合经济
社会主义经济宏观调控	宏观调控的经济手段	经济杠杆

宏观调控的法律手段　　宏观调控的行政手段　　财政政策
货币政策　　产业政策　　收入政策

习题

1. 计划和市场这两种资源配置手段有哪些显著差异?
2. 计划手段和市场手段配置资源各有哪些优势与缺陷?
3. 社会主义市场经济中如何实现计划和市场的协调?
4. 试比较资本主义国家混合经济典型模式的异同。
5. 资本主义制度下和社会主义制度下的混合经济有哪些差异?
6. 社会主义国家的经济职能有哪些?
7. 简述社会主义经济宏观调控的必要性。
8. 社会主义市场经济宏观调控的主要目标有哪些?
9. 社会主义市场经济宏观调控可以采取哪些主要手段?
10. 社会主义市场经济宏观调控主要包括哪些经济政策?

第十七章

基于科学发展观的经济政策

改革开放以来，我国经济高速发展，在满足人民物质生活方面有了长足进步，人民生活总体上达到小康水平，但依然是低水平、不全面的、发展很不平衡的小康；自然资源和经济社会发展的矛盾日益突出，人们日益增长的物质文化需要同落后的社会生产之间的矛盾仍然是我国社会的主要矛盾。基于此，十六大提出要建设惠及十几亿人口的全面小康社会。要达到这个宏伟目标，必须坚持“五个统筹”，即“统筹城乡发展、统筹区域发展、统筹经济社会发展、统筹人与自然和谐发展、统筹国内发展和对外开放”的新要求。本节主要从“五个统筹”出发，介绍基于科学发展观的经济政策。

第一节　区域、城乡的统筹发展

马克思主义哲学认为均衡是相对的、暂时的，不均衡是绝对的、永恒的。世界经济发展史也表明经济发展不平衡规律是客观存在的，即便是在经济高度发达的美国、日本等国家，其内部的区域差异也明显存在。因此，关于如何协调区域、城乡经济发展，西方经济学界和我国理论界都展开了大量的研究，并逐渐受到许多国家政府的重视。本节主要介绍区域不平衡发展理论、梯度转移理论、我国的理论实践以及统筹区域、城乡发展的路径等。

一、不平衡发展理论

1. 不平衡发展理论

20 世纪 20 年代，美国、英国等资本主义发达国家的一些原来经济增长较快、经济繁荣的地区几乎同时陷入结构性危机之中，于是区域经济学的研究开始受到重视。但在20世纪50年代以前，西方经济学家普遍认为区域经济差异完全可以通过市场自动调节来解决，从而影响了区域经济研究的发展。到20世纪50年代，德、法、意等国由于原先发达地区主导产业衰退，引起大片的经济衰退、失业率大幅度上升并造成一些社会和政治问题之后，西方经济学家开始提出需要加强政府干预，依靠政府采取种种政策手段来进行宏观调控，促进区域经济在政府计划的引导下有目的地发展。因而西方理论界出现的关于区域发展的协调理论有市场区域协调论和政府干预区域协调论。

市场型区域协调模式是以新古典理论为基础的，故常称为新古典模型。新古典理论有三点基本假设：一是市场完全自由竞争；二是生产要素充分利用；三是资本和劳动力可以自由流动。这个理论认为，在市场供求关系和资本边际收益递减规律的支配下，发达区域的资本会流向欠发达区域，欠发达区域的劳动则会流向发达区域。一方面欠发达地区高的资本积累率吸引资本要素，另一方面欠发达地区的劳动力收入中相当大一部分转化为欠发达地区的消费，因此欠发达区域的经济增长具有比发达地区更为有利的因素，迟早会消除与发达区域之间的差异。

1965年，以美国著名经济学家威廉姆森（Williamson）的论文《区域不平衡和国家发展过程：一个描述模型》为标志，区域不平衡增长问题的研究开始由理论的假设和推演，转向实证分析。威廉姆森的实证分析的结果表明，区域经济增长的不平衡度与区域经济发展水平存在“倒U形”的关系。模型表明，在经济未得到发展的时候，区域经济的不平衡度相当低；而在经济开始起步的初期阶段，区域差异逐渐扩大；当经济发展进入成熟阶段，全国统一的资本市场形成，发达地区投资收益递减，资本等要素回流到欠发达地区，区域差异将趋于缩小。威廉姆森“倒U形”模型，为新古典主义模型提供了依据。

威廉姆森用实证资料证明新古典理论关于区域增长的学说，进而证明随着市场的完善及制度的健全，区域差异会自动缩小。但对于单纯依靠市场能否自动消除区域不平衡发展这一问题，新古典理论及威廉姆森的“倒U形”理论遭到了一些批评。这些批评主要集中于理论的基本假设上，即劳动力和资本不能完全自由流动，要素价格缺乏灵活性。另外，发达地区在技术进步和创新上存在规模效应，弗里德曼（Friedman）指出，创新一般集中在少数经济实力雄厚的“核心区域”，因此发达地区具有欠发达地区不可比拟的优势。总之，大多数国家的政府及经济学家已认识到，单纯利用市场的力量是不能解决区域差异问题的。自20世纪50年代以来，各国纷纷建立了区域协调发展机构来解决区域差异问题。

政府干预区域协调论是指在市场协调基础上，政府还必须进行干预的一种理论学说。政府干预区域协调论又可分为两类：一是缪尔达尔（Gunnar Myrdal）的“循环累积模型”，二是赫希曼（Albert Otto Hirschman）的“联系效应理论”。

“循环累积模型”论认为边际收益递减规律虽然会促进部分资本由发达地区流向欠发达区域，但发达地区本身仍具有吸引资本、技术、劳动力等要素的区位优势，它直接导致不同区域的“累积循环”发生，使经济发展的差异扩大，从而形成所谓“地理上的二元经济”结构。因此，缪尔达尔提出应由政府出面干预，采取必要的政策调控措施，刺激欠发达区域经济发展，防止区域间经济差异的进一步扩大。

“联系效应理论”则认为“发展是一种不平衡的连锁演变过程”，因为不平衡增长能激励创新，使区域经济的发展具有活力。但为了突破各种外部条件的限制，赫希曼也认为政府必须进行相应的干预，即在资源有限的情况下，政府要引导投资集中到产品需求收入弹性和价格弹性最大的产业，使之获得收益后，再来进行基础设施的投资，以改善投资环境，使欠发达地区经济得以发展。

政府干预区域协调论既承认区域间初始优势（区位差异）的不同，因为它将造成区域间经济差异的扩大，同时又强调政府对区域发展差异进行干预的必要性。但其理论缺陷在于把累积因果循环看成规律，而实际上导致区域发展差异扩大或缩小的还有很多其他因素。

2. 不平衡发展理论的实践结果

自新中国成立到改革开放，中国实行的是重工业优先发展的赶超战略，为此推行了一整套计划经济体制以实现这一目标。在此情况下，区域政策片面追求平衡发展，过度强调生产力的平衡布局和缩小地区差距，国家将大量资金用于中西部建设，东部沿海地区的基本建设投资比重下降，直接影响了沿海老基地、老企业的技术改造和新兴产业的开发。在这种区域政策下所追求的经济平衡是以延缓东部沿海地区的快速发展为代价的，沿海地区的经济优势和潜能未能很好发挥，中西部地区也未能彻底摆脱贫困，大大削弱了全国整体经济活力和宏观经济效益。

改革开放之后至90年代前期，以邓小平为核心的第二代中央领导集体基于区域经济理论，采取了向沿海地区倾斜的非平衡发展战略。该战略是基于以下背景所作出的政策选择：(1) 区位优势发生变化。在改革开放的新条件下，发展经济必须充分利用国际、国内两个市场、两种资源。中西部地区交通不便以及技术、人才、资本等生产要素资源相对不足的劣势明显，不利于经济快速发展；而东部地区拥有便利的对外开放条件，以及历史形成的较好经济发展基础，处于优势区位，从而成为我国经济发展的重点区域。(2) 重点发展中西部的均衡布局实践在一定程度上导致全国经济效率整体低下。第一代中央领导集体对中西部地区的重点建设客观上忽视了东部地区经济发展优势的保持和发挥，结果造成东部优势的丧失。(3) 我国经济整体实力不强，不可能实现全国同时同步共同富裕。

因此，改革开放之后至90年代前期，以邓小平为核心的第二代中央领导集体基于对中国现代化发展战略部署以及小康社会建设目标的考量，提出了“非均衡发展”、“实现‘两个大局’”的区域经济发展理论。邓小平认为，我国地域辽阔，总体经济实力不足且区域间发展不平衡，要实现全国同时同步富裕是不可能的，因此，必须使“一部分人”、“一部分地区”“先富起来”，按照“两个大局”的战略思路推动区域经济发展。所谓“两个大局”，一是沿海地区加快对外开放，较快地先发展起来，内地要顾全这个大局。另一个是沿海地区发展到一定时期，拿出更多的力量帮助内地发展，沿海地区也要顾全这个大局。即东部先发展，内地要顾全这个大局；实现小康目标后，东部要帮助内地发展，东部要服从这个大局。

第二代中央领导集体在继承第一代中央领导集体共同富裕思想的基础上，通过总结经验，主张遵照“两个大局”战略构想促进部分地区先富，先富地区带动后富地区共同发展，共同富裕，即按照区域经济非均衡发展理论来发展经济，取得了积极的效果。第一，促进了我国经济总体水平的迅速提高。在区域经济非均衡发展理论指导下，设立经济特区和开放沿海城市，改革传统计划经济体制，逐步形成了以市场经济为主的新型经济体制，促进了沿海地区经济的迅速发展。1995 年全国总体上提前实现小康。第二，巩固和提高了我国国际地位。随着经济实力增强，我国军事和科技实力也大大加强，民众的思想更加开放，使我国社会经济发展步入比较良性的发展轨道，在国际事务中的影响力逐渐扩大。不可否认，区域经济非均衡发展理论的实践也带来一定的负面效应。虽然在重点发展东部地区的同时，第二代中央领导集体仍然十分关注中西部地区的发展，但客观上造成中西部地区资源、资本和人才向东部地区转移，使得中西部地区和东部地区的差距进一步扩大。

二、梯度转移理论

1. 梯度转移理论

梯度转移理论认为，任何国家在发展的某一阶段，由于受主客观因素影响，都会优先发展基础较好的地区，将有限的人力、物力、财力投向最有效率的区域，形成某些地区的“极化效应”，而当这些“成长极”达到经济高度发展阶段时，就会产生“扩散效应”，使生产力的分布趋于均衡化。按照这个理论，不同国家或一个国家的不同地区都处在一定的经济发展梯度上，由高向低传递资源和生产要素，构建均衡发展的经济格局。梯度转移是当今世界实行区域经济发展普遍采用的发展方式。

2. 梯度转移理论实现的路径

我国东部和中西部地区资源禀赋和工作基础有较大差异，这种差异决定了区域经济发展必须选择梯度转移的路径，通过东部向中部、西部转移和扩散资源，发挥先进地区对落后地区的带动和辐射作用，逐步形成东、中、西三个经济带，努力构建东部领跑、中部崛起、西部提速、东北振兴的发展态势。“最有潜力者优先”是梯度转移的一个重要原则，为我国调整区域经济发展提供理论依据，如我国实施东北老工业基地调整改造就是以梯度转移理论为依据。东北地区具有丰富的自然资源、坚实的工业基础、独特的产业优势和雄厚的科技实力，具有接纳、吸收和转化上一梯度即东部地区的资本、技术、项目、产业的优越条件，只要能充分利用国际制造业向发展中国家转移的机遇和国家支持老工业基地改造的各项政策，就能充分释放潜能，实现产业结构和经济素质的提升，成为继“珠三角”、“长三角”和“京三角”之后，中国内地经济增长的第四极。

三、区域、城乡的统筹发展

1. 均衡发展战略

均衡发展战略是指不同区域之间或区域内部主要产业之间保持相对平衡发展比例关系的重大举措，它要求资源配置合理化、经济布局科学化、收入分配公平化。新形势下实施均衡发展战略就是继续扩大东部地区开放，有效发挥中部地区综合优势，支持中西部地区加快改革发展，振兴东北地区等老工业基地，促进区域间生产要素合理流动和优化配置，实现各地区共同发展、共同富裕，确保各地区同步进入全面小康社会。

2. 区域、城乡的统筹发展

区域、城乡统筹发展的区域经济理论的提出主要是基于以下时代背景：（1）“两个大局”中的第一个大局基本实现。第二代中央领导集体区域经济非均衡发展理论的实践在中国产生了巨大的经济影响，促进了我国经济实力大大增强，总体上进入了小康阶段，东部优先发展的第一个大局基本实现。(2) 我国地区间经济发展差距扩大。由于重点发展东部地区，中西部地区与东部地区的经济发展差距拉大，特别是落后地区民众心理上的不平衡等诸多负面影响威胁着社会稳定和民族团结，因此，着手实现第二个大局、缩小地区发展差距是第三代中央领导集体面对的重大现实问题。(3) 进一步保持我国经济良好发展势头的需要。东部地区经过20多年的发展，成为我国经济发展的“龙头”，是我国参与国际竞争的主要力量，为了进一步保持发展势头，必须积极发展创新型的高新产业，而旧的劳动密集型、资源密集型产业必须向中西部转移，使这些产业与中西部劳动力、资源优势相结合协调发展。

面对此前依靠计划和行政手段实现全国均衡发展带来经济效益低下的教训和依靠市场机制促进区域经济非均衡发展实践带来的贫富差距扩大的现实，在实施区域城乡协调发展战略之前，充分认识到效率和公平都是我国经济发展不可偏废的目标，计划和市场两种配置资源的方式都应成为我国经济发展的手段。因此，统筹区域、城乡发展需要强调区域经济发展要依靠市场机制，利用市场机制来推动区域经济发展，同时国家实行宏观调控，避免出现两极分化，促进区域经济协调发展，达到效率与公平双赢的效果。

坚持“五个统筹”必须实施均衡发展战略，实施区域、城乡统筹发展，强调科学、合理地处理效率和公平的关系。统筹发展理论的实践进一步促进了我国经济的良性发展。具体表现在：在保持东部处于良好发展势头的同时，促进了西部地区加速发展；积极发挥宏观调控下的市场机制作用，促进了区域优势的优化组合，兼顾了效率与公平的统一，推动了我国经济持续、快速、健康发展。

3. 区域、城乡的统筹发展的实现途径

(1) 推动生产要素流向不发达地区。

按市场经济原则统筹城乡、区域经济发展，不可避免地会导致地区间经济差距的进一步扩大，但市场经济体制本身又可提供协调地区差距的手段和途径。因此，一方面要推进各地区的相互开放，为市场配置资源提供条件；另一方面，需要加强政府宏观调控，引导资源配置的流向。

第一，不同地区按照比较利益原则进行合理分工，在分工的基础上发展和扩大区域间的贸易关系。分工有两层含义，第一层含义是根据各区域提供产品和劳务的相对优势及成本的相对差别进行分工。如发达地区在技术上有相对优势，因而可重点发展高新技术产品；不发达地区在自然资源开发和利用上有相对优势，因而可重点发展自然资源制成品。第二层含义是根据各区域生产要素供给的相对充裕程度进行分工。如在劳动力资源相对充裕的地区，发展劳动密集型产业；在自然资源供给相对丰裕的地区，发展自然资源密集型产业；在技术力量相对强的地区发展技术密集型产业。在这种区域分工的基础上推进区域间的商品交换，能推进各个地区的经济繁荣。现在我国区域间合理分工和商品交换的主要阻力有两个：一是自然资源产品相对低价、工业制成品相对高价的不等价交换；二是地区分割和地区封锁。这两个阻力都要通过经济体制的改革来克服。区域间扩大分工和商品交换的重要意义不只是实现各地区的经济繁荣，更重要的是带动生产要素在区域间合理流动。在存在不等价交换的条件下，国家调节收入分配，把一部分收入返回给资源省份不失为一种调节方式。

第二，区域间相互提供资金、技术、人力，开展经济技术合作，推动生产要素在地区间流动，以促进生产要素在各个地区的有效配置。除了国家对生产要素的流动作必要的计划和政策的引导外，不发达地区要致力于改善投资环境，特别是要改善运输、通信条件，进行人力资本投资，同时要为吸引科技人才提供优惠的政策。发达地区从自身发展的需要出发，也要积极同不发达地区扩大经济技术合作，组建经济联合体和企业集团，以解决发达地区经济发展所需要的能源、原材料和市场问题。股份制、联营、合资，正是市场经济体制提供的生产要素在地区间重新配置的重要形式。

第三，市场机制和政府干预相结合。市场经济下的区域协调，应该充分利用市场机制的协调作用。我国的中西部地区是资源富集地区，其产业的再生产链主要是延伸于区外，在市场体系不健全（尤其是价格体系不合理）的状态下，中西部地区只能以低价输出初级产品、高价输入制成品，始终处于非良性状态，部分地区为改变这种不利的分工格局，盲目发展加工工业，导致地区结构趋同，中西部地区和东部地区之间的经济技术联系被割断，无法实现区域的可持续发展。因此，有必要尽快建立全国统一的市场体系，消除地方和部门对市场的封锁和分割，建立规范化、制度化、法制化的市场秩序，使各地区能够在平等的基础上进行交易，实现各个地区的区域优势。建立全国统一的市场体系的关键是理顺资源价格体系，提高生产要素价格的市场化程度，使基础工业产品与加工工业产品的比价趋于合理，发挥各类资源的基础性效应进而使各地区的资源遵循价值规律和市场供求规律，实现有效的配置，提高区域经济的开放程度和专业化程度，使东部地区成为我国经济发展的“发动机”，充分发挥其辐射、扩散和带动作用，实现其对中西部地区的扩散效应；中西部地区也能通过市场交易把其拥有的资源优势转变为经济优势，并形成其较强的对东部地区经济技术能量的吸纳能力，实现区域的可持续发展。

（2）增长极及其扩散效应。

促进发达地区的资金、技术等要素流向落后地区是协调区域间经济结构的关键。关于技术传递方式，经济学家厉以宁概括为两种，一种是落差式技术转移，即先进技术由发达地区向次发达地区传递，另一种是辐射式技术传递。[①] 技术在发达地区、不发达地区按阶梯顺序推移属落差式技术传递，靠这种传递方式来协调和平衡地区结构过于缓慢，地区之间差距不但不会缩小还会进一步扩大。辐射式传递方式则能弥补这一缺陷，这种传递方式是靠每个地区的增长极起作用的。增长极（发展极）概念是法国经济学家佩鲁提出的。佩鲁认为，增长并非同时出现在所有地方，它是以不同的强度首先出现在一些增长点或增长极上，然后通过不同的渠道向外扩散，并对整个经济产生不同的影响。具体地说，增长的势头往往集中在某些主导部门和有创新能力的行业，这些部门和行业往往集中在大城市中心，这些中心就成为增长极。

第二节　统筹人与自然和谐发展

当今人类社会面临的生态问题日趋严重，已成为全球性的难题，给人类的生存与发展

---

① 参见厉以宁：《国民经济管理研究》，283 页，石家庄，河北人民出版社，1998。

带来了诸多消极影响。如何应对生态难题成为人类面临的一个日益严峻的课题。马克思指出，人们必须保持与自然的和谐关系，如果违背了这一规律必然会受到自然界的惩罚。恩格斯通过对当时已经出现的环境问题的分析，指出这些环境问题出现的原因，“到目前为止存在过的一切生产方式，都只在于取得劳动的最近的、最直接的有益效果。那些只是在以后才显现出来的、由于逐渐的重复和积累才发生作用的进一步的结果，是完全被忽视的。”① 因此，要正确处理人和自然的关系，人类的活动就必须尊重自然规律，不能超出自然环境允许的限度，否则就会如马克思所说：“不以伟大的自然规律为依据的人类计划，只会带来灾难”②。恩格斯强调人类与自然界的关系绝不是征服者与异族的关系，而应该保持和谐的关系，他尖锐地指出：“我们不要过分陶醉于我们人类对自然界的胜利。对于每一次这样的胜利，自然界都对我们进行报复。每一次胜利，起初确实取得了我们预期的结果，但是往后和再往后却发生完全不同的、出乎预料的影响，常常把最初的结果又消除了。”③ 马克思和恩格斯提出的人与自然和谐相处的重要思想，对于现在我们深入学习贯彻科学发展观，加强生态文明建设，具有重要的指导意义。

一、生态马克思主义

1. 生态马克思主义的含义

生态马克思主义是北美学者将现代生态学与学院派马克思主义思想相结合以解决资本主义生态危机的一种理论尝试。④ 生态马克思主义，亦称生态危机理论，是 20 世纪 70 年代在美国兴起的一种分析资本主义危机的理论。由美国学者 B. 阿格尔发起。生态马克思主义者自称为马克思主义者，不反对阶级斗争，而是强调马克思所提出的资本主义生产社会化和生产资料私人占有之间的矛盾与生态系统的尖锐冲突，认为这是当代资本主义经济危机的根源之一。⑤

2. 生态马克思主义的主要观点

生态马克思主义的研究对象是人类与地球的和谐——生态问题，它的研究内容涉及到人类的可持续发展。生态马克思主义考察了科学技术的资本主义使用所造成的人与自然关系的异化，提出了自然是一个社会范畴的论断，以及在社会主义条件下人与自然关系协调的问题，它研究的方向符合人类的健康发展趋势和美好愿景，它的研究目的是力图从制度层面探索生态问题解决的根本途径，具有前瞻性和开创性。它作为资本主义的对立面在对资本主义的批判中建立和发展，力图通过制度转变来解决人与自然的对抗。生态马克思主义的观点主要包括以下几个方面：

（1）生态问题的根源是生产方式和制度。

生态马克思主义理论家认为，生态问题是出于人与自然关系的层面，而根源还是在人与人关系的层面。人与自然相处的理念和方式的偏差，是由人与人之间关系的偏差，或者

---

① 《马克思恩格斯全集》，中文 1 版，第 20 卷，521 页，北京，人民出版社，1971。

② 《马克思恩格斯全集》，中文 1 版，第 31 卷上，251 页，北京，人民出版社，1972。

③ 《马克思恩格斯选集》，2 版，第 4 卷，383 页，北京，人民出版社，1995。

④ 参见刘仁胜：《生态马克思主义发展概况》，载《当代世界与社会主义》，2006（3）。

⑤ 参见刘金质等：《国际政治大辞典》，58～62 页，北京，中国社会科学出版社，1994。

说是由社会制度方面的偏差所决定的。

生态马克思主义认为资本主义制度是造成全球生态危机的根本原因。资本主义是追求经济合理性的社会，追逐利润的最大化和市场、消费不断扩张的“唯生产力论”与生态合理性要求是不相容的。资本主义的“过度生产”和“过度消费”虽然延缓了经济危机，但是却使得整个社会的消费越来越膨胀，有可能超过自然界所能承受的限度，生产的无政府状态导致了社会生产力和资源的严重浪费和破坏，资本主义制度倡导消费为荣的消费观，诱使人们为了享受消费而努力工作，一方面加剧了人的异化，另一方面加重了自然界和生态环境的负担，使得生态系统失去平衡，引起生态危机。生态马克思主义理论家高兹把对生态环境的保护与对生态环境的破坏之间的对立说成是“生态理性”与“经济理性”的对立。他认为，资本主义存在一天就要贯彻经济理性一天，就必然再要破坏生态环境。①

生态马克思主义还认为，发达国家对发展中国家的掠夺和剥削是造成不发达国家和地区生态环境恶化的根本原因。发达国家不仅把生态危机转嫁给不发达国家，残酷掠夺不发达国家的资源，甚至还把第三世界当作垃圾场，倾倒存放各种有毒的垃圾。资本主义性质的国家也许能在本国或局部地区解决局部的生态危机问题，但不可能解决全球性的全部生态危机问题。

(2) 关注人与生态的和谐。

生态马克思主义将关注的重心转移到人与自然的关系上，他们以马克思主义的立场观点方法对人与生态环境的关系问题进行了深入的研究，将目标定位到解决生态危机问题上。生态马克思主义认为，解决生态问题需要实现生态化的生产方式与生活方式，并提出了解决问题的方法，即走社会主义道路，使马克思主义在新的时代和新的领域中焕发出生命力。

生态马克思主义认为，在社会主义生产方式下，劳动的性质将发生转变，不仅仅使产业工人而且使所有的人都获得自我实现，不仅仅使劳动者的劳动，而且使劳动者的非劳动性的活动都成为一种自主的创造性活动，劳动者将获得更多的自主和自我实现，从而实现生态化的生产方式和生活方式。

(3) 通过生产方式的转变解决生态问题。

生态马克思主义认为，摆脱生态危机的根本出路是建立“稳态”的社会主义经济模式。所谓“稳态”，主要是指从量的增长转向质的改进上来，具体说就是破除跨国公司和垄断企业的集中化、官僚化生产体系，发展小规模、无污染的“软技术”和小企业，让人们到生产活动而不是到消费活动中去寻求满足。具体来说，“稳态”的社会主义经济模式应具备以下要求：把资源消耗限制在可维持的限度之内；做到平等分配，缩小贫富差距，在不损害生态系统的前提下使人们的基本需求得到满足，必要时提倡一种新的“朴素生活作风”；控制人口增长；注重环境道德，强调产品的耐用、简便和易于回收，使废物尽可能减少；提供创造性的、自主的、非异化的劳动，使人们在劳动中感到富有意义，是生活的需要，而不是谋生，真正把劳动与闲暇统一起来，为了实现这种生产结构，就要改组资本主义的权力关系，使工人能够参与生产管理。

---

① 参见陈学明：《生态马克思主义对我们建设生态文明的启示》，载《复旦大学学报（社会科学版）》，2008 (4)。

3. 生态马克思主义和谐理念的当代启示

生态马克思主义作为一种新的社会主义理论模式，但毕竟不是科学社会主义，在一些重大问题上甚至与科学社会主义有重大分歧，特别是以人与自然的矛盾代替资本主义主要矛盾，以生态危机代替经济危机等，其理论缺陷较为明显。然而，生态马克思主义在一定程度上提出了许多具有参考价值的思想资料，特别是它为人与自然和谐的社会发展观提供了思想先导和认识基础，其主张对我国统筹“人与自然和谐发展”有重要借鉴意义。

（1）生态环境问题已成为重大政治问题。

在政治层面上，党和政府必须明确自己的生态责任，加强生态执政、生态立法、生态行政和生态社会动员，加快环境保护的法治进程。要尽快制定和完善环境法律法规和标准，进一步建立健全环境监管体制，提高环境监管能力，要加大环保执法力度；加快建立生态补偿机制和绿色国民经济核算体系，征收环境税；进一步完善干部政绩考核机制，把环境业绩纳入其中。

（2）转变经济发展方式。

在经济层面，推行经济发展方式的转变。必须改变传统经济“高投入、高消耗、低效率”的发展模式，处理好经济建设与资源、环境的关系。新型工业化道路既能最大限度地提高经济效益，又能保证生态系统的良性循环与恢复，使人与自然和睦相处。必须根据科学发展观的要求，坚持可持续发展，全面协调，走一条科技含量高、经济效益好、资源消耗低、环境污染少、人力资源得到充分发挥的新型工业化道路。

（3）转变生活方式，优化人居生态环境。

人类生产方式的革命性变革必将带来生活方式的转变，时代的发展要求人们向新的生活方式过渡，倡导绿色消费。绿色消费是一种全新的消费理念，鼓励人们崇尚自然、节约资源；提倡量力消费、适度消费。同时，绿色消费也是一种环保消费，要求消费者具有绿色意识，购买绿色产品。因此，绿色消费是一种追求经济发展与环境保护的“双赢”的消费方式，是统筹人与自然和谐发展的可持续性消费方式。

（4）树立人与自然和谐发展的价值观。

生态文明是继原始文明、农业文明、工业文明之后，在人类文明的阵痛中兴起的一种新的文明形态。其核心是人从统治自然、奴役自然的局面过渡到人爱护自然、保护自然，在尊重自然规律的前提下合理利用自然，实现人与自然的和谐发展。人与自然的和谐共处和生态环境的逐步优化是可持续发展的基础，也是人类未来生存和发展的重要前提。生态文明是全面、协调、可持续发展的根本所在和重要标志，是和谐社会所追求的最终目标。

二、经济发展方式

1. 经济增长和经济发展

经济增长是指一个国家或地区在一定时期内生产的产品与劳务总量增加，即国民经济的更多产出，它意味着国民经济规模的扩大和数量的增加。一般以一定时期内国民生产总值、国内生产总值和国民收入等总量指标的增长率以及按人平均的增长率来衡量经济增长，一般以不变价格计算以消除价格变动的影响，反映的是国民经济总量的变化，是经济发展的基础。

经济发展是与经济增长既相联系，但又不完全相同的概念。经济发展不仅包括经济增长的内容，还更强调经济结构的基本改变，尤其是本国人民作为经济结构变化的主体参与发展过程、分享经济发展的成果，文化教育卫生事业的发展，人民生活水平的提高，生态平衡的保持，环境污染的治理，整个社会生活出现质的变化等方面。

经济发展与经济增长是密不可分的。经济增长是推动经济发展必要的物质条件，没有经济增长就没有经济发展。但是，经济发展又不等同于经济增长，单纯的经济增长可能会出现“只增长不发展”的现象，即只有经济量的增加而没有经济结构的优化、经济质量和效益的提高。

2. 经济增长方式及转变经济增长方式的必要性

经济增长方式是指一个国家或地区在一定时期内的经济增长是如何实现的，即经济增长是通过什么方法、方式、手段和途径实现的，这种增长有哪些特征。由于经济增长的过程表现为各种生产要素、各种资源的组合和配置过程，因此，所谓经济增长方式，实际上就是指决定经济增长的各种生产要素和各种资源的组合和配置的方式。由于要素的组合方式不同，以及不同要素在经济增长中的作用不同，经济增长呈现出了不同的特征，从而有了不同的经济增长方式。经济增长方式一般分为粗放型经济增长和集约型经济增长两种类型。

粗放型经济增长方式是指在生产要素的质量、结构和使用效率不变的情况下，单纯依靠生产要素的大量投入和扩张来实现经济增长，如增加资金投入、扩大生产场地、增添技术水平不变的生产设备和增加生产能力不变的劳动者数量等。集约型经济增长方式则是指依靠生产要素的质量和使用效率的提高，以及生产要素的优化组合等方式来实现经济的增长，如提高技术水平和劳动者素质，增加资金、设备和原材料的利用效率等。粗放型经济增长方式的实质是单纯以经济增长速度为中心，是一种单纯数量扩张型的经济增长方式。其特征是高投入、高消耗、高速度、低产出、低质量、低效益。集约型经济增长的实质是以提高经济增长质量和经济效益为中心，它是一种质量效益型的经济增长方式。其特征是低投入、低消耗、高产出、高质量、高效益、高速度。判断粗放和集约的标准之一，是看“综合要素生产率”的高低。“综合要素生产率”超过50%，即大致上是集约型增长，反之则为粗放型增长。①

一国的经济增长方式主要受到经济体制、经济发展水平的制约，是在一定历史条件下形成的。新中国成立初期，我国受“一穷二白”国情的制约，要合理安排生产布局，摆脱短缺经济的状况。一方面，我国的工业基础比较落后，科技、教育水平较低，西方国家对我国进行经济、技术封锁；另一方面，我国受苏联经济增长模式的影响，走上了主要靠投资新建工业企业以加速工业化的道路。这种粗放型增长方式在当时是必要的。

随着我国社会主义建设的不断深入，这种粗放型的增长方式在我国生产、建设和流通等领域的弊端也逐渐显现，资源消耗量大，浪费严重是其主要方面。如按汇率法计算，2005年我国单位GDP能耗为英国的6.7倍、日本和德国的6倍、美国的3.7倍、韩国的2.4倍。② 中国科学院2006年2月28日发布《2006中国可持续发展战略报告》中对世界

---

① 参见蒋伏心：《经济增长方式的转变：内涵的讨论与路径的选择》，载《经济学家》，2008（3）。

② 参见宋杰鲲、张在旭、李继尊：《国内外能源综合利用政策法规对比》，载《工业技术经济》，2007（12）。

59 个主要国家的资源绩效水平进行了排序，结果表明中国仅排在第 54 位。[①] 节约指数选取的 5 种资源的单位 GDP 消耗量是世界平均水平的 1.9 倍。这说明我国并没有从根本上摆脱资源能源密集型的经济增长方式，与其他国家相比，仍处于十分粗放的发展阶段。2005 年初，瑞士达沃斯世界经济论坛公布了最新的“环境可持续指数”评价，在全球 144 个国家和地区的排序中，我国位居第 133 位。报告指出，低产值、高污染的生产模式将造成国家未富而资源、环境先衰。从各国近现代发展的历史来看，在实现工业化、商品化和现代化的过程中，基本上都经历了一个从粗放型为主向集约型为主的经济增长方式转变过程。目前，在发达国家，经济增长已经由“粗放型”转向了“集约型”。而发展中国家正面临着实现这一转变的艰巨任务。

可见，粗放型经济增长不仅不符合世界经济增长的方向，也受到了资源稀缺的约束，在实践中也难以为继。只有转变经济增长方式，才能从根本上打破能源、资源和环境对经济社会发展的瓶颈制约，不断提高国民经济的整体素质，确保我国经济运行进入良性循环的轨道，切实提高我国经济的国际竞争力和抗风险能力，才能可持续发展，也只有实施可持续发展，才能更好地坚持“五个统筹”。因此，必须通过一些有效的途径，转变经济增长方式，实现人与自然的和谐发展。

3. *经济发展方式及转变经济发展方式的途径*

党的十七大报告关于促进国民经济又好又快发展的论述中指出，“实现未来经济发展目标，关键要在加快转变经济发展方式、完善社会主义市场经济体制方面取得重大进展”。这里，用“转变经济发展方式”代替“转变经济增长方式”的新提法，是对我国经济建设实践经验的科学总结和理论认识上的不断深化，是在经济建设领域贯彻落实科学发展观的重要体现，对实现国民经济全面协调可持续发展和未来的经济发展目标，具有深远的战略意义，是我国经济建设的重要指导方针。

经济发展方式，是实现经济发展的方法、手段和模式，其中不仅包含经济增长方式，而且包括结构（经济结构、产业结构、城乡结构、地区结构等）、运行质量、经济效益、收入分配、环境保护、城市化程度、工业化水平以及现代化进程等诸多方面的内容。转变经济发展方式，不仅要突出经济领域中“数量”的变化，更强调和追求经济运行中“质量”的提升和“结构”的优化。其鲜明特征在于顾及可持续性，顾及经济结构调整、优化和产业升级，顾及就业、消费、分配等一系列社会需要等。转变经济发展方式，是经济的数量型扩张向质量型发展的理念升华，就是要在注重实现要素生产率的增长率对经济增长率的贡献度达到或超过 50%的同时，更注重经济发展质的提高，注重质和量的统一。

转变经济发展方式，提高经济效益，关键在于深化经济体制改革，建立有利于实现经济集约增长的经济运行机制，主要包括以下几方面的内容：

（1）建立和完善社会主义市场经济体制。

社会主义市场经济体制的完善，可使经济决策更趋于科学合理，有利于国家和企业根据市场状况及时作出相应的经济决策，促进资源的合理调配。特别是通过价格杠杆与竞争

---

① 节约指数是为了对一个国家、地区或部门的资源消耗和污染排放的总体状况进行监测和综合评价。报告选取了一次能源、淡水、水泥、钢材和常用有色金属等五种资源原材料消耗量来计算节约指数。

机制的作用，把资源配置到经济效益好的环节中去。

（2）优化经济结构，节能、降耗、减排。

首先，统筹城市与农村的协调发展，东部的率先发展与中部的崛起、西部的大开发、东北老工业基地的振兴相协调，制造业与服务业的发展相适应，对外贸易全方位展开与国内需求的不断扩大相平衡。只有这样，才能使社会经济结构，一、二、三次产业结构，区域发展结构全面优化，最终使经济发展的效率最大化。

其次，我国的产业结构体系需要进一步完善。从一、二、三次产业结构关系来看，我国的第三产业还比较落后，需要大力发展。从要素密集程度来看，我国的资本密集产业、知识和技术密集产业还不够发达，也需要大力发展。在全球化背景下，产业结构的战略性调整，就是要在充分发挥比较优势的基础上，发展高技术含量、高附加价值的产业，以使我国的经济发展建立在发达的产业基础之上。

再次，要加快产业结构升级的步伐，加快从传统工业向新型工业的转化。停止和限制高消费、高物耗、低效率、低产出的产业和企业的生产。政府要发挥宏观调控的作用，利用政策、法律和经济手段来引导企业走上正确的发展道路。

（3）逐步建立绿色经济核算体系。

绿色经济核算体系是指在通常的 GDP 中减去自然资源消耗和生态环境破坏所造成的经济损失，以及挽回资源损失和修复生态平衡所需支付的经济投资。因此是一个反映经济增长、资源利用和环境保护的综合指标，是一种可持续发展的生态经济模式。

因此，我国应逐步建立能够反映资源消耗和环境污染的经济核算体系，并将核算结果向社会公布，引导企业、社会、政府自觉加强环境保护，避免环境破坏，才是正确的道路。绿色经济核算体系应成为各级领导政绩考核的重要指标，干部政绩不能只看 GDP 增速，更要看市场监管、社会管理和公共服务水平，包括就业、社会保障、教育、文化、环保、生态保护、医疗卫生以及社会信用、法制环境的改善等。

（4）实行绿色财税政策。

实行绿色财税政策即把环境污染和生态破坏的社会成本，内化到生产成本和市场价格中去，再通过市场机制来分配环境资源的一种经济手段。实施绿色财税政策具有提高经济效率和实现环境目标的双重潜力，建立符合中国国情的有效的环境税费制度，是目前贯彻科学发展观，构建环境友好型社会的一项十分紧迫的重要任务。针对我国企业目前在使用资源和环境保护上付出的成本很低，企业缴纳排污费的积极性很低，欠缴情况很严重，征收的难度也很大，这在很大程度上是由于法律依据不足的原因。通过实行绿色财税政策，将目前对企业征收的使用资源和环境保护上的费用上升为环境税，将使国家对企业排污行为征收相应补偿的法律依据大大加强，将进一步增强这项收入的刚性和稳定性。

三、新型工业化道路

1. 新型工业化道路的含义及特点

新型工业化道路是指坚持以信息化带动工业化，以工业化促进信息化，走出一条科技含量高、经济效益好、资源消耗低、环境污染少、人力资源优势得到充分发挥的新型工业化路子。

新型工业化道路与传统的工业化道路相比，具有如下特点：第一，新的要求和新的目标。新型工业化道路所追求的工业化，不是只讲工业增加值，而是要做到“科技含量高、经济效益好、资源消耗低、环境污染少、人力资源优势得到充分发挥”，并实现这几方面的兼顾和统一。这是新型工业化道路的基本标志和落脚点。第二，新的物质技术基础。新型工业化必须建立在更加先进的技术基础上，坚持以信息化带动工业化，以工业化促进信息化，要把信息产业摆放在优先发展的地位，将高新技术渗透到各个产业中去。这是新型工业化道路的技术手段和重要标志。第三，新的处理各种关系的思路。要从生产力和科技发展水平不平衡、城乡简单劳动力大量富余、虚拟资本市场发育不完善且风险较大的国情出发，正确处理发展高新技术产业和传统产业、资金技术密集型产业和劳动密集型产业、虚拟经济和实体经济的关系，这是我国走新型工业化道路的重要特点和必须注意的问题。第四，新的工业化战略。新的要求和新的技术基础，要求大力实施科教兴国战略和可持续发展战略。必须发挥科学技术是第一生产力的作用，依靠教育培育人才，使经济发展具有可持续性。这是新型工业化道路的可靠根基和支撑力。

2. 新型工业化道路的实现途径

首先，必须正确处理工业化与信息化的关系。在当今世界，信息技术飞速发展，信息化正在引起世界经济和社会的巨大变化，极大地拓展和丰富了传统工业化的内涵，为我国高起点加速推进工业化提供了可能。因此，必须大力推进信息化，以信息化带动工业化，使信息化与工业化融为一体，以真正加快我国工业化、现代化的进程。其次，必须发挥科学技术作为第一生产力的重要作用，注重科技进步和提高劳动者素质，改善经济增长质量和效益。再次，大力推进产业结构优化升级。要优先发展信息产业，积极发展高新技术产业，坚持用高新技术和先进适用技术改选提升传统产业，大力振兴装备制造业；加快发展服务业特别是现代服务业。又次，要大力发展教育，使我国丰富的人力资源转化成雄厚的人力资本投资。最后，要处理好内需和外需的关系，坚定不移地扩大国内需求。我国有13亿人口，正处于工业化、城镇化加快发展和消费结构不断升级的重要时期，具有市场潜力巨大的独特优势，可以为经济发展提供持久动力。要努力调整投资和消费关系，既要继续扩大投资需求，又要注重运用广大的需求，把增加居民消费特别是农民消费作为扩大消费需求的重点，积极调整国民收入分配结构，拓宽消费领域和改善消费环境，进一步发挥消费对经济增长的拉动作用。同时，继续拓展国际市场、把扩大国内需求和合理利用国外需求很好地结合起来，促进经济平稳较快增长。

四、统筹人与自然的和谐发展

实现人与自然和谐统一是坚持“五个统筹”之本。“统筹人与自然和谐发展”，体现了可持续发展的实质，是“五个统筹”的根本要求。按照现有的资源利用和污染排放水平，要实现2020年GDP翻两番，环境承受的压力将比2000年提高4～5倍；如果环境质量保持不变，单位资源消耗的经济产出则必须提高4～5倍；如果资源消耗和污染负荷比2000年减少一半，环境质量明显改善，单位资源消耗的经济产出就必须提高8～10倍。显然，不转变经济增长方式，就难以实现全面建设小康社会的宏伟目标。我国基本国情决定了我们不能走发达国家传统工业化道路，必须坚持科学的发展观，依靠科技进步，健全法制，加强监管，政策引导，公众参与，实现人与自然的和谐发展。

1. 坚持改革发展，依靠科技进步

全面协调可持续发展是调整我国人与自然关系的必然选择。在发展中优化经济布局，调整产业结构，转变增长方式，是统筹人与自然和谐发展的主要手段。首先应从我国地域分异规律出发，充分考虑资源特征和区域比较优势，改变区域产业结构趋同现象，形成各具特色、整体协调的产业布局。其次应紧紧抓住我国经济发展的战略机遇期，通过信息化和清洁化等高新技术手段，大力发展绿色制造业、服务业和环保产业，逐步形成环境友好的产业结构，进而推动发展模式从资源依赖和投资驱动为主向资源集约和创新驱动的转变。

市场不仅在资源配置中起着基础作用，而且也可以在调整人与资源关系中发挥积极影响。一是充分利用价格杠杆，反映资源环境真实成本，切实让资源使用者和污染排放者承担相应费用，从而减少资源浪费和环境破坏。二是创建环境资源市场，如水市场、排污交易市场等，有效降低治理成本。三是在资源环境相关的公共投资中引入市场机制，大幅度提高投资效益。四是充分利用国际市场，拓展利用全球资源的空间，缓解我国经济社会发展与人口资源环境的矛盾。

科学技术是第一生产力，是先进生产力的集中体现与主要标志。充分发挥科学技术的基础性、先导性作用，是调整人与自然关系、实现人与自然和谐发展的关键。当前，首先应加快国家资源环境能力建设，建立与完善覆盖全国的国土与生态系统监测网络，发展基于数字地球理念的资源环境信息技术平台，全面系统认识自然过程和人的活动对生态环境及人类自身发展影响的客观规律，为资源高效利用、生态环境整治提供坚实的知识基础、技术支持和决策依据。同时，大力发展绿色制造和清洁生产技术，发展节材、节能、节水、节地、环境友好的高新技术，发展洁净煤、可再生能源和新的替代能源技术，为我国产业结构调整、实现发展模式转型提供高效、安全、清洁的技术体系。

2. 健全法律法规，推进制度创新

完善法规体系，建立科学决策机制。自上世纪70年代末以来，我国相继颁布实施了一系列资源管理、环境保护的法律法规，初步形成了环境资源法律法规体系，在依法协调人与自然关系中发挥了重要的作用。但是，已有的法律法规尚有不完善之处，一些法律法规还不能适应我国经济社会快速发展的要求。因此，应着手废除或修改实践已经证明过时或存在严重缺陷的法律法规或条文，逐步健全环境资源法律法规体系。在依法统筹人与自然和谐发展的同时，还应加强综合决策机制的建设，在事关经济社会发展和生态环境整治的重大决策过程中，必须充分考虑人与资源、人与环境、环境与发展的关系，做到互通信息，相互协商，统筹安排，科学决策。

明确政府职能，建立统筹协调机制。调整人与自然的关系是一个复杂的系统工程，涉及经济社会的方方面面，需要跨部门、跨地域和社会广泛参与的协调治理，其中各级政府应发挥主导作用。从我国现实情况出发，一是应着眼于实现经济社会全面协调可持续发展的战略全局，理顺各级政府之间以及政府各部门之间的关系，明确职责。二是应积极推进制度创新，建立跨部门、跨地域的协调机制，统筹处理人与自然关系中的全局性、战略性、区域性问题。

3. 科学编制规划，加强政策引导

做好发展规划，促进区域协调发展。制定科学的发展规划是统筹人与自然和谐发展的前提。在国家层面，应在中长期发展规划中将资源节约、环境保护的有关措施贯穿到经济社会发展的各个方面，从全局角度处理好保护、开发、治理与建设的关系；尽快启动国家层面的区域发展规划的制定，明确不同区域的主体功能。在地区层面，应将区域或流域综合开发整治作为发展规划的主要内容；在城市规划和建设中，应统筹考虑经济发展、基础设施建设、能源使用、生态环境保护及社区的发展。

强化政策引导，完善评价指标体系。积极有效的政策引导，全面科学的评价体系，是统筹人与自然协调发展的主要手段。在政策引导方面，应对发展政策进行充分的资源环境影响评估，避免和减少不适当的发展政策带来的负面效应；同时，新的资源管理和环境保护政策的制定与实施，也应充分考虑经济社会发展的要求，推进清洁的能源结构、资源集约型基础设施和与环境友好的产业。在评价指标体系方面，应按照统筹人与自然和谐发展的要求，增加资源环境成本核算的内容，全面真实反映经济、社会、环境的发展状况。此外，在协调人与自然关系工作中的贡献应成为考核评价各级干部的重要内容。

4. 提高科学认识，鼓励公众参与

普及科学知识，提高全民环境意识。应把协调人与自然关系的科学理念同中华民族关爱自然、勤俭节约的优良传统结合起来，通过多种途径，普及科学知识，在全社会形成了解国情、珍爱环境、保护生态、节约资源、造福后代的共识，摒弃盲目追求过度消费，倡导正确的生活方式。

实行统一领导，推进社会协调治理。协调治理，即多元主体共同参与公共事务管理，已成为世界各国协调人与自然关系的有效方式。各级政府可通过各种形式，加强与企业的联系和沟通。同时，建立健全公众参与机制，加强社会团体、公益组织的能力建设，鼓励公众及社会团体、公益组织参与公共事务的决策、管理和监督。

第三节　统筹经济发展和社会进步

回顾改革以来的进步，我国以经济建设为中心，坚持改革开放，国力得到了增强。但经济和社会发展的不协调问题却逐步凸显出来。从总体上看，我国现在已经越过了经济发展为主的阶段，进入了经济与社会发展并重、经济社会协调发展的新阶段。在这一新阶段要特别注意处理好改革、发展和稳定的关系。本节主要介绍改革、发展与稳定的关系，并提出实现经济社会协调发展的途径。

一、改革、发展与稳定的关系

1. 改革、发展与稳定的含义

改革是把事物中旧的不合理的部分改成新的、能适应客观情况的部分。例如，技术改革、改革经济体制、宗教改革。邓小平指出，改革也是一场革命，改革也是解放生产力。在这个意义上，改革就是要改革旧体制，以进一步解放生产力，发展生产力。改革是社会主义制度的自我完善，只有改革，才能真正发挥社会主义制度的优越性。社会生产力本身的存在和发展时刻也离不开一定的生产关系形式；社会生产力的解放，则更是依赖于适应社会生产力内在发展要求的生产关系变革。所以，改革既能够通过调整因滞后或超越现实发展阶段而不能适应社会生产力发展的社会主义生产关系，或改变其旧有的实现形式来解放被束缚的生产力，也能够通过不断发展、完善基本适应现实发展阶段的社会主义生产关系或重塑其实现形式来推动社会生产力更迅速、更健康、更持续地发展。可见，改革实际上就是解决生产关系更适应生产力的发展问题。

发展是哲学术语，指事物由小到大，由简到繁，由低级到高级，由旧物质到新物质的运动变化过程。邓小平指出，发展是硬道理。发展的总目标是使全体人民在经济、政治、文化的需要与欲望方面的满足得到持续提高。因此，发展包括经济、政治、文化的发展。经济的发展，是为人的发展，为人类个体、群体、整体与自然万物的和谐发展，创造与提供更有利的物质条件。经济发展不等同于经济增长，经济增长所强调的是物质生产方面的问题，而发展则是以更大的视野去研究人类的经济、政治、文化、科技、环境等方面的状况；政治的发展，是为人的发展，为人类个体、群体、整体与自然万物的和谐发展，创造与提供更有利的社会管理体制与运行机制——社会运行条件；文化的发展，是为人的发展，为人类个体、群体、整体与自然万物的和谐发展，创造与提供更有利的精神条件。发展就是经济和社会循序渐进的变革，是人的基本需求逐步得到满足和提高、人的能力发展和韧性自我实现的过程。经过发展，绝对贫困将消失，收入分配不公程度将会逐步降低，就业水平、教育、健康及其他社会和文化性质和质量将会得到很大改善；经过发展，也将会使我国公民在国内外都受到更大的尊重；同时经过发展，也将会扩大人们的自由选择范围。

稳定主要是指经济社会生活既生机勃勃，又安定有序。稳定是改革中的稳定，是与改革、发展有机结合起来的，是与富强、民主、文明联系起来的，是现代化条件下的稳定。稳定是指国家的经济社会发展和经济社会利益不受外部和内部威胁而保持持续、协调、健康地发展的一种经济社会状况。经济稳定是物质前提。政治稳定是指党的政治路线正确、一贯，领导坚强、得体，指导思想坚定、科学，利益关系合理协调，政治生活活泼、有序。政治稳定是核心。思想稳定是一种稳固而安定的社会精神状态。对社会主义国家来说，表现为执政党的思想路线正确，马列主义指导地位巩固，社会绝大多数成员具有共同的理想，社会成员之间、社会成员与社会之间在心理上的共识性高，社会风气好，从而表现为整个社会在思想上或精神上具有较强的向心力和凝聚力。思想稳定是精神基础，是一切稳定的重要保障。

2. 改革、发展与稳定的关系

十一届三中全会以来，我党把经济和社会发展作为各项工作的中心。随着改革开放的不断深入和扩大，我国的经济和社会发展都取得了举世瞩目的成就。与此同时，社会稳定问题也越来越引起人们的广泛重视。如何为改革和发展提供一个相对稳定的社会环境，或者更进一步讲，如何在改革和发展的同时就从目标和措施上加以注意，避免社会的过度动荡，这是一个不可回避的前进中的难题。

改革开放是强国之路。要在新的历史起点上继续推进社会主义现代化建设，就是要靠深化改革、扩大开放。实践证明，没有改革，就没有发展，相反，哪里有改革，哪里就有发展，哪里就有稳定和新气象。通过30多年的全面改革，我们初步建立了社会主义市场经济体制，但这个体制还不完善，发展还面临着许多体制性障碍，必须进一步加大改革力度，在行政管理体制、国有企业、财税体制、金融体制等重点领域和关键环节实现改革的新突破，为发展提供更加有力的体制保证。在当代中国，没有改革，就不可能实现科学发展，不可能建成和谐社会，也就不可能实现最广大人民群众的根本利益。

坚持以经济建设为中心，坚持发展才是硬道理，坚持发展是党执政兴国的第一要务，是我们党推进改革开放的重要历史经验，是经济、政治、文化、社会全面进步的根本要求。同时，要真正实现发展为了人民，发展依靠人民，发展成果由全体人民共享，还必须坚持全面协调可持续发展，只有这样的科学发展，才能兼顾到局部利益与整体利益、眼前利益与长远利益，兼顾到不同阶层的利益，照顾到各方面的关系。

稳定压倒一切。保持社会稳定，是顺利实现经济社会发展目标的必要前提，也是确保人民群众安居乐业的基本条件。没有稳定，一切都无从谈起。与别的任何国家不同的是，中国是一个有着13亿人口的大国。在这样的发展中国家搞改革搞建设，没有稳定是不可行的。在任何时候、任何条件下，稳定是实现人民群众根本利益的前提。随着市场取向的改革不断深入，我国的社会结构发生了重大变化，不同利益群体之间的矛盾，日益成为影响社会稳定的重要因素。当前，只有正确处理人民内部矛盾，用发展和改革的办法协调不同阶层的利益，构建社会主义和谐社会，才能真正把最广大人民群众的利益实现好、维护好、发展好。

改革、发展、稳定三者内在统一的结合点就是最广大人民群众的根本利益，离开这个共同的立足点和政策措施的结合点，改革决策的科学性、改革政策的协调性，发展的全面性、稳定的长期性都将难以实现。只有抓住这个结合点，三者才能真正成为互为前提、内在统一的有机整体。总之，只有正确地处理好社会稳定与改革和发展之间的关系，摆正稳定在三者之间的正确位置，才会既保证社会充满活力，快速前进，又保证社会有良好的秩序和稳定的环境。

二、统筹经济发展和社会进步

所谓统筹经济社会发展，是基于经济发展与社会发展在广度与深度上的关联性，强调经济发展与社会发展的协调性，它的实质是经济社会的协调发展。所谓统筹经济社会发展的思路，也就是力求使经济发展与社会发展相协调的思路。

国际经验表明，低收入国家向中等收入国家迈进，特别是当人均GDP由1 000美元向3 000美元发展的时期，可能会出现两种情况：一种是进入“黄金发展时期”，经济发展达到一定程度，社会发展也达到一个相适应的程度，经济发展与社会发展相协调，工业化、城市化和现代化同步发展，在较长时期内保持经济增长、社会稳定。另一种是“矛盾凸显时期”，经济发展到一定程度，社会发展没有达到一个相适应的程度，社会矛盾也就日渐凸显，从而又束缚了经济发展，加深了社会问题，激化社会矛盾，引起动荡，经济社会发展停滞不前。因此，遵循经济发展与社会发展的协调性，在发展过程中始终把握好经济发展与社会发展的关系，是一个国家或地区走向成熟发展的普遍规律。

1. 经济发展和社会进步的不协调表现

(1) 经济发展程度、经济结构与社会结构的不协调。

社会结构包括的面比较广，有人口结构、就业结构、城乡结构、地区结构、阶层结构等等。我国工业化水平已达到中期阶段，但城市化率处在较低的水平，城市化严重滞后于工业化，城乡关系严重失衡，阻碍了第三产业和各项社会事业的发展，也直接影响了国民经济的发展。

(2) 经济发展与社会事业的发展不协调。

社会事业包括教育、科技、文化、医疗卫生、环境保护等。社会事业发展严重滞后于经济发展。仅以教育和卫生事业为例，改革开放30多年来，我国基本普及九年制义务教育和基本扫除青壮年文盲的工作很有成绩，但是高中阶段教育、职业技术教育和高等教育发展还不理想。

我国的医疗卫生资源配置不合理，城乡之间分布很不平衡。据卫生部的资料显示，87%的农民完全是自费医疗，农村缺医少药的状况十分严重。世界卫生组织在2000年的《世界卫生报告》中指出，全世界191个国家的卫生系统排名，在财务负担公平性方面中国为第188名。这同我国经济实力在世界排名第六的地位，实在不相称。

(3) 社会管理相对落后。

一个国家或地区要实现现代化，不仅要有现代化的各类基础设施建设，还要有现代化的管理。也就是我们通常讲的“硬件”要现代化，“软件”也要现代化。许多城市遍布高楼大厦、豪华宾馆、宽广平坦的马路、各种名目的广场，铺草坪种大树，硬件都相当现代化了，但就是社会管理跟不上，存在着交通拥堵，儿童上学、老年人就医困难，环境脏乱差，空气污染等问题。

(4) 社会事业的管理体制落后。

我国的各级各类学校、科研院所、文化单位、医疗卫生机构等事业单位大多按照计划经济体制的要求运行，机构庞大，人浮于事，规章制度僵化，运行成本很高，效率低下，服务质量差，人民群众很不满意。

(5) 经济增长与就业增长不协调。

我国是人口大国，农村人口多，现在又处于社会转型、经济体制转轨的阶段，结构性失业和技术性失业等多种因素导致就业形势十分严峻，这将是今后一个较长时期里困扰我们的一个重大的社会问题。

2. 实现经济和社会协调发展的途径

(1) 政府投入向社会事业投资。

解决经济与社会发展的不协调问题，关键要靠国家和地方政府扩大对社会发展方面的投入，改变目前政府投资偏重于经济建设而对社会事业偏少的格局。积极向科技、教育、卫生等社会事业领域倾斜，向生态环境保护倾斜。

(2) 利用财政手段调节收入差距。

国家这只“有形的手”必须发挥作用，从加强税收等方面的“二次调节”，解决地区之间和个人之间的收入差距拉大问题。培育合理的现代社会阶层结构应该成为今后社会制度安排和政策选择的核心。

历史经验表明，在社会中间阶层规模大的社会，社会资源的配置一般都比较合理，分配差距比较小，社会各阶层之间的利益矛盾和冲突一般都不会很大，这样的社会最稳定、最可持续发展。中国正处在经济社会转型之中，社会阶层结构也在不断地变迁。目前还有近60%的农村人口、50%的劳动力以务农为主。与此同时，我国社会中间阶层规模较小。能够纳入中间阶层的就业人口所占比例仅为18%左右，与西方国家的40%还有不小的距离。

（3）建立合理配置公共资源的制度设置。

从近期看，社会政策创新的可操作方向是合理地配置公共资源。而其中最为有效的操作平台，是建立公正配置公共教育资源的制度，制定提高普通社会成员尤其是困难群体的竞争能力和技能教育的培训政策。教育是促进经济增长、矫正各种不公平的起码条件，是保证社会的机会相对公平的最重要的制度设置。

（4）提高社会管理水平。

为维护社会稳定，保证经济和社会协调发展，还要注意全面构建现代化的社会管理体系，积极构建“中国社会稳定预警系统”。社会稳定预警系统，就是要科学、定量、实时地诊断、监测并预警社会稳定的总体态势。这个系统的作用就是在没有出现危及社会稳定的问题之前，通过一系列指标的监测，发出警示，而不是等问题出现以后才采取补救措施。目前，美国、日本等一些发达国家已经建立了相应系统，监测全球或区域的稳定状况和动乱热点，分别为其战略决策、安全体系、外交政策、经济发展、政策后效评估、危机综合对策等提供全方位服务。作为一个世界大国，中国社会稳定预警系统的研制和运行十分必要。

（5）实施积极的就业政策，减轻就业压力。

就业是民生之本，经济和社会要协调发展，必须高度重视就业问题。清华大学国情研究中心主任、公共管理学院教授胡鞍钢认为，这有赖于中国经济增长模式的转变，为此要正确认识劳动密集型产业与资本密集型产业之间的关系。

真正化解就业问题，除了实施积极的就业政策，还须进一步改善就业环境和采取适当的政策支持。专家们建议有必要采取以下措施：一是深化劳动管理、户籍制度和社保体制改革，建立全国统一、开放、竞争、有序的劳动力市场，加强对劳动力市场收费，拖欠民工工资等专项检查。二是把增加就业作为考核干部政绩的重要指标之一。各级政府要努力促进劳动密集型产业的发展，建设一些既符合经济社会发展需要又能增加较多就业的资源开发、生态建设和公共设施建设工程。大力开发公共卫生、城市环保及社区服务等就业岗位。三是采取减少国有房屋租金或给予适当的房租补贴及降低其他有关税费等办法，鼓励个人和家庭从事小商品、饮食业、市场中介服务业。四是鼓励非政府非营利的社会服务机构的发展，重点发展教育培训、公共信息服务和公共管理。五是引导和鼓励社会各类服务机构为中小企业提供服务，进一步放宽国内民间资本的市场准入限制，在投资、税收、土地使用和对外贸易等方面给予支持，促进非公有制经济发展，拓宽社会就业渠道。

第四节 统筹国内发展和对外开放

在一个半世纪前，马克思、恩格斯在《共产党宣言》中就已指出，由于资本主义开拓了世界市场，过去那种地方和民族的自给自足的闭关自守状态已被各民族的各方面互相往来所代替，一切国家的生产和消费都已成为世界性的了。今天，世界经济的发展已使各国之间的生产和消费的联系更加密切。不论是发达国家，还是发展中国家，都在利用这种国际经济联系来发展自己的经济，从而形成了一个世界范围内的经济体系。中国作为世界经济体系中的一员，也只有在参与国际经济生活中才能使自己得到更快的发展。因此，对外开放也就成为一种必然趋势。

一、世界体系理论

1. 世界体系的概念

体系在《牛津英语词典》中，指的是“一种有组织、有关联的物体群；一种由有关联有联系或者相互依赖的事物组成，从而形成某种复杂统一体的系列或聚合；一种由按照某种组合方案而有秩序地排列的各部分构成的整体”。《辞海》（1989 年版）对体系的解释是“若干有关事物互相联系互相制约而构成的一个整体”。总之，“体系”体现了事物间的相互联系依赖存在的整体性，并未说明事物间的组织方式。

伊曼纽尔·沃勒斯坦（Immanuel Wallerstein）是世界体系理论的创立者，他认为“世界体系是一个历史的体系（具体的和明确的），但它又是一个抽象的体系，包含着中心—边缘的劳动分工、商品链、长时段趋势和周期（理论的抽象）”①。

2. 世界体系理论的主要内容

世界体系理论（world system theory）作为一种理论和方法主要兴起于 20 世纪 70 年代的美国，其主要标志是沃勒斯坦于 1974 年出版的《现代世界体系（第一卷）：16 世纪资本主义农业与欧洲世界经济体的起源》（Modern World-System I：Capitalist Agriculture and the Origins of the European World-Economy in the Sixteenth Century）。这种理论和方法是西方学术界继 50、60 年代现代化理论之后出现的一种新理论和新方法，其影响遍及政治学、经济学、社会学、历史学以及地理学等主要社会科学领域。世界体系理论创造性地融合了社会发展理论中的主流学派与非主流学派（即“经典现代化理论”与“依附论”），揭示了现代化不可阻挡的全球发展趋势。其主要内容包括：

（1）世界体系论的经济基石：中心与边缘。

沃勒斯坦认为，国家自产生起就存在于国家体系之中，在国家体系的变化过程中存在双重过程：一是中心区的“中心化”过程，即某些国家在几个地区不断垄断商品，利用国家机器在世界经济中使其利润最大化，这些国家因此而成为核心国家。二是边缘地区的

① Albert J. Bergesen，“The Columbia Social Essayists”，in *Journal of World-Systems Research*，V1，2，Summer/fall，2000.

"边缘化"过程，即中心区出现了强国，而边缘区出现了弱国。

世界范围的劳动分工可以将世界经济在地理区域上分为三种类型：中心、半边缘和边缘。沃勒斯坦认为，国家自产生起就存在于国家体系之中，在国家体系的变化过程中存在双重过程：一是中心区的"中心化"过程，即某些国家在几个地区不断垄断商品，利用国家机器在世界经济中使其利润最大化，这些国家因此而成为核心国家。二是边缘地区的"边缘化"过程，即中心区出现了强国，而边缘区出现了弱国。这种划分体现了世界经济发展区域间的不平衡。与不同的国家体系和制度结构相结合，每一种类型在特定的地理区域中起主导作用。

中心国家在世界体系中起主导作用。从经济角度而言，中心国家由那些工农业生产最有效率、经济活动最复杂和资本积累水平最高的国家和地区构成。它们的生产采用最先进的技术、最高水平的机械化和最密集的资本，从而生产出最先进的商品。从政治角度而言，中心国家在现代世界体系中拥有最强大的军事力量和最有效率的管理体制。与强势的政治经济相伴的还有强势的文化形态。

与中心地区相对应的是边缘地区。边缘的基本情况大体与中心相反。边缘经济活动的技术水平落后，趋向于劳动密集型，出口生产主要集中于原料和农产品，在军事上和政治组织上相对弱小和无效率。

在中心和边缘两端的是半边缘。半边缘地区的经济活动既有中心式的特征又有典型的边缘式的特征，技术水平和资本密集程度都处于中心和边缘之间。它的军事力量和政治组织效率都比不上中心，但在中心的影响下比边缘更强和更具有独立性。半边缘在世界体系的中心和边缘之间起中介作用。

"资本主义世界经济体是以世界范围劳动分工为基础而建立的，在这种分工中，世界经济体的不同区域被派定承担特定的经济角色，发展出不同的阶级结构，因而使不同的劳动控制方式从世界经济体系的运转中获利也就不平等。"① 资本积累过程中的不等价交换既存在于无产阶级和资产阶级之间，而且也存在于核心区域和边缘区域之间。在不平等的国际劳动分工的基础上，世界经济体商品链通过倾斜的交换机制循环流动，实现由边缘向中心的利润转移，从而加剧了体系的等级化和不平等性。中心国的横向垄断和对边缘国的垂直一体化控制是实现不平等交换的两条途径，中心国家的世界资产阶级借此成功地控制世界市场上的产品交换和剩余价值分配，不断扩大自身的资本积累。②

（2）世界体系理论的政治架构：霸权与周期。

世界政治体是随着世界经济体的出现而产生。政治体中同样存在中心—半边缘—边缘的等级结构，并以国家主权的有限性和国家机器的强弱为划分依据。政治体与经济体中的相应等级在空间分布上是高度一致的：世界经济体中的中心国家，其国家机器较强，主权独立性和对外控制能力较大，也是世界政治体的中心，而边缘地带的国家机器孱弱或根本未形成统一的国家政权体系，国家主权不独立，成为受控于中心的边缘，半边缘则再次介于两者中间。强国之间的相互竞争便形成了历史上的霸权国家，弱国对强国的不满便形

① 伊曼纽尔·沃勒斯坦：《现代世界体系》，第1卷，194页，北京，高等教育出版社，1998。

② 参见伊曼纽尔·沃勒斯坦：《历史资本主义》，13～14页，北京，社会科学文献出版社，1999。

成资本主义世界体系内的"反体系运动"。中心国家在世界体系中拥有最强大的军事力量和最有效率的管理体制，"与经济两极分化相对应的是中心地区强国与边缘地区弱国之间政治两极分化，'帝国主义'的'政治'进程使'不平等交换'的经济进程成为可能"①。

依据16世纪以来资本主义的发展历史，沃勒斯坦指出，由世界经济总需求与总供给的内在矛盾引发的收缩周期性循环，已表现在世界体系的演进之中，使世界体系的长波每40～50年重复一次，每一周期的停滞期都给世界体系中生产格局的重组提供了机会和动力，并为下一周期的扩张作准备。周期性循环造成积累与权力中心点的正常而缓慢但是重要的地理变迁，然而不改变体系内部基本的不平等关系。每到世界经济向上和向下运动交替的时期，边缘、半边缘国家就有了中心化的机会。周期性节律不仅使世界经济体系内部发生相对的位置变动，而且也提供了"反体系"运动的基本动力，由此引发整个世界格局的一系列巨变。

3. 世界体系与中国的发展战略

放眼世界，无论是发达的美国和日本还是战后新兴的发展中国家或地区，其经济的快速发展和进步，都无一例外地是在自主开发本国经济的同时，通过对外开放，积极利用其他国家的资金、技术和管理经验来实现的。中国正面临着对外开放的任务，借鉴沃勒斯坦的世界理论体系对中国的发展具有重要的意义。

在经济层面。沃勒斯坦认为，资本主义强国，也就是世界体系所讲的核心地区，它们之所以在经济上对其他地区表现出强势，一个重要的原因是在某些经济领域所表现出来的优势或垄断，而霸权国家就是在生产领域、商业领域和金融领域占有优势或垄断地位，因而它是核心强国的典型代表。沃勒斯坦的市场经济观无疑对我们打破旧的思维框框，重新认识、理解和建设社会主义市场经济具有重大的理论借鉴意义。沃勒斯坦认为，社会主义与市场能否并存，是一个策略而不是原则问题，"得视国家在资本主义世界经济体内如何运作而定"。沃勒斯坦认为，工业化的程度并不决定一国（地区）在世界体系的等级地位，关键在于是否具有垄断地位。因此，对我国而言，一方面我们要善于抓住、利用国际产业调整的机会，提高产业结构的等级，另一方面，我们要有超前意识，要善于发挥我国产业结构的优势，提高某些领域产业部门的国际竞争能力，使这些产业真正成为具有中国特色的世界性产业，这样在激烈的国际竞争中，中国才能立于不败之地。

在政治层面。沃勒斯坦认为世界体系中的政治和经济是相辅相成的，并强调国家在政治领域的作用。他认为，核心国家政府总是有选择地干预市场，以维护和巩固他们在世界体系中的地位和霸权，而不是他们所宣称的自由市场经济。对中国而言，中国的社会主义市场经济面对的是全球化的大市场，一个强有力的中央政府对经济的内外调控是非常必要的。沃勒斯坦认为一个强国在政治上的强大表现，主要在于这个国家是否是一个同质化很高的国家，是否是内部整合能力很强的国家。因此，在政治领域，消除阶级分化、区域差异，增强民族的团结，实现国家同质化发展，应成为我国一项重要战略。

---

① 周莹：《三种范式还是一种范式？——评沃勒斯坦对帝国主义理论范式的批评与重构》，载《社会科学战线》，2004（6）。

二、对外经济关系

对外经济关系是一个国家同其他国家和地区间各种经济联系的总称，包括国际商品交换，资金和技术交流，劳务的输出与输入等。对外开放，是指一种积极开展国际交流的对外政策，开展国际交流，包括经济、文化、体育、卫生等许多方面，最主要的是经济技术交流。①

1. 经济全球化下我国发展对外开放的必要性

(1) 生产力发展的客观要求。

社会生产力的发展，不仅推动一个国家内部社会分工的发展，而且也日益扩大着国际分工。国际分工是世界各个国家和地区开展经济交流的基础，决定着各国间经济关系的物质内容和具体形式。社会主义制度是建立在生产社会化的基础上的。社会主义国家经济的发展，必须遵循社会化大生产内在规律的要求，积极参与国际分工和国际交换，不断开展和扩大对外经济联系。

(2) 发展社会主义市场经济的需要。

发展社会主义市场经济，要求建立和发展广泛的对外经济关系，充分利用国外资源和国际市场。市场经济的本质就是开放的经济。只有参与国际交换，才能分享国际专业化协作带来的好处，促进国民经济的协调发展。一方面，我国很难拥有发展本国经济所需要的全部资源，因此在市场经济的运行过程中难免会出现资源短缺的现象，除了依靠国内调节以外，还可以利用国际分工和世界市场来调剂、补充所需的紧缺资源；另一方面，我国由于占有世界上最丰富的劳动力资源和某些特有的生产要素，现在的经济结构、经济规模和经济发展水平，又难以将这些要素全部吸收。只有通过对外开放，与世界各国发展对外经济关系，才能使自己的资源要素获得最佳配置与最佳利用。我国社会生产力的持续发展，要求充分利用国内、国际两种资源和两个市场，最大限度地利用国际分工和世界市场的有利条件。

2. 我国对外开放的基本形式和战略

(1) 利用国外的资金和技术是对外开放的重要形式。

我国是发展中国家，物质基础薄弱，建设资金匮乏。要实现社会主义现代化建设“三步走”的战略目标，必须筹集充足的资金，包括国内的资金和国外的资金。根据国际经济学关于跨时比较优势的观点，任何社会都面临着当前消费与未来消费之间的选择。一般来说，发展中国家是偏好当前消费的，因而可以通过借贷来进行跨时贸易，用一定的未来消费换取当前的消费。我国是具有跨时比较优势的国家，在经济发展中有许多生产率很高的投资机会，所以要积极地、大胆地利用外资。但是，要重视提高利用外资的质量和水平，把利用外资与经济结构调整、国有企业改组改造结合起来，鼓励投向农业、制造业和高新技术产业。这里必须明确一个原则，就是利用外资的主动权一定要始终掌握在我们自己手里。这条原则包含两层意思：第一，利用外资的目的是发挥我国市场、资源和劳动力的比较优势，提高我国经济增长的质量和效益，我们要围绕这样的目的，选择优势产业，引导

① 参见宋涛：《政治经济学教程》，7版，406～407页，北京。中国人民大学出版社，2006。

外资投向的结构及其调整；第二，利用外资要坚持“适度”的原则，科学地分析我们的发展潜力和偿还能力，在总体上把握一个合理的额度，避免发生债务危机。而且，要按照社会主义市场经济的要求和世界贸易组织的规则，形成规范的外商投资准入制度，对外资企业实行国民待遇。在利用外资的同时，还要积极引进国外的先进技术和设备。通过吸收和消化，加快技术进步，促进产业结构和产品结构的升级换代，提高我国企业的素质，增强国际竞争力。

（2）扩大商品和服务贸易是对外开放的基本形式。

古典经济学和现代经济学告诉我们，通过国际贸易既可以获得绝对优势，调剂余缺；又可以获得比较利益，节约社会劳动。出口将促使资本投向最有效的领域，为国际市场进行规模化、专业化的生产，从而取得规模经济效益。同时，还能带动国外资金、技术和管理知识的引进。它通过“乘数”作用产生一轮又一轮的连锁反应，推动经济的快速发展。因此，我们要努力扩大商品和服务贸易，积极开拓国际市场。具体来讲，要从如下方面来开展工作：要重视空间上的扩展，实施市场多元化战略，既巩固传统市场，又开拓新兴市场，增强抗风险能力。要重视质量上的提高，坚持以质取胜，提高出口商品与服务的技术含量和附加值。加快高新技术产品出口基地的建设，努力推进高新技术产品的出口，扩大名牌机电产品的市场份额，使我国出口商品结构从以低技术含量、低附加值产品为主向以高新技术产品、高附加值产品为主转变。还要优化进口结构，着重引进先进技术和关键设备；要推动关系国家生存发展的重要战略物资进口的多元化；要建立必要的战略储备制度。

（3）兴办经济特区是适合中国国情的对外开放的特殊形式。

特区是技术、管理、知识的窗口，是对外政策的窗口，是开放的基地。通过兴办经济特区，探索改革开放的道路，取得有价值的经验，可以带动沿海地区乃至全国的改革开放。我国的经济特区从诞生的时候起，其命运就与改革开放和现代化建设紧紧相连。可以说，如果没有经济特区对外开放的实践，就不可能形成现在的全方位开放的格局。

三、统筹国内发展与对外开放

对外开放政策促进了我国的改革、发展，经济全球化趋势又为改革与发展带来重大机遇和挑战。我国的经济体制改革必须积极适应新的形势，对外开放要服务于国内改革和发展，国内改革和发展要考虑国际环境。正是基于此，党的十六届三中全会提出要统筹国内发展和对外开放。统筹国内发展与对外开放还需要注意以下几个“结合”：

1. 全方位扩大对外开放与坚持扩大内需的方针结合

强调统筹兼顾的一个重要着眼点，就是增强承受和抵御风险的能力，这是一个关系全局成败的重大战略观念。改革开放 30 多年来的实践证明，我们经受住了种种风险的考验，但同时也要看到，国内外形势的发展还有许多不确定因素，我们自身也还有弱点，承受和抵御风险的能力还不够强。因此，我们既要全方位扩大对外开放，全面参与经济全球化进程和区域经济一体化进程，鼓励国内企业学习国外先进管理经验、熟悉国际经济规则和惯例，提高参与国际经济技术合作和竞争的能力；又要坚持扩大内需的方针，实施积极的财政政策和稳健的货币政策，通过扩大投资需求和消费需求，拉动经济社会发展，从而确保我们能够切实防范和化解金融风险，保障经济安全。

2.“引进来”和“走出去”相结合

我们要把“引进来”和“走出去”结合起来，全面提高对外开放水平。为了适应经济全球化和加入世界贸易组织的新形势，我们必须在更大范围、更广领域和更高层次上参与国际经济技术合作和竞争，充分利用国际国内两个市场，优化资源配置，拓宽发展空间。一方面，我们要逐步推进服务领域开放，通过多种方式利用中长期国外投资，把利用外资与国内经济结构调整、国有企业改组改造结合起来，鼓励跨国公司投资农业、制造业和高新技术产业，改善投资环境，对外商投资实行国民待遇，提高法规和政策透明度。另一方面，我们要坚持实施“走出去”战略，鼓励和支持有比较优势的各种所有制企业对外投资，带动商品和劳务出口，形成一批有实力的跨国企业和著名品牌。

3. 积极适应国际规则和积极参与国际规则的修订相结合

加入世界贸易组织后，我国经济体制改革将面临双重任务：既要使我国社会主义市场经济的运行适应国际市场经济的普遍规则，又要积极参与国际经济贸易规则的订立、修订和完善进程，努力争取使之符合我国发展的利益。国际经济贸易规则是不同国家矛盾和妥协的产物，并不是天经地义和一成不变的。我们不能简单地同国际规则“接轨”，而要力争在对外开放中实现国内经济体制同国际经济运行规则的相互协调。

关键术语

生态马克思主义　　经济增长　　经济发展
新型工业化道路　　世界体系

习题

1. 市场区域协调论和政府干预区域协调论的主要内容是什么？
2. 梯度转移理论的主要观点是什么？
3. 生态马克思主义的主要观点是什么？
4. 新型工业化道路的特点是什么？
5. 经济发展和经济增长的联系和区别是什么？

结束语

从社会主义社会到共产主义社会

实现共产主义是人类的最高社会理想，但从现实的社会主义社会向未来的共产主义社会的过渡则是一个漫长的历史发展过程。尤其重要的是，现实的社会主义社会都是在生产力相当落后且发展极不平衡的国家通过无产阶级革命夺取政权建立起来的，不断解放和发展社会生产力是现实的社会主义始终面临的首要任务。因此，现实的社会主义社会应当随着生产力的提高不断自我完善和自我发展，实现向共产主义社会的历史过渡。

第一节　马克思主义经典作家论社会主义和共产主义

马克思和恩格斯作为科学社会主义的创始人，他们对社会主义与共产主义的理解并不是始终如一的，而是随着马克思为社会主义和共产主义学说奠定科学基础程度的不同而发展变化的。由于马克思主义的各个组成部分在成熟时间上并不完全一致，从而使科学社会主义的创立经过了一个较为长期的过程。正是在这一过程中，马克思在理论上"第一次把社会主义从空想变成科学，给这个科学奠定了巩固的基础，指出了继续发展和详细研究这个科学所应遵循的道路。"① 在马克思和恩格斯之后，以列宁为代表的其他马克思主义经典作家，正是根据马克思和恩格斯所创立的科学社会主义，在理论上和实践上来继续探索和前进的。

早在《莱茵报》时期，青年马克思就于 1842 年 10 月 15 日发表了题为《共产主义和奥格斯堡"总汇报"》的文章，参与了当时在德国国内关于法国空想社会主义和共产主义

① 《列宁选集》，3 版，第 1 卷，273 页，北京，人民出版社，1995。

理论的讨论。马克思认为，空想社会主义和共产主义学说具有“欧洲的意义”，决不能根据肤浅或片刻的想象来加以简单的批判，而应当在长期持续的和深入的研究之后才能加以批判，而那种“认为君主政体应当竭力把社会主义—共产主义思想放在自己的控制之下”的观点，显然是“异想天开”①。青年马克思在其《1844 年经济学哲学手稿》中也谈到自己对社会主义和共产主义的看法，他认为：“在社会主义的前提下，人的需要的丰富性，从而某种新的生产方式和某种新的生产对象具有何等的意义：人的本质力量的新的证明和人的本质的新的充实。在私有制范围内，这一切却具有相反的意义。”② 而共产主义则是对私有财产的扬弃，“它是人的解放和复原的一个现实的、对下一段历史发展说来是必然的环节。共产主义是最近将来的必然的形式和有效的原则。但是，这样的共产主义并不是人类发展的目标，并不是人类社会的形式。”③

青年恩格斯在 1844 年 3 月撰写的《英国状况　英国宪法》中认为：社会的民主制应当成为英国所趋向的民主制，这种民主制必须“是现在这种同资产阶级和财产对立的民主制”，因为“单纯的民主制并不能治愈社会的痼疾。民主制的平等是空中楼阁，穷人反对富人的斗争不能在民主制或单是政治的基础上完成。因此这个阶段只是一个过渡，只是最后一种纯粹政治的手段，这一手段还需要加以试验，但从其马上就会发展出一种新的因素，一种超出现行政治范围的原则。”“这个原则就是社会主义的原则。”④ 1844 年 10 月，恩格斯在其《现代兴起的今日尚存的共产主义移民区记述》中写道：“如果你同人们谈起社会主义或者共产主义，那么往往会发现：他们认为就事情本身来说你是完全正确的，并且表示共产主义是某种十分美好的东西；……共产主义，即以财产公有为基础的社会生活和活动，不仅是可能的，而且在美国的许多公社中以及在英国的一个地方已经真正实现，我们将在下面看到，它们还颇有成效。”⑤ 但恩格斯同时认为，仅仅通过共产主义移民区是不可能逐步过渡到共产主义社会的，这种移民区只是证明在集体所有制的基础上可以更合理地组织经济生活，但它并不是改造社会的手段。

可见，早在 19 世纪 40 年代之初，青年马克思和恩格斯就已经关注社会主义和共产主义学说在德国的传播和讨论。然而，由于他们当时尚未创立唯物史观，更不可能运用唯物史观作为方法论来实现对资产阶级政治经济学的批判性研究，进而创立剩余价值理论。因此，青年马克思和恩格斯对社会主义和共产主义既不可能形成科学的认识，也不可能作出准确的理论概括，而是在总体上仅仅把社会主义社会与共产主义社会理解为一种超越于现实的资本主义社会的一种未来社会。

马克思在 1845 年春天完成《关于费尔巴哈的提纲》之后，又与恩格斯合作完成了《德意志意识形态》(1845—1846 年)，从而完成了唯物史观的创立，也为马克思对资产阶级政治经济学的批判研究奠定了方法论基础。此后，马克思和恩格斯开始公开声明自己是“共产主义者”。比如，正是在《德意志意识形态》差不多刚刚完成的 1846 年 5 月 11 日，

---

① 《马克思恩格斯全集》，中文 1 版，第 1 卷，131 页，北京，人民出版社，1956。
② 《马克思恩格斯全集》，中文 1 版，第 42 卷，132 页，北京，人民出版社，1979。
③ 同上书，131 页。
④ 《马克思恩格斯全集》，中文 1 版，第 1 卷，705 页，北京，人民出版社，1956。
⑤ 《马克思恩格斯全集》，中文 1 版，第 42 卷，221 页，北京，人民出版社，1979。

马克思和恩格斯就撰写了《反克利盖的通告》。因为在马克思和恩格斯看来，德国共产主义在纽约的著作界代表克利盖关于共产主义的言论，本质上是一种作为小资产阶级流派之一的所谓"真正的社会主义"的言论，克利盖在纽约对共产主义的宣传，试图将共产主义学说归结为关于爱的多愁善感的言词，"大大地损害了共产主义政党在欧洲以及在美洲的声誉"，他"以'共产主义'的名义所鼓吹的那些荒诞的伤感主义的梦呓，如果被工人接受，就会使他们的意志颓废。"①

尽管马克思和恩格斯自称为"共产主义者"而不是"社会主义者"，但并不意味着他们打算否定或者抛弃了"社会主义"。关于社会主义与共产主义之间的差别，恩格斯在《共产主义原理》(1847 年) 中专门做过比较。恩格斯在回答"共产主义者和社会主义者有什么区别"的问题时认为，社会主义者分为三类：

"第一类是封建和宗法社会的拥护者，这种社会已被大工业、世界贸易和由它们造成的资产阶级社会所消灭，并且每天还在消灭。""共产主义者随时都要坚决同这类反动的社会主义者作斗争"②。

"第二类是现今社会的拥护者，现今社会必然产生的弊病，使他们为这个社会的存在担心。因此，他们力图保持现今社会，不过要消除和它联系在一起的弊病。""共产主义者也必须同这些资产阶级社会主义者作不懈的斗争，因为他们的活动有利于共产主义者的敌人，他们所维护的社会正是共产主义者所要推翻的社会。"③

"第三类是民主主义的社会主义者，他们和共产主义者同道，他们希望实现×××问题④中所提出的部分措施，但他们不是把这些措施当作走向共产主义的过渡办法，而是当作足以消除贫困和现今社会的弊病的措施。"但是，这些民主主义的社会主义者直到争得民主和实行由此产生的社会主义措施为止，在许多方面都和无产阶级存在着共同的利益。因此，只要民主主义的社会主义者既不为占统治地位的资产阶级效劳，也不攻击共产主义者，那么共产主义者就应当和这些社会主义者达成协议，并且尽可能采取与他们相同的政策，尽管这种"共同行动并不排除讨论存在于他们和共产主义者之间的分歧意见。"⑤

事实上，在在此之前的《共产主义者和卡尔·海因岑》一文中，恩格斯曾表示："在所有的文明国家，民主主义的必然结果都是无产阶级的政治统治，而无产阶级的政治统治又是实行一切共产主义措施的首要前提。因此在民主主义还未实现以前，共产主义者和民主主义者就要并肩战斗，民主主义者的利益也就是共产主义者的利益。"⑥ 恩格斯同时还指出："共产主义不是教义，而是运动。它不是从原则出发，而是从事实出发。共产主义者不是把某种哲学作为前提，而是把迄今为止的全部历史，特别是这一历史目前在文明各国造成的实际结果作为前提。共产主义的产生是由于大工业以及由大工业带来的后果，是由于世界市场的形成，是由于随之而来的不可遏止的竞争，是由于目前已经完全成为世界

---

① 《马克思恩格斯全集》，中文 1 版，第 4 卷，3 页，北京，人民出版社，1958。

② 《马克思恩格斯选集》，2 版，第 1 卷，244 页，北京，人民出版社，1995。

③ 同上书，245 页。

④ 手稿此处空白，指的是第十八个问题，即"无产阶级的革命发展过程"。

⑤ 《马克思恩格斯选集》，2 版，第 1 卷，245 页，北京，人民出版社，1995。

⑥ 同上书，205 页。

市场危机的那种日趋严重和日益普遍的商业危机，是由于无产阶级的形成和资本的积聚，是由于由此产生的无产阶级和资产阶级之间的阶级斗争。共产主义作为理论，是无产阶级立场在这种斗争中的理论表现，是无产阶级解放的条件的理论概括。”①

从恩格斯对社会主义者和共产主义者所作的比较可以看出，共产主义是要比社会主义更加远大的人类社会前景，它要实现无产阶级实现其政治统治之后“利用民主作为手段实行进一步的、直接侵犯私有制和保障无产阶级生存的各种措施”②，而民主主义的社会主义则只是要求建立起无产阶级的政治统治即民主的国家制度，同时也只能实现共产主义所要求实现的“部分措施”。但是，民主主义的社会主义与共产主义又不是截然分开的，在一定的历史阶段上它们存在着共同的利益，从而应当采取相同的政策。而封建和宗法的反动的社会主义和资产阶级的社会主义，则是共产主义所必须与之坚持斗争的敌人。晚年的恩格斯在为《共产党宣言》的1888年英文版所作的序言中，再一次对当时的社会主义和共产主义之间的区别进行了说明。恩格斯写道：“在1847年，所谓社会主义者，一方面是指各种空想主义体系的信徒，即英国的欧文派和法国的傅立叶派，这两个流派都已经降到纯粹宗派的地位，并在逐渐走向灭亡；另一方面是指形形色色的社会庸医，他们凭着各种各样的补缀办法，自称要消除一切社会弊病而毫不危及资本和利润。这两种人都是站在工人阶级运动以外，宁愿向‘有教养的’阶级寻求支持。”所以，从总体上说，“在1847年，社会主义是中等阶级的运动，而共产主义则是工人阶级的运动。当时，社会主义，至少在大陆上，是‘上流社会的’，而共产主义却恰恰相反。”③

可见，尽管在唯物史观创立之后，马克思和恩格斯都已经公开坚持自己是“共产主义者”，尤其是1848年由他们合作的《共产党宣言》的发表，更是对共产主义的一种经典表述。然而，在马克思以唯物史观为方法论来完成剩余价值理论的创立之前，社会主义和共产主义这两个概念总体上主要是从理论或学说的意义上来使用的，而作为一种人类社会的特定历史发展阶段即经济社会形态意义上的社会主义社会和共产主义社会并未最终确立。关于这一点，恩格斯在《卡尔·马克思》（1877年6月）、《反杜林论》（写于1876年9月—1978年6月）、《社会主义从空想到科学的发展》（写于1880年1—3月）和《在马克思墓前的讲话》（1883年3月）等著名论著中曾多次表示，正是通过一方面创立唯物主义历史观，从而“在整个世界史观上实现了变革”④ 并发现了人类历史发展的一般规律，另一方面则是创立了剩余价值理论，从而“彻底弄清了资本和劳动的关系，换句话说，就是揭示了在现代社会内，在现存资本主义生产方式下，资本家对工人的剥削是怎样进行的。”⑤ 从而也就“发现了现代资本主义生产方式和它所产生的资产阶级社会的特殊的运动规律”⑥，使得马克思成为“第一个给社会主义、因而也给现代整个工人运动提供了科学基础的

① 《马克思恩格斯选集》，2版，第1卷，210～211页，北京，人民出版社，1995。

② 这些措施共12条，具体内容可参见上书，239页。

③ 同上书，256、257页。

④ 《马克思恩格斯选集》，2版，第3卷，334页，北京，人民出版社，1995。

⑤ 同上书，337页。

⑥ 同上书，776页。

人”①。

事实上，也正是在唯物主义历史观和剩余价值的创立完成之后，马克思才有可能在《哥达纲领批判》（写于1875年4月底至5月初）中对作为一种特殊经济社会形态的共产主义社会提出“两阶段”划分，从而使社会主义社会与共产主义社会在人类社会发展阶段的意义上的区别和联系得以获得准确而清晰的表述。

马克思认为：“我们这里所说的是这样的共产主义社会，它不是在它自身基础上已经发展了的，恰好相反，是刚刚从资本主义社会中产生出来的，因此它在各方面，在经济、道德和精神方面都还带着它脱胎出来的那个旧社会的痕迹。”② 其中，“一种形式的一定量劳动同另一种形式的同量劳动相交换”的“资产阶级权利”仍然适用，尽管“这种平等的权利，对不同等的劳动来说是不平等的权利”，从而必然会产生贫富差距等社会“弊病”，“但是这些弊病，在经过长久阵痛刚刚从资本主义社会产生出来的共产主义社会第一阶段，是不可避免的。权利决不能超出社会的经济结构以及由经济结构制约的社会的文化发展。”③

马克思由此从人类社会发展阶段的意义上认为：“在共产主义社会高级阶段，在迫使个人奴隶般地服从分工的情形已经消失，从而脑力劳动和体力劳动的对立也随之消失之后；在劳动已经不仅仅是谋生的手段，而且本身成了生活的第一需要之后；在随着个人的全面发展，他们的生产力也增长起来，而集体财富的一切源泉都充分涌流之后，——只有在那个时候，才能完全超出资产阶级权利的狭隘眼界，社会才能在自己的旗帜上写上：各尽所能，按需分配！”④

同样是在1875年3月，恩格斯在给倍倍尔的一封信中则第一次使用了“社会主义社会”的概念。恩格斯认为：“把社会主义社会看作平等的王国，这是以‘自由、平等、博爱’这一旧口号为根据的片面的法国人的看法，这种看法作为当时当地一定的发展阶段的东西曾经是正确的，但是，像以前的各个社会主义学派的一切片面性一样，它现在也应当被克服，因为它只能引起思想混乱，而且因为已经有了阐述这一问题的更精确的方法。”⑤同年11月，恩格斯在给拉甫罗夫的信中还第一次阐述了自己对“社会主义革命”概念的理解。恩格斯认为：“生产者阶级把生产和分配的领导权从迄今为止掌握这种领导权但现在已经不能领导的那个阶级手中夺过来，而这就是社会主义革命。”⑥ 可见，恩格斯所说的“社会主义革命”，实际上就是指的无产阶级夺取政权并建立起自己的政治统治，而这正是“实行一切共产主义措施的首要前提”⑦。从这个意义上讲，社会主义革命与共产主义革命这两种说法显然具有同等意义。同时我们也可以认为，既然恩格斯所说的社会主义社会，仅仅是完成了社会主义革命和建立起无产阶级政治统治而只能实行共产主义社会的

---

① 《马克思恩格斯选集》，2版，第3卷，328页，北京，人民出版社，1995。
② 同上书，304页。
③ 同上书，304、305页。
④ 同上书，305～306页。
⑤ 同上书，325页。
⑥ 《马克思恩格斯全集》，中文1版，第34卷，163～164页，北京，人民出版社，1972。
⑦ 《马克思恩格斯全集》，中文1版，第4卷，306页，北京，人民出版社，1958。

“部分措施”的特殊历史阶段，实际上也就可以理解为马克思所说的“共产主义社会第一阶段”。

事实上，晚年恩格斯曾经多次表述了自己对社会主义社会与共产主义社会之间关系的看法。比如，在 1887 年，恩格斯为自己的《英国工人阶级状况》的美国版所写的序言中认为：“以马克思为代表的现代社会主义者要求土地应该共同占有，为共同的利益而共同耕种，对其他一切社会生产资料——矿山、铁路、工厂等等也是这样；亨利·乔治却只限于像现在这样把土地出租给个别的人，只调整土地的分配，并把地租用于公众的需要，而不是像现在这样用于私人的需要。社会主义者要求的是整个社会生产体系的全面变革；亨利·乔治要求的是不触动现在的社会生产方式，这实质上就是李嘉图学派的资产阶级经济学家的极端派提出的东西，这些人也要求国家没收地租。”① 在这里，恩格斯将马克思称为现代社会主义者的代表，以区别于亨利·乔治为代表的社会主义者，因为他们二者对未来社会即社会主义社会所主张政策存在重要区别，前者要求对“整个社会生产体系的全面变革”，而后者则“要求的是不触动现在的社会生产方式”。

恩格斯此前（1890 年 8 月 21 日）致伯尼克的信已经强调指出：“我认为，所谓‘社会主义社会’不是一种一成不变的东西，而应当和任何其他社会制度一样，把它看成是经常变化和改革的社会。它同现存制度的具有决定意义的差别当然在于，在实行全部生产资料公有制（先是单个国家实行）的基础上组织生产。即便明天就实现这种变革（指逐步地实现），我根本不认为有任何困难。我国工人能够做到这一点，这已经由他们的许多个生产和分配合作社所证明”②。在这里，恩格斯所要强调的正是社会主义社会与“现存制度”即资本主义制度之间的根本性差别，这就是“在实行全部生产资料公有制（先是单个国家实行）的基础上组织生产”，而且他认为，“即便明天就实现这种变革（指逐步地实现）”也不存在“任何困难”，这显然是指通过社会主义革命来逐步地实行社会主义社会的一系列措施，社会主义社会本身也必然要经历一个“变化和改革”的历史过程。

1894 年，恩格斯在为其《“人民国家报”国际问题论文集（1871—1875）》一书所写的序言中表示：“读者将会看到，在所有这些文章里，尤其是在最后这篇文章里，我处处不把自己称做社会民主主义者，而称做共产主义者。这是因为当时在各个国家里那种根本不把全部生产关系转归社会所有的口号写在自己旗帜上的人自称是社会民主主义者。……现在情况不同了，这个词也许可以过得去，虽然对于经济纲领不单纯是一般社会主义的而直接是共产主义的党来说，对于政治上的最终目的是消除整个国家因而也消除民主的党来说，这个词还是不确切的。然而，对真正的政党说来，名称总是不完全符合的；党在发展，名称却不变。”③ 在这里，恩格斯对自己在 1875 年之前不把自己称为社会主义者而自称为共产主义者的原因作了说明。但是，自从 1848 年《共产党宣言》发表以后，共产主义所与之斗争的反动的社会主义（即封建的和宗法的社会主义）与资产阶级的社会主义已经逐步失去影响，而作为民主主义的社会主义与马克思和恩格斯所主张的无产阶级的共产主义在

---

① 《马克思恩格斯选集》，2 版，第 4 卷，392 页，北京，人民出版社，1995。

② 同上书，693 页。

③ 《马克思恩格斯全集》，中文 1 版，第 22 卷，489～490 页，北京，人民出版社，1972。

当时存在许多共同利益，所以恩格斯认为将自己称为社会主义者“也许过得去”。与此同时，恩格斯也强调指出，共产主义在经济纲领和政治目的两个方面都与社会主义存在差别，它们代表着人类社会发展的两个不同阶段，相对于当前的社会主义革命和次要采取的社会主义措施来说，共产主义则是更为远大的人类社会发展目标。可见，恩格斯对社会主义和共产主义的理解，与马克思在《哥达纲领批判》中对共产主义社会的“两阶段”划分的思想是内在一致的。

列宁正是基于恩格斯关于社会主义与共产主义之间关系的相关论述，将马克思在《哥达纲领批判》中对共产主义社会所做的“两阶段”划分的思想作了进一步的理论阐释。

早在 1912 年 7 月，列宁在《中国的民主主义和民粹主义》一文中认为，“先进的中国人”，正在经历着人民群众革命情绪的蓬勃高涨过程，他们从欧美吸收解放思想，“但在欧美，提到日程上的问题已经是摆脱资产阶级而求得解放，即实行社会主义的问题。”① 1914 年，列宁在《卡尔·马克思》一文中曾专门探讨了自己对马克思的社会主义学说的理解。列宁认为：“劳动社会化通过无数种形式日益迅速地向前发展，在马克思去世后的半个世纪以来，特别明显地表现在大生产与资本家的卡特尔、辛迪加和托拉斯的增长以及金融资本的规模和势力的巨大增长上，——这就是社会主义必然到来的主要物质基础。这个转变的思想上精神上的推动者和实际上的执行者，就是资本主义本身培养的无产阶级。表现于多种多样和内容日益丰富的形式的无产阶级反对资产阶级的斗争，必然要成为以无产阶级夺取政权（‘无产阶级专政’）为目标的政治斗争。”② 可见，在列宁看来，当时的已经发展到资本主义的垄断阶段即帝国主义的先进的资本主义国家，一旦能够从资产阶级的统治之下通过社会主义革命解放出来，从而实现无产阶级夺取政权或无产阶级专政，那么它们所实行的正是社会主义措施，这也就从资本主义社会转化到社会主义社会。

列宁在写于 1917 年的重要著作《国家与革命》中，详细探讨了社会主义与共产主义在马克思主义意义上的差别。列宁认为：“社会主义同共产主义在科学上的差别是很明显的。通常所说的社会主义，马克思把它称作共产主义社会的‘第一’阶段或低级阶段。既然生产资料已成为公有财产，那么‘共产主义’这个名词在这里也是可以用的，只要不忘记这还不是完全的共产主义。马克思的这些解释的伟大意义，就在于他在这里也彻底地运用了唯物主义辩证法，即发展学说，把共产主义看成是从资本主义中发展出来的。马克思没有经院式地臆造和‘虚构’种种定义，没有从事毫无意义的字面上的争论（什么是社会主义，什么是共产主义），而是分析了可以称为共产主义在经济上成熟程度的两个阶段的东西。”③ 同时，列宁特别强调指出：“在第一阶段，共产主义在经济上还不可能完全成熟，完全摆脱资本主义的传统或痕迹。由此就产生了一个有趣的现象，这就是在共产主义第一阶段还保留着‘资产阶级权利的狭隘眼界’。”因此，“马克思并不是随便把一小块‘资产阶级’权利塞到共产主义中去，而是抓住了从资本主义脱胎出来的社会里那种在经济上和政治上不可避免的东西。”④

---

① 《列宁选集》，3 版，第 2 卷，293 页，北京，人民出版社，1995。

② 同上书，439 页。

③ 《列宁选集》，3 版，第 3 卷，199～200 页，北京，人民出版社，1995。

④ 同上书，200 页。

可见，在马克思主义学说的发展史上，列宁第一次将马克思在《哥达纲领批判》中所说的“共产主义社会第一阶段”称为“社会主义社会”，而将马克思所说的“共产主义高级阶段”称为“共产主义社会”，这种说法由此基本确立下来。在国际共产主义运动中，把马克思提出的共产主义社会的两个阶段严格区别开来，用“社会主义社会”一词专门指共产主义社会或低级阶段，用“共产主义社会”一词专门指共产主义高级阶段，则是在列宁逝世之后的20世纪30年代。斯大林在1936年所作的《关于苏联宪法草案》的报告中，依据苏联当时的具体情况，即一方面，“社会主义体系在国民经济一切部门中的完全胜利，现在已经是事实了。”① 另一方面，“任何剥削工人阶级的可能都完全铲除了”，“苏联无产阶级已经变成完全新的阶级，已经变成消灭了资本主义经济制度、确立了生产工具和生产资料的社会主义所有制、引导着苏联社会向共产主义前进的苏联工人阶级。”② 斯大林宣称：“我们苏联社会已经做到在基本上实现了社会主义，建立了社会主义制度，即实现了马克思主义者又称为共产主义第一阶段或低级阶段的制度。这就是说，我们已经基本上实现了共产主义第一阶段，即社会主义。”③

这样，经过列宁在《国家与革命》中的经典表述和斯大林在苏联社会主义建设实践中的进一步强化，“社会主义社会”和“共产主义社会”这两个概念，作为马克思在《哥达纲领批判》中对共产主义社会所作的“两阶段”划分的权威解释和固定用法也就最终确立下来。

第二节　共产主义社会是人类社会发展的必然历史趋势

马克思和恩格斯从唯物史观出发，在《共产党宣言》中曾深刻指出：“资产阶级的灭亡和无产阶级的胜利是同样不可避免的。”④ 共产主义社会是人类社会展的必然历史趋势。然而，在马克思和恩格斯看来，未来的共产主义社会并不是资本主义社会的简单对立物，同时也是资本主义社会所创造的一切生产力和人类文明成果的继承者，共产主义社会本质特征表现为“建立在个人全面发展和他们共同的社会生产能力成为他们的社会财富这一基础上的自由个性”⑤，也就是马克思和恩格斯在《共产党宣言》中所说的：共产主义社会“将是这样一个联合体，在那里，每个人的自由发展是一切人的自由发展的条件。”⑥ 尽管马克思和恩格斯反对对未来社会的特征作出过于具体的表述和未来社会规划的具体方案，因为在他们看来，对未来社会制度“越是制定得详尽周密，就越是要陷入纯粹的幻想。”⑦ 但是纵观马克思和恩格斯的著作、手稿和书信，通过以唯物主义历史观为方法论，基于资

---

① 《斯大林选集》，下卷，393页，北京，人民出版社，1979。

② 同上书，395页。

③ 同上书，399页。

④ 《马克思恩格斯选集》，2版，第1卷，284页，北京，人民出版社，1995。

⑤ 《马克思恩格斯全集》，中文1版，第46卷上，104页，北京，人民出版社，1979。

⑥ 《马克思恩格斯选集》，2版，第1卷，294页，北京，人民出版社，1995。

⑦ 《马克思恩格斯选集》，2版，第3卷，608页，北京，人民出版社，1995。

本主义生产方式的内在矛盾和发展趋势，终究还是对共产主义社会的大致面貌作了一些轮廓性和方向性的科学预见，可以概括为如下几方面：

1. 社会生产力高度发达，社会成员的精神境界极大提高

共产主义社会是社会主义社会经济、政治、文化和社会全面而高度发展的历史产物，社会生产力高度发达和物质财富极大丰富是其首要特征。社会主义社会的高度发展首先表现为以现代科学技术为标志的先进生产力的迅速而普遍的发展，一切创造物质财富的源泉充分涌流，社会物质财富极大增长，全体社会成员都无须再迫于获得必要的物质生活资料而劳动。物质生产和物质生活状况决定着社会的精神生产和精神生活水平。与社会生产力高度发达和物质财富极大丰富相联系，共产主义社会将使全体社会成员都能够受到良好教育，同时他们还具有高度的共产主义思想觉悟和道德品质。与社会生产力的发展水平相适应，在共产主义社会条件下，旧社会遗留下来的资产阶级思想和资产阶级的狭隘眼界也将消失，劳动本身已经“成了生活的第一需要”①，人们能够自觉地以共产主义态度对待劳动、对待社会财产和人与人之间的关系，自觉地遵守公共生活准则和社会公德。正如列宁所说：“我们在向往社会主义的同时深信：社会主义将发展为共产主义，而对人们使用暴力，使一个人服从另一个人、使一部分居民服从另一部分居民的任何必要也将随之消失，因为人们将习惯于遵守公共生活的起码规则，而不需要暴力和服从。”②

2. 生产资料社会占有，国家已经消亡，生活资料按需分配

共产主义社会实行生产资料的社会公共占有制。与作为共产主义社会第一阶段的社会主义社会不同，共产主义社会在生产资料的占有关系上，已经彻底摆脱私有制的痕迹，不仅不再有部分劳动者占有生产资料的集体所有制，而且随着国家的消亡，各个生产单位和生产组织也不再有其特殊的局部利益，全民所有制也必将摆脱国家所有制的形式而采取全社会占有的新形式。因为“国家真正作为整个社会的代表所采取的第一个行动，即以社会的名义占有生产资料，同时也是它作为国家所采取的最后一个独立行动。那时，国家政权对社会关系的干预在各个领域中将先后成为多余的事情而自行停止下来。”③ 生产资料的全社会占有，为社会成员实现真正的平等奠定了坚实的基础。

与社会生产力的高度发展和物质财富极大丰富相联系，生产资料的全社会占有使人们之间的相互交换活动将不再通过劳动产品的形式来实现，作为人们经济关系的特殊形式的商品生产和商品交换将会消失，劳动产品的价值形式也就消亡。社会成员的个人劳动将成为直接的社会劳动，在全社会范围内按劳动时间来计量，同时整个社会劳动时间又受到社会的有计划的调节。极大丰富的社会物质产品，保证了社会完全可以满足每一个社会成员个人消费的需要，从而可以实现“各尽所能，按需分配”。这样，在社会主义社会中消费品的分配方面仍然存在着的资产阶级权利也将完全消亡。

3. 社会差别和旧的社会分工消失，社会成员获得自由而全面的发展

在社会主义社会，由于生产资料公有制的建立和剥削制度的消灭，劳动者已经成为社

---

① 《马克思恩格斯选集》，2 版，第 3 卷，305 页，北京，人民出版社，1995。

② 《列宁选集》，3 版，第 3 卷，185 页，北京，人民出版社，1995。

③ 《马克思恩格斯选集》，2 版，第 3 卷，755 页，北京，人民出版社，1995。

会的主人，工农之间、城乡之间、脑力劳动者和体力劳动者之间已经不存在根本的对立，他们在根本利益一致性的基础上建立起平等的互助合作关系。但是，这三大差别仍然存在。尤其是在那些经济文化落后条件下实现社会主义革命而进入社会主义的国家，由于它们没有经历过商品经济高度发展，也没有建立完善的市场经济体制，从而也就无法充分吸收资本主义生产方式所创造的积极的人类文明成果，三大差别表现得更为明显。共产主义社会是真正消灭工农之间、城乡之间、脑力劳动和体力劳动之间的差别，消灭了旧的社会分工的社会。由于社会生产力的高度发展和全社会共同占有生产资料，物质财富的极大丰富和社会成员精神境界的极大提高，工农之间、城乡之间、脑力劳动和体力劳动之间的差别将最终消失，每一个社会成员都将从旧的社会分工的束缚中彻底解放出来，享有充分的自由时间来发展自己的自由个性。

事实上，实现社会个人的自由而全面的发展，是马克思和恩格斯关于共产主义社会本质特征的根本性概括，也是无产阶级解放自己进而解放全人类的崇高目标。马克思深刻地指出："人的本质不是单个人所固有的抽象物，在其现实性上，它是一切社会关系的总和。"① 全面发展的社会个人，不是自然的产物，而是人类历史发展的必然结果。个人的社会本质是在其劳动和社会交往过程中形成的，是随着经济和社会的发展而发展的，个人的发展也是经济和社会发展的目的和归宿。社会主义社会的高度发展，为每个人的发展创造了现实条件，同时，社会个人的全面发展又必将极大促进社会的全面发展和进步。

4. 共产主义社会是一个不断发展的漫长历史过程

马克思和恩格斯在《德意志意识形态》中曾指出："共产主义对我们来说不是应当确立的状况，不是现实应当与之相适应的理想。我们所称为共产主义的是那种消灭现存状况的现实的运动。这个运动的条件是由现有的前提产生的。"② 可见，共产主义社会作为共产主义运动的产物，它必然要经历漫长的历史发展过程，因为共产主义运动的条件是从"现有的前提"即资本主义生产方式中产生的，然而事实表明，资本主义生产方式本身也必然要经历一个充分发展的历史过程。在经济全球化的当代世界，尽管"资本主义制度所固有的基本矛盾依然存在，并没有因为西方国家经济、科技的发展而有本质的改变。"③ 但是，资本主义生产方式所能够容纳的社会生产力仍然在不断增加，这同样也是不争的事实。现实的社会主义国家不可避免地面临着资本主义所创造的先进科学技术的挑战，不可避免地要经受经济全球化浪潮的冲击，不可避免地要受到形形色色的资本主义意识形态的侵蚀。因此，从世界范围来看，社会主义事业必将在曲折中前进，社会主义建设实践过程中的不确定因素还很多。苏联解体和东欧社会主义国家的剧变，就是一个深刻的历史教训。

事实上，在1848年欧洲革命之后，马克思和恩格斯看到资本主义生产关系对不断发展的社会生产力所具有的调节能力，使其在每一次经济危机之后往往又出现新的繁荣。在继《共产党宣言》(1848年）中提出"两个必然"思想即资本主义必然灭亡、社会主义必

① 《马克思恩格斯选集》，2版，第1卷，56页，北京，人民出版社，1995。

② 同上书，87页。

③ 江泽民：《论"三个代表"》，57页，北京，中央文献出版社，2001。

然胜利之后，马克思在深刻总结革命实践的经验，并将唯物史观充分运用于对政治经济学研究的基础上，进一步提出了“两个决不会”思想，即“无论哪一个社会形态，在它所能容纳的全部生产力发挥出来以前，是决不会灭亡的；而新的更高的生产关系，在它的物质存在条件在旧社会的胎胞里成熟以前，是决不会出现的。”① 这一思想深刻揭示了资本主义必然灭亡和社会主义必然胜利的实现并不取决于工人阶级政党的主观愿望，而是取决于作为客观物质力量的社会生产力的发展程度，从而指明了社会主义代替资本主义这一历史必然性实现的长期性、艰巨性和复杂性。“我们坚信马克思主义关于人类社会必然走向共产主义这一基本原理。共产主义只有在社会主义社会充分发展和高度发达的基础上才能实现。共产主义社会，将是物质财富极大丰富，人民精神境界极大提高，每个人自由而全面发展的社会。必须看到，实现共产主义是一个非常漫长的历史过程。过去，我们对这个问题的认识比较肤浅、简单。经过这么多年的实践，现在，我们对这个问题的认识要全面和深刻得多了。”② 因此，共产主义作为一种历史运动，共产主义社会作为人类社会发展的必然历史趋势，必将经历一个漫长的历史发展过程。只有切实搞好现实的社会主义建设，只有扎扎实实地做好现阶段的每一项工作，从而实现现实的社会主义社会的充分而全面的发展，才能为共产主义社会的实现奠定坚实的社会历史基础。

习题

1. 马克思是如何理解社会主义和共产主义的?
2. 恩格斯是如何理解社会主义和共产主义的?
3. 列宁是如何理解社会主义和共产主义的?

---

① 《马克思恩格斯选集》，2版，第2卷，33页，北京，人民出版社，1995。

② 江泽民：《论“三个代表”》，177页，北京，中央文献出版社，2001。

后 记

近日，山东省教育厅和山东省财政厅正式发文《关于公布山东省“十二五”重点学科的通知》(鲁教研字［2011］4号)，公布了山东省“十二五”省级重点学科评审结果，曲阜师范大学经济学院申报的“政治经济学”被批准为山东省“十二五”省级重点学科。在此之际，承担2009年山东省高等学校教学改革研究项目“国际化视角下的政治经济学课程内容改革研究”（编号：2009324）和曲阜师范大学2009年教学改革研究项目“基于与时俱进原则和国际化视角的政治经济学课程内容改革”（编号：JG-ZZ09046）的课题组，从申报课题到现在，经过三年多的努力所编写的《新编政治经济学教程》业已完工。

《新编政治经济学教程》由刘冠军担任主编，刘刚、任洲鸿、冯玲玲、符云玲担任副主编。本书是集体工作的成果，各章节有具体分工。前言、绪论：刘冠军、刘刚；第一章～第四章：冯玲玲；第五章～第六章第一节：任洲鸿；第六章第二、三节：符云玲；第七章第一节：任洲鸿；第七章第二节：刘刚；第八章第一节：任洲鸿、刘刚；第八章第二节～第十一章：刘刚；第十二章～第十四章：刘冠军；第十五章：杜曙光、刘刚；第十六章：梁军；第十七章：符云玲、蔡平；结束语：任洲鸿。

本书在写作过程中参考和吸收了学术理论界诸多同类教材、专著和论文成果，为了行文的方便，只择要注出而未能一一注明，在此特别说明，但文责自负。在本书的编写过程中，马克思主义经济理论方向的研究生宋川川、刘明明、单凤菊、刘明、刘志霞为书稿的整理做了许多工作；尤其值得一提的是，在本书的出版过程中，得到了中国人民大学出版社陈静编辑的大力支持，在此一并表示衷心的感谢！

由于编写水平有限，本书一定会存在一些不足和缺陷，不当之处，敬请专家和读者批评指正。

刘冠军

2011年7月

图书在版编目（CIP）数据

新编政治经济学教程/刘冠军主编. —北京：中国人民大学出版社，2011.9
21世纪经济学系列教材
ISBN 978-7-300-14483-2

Ⅰ.①新… Ⅱ.①刘… Ⅲ.①政治经济学-高等学校-教材 Ⅳ.①F0

中国版本图书馆CIP数据核字（2011）第195494号

21世纪经济学系列教材
新编政治经济学教程
刘冠军 主 编
刘 刚 任洲鸿 冯玲玲 符云玲 副主编
Xinbian Zhengzhi Jingjixue Jiaocheng

出版发行	中国人民大学出版社		
社　　址	北京中关村大街31号	**邮政编码**	100080
电　　话	010－62511242（总编室）		010－62511398（质管部）
	010－82501766（邮购部）		010－62514148（门市部）
	010－62515195（发行公司）		010－62515275（盗版举报）
网　　址	http://www.crup.com.cn		
	http://www.ttrnet.com(人大教研网)		
经　　销	新华书店		
印　　刷	北京东方圣雅印刷有限公司		
规　　格	185mm×260mm　16开本	**版　　次**	2011年10月第1版
印　　张	23.75 插页1	**印　　次**	2015年 9 月第2次印刷
字　　数	542 000	**定　　价**	44.00元

版权所有　侵权必究　　印装差错　负责调换